고대중국어

한문학습의 길잡이

고대중국어

한문학습의 길잡이

郭錫良 · 唐作藩 · 何九盈 · 蔣紹愚 · 田瑞娟 편저

중국 고대 언어와 문헌 연구공동체 **학이사(學而思)**

김혜영, 문수정, 신원철, 안소민, 이강재 역

역락

역자 서문

　오늘날 우리 사회에서는 한자나 한문을 학습하려는 사람이 갈수록 줄어들고 있다. 전공자가 아닌 일반인들이 한자와 한문을 모른다고 해서 현대 사회를 살아가는 데에 큰 문제가 생기는 것은 아니다. 그러나 한자와 한문은 우리의 전통문화를 이해하고, 나아가 이웃나라인 중국을 이해하는 데 있어 매우 중요한 매개체라는 점에서 지속적으로 관심을 가질 필요가 있다. 그런데 더 큰 문제는 중문학과나 한문학과 등 한문으로 된 문헌을 다루어야 하는 관련 전공자들의 한문 학습 시간이 이전에 비해 현저히 줄었다는 점이다. 이는 대학 내에서 이수학점이 줄어들고 한문 원전을 다루는 교과목이 적어지는 추세와도 관련이 있을 것이다. 다른 한편으로는 한문에 별다른 문법이 없다거나 한문은 그저 여러 번 읽으면 이해할 수 있다는 "독서백편의자현(讀書百遍義自見)"의 전통적 사고방식 때문에 보다 과학적으로 한문에 접근하려는 노력이 적었던 것에도 그 원인이 있을 것이다.

　본서는 일반 독자에게는 교양으로서, 관련 분야의 전공자들에게는 전공 기초로서 한문을 체계적으로 익히는 데 도움을 주고자 하는 목적으로 만들어졌다. 이 책에서는 제목부터 본문까지 고대중국어라는 말을 폭넓게 사용하였다. 고대중국어는 현재 문언으로만 남아있으며, 이를 우리나라에서는 한문이라고 부른다. 고대중국어와 한문이라는 의미를 엄밀하게 구분하면 다른 부분이 있기는 하지만, 한자로 이루어진 문장을 가리킨다는 것과 고전문헌 학습을 위해 기본이 되는 것이라는 점에서 동일하게 볼 수 있다. 다만 이 책에서는 중국의 고전 문헌에서만 용례를 추출하였으며 고대로부터 현대까지의 중국어 변화에 대한 내용이 일부 포함되어 있고 또 현대의 중국어와 비교하면서 기술된 내용도 있기에 고대중국어라는 용어를 쓰는 것이 더 타당하다고 판단하였다.

이 책은 중국 베이징대학(北京大學)의 궈시량(郭錫良) 등 고대중국어 전공 교수들이 함께 편찬한 『고대중국어[古代漢語]』(전2책, 2009, 北京 商務印書館) 중 「고대중국어상식[古代漢語常識]」 부분을 번역한 것이다. 원서는 1981년 중국의 북경출판사(北京出版社)에서 처음 발행되었고, 1989년까지 10판을 거듭하면서 130여만 부가 판매되었다. 이후 1990년 일부 내용을 수정하여 1991년 천진교육출판사(天津敎育出版社)에서 발행하여 역시 10판에 걸쳐 20여만 부 이상 판매된 것으로 알려져 있다. 또 1995년에는 중국우수교육도서 1등상을 수상하는 등 다수의 출판 관련 상을 받은 바 있다. 이후 1999년에 일부 오류를 교정한 후 원래의 3권을 2권으로 개편하여 상무인서관(商務印書館)에서 출판되었는데, 본 번역서는 2009년 출판된 판본을 기준으로 번역하면서 2012년 일부 수정된 내용을 반영한 것이다.

이 책은 고대중국어를 학습하는 사람들을 위해 편찬한 교재의 성격을 갖춘 책이다. 따라서 선진시대부터 청대에 이르는 다양한 작품을 상세한 주석과 함께 수록하고 있으며, 여기에 고대중국어를 공부하기 위해 먼저 알아야 할 문자, 문법 등의 언어학적 지식은 물론 지리, 제도 등의 역사적 지식 등도 수록되어 있다. 원서에서 '상식'이라는 표현을 쓰기는 했지만 우리 입장에서는 상식보다는 좀 더 높은 수준의 지식이 다수 수록되어 있다. 이 때문에 본 번역서는 단지 한문, 고대중국어만이 아니라 고대 중국의 다양한 문헌을 학습하는 사람들이 반드시 알아야 하는 내용들을 다룬 책이라고 할 것이다. 비록 번역서의 제목을 『고대중국어』라고는 했지만, "고대 중국의 문헌을 학습하기 위해 먼저 알아두어야 할 지식"으로 이해하면 좋을 듯하다. 그러한 점에서 이 책은 중문학과나 한문학과 등의 전공자들이 먼저 읽어야 할 책이면서 동시에 한문이나 중국어로 이루어진 문헌을 통해 공부하는 모든 전공자들이 학습

해야 할 기본도서라고 할 수 있다.

원서에서 고대중국어의 상식으로 다루고 있는 내용은 모두 29장으로 구성되어 있는데, 그중에는 고대중국어를 현대중국어로 어떻게 번역할 것인가의 문제를 다룬 부분도 있다. 이 부분은 현대중국어를 사용하는 사람들을 대상으로 쓴 부분이기에, 본 번역서에서는 우리나라 독자의 필요에 적합하도록 이 부분을 제외하고 모두 28장만을 수록하도록 하였다.

이 책의 번역은 중국 고대 언어와 문헌 연구공동체인 "학이사(學而思)"에서 이루어졌다. 인문학자의 어려움에 대해서는 다시 언급할 필요가 없을 정도로 많이 알려져 있지만, 한자로 이루어진 고대의 언어와 문헌을 연구하는 인문학자의 길은 더욱 험난하기만 하다. 이는 연구 대상의 어려움이면서 동시에 현실에서 만나는 어려움이기도 하다. 이를 극복하기 위한 다방면의 노력이 이루어지고 있는데, 우리가 시도하는 연구 공동체 역시 그중 하나라고 할 수 있다. 함께 공부하고 함께 연구하고 함께 번역과 저작을 해나가는 과정에서 학문의 즐거움도 배가 되고 어려움을 극복할 수 있는 힘도 강해질 것이라 믿는다.

『논어』에서 공자는 "이전 시대의 경험을 배우기[學]만 하고 그 배운 내용에 대해 깊이 있는 사고[思]가 뒤따르지 않으면 남는 것이 없고, 자기만의 생각[思] 속에 빠져있을 뿐 이전 시대의 경험을 배워[學] 실질적인 내용을 채워가려고 하지 않으면 허황되어 위태롭게 된다."라고 말한 바 있다. 학문을 하는 것이나 세상의 어떤 일을 하는 데에 있어서 과거의 경험에 대한 '학습[學]'과 깊이 있는 '사고[思]'가 병행되어야만 한다는 것을 강조한 것이다. 이처럼 우리의 공부도 학습과 사고가 함께 이루어져야 하며, 이 책에서 다루고 있는 내용 역시 맹목적인 암기나 학습이 아니라 깊은 생각이 수반되면서 익숙하게 될 것이다. 이러한 의미에서 연구 공동체 학이사의 이번 번역은 앞으로 가고자 하는 큰 길에서의 첫걸음이라 할 것이다.

이 책을 번역하는 과정에서 학이사 공동체 구성원은 공동학습을 통해 처음부터 끝까지 원서를 함께 읽었고, 이후에도 합숙을 통한 집중작업과 분담작업을 통해 몇 차례의 교정 과정을 거쳤다. 그럼에도 원서가 다루고 있는 내용이 고대 중국의 언어, 문학, 역사, 철학 등 매우 폭넓은 분야에 걸쳐 있어서, 여러 참고도서나 유관 전공 지인들의 도움을 받았음에도 아직 완전하게 해결되지 못한 부분이 있을 것이라는 걱정을 하고 있다. 번역의 오류가 있다면 이는 전적으로 역자의 잘못일 것이며, 향후 더 완전하게 수정해나갈 것을 약속한다.

책이 나오기까지 일일이 서명하기 어려울 징도로 많은 분들이 도움을 주셨다. 그분들의 도움이 없었다면 이 책은 세상에 나오지 못했을 것이다. 먼저, 이번 번역에 참여한 5인의 학이사 구성원의 노력이 있었다. 또 비록 여러 가지 사정으로 이번 번역자에 이름을 올리지는 않았지만, 학이사의 일원인 김정남 박사, 김정현 박사 그리고 서울대 박사과정의 김효신 선생 등의 격려도 책이 나올 수 있는 큰 힘이 되었다. 처음 공동학습부터 번역, 교정까지 함께 한 우리 연구공동체 학이사 구성원의 열정이 앞으로 더욱 크게 발전하기를 바라는 마음 간절하다. 끝으로 복잡하고 어려운 한자가 많아 고생하면서 끝내 멋지게 책을 만들어준 이소희 대리, 모두 어렵다는 책 만들기 일터를 굳건하게 이끌고 가시는 역락출판사 이대현 사장께도 고마움을 표하고 싶다.

2015년 12월 역자를 대표하여 이강재

차례

01

사전 이용 방법

사전은 언어를 배우거나 연구하는 사람에게 꼭 필요한 도구이다. 고대중국어, 즉 한문을 처음 배우는 사람들은 모르는 글자나 단어, 숙어, 전고(典故) 등이 나왔을 때 자진이나 사전[1] 등 공구서를 참고해야 한다. 여기에서는 한자의 독음과 의미 검색, 단어와 전고 검색, 허사와 특수 단어 검색 등의 세 항목으로 나누어 고대중국어 학습 시 자주 사용되는 사전 및 허사 관련 저작을 소개하려고 한다. 이는 해당 공구서에 대한 평가라기보다 학습자들의 검색에 도움을 주기 위한 내용이다.

한자의 독음과 뜻의 검색

잘 모르는 한자가 나왔는데 그 한자의 독음과 뜻을 모르는 경우 사전을 찾아봐야

---

1) (역주) 엄격하게 구분한다면 '자전'은 개별 한자를 설명하는 책이고 '사전'은 한자로 구성된 단어를 설명하는 책이다. 그러나 '사전'에서 단어를 설명할 때 개별 글자를 먼저 설명하는 경우가 많으므로 일반적으로 '사전'이라는 말을 더 많이 사용한다. 여기에서는 특별히 구분해야 할 경우를 제외하고 이 두 가지를 '사전'이라고 동일하게 쓰기로 한다.

한다. 그러나 수많은 글자가 수록된 사전에서 그 글자를 어떻게 찾을 것인가? 먼저 사전의 한자 배열 방법을 알아야 한다. 사전의 한자 배열 방법은 크게 다음 세 가지로 구분된다.

　1. 독음의 순서에 따른 배열—현재 중국에서 통용되는 사전은 중국어 발음의 표기 부호인 한어병음자모 순서에 따라 배열한 것으로, 중국어 발음을 알면 해당 한자를 찾을 수 있다. 한어병음방안이 나오기 전에는 주음자모인 ㄅㄆㄇㄈ2) 순서에 따라 배열하기도 했다. 고대에는 사성(四聲), 즉 평상거입(平上去入)이라는 네 가지 성조나 106개의 운3)에 따라 배열한 것도 있었는데, 이것은 비교적 초기에 고안되었던 배열법이다.4)

　2. 부수와 필획에 따른 배열—이것이 바로 '부수검색법'으로, 동일한 부수의 글자를 한 그룹으로 묶고, 부수의 순서를 획수에 따라 나열하며, 같은 부수 내의 글자들역시 획수에 따라 순서를 정하는 것이다. 예를 들어 '口'부는 3획으로, 4획인 '木'부의 앞에 놓으며, '口'부에 속하는 글자 중 '吹'는 부수 '口'를 제외하면 4획이 되어, 부수 제외 후 5획인 '味'자 앞에 놓는다.

　3. 번호에 따른 배열—현재 통용되는 방법은 '사각번호 검색법'이다. 한자는 대체로 사각형 모양으로 네 개의 모서리를 지니는데, 모서리의 형식을 열 가지로 나누어 0부터 9까지 10개의 번호로 표시한다.5) 네 모서리의 순서는 왼쪽 상단 모서리[좌상]

---

2) (역주) 이는 현재까지 타이완에서 사용하는 표음부호로, 각각 중국에서 사용하는 표음부호인 한어병음의 b, p, m, f에 해당한다.

3) 이 106개의 운을 평수운(平水韻)이라 한다.

4) (역주) 우리나라의 경우 한글 독음 순서로 배열한 사전을 찾아볼 수 없고, 부수와 필획에 따라 배열한 후 한글 독음 색인을 부록으로 추가한 경우가 대부분이다.

5) (역주) 이 번호는 다음과 같이 정해진다. "가로획은 1이고 세로획은 2이며, 3은 점과 삐침이고, 교차된 것은 4, 꽂는 것[가령, 丰에서 세로획]은 5, 네모는 6, 7은 각 진 것, 8은 八자 모양, 9는 小자 모양, 점 밑에 가로획[亠]은 0이다." 이 방식은 중국에서는 많이 사용되었지만, 우리나라에서 고대중국어를 학습할 시에는 큰 의미가 없다.

가 맨 처음, 그 다음은 오른쪽 상단 모서리[우상], 그 다음은 왼쪽 하단 모서리[좌하], 마지막은 오른쪽 하단 모서리[우하]로서, 모든 글자가 네 개의 숫자로 표시된다. 예를 보자.

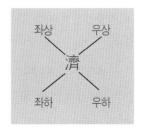

'ㆍ'에 해당하는 번호는 3, 'ㅡ'는 0, 'ㆍ'은 1, 'ㅣ'은 2이므로 '濟'의 번호는 3012가 된다.

위의 세 가지 한자배열법에는 각각의 장단점이 있다. 음 순서에 따른 배열은 검색이 빠르고 편리하다. 그러나 만약 어떤 글자의 독음을 검색해야 할 경우, 글자의 독음을 모르는 상태에서 그 글자를 어떻게 찾을 수 있겠는가? 중국의 방언 사용자의 경우에는 단어의 독음이 표준어와 달라서 원하는 글자를 못 찾는 일도 생긴다. 부수에 따른 배열과 번호에 따른 배열은 이와 같은 단점이 없다. 그러나 해당 글자의 부수를 파악하기 어려운 경우 문제가 된다. 현대중국의 한자 간화 후 한자의 자형이 크게 바뀌었는데, 일부 글자들은 어떤 부수로 귀속될지 정해지지 않았다. 예를 들어, '电'은 간화되기 전 자형이 '電'으로서 '雨' 부수에 속했었는데, 간화된 후『신화자전(新華字典)』에서는 '乙'부에 귀속시키고, 새로 나온『사해(辭海)』에서는 '日'부에 귀속시켰으며,『현대중국어사전[現代漢語詞典]』에서는 '田'부에 귀속시켰다. 그 밖에 '干', '首', '齊' 등의 오래된 부수는 삭제되었고, 'ㆍ'가 '水'에서 분화되고 'ㆍ'이 '心'에서 분화된 것처럼 분화되어 나온 것도 있으므로 이와 같은 변화를 잘 파악하고 있어야 한다.[6) 번호에 따른 배열 역시 몇 가지 문제가 있다. 일부 모서리는 형식적으로

만 존재하고 자주 사용되지 않기에 기억하기 쉽지 않다. 그리고 자형이 간화됨에 따라 글자 번호에도 변화가 생겼다. 예를 들어, 정자체 '語'는 0166이고 간화된 '语'는 3176이다. 이후에도 한자가 변화를 겪게 되면 부수배열과 번호배열법에도 상응하는 변화가 일어날 것이다. 따라서 사전을 이용할 때에는 수록되어 있는 한자가 정자체인지 간화된 글자체인지, 배열방법에 어떠한 특성이 있는지를 반드시 숙지해야 한다.

『신화자전』은 중국에서 많이 사용하는 자전이다. 여기에 수록된 글자(번체자, 이체자 포함)는 만 자 이상이다. 이 자전은 고서 독해 전용으로 편찬된 것은 아니지만 고서에서의 상용한자도 상당수 수록되어 있다. 다음 예를 보자.

畀[줄 비] bì : 주다
瘳[나을 추] chōu : ① 병이 낫다 ② 손해
罟[그물 고] gǔ : 〈古〉 고기 잡는 그물
彘[돼지 체] zhì : 〈古〉 돼지

또 어떤 글자의 의미항목 중에는 고대의 용법도 수록되어 있다. 다음 예를 보자.

走[달릴 쥐] : ⑥ 고대 '달리다'는 뜻
爵[술잔 작] : ① 고대의 '술잔'
乃[이에 내, 너 내] : ① 너, 너의
說[말씀 설, 기쁠 열] : ③ 음은 열이며, 고대의 '悅'자와 같다.

그밖에 고대의 문장에 보이는 고유한 이음절어도 수록되어 있다.

---

6) (역주) 이 예는 현대중국의 한자에 해당하는 것이다. 한자 자체로 볼 때 부수 파악이 어려운 글자로는 相[目部의 4획], 有[內部의 2획] 등이 있다.

囹圄(영어) língyǔ : 고대의 '감옥'을 가리킴

帡幪(병몽) píngméng : 고대에 무엇인가를 덮거나 가리는 데 썼던 물건을 일
컬음. 장막 등을 가리킴.

『신화자전』은 현대중국어로 뜻풀이가 되어 있고 발음표기도 정확하기 때문에 고
대중국어를 공부하는 데 유용하다. 예를 들어 『전국책(戰國策)·조책(趙策)』의 '觸龍
說趙太后[조나라 태후를 설득한 촉룡]' 관련 고사에 나오는 '質, 徐, 謝, 竊, 恃, 殊, 嗜,
息, 膏, 胺' 등은 『신화자전』에서 원문에서의 의미와 같은 의미로 풀이한 항목을 찾
을 수 있다. 물론 『신화자전』은 현대중국어 자전으로서 옛 글자와 옛 의미를 수록하
는 데에는 한계가 있어 고대중국어를 공부하는 데 필요한 부분을 충분히 채워주지는
못하므로 다른 자전도 찾아봐야 한다.

『현대중국어사전』은 표준 중국어 어휘가 수록되어 있는 중형사전으로 해방 이후
현대중국어 어휘 연구의 성과가 반영되어 있다. 『신화자전』과 마찬가지로 이 책 역
시 고서 독해 전용으로 편찬된 사전은 아니다. 그러나 이 사전에 수록된 1만 여의
개별 글자에 대해서는 발음표기가 정확하고 뜻풀이도 잘 되어 있으며 옛 글자와 옛
의미도 수록하고 있어 고대중국어를 처음 배우는 독자들에게 도움을 준다.

『강희자전(康熙字典)』은 청나라 강희(康熙) 55년[서기 1716년]에 편찬되었으며, 전체
4만 7천여 자가 수록되어 있어 일반 자전에 안 나오는 글자도 찾아볼 수 있다. 이
자전은 부수에 따라 배열되어 있는데, 전체를 214개의 부수로 나누고 각 부수들을
획순에 따라 각각 12지지(地支)로 대표되는 12모둠에 귀속시켰다. 각 모둠은 또 상,
중, 하 3권으로 나뉜다. 글자를 풀이할 때에는 발음표기를 먼저하고 뜻을 풀어주었
고, 각각의 뜻 다음에 고서를 인용하여 증명하였다. 다음 예를 보자.

籌 『광운(廣韻)』直과 由의 반절음이다. 『집운(集韻)』『운회(韻會)』陳과 留
의 반절음이다. 『정운(正韻)』除와 留의 반절음이다. 모두 儔(주)로 발음

한다. 수를 세는 산가지이다. 『의례(儀禮)·향사례(鄕射禮)』의 '전주(箭籌) 80개'에 대한 주에서 "籌는 산가지이다. 또는 투호살이다."라고 하였다. 『예기(禮記)·투호(投壺)』의 "투호살[籌]은 실(室)에서는 5부(扶),[7] 당(堂)에서는 7부, 정(庭)에서는 9부로 한다."에 대한 주에서 "籌는 화살이다. 또는 계책이다."라고 하였다. 『사기(史記)·고조본기(高祖本紀)』에 '장막 안에서 계책을 세움'이라는 구절이 있다. 또한 『집운』에서 "徒와 刀의 반절음이고 '陶'로 발음한다."고 하였다. 『양웅(揚雄)·방언(方言)』에 "생각함이다."라는 구절이 있다. 또한 협음(叶音)으로 '除' 발음이다." 『채홍(蔡洪)·위기부(圍棋賦)』에 "기묘한 생각 늘어놓고 묘한 수 다툼에, 복색 꾸며 붉은 말 놀리네."라는 구절이 있다.[8]

이곳의 '籌'자에는 세 가지 주음법이 사용되었다. 반절법은 두 개의 한자를 이용해 한 글자의 음을 나타내는 방법으로 앞의 글자에서 성모를, 뒤의 글자에서 운모와 성조를 취한 뒤 이를 결합하여 해당 글자의 음을 나타내는 것이다. 가령 '毛, 莫袍切'의 경우, '莫'의 성모 'm'과 '袍'의 운모 및 성조 áo를 결합시키면 máo가 되는데, 이것이 바로 '毛'의 독음이다. 대부분의 경우 고대의 반절과 오늘날의 독음이 같으므로, 반절의 기본적 용법을 익히면 현재의 독음을 조합해 낼 수 있다. 그러나 고금의 발음 변화에 따라 어떤 반절은 오늘날의 독음으로 조합되지 않는다. 예를 들어, '籌(주, chóu)'자의 세 가지 반절에는 모두 문제가 있다. '直由切'의 '直'은 오늘날 zh 성모로서, '籌'의 성모 ch와 다르다. '陳留切'과 '除留切'의 경우는 반절상자(反切上字)를 '陳', '除'으로 교체하여 ch 발음을 나타낼 수 있게 되었다. 그러나 이번에는 반절하자(反切下字) '留'가 문제이다. '留'의 운모는 iou인데, 현대중국어에서는 ch 뒤

---

7) (역주) 부(扶) : 고대의 길이를 나타내는 단위. 손가락 네 개를 모은 너비가 1부(扶)이다.

8) 籌 [廣韻] 直由切. [集韻][韻會] 陳留切. [正韻] 除留切, 並音儔. 籌算也. [儀禮·鄕射禮] 箭籌八十. [註] 籌, 算也. 又壺矢, [禮投壺] 籌, 室中五扶, 堂上七扶, 庭中九扶. [註] 籌, 矢也. 又籌策. [史記·高祖紀] 運籌帳幄之中. 又[集韻] 徒刀切, 音陶. [揚子·方言] 戴也, 又叶音除. [蔡洪·圍棋賦] 擄妙思, 奮元籌. 飾服色, 玩騂駒.

에 i가 올 수 없다. 이를 처리하는 방법은 i음을 없애는 것이고, 그렇게 하면 '陳留切', '除留切'이 '籌'의 독음을 나타낼 수 있다. 그 공식은 'ch+(i)óu=chóu'이다. 그런데, '直'자는 '籌'의 반절상자이면서도 왜 ch 발음을 나타내지 못하는 것일까? 본래 '直', '籌', '陳', '除'는 모두 중고시기에 전탁(全濁) 성모였다. '直'은 입성자(入聲字)였으므로 현재는 무기음 성모 zh로 발음하고, 나머지 세 자는 옛날에 평성자(平聲字)였으므로 유기음 성모 ch로 발음한다.[9] 고금의 발음 변화 상황 및 대응 관계를 정확하게 파악하고 있어야만 이러한 현상을 설명하고 해당 글자의 독음을 알아 낼 수 있다. 그러나 이러한 복잡한 상황은 초보자들이 쉽게 해결할 수 있는 문제가 아니다. 따라서 다른 자전에서는 찾을 수 없는 벽자(僻字)가 아니고서는 『강희자전』의 반절로 글자의 독음을 확정하지 않는 것이 좋다.

직음법은 동음자(同音字)로 음을 다는 것이다. '籌' 다음에 '并音儔'라고 한 것은 앞서 인용한 여러 운서의 '籌'가 모두 '儔'와 음이 같음을 가리킨다. 직음법은 반절법만큼 과학적이지 않고, 때로는 동음자를 찾지 못하거나 음을 설명하는 글자가 설명 대상 글자보다 더 어려운 경우도 있다. 이렇게 되면 발음표기의 기능을 잃게 된다. 예를 들어 "西의 음은 牺이다."와 "是의 음은 妼이다."와 같은 직음법 풀이에서는 설명하는 글자가 원래의 글자보다 더 어렵다.

협음법은 피해야 하는 발음표기법이다. 이 방법은 압운을 위해서 임시로 독음을 바꿀 수 있다는 것인데, 이는 주관적인 판단에서 나온 것이다. "籌는 除와 협운된다."는 설명은 근거가 없는 것이다. 명나라의 진제(陳第), 청나라 초기의 고염무(顧炎武) 등이 협음법을 비판하였다. 『강희자전』에서 아직 이 자료를 인용하고 있는 것은

---

9) (역주) 중고시기에서 근대시기로 넘어오면서 중국어의 발음 체계가 여러 방면에서 크게 변화하였는데, 그중 하나가 바로 여기에서 지적하고 있는 전탁성모의 청음화(淸音化) 현상이다. 전탁성모였던 네 글자 '直', '籌', '陳', '除' 가운데, 평성이었던 '籌', '陳', '除'은 유기음으로 변화하였고, 측성(仄聲)이었던 '直'은 무기음으로 변화하였다. 즉, 네 글자는 고대에 동일한 성모였지만 발음 변화로 인해 현재 다른 음을 나타내게 된 것이다. 한글 독음의 경우에는 네 글자의 성모가 모두 'ㅈ'으로 동일하다.

잘못이다.

　뜻풀이에 있어 『강희자전』에서 보이는 특징은 옛 설명과 주석을 늘어놓으며 각각의 의미항목에 대해 예를 들어 증명을 했다는 점이다. 가령, '籌'자에는 네 개의 의미항목이 있는데, 첫 번째와 두 번째 의미항목에는 모두 인용문과 이전 사람들의 주석이 달려 있고, 세 번째 의미항목에는 인용문만 있고 옛 주석은 없으며, 네 번째 의미항목은 인용이 잘못되었다. 『방언』 제12권의 "籌, 戴也."라는 구절에 대해 대진(戴震)은 "籌는 幬로 쓰기도 하며……燾로 쓰기도 한다."고 하였다. 따라서 '籌'는 '徒刀切'(tāo)로 읽어야 한다. 그런데 『방언』의 어떤 판본에 '籌'가 '籌'로 잘못 기재되어 있는 것을 『강희자전』에서 그대로 인용한 것이다. 따라서 『강희자전』을 볼 때에는 반드시 원문을 대조하여 잘못된 것을 그대로 받아들이지 말아야 한다. 청나라 도광(道光) 연간 때의 왕인지(王引之)는 『자전고증(字典考證)』이라는 책을 지어,[10] 『강희자전』의 잘못된 부분 258여 개 항목을 지적하였으나 독음 부분의 옳고 그름에 대해서는 거의 언급하지 않았다. 『강희자전』은 발음표기 방면의 오류도 매우 많은데, 왕리(王力) 선생의 『강희자전음독정오(康熙字典音讀正誤)』[11]라는 책에서 이를 다루고 있다. 이 두 책은 『강희자전』 검색 시 참고해야 할 중요한 서적이다.

　『한어대자전(漢語大字典)』은 1980년대에 출판된 대형자전이다. 여기에 수록된 글자는 약 56,000자 정도로, 2009년 현재 수록된 글자수가 가장 많은 사전이다. 자형 부분에서는 각각의 계승 관계를 파악할 수 있도록 갑골문, 금문, 소전 및 예서 등의 서체를 수록하였다. 자음 부분에서는 일단 한어병음자모로 수록된 모든 글자의 현대 발음을 달고, 그 다음에 중고음 반절을 보여주며, 그 글자의 음운과 상고시대에 속해 있던 운부를 나타내었다. 『한어대자전』은 한자 자형, 자음, 자의를 검색하는 데 유용한 대형 공구서이다. 다만 아쉬운 것은 뜻풀이가 지나치게 상세하여 단어의 의미를

---

10) (역주) 1958년 중화서국(中華書局)에서 간행한 『강희자전』에는 부록으로 포함되어 있다.
11) 1988년 북경 상무인서관(商務印書館)에서 간행되었다.

개괄해 내지 못하였고, 여러 사람에 의해 만들어졌기에 의미항목의 분합(分合)이 제대로 이루어지지 않거나 뜻풀이가 부정확하고 고음 표기에 오류가 있다는 점이다.

『왕리고한어자전(王力古漢語字典)』은 2000년에 출판된 고대중국어 중형 자전이다. 이 자전은 특히 단어의미의 개괄성, 체계성, 시대성을 중시한 서적이며, 별도로 동의어 구별이나 동원사(同源詞) 탐구, 연면사(聯綿詞) 풀이 등에 대해서도 다루었다. 따라서 고문헌 독해 및 독해능력 신장에 도움이 된다. 다만 책이 급하게 만들어져 편저자의 원래 기대에는 못 미치는 상태인데 향후 보완될 것으로 기대한다. 그밖에 한자의 상고음(上古音) 및 중고음(中古音)에 대한 전문서적으로 궈시량(郭錫良)의 『한자고음수책(漢字古音手冊)』(개정본)이 있다.

단어와 전고 검색

고대중국어에는 2음절 이상으로 이루어진 어휘인 복음사(複音詞)가 적지 않으며, 중국의 다양하고 오랜 역사 또한 수많은 성어(成語)와 전고(典故)를 남겼다. 이러한 고대 어휘와 전고는 고대중국어에만 보이는 것이 아니라 현대중국어에서도 일부 사용된다. 이와 같은 고대 어휘와 전고를 검색하기에 가장 좋은 공구서로『사원(辭源)』과『사해(辭海)』를 들 수 있다. 두 책은 다음어와 어구 이외에도 인명, 지명, 성어, 전고, 사회과학과 자연과학 등의 용어 및 번역어 등을 수록하고 있다.

『사원』 1915년 출판 [1931년에 속편(續編) 출판]
『사해』 1936년 출판

두 책의 체제는 비슷하다. 모두 부수배열법을 사용하고, 『강희자전』과 마찬가지로 214부수로 나누었다. 먼저 각 글자의 뜻을 풀이하고, 그 다음에 복음사 및 어구의 뜻과 용법을 설명한다. 복음사와 성어, 전고 등은 이 단어 및 전고의 첫 번째 글자 아래에 수록되고, 자수의 많고 적음과 두 번째, 세 번째 글자의 획수에 따라 순서가 정해진다. 예를 들어 "一鼓作氣"[한번 북을 두드려 사기를 진작시키다]의 뜻과 출처를 찾으려면, 우선 '一'자를 찾고 '一'자 아래에 수록된 네 글자의 단어 중에서 두 번째 글자인 '鼓'와 세 번째 글자 '作'의 필획 수에 따라 이 성어를 찾을 수 있다.

> 『사원』 [一鼓作氣]『左傳』"夫戰. 勇氣也. 一鼓作氣. 再而衰. 三而竭." 言鼓聲初起之時. 戰士之勇氣. 皆爲之奮作也. 今喩人作事. 宜乘初起之精神. 恒用此語.
> 『좌전』에 "무릇 전쟁이란 용기이다. 한 번 북을 치면 기운이 진작되고 두 번 치면 쇠퇴하며 세 번 치면 사라진다."라는 구절이 있다. 이는 북소리가 처음 울릴 때에 전사들의 용기가 모두 분투하여 일어난다는 말이다. 지금은 어떤 일을 할 때 마땅히 처음의 정신에 입각해야 함을 비유할 때 항상 이 말을 쓴다.

> 『사해』 [一鼓作氣]『左傳莊十年』："夫戰, 勇氣也, 一鼓作氣, 再而衰, 三而竭. 彼竭我盈故克之." 按此爲魯曹劌對莊公語, 今每用爲開始作事情精神興奮之喩.
> 『좌전·장공 10년』에 "무릇 전쟁이란 용기인데, 한 번 북을 치면 기운이 진작되고 두 번 치면 쇠퇴하며 세 번 치면 사라진다. 적은 사기가 사라졌고 아군은 사기가 충만하므로 이긴 것이다."라는 구절이 있다. 이는 노나라 조귀(曹劌)가 장공에게 했던 말인데, 지금은 어떤 일을 시작할 때 정신이 바짝 깨어남을 비유할 때 쓰인다.

위 예에서 볼 수 있듯이 두 책은 모두 문언문으로 뜻을 풀이하고 있어서 대중적인 접근이 어렵다. 예문을 인용할 때는 가능하면 가장 먼저 출현한 문헌을 제시하였는데, 이것이 바로 단어나 전고의 '출처'이다. 『사해』가 『사원』보다 약 20년 늦게 출판되었기에 출처의 명시는 물론이고, 뜻풀이나 구두점 모두 『사원』에 비해 크게 나아졌다. 『사해』의 인용서에는 편명이 적혀 있어 원문과 대조해 보기에 편리하다. 『사해』의 뜻풀이 역시 『사원』보다 간단명료하며, 문장부호도 『사원』보다 다양하게 사용하였다.

『사해』가 『사원』보다 나아진 면은 있으나, 두 책에 수록되어 있는 단어가 완전히 일치하지는 않는다. 예를 들어 『사원』의 '仰'자 아래에는 '仰仗[의지하다], 仰成[다른 사람의 성공에 의지하다], 仰食[다른 사람에 의지하여 밥을 얻어먹다], 仰塵[먼지받이 장막], 仰攀[잡고 올라가다]' 등이 수록되어 있는데, 『사해』에는 이 항목들이 없다. 마찬가지로 『사해』에 수록된 일부 어휘들이 『사원』에는 없어 두 책은 서로의 장단점을 보완해 줄 수 있다.

편집의 시기적 요인으로 인해 두 사전 모두 시대에 뒤떨어지거나 잡다한 내용을 포함하고 있다. 자연과학분야 용어 중에는 수십 년 전에 사용하던 용어나 이미 폐기된 용어 등이 수록된 경우도 있다. 사회과학용어와 인명 등은 관점 상의 문제가 있는 경우도 있고, 뜻풀이와 인용문 역시 과학성과 기술성 측면에서의 착오가 적지 않다. 예를 들어 『사원』은 『강희자전』의 잘못을 이어받아 '舍'자를 설명하면서 "군대의 행렬이 1박을 하는 것을 '舍'라고 하고, 혹은 30리의 길을 一舍라고 한다."[12]라고 하였는데, 이는 본래 별개의 의미항목이므로 함께 언급되어서는 안 된다. 『사해』에서는 '低眉折腰'라는 어휘에 대해, "두보의 시에서 '安能低眉折腰事權貴'[어찌 머리 숙이고 허리 굽혀 부귀와 권세를 일삼을 수 있겠는가?]라고 했다."[13]라는 설명을 하였다. 여기에서 이백을 두보라고 잘못 쓰고, '摧眉'를 '低眉'라고 잘못 썼다. 이러한 이유 때문에 이 두 사전을 참고할 때에는 분석적이고 비판적인 시각으로 봐야 한다.

1958년 중국 국가 차원의 계획 하에 『사원』과 『사해』를 개정하였고, 이후 두 책

---

12) "師行一宿爲舍, 或謂三十里爲一舍."
13) (역주) 이는 원래 이백의 「夢遊天姥吟留別(꿈에 천모산에서 노닌 노래로 친구들과 작별하며)」의 구절이다.

의 역할이 나뉘어 서로 다른 성격의 공구서가 되었다. 『사해』는 변함없이 종합사전으로서 성어, 전고, 인명, 지명 및 각 분야의 용어를 수록했고, 『사원』은 고서 독해 전용 공구서이자 고전문학 및 역사 연구자들을 위한 참고서로 개정되었다. 개정된 『사해』(미완성본)는 1965년에 출판되었고, 개정된 『사원』은 네 책으로 나뉘어 첫 번째 책이 1964년에 출판되었다. 1972년 이후에 『사해』(미완성본)와 『사원』(개정본) 제1책을 다시 수정하였고, 1979년에 『사해』(개정본)와 『사원』(개정본) 제1권이 출판되었다. 『사원』(개정본) 제2, 3, 4책도 각각 1980년, 1981년, 1983년에 연달아 출판되었다. 이 두 사전은 몇 번의 개정을 거쳐 어휘 수록, 발음표기, 뜻풀이 및 체제 등 각 부분에서 새로운 면모를 갖추게 되었으며, 중국의 공구서 발전에 큰 영향을 미쳤다.

『사해』(개정본)는 종합사전이기 때문에 자주 보이는 고대 어휘와 전고만을 수록하였고, 뜻풀이도 간단하고 쉽게 되어 있다. 『사원』(개정본)은 고서를 읽을 때 단어나 전고와 관련된 문제, 그리고 고대 문물과 전장제도 등의 지식과 관련된 의문을 해결하는 데 주로 사용되며 번체자로 되어 있다. 또 고대 어휘와 전고가 많이 수록되어 있고 뜻풀이도 정확하며 인용문에도 출처를 상세히 밝혀주므로 고대중국어를 배우고 연구하는 데 있어 매우 중요한 공구서라고 할 수 있다.

허사와 특수 단어 검색

고대중국어 허사의 용법은 복잡한 편이다. 이는 문법의 문제로서 허사 관련 전문 서적들을 검색용 공구서로 활용할 수 있다.

고대중국어 허사를 집중적으로 다루고 있는 저작 중 비교적 많은 영향을 미치는 것으로 몇 가지가 있는데 이에 대해 소개하겠다.

『조자변략(助字辨略)』: 청나라 때의 유기(劉淇)가 썼으며 1711년에 출판되었다. 모두 470여 자가 수록되어 있으며, 전체를 사성(四聲)에 따라 나누고 운(韻)에 따라 순서를 배열하였다. '조자(助字)'의 추출범위는 선진시대부터 원나라 때에 이르기까지의 경전, 제자, 사서, 시와 사(詞), 소설 등의 풍부한 자료를 대상으로 하였다. 다만 '조자'를 분류함에 있어 기준이 동일하지 않고 항목이 지나치게 많다. 어떤 것은 형식에 따라 구분했고, 어떤 것은 어기에 따라 구분했고, 어떤 것은 의미에 따라 구분했으며, 세부적인 체계도 엄밀하지 않다.

『경전석사(經傳釋詞)』: 청나라 때의 왕인지(王引之)가 썼으며 1819년에 출판되었다. 모두 160자가 수록되어 있고 전체를 10권으로 나누어 상고시기 성모(聲母)에 따라 배열하였다. 제1권부터 제4권까지가 후음(喉音), 제5권은 아음(牙音), 제6권은 설음(舌音), 제7권은 반치(半齒)·반설음(半舌音), 제8권은 치두음(齒頭音), 제9권은 정치음(正齒音), 제10권은 순음(脣音)이다. 이 책에 수록된 허자(虛字)는 주로 경(經)과 그에 대한 설명인 전(傳)에서 뽑았고, 제자서와 여타 서적의 자료로 보충했으며, 동한 이후의 자료는 수록하지 않았다. 체례가 비교적 엄밀하고 근거자료가 풍부하며 해설이 상세하게 되어 있고 참고할 만한 견해도 많다. 이 책에서는 자형의 틀에서 벗어나 동음가차의 원리로 일부 허사의 뜻을 설명하기도 한다. 그러나 여기에서 사용하고 있는 문법용어와 오늘날의 용어가 크게 달라 처음 배우는 이들이 이해하기 어려우며, 허사 분류 역시 오늘날의 분류법만큼 과학적이지 않고 수록된 글자가 너무 적다는 단점이 있다.

『사전(詞詮)』: 근대의 양수달(楊樹達)이 편찬했으며 1928년에 출판되었다. 고대중국어 허사 500여 개가 수록되어 있으며, 주음자모 순서에 따라 배열하였고 부수목록도 첨부되어 있다. 각 허사를 풀이함에 있어 가장 먼저 품사를 표시한 후 뜻을 풀이하고, 그 다음 수많은 예문을 열거하였으며, 예문에는 출처를 밝혔다. 문장이 조리 있고 매우 체계적이다. 그러나 문법용어가 다소 오래된 것이고 부사를 14종으로 나누는 등 분류가 지나치게 세세하다. 뜻풀이 역시 잘못된 부분이 있고, 일부 어기조사와 감탄사에 대해 자주 '뜻이 없음'으로 풀이하였는데, 이는 해석을 안 한 것이나 다름없다. 이 책은 비교적 쉽게 쓰였다. 『경전석사』처럼 고증에 집착하는 습관도 없고

『조자변략』처럼 번잡스럽지도 않다. 1999년 출판된 『고대한어허사사전(古代漢語虛詞詞典)은 언어 연구의 새로운 성과로서 1,800여 개 허사가 수록되어 있으므로 고대중국어 초학자들이 사용하기에 적합하다.

고대중국어 어휘에 대한 연구는 줄곧 옛것을 중시하고 오늘날의 것은 가볍게 여기는 경향을 보여, 당송시대 이후의 어휘에 대한 연구가 매우 적다. 근대의 장상(張相)이 쓴 『시사곡어사휘석(詩詞曲語辭匯釋)』[1953년 출판]은 주목할 만하다. 이 책은 주로 당송원명 시기의 시(時), 사(詞), 곡(曲)에 자주 사용되는 특수한 어구를 다루고 있다. 이러한 어구들은 대부분 당시의 일상적인 구어에서 나온 것으로 과거에는 이에 대해 다룬 책이 없었다. 이 책은 낱글자와 단어 총 537개를 풀이하였고, 약 600여 개의 첨부항목을 수록했다. 각 항목의 배열은 시, 사, 곡 순서이고 예문이 매우 풍부하여, 시, 사, 곡 등의 작품을 보는 사람들이 참고할 만하다. 책 뒤에는 검색을 위한 '어사필획색인'이 첨부되어 있다.

이밖에도 특수 단어에 대한 전문서적이 몇 가지 더 있지만 여기에서 일일이 언급하지는 않겠다.

02

한자의 구조와 발전

한자의 자형과 의미는 밀접한 관련이 있어서 자형을 분석할 줄 알면 글자의 뜻을 이해하는 데 도움이 된다. 이 장에서는 한자의 구조와 발전 과정에 대해 소개하겠다.

'육서(六書)'와 한자의 구조

한자의 구조에 대해서는 전통적으로 '육서설(六書說)'이 있다. 육서는 상형(象形), 지사(指事), 회의(會意), 형성(形聲), 전주(轉注), 가차(假借)이다. 허신(許愼)은 『설문해자(說文解字)·서』에서 육서에 대해 설명하면서 해당되는 글자를 예로 들었다.[1] 그에 따르면 "첫째는 지사이다. 지사는 그냥 보면 인식이 가능하고, 면밀히 보면 그 뜻이 보이니, 上과 下가 이에 해당한다. 둘째는 상형이다. 상형은 획으로 사물을 그려내는 것으로서 사물 모양에 따라 구부렸다 폈다 하는 것으로, 日과 月이 이에 해당한다.

---

[1] 『설문해자』는 동한(東漢)의 허신이 썼고 서기 100년경에 완성되었다. 이는 중국에서 가장 이른 시기에 한자의 형태와 의미를 분석한 저작이며, 줄여서 『설문』이라고 부른다.

셋째는 형성이다. 형성은 대상에 따라 글자를 만들고 비슷한 음을 취하여 글자를 완성하는 것으로, 江과 河가 이에 해당한다. 넷째는 회의이다. 회의는 다른 부류의 글자를 나란히 놓아 의미를 합쳐서 대상의 뜻을 나타내는 것으로, 武와 信이 이에 해당한다. 다섯째는 전주이다. 전주는 동일한 부수를 중심으로 같은 뜻을 주고받는 것으로, 考와 老가 이에 해당한다. 여섯째는 가차이다. 가차는 본래 그 의미를 나타내는 글자가 없어 소리에 의지하여 대상을 나타내는 것으로, 令과 長이 이에 해당한다."[2] 허신의 이 설명이 천년이 넘는 동안 육서를 이해하는 근거가 되었고, 선인들은 대부분 육서가 글자를 만드는[造字] 여섯 가지 방법이라고 생각했다. 그러나 이는 그다지 과학적이지 않은 견해임이 분명하다. 그 이유는 문자는 사회발전이 어느 정도 진행된 이후에 나타나는 산물로서, 한 사람이 만들어 놓은 체계에 의해서가 아닌 여러 사람들에 의해 만들어지는 것이기 때문이다. 육서라는 것은 전국시대 이후 사람들이 한자의 자형 구조와 사용 양상을 기준으로 귀납한 자형 분류법에 불과하다. 이러한 분류는 한자의 실제 상황에 근거한 것이므로 한자 교육에 어느 정도 도움을 준다. 그런데 한 가지 알아두어야 할 것은, 육서 중 한자의 자형 구조 측면에 해당하는 것은 상형, 지사, 회의, 형성 이 네 가지뿐이라는 것이다. 가차는 일종의 글자를 사용하는[用字] 방법에 불과하다.[3] 어떤 단어는 그것을 나타내는 글자가 없어서 발음이 같은 글자를 빌려 나타내는 경우가 있다. 예를 들어 '難'은 본래 새 이름인데,[4] '어렵다'를 뜻하는 '難'으로 사용되며, '權'은 본래 나무 이름인데,[5] '저울추', '권력'을 뜻하는 '權'으로 사용되고, '而'는 본래 수염인데,[6] 문법 관계를 나타내는 접

---

2) "一曰指事, 指事者, 視而可識, 察而見意, 上下是也. 二曰象形, 象形者, 畫成其物, 隨體詰詘, 日月是也. 三曰形聲, 形聲者, 以事爲名, 取譬相成, 江河是也. 四曰會意, 會意者, 比類合誼, 以見指撝, 武信是也. 五曰轉注, 轉注者, 建類一首, 同意相受, 考老是也. 六曰假借, 假借者, 本無其字, 依聲託事, 令長是也."(『설문해자 · 서』)

3) 허신이 든 가차의 예는 타당하지 않다고 본다.

4) 『설문』 "難, 鳥也."

5) 『설문』 "黃華木"

속사로 사용된다. 전주에 대해서는 문자학자 사이에 의견이 분분하여 정론(定論)을 세우기가 매우 어렵다. 어떤 학자는 같은 부수의 글자는 모두 전주라고 하고, 어떤 학자는 전주는 곧 호훈(互訓)[7]이라고 했으며, 어떤 학자는 전주를 단어의미의 파생[引伸]이라고 보았다. 허신은 「서」에서 전주의 예로 두 글자를 언급한 것 외에 전주에 대해 전혀 언급하지 않았다. 중요한 것은 '전주자'도 상형, 지사, 회의, 형성 네 가지 자형 구조의 범위에서 벗어나지 않는다는 점이다. 가차에 대해서는 이 책의 제26장 「고서의 독음 문제」에서 집중적으로 다룰 것이다. 전주에 대해서는 그것이 한자의 자형 구조와 무관하다는 점만 이해하면 되므로 더 이상 설명하지 않겠다. 한자의 자형 구조 기준으로 묶은 부류는 다시 두 종류로 나눌 수 있다. 하나는 표음성분을 갖고 있지 않은 순수표의자[상형자, 지사자, 회의자]이며, 하나는 표음성분을 갖고 있는 형성자이다.

한자의 형태와 의미 간의 관계에 대해 보다 심화된 이해를 위해 아래에서 네 가지 자형구조에 대해 간단하게 살펴보도록 하자.

1) 상형

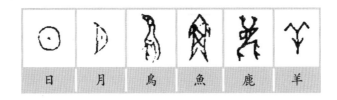

이 글자들은 갑골문(甲骨文) 중에서도 사물의 윤곽이나 특징적인 부분이 명확하게 묘사된 것들이다.[8]

---

6) 『설문』 "須也, 象形."

7) (역주) 호훈이란 서로 뜻을 풀어준다는 말이다. 가령 "A, B也." "B, A也."라는 말이 성립한다면 이는 'A'와 'B'가 동의어로서 서로 뜻을 풀어준 것이어서 호훈이 된다.

2) 지사

지사는 기호로 사물의 특징을 나타내는 조자방법이다. 예를 들어, 上, 下, 亦, 本, 末 등이 있다.

앞의 세 글자는 갑골문이고, 뒤의 두 글자는 금문(金文)이다.9) 갑골문에서 하나의 획 위에 짧은 획이 있으면 '위'의 뜻을 나타내고, 하나의 획 아래에 짧은 획이 있으면 '아래'의 뜻을 나타낸다. 세 번째 글자는 사람을 그렸는데, 사람의 양쪽 팔 아래에 점을 찍어 '겨드랑이'를 나타낸 것이다.10) '本'과 '末' 두 글자는 갑골문에서는 보이지 않으며, 금문에서는 나무의 뿌리 부분에 동그란 점을 그려 '근본'(뿌리)을 나타냈고, 나뭇가지의 끝에 동그란 점(혹은 짧은 가로선)을 그려 '끝'(나뭇가지 끝)을 나타냈다. 이 중 '上'이나 '下' 같은 글자는 순수기호 형태의 지사자이고, '亦', '本', '末' 등은 상형자에 특정 부호를 더한 것이다. 지사자는 그 수가 많지 않다.

3) 회의

회의는 두 개 이상의 형체로 구성되어 그들의 의미를 조합하여 새로운 뜻을 만들

---

8) 갑골문은 은나라의 문자로 거북의 껍질이나 짐승의 뼈에 새겼으며, 중국에 보존되어 있는 문자 중 체계가 비교적 잘 갖춰진 이른 시기의 고문자(古文字)이다. 이 책에서 그린 고문자는 대략의 모습을 옮긴 것이다.

9) 금문은 은, 주나라 때의 청동기에 새겨져 있는 글자이다.

10) '亦'은 본래 겨드랑이를 뜻하는 글자이며, 이 뜻은 지금 '腋'으로 쓴다.

어내는 것으로, 눈으로 보면 바로 뜻을 알 수 있다. 다음 예를 보자.

갑골문에서 '步'자는 발 두개가 합쳐진 모양으로, 두 개의 발 중 하나가 앞에 있고 하나는 뒤에 있는 것을 나타내어 '걷다'를 의미한다. '逐'자는 한 사람의 발이 豕 [돼지 시]의 뒤에 있어 '쫓아가다'를 의미한다. '鬪'자는 두 사람의 손이 엉켜 때리는 모양으로 '다툼'을 뜻한다. '莫'자의 위아래는 모두 풀이고 중간은 태양이다. 풀 속으로 해가 지고 날이 어두워짐을 나타낸다.[11] '牧'자에서 왼쪽 위는 소이고, 오른쪽 아래는 사람이 손에 몽둥이를 들고 있는 것으로, 합쳐져 '가축을 기르다'라는 뜻을 나타낸다.

4) 형성

형성자는 의미부와 소리부[12] 두 부분으로 구성된 것으로, 의미부는 의미범주를 나타내고, 소리부는 발음의 차이를 나타낸다. 다음 예를 보자.

---

11) 원래 이 글자는 '날이 저물다'는 뜻을 가진 '暮'자의 최초 표기법이었는데, '莫'이 부정사로 차용되어 쓰이자 여기에 '日'을 더하여 '暮'[저물 모]자가 나오게 되었다.

12) (역주) 의미부는 의부(意符) 혹은 형부(形符)라고도 부르며, 소리부는 성부(聲符)라고 부르기도 한다.

앞의 세 자는 갑골문이고, 뒤의 두 자는 금문이다. '杞'는 나무의 명칭으로, 독음은 '己'와 비슷하다. 따라서 木을 써서 의미부로 하고, 己를 써서 소리부로 하였다. '問'자는 口를 부수로 하고, 門을 소리부로 한다. 물론 발음의 변화로 인해 소리부의 독음이 글자의 발음과 이미 많이 달라졌다.[13] '江'의 상황도 마찬가지이다. '物'자는 牛를 부수로 하고 勿을 소리부로 한다. 본래는 여러 가지 색이 섞인 소를 가리켰다. '江'자는 水를 부수로 하고 工을 소리부로 한다. '裏'자는 衣를 부수로 하고 里를 소리부로 하며, '겉'을 나타내는 '表'자와 서로 상대되는 글자이다.

이 네 부류의 경계는 뚜렷하다. 그렇지만 일부 글자는 어디에 귀속시켜야 할지 모호한 경우도 있다. 이는 주로 상형과 지사, 지사와 회의 사이에서 나타난다. 예를 들어 '齊', '飛'의 경우 허신은 상형으로 보았지만, 왕균(王筠)[14]은 지사로 보았다. 또한 '高', '夾'에 대해서 허신은 회의로 보았지만, 왕균은 지사로 보았다. 회의와 형성 사이에서도 '역성(亦聲)'이라는 문제가 있다. 회의자로 분류되는 어떤 한자의 경우, 한자에 포함된 편방(偏旁) 하나가 그 한자의 독음을 담당한다고 하여 '역성'이라고 주장하기도 하는데, 이는 사실 회의자이자 형성자[會意兼形聲]로 보는 것이다. 예를 들어 '忘'자에 대해 『설문해자』에서는 "기억하지 못하는 것이다. 心을 구성성분으로 하고, 亡을 구성성분으로 한다. 亡은 소리부이기도 하다."[不識也. 从心, 从亡, 亡亦聲.]라고 말했다. 그러나 이처럼 어디에 귀속시켜야 하는지에 대해 의견이 엇갈리는 글자는 소수이다. 게다가 오늘날 한자의 자형 구조를 연구할 때 중요한 것은 해당 한자가 육서 중 어디에 속하는지가 아니고, 그들 사이의 필획의 구조가 어떠한 부분으로 어떻게 구성되었는지를 이해하는 것이다. 예를 들어 '齊'의 소전체(小篆體)는 齊, 갑골문은 ⻍인데, 이는 벼나 보리가 낸 싹이 평평함을 형상한 것이다. '飛'의

---

13) (역주) 한국어에서는 '문'으로 동일하지만 중국어에서는 '門'은 'mén'이고 '問'은 'wèn'으로 차이가 있다.

14) (역주) 청나라 때 『설문해자』를 연구한 사람으로 『설문구두(說文句讀)』와 『설문석례(說文釋例)』를 지었다.

소전체는 🐦로, 날개를 펴고 위로 향해 나는 새를 형상한 것이다. '高'의 소전체는 🏠, 갑골문은 🏯로, 높은 건물 위에 있는 집을 형상한 것이다. '夾'의 소전체는 🧍으로, 한 사람의 양 겨드랑이 아래에 물건을 감추어둔 것을 형상한 것이다. 이처럼 각 한자가 어떤 부류에 속하는지보다는 그 자체의 구조를 확실하게 이해하는 것이 중요하다. '施' 같은 경우에도 㫃과 也 두 부분으로 구성되는 것이지 方과 㐆의 결합이 아님을 알아야 한다. 마찬가지로 '旌', '族', '旋'도 모두 方이 아닌 㫃으로 구성되는 것이다. 그렇지만 '拖'는 扌와 㐆로 구성된 것이다.15) 자형의 필획 구조를 확실하게 이해한다면 대부분의 글자가 어디에 속하는지 또한 자연스럽게 파악할 수 있을 것이다.

형성자의 구조와 한자의 부수

한자는 아주 이른 시기부터 형성자의 비중이 80~90%를 차지했던 만큼,16) 어느 부분이 '形'[의미부], 즉 부수이고 어느 부분이 '聲'[소리부]인지 잘 파악해야 한다. 한자는 대부분 '좌측이 의미부, 우측이 소리부'[左形右聲] 형식이지만, 다른 형식의 형성자도 적지 않다. 이를 다음 여섯 종류로 나누어볼 수 있다.

(1) 좌측이 의미부, 우측이 소리부[左形右聲]   江, 棋, 詁, 超
(2) 좌측이 소리부, 우측이 의미부[左聲右形]   攻, 期, 胡, 邵
(3) 위쪽이 의미부, 아래쪽이 소리부[上形下聲]   空, 箕, 罟, 茗
(4) 위쪽이 소리부, 아래쪽이 의미부[上聲下形]   汞, 基, 辜, 照
(5) 안쪽이 의미부, 바깥쪽이 소리부[內形外聲]   辯, 哀, 問, 閩
(6) 안쪽이 소리부, 바깥쪽이 의미부[內聲外形]   閣, 國, 固, 裏

---

15) 이 한자는 본래는 '扡'로 썼는데 잘못 변하여 '拖'가 되었다.
16) 『설문해자』에 수록된 9,353자 중에서 형성자는 80% 이상이다.

(1)은 형성자의 기본형식이고, (2-4) 유형의 형성자도 많다. (5-6) 유형의 형성자는 소수이다. 또한 몇몇 형성자는 의미부와 소리부가 한쪽 구석이나 매우 작은 부분만 차지하는 경우도 있다. '勝'[力이 의미부, 朕(짐)이 소리부], '裁'[衣가 의미부, 𢦏(재)가 소리부], '徒'[辵이 의미부, 土가 소리부], '寶'[宀, 玉, 貝가 의미부, 缶(부)가 소리부] 등이 그 예이다. 형성자의 의미부와 소리부의 위치는 오랜 기간에 걸쳐 굳어져 내려온 것으로서 일단 고정된 이후에는 임의로 바뀌지 않는다.

한자 자형 구조 분석의 목적은 자형을 통해서 본래의 뜻을 확실하게 파악하는 데 있다. 몇몇 한자는 지금의 우리에게 익숙한 뜻이 나중에 생긴 것이어서, 고서에서 본래의 뜻으로 사용된 경우 문장 독해 시 곤란을 겪을 때가 있다. 가령, 『시경(詩經)·빈풍(豳風)·칠월(七月)』의 "塞向墐戶"[창을 막고 문틈을 흙으로 바른다.]에서 '向'은 무슨 뜻일까? 『설문·宀부』의 "向은 북쪽으로 난 창이다. 宀을 구성성분으로 하고 口를 구성성분으로 한다."라는 설명에 근거하면, '向'은 원래 북쪽을 향한 창문을 나타낸다. 宀은 방을 형상한 것이고, 口는 곧 창문이다. 음력 10월 이후 황하 유역에는 일반적으로 서북풍이 분다. 따라서 '塞向'[북쪽으로 난 창문을 막는 것]하여 차가운 공기가 들어오는 것을 막는다. '방향', '향하여' 등 우리가 잘 아는 뜻은 '북쪽 창'이라는 의미로부터 나온 것이다.

한자의 자형 구조 분석을 할 때 부수를 파악하면 간편하면서도 효과적으로 분석할 수 있다. 일반적으로 부수가 곧 의미부인데, 의미부가 소리부와 대비시킨 용어라면, 부수는 부수가 포함된 한자에 대비시킨 용어이다. 부수를 제일 먼저 언급한 사람은 허신이다. 허신은 『설문해자』에서 육서의 원칙에 따라 전서(篆書)의 자형 구조를 분석하고 이를 분류하여 540개의 편방을 개괄하여 '부수'라고 하였다. 그리고 동일한 편방을 가진 한자들을 모두 각 편방의 하위로 귀속시켰다.[17] 예를 들어, 情, 懼, 惟, 憐, 志, 念, 恥, 悲, 恭, 慕 등은 모두 心부에 들어간다.[18] 心부의 한자는 대부분

---

17) 『설문』의 몇몇 부수, 예를 들어 三, 兂, 燕, 五, 甲 등에는 부속자(해당 부수에 속하는 글자)가 없다.

심리 상태와 관련이 있다. 부수는 바로 해당 부수자의 본래의미가 소속된 의미범주를 나타내며, 『설문해자』 540부는 일반적으로 이러한 상황을 보여준다. 그렇지만 한자는 전서에서 예서(隸書)와 해서(楷書)로 바뀌면서 자형이 큰 변화를 겪었다. 명청시대 이후의 자전에서는 214부가 통용되었는데, 이는 한자를 검색하기 위한 원칙으로서의 부수이며 『설문해자』의 부수와는 다르다. 부수의 합병이 자형 구조 분석에 전혀 영향을 주지 않는 경우가 있는데, 가령 木部와 林部가 합쳐진 것이 그 예이다. 또 어떤 부수의 합병은 자형 구조의 분석을 혼란스럽게 하는데, 가령 匕(화)부와 北부가 匕(비)부로 합해진 뒤, 이 부수에 소속된 일부 한자들은 본래의미가 하나의 의미범주로 묶이지 않게 되었다. 또 후대의 자전은 한자 검색의 편리를 위해 나온 것이기 때문에 적지 않은 한자의 부수가 『설문』과는 차이가 있다. 다음 예를 보자.

> 所는 斤을 구성성분으로 하고, 戶를 소리부로 한다.
> 본래의미는 나무를 베는 소리이다. 『설문』에서는 斤부에 속하지만, 『사해(辭海)』에서는 戶부에 속한다.

> 發은 弓을 구성성분으로 하고, 癹을 소리부로 한다.
> 본래의미는 활을 쏘는 것이다. 『설문』에서는 弓부에 속하지만, 『사해』에서는 癶부에 속한다.

중국에서 1949년 이후 새롭게 편찬된 자전에는 이전과 다른 부수 체계가 적용되었고, 특히 간화자(簡化字)가 사용되면서 부수 분류에 더 큰 차이가 생겼다. 이러한 후대의 부수 체계는 한자검색 측면에서 540부보다 편리해졌다는 장점이 있다. 그러나 자형 구조를 분석하여 단어의 뜻을 제대로 파악하려면 반드시 문자학적 원칙에 부합하는 부수에 근거해야 한다.

---

18) ↑, ⺖는 心의 변형형태이다.

한자의 형태 변화와 이체자(異體字), 번간자(繁簡字)

|

한자의 구조를 이해했다면 이제는 한자의 발전 과정을 알아야 한다. 한자의 자형 구조는 오늘날까지 여전히 표의자(表意字)의 범주내에 있지만, 몇 천 년 동안 여러 차례의 변화를 거쳤다. 갑골과 금문에서는 회화적 의미를 많이 포함하고 있었으나 진(秦)나라 때의 전서(篆書)에 이르러서 형태상으로 큰 변화가 일어났다. 다음을 보자.

전서의 필획은 곡선형으로 구부러져서 여전히 상형의 의미를 보존하고는 있지만, 부호로서의 성격이 크게 강해졌다. 전서에서 예서 단계로 가면서는 더 큰 변화를 겪었다. 다음을 보자.

鳥亦步逐物

예서는 한자의 변천사에서 중요한 전환점으로, 고문자(古文字)와 금문자(今文字)를 나누는 분수령이다. 소전체의 불규칙적인 곡선과 둥글둥글한 선이 예서에서는 모나게 꺾인 필획으로 변하였다. 자형이 '네모 반듯한 모양[平直方正]'으로 변하고, 또한 일부 편방의 형태에도 변화가 생겼다. 가령, '旾'이 '春'으로 변하고, '書'가 '書'로 간략화 되었다. 이것이 첫 번째 중요한 간략화이다. 여기에서부터 한자의 상형적 의미는 대부분 상실되었다. 예서에서 해서까지의 자형 구조는 기본적으로 큰 변화가 없으며, 단지 예서의 '파세도법(波勢挑法)'[19]이 정형화된 '구별(勾撇)'[20]로 바뀌었을 뿐이다.

한자의 발전에 있어 자형의 변화는 주로 두 가지 부분에서 나타났다. 하나는 구조이고, 또 하나는 필획의 모양이다. 갑골과 금문에서 해서로 변화하면서 구조의 변화가 있었던 것은 분명하지만 더 중요한 것은 필획의 변화이다. 오늘날의 고적은 기본적으로 해서를 이용하여 인쇄한 것이므로, 예서 이전의 고문자를 몰라도 고서를 읽는 데에 큰 지장은 없다. 그러나 한자는 전서 이래로만 2천여 년의 역사를 거쳐 왔다. 이렇게 오랜 기간 동안 시간이나 지역 차이로 인해 하나의 단어를 두 개 혹은 더 많은 한자로 표현하게 된 것은 매우 자연스러운 현상이다. 이로 인해 자형 구조가 전혀 다른 이체자가 형성되어 고서를 읽을 때 곤란을 겪기도 한다.

고서에서 보이는 이체자는 두 가지 종류로 나눌 수 있다. 첫째, 두 글자가 모두 통용되어 둘 다 자주 보이는 경우이다. 다음 예를 보자.

詠, 咏[읊을 영]　　睹, 覩[볼 도]　　綫, 線[실 선]　　嶽, 岳[큰 산 악]
歎, 嘆[탄식할 탄]　憑, 凭[기댈 빙]　　俯, 俛[구부릴 부]　鷄, 雞[닭 계]
雁, 鴈[기러기 안]　賸, 剩[남을 잉]　　煙, 烟[연기 연]　　脣, 唇[입술 순]

둘째, 한 글자는 자주 쓰이지만 다른 한 글자는 드물게 쓰이는 것이다. 다음 예를 보자.

驅, 敺[말몰 구]　　地, 墬[땅 지]　　俯, 頫[구부릴 부]　軟, 輭[부드릴 연]　時, 旹[때 시]
蚓, 螾[지렁이 인]　坤, 堃[땅 곤]　　哲, 喆[밝을 철]　　笑, 咲[웃을 소]　野, 埜[들 야]

1949년 이전에 출판된 자전과 사전에서 속자(俗字)라고 지칭하는 것은 나중에 생긴 이체자를 가리킨다. 다음 예를 보자.

---

19) (역주) 예서의 고유한 필법으로 필획의 마지막에 물결같이 마무리 짓는 것.
20) (역주) 해서의 고유한 필법으로 마지막에 갈고리 같이 마무리 짓는 것.

袴, 裤[바지 고]　祕, 秘[비밀 비]　蠶, 蚕[누에 잠　傑, 杰[뛰어날 걸]　夢, 梦[꿈 몽]
卻, 却[물리칠 각]　淚, 泪[눈물 루]　礙, 碍[거리낄 애]　巖, 岩[바위 암]　點, 点[점 점]

　　속자의 대부분은 초기 간화자로, 상고(上古)시기의 서적에는 등장하지 않고 중고(中
古)시기 이후 책에도 드물게 나타나며, 보통 손으로 쓴 기록에서 많이 보인다.
　　이체자는 자형상 다음 몇 가지 경우로 나누어 볼 수 있다.
　　1) 회의자와 형성자로 나뉜다. 가령, '憑'은 형성자이고, '凭'은 회의자이다. '嶽'
은 형성자이고, '岳'은 회의자이다. '淚'는 형성자이고, '泪'는 회의자이다. '巖'은
형성자이고, '岩'은 회의자이다.
　　2) 의미부가 다르다. 가령, '詠'과 '咏', '睹'와 '覩', '歎'과 '嘆', '驅'와 '敺',
'雁'과 '鴈', '鷄'와 '雞' 등이 이 예이다.
　　3) 소리부가 다르다. 가령, '綫'과 '線', '煙'과 '烟', '時'와 '旹',[21] '蚓'과 '螾'
등이 이 예이다.
　　4) 의미부와 소리부 모두 다르다. 가령, '賸'은 貝가 의미부이고 朕이 소리부이다.
그런데 '剩'은 刀가 의미부이고 乘이 소리부이다.
　　5) 각종 성분의 위치가 변하였다. '慚'과 '慙', '和'와 '咊', '鵝'와 '鵝'와 '䳶'는
소리부와 의미부의 위치를 바꾼 경우이다. 또 소리부나 의미부의 필획을 바꾼 경우
가 있다. 가령, '雜'자는 본래 '襍'으로 쓰다가 이후 '雜'이 되었는데, 이는 '衣'가
왼쪽에 있었다가 형태가 변했고 '集' 아래의 '木'이 왼쪽 아랫부분 구석으로 옮겨간
것이다.
　　여기에서 언급하는 이체자는 음과 뜻이 완전히 같으며, 어떠한 상황에서도 서로
대체할 수 있는 것이다. 이러한 점에 근거하면 아래의 세 가지 상황은 이체자로 볼
수 없다.

---

21) 이 자형에서 윗부분인 '屮'는 '之'이다.

첫째, 어떤 한자는 음과 뜻이 비슷하고 후대의 독음도 서로 같지만 이체자라고 할수 없다. 예를 들어, '寘'와 '置'는 '두다'라는 뜻만으로 본다면 서로 통한다. 그렇지만 '置'의 또 다른 의미 중에는 '寘'에는 없는 것이 있으며 이 두 자의 고음도 같지 않다.[22] 따라서 이들은 이체자가 아니다. 같은 예로 '寔'과 '實' 등이 있다.

둘째, 어떤 한자는 옛날부터 같은 음이지만, 의미의 범위가 달라서 서로 통하는 부분도 있고 통하지 않는 부분도 있기 때문에 이체자로 볼 수 없다. '遊'와 '游'가 그 예이다. '遊'의 본래의미는 나아가는 것[辵]과 관련이 있고, '游'의 본래의미는 물[水]과 관련이 있다. 그렇지만 실제로 사용할 때에는 나아가는 것과 관련이 있는 '遊'는 모두 '游'로 쓸 수 있다. 『묵자(墨子)』에서는 '游'를 13번 사용하였는데, 모두 나아가는 것, 서로 왕래한다는 의미로 사용되어, 본래는 모두 '遊'로 써야 했던 것이다. '遊'는 "子墨子南遊使衛."[子墨子가 남쪽으로 衛나라에 사신을 갔다.][「귀의(貴義)」]라는 구절에 한 번 썼다. 이곳의 '遊'자는 어떤 판본에 '游'로 되어 있다. 그렇지만 물에서의 활동과 관련되었을 때에는 '游'만 쓸 수 있지, '遊'를 쓸 수는 없다. 『시경・패풍(邶風)・곡풍(谷風)』의 "就其淺矣, 泳之游之."[얕은 물가에 가서, 헤엄치며 놀았네.]라는 구절에서 '游'는 '遊'로 쓸 수 없다. 또 다른 예로 '沽'와 '酤'는 술을 사고판다는 뜻에서는 서로 통하므로 이체자인 것처럼 보이지만, '酤'의 대상은 술만 되는 반면, '沽'의 대상은 술도 되고 옥(玉)이나 다른 물건도 된다. 따라서 이들 두 쌍의 한자는 모두 이체자가 아니다. 그밖에 '修'와 '脩', 그리고 '雕', '彫'와 '凋' 등도 마찬가지이다.

셋째, 어떤 한자는 우연히 통용된 것이어서 이체자라고 할 수 없다. 예를 들어 『시경・빈풍・칠월(七月)』의 "八月剝棗."[팔월에는 대추나무를 쳐서 대추를 딴다.]에서 '剝'을 '扑'의 뜻으로 사용하였다. 또한 "四之日其蚤."[사월의 해는 일찍 뜨네.]에서 '蚤'를

---

22) (역주) '置'는 端母 職部에 속하고, '寘'은 章母 錫部에 속한다. 두 글자는 성모(聲母)는 준쌍성(準雙聲) 관계이고, 운모(韻母)는 방전(旁轉) 관계로 비슷한 발음이라고는 볼 수 있지만 같은 발음은 아니다.

'무'[일찍]의 뜻으로 썼다. 두 글자의 뜻은 완전히 다르지만 발음이 서로 같거나 비슷하여 잠시 빌려 쓴 것이므로 고음통가(古音通假)에 속한다. 이에 대해서는 이 책의 뒤에서 별도로 다룰 것이다.

한자의 이체자는 번잡하고 많아서 학습에 불필요한 부담을 준다. 문자는 언어를 기록하는 부호로서, 원칙적으로 한 글자는 하나의 형태만을 필요로 하고 두 가지 이상의 표기법이 필요하지 않다. 이러한 문제를 해결하고자 중국문자개혁위원회(中國文字改革委員會)는 이체자 정리를 실시하여 1955년 말 「제1차 이체자 정리표[第一批異體字整理表]」를 공포하였는데, 여기에 수록된 이체자는 810항목이며 정리되어 쓰지 않게 된 이체자가 1,055개이다.[23] 현재 중국에서 고적을 인쇄할 때에는 이미 폐기하여 제외시킨 이체자는 사용하지 않고 통일된 규정에 부합하는 글자체로 바꾼다. 그렇지만 고대중국어 학습 시 이전 판본의 확인이 필요할 때가 있으므로 이체자를 알고는 있어야 한다.

한자의 자형이 간략화된 이후에는, 고서를 읽을 때 번체자, 간체자 문제도 발생했다.[24] 자형이 다르다는 점에서 보면 번체자와 간체자도 일종의 이체자이다. 복잡한 것에서 간단한 것으로 향하는 것은 한자 변화의 일반적인 추세이다. 간체자의 출현은 갑골문 시대까지 거슬러 올라갈 수 있다. 한나라 때에는 민간에서 응용한 간체자가 적지 않았다. 북위 시대에 '亂'자는 이미 '乱'으로 간략화되었다. 송나라와 원나라 이후로 간체자는 더욱 발전하였다. 현대 중국 성립 이후 한자에 대해 간략화를 진행하여 1956년 1월, 중국 국무원(國務院)에서 「한자 간략화 방안[漢字簡化方案]」을 공포하였고, 이후 총 네 차례에 걸쳐 간화자 총 515개를 발표하였다. 또 편방의 간략화와 이에 따른 유추까지 계산에 포함시켜 1964년 편찬한 『간화자 총표(簡化字總表)』에는 모두 2,238개의 간화자가 수록되었으며, 1986년 새롭게 발표한 『간화자 총

---

23) 이중에는 '雕, 彫, 凋, 琱'처럼 음과 뜻이 서로 같은 통가자(通假字)가 포함된다.
24) (역주) 이는 간체자를 먼저 배우는 중국에서의 문제이다. 한국에서는 번체자를 먼저 배우거나 간체자를 아예 배우지 않기 때문에 이처럼 심각하지는 않다.

표』에는 개별자를 조정하여 총 2,235개를 수록하였다.

　이러한 간화자 중 '乱, 体, 宝, 尽, 对, 办, 继, 杰' 등은 이전 시기에 사용되었던 간체자나 속자를 채택한 것이다. '队, 階, 击, 讲, 币, 彻, 进, 论' 등은 일반인이 만든 간화자를 채택한 경우이다. '云, 礼, 弃, 无, 从, 个, 气, 网' 등은 고자(古字)나 필획이 비교적 간단한 이체자 혹은 통용자를 채택한 경우이다. 어떤 글자는 같은 음으로 대체할 수 있는 것을 채용하였다. '丑'[地支의 명칭]은 원래의 뜻으로 쓰이면서 동시에 '醜'[추악, 같은 종류] 대신 쓰게 되었고, '里'[거리 단위, 또는 마을]는 원래의 뜻으로 쓰이면서 '裏'[속] 대신 쓰게 되었다. 또 '书, 为, 伟, 乐, 东' 등은 초서체를 해서체로 바꾸는 방법을 이용한 것이다.

　한자 간략화의 목적은 한자 사용을 간편하게 하여 쉽게 알아보고 쉽게 쓰기 위한 것이었다. 이 때문에 어떠한 간화자는 예서나 해서(번체)에 비해 한자의 본래 자형구조에서 더 크게 벗어남에 따라 육서의 원칙에 의해 분석하기 어렵다. 초서는 본래 글쓰기를 빠르게 하기 위한 것이었다. 한자의 형태구조를 깨트리고, 필획을 연결하여 대충 쓴 것이므로 자형의 윤곽만 보존하고 있다. 따라서 초서를 해서체로 바꾸는 방식을 통한 간화자도 자연히 윤곽만 표현하게 되는 것이므로, 원래의 자형과는 더욱 멀어지게 되었다. '尽(盡), 乐(樂), 头(頭)' 등이 그 예이다. 몇몇 간화자는 간단한 부호를 가지고 필획이 많은 편방이나 글자의 일부분을 대체한 것이다. '汉(漢), 鸡(鷄), 對(對), 轰(轟), 办(辦), 协(協)' 등이 그 예이다. 하나의 부호가 여러 개의 다른 편방을 대체할 수 있으니, 이 또한 육서의 원칙만으로는 분석할 수 없다.

　한자의 간략화는 일반 대중들에게 반드시 필요한 것이고 한자 개혁의 중요한 과정으로서 적극적이되 신중하게 해야 한다. 그렇지만 고대중국어를 배울 때에는 번체자를 확실히 알아두어야 한다. 이전에 출판된 고서는 모두 번체로 되어 있기 때문이다. 대부분의 간화자와 번체자는 일대일의 관계에 있으므로 글자 인식이 그리 어렵지 않다. 다만 1 : 2, 1 : 3 혹은 1 : 4의 관계에 있는 한자 중에는 같은 음의 글자로 대체한 것도 있다는 점에 주의해야 한다. 예를 들어 간화자 '后'는 번체자 '后'와

'後' 둘 다를 대신한다. 번체자 '后'는 군주와 황후의 의미만 나타내고, '後'는 앞뒤와 후대(後代)라는 의미만 나타낸다. 선진(先秦) 시대의 일부 고적에서는 '后'가 '後'를 대신한 경우도 있지만 보편적이지 않았고, 후대에는 거의 통용되지 않았다. 『사기(史記)·효경본기(孝景本紀)』에는 "孝文在代時, 前后有三男, 及竇太后得幸, 前后死, 及三子更死, 故孝景得立."[孝文帝가 대(代) 지방의 왕(王)으로 있을 때, 이전 황후에게 세 아들이 있었다. 竇太后가 성은을 입고, 이전 황후가 죽은 뒤, 세 아들이 이어서 죽게 되자, 따라서 효경제가 즉위할 수 있었다.]라는 구절이 있는데, 이곳에 두 번 쓰인 '前后'는 모두 한나라 문제(文帝)의 이전 부인을 가리킨다. 즉 '황후'의 뜻이므로 '앞뒤'의 '後'로 오해해서는 안 된다. 또한 간화자 '余'는 번체자의 '余'[나]와 '餘'[남다] 둘 다를 대신한다. 따라서 『이소(離騷)』의 "僕夫悲余馬懷兮."[하인이 슬퍼하고 내 말이 안타까워하네.]라는 구절에서 '余馬'를 남는 말로 오해하면 안 된다. 반대로 두보(杜甫)의 「객지(客至)」라는 시의 "隔籬呼取盡餘杯."[발을 치고 남은 술잔을 모두 마셔버리세.]라는 구절에서 '盡餘杯'가 간화자로 '盡余杯'로 되어 있다고 해서 내 술잔을 다 마셔 버린 것으로 오해하면 안 된다. 같은 음으로 대체된 간화자의 예를 몇 가지 더 보자.

斗 : 斗[술그릇, 용량의 단위], 鬭[싸움].
发 : 發[출발], 髮[머리카락].
谷 : 谷[산골짜기], 穀[곡식].
升 : 升[용량의 단위, 됫박], 昇[오르다], 陞[올리다].
干 : 干[방패], 乾[마르다,25)] 幹[재주, 榦[줄기].26)

　　비슷한 상황은 더 있을 수 있는데, 이처럼 같은 음의 글자로 대체하는 방식 때문에 혼란이 생길 경우 『신화자전(新華字典)』을 검색하면 된다. 『신화자전』은 간화자로

---

25) (역주) 우리나라에서는 '마르다'의 뜻일 때 '건'으로 읽는다.
26) '榦'은 또한 '幹'으로도 쓴다.

되어 있다. 이 자전에서는 '冲'에 다섯 가지의 의미가 있다고 설명하였다. 여기에서 글자 바로 뒤의 괄호 안에 ①② 의미의 번체자는 '冲'이고, ③④ 의미의 번체자는 '衝'이라고 밝혀 놓았다. 『신화자전』에서 밝히지 않았지만 ⑤ 의미의 번체자도 '冲' 임을 알 수 있다. '里'에는 다섯 가지 뜻이 있는데, 『신화자전』에서 ④⑤ 의미의 번체자는 '裏, 裡'라고 밝혀 놓았다. 즉 ①②③ 의미에는 '裏(裡)'를 쓸 수 없음을 알 수 있다.

한자는 몇 천 년에 걸쳐 자형이 복잡하고 단조롭지 않은 부호 체계가 되었다. 고대중국어를 학습할 때에는 간화자의 기초를 충분히 다진 후 번체자를 배워야 한다.27) 여기에는 시간과 노력이 필요하다. 그렇지만 한자에 대한 기초 지식을 가진 상태라면 번체자도 어렵지 않게 배울 수 있다.

---

27) (역주) 우리나라에서는 대부분 한자의 번체자를 먼저 배우고 간화자를 배우는 경우가 많기 때문에 중국과 상황이 다르다. 일반적으로 번체자에 익숙하다면 간화자 학습이 그렇게 어려운 것은 아니다.

고금(古今) 간 단어의미의 차이

언어는 끊임없이 변화한다. 특히 어휘의 변화는 다른 무엇보다 두드러진다. 어휘의 변화에는 기존 단어가 사라지거나 새로운 단어가 생성되는 것 외에 단어의미의 변화도 포함된다. 사회가 변하고 사람들의 인식이 변함에 따라 대부분의 어휘는 의미 면에서 크고 작은 변화를 겪었다. 그러므로 고대중국어를 공부할 때에는 고금 간 단어의미의 차이에 유의해야 한다.

고금 간 단어의미의 차이는 다음 세 가지 경우로 개괄할 수 있다.

1) 고금 간의 의미 차이가 거의 없는 경우. 가령, '馬', '牛', '羊', '山', '水', '日', '月', '人', '手' 등이 이 예이다. 여기에 해당하는 단어는 많지 않으나 대체로 중국어의 기본어휘에 속한다. 이 단어들은 그 의미가 오랜 시간이 흐르는 동안 변하지 않아서, 변화가 더딘 문법 구조와 함께 중국어의 안정성 확보에 기여하였고 고대중국어와 현대중국어 간의 계승 관계, 연속성을 구현하였다. 고대중국어 학습자에게 있어 이들 단어를 이해하는 일은 그리 어렵지 않다.

2) 고금 간 의미가 완전히 다른 경우. 즉 자형 상으로는 옛날과 지금의 모습이 같

지만, 의미 면에서는 전혀 다른 경우이다. 다음 예를 보자.

　綢 : 고대에는 '감다'를 뜻했다. 『이아(爾雅)・석천(釋天)』의 "素錦綢杠"[흰 담
　　　쟁이넝쿨로 장대에 감았다]라는 구절에 대해 곽박(郭璞)의 주에서 "흰 담쟁
　　　이넝쿨로 깃대를 감았다."[以白地錦韜旗之竿.]라고 설명하였으며, 「구가(九
　　　歌)・상군(湘君)」의 "薜荔拍兮蕙綢"[1][목련을 두드려 향초를 두르네]라는
　　　구절에 대해 왕일(王逸)의 주에서 "綢는 '두르다'라는 뜻이다."[綢, 縛束
　　　也.]라고 설명하였다. 이 외에도 『시경(詩經)』에 연면사로 쓰인 '綢繆'가
　　　있으니,[2] 이것 또한 '감다'는 뜻이다. 현대중국어 성어 중 "未雨綢繆"[비
　　　오기 전에 대비를 잘 해 놓음]가 있는데 여기에서는 '감다'라는 뜻으로 쓰이
　　　지 않았다.

　該 : 고대 중국어에서의 상용의미는 '완비하다'이다. 『초사(楚辭)・초혼(招魂)』의
　　　"招具該備."[초혼의 용품을 모두 갖추다.]라는 구절에 대한 왕일의 주에
　　　"該는 또한 '갖추어져 있음[備]'의 뜻이다. 맛있고 좋은 초혼의 용품을 진설
　　　하는 데에 갖추지 않은 것이 없다. 따라서 길고 크게 소리를 내어 君을 부
　　　른다."[該, 亦備也. 言撰設甘美招魂之具, 靡不畢備, 故長嘯大呼以招君
　　　也.]라고 하였다. 또 『방언(方言)』 12권에 "備와 該는 '갖추다'라는 뜻이
　　　다."[備, 該, 咸也.]라고 설명하였다. 현대중국어에서 '該'의 상용의미는 '마
　　　땅히 해야 한다'이다. 오늘날 성어 중 "言簡意賅"[말은 간략해도 뜻은 다
　　　갖추어져 있음]라는 표현이 있다. 이때 '賅'자가 '완비하다'를 뜻하지만 자형
　　　은 다르다.

　이와 같이 고금의 의미가 완전히 다른 단어들은 고대중국어를 처음 배우는 사람

---

1) '拍'은 '柏'으로도 쓴다.
2) (역주) 『시경・당풍(唐風)』에 「綢繆」라는 시가 있으며, 이 단어는 「빈풍(豳風)・치효(鴟鴞)」에도
　보인다.

들이 어려움을 겪는 부분이다. 그러나 각종 사전을 잘 참고하면 뜻을 잘못 이해하는 일은 없을 것이다.

3) 가장 주의해야 할 것은 다음 상황이다. 대다수의 상용 단어는 고금 간 의미 면에서 연관되어 있기도 하고 변화를 겪기도 하여 공통점과 차이점을 동시에 지닌다. 그렇지만 이러한 차이는 그냥 지나치기 쉬워서 지금 의미로 옛날 의미를 해석하는 경우도 있다. 따라서 고금의 차이를 파악할 때에는 같은 점보다 다른 점에 유념해야 하며, 완전히 다른 경우보다 같은 것 속에 다른 것이 있을 때에 더 유의해야 한다. 이러한 유형의 단어는 고대중국어 학습 시 정확하게 알아두어야 하는 것이므로 여기에서 중점적으로 살펴볼 예정이다.

아래에서 같은 것 속에 다른 것이 있는 단어를 두 가지 유형으로 나누고, 각각 예를 들어 설명해 보도록 하겠다.

단어의미의 범위 차이

의미 범위 면에서 고금의 차이가 있는 단어가 있다. 다음의 예를 보자.

> 菜 : 과거와 현재에 나타내는 의미 범위가 다르다. 고대의 '菜'는 야채를 뜻하며 고기나 알 등은 포함하지 않는다. 『설문(說文)』은 "菜는 먹을 수 있는 풀이다.[菜, 草之可食者.]라고 했는데, 이것이 '菜'의 옛 뜻이다. 『예기(禮記)·학기(學記)』의 "大學始教皮弁祭菜."[대학에서 가르침을 시작할 때, 피변의 예복을 갖추고 나물로 제사를 지낸다.]라는 구절의 주에서는 "菜는 미나리나 마름 종류이다."[菜, 謂芹藻之屬.]라고 설명했다. 『순자(荀子)·부국(富國)』의 "然後葷菜百蔬以澤量."[그런 후에 훈채 등의 여러 채소로 양을 채운다.]라는 구절에 대한 양경(楊倞)의 주에서 "葷은 매운 채소이다."[葷, 辛菜也.]라고 했는데, 여기에서 말하는 매운 채소는 파, 마늘 등이다. 그 밖에 고서에 자주 보이는 '菜羹[나물국]', '菜色[굶주린 사람의 얼굴

빛' 등의 '菜'도 채소를 가리킨다. 송나라 때까지 '菜'는 육류 등의 부식류를 포함하지 않았다. 나대경(羅大經)은 『학림옥로(鶴林玉露)』에 다음과 같은 이야기를 기록해 두었다. "구태연(仇泰然)이 한 막료에게 말하기를, "누구는 태수임에도 항상 고기를 먹지[食肉] 못하고 채소만 먹는데[喫菜] 그대는 하찮은 관리이면서 감히 고기를 먹으니[食肉] 분명 청렴한 선비가 아니다"라고 하였다." 여기에서 고기, 채소의 구분이 명확하다.3)

睡 : 고대에는 앉아서 조는 것만을 가리켰다. 『설문』에서 "睡는 앉아서 자는 것이다."[睡, 坐寐也.]라고 하였다. 『사기(史記)·상군열전(商君列傳)』의 "孝公既見衛, 語事良久, 孝公時時睡, 弗聽."[효공이 이미 위앙을 만나 업무에 대해 오랫동안 논의하였는데, 효공은 때때로 졸며 듣지 않았다.]라는 구절에서 '睡'는 '앉아서 조는 것'을 뜻한다. 만약에 진효공이 때때로 누워서 푹 잤다고 이해한다면 문맥상 통하지 않을 뿐만 아니라 이치상으로도 부합하지 않는다. 송나라 구양수(歐陽修)의 『추성부(秋聲賦)』에 "童子莫對, 垂頭而睡."[아이는 대답하지 않고 머리를 떨구며 졸았다.]라는 구절에서도 머리를 숙여 졸았다는 뜻으로 썼다. 역시 '앉아서 조는 것'이다. 현대중국어의 "打瞌睡"[졸다]는 여기에서 기원한 것이다. 후에 '睡'의 의미가 확대되어 앉아서 혹은 누워서 자는 것, 그리고 낮에 또는 밤에 자는 것 모두를 '睡'라고 말한다.

이상은 단어의미 범위가 확장된 예이다. 단어의미의 확장은 단어의미 변화의 중요한 방식이다. 그 특징은 현재의 의미 범위가 고대 의미보다 넓고 고대 의미가 현재 의미에 포함된다는 것이다. '菜', '睡'가 이러한 경우에 해당한다. 어떤 단어는 고대 의미의 범위가 현재 의미보다 넓은데, 이는 곧 의미 범위가 축소된 경우이다.

---

3) (역주) 현대중국어에서 '菜'는 채소만이 아니라 육류를 포함한 모든 음식을 가리킬 때 쓴다.

宮 : 상고시대에는 집을 가리켰다. 『시경·빈풍·칠월(七月)』의 "上入執宮功." [돌아가 집안일 하세.]와 『묵자(墨子)·절용(節用) 중』의 "古者人之始生, 未有宮室之時, 因陵丘堀穴而處焉."[옛날에 사람들이 처음 태어나 집이 없었을 때는 언덕에 의탁하여 굴을 파서 거처했다.]라는 구절에 쓰인 것이 그 예이다. 진한(秦漢) 시대 이후에는 일반 백성의 집은 '宮'이라 부를 수 없고, 군주의 궁전이나 집만을 '宮'이라 부를 수 있게 되었다. '阿房宮(아방궁)', '未央宮(미앙궁)'이 그 예이다. '雍和宮(옹화궁)'과 같이 일부 사찰도 '宮'이라 부를 수 있다. 봉건 왕조의 쇠락과 함께 '宮'자의 의미 범위는 다시 축소되었다. 현대중국어에서는 과거 '宮'이라 불리던 장소 외에 일부 문화활동이나 오락을 위한 장소를 '宮'이라고 하는데, 현대 베이징의 '少年宮(소년궁)', '勞動人民文化宮(노동인민문화궁)'이 그 예이다.

瓦 : 고대의 의미가 현재의 의미보다 넓다. '瓦'의 현재 의미는 주로 지붕에 사용하는 건축 재료를 가리킨다. 그 외에도 '瓦盆[자배기, 질그릇의 일종]', '瓦罐[질항아리]' 등의 말도 있다. 고대에는 방추실 잣는 취도 '瓦'라 했다. 『시경·소아(小雅)·사간(斯干)』의 "乃生女子, …… 載弄之瓦."[여자 아이를 낳으면, …… 베틀의 방추를 갖고 놀게 한다.]에서 '瓦'는 상고시대의 원시적인 베틀의 방추이다. 또 '瓦鍋[질그릇 가매]'를 가리킬 수도 있다. 『초사·복거(卜居)』의 "黃鐘毁棄, 瓦釜雷鳴."[황종이 깨져 버리고, 질그릇 가마가 천둥치듯 울린다.]의 '瓦釜'는 진흙을 구워 만든 솥이다. 허신은 『설문』에서 "瓦는 이미 구워진 토기의 총칭이다."[瓦, 土器已燒之總名.]라고 했으며, 이 정의에 따르면 '瓦'의 고대 의미는 지금의 토기에 해당한다.

이상은 단어의 의미 범위가 축소된 예이다. 또한 단어의미가 전이된 경우도 있다. 즉 갑의 범위가 을의 범위로 옮겨간 경우이다. 이 경우의 주요 특징은 새로운 의미가 생성되면 이전 의미는 사라진다는 점이다. 그러나 새로운 의미와 이전의 의미 사이에는 일정한 관련이 있다. 다음의 예를 보자.

暫 : 시간의 범주를 나타낸다는 점에서는 고금 의미 사이에 관련이 있지만 세부적인 부분에서는 전이가 발생하였다. '暫'은 한나라 이전에 '돌연히', '갑자기'의 뜻으로 쓰였다. 『광아(廣雅)・석고(釋詁)』에서 "暫은 '갑자기'라는 '猝'의 뜻이다."[暫, 猝也.]라고 했는데, 이것이 '暫'의 본래의미이다. 『설문』에서 "默, 犬暫逐人也."['默'은 개가 갑자기 사람을 쫓는 것이다.], "突, 犬從穴中暫出也."['突'은 개가 구멍에서 갑자기 나오는 것이다.]라고 하였는데, 여기에서 "犬暫逐人也."는 개가 짖지도 않고 갑자기 사람을 향해 돌진하는 것을 가리키고 "犬從穴中暫出也."는 개가 갑자기 구멍에서 나오는 것이다. 『좌전(左傳)・희공(僖公) 33년』의 "武夫力而拘諸原, 婦人暫而免諸國."[무사들이 힘써 전쟁터에서 잡아왔더니만 부인이 갑자기 나라에서 풀어 주네.]라는 구절에 대한 두예(杜預)의 주에서 "暫은 卒과 같다."[暫, 猶卒也.]라고 했다. 역시 '돌연히', '갑자기'의 뜻이다. 아마도 허신 시기에 '暫'자의 의미에 변화가 생기기 시작하여 '갑자기', '돌연히'를 뜻하다가 '얼마 지나지 않아'를 뜻하게 된 것 같다. 이것이 중고시기 '暫'자의 상용의미였을 것이다. 유신(庾信) 「경부(鏡賦)」의 "不能片時藏匣裏, 暫出園中也自隨."[잠시라도 갑 속에 넣어둘 수 없고, 잠깐 뜰에 나아갈 때도 휴대하네.]라는 구절에서 '暫出'은 『설문』에서 말한 "구멍에서 갑자기 나오다"의 '暫'과 다르고 현대중국어 '暫時'의 '暫'과도 다르다. 이는 '잠깐 동안'을 뜻한다. 왕발(王勃) 「등왕각서(滕王閣序)」의 "宇文新州之懿範, 襜帷暫駐."[품격 있는 새로운 주지사 우문이 여기에서 잠시 수레를 멈추었다.]라는 구절의 '暫駐'는 잠깐 동안 머무르는 것이다. 중고시기 이후 '暫'의 의미는 또 새롭게 변했으며 현재 쓰이는 '임시로'라는 의미를 나타내게 되었다. '임시로'라는 뜻은 '돌연히', '갑자기'와 다르고, '잠깐 동안'과도 다르다. '임시로'는 미래 상황과 관련하여 언급하는 것으로 "잠시 나갔다가 장차 돌아올 것이다." 등으로 쓰인다. 반면 '잠깐 동안'은 시간이 짧은 것만을 나타낼 뿐 장래 무엇을 하겠다는 의미는 포함하지 않는다.

湯 : 본래의미는 '뜨거운 물'이다. 『맹자(孟子)·고자(告子) 상』의 "冬日則飮湯, 夏日則飮水."[겨울에는 뜨거운 물을 마시고 여름에는 물을 마신다.]라는 구절과, 「구가·운중군(雲中君)」의 "浴蘭湯兮沐芳."[난초를 넣은 뜨거운 물로 씻고, 향기 속에서 목욕하네.]라는 구절에 쓴 것이 그 예이다. '湯'의 현재 의미는 '菜湯'[야챗국], '米湯'[미음]이다. '뜨거운 물'이라는 의미는 현대 중국어에 남아 있지 않고, "赴湯蹈火"[물불을 가리지 않는다.]와 같은 성어에만 남아있다.

단어의미의 역사적 변화는 의미의 확대, 축소가 아니면 모두 전이에 해당한다고 볼 수 있다. 단어의미의 고금 전이 현상을 분명하게 이해하려면 단어의 본래의미와 파생의미 간의 관계를 탐구해야 한다. 일반적으로 단어의미가 전이되면 그 본래의미는 남아있지 않으므로 현재 쓰이는 의미와 이전에 쓰였던 본래의미 사이의 관계를 파악하기가 쉽지 않으며, 이 때문에 오해를 하기 쉽다.

단어의미의 느낌 차이

고금 간 의미가 서로 다른 단어 중에는 의미 범주만이 아니라 말의 느낌 측면에서 변화를 겪은 것도 있다. 즉, 포폄(褒貶)이나 의미의 경중이 달라진 것이다. 포폄의미가 다른 경우로는 고대에는 칭찬이나 긍정의 의미였지만 현재에는 폄하의 의미를 가지는 것을 들 수 있다. '復辟', '爪牙'가 그 예이다.

(1) 石亨, 徐有貞等奉英宗復辟. (『명사(明史)·왕기전(王驥傳)』)
석형, 서유정 등이 영종을 받들어 복위시켰다.

여기에서 '復辟'은 임금의 지위가 회복되는 것으로 현대중국어의 의미와 다르다.[4]

(2) 然謀臣與爪牙之士, 不可不養而擇也. (『국어(國語)·월어(越語)』)

　　모사에 능한 신하, 믿을 만한 선비를 잘 길러 뽑지 않을 수 없다.

(3) 今閣下爲王爪牙, 爲國藩垣. (한유(韓愈) 「여봉상형상서서(與鳳翔邢尙書序)」)

　　지금 그대는 왕을 돕는 분이자 나라의 울타리요 담장이십니다.

　여기의 '爪牙'는 용감하고 유능한 조력자를 뜻하는 것으로 칭찬과 긍정적 의미를
지니는 반면, 현대중국어에서 '爪牙'는 '앞잡이'를 뜻하는 말로서 부정적 의미를 지
닌다.

　고대에는 부정적 의미였으나 현재에는 긍정적 의미를 나타내는 경우도 있다. '鍛
鍊'은 고대에 '대장장이의 일'이라는 의미 외에 '사람에게 죄를 뒤집어씌우다'라는
뜻을 갖고 있었다.

(4) 則鍛煉而周納之. (『한서(漢書)·노온서전(路溫舒傳)』)

　　죄를 뒤집어씌워 모두 잡아들였다.

(5) "鍛鍊之吏, 持心近薄"(『후한서·위표전(韋彪傳)』)의 주, "鍛鍊, 猶成孰
　　也. 言深文之吏, 入人之罪, 猶工冶鑄陶, 鍛鍊使之成孰也."

　　"능숙한 관리는 마음이 각박하다."의 주에서 "鍛鍊은 '능숙하다'와 같다.
　　법을 가혹하게 하는 관리가 사람들에게 죄를 씌우는 것이 장인이 야금하고
　　도기를 구움에 정련하여 그것을 잘 단련시키는 것과 같음을 말한다."라고
　　했다.

　현대중국어에서 '鍛鍊'은 긍정적 의미로서 '勞動鍛鍊[노동단련]', '思想鍛鍊[사상단
련]', '鍛鍊身體[신체단련]' 등으로 쓰인다.

　어떤 단어는 고대에는 포폄의 의미가 없었으나 나중에 부정적 의미로 변하였는데,

---

4) 현대중국어에서는 옛날에 전복된 세력이 재집권하거나 제도나 관습을 회복하는 것을 가리킨다.

'謗'이 그 예이다.

<blockquote>

(6) "士傳言, 庶人謗."(『좌전·양공(襄公) 14년』)에 대한 두예(杜預)의 주, "庶人不與政, 聞君過則誹謗."

"선비들은 말을 전하고 일반사람들은 비평한다."에 대한 두예 주에서 "일반사람들은 정치에 참여하지 않다가 임금의 잘못을 들으면 비평한다."라고 했다.

(7) 女無面諛, 退而謗予. (『사기·하본기(夏本紀)』)

면전에서는 아첨하다가 물러나서 나에 대해 논하는 일은 하지 말라.

</blockquote>

앞의 두예 주에 쓰인 '誹謗'을 포함하여 두 예문의 '謗'은 모두 비평하고 의론한다는 뜻으로 지금의 '비방하다', '헐뜯다'라는 뜻과는 크게 다르다. 그리고 여기에서 말하는 비평이나 의론은 하급 신하나 백성이 상급자에게 직접 말하지 않고 뒤에서 논하는 것을 가리킨다. 따라서 "물러나서 나에 대해 논함"이라고 하였다. 고대에 쓰인 '謗'의 이러한 의미를 파악한다면 원문을 정확하게 이해할 수 있을 것이다. 『전국책(戰國策)·제책(齊策)』 "能謗譏於市朝, 聞寡人之耳者."[조정에서 비평하여 내 귀에 들어오게 할 수 있는 사람]에서는 '謗'자의 본래의미를 사용한 것이다. 여기에서는 제나라 위왕(威王)이 '비평하다[謗議]', '면전에서 풍자하다[面刺]', '상소문을 올려 간하다[上書諫]'라는 세 가지 상황으로 나누어 말한 것이므로5) 이를 통해 '謗議'가 뒤에서 비평하는 것임이 증명된다. 비평하여 내 귀에 들어오게 하는 것은 상 받을 행동이므로 역시 중상모략의 뜻이 아니다.

단어의미의 경중이라는 측면에서 보면, 고대에는 가벼운 의미의 단어였는데 지금은 무거운 의미를 나타내게 된 경우가 있다. 가령, '誅'는 원래 '책망'의 의미만 있었다. 『논어(論語)·공야장(公冶長)』의 "於予與何誅."[재여에게 무엇을 탓하겠는가?], 그

---

5) (역주) 이 문장은 위왕이 자신이 들을 수 있도록 비평한 사람에게 상을 주겠다고 한 것에서 나온 것이다.

리고 오늘날의 성어 "口誅筆伐"[말과 글로 잘못을 꾸짖다]이 그 예이다. 그러나 후에 '죽이다'의 뜻으로 변하여 의미가 무거워졌다. 반대로 무거운 의미에서 가벼운 의미로 변한 경우도 있다. '感激'은 고대에 '격분하다'라는 뜻이었다. 『이원(異苑)』 5권[6]의 "正月十五日, 感激而死."[정월15일, 화가 나서 죽음에 이르렀다.]와 한유 『장중승전후서(張中丞傳後敍)』의 "皆感激爲雲泣下."[모두 화가 나서 운을 위해 울었다.]에 쓰인 것이 그 예인데, '感激'하여 죽거나 울 정도에 이른 것을 통해 이 단어의 의미가 무거웠다는 것을 알 수 있다. 현대중국어에서는 '감사하다'는 뜻으로 의미가 가벼워졌다.

단어의미의 고금 차이를 논할 때 몇 가지 주의할 점이 있다. 첫째는 '옛날[古]'이라는 말은 시간적 개념이라는 것이다. 같은 '옛날'이라도 선진시대의 상황이 한나라와 위진 및 육조시대와 다르고, 한나라와 위진, 육조시대도 당송시대와 다르다. 둘째는 옛날과 지금이 칼로 자르듯 나눌 수 있는 것이 아니라는 점이다. 일부 옛 의미는 선진 이후에 소실되어 복음절 단어나 성어에서 형태소로서만 본래의미를 나타낸다. 오늘날 사용되는 어떤 의미가 당송 이후에 출현했다고 해도 그 당시 상용의미는 아니었을 수도 있다. 또 자료 부족으로 인해 단어의미의 고금 변화 상황을 완전히 밝힐 수 없는 경우도 있다.

또 주의할 점은 고대중국어와 현대중국어의 큰 차이점에 대한 것인데, 현대중국어는 2음절어 위주이고 고대중국어는 단음절 단어 위주라는 점이다. 현대중국어를 알고있는 사람의 경우, 고대중국어의 두 글자를 이어서 현대중국어의 2음절어로 잘못 이해하는 오류를 범할 수 있다. 예를 들면, '消息'은 고대중국어에서 본래 '흥망, 성쇠'를 뜻했다. 가의(賈誼) 「복조부(鵩鳥賦)」의 "合散消息兮, 安有常則."[합치고 흩어지거나 흥하고 망하는 것에 어찌 일정한 원칙이 있겠는가?]에서 '合', '散', '消'[쇠망], '息'[생장]은 네 개의 병렬 동사이며, 이곳의 '消息' 두 글자는 현대중국어의 '소식, 뉴스'라는 의미와 다르다. '睡覺'은 고대에 '잠에서 깨다'의 뜻으로 2음절어가 아니다. 백거이

---

6) (역주) 『이원(異苑)』은 유경숙(劉敬叔)이 지은 책으로, 육조(六朝) 시대 송(宋)나라의 설화집이다.

(白居易)「장한가(長恨歌)」"雲鬢半偏新睡覺."[구름 같은 머리 반이 치우칠 때 막 잠에서 깨에서 "新睡覺"은 방금 잠에서 깨어났다는 뜻이다. 또한 고서에 자주 보이는 '地方千里'에서 '地方'을 한 단어로 간주해서는 안 된다.[7] 이는 하나의 단어가 아니며 단어결합도 아니다. '方……里'는 고대의 토지 면적을 계산하는 표현 방식으로 현재의 '평방미터'에 상당한다.

지금까지 단어의미의 고금 차이를 분석하고 주의해야 할 점을 제시하였다. 언어를 학습할 때 어떻게 하면 단어의미의 고금 차이를 구분하고 분석할 수 있을까? 단어의 의미를 제대로 이해하려는 진지한 태도가 필요하다. 이렇게 하면 문제를 제기하고 의심스러운 부분을 찾아내어 지금의 의미로 고대의 문장을 해석하면 안 된다는 것을 알 수 있다. 이렇게 직접 사전을 찾고 이전 사람들의 주석과 관련 공구서를 조사하면 제대로 문장을 이해할 수 있다. 그러나 일부 단어의 고대 의미는 이전 사람들 또한 주의하지 않아 사전에도 분명한 설명이 없다. 이때에는 여러 자료를 모아서 비교 연구를 해야 한다. 어떠한 단어도 옛 의미가 독립적으로 존재할 수 없으며 각각의 시대성과 사회성을 지닌다. 단어가 자주 출현하는 언어 환경, 문맥, 다른 단어와의 조합을 파악하여 귀납, 비교를 하면 단어의 옛날 의미를 찾아낼 수 있다. 따라서 일차 자료를 수집하고 다량의 언어 사실을 파악하는 것이 단어의 고금 의미를 구분 및 분석하는 데 가장 효과적이고 확실한 방법이다.

---

7) (역주) '地方'은 현대중국어에서 지역, 위치를 가리킨다.

단어의 본래의미와 파생의미

단어의 본래의미는 줄여서 '본의(本義)'라고 하는데, 이것이 반드시 원시의미가 되는 것은 아니다. 중국어의 역사는 유구하지만, 중국어를 기록하는 한자의 역사는 몇 천 년 정도이므로 한자가 생성되기 이전에 단어의 본래의미가 무엇이었는지는 정확히 밝히기 어렵다. 이 장에서 말하는 것은 언어 문자 자료를 통해 확인할 수 있는 본래의미이다. 이러한 본래의미를 탐구하면 단어의미를 정확하게 파악할 수 있고 단어의미의 변화 규칙을 이해할 수 있으며, 이는 고대중국어의 독해 능력을 높이는 데 도움이 될 것이다.

한자는 표의문자로, 자형의 구조와 의미 사이에 밀접한 관계가 있다. 특히 갑골문(甲骨文), 금문(金文), 전서체(篆書體)는 예서에 비해서 한자가 만들어진 시기와 가깝고 상형문자로서의 특징이 분명하다. 이는 단어의 본의를 분석하는 데 도움을 준다. 따라서 역대로 문자를 연구한 학자는 자형 분석으로부터 본의 탐구를 시작했다. 동한(東漢)의 허신(許慎) 역시 이와 같은 방법으로 진행했으며 그의 『설문해자(說文解字)』는 바로 본의를 탐구한 책이다. 강원(江沅)은 『설문해자주(說文解字注)·후서(後敘)』에서 "『설문해자』의 요체는 문자의 본의를 밝히는 것이다."라고 했다. 그리고 허신은 주로 자형 분석을 통해 본의를 밝혔다. "허신의 이론체계는 고대사람들이 글자를 만든 경로를 유추한 것으로, 먼저 의미가 있었고 다음으로 소리가 있었으며, 이에 글자의 형태를 만들었다. 따라서 그의 의미 풀이는 반드시 형태와 관련이 있다."[1] 다음을 보자.

斤 : 斫木斧也. 象形.
나무를 쪼개는 도끼이다. 상형이다.

戒 : 警也. 從廾戈, 持戈以戒不虞.
'경계하다'의 뜻이다. 廾, 戈로 구성되며 창을 가지고 생각지 못한 것을 경계하는 것이다.

刃 : 刀堅也. 象刀有刃之形.
칼이 단단한 것이다. 칼에 날이 있는 모습을 본떴다.

適 : 之也. 從辵, 啻聲.
'가다'의 뜻이다. 辵으로 구성되고 啻는 소리부이다.

이상 네 가지 예 모두 먼저 본의를 언급하고 자형을 분석해서 그것을 증명한 것이다.

첫 번째 예문의 '斤'은 상형자이다. 전서는 , 갑골문은 , 금문은  로 썼다. 갑골문의 자형에서 은 휜 자루와 도끼의 등을 나타내고 은 도끼날을 나타낸다. 이러한 상형은 '斤'의 본의가 나무를 베는 공구임을 증명한다. 『맹자(孟子) · 양혜왕(梁惠王) 상』의 "斧斤以時入山林"[도끼를 때를 맞게 산으로 들어가게 하면]은 본의로 사용된 예이다.

두 번째 예문의 '戒'는 회의자이다. 전서는 로 썼다. 는 두 손을 모으고 있는 모습을 나타내고, 戈는 고대의 무기이다. 두 손으로 창을 잡는 것은 경계하여 방

1) "許君之立說也, 推古人造字之由, 先有字義, 繼有字聲, 乃造字形, 故其說義也, 必與形相比附." (왕균(王筠) 『설문석례(說文釋例)』)

비함을 나타내며, 이것이 '戒'의 본의이다. 『시경(詩經)·소아(小雅)·채미(采薇)』에서 "豈不日戒, 玁狁孔棘."[어찌 날마다 경계하지 않으리, 오랑캐가 너무 날뛰나니.]라고 했는데, 이는 본의로 사용된 것이다.

세 번째 예문의 '刃'은 지사자이다. 전서는 𠄌로 쓰며 칼 위의 점은 추상적인 부호로 칼날을 나타낸 것이다.

네 번째 예문의 '適'은 형성자이다. 전서는 𦙫이다. 辵은 '가다'는 뜻이다. '適'의 본의는 '~에 가다'로 '辵'이 나타내는 '가다'라는 뜻과 관련이 있다. 『장자(莊子)·소요유(逍遙遊)』 '適莽蒼者'[교외의 들에 나가는 자]의 '適'이 본의로 사용한 예이다.

조자(造字) 측면에서 보면 상형이 본의를 가장 잘 반영한다. 형성자의 의미부는 본의와 같지는 않지만, 본의와 의미부가 밀접한 관련이 있으므로 의미부를 통해서 본의를 찾는 것도 효과적인 방법이다. 그러나 모든 한자의 구조와 의미의 관계가 위에서 언급한 네 가지의 경우처럼 간단하고 분명한 것은 아니다. 그 원인을 자형과 단어의미 두 가지 측면에서 살펴볼 수 있다. 먼저 자형 측면에서 볼 때, 자형은 오랫동안 전해지는 과정에서 크고 작은 변화를 거쳤다. 일부는 모양이 완전히 바뀌었고, 일부는 와전되기도 하였다. 변화가 적다 하더라도 본의를 분석하는 데 어려움이 있을 수 있다. 예를 들면 '臣'자를 허신은 "牽의 뜻이다. 임금을 섬기는 것이다. 굴복하는 모습을 형상한 것이다."[2]라고 해석했다. 이 해석에는 문제가 있다. "牽이다."라고 한 것은 성훈[3]으로 '묶는다'는 뜻이 있다. 이에 근거해서 어떤 문자학자는 '臣'자가 사람이 묶여 있는 모습이라고 설명한다. 그러나 갑골문, 금문 '臣'자의 자형을 분석해 보면 이 설명은 정확하지 않음을 알 수 있다. 이 글자의 갑골문은 𠂤 𠂤 𠂤, 금문은 𠂤𠂤로서, 눈을 부릅뜬 모습을 본뜬 것이다. 궈모뤄(郭沫若)는 "사람의 머리가 숙여지면 눈은 세워진다. 따라서 굴복의 모습을 나타낸다."라고 했다. '臣'자가 포함된 몇 글자를 통해 '臣'자가 눈을

---

2) "牽也, 事君者也, 象屈服之形."

3) (역주) 성훈이란 원래의 한자와 발음이 같거나 비슷한 한자로 뜻을 풀어주는 방식으로, 한나라 때 크게 성행하였다.

세운 모습임을 증명할 수 있다. 가령, 갑골문, 금문, 전서체의 '望'자는 '臣'자로 구성되며 🐾, 🐾로 썼다. '望'의 본의는 멀리 본다는 뜻으로 자형은 사람이 땅에 서서 먼 곳을 보거나 달을 바라보는 것이다. '臣'은 눈의 형상을 표시한 것임이 분명하다. 그리고 멀리 아래를 보는 '臨'도 '臣'으로 구성된다. 그 밖에 '臥'자도 '臣'으로 구성되며 눈을 감고 잠을 잔다는 뜻을 나타낸다. 과거 어떤 사람은 '臣'자가 눈의 모양을 본뜬 것임을 모르고 '臥'자의 자형이 잘못된 것 같다고 의심하면서, "几와 臣[턱 이]로 구성되어야 하며, 臥는 턱[臣]이 안석[几]에 기댄 것이다."라고 설명하였다. '臥'의 자형과 본의를 이와 같이 해석하는 것은 주관적 생각에서 출발한 것이다.

다음으로 단어의 의미 측면에서 볼 때, 일부 단어는 글자를 만들 때의 본의는 남아있지 않고 자형만 그대로 있는 경우가 있다. '里'의 본의를 허신은 "거주하는 것이다. 田, 土로 구성되며 회의자이다."라고 했다. '田', '土'로 구성되는 것과 '거주하다'의 의미는 필연적 관계가 없다. '里'의 자형에 근거하여 판단하건대 다른 본의가 있었을 것이지만 현재로서는 명확히 밝힐 수 없다.

위의 두 가지 상황을 통해, 단어의 본의를 탐구할 때 자형 변화의 역사, 특히 자형이 잘못 변한 상황에 대해 알고 있어야 그로 인해 생기는 뜻풀이의 오류를 피할 수 있다는 것을 알 수 있다. 그 밖에 의미와 자형 간의 관계에 주의해야 한다. 의미와 자형 간에 아무런 관련이 없다면 그 의미는 본의가 아닐 수 있다. 대개 어떤 글자의 자형 구조가 나타내는 의미와 실제 언어에서 사용되는 단어의 의미가 서로 부합한다면, 이는 바로 글자가 만들어질 당시의 본의이다. 따라서 단어의 본의를 탐구할 때에는 자형을 분석해야 할 뿐만 아니라 언어자료를 통해 그것을 증명해야 한다. 이것은 본의가 타당한지를 점검하는 중요한 근거가 된다. 언어 자료의 뒷받침 없이 자형만 분석한다면 주관적 억측에 빠지기 쉽다.

어떠한 언어에서도 하나의 단어가 본의만을 가지지 않는다. 오히려 한 단어가 여러 가지 의미를 가지는 것이 보편적이다. 고대중국어에서도 마찬가지이다. 그렇다면 단어의 다의성은 어떻게 형성되는가? 이 문제는 본의와 파생의미 간의 관계와 관련이 있다.

파생의미는 본의에서 파생하여 생긴 의미로서, 이로 인해 한 단어가 여러 의미를 가지게 된다. 파생의미와 본의의 관계는 직접파생과 간접파생의 두 종류로 나눌 수 있다.

직접파생은 본의에서 직접 파생된 의미이다. '月'은 달의 어그러짐을 본뜬 것으로 본의는 '달' 혹은 '달빛'이다. 사람들은 달의 움직임에 따른 밝고, 어둡고, 둥글고, 어그러짐의 주기적 현상을 근거로 초하루에서 그믐까지를 한 달[月]로 불렀다. 따라서 '月'자에 시간을 나타내는 뜻이 생겼다. '城'의 본의는 '성벽'이다. 『좌전(左傳)·은공(隱公) 원년』의 "都城過百雉, 國之害也."[제후가 백치가 넘는 성곽을 갖게 되면 나라의 재앙이다.]의 '都城'은 도읍의 성벽을 말하며 이것이 '城'의 본의이다. 후에 '성벽'에서 직접 파생되어 '도시'라는 의미가 나왔다. 두보(杜甫) 「춘야희우(春夜喜雨)」 "曉看紅濕處, 花重錦官城."[날 밝아 붉게 젖은 곳 바라보니, 금관성에 꽃들이 활짝 피었네.]라는 구절이 그 예이다. 직접파생의 의미와 본의의 관계는 매우 밀접하며 생겨난 시기도 이르고 쉽게 파악되는 편이다.

간접파생은 직접파생에서 다시 파생한 것으로 '여러 차례 변화를 겪어 다른 뜻이 되는 경우'이다. 대개 본의와 파생의미는 직접 관계되는 것이 아니라 간접적으로 관련이 있다. '朝'의 본의는 아침인데[4] 파생되어 '조회하다'의 '朝'가 되었다. 『좌전·성공(成公) 12년』의 "朝而不夕."[아침에 뵙고 저녁에 뵙지 않는다.]에 대한 소(疏)에서 "아침에 임금을 뵙는 것을 朝라고 한다."고 했다. '조회'에서 다시 파생하여 '조정'이 되고, '조정'에서 다시 파생하여 '조대(朝代)'가 되었다. '조대'는 '朝'의 본의와 아무런 관련이 없다. 그러나 이처럼 변한 뜻의 실마리를 찾아내면 둘 사이의 관계가 합리적으로 해석될 수 있다. '任'의 본의는 '품에 안다'는 뜻이다.[5] 『시경·대아(大雅)·생민(生民)』의 구절에 대한 정현(鄭玄)의 전(箋)에서는 "抱와 같다."라고 했고, 주희(朱熹)의 주에서는 "어깨에 메다[肩任]"라고 풀이하였다. 이는 동사로 '물건을 메다'는 뜻이다. '물건을 메다'의 의미는 두 부류의 의미로 파생된다. 첫째는 메는 물건으

---

4) 『설문해자』에서 "朝는 아침이다.[朝, 旦也.]"라고 하였다.
5) 『설문해자』에서 "任은 보호하다.[任, 保也.]"라고 하였다.

로서 '짐'이다. 『예기(禮記)·왕제(王制)』의 "輕任幷重任分, 班白不提挈."[가벼운 짐은 함께 들고, 무거운 짐은 나누며, 늙은 사람은 짐을 들지 않는다.], 『맹자·등문공(滕文公) 상』의 "門人治任將歸."[문인들은 짐을 꾸려 돌아가려 한다.]라는 구절에 쓰인 것이 그 예이다. '짐'에서 또 파생하여 '책임', '임무'의 뜻이 된다. 『맹자·고자(告子) 하』 "故天將降大任於是人也."[그러므로 하늘은 이 사람에게 큰 임무를 내리려고 한다.]라는 구절에 쓰인 것이 그 예이다. '책임', '임무'에서 다시 파생하여 '위임', '임용'의 뜻이 된다. 『상서(尙書)·대우모(大禹謨)』의 "任賢勿貳."[현자를 임용함에 두 마음을 갖지 않는다.]라는 구절에 쓰인 것이 그 예이다. '위임', '임용'에서 다시 파생하여 '맡기다'의 뜻이 된다. 소식(蘇軾)의 「정풍파(定風波)」에서 "一蓑煙雨, 任平生"[도롱이 하나에 안개비 버티듯 한평생 맡기리]라는 구절에 쓰인 것이 그 예이다. 이때에는 모두 거성으로 읽는다. 둘째는 '감당하다'는 뜻이다. 옛 주석에 자주 보이는 "任은 當이다.", "堪이다.", "勝이다.", "能이다."라는 말은 모두 '감당하다'는 뜻과 유사하다. 『좌전·희공(僖公) 15년』의 "重怒難任."[격한 노여움은 감당하기 어렵다.]의 주에서 "任은 當이다."라고 했고, 『사기(史記)·백기왕전열전(白起王翦列傳)』의 "是時武安君病, 不任行."[이때 무안군이 병으로 행차를 감당하지 못했다.]에 대한 정의(正義)에서 "任은 堪이다."라고 한 것이 그 예이다. '감당하다'는 의미에서 다시 파생하여 '보증하다'의 뜻이 되었다. 『주례(周禮)·추관(秋官)』의 "使州里任之, 則宥而赦之."[같은 고향 사람으로 하여금 보증하게 하니 그를 용서해서 풀어주었다.]라는 구절에 쓰인 것이 그 예이다. '보증하다'에서 다시 파생하여 '신임하다'의 뜻이 되었다. 『시경·패풍(邶風)·연연(燕燕)』의 "仲氏任只, 其心寒淵."[중씨는 신임할 수 있는 사람으로, 그 마음 성실하고 깊네.]의 주에서 "은혜로 믿는 것을 任이라 한다."라고 했고, 『주례·지관(地官)』의 "不任之刑."[벗 사이에 신임이 없는 것에 대한 형벌]의 주에서 "친구가 서로 신임하는 것을 말한다."라고 한 것이 그 예이다. '不任'은 친구 사이에 신임을 중시하지 않는 것이다. 이 유형의 의미를 갖는 '任'자는 모두 동사이며, 그 독음은 본의일 때와 마찬가지로 rén으로 읽는다. 다만 '신임하다'의 '任'만은 후에 거성으로 읽게 되었다.

단어의미가 파생되는 원리를 이해한 후 『강희자전(康熙字典)』이나 구판 『사원(辭源)』, 『사해(辭海)』 등을 보면, 단어나 글자의 여러 의미 사이의 관계를 항목별로 명확하게 분석하지 않고, 많은 의미를 체계 없이 나열해 놓았음을 알 수 있다. 즉 각 단어나 한자의 본의가 무엇이며, 어떠한 의미가 파생된 것인지, 어떻게 파생되었는지 등이 그다지 분명하지 않다. 가령 '解'자에 대해서 『사해』에서는 네 가지 독음을 수록하고 27가지 의미를 열거하였다. 그러나 사실 '解'자의 의미는 그렇게 복잡하지 않다. 다음에서 『사해』에 수록된 '解'자의 여러 의미 중 앞의 9가지를 살펴보자.

(1) 나누다, 가르다. 『장자・양생주(養生主)』 "庖丁解牛."[포정이 소를 가르다.], 『좌전・선공(宣公) 4년』 "宰夫解黿."[재부가 자라를 가른다.]6)

(2) 흩어지다. 『한서(漢書)・진여전(陳餘傳)』 "恐天下解也."[천하가 흩어지는 것을 두려워한다.]의 주 "그 마음이 흩어지는 것이다."[謂離散其心也.]

(3) 말하다. 이치를 말하다. 『순자(荀子)・비십이자(非十二子)』 "閉約而無解."[막혀서 스스로도 설명하지 못한다.] 『사기・여후기(呂后紀)』 "君知其解乎?"[그대는 해설을 아는가?]의 정의 "해설하는 것이다."[謂解說也.]

(4) 벗다, 면제하다. 『예기・곡례(曲禮)』 "解履不敢當階."[신을 벗어서 계단에 두지 않는다.]의 소 "벗다."[脫也.] 『한서・공광전(孔光傳)』의 "於法無所解."7)[법에 면제되는 바가 없다.]의 주 "면하다."[免也.]

(5) 개방하다. 『후한서(後漢書)・경순전찬(耿純傳贊)』 "嚴城解扉."[엄성은 문을 개방했다.]

(6) 깨닫다. 『삼국지(三國志)・위지(魏志)・가후전(賈詡傳)』 "太祖遂與韓遂、馬超戰渭南, 問計於詡, 對曰, 離之而已. 太祖曰, 解."[태조(조조)가 마침내 한수, 마초와 위남에서 싸우게 되어 가후에게 계략을 물으니, 대답하기

6) 『장자』의 원문은 "庖丁爲文惠君解牛."[포정이 문혜군을 위해 소를 가르다.]이고, 『좌전』의 원문은 "宰夫將解黿."[재부가 자라를 가르려 하였다.]이다.
7) 『한서』의 원문은 "於法無以解."이다.

를 '떠날 따름입니다.'라고 하자, 태조 왈 '깨달았다.'라고 말했다.]의 주 "깨
달음이다."[謂曉悟也]

(7) 의식하다. 상세한 내용은 '解' 항목에 보인다.

(8) 원망을 없애다. 화해하다는 말과 같다.

(9) 도달하다. 『장자·추수(秋水)』 "無南無北, 奭然四解."[남북 할 것 없이 크
게 사방에 도달하다.]

이상 9가지 의미는 파생의 원리를 기준으로 해석해 보면 발전 과정이 매우 분명
하며, 관건은 '본의'라는 핵심을 파악하는 것이다. '解'의 본의는 '소를 가르는 것'이
며 직접 파생되어 '동물을 분해하다'는 뜻이 되었고, '동물 분해'의 의미에서 다시
파생하여 '해체', '개방'의 뜻이 되었다.[8] '동물 분해'의 의미에서 다시 파생하여
'줄을 풀다'가 되었고[9] '줄을 풀다'의 의미에서 다시 파생하여 '벗다', '깨닫다', '견
해', '화해'가 되었다. 이를 귀납하면 세 가지 의미만 있는 것인데 다음 표와 같다.

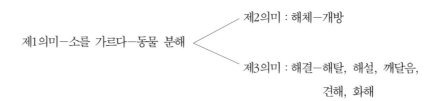

단어의미의 파생은 복잡한 언어 현상이다. 특히 직접파생과 간접파생은 자료를 자
세히 검토하고 체계적으로 분석하여 귀납하지 않으면 그 관계를 분명히 밝히기 어렵
다. 청나라 때의 문자학자인 단옥재(段玉裁)와 주준성(朱駿聲)은 이 분야에서 큰 업적을

---

8) 『사해』에서 '解'자의 9번째 해석은 정확하지 않다. 『장자』의 성현영(成玄英) 소에서는 "크고 거리낌
이 없다."[奭然無礙.]라고 했으니 '四解'는 사면이 개방되었음을 뜻하며 (5)의 뜻과 합해져야 한다.

9) 『순자』 "閉約而無解."에서 '約'은 줄을 묶는 것이다.

이루었다. 그러나 보다 전면적이고 체계적인 정리가 문자학자들의 과제로 남아있다.

단어의 파생이 복잡한 현상이라고 해서 규칙을 찾을 수 없다는 것은 아니다. 단어 의미의 파생은 객관 사물의 끊임없는 발전과 인류의 추상적 사고가 계속해서 발달했음을 반영한다. 본의와 파생의미가 나타내는 내용을 보면, 본의에서 각종 파생의미로의 발전은 구체적인 것에서 추상적 것으로, 개별적인 것에서 일반적인 것으로 향한다. '網'의 본의는 물고기나 짐승을 잡기 위해 밧줄을 이어 만든 도구이다. 『주역(周易)・계사(繫辭) 하』의 "作結繩而爲網罟, 以佃以魚."[밧줄을 만들고 그물을 만들어 소작하고 낚시를 한다.]에 쓰인 것이 그 예이다. 이후 광범위하게 수색한다는 뜻으로 파생되었다. 『사기・태사공자서(太史公自序)』의 "網羅天下放失舊聞."[천하에 없어진 전적을 망라하다.]이 그러한 예인데, 여기에서 '網'의 의미는 완전히 추상화되었다. '踵'의 본의는 '발의 뒤꿈치'이다. 『전국책(戰國策)・조책(趙策)』의 "媼之送燕后也, 持其踵, 爲之泣."[노파가 연후를 보내는데 발꿈치를 잡고 울었다.]이 이러한 뜻이다. '발뒤꿈치'에서 파생하여 '계승하다'의 뜻이 되었다. 『한서・형법지(刑法志)』의 "踵秦而置材官於郡國."[진나라를 계승하여 군국에 재관을 설치한다.], 소통(蕭統) 『문선(文選)・서』의 "蓋踵其事而增華."[그 일을 계승하고 화려함을 더한다.]라는 구절에서는 구체적인 것에서 추상적인 것으로 의미가 변한 것이다.

개별 의미에서 일반 의미로 변화한 예도 매우 많다. '市'의 본의는 매매하는 장소이다. 『맹자・등문공 상』의 "雖使五尺之童適市, 莫之或欺."[오척의 아이를 시켜 시장에 가게 해도 그를 속이는 사람이 없다.] 『구당서(舊唐書)・황소전(黃巢傳)』의 "博野都徑還京師, 燔掠西市."[박야를 지나 경사로 돌아와 서쪽 시장을 불태우고 노략질했다.]에 쓰인 것이 그 예이다. 당나라 이후 '市'의 의미는 도시 내의 상업 지역만을 가리키는 것에서 성이나 도시 전체를 지시하는 것으로 변했다. 유극장(劉克莊) 『옥루춘(玉樓春)』의 "年年躍馬長安市, 客舍似家家似寄."[해마다 장안시를 말 타고 누비며, 여관을 집으로, 집을 여관으로 삼았다.]라는 구절에 쓰인 것이 그 예이다. '特'의 본의는 '소의 수컷'인데 후에 파생하여 '남성 배우자'의 뜻이 되었다. 『시경・용풍(庸風)・백주(柏舟)』의 "髧彼

兩髦, 實維我特."[두 줄기 더벅머리, 내 짝이구나.]에 쓰인 것이 그 예이다. 또 파생하여 '걸출한 인재'를 뜻하게 되었다. 『시경·진풍(秦風)·황조(黃鳥)』의 '百夫之特'[백 사람 중의 인재]에 쓰인 것이 그 예이다.

단어의 본의와 파생의미 간의 관계를 살펴볼 때에는 발음과 자형의 변화에도 주의해야 한다. 이 변화는 본의와 파생의미의 관계를 가려 버려 두 단어가 아무 관계도 없는 것으로 오해하게 만든다. 위에서 살펴본 조회의 '朝'와 조석의 '朝'의 경우 전자는 cháo, 후자는 zhāo로 현대중국어의 발음이 다르다. 그러나 전자는 후자에서 파생한 것이다. '騎'자는 고대에 두 가지 독음이 있었으며 '騎'의 본의는 말을 타는 것이다. 『설문해자』에서 "말을 타다."[跨馬也.]라고 했고 qí로 읽는다. '말을 타다'는 의미에서 파생하여 '기병'이 되었다. 『사기·항우본기(項羽本紀)』의 "沛公旦日從百餘 騎來見項王."[패공이 아침에 백 여리 떨어진 곳에서 말을 타고 와서 항왕을 뵈었다.] 백거이 (白居易) 「장한가(長恨歌)」의 "千乘萬騎西南行."[천 대의 수레, 만 명의 기병이 서남쪽에서 온다.]가 그 예이다. 두 예문의 '騎'를 고대에는 jì, 즉 거성으로 읽었다.

자형의 변화에는 두 가지 경우가 있다. 첫째는 본의를 나타내는 글자의 자형이 변한 것이다. 『시경·조풍(曹風)·후인(候人)』의 "何戈與祋."[어찌하여 긴 창 메고 있는지]에서 '何'의 본의는 '메다'이다. 이것이 가차되어 의문대체사[10]로 사용되자, 후에 '荷'자로 '메다'는 뜻을 나타내고 '何'는 본의를 잃었다. 둘째는 파생의미의 자형 변화이다. 파생의미가 본의에서 상당히 멀어지고 어떤 경우 독음도 변하자 사람들은 그것이 하나의 의미에서 파생된 것을 모르고 이를 구별하기 위해서 따로 하나의 글자를 만들어냈다. 예를 들어, '게으르다'라는 뜻의 '懈'는 본래 '解'로 썼다. 『시경·대아(大雅)·증민(烝民)』의 "夙夜匪解."[아침저녁으로 게을리 말라.]를 『효경(孝經)』은 "夙 夜匪懈"로 인용하였다. '흩어지다'에서 '게으름'의 뜻으로 파생된 것은 자연스러운

---

10) (역주) 대체사는 중국어 문법 용어 '代詞'의 번역어이다. '代詞'는 대신하는 말을 가리키는데, 대명사 외에 부사를 대신하는 것 등이 포함되므로 이 책에서는 '대명사'라고 하지 않고 대체사라는 용어를 사용하였다. 이에 대해서는 제10장 대체사에서 자세하게 다루게 될 것이다.

현상이다. 현대중국어의 '鬆懈'[산만하다]라는 단어에 쓰인 '懈'는 바로 '解'의 파생 의미를 나타낸다. 또한 '竪'자는 『설문』에서 "竪는 서는 것이다."[竪, 立也.]라고 했는데, 사실 '竪'의 의미는 '樹'에서 파생되어 나온 것이다. '심다'에서 파생되어 '똑바로 서다'의 뜻이 된 것으로, 현대중국어에는 여전히 '樹立'이라는 2음절어가 있다. 그러나 '樹'의 상용의미가 '나무'로 변한 뒤에 별도로 '竪'자를 만든 것이다. 『한서·영제기(靈帝紀)』에서 "槐樹自拔倒竪."[홰나무가 저절로 뽑혀서 거꾸로 섰다.]라는 구절이 있는데, 여기에서 '倒樹'로 썼다면 이해하기 어려웠을 것이다.

05

품사의 활용

고대중국어의 품사는 상고시기에 이미 그 기초가 완성되었다. 실사(實詞)는 명사, 동사, 형용사, 수사 등으로 분류된다. 어떤 단어가 어떤 품사에 속하는지는 고정되어 있었고, 각 품사가 문장에서 어떤 문장 성분으로 사용되는지도 어느 정도 정해져 있었다. 예를 들어 명사는 주어, 목적어, 관형어로, 동사는 서술어로, 형용사는 관형어, 부사어, 서술어로, 수사는 관형어로 주로 사용된다. 이처럼 기본적인 기능은 예나 지금이나 변함이 없다.

그러나 고대중국어의 일부 단어들은 당시의 언어 습관에 따라 유연하게 운용될 수 있었고, 기본적인 기능을 문장 내에서 임시로 바꾸어 사용하는 것이 가능했다. 예를 들어 『순자(荀子)・권학(勸學)』의 "假舟楫者, 非能水也, 而絶江河."[배와 노를 빌리는 사람은 수영을 잘 하지 못해도 큰 강을 건넌다.]에서 '水'는 본래 '물'이라는 명사이지만, 여기서는 '수영을 하다'라는 동사로 쓰여 서술어 역할을 한다. 또한 『사기(史記)・진섭세가(陳涉世家)』의 "將軍身被堅執銳."[장군이 몸소 갑옷을 입고 무기를 들었다.]에서 '堅'과 '銳'는 본래 '견고하다'와 '예리하다'라는 형용사이지만 여기서는 '갑옷'

과 '무기'라는 명사로서 목적어 역할을 한다. 이것이 바로 품사의 활용이다. 현대중국어에도 이처럼 활용되는 경우가 있으나[1] 고대중국어만큼 많지 않으며 특히 상고시기 중국어에서만큼 보편적이지 않다.

고대중국어의 품사활용에서 가장 주목해야 할 것은 사동(使動)용법과 의동(意動)용법이며, 이밖에 명사가 동사처럼 쓰이거나 부사어로 쓰이는 현상도 자주 보인다. 명사가 부사어로 사용되는 것은 품사의 활용에 속하는 것은 아니지만 현대중국어에서 명사가 부사어로 사용되는 경우가 거의 없어 고금의 차이를 보이므로 이 장에서 함께 소개하고자 한다.

사동용법

사동용법은 술어동사가 '목적어로 하여금 어떻게 하게 하다'라는 뜻을 갖는 것을 가리킨다. 『사기・손자오기열전(孫子吳起列傳)』의 다음 두 예를 비교해 보자.

(1) 齊使田忌將而往.
　　제나라가 전기(田忌)로 하여금 이끌고 가게 하였다.
(2) 齊威王欲將孫臏.
　　제나라 위왕(威王)이 손빈(孫臏)에게 이끌게 하고자 하였다.

(1-2)에서 '將'은 모두 동사이다. (1)의 '使田忌將'은 겸어구조(兼語構造)이다. 이 문장에는 동사 '將' 앞에 또 다른 동사 '使'가 있으며, '使'의 목적어인 '田忌'가 동시에 '將'의 주어 역할을 겸함으로써 두 구조가 연결되어 있다. 이러한 구조는 현대중국어에도 자주 보인다. (2)의 '將孫臏' 역시 '使孫臏將'[손빈으로 하여금 이끌게 하다]

---

1) 예를 들면 '鐵了心.'[마음을 굳건히 하다], '豊富詞匯'[어휘를 풍부하게 하다]의 '鐵', '豊富' 등이 있다.

의 의미를 나타낸다. 그러나 이는 겸어구조가 아닌 동사의 사동용법으로서, 술어동사 '將'은 목적어 '孫臏'으로 하여금 '將'이 되게 한다는 뜻을 나타낸다. 이를 통해 알 수 있듯이, 사동용법이란 동목구조의 형식으로 겸어구조의 내용을 표현하는 것을 말한다. 이러한 용법은 현대중국어에서 이미 겸어구조로 대체된 지 오래이지만, 고대중국어에서는 겸어구조가 비교적 적게 출현하는 반면 동목구조의 사동용법이 많은 편이다. 이는 고대중국어를 읽을 때 반드시 주의해야 할 부분이다.

사동용법의 술어동사는 원래부터 동사인 경우도 있고 형용사나 명사가 변한 경우도 있다. 본래의 품사가 다르기 때문에 사동용법으로 쓰일 때 그들이 나타내는 문법적 의미도 완전히 동일하지는 않다.

1) 동사의 사동용법

고대중국어에서 동사의 사동용법은 보통 자동사에만 국한된다. 자동사는 본래 목적어를 수반하지 않지만 사동으로 사용될 때는 뒤에 목적어가 온다. 다음 예를 보자.

(3) 焉用亡鄭以陪鄰? (『좌전(左傳)·희공(僖公) 30년』)
어찌 정나라를 망하게 하여 이웃나라를 돕겠는가?

(4) 項伯殺人, 臣活之. (『사기·항우본기(項羽本紀)』)
항백이 사람을 죽였으나 제가 그를 살려주었습니다.

(5) 廣故數言欲亡, 忿恚尉. (『사기·진섭세가』)
오광이 일부러 여러 차례 도망가고 싶다고 말하여 장위를 화나게 하였다.

(6) 告之以直而不改, 必痛之而後畏. (유종원(柳宗元) 「봉건론(封建論)」)
올바름을 알려주어도 고치지 않고 반드시 고통스럽게 한 뒤에야 두려워하였다.

(3)에서 '亡'은 본래 자동사인데 여기에서는 사동용법으로 활용되었다. "亡鄭"은

"使鄭亡"[정나라를 망하게 하다]을 의미한다. (4)의 "活之", (5)의 "忿恚尉", (6)의 "痛之"도 모두 "使之活", "使尉忿恚", "使之痛"과 같은 겸어구조로 바꿀 수 있다. 사동용법으로 쓰이는 일부 동사는 현대중국어의 동보구조(動補構造)로도 확장이 가능하다. 가령, (4)의 '活'은 '救活'[살리다]로 확장될 수 있다. 상고시기 중국어에서는 겸어구조와 동보구조가 자주 보이지 않는 편이기 때문에 사동용법은 고대중국어 문법의 특징 중 하나가 되었다.

자동사가 사동으로 사용될 때 뒤의 목적어는 때로 생략이 가능하다. 다음 예를 보자.

(7) 養備而動時, 則天不能病. …… 養略而動罕, 則天不能使之全. (『순자(荀子)‧천론(天論)』)
물품이 갖추어지고 움직임이 때에 맞으면 하늘이 병나게 할 수 없다.……
물품이 소략하고 움직임이 적으면 하늘은 그로 하여금 온전하게 할 수 없다.

(8) 操軍方連船艦, 首尾相接, 可燒而走也. (『자치통감(資治通鑑)』)
조조의 군대가 함선을 연결하여 이물과 고물이 서로 이어졌으니 불을 붙여 보내면 됩니다.

(7)의 "天不能病"은 뒤 문장 "天不能使之全"과 비교해 보면, "不能病"이 "不能使之病"을 뜻하는 사동용법임을 알 수 있다. (8)의 "燒而走"는 "燒而走之"의 생략형이다. 이러한 목적어의 생략은 보통 앞뒤 문맥으로 파악할 수 있다.

고대중국어에서는 타동사의 사동용법이 흔하지 않다. 타동사는 본래 목적어를 수반하므로 형식적으로는 사동용법과 차이가 없고 의미에만 차이가 있다. 다음 예를 보자.

(9) 晉侯飲趙盾酒. (『좌전‧선공(宣公) 2년』)
진후가 조돈에게 술을 마시게 하였다.

(10) 止子路宿, 殺鷄爲黍而食之, 見其二子焉. (『논어(論語)‧미자(微子)』)

자로를 머무르게 하고는 닭을 잡고 기장밥을 지어 그에게 먹게 하고, 자기 두 아들에게 자로를 찾아뵙도록 하였다.

(11) 天漢四年春正月, 朝諸侯王於甘泉宮. (『한서(漢書)・무제기(武帝紀)』)
천한 사년 봄 정월에 감천궁에서 제후왕으로 하여금 알현하게 하였다.

　　(9)는 진후가 조돈의 술을 마셨다는 것이 아니라 진후가 조돈에게 술을 마시게 하였다는 뜻으로, "使趙盾飮酒"이다. 여기에서 '飮'은 사동으로 쓰여 중국어로 yìn이라고 읽는다.2) (10)의 '食之'는 '닭과 기장밥을 먹다'가 아니라 '자로에게 먹게 하다'를 뜻이며, '食'은 사동용법으로 쓰여 중국어의 sì로 읽는다.3) "見其二子"는 "(자로가) 두 아들을 보다"가 아니라 "두 아들에게 자로를 찾아뵙게 하다"를 뜻하며, '見'은 사동으로 쓰여 중국어 xiàn으로 읽어야 한다.4) 마찬가지로 (11)의 "朝諸侯王"은 "使諸侯王朝"[제후왕으로 하여금 알현하게 하다]를 뜻한다. 위에서 살펴본 '飮', '食', '見'과 같이 일부 타동사는 사동으로 사용될 때 (중고시기 이후) 독음을 바꾸어 타동사의 기타 용법과 구별하였다. 그러나 모든 타동사가 사동으로 사용될 때에 독음이 바뀌는 것은 아니다. 위에서 예로 든 '朝'의 경우 독음이 변하지 않았다. 타동사가 사동용법으로 사용되는 것인지의 여부를 판단하기 위해서는 무엇보다 언어 환경(문맥)을 면밀히 분석하고 앞뒤 문맥에 근거하여 확정해야 한다. 그 외에 더 간편한 방법은 없다.

---

2) (역주) '마시다'는 뜻의 '飮'의 중국어 발음은 yīn이다. '飮'이 사동으로 쓰일 때 우리말 독음도 '음'이 아닌 '임'이지만, 지금은 속음을 따라 그냥 '음'으로 읽는다.
3) (역주) '먹다'는 뜻의 '食'의 중국어 발음은 shí이다. '食'이 사동으로 쓰일 때 우리말 독음도 '식'이 아닌 '사'이다.
4) (역주) '보다'는 뜻의 '見'의 중국어 발음은 jiàn이다. '見'이 사동으로 쓰일 때 우리말 독음도 '견'이 아닌 '현'이다.

2) 형용사의 사동용법

고대중국어에서 형용사는 종종 사동으로 사용되는데, 이 경우 목적어에 해당하는 사람이나 사물로 하여금 형용사의 성질이나 상태를 지니게 한다는 뜻을 나타낸다. 다음 예를 보자.

(12) 今媼尊長安君之位. (『전국책(戰國策)·조책(趙策)』)
지금 태후께서 장안군의 지위를 높여주고자 한다.

(13) 彊本而節用, 則天不能貧. …… 本荒而用侈, 則天不能使之富. (『순자·천론』)
본업을 굳건히 하고 씀씀이를 절약한다면 하늘이 빈곤하게 만들 수 없다. …… 본업이 황폐하고 씀씀이가 사치스러우면 하늘은 그를 부유하게 만들 수 없다.

(14) 諸侯恐懼, 會盟而謀弱秦. (가의(賈誼)「과진론(過秦論)」)
제후들이 두려워하여 회맹하여 진나라를 약하게 만들 것을 도모하였다.

(15) 至於殘害至親, 傷恩薄厚. (『한서·예문지(藝文志)·제자략(諸子略)』)
지극히 친한 사람에게 잔혹하게 해를 끼치고 은혜를 상하게 하고 후하게 할 것을 박하게 하는 지경에 이른다.

(16) 春風又綠江南岸. (왕안석(王安石)「박선과주(泊船瓜州)」)
봄바람이 강남의 언덕을 다시 푸르게 한다.

(12)에서 형용사 '尊'은 사동으로 쓰여 목적어 '長安君之位'를 가지며, "장안군의 지위를 높아지게 만들다"의 의미를 나타낸다. (13)의 '彊'과 '貧' 역시 모두 형용사의 사동용법이다. '彊本', '不能貧'과 뒤 문장의 '本荒', '不能使之富'을 대조해보면 '彊本'이 곧 "使本彊"이고, '不能貧'이 곧 "不能使之貧"이라고 단정할 수 있다. 마찬가지로 (14)의 '弱秦'은 "使秦弱"이고 (15)의 '薄厚'는 "使厚者薄"이며, (16)의 '又綠江南岸'은 "又使江南岸綠"이다.

3) 명사의 사동용법

고대중국어에서는 명사도 사동으로 사용되는 경우가 있다. 이 경우 목적어가 나타내는 사람이나 사물로 하여금 명사가 나타내는 사람이나 사물이 되게 한다는 뜻을 나타낸다. 다음 예를 보자.

> (17) 縱江東父兄憐而王我, 我何面目見之? (『사기·항우본기』)
> 설사 강동의 부형들이 나를 불쌍히 여겨 왕이 되게 하더라도 내가 어찌 그들을 볼 면목이 있겠는가?
>
> (18) 吾見申叔, 夫子所謂生死而肉骨也. (『좌전·양공(襄公) 22년)』)
> 내가 신숙을 만났는데, 그 사람은 이른바 죽은 사람을 살리고 뼈에 살을 붙이는 사람이다.

(17)에서 '王我'는 "使我王"으로, "나로 하여금 왕이 되게 하다"를 뜻한다. (18)은 더욱 전형적인 예이다. 문장 내의 '生死'와 '肉骨'은 서로 대구를 이루며, 이 둘은 모두 병렬구조가 아닌 동목구조이다. '生死'는 겸어구조 "使死生"에 해당하며 "죽은 사람을 살아나게 하다"를 뜻한다. '肉骨'은 겸어구조 "使骨肉"에 해당하며 "백골에 살이 붙게 하다"를 뜻하는 것으로, 이 역시 "죽은 사람을 살아나게 하다"의 의미이다.

사동으로 사용되는 명사 뒤에 출현하는 목적어는 가끔 생략되기도 한다. 다음 예를 보자.

> (19) 天子不得而臣也, 諸侯不得而友也. (유향(劉向)『신서(新序)·절사(節士)』)
> 천자가 신하로 삼을 수 없고, 제후가 친구로 삼을 수 없다.

여기서 '臣'과 '友'는 명사가 사동용법으로 쓰였으나 뒤의 목적어를 생략한 것으

로, '不得而臣'은 "不得而臣之"와 같고, '不得而友'는 "不得而友之"와 같다. 각각
은 "그를 신하로 삼을 수 없다", "그를 친구로 삼을 수 없다(그와 친구가 될 수 없음)"
을 의미한다. 이렇게 목적어가 생략되는 현상은 자주 보이지 않지만 역시 주목할 필
요가 있다. 보통 앞뒤 문맥을 통해서만 그 숨겨진 의미를 파악할 수 있다.

의동용법(意動用法)

의동용법이란 술어동사가 '목적어를 어떻다고 생각하다'의 뜻을 나타내는 것을 가
리킨다. 의동용법은 형용사나 명사의 활용에만 국한되며 동사에는 의동용법이 없다.
사동용법은 목적어로 하여금 어떻게 하도록 만드는 것이다. 반면 의동용법은 목적
어를 어떻다고 생각하는 것으로, 주관적인 견해를 나타내는 것이지 객관적으로 반드
시 꼭 그러한 것은 아니다. 아래의 예문들이 사동과 의동의 차이를 잘 보여준다.

(20) 君子之學也以美其身. (『순자 · 권학(勸學)』)

군자의 배움은 그 자신을 아름답게 하는 것이다.

(21) 吾妻之美我者, 私我也. 妾之美我者, 畏我也. 客之美我者, 欲有求於
也. (『전국책 · 제책(齊策)』)

내 처가 나를 멋있다고 여기는 것은 나를 사랑하기 때문이고, 첩이 나를
멋있다고 하는 것은 나를 두려워하기 때문이고, 객이 나를 멋있다고 하는
것은 나에게 바라는 것이 있기 때문이다.

(20)의 '美其身'은 사동용법으로 "使其身美"와 같으며, "자신으로 하여금 한 단
계 올라가게 하다"를 뜻한다. (21)에 세 차례 쓰인 '美我'는 모두 의동용법으로, "以
我爲美[나를 아름답다고 여기다]"의 뜻이지 "나를 아름다워지게 하다"가 아니다.

1) 형용사의 의동용법

 형용사가 의동용법으로 쓰이는 경우, 뒤에 나오는 목적어가 해당 형용사의 성질이나 상태를 지니고 있다고 주관적으로 생각한다는 것을 나타낸다. 다음 예를 보자.

(22) 登東山而小魯, 登太山而小天下. (『맹자(孟子)·진심(盡心) 상』)

 동산에 올라 노나라를 작다고 여기고, 태산에 올라 천하를 작다고 여기다.

(23) 且夫我嘗聞少仲尼之聞, 而輕伯夷之義者, 始吾弗信. (『장자(莊子)·추수(秋水)』)

 일찍이 공자의 지식이 적다고 여기고 백이의 절의를 가볍게 여긴다는 말을 들었는데, 처음에 나는 이를 믿지 않았다.

(24) 怪之可也, 而畏之非也. (『순자·천론』)

 그것을 이상하다고 여기는 것은 괜찮지만 그것을 두려워하는 것은 잘못이다.

(25) 今之縣令, 一日身死, 子孫累世絜駕, 故人重之. (『한비자(韓非子)·오두(五蠹)』)

 오늘날의 현령은 하루아침에 자신이 죽더라도 자손들은 대대로 수레를 탄다. 그러므로 사람들은 이를 중하게 여긴다.

(26) 是故明君貴五穀而賤金玉. (조조(鼂錯) 「논귀속소(論貴粟疏)」)

 따라서 명군은 오곡을 귀하게 여기고 금옥을 천하게 여긴다.

(27) 漁人甚異之. (도잠(陶潛) 「도화원기(桃花源記)」)

 어부는 이를 매우 기이하게 여겼다.

 (22)에서 '小魯', '小天下'는 "노나라가 작다고 여기다", "천하가 작다고 여기다"의 의미로서, 지극히 주관적인 관점일 뿐 객관적 사실을 나타내는 것이 아니며, "노나라를 작게 만들다", "천하를 작게 만들다"의 뜻이 아니다. (23)에서 '少', '輕'은 모두 형용사가 의동으로 쓰인 것으로 '적다고 생각하다', '가볍게 생각하다'를 뜻한다. (24)의 '怪' 역시 형용사가 의동으로 쓰인 것으로 '怪之'는 '그것을 괴이하다고

생각하다'를 뜻한다. 그러나 뒤 문장의 '畏'는 동사로서 '畏之'는 일반적인 동목구조이다. (25)의 '重之'는 대체로 '그것(현령의 지위)을 중시하다'의 의미에 해당할 수 있으나 정확한 의미는 '그것을 중요하다고 생각하다'로 보아야 한다. '重'은 형용사가 의동으로 쓰인 것이다. (26)의 '貴', '賤'과 (27)의 '異' 역시 형용사의 의동용법이다.

2) 명사의 의동용법

명사가 의동용법으로 쓰이는 경우, 목적어가 나타내는 사람이나 사물을 해당 명사가 나타내는 사람이나 사물로 간주한다는 것을 나타낸다. 다음 예를 보자.

(28) 夫人之, 我可以不夫人之乎? (『곡량전(穀梁傳)·희공(僖公) 8년』)
     군주께서 그녀를 부인으로 여기시는데 제가 그녀를 부인으로 여기지 않을 수 있겠습니까?
(29) 令我百歲後, 皆魚肉之矣. (『사기·위기무안후열전(魏其武安侯列傳)』)
     설령 백년 후에라도 내가 그를 짓이겨 버리겠다.
(30) 天下乖戾, 無君君之心. (유종원 「봉건론」)
     천하가 어지러워 군주를 군주로 생각하는 마음이 없다.

(28)에서 '夫人'은 명사가 의동용법으로 쓰인 것으로, '夫人之'는 동목구조이며 "以之爲夫人"[그를 부인으로 생각하다]와 같은 뜻이다. (29)의 '魚肉之'는 "以之爲魚肉"[그(田蚡)를 생선이나 고기로 삼다]으로, 전분이라는 사람을 생선이나 고기로 여겨 제멋대로 짓밟고 으깬다는 뜻이다. (30)의 '無君君之心'은 나라의 군주를 군주로 보지 않음을 가리킨다. '君君'은 동목구조이지만 목적어가 동사의 영향을 직접적으로 받는 일반적인 지배 관계가 아니며, 앞의 '君'자도 사동으로 쓰인 것이 아니라 명사의 의동용법이다.

정리하자면, 의동용법에 있어서 그것이 나타내는 '여기다'라는 의미 특징을 잘 파악해야만 '사역' 의미를 나타내는 사동용법과 구별이 가능하고, 목적어가 동사의 영향을 직접적으로 받는 일반적인 동목구조와도 구별이 가능하다.

명사가 동사처럼 사용되는 경우

　명사의 사동용법과 의동용법은 모두 명사가 동사처럼 쓰이는 경우에 해당한다. 이 두 가지 용법 외에도 명사는 여러 가지 상황에서 술어동사로 쓰이는데, 이때 명사는 사동이나 의동의 기능을 하는 것은 아니지만 대체적으로 의미에 변화가 생긴다.

　고대중국어에서 명사가 사동으로 쓰이는 경우는 비교적 적으며, 의동으로 쓰이는 경우도 많지 않다. 그러나 명사가 일반 동사처럼 쓰이는 것은 상당히 보편적이다. 다음 예를 보자.

(31)　趙主之子孫侯者, 其繼有在者乎? (『전국책・조책』)

　　　조나라 군주의 자손으로 후의 작위에 봉해진 사람 중 그 지위를 계승하여 여전히 지위에 있는 자가 있는가?

(32)　范增數目項王. (『사기・항우본기』)

　　　범증이 항왕에게 수차례 눈짓을 보냈다.

(33)　左右欲刃相如, 相如張目叱之. (『사기・염파인상여열전(廉頗藺相如列傳)』)

　　　측근이 상여를 베고자 하였으나 상여는 눈을 부릅뜨고 소리쳤다.

(34)　城朔方城. (『한서・무제기(武帝紀)』)

　　　삭방성을 축조하다.

(35)　驢不勝怒, 蹄之. (유종원 「삼계(三戒)」)

　　　당나귀가 성을 이기지 못하고 그에게 발길질을 했다.

(36)　因面峰腋寺, 作爲草堂. (백거이(白居易) 「여산초당기(廬山草堂記)」)

　　　봉우리를 앞에 두고 절을 옆에 끼고 초당을 지었다.

(31)의 '侯'는 본래 명사인데, 여기서는 동사처럼 쓰여 '제후가 되다'의 뜻이 되었다. (32)의 명사 '目'은 동사로 쓰인 뒤 '눈으로 의중을 내비치다'의 뜻으로 변했다. (33-36)의 명사 '刃', '城', '蹄', '面', '腋' 등은 동사로 사용된 후 의미상으로도 변화하였는데, 문장을 독해할 때에 자세히 살펴보기만 한다면 이러한 변화를 쉽게 파악할 수 있다.

고대중국어에서는 보통명사뿐만 아니라 방위명사도 종종 동사로 사용되었다. 다음 예를 보자.

(37) 項王乃復引兵而東, 至東城, 乃有二十八騎. (『사기·항우본기』)
항왕이 다시 병사를 이끌고 동쪽으로 가서 동성에 이르자 기병 28기가 남아있었다.

(38) 齊軍旣已過而西矣. (『사기·손자오기열전』)
제나라 군대가 이미 지나쳐서 서쪽으로 갔다.

(39) 日漸暮, 邃前其足, 手向後據地, 坐而下脫. (서굉조(徐宏祖) 『유천도(遊天都)』)
날이 점차 저물자 결국 발은 앞으로 내밀고 손은 뒤를 향해 땅을 짚고 앉은 채로 아래로 내려갔다.

(37-39)에서 방위명사 '東', '西', '前'은 모두 동사로 사용되었고, 단어의미가 각각 '동쪽으로 가다', '서쪽으로 가다', '앞으로 향하다[뻗다]'로 변화했다.

명사가 부사어로 사용되는 경우

현대중국어에서는 시간명사만 부사어로 사용 가능하며, 보통명사가 부사어로 사용되는 경우는 매우 적다. 고대중국어에서는 시간명사뿐만 아니라 보통명사도 부사어로 사용될 수 있었다. 이는 고대중국어에서 자주 나타나는 현상으로 주의 깊게 살펴볼 필요가 있다. 서술상의 편의를 위해 이를 품사의 활용 부분에서 논한다.[5]

보통명사가 부사어로 사용됨으로써 일으키는 작용에는 여러 가지가 있는데, 그 중에는 강한 수사적 효과를 나타내는 경우도 있다. 자주 보이는 예를 들어 보자.

1) 방위나 장소를 나타냄.

(40) 河渭不足, 北飮大澤. (『산해경(山海經)·과보축일(夸父逐日)』)
    하수와 위수의 물로는 부족하여 북쪽으로 대택의 물을 마셨다.

(41) 大月氏復西走. (『한서·장건전(張騫傳)』)
    대월씨는 다시 서쪽으로 갔다.

(42) 范雎至秦, 秦王庭迎. (『전국책·진책(秦策)』)
    범수가 진나라에 이르자 진나라 왕이 마당에서 영접하였다.

(43) 蜀太守以下郊迎. (『사기·사마상여열전(司馬相如列傳)』)
    촉나라 태수 이하의 사람들이 교외에서 영접하였다.

(44) 高祖以亭長爲縣送徒驪山, 徒多道亡. (『한서·고제기(高帝紀)』)
    고조가 정장의 신분으로서 현에서 죄인의 무리를 여산으로 압송하는 일을
    하였는데, 무리 중 대부분이 길에서 도망쳤다.

(40)의 '北', (41)의 '西'는 방위를 나타내며, (42)의 '庭', (43)의 '郊', (44)의 '道'는 장소를 나타낸다.

2) 도구나 근거를 나타냄.

(45) 伍子胥橐載而出昭關. (『전국책·진책』)
    오자서는 자루에 실려서 소관을 빠져나갔다.

_____

5) 일부 문법서에서는 이 현상을 명사가 부사처럼 사용되는 경우로 보고 있다.

(46) 箕畚運於渤海之尾. (『열자(列子)·탕문(湯問)』)

삼태기로 발해의 끝자락에 옮겨 두었다.

(47) 太祖累書呼, 又敕郡縣發遣. (『삼국지(三國志)·화타전(華佗傳)』)

태조가 수차례 글로 부르고 또 군현에 칙령을 내려 그를 보내라고 요구하였다.

(48) 失期, 法皆斬. (『사기·진섭세가』)

때를 어기면 법에 따라 모두 참수한다.

(45)의 '槖', (46)의 '箕畚', (47)의 '書'는 모두 명사가 부사어로 사용된 것으로 뒤에 나오는 동사를 수식하여 행위의 도구나 평계를 나타내며, 현대중국어의 '用……'[……을 써서]에 상응한다.6) (48)의 '法皆斬'은 "법률에 의거하여 모조리 목을 벤다"는 뜻으로, 명사 '法'이 '皆斬'의 부사어로서 근거를 나타내 준다.

3) 사람에 대한 태도를 나타냄.

(49) 彼秦者 …… 虜使其民. (『전국책·조책』)

저 진나라는 …… 노예처럼 자신의 백성을 부린다.

(50) 君爲我呼入, 吾得兄事之. (『사기·항우본기』)

그대는 나를 위해 그를 불러들여라, 내가 그를 형으로 모시겠다.

(51) 東鄉坐, 西鄉對, 師事之. (『사기·회음후열전(淮陰侯列傳)』)

동쪽을 향해 앉게 하고 서쪽을 향하여 대하며 그를 스승으로 섬겼다.

(52) 齊將田忌善而客待之. (『사기·손자오기열전』)

제나라 장수 전기가 좋아하며 그를 손님으로 대하였다.

---

6) 예를 들어 (46)의 "箕畚運於渤海之尾"는 현대중국어로 "用箕畚運於……"[삼태기를 써서 ……로 옮기다]라고 표현할 수 있다.

(49)의 '虜使其民'은 잔나라의 사람들을 노예 삼아 이용한다는 뜻이고, (50)의 '兄事之'는 윗사람을 대하는 태도로 그를 대한다는 뜻으로, '虜'와 '兄' 모두 명사가 부사어로 사용된 예이다. 이러한 용법은 동사 뒤의 목적어가 나타내는 사람을, 부사어로 쓰이는 명사가 나타내는 사람이나 사물로 대하는 것이다. (51)과 (52)의 예문도 같은 방식으로 이해하면 된다.

4) 비유를 나타냄.

(53) 嫂蛇行匍伏. (『전국책·진책』)

형수가 뱀처럼 기어왔다.

(54) 子産治鄭二十六年而死, 丁壯號哭, 老人兒啼. (『사기·순리열전(循吏列傳)』)

자산이 정(鄭)나라를 26년간 다스리고서 죽자 젊은이들은 소리 내서 곡을 하고, 노인들은 어린아이처럼 울었다.

(55) 雁鶩行以進, 平立. (한유 「남전현승청벽기(藍田縣丞廳壁記)」)

거위와 오리처럼 줄지어 나아가서 나란히 섰다.

(56) 羆之狀, 被(披)髮人立, 絶有力而甚害人焉. (유종원 「비설(羆說)」)

큰 곰의 모습은 머리를 풀어헤치고 사람처럼 서서 다니는데, 힘이 몹시 세고 사람을 심하게 해친다.

(57) 少時, 一狼逕去, 其一犬坐於前. (『요재지이(聊齋志異)·랑(狼)』)

잠시 뒤 한 마리는 어디론가 사라지고 다른 한 마리는 개처럼 앞에 웅크리고 앉았다.

(53)의 '蛇行'은 '뱀처럼 기어가다'의 뜻으로, 명사 '蛇'가 부사어로 쓰인 예이다. 이러한 용법은 보통명사가 나타내는 사물의 어떠한 특징을 비유로 하여 동사를 수식한 것이다. (54)의 '兒啼'는 "아이처럼 엉엉 울다"이다. (55)의 '雁鶩行'은 "거위와 오리처럼 줄지어가다"이다. 나머지 문장도 마찬가지이다. 이러한 용법은 현대중국어

에서도 "土崩瓦解"[흙처럼 무너지고 기와처럼 깨지다], "星羅棋布"[별처럼 늘어서고 바둑알처럼 펼쳐져 있다] 등과 같이 몇몇 성어로 여전히 남아있다.

보통명사가 부사어로 쓰이는 경우, 그 형식은 일반적인 주술구조와 완전히 동일하지만 의미는 매우 다르다. 위에서 예로 든 '蛇行', '兒啼'가 만약 주술구조라면 '뱀이 기다', '아이가 울다'의 뜻이다. 그렇다면 명사가 부사어로 쓰인 것인지 아니면 주어로 쓰인 것인지를 어떻게 판별할 수 있는가? 일반적으로 명사가 부사어로 쓰인 문장은 대개 해당 명사 앞에 또 다른 주어가 출현한다. 예를 들어 "嫂蛇行.", "老人兒啼."에서 '嫂', '老人'이 이미 전체 문장의 주어로 기능하고 있으므로 '蛇', '兒'는 부사어가 될 수 있을 뿐, 또 다른 주어가 될 가능성은 크지 않다. 만약 문장 내에 주어가 있는 것인지 확정하기 쉽지 않거나 혹은 근본적으로 주어가 없는 문장이라면, 앞뒤 문맥에 근거해서 판단할 수밖에 없다. 예를 들어 (57)의 "其一犬坐於前."과 같은 경우 만약 앞뒤 문맥을 고려하지 않는다면, 명사가 부사어로 쓰인 것으로서 '한마리가 개처럼 앞에 앉았다'의 뜻인지, 아니면 주술구조로서 '한 마리 개가 앞에 앉았다'의 뜻인지를 확정하기 어렵다.

품사 활용의 조건

단어가 다른 품사로 활용되었는지의 여부를 판단하기 위해서는, 해당 단어가 문장 내에서 차지하는 위치, 앞뒤로 결합하는 단어의 품사, 단어들 간의 통사 관계, 문법적 특징 등을 주로 살펴보아야 한다. 명사, 형용사의 사동용법과 의동용법 그리고 명사가 동사처럼 쓰이는 경우는 모두 명사, 형용사가 동사로 활용되는 것이며, 이러한 사실은 그들의 문법 조건 변화를 통해 확인할 수 있다. 아래에서는 명사, 형용사가 동사로 활용되는 몇 가지 중요한 문법 조건을 설명하고자 한다.

1) 두 명사를 이어서 사용한다

두 개의 명사가 연속으로 사용될 때 이들이 병렬구조나 수식구조가 아니라면, 앞의 명사는 종종 동사로 활용되고, 뒤의 명사는 목적어가 된다. 다음 예를 보자.

  (58) 遂王天下. (『한비자·오두』)

  마침내 천하의 왕이 되었다.

  (59) 擅爵人, 赦死罪. (가의 「치안책(治安策)」)

  제멋대로 사람들에게 벼슬을 주고, 죽을죄를 용서하였다.

  (60) 面山而居. (『열자·탕문』)

  산을 마주하고서 살았다.

(58)의 '王天下'는 '왕과 천하' 혹은 '왕의 천하'가 아니라 '천하를 다스리다'[천하의 왕이 되다]이다. (59)의 '爵人'은 '다른 사람에게 작위를 주다', (60)의 명사 '面'은 '마주하다'의 뜻으로, 동일한 원리이다.

두 개의 명사가 연속으로 사용되는 경우 때로는 앞의 명사가 주어이고, 뒤의 명사가 술어동사로 활용되어 주술구조가 될 수도 있다. 다음 예를 보자.

  (61) 乃丹書帛曰：“陳勝王.”(『사기·진섭세가』)

  이에 비단에 붉은 색으로 썼다. “진승이 왕이 될 것이다.”

  (62) 子房前! (『사기·유후세가(留侯世家)』)

  자방은 앞으로 나오시오!

'陳勝王'은 “진승이 왕이 되다”의 뜻이고, '子房前'은 “자방은 앞으로 나오라[이는 유방(劉邦)이 장량(張良)을 부를 때의 말이다]”는 뜻이다. '前'은 방위명사가 술어동사로 활용된 것이다.

2) 명사, 형용사가 '所' 뒤에 놓여서 동사로 활용된다

(63) 非博士官所職, 天下敢有藏詩書百家語者, 悉詣守尉雜燒之. (『사기·진
시황본기』)

박사관에서 담당하는 경우가 아니라면, 천하에 감히 시, 서, 백가의 말을
소장하고 있는 자는 모조리 군수(郡守)와 군위(郡尉)에게 가서 그것들을
한꺼번에 태워야 한다.

(64) 乃丹書帛曰, "陳勝王", 置人所罾魚腹中. (『사기·진섭세가』)

비단에 붉은 색으로 "진승이 왕이 될 것이다"라고 쓰고는 그것을 다른 사
람이 잡아온 물고기 뱃속에 집어넣었다.

(65) 世之所高, 莫若黃帝. (『장자·도척(盜跖)』)

세상에서 높다고 하는 것은 황제만한 것이 없다.

(66) 故俗之所貴, 主之所賤也, 吏之所卑, 法之所尊也. (조조「논귀속소」)

따라서 세속에서 귀하게 여기는 것은 임금께서는 천하게 여기시는 것이며,
관리들이 천하게 여기는 것은 법에서는 귀하게 여기는 것입니다.

'所'는 보조대체사로서 일반적으로 동사 앞에 놓여서 동작의 대상을 지칭한다.[7]
예를 들어 '所見'은 '본 것(물건)'을 뜻한다. 명사가 '所' 뒤에 놓이는 것 또한 동사
로 활용된 것이다. (63)의 '職'은 본래 '직무, 직책'의 뜻이지만, 여기에서는 '담당하
다, 책임지다'의 뜻으로 변하였으며, '所職'은 '담당하는 것'이다. (64)의 '罾'은 본
래 '어망'을 뜻하는 명사이지만 '所罾'은 '그물로 잡은 것'을 뜻한다. '所' 뒤에 형
용사가 오는 경우에도 마찬가지로 동사로 변한다. (65)의 '所高'는 '찬양하는 것(사
람)'을 가리킨다. (66)의 '貴', '賤', '卑', '尊' 또한 모두 형용사가 '所' 뒤에 쓰여
동사로 활용된 것이다.

---

7) 제10장 「대체사」 부분을 참고할 것.

3) 명사, 형용사가 '能', '可', '足', '欲' 등의 조동사 뒤에 놓여서 동사로 활용된다

(67) 子謂公冶長, "可妻也."(『논어‧공야장(公冶長)』)

선생님께서 공야장에 대해 "그에게 시집보낼 만하다."라고 말씀하셨다.

(68) 寡人欲相甘茂, 可乎?(『사기‧감무열전(甘茂列傳)』)

과인이 감무를 재상으로 삼고 싶은데, 괜찮겠는가?

(69) 問其深, 則其好遊者不能窮也. (왕안석「유포선산기(遊褒禪山記)」)

그 깊이를 물으니, 노닐기 좋아하는 자도 끝까지 갈 수 없다고 한다.

(70) 自上觀之, 至於子胥比干, 皆不足貴也. (『장자‧도척』)

이로써 보건대 자서와 비간에 이르기까지 모두 귀하다고 하기에 부족하다.

(71) 厭其源,8) 開其瀆, 江河可竭. (『순자‧수신(脩身)』)

그 근원을 막고 도랑을 터놓으면, 江水와 河水가 마를 수 있다.

조동사는 오직 동사만을 수식한다. (67-68)의 명사 '妻', '相'은 조동사의 수식을 받고 있으며, 모두 동사로 활용된 것이다. (69-71)의 '窮', '貴', '竭'은 조동사 '足', '可'의 수식을 받고 있으며, 이는 형용사가 동사로 쓰인 예이다.

4) 명사가 부사 뒤에 놓여 동사로 활용된다

(72) 秦師遂東. (『좌전‧희공 32년』)

진(秦)의 군대가 마침내 동쪽으로 갔다.

(73) 從弟子女十人所, 皆衣繒單衣. (『사기‧골계열전(滑稽列傳)』)

따르는 여제자 10여 명은 모두 직물로 된 홑옷을 입었다.

(74) 不足生於不農. (조조「논귀속소」)

부족함은 농사를 짓지 않음에서 비롯된다.

---

8) 여기서 '厭'은 가로막는다는 뜻이다.

일반적으로 부사는 문장에서 동사나 형용사의 수식어로만 쓰인다. (72)의 '邃',
(73)의 '皆', (74)의 '不'은 부사이므로, 그것의 수식을 받는 명사 '東', '衣', '農'은
모두 동사로 활용된 것이다.

5) 명사, 형용사가 '之', '我' 등의 대체사 앞에 놓여 동사로 활용된다

  (75) 高之, 下之, 小之, 臣之, 不外是矣. (『순자·유효(儒效)』)

    높이고 낮추고 작게 하고 크게 하여도 이를 벗어나지 않는다.

  (76) 非能耕而食之, 織而衣之也. (조조「논귀속소」)

    농사를 지어서 먹이거나 베를 짜서 입힐 수 있었기 때문이 아니다.

  (77) 既臣大夏而君之. (『한서·장건전(張騫傳)』)

    대하를 신하로 삼고 또 그를 임금으로 만들었다.

  (78) 是欲臣妾我也, 是欲劉豫我也. (호전(胡銓)「무오상고종봉사(戊午上高宗
    封事)」)

    이는 나를 노예[臣妾]로 여기고자 하는 것이고, 이는 나를 반역자로[9] 여기
    고자 하는 것이다.

  (75)의 '高', '下', '小'는 모두 형용사가 대체사 '之'의 앞에 놓여 동사로 활용되
었다. '臣'은 '巨'의 오자(誤字)이며,[10] 이 또한 형용사가 동사로 활용된 것이다.
(76-78)의 '衣', '君', '臣妾', '劉豫'는 모두 명사가 대체사 '之' 또는 '我'의 앞에
놓여 동사로 활용되었다. 이러한 종류의 활용은 대개 사동용법이나 의동용법이다.

6) 명사 뒤에 전치사구조의 보어가 쓰이면 해당 명사는 동사로 활용된다

  (79) 請句踐女女於王. (『국어(國語)·월어(越語)』)

---

9) (역주) 유예(劉豫)는 송나라 때의 반역자이다.

10) (역주) 양경(楊倞)의 주에서 "臣, 當爲巨."[臣은 巨로 써야 마땅하다.]라고 하였다.

구천의 딸이 오왕에게 비첩이 되길 청합니다.

(80) 衛鞅復見孝公, 公與語, 不自知跀(膝)之前於席也. (『사기・상군열전(商
君列傳)』)

위앙이 효공을 다시 뵈었는데, 효공은 그와 이야기를 나누며 (대화에 열중
하여) 무릎이 자리 앞쪽으로 나아가 있는 것도 알지 못하였다.

(79)의 '女於王'은 비첩으로 삼도록 왕에게 준다는 뜻으로 '於王'은 전치사구조의
보어이고, 명사 '女'는 동사로 활용되었다. (80)의 방위명사 '前'은 전치사구조 '於
席'의 앞에 쓰여 '자리의 앞부분으로 나아갔다'라는 뜻을 나타낸다. 방위명사 '前'이
동사로 활용된 것이다.

7) 명사가 '而'로 연결되었을 때에 동사로 활용된다

(81) 君人者, 隆禮尊賢而王. (『순자・천론』)
임금 된 자는 예를 존중하고 현명한 이를 존경하면서 다스린다.

(82) 漢敗楚, 楚以故不能過滎陽而西. (『사기・항우본기』)
한나라가 초나라를 무찌르자 초나라는 이 때문에 형양을 넘어서 서쪽으로
갈 수 없었다.

(83) 不耕而食, 不蠶而衣. (『염철론(鹽鐵論)・상자(相刺)』)
밭을 갈지 않아도 밥을 먹고, 누에를 치지 않아도 옷을 입는다.

접속사 '而'는 동사 혹은 동사구를 연결하는 데 주로 사용되며 형용사를 연결할
수도 있지만, 명사 연결에는 사용할 수 없다. (81)의 명사 '王', (82)의 방위명사
'西'는 다른 동목구조와 '而'로 연결됨으로써 동사로 활용되었다. (83)에서 '而'로
연결된 앞뒤의 두 명사 '蠶'과 '衣'는 모두 동사로 활용되었다. '蠶'은 또한 부정부
사 '不'의 수식을 받고 있으므로 명사가 동사로 활용되는 두 가지 조건을 갖추었다.

이상에서 서술한 7가지 항목이 명사, 형용사가 동사로 활용되는 중요한 조건이기는 하지만, 이것만으로 모든 상황을 개괄할 수는 없다. 고서를 읽을 때에는 품사 활용에 대해 보다 유연한 접근이 필요하다. 각 품사의 문법적 특징에 근거하고, 앞뒤 문맥의 의미와 연관 지어 판단함으로써 고대중국어를 정확하게 이해해야 한다.

마지막으로 지적해야 할 것은, 이른바 품사의 활용이란 본래 어떤 하나의 품사에 속하던 단어가 문장 내에서 임시로 다른 품사의 성질을 지니게 되었음을 의미하는 것일 뿐, 이 단어가 두 가지 품사에 속한다는 뜻은 아니라는 점이다. 예컨대, '蠶'은 명사이면서 동사라고 할 수 없고, '高'는 형용사이면서 동사라고 할 수 없다. 만약 그렇게 이해한다면 '활용'이 아니라 '품사 통용[兼類]'이 될 것이다. 물론, 고대중국어에는 단어의 품사 통용 현상 또한 적지 않다.

고대중국어의 어순

중국어의 단어는 문장 내에서의 순서가 어느 정도 고정적이며, 과거부터 현재까지의 변화도 그리 크지 않다. 주어가 서술어의 앞에, 동사가 목적어의 앞에, 수식어가 피수식어의 앞에 위치하는 것은 예나 지금이나 모두 동일하다. 그러나 고대중국어에는 현대중국어에 없는 일부 특수한 어순도 존재한다. 이러한 특수 어순은 실질적으로 선진(先秦)시대 이전의 상고시기 중국어에만 존재하였다. 한나라 때에 이르러 구어에서는 이미 점차 사라지게 되었으나, 과거를 모방하여 글을 짓는 문장가들의 습관으로 인해 역대의 고문에서는 이러한 특수 어순이 자주 출현하였다. 따라서 특수 어순을 이해하는 것은 고대중국어 독해에 도움이 된다.

선진시대의 고적에서 가장 독특한 특수 어순은 목적어가 일정한 조건에서 동사 앞에 놓이는 경우이다. 목적어 전치는 특정한 어기를 표현하는 일반적인 도치문[1]과는 완전히 다른 것으로, 일정한 문법적 조건을 갖추어야 하는 문법 현상이다. 아래의

---

[1] 예를 들어 『열자(列子)·탕문(湯問)』의 "甚矣, 汝之不惠."[심하구나, 네 어리석음이.]는 "汝之不惠甚矣."[네 어리석음이 심하구나.]의 도치로, 어기를 강조하기 위한 목적으로 이렇게 쓴 것이다.

세 가지 상황에서 목적어는 동사의 앞에 위치한다.

의문대체사[2) 목적어

상고시기 중국어의 의문대체사 '誰, 何, 奚, 安' 등이 목적어가 될 때 반드시 동사
앞에 위치해야 한다.

> (1) 臣實不才, 又誰敢怨? (『좌전(左傳)·성공(成公) 3년』)
>
>   제가 실로 재주가 없으니, 또 감히 누구를 원망하겠습니까?
>
> (2) 敢問何謂也? (『좌전·은공(隱公) 원년』)
>
>   감히 묻건대 무엇을 가리키는 것인지요?
>
> (3) 彼且奚適也? (『장자(莊子)·소요유(逍遙遊)』)
>
>   그는 또 어디를 가는가?
>
> (4) 方此時也, 堯安在? (『한비자(韓非子)·난일(難一)』)
>
>   그때 요임금은 어디에 있었는가?
>
> (5) 吾誰欺? 欺天乎! (『논어(論語)·자한(子罕)』)
>
>   내가 누구를 속이겠는가? 하늘을 속이는구나!

'誰敢怨'은 '敢怨誰', '何謂'는 '謂何', '奚適'는 '適奚', '安在'는 '在安'이다. 특
히, (5)를 통해 명백하게 확인할 수 있는데, '誰'와 '天'은 모두 동사 '欺'의 목적어
이지만 의문대체사인 '誰'는 '欺'의 앞에 놓이고, 의문대체사가 아닌 '天'은 '欺'의
뒤에 놓인다.

만약 동사 앞에 조동사가 있다면, 이 경우에도 일반적으로 목적어는 조동사의 앞

---

2) (역주) 여기에서 사용하는 '의문대체사'라는 용어는 '疑問代詞'의 번역어이다. 중국어의 '代詞'라는
   용어에는 대명사와 일부 부사도 포함된다.

에 놓여야 한다. 위의 예문 (1)에서 '誰'는 조동사 '敢'의 앞에 놓였다.

의문대체사가 전치사의 목적어로 쓰이는 경우에도 전치사의 앞에 놓여야 한다.

(6) 先生何以幸敎寡人? (『전국책(戰國策)・진책(秦策)』)

　　선생은 어떠한 내용으로 과인에게 가르침을 주시겠습니까?

(7) 吾誰與爲親? (『장자・제물론(齊物論)』)

　　내가 누구와 친한가?

'以'와 '與'는 모두 전치사이고, 이들의 목적어 '何'와 '誰'는 의문대체사로서 모두 전치사의 앞에 위치하였다. "何以幸敎寡人"은 곧 "以何幸敎寡人", "誰與爲親"은 곧 "與誰爲親"이다. 그중 '何以'는 점차 고정 형식으로 변화하여 고문에 자주 나타난다. 현대중국어의 서면어에서도 '何以'는 여전히 자주 사용되기는 하지만, '以何'[무엇을 가지고]의 의미가 아닌 '왜, 어째서'의 의미로 변화하였다.

이러한 선진시대의 의문대체사 목적어 전치 형식은 후대의 고문을 쓰는 사람들에게서 계속 준수되었다.

(8) 如此卓卓, 猶不得免, 其他則又何說? (한유(韓愈) 「장중승전후서(張中丞傳後敍)」)

　　이와 같이 뛰어남에도 오히려 면하지 못하였는데, 그 다른 것들은 또한 무슨 말을 한단 말인가?

(9) 而今安在哉? (소식(蘇軾) 「전적벽부(前赤壁賦)」)

　　지금은 어디 있는가?

(10) 噫! 微斯人, 吾誰與歸? (범중엄(范仲淹) 「악양루기(岳陽樓記)」)

　　아! 이 사람들이 아니면 내가 누구와 돌아갈 것인가?

(11) 吾何以傳女曹哉? (왕완(汪琬) 「전시루기(傳是樓記)」)

　　내가 어떻게 너희에게 전하겠는가?

의문대체사 목적어가 동사 앞으로 전치되는 규칙은 상고시기 중국어에서 비교적 엄격하게 적용되었으며, 예외가 매우 적다. 단지 '何如'만은 '如何'로 쓰이는 경우도 잦았는데, 이 두 가지 형식은 선진시대에 이미 고정된 형태였으며, '무엇과 같다'라는 뜻이 아니라 '어떻게', '어떤'의 의미를 나타냈다.

> (12) 吾聞北方之畏昭奚恤也, 果誠何如? (『전국책・초책(楚策)』)
>
> 내가 듣기에 북방에서 소해휼(昭奚恤)을 두려워한다고 하는데, 정말로 어떠한가?
>
> (13) 傷未及死, 如何勿重? (『좌전・희공(僖公) 22년』)
>
> 상처가 죽음에 이를 정도가 아닌데, 어째서 더 상처를 입히지 않는가?
>
> (14) 以五十步笑百步, 則如何? (『맹자(孟子)・양혜왕(梁惠王) 상』)
>
> 오십 보 간 것으로 백 보 간 것을 비웃는다면 어떻겠습니까?
>
> (15) 與不穀同好, 如何? (『좌전・희공 4년』)
>
> 과인와 함께 잘 지내는 것이 어떠한가?

(12-13)은 상황을 묻는 것이고, (14-15)는 가부를 상의하는 것으로, 모두 '무엇과 같다'의 뜻이 아니다.

고서에서 '如何'는 또한 '若何', '奈何'라고 쓸 수 있었다.

> (16) 使歸就戮於秦, 以逞寡君之志, 若何? (『좌전・희공 33년』)
>
> 돌려보내 진나라에서 죽게 하여 우리 군주의 뜻을 보이는 것이 어떻겠습니까?
>
> (17) 先生助之奈何? (『전국책・조책(趙策)』)
>
> 선생께서는 어떻게 도우시려는 것입니까?

'如何', '若何', '奈何'의 중간에 대체사, 명사 또는 기타 단어를 넣어서 '如……

何'등의 형식으로도 쓸 수 있다. 의미는 '……에 대해 어떻게 하다'이다.

(18) 以君之力, 曾不能損魁父之丘, 如太形王屋何? (『열자・탕문』)

당신의 힘으로는 작은 언덕도 허물 수 없을텐데, 태형산이나 왕옥산과 같
은 큰 산을 어떻게 하시겠다는 것입니까?

(19) 晉侯謂慶鄭曰, "寇深矣, 若之何?"(『좌전・희공 15년』)

진후가 경정에게 물었다. "도둑이 심합니다. 그들을 어떻게 할까요?"

(20) 雖不逝兮可奈何? 虞兮! 虞兮! 奈若何? (『사기(史記)・항우본기(項羽本紀)』)

오추마도 나아가지 않으니 어찌하나? 우(虞)야! 우야! 너를 어찌할까?

부정문의 대체사 목적어

이러한 목적어 전치는 두 가지 조건을 필요로 한다. 첫째, 목적어는 반드시 대체
사이다. 둘째, 전체 문장은 반드시 부정문이다. 즉 부정부사 '不, 未, 毋(無)' 등이나
부정을 나타내는 부정대체사(Indefinite pronouns) '莫'[누구도…아니다]이 있어야 한다.[3]
대체사 목적어는 일반적으로 동사의 앞, 부정사의 뒤에 위치한다.

(21) 吾愛之, 不吾叛也. (『좌전・양공(襄公) 31년』)

내가 그를 아끼니, 나를 배반하지 않을 것이다.

(22) 鄰國未吾親也. (『국어(國語)・제어(齊語)』)

이웃국가들이 우리를 친하게 여기지 않습니다.

(23) 我無爾詐, 爾無我虞. (『좌전・선공(宣公) 15년』)

나는 그대를 속이지 않을 것이니, 그대도 나를 속이지 말라.

---

3) (역주) '莫'과 같은 대체사를 중국어에서는 '無定代詞'라고 하는데 이는 특정한 어떤 대상을 가리
키지 않는다는 의미이다.

(24) 雖使五尺之童適市, 莫之或欺. (『맹자・등문공(滕文公) 상』)

오 척 정도의 어린아이를 시장에 보내도 그를 속이는 일이 없다.

(25) 今鄭人貪賴其田, 而不我與, 我若求之, 其與我乎? (『좌전・소공(昭公) 12년』)

지금 정나라 사람이 그 밭을 탐내어 나에게 주지 않는데, 내가 만약 그 밭을 찾으려고 한다면 그들이 저에게 주겠습니까?

'不吾叛'은 '不叛吾'이고, '未吾親'은 '未親吾'이다. 나머지 예도 쉽게 유추할 수 있다. 특히 (25)에서 정확하게 확인할 수 있는데, 선행절 '不我與'는 부정사가 있기 때문에 대체사 목적어 '我'가 전치되었고, 후행절 '與我'는 부정사가 없으므로 '我'가 '與'의 뒤에 놓였다.

만약 목적어가 대체사가 아니라면, 부정문이라도 목적어가 전치되는 이러한 형식은 사용되지 않는다.

(26) 君子不重傷, 不禽二毛. (『좌전・희공 22년』)

군자를 두 번 상처 입히지 않고, 늙은이[二毛]를 사로잡지 않는다.

(27) 未絶鼓音. (『좌전・성공(成公) 2년』)

북소리를 멈추지 않았다.

(28) 宮婦左右莫不私王, 朝廷之臣莫不畏王. (『전국책・제책(齊策)』)

궁실의 부녀자와 측근들 중에는 왕을 사사롭게 대하지 않는 이가 없고, 조정의 신하들 가운데 왕을 두려워하지 않는 이가 없었다.

주의할 것은 아래와 같은 상황이다.

(29) 若不許君, 將焉用之. (『좌전・소공 4년』)

만약 공의 요구를 들어주지 않는다면, 장차 어디에 쓰겠습니까?

(30) 我非子, 固不知子矣. (『장자·추수(秋水)』)

나는 그대가 아니기에, 진실로 그대를 모릅니다.

'君'과 '子'와 같은 단어는 지칭하는 기능이 있기는 하지만 대체사가 아니라 명사이다. 따라서 부정문에서 동사의 앞에 놓이지 못하므로 고대중국어에서는 '不君許', '不子知'와 같은 문장이 나타날 수 없다.

부정부사 '弗, 勿'을 사용하는 부정문은 일반적으로 목적어를 가지지 않는다. 그러나 만약 목적어가 나타나고, 그것이 대체사인 경우라면 마찬가지로 동사의 앞에 놓여야 한다. 이러한 상황은 많지 않다.

(31) 大國亦弗之從而愛利. (『묵자(墨子)·비공(非攻) 중』)

대국을 따르지도 않으면서 이익에 집착한다.

부정문에서 대체사 목적어가 전치되는 규칙은 의문대체사 목적어의 전치만큼 엄격하지 않다. 선진시기 문헌에서도 부정문의 대체사 목적어가 동사 앞으로 전치되지 않는 예를 적지 않게 찾을 수 있다.

(32) 有事而不告我. (『좌전·양공 28년』)

일이 있어도 나에게 알려주지 않는다.

(33) 夫不惡女乎? (『좌전·양공 26년』)

그 사람이 너를 싫어하지 않을까?

(34) 九合諸侯, 一匡天下, 諸侯莫違我. (『관자(管子)·봉선(封禪)』)

제후를 아홉 번 모이게 하고[4] 천하를 바로잡았으니, 제후들 중 어느 누구도 나를 어기지 않았다.

---

4) (역주) '九合'은 '모으다'는 뜻의 '糾合'으로 해석하는 경우도 있다.

아래 두 예는 모두 『시경(詩經)』에서 인용한 것으로, 하나는 대체사 목적어가 앞에 놓였고, 다른 하나는 대체사 목적어가 뒤에 놓였다. 두 가지 상황이 병존하는 현상을 가장 잘 설명하는 예라고 할 수 있다.

(35) 不我知者, 謂我士也驕. (『시경·위풍(魏風)·원유도(園有桃)』)
나를 모르는 사람들이, 나보고 젊은 사람이 교만하다고 한다.
(36) 不知我者, 謂我何求. (『시경·왕풍(王風)·서리(黍離)』)
나를 모르는 사람들이, 내가 무엇을 찾는다고 한다.

이는 부정문의 대체사 목적어가 이미 선진시대부터 전치에서 후치로 변하기 시작하였고, 그로 인해 두 가지 상황이 병존하는 현상이 나타났음을 보여준다. 잔나라 이후 이러한 변화는 사실상 완료되었으나, 역대 고문에서는 여전히 두 가지가 병존하였다. 아래의 두 예는 모두 『한서(漢書)』에서 인용한 것으로, 대체사 목적어의 위치가 서로 다르다.

(37) 匈奴必以我爲大軍之誘, 不我擊. (『한서·이광전(李廣傳)』)
흉노는 우리가 큰 부대로 유인한다고 생각하여 우리를 공격하지 않을 것이다.
(38) 漢果不擊我矣. (『한서·조충국전(趙充國傳)』)
한나라 군대가 과연 우리를 공격하지 않았다.

한나라 이후의 문장에서 부정문의 대체사 목적어가 후치되는 것은 당시 언어의 실제 상황을 반영한 것으로 볼 수 있다. 대체사 목적어를 여전히 동사 앞에 두는 경우는 주로 과거의 방식을 모방하기 위한 것이다. 아래에서 한나라 이후의 대체사 목적어 전치의 예를 몇 가지 더 살펴보자.

(39) 民不足而可治者, 自古及今未之嘗聞. (가의(賈誼)「논적저소(論積貯疏)」)

백성들의 물자가 부족한데도 잘 다스릴 수 있다는 것은 예로부터 지금까지 들어본 일이 없다.

(40) 每自比於管仲樂毅, 時人莫之許也. (『삼국지(三國志)·촉서(蜀書)·제갈량전(諸葛亮傳)』)

매 번 스스로 관중이나 악의와 비교하였으나 당시 사람들 중에 그것을 인정하는 이가 없었다.

(41) 彼不我恩也. (유종원(柳宗元)「동구기전(童區寄傳)」)

그는 나에게 은혜를 내리지 않는다.

(42) 古之人不余欺也. (소식「석종산기(石鐘山記)」)

옛 사람들은 나를 속이지 않는다.

이러한 대체사 목적어의 전치 현상은 '時不我待'[시간은 나를 기다려주지 않는다]와 같이 고대로부터 연유한 현대중국어의 일부 성어에도 남아 있다.

중복지시대체사 목적어

이 유형의 목적어 전치는 목적어가 전치하는 동시에 목적어 뒤에 대체사 '是'나 '之'를 사용하여 중복지시 하는 것이 특징이다.5) 이때에 '是'나 '之'도 동사 앞에 놓인다.

(43) 秉國之均, 四方是維. (『시경·소아(小雅)·절남산(節南山)』)

나라의 권력을 잡아 사방을 보호하였다.

---

5) (역주) 여기서 '중복지시'라는 말은 중국어의 '複指'의 번역어이다. 또한 여기서 설명하는 중복지시 대체사를 중국에서는 '複指代詞'라고 부른다. 앞에 명사가 나오고 바로 이어서 대체사가 나오기 때문에 중복해서 다시 지시한다는 의미로 쓰인 용어이다.

(44) 將虢是滅, 何愛於虞. (『좌전·희공 5년』)

장차 괵나라를 멸망시키려 하는데, 어찌 우를 아껴주겠는가?

(45) 今吳是懼而城於郢. (『좌전·소공 23년』)

지금 오나라를 두려워하여 영 지방에 성을 짓는다.

(46) 吾以子爲異之問, 曾由與求之問. (『논어·선진(先進)』)

나는 당신이 다른 것을 물을 줄 알았는데, 겨우 중유와 염구에 대해 묻는
군요.

(47) 苟得聞子大夫之言, 何後之有? (『국어·월어(越語) 상』)

만약 그대 대부의 말을 들을 수 있다면 무슨 뒤늦음이 있겠는가?

'四方是維'는 '維四方', '將虢是滅'은 '將滅虢', '今吳是懼'는 '今懼吳', '異之
問', '由與求之問'은 '問異', '問由與求', '何後之有'는 '有何後'이다. 이러한 목적
어 전치 형식은 목적어를 강조하는 기능을 한다. 처음 고대중국어를 배우는 사람은
이러한 형식에서 대체사가 중복지시의 기능을 한다는 점을 알아차리지 못한 채, 전
치된 목적어가 전체 문장의 주어이고, 대체사 '是'나 '之'가 그 외의 다른 사람이나
사물을 지시하는 것으로 오해하는 경우가 있다. 또는, '是'가 현대중국어의 판단사
'是'와 같고, '之'가 현대중국어의 구조조사 '的'와 같다고 생각하는 오류를 범할 수
도 있다. 만약 '今吳是懼'를 '지금 오나라가 이것을 두려워한다' 혹은 '지금 오나라
는 두려워한다'로 해석하거나, '由與求之問'을 '중유와 염구의 질문'으로 해석한다
면 이는 완전히 잘못된 해석이다. 이 점을 특별히 주의해야 한다.

중복지시대체사 목적어 전치 형식을 사용하는 경우에 목적어 앞에 '惟(唯)'를 더
해서 '惟(唯)……是……', '惟(唯)……之……'의 형식으로 목적어를 강조하는 기능을
보다 명확하게 나타낼 수도 있다. 다음 예를 보자.

(48) 率師以來, 唯敵是求. (『좌전·선공 12년』)

군사를 이끌고 온 것은 싸움을 원하는 것이다.

(49) 余雖與晋出入, 余唯利是視. (『좌전·성공 13년』)

내가 비록 진나라와 왕래하고는 있으나, 나는 이익을 노리고 있다.

(50) 父母唯其疾之憂. (『논어·위정(爲政)』)

부모는 그의 질병을 근심한다.

‘唯敵是求’는 ‘求敵’, ‘唯利是視’는 ‘視利’, ‘唯其疾之憂’는 ‘憂其疾’이다. ‘唯……是……’, ‘唯……之……’ 형식을 사용함으로써 문장에서 목적어의 기능이 명확히 드러난다. 현대중국어 성어 가운데 고대중국어에서 유래한 ‘唯命是聽’[명을 따르다], ‘唯利是圖’[이익을 도모하다] 등은 이 문법 형식의 흔적이 남은 것이다.

만일 목적어 자체가 대체사라면, 두 가지 상황이 있을 수 있다. 첫째, 여전히 이 문법 형식을 사용하여 목적어를 강조하되 중복지시로 사용되는 대체사는 ‘是’가 아닌 ‘之’만을 사용한다.

(51) "我之懷矣, 自貽伊慼" 其我之謂矣! (『좌전·선공 2년』)

"나의 그리움이여, 스스로 근심을 끼치는 구나"라는 말은 진실로 나를 두고 한 말이구나.

(52) 語曰脣亡則齒寒, 其斯之謂與? (『곡량전(穀梁傳)·희공 2년』)

속담에 입술이 없으면 이가 시리다고 했으니, 이것을 말한 것이구나?

(53) 古者民有三疾, 今也或是之亡也. (『논어·양화(陽貨)』)

옛날에는 사람들에게 세 가지 병폐가 있었는데, 지금은 그것조차 없어져 버린 듯하다.

이러한 형식으로 만들어진 ‘是之謂’, ‘此之謂’는 고정 형식이 되어 고대중국어에서 쉽게 찾아볼 수 있다.

(54) 上不失天時, 下不失地利, 中得人和, 而百事不廢, 是之謂政令行. (『순자(荀子)・왕패(王霸)』)

위로는 하늘의 때를 놓치지 않고 아래로는 땅의 이로움을 잃지 않으며 가운데로는 사람들의 화합을 얻어서 모든 일을 그르치지 않는 것, 이것을 일컬어 정치적 명령이 행해지는 것이라 한다.

(55) 太上有立德, 其次有立功, 其次有立言, 雖久不廢, 此之謂不朽. (『좌전・양공 24년』)

가장 좋은 것은 덕을 세우는 것이고, 그 다음은 공을 세우는 것이며, 그 다음이 교훈을 남기는 것이니, 그리하여 비록 오래되어도 없어지지 않는다면 이것을 썩지 않는다고 말한다.

둘째, 중복지시대체사를 사용하지 않고 대체사 목적어를 직접 동사 앞에 놓는다. 이 경우의 대체사 목적어는 대개 '是'에만 국한되며, 기타 대체사를 사용하는 경우는 소수이다.

(56) 維葉莫莫, 是刈是濩. (『시경・주남(周南)・갈담(葛覃)』)

잎사귀 무성한데, 그것을 베고 그것을 삶는다.

(57) 昭王南征而不復, 寡人是問. (『좌전・희공 4년』)

소왕이 남쪽으로 순행을 갔다가 돌아오지 않았으니, 과인이 이를 묻는다.

'是刈是濩'는 '刈是濩是'이며 '寡人是問'은 '寡人問是'이다.

목적어를 강조하기 위해서 대체사 '是'나 '之'로 중복지시하고 목적어를 전치하는 것은 고대중국어에서 자주 사용하는 문법 수단이다. 이러한 형식의 문장을 번역할 때에 중복지시대체사 '是'나 '之'는 별도로 번역해낼 수 없다. 목적어가 동사 뒤로 옮겨가야 하는가의 문제는 구체적 상황에 근거해서 융통성 있게 처리해야 한다. 예를 들면, '四方是維'는 '사방이 보호를 받았다'나 '사방을 보호하다'로 해석하면 되며, '將虢是滅'도 '장차 괵나라를 멸하려고 한다.'로 해석하면 된다.

위에서 언급한 '是之謂', '此之謂'는 고대중국어에서 자주 보이는 고정 형식으로 '이것은~라고 한다'로 해석될 수 있지만 양자의 문법 구조는 상이하다. '是之謂', '此之謂'는 '謂是', '謂此'의 목적어 전치이다. 직역하면 '그것을 일컬어~라고 한다'이다. '此之謂'는 기타 목적어를 가지지 않고 단독으로 하나의 절을 형성할 수도 있다.

> (58) 吾聞之, 禹稱善人, 不善人遠, 此之謂也夫. (『좌전·선공 16년』)
>   내가 듣기로 우가 선한 사람을 칭찬하자 선하지 않은 사람이 멀어졌다고 하던데, 이것을 말한 것이구나.
> (59) 詩云, "殷鑑不遠, 在夏后之世." 此之謂也. (『맹자·이루(離婁) 상』)
>   시경에서 "은나라가 거울로 삼아야 하는 것은 멀리 있지 않고 하후의 시대에 있다."라고 한 것은 이를 말한 것이다.

'此之謂也'는 고대중국어에서 자주 출현하는 판단을 나타내는 절로서, '바로 이것을 말한다'라고 번역할 수 있다. 이를 통해 '此之謂'는 '謂此'의 목적어 전치 형식이며, '此'가 절의 주어가 아니라는 점을 증명할 수 있다.

이상의 세 가지 목적어 전치 구조는 모두 현대중국어에는 존재하지 않는다. 목적어 전치 이외에도 고대중국어에서 행위의 수량을 나타내는 어순 또한 현대중국어와 차이가 있다.

현대중국어에서는 행위의 수량을 표시하는 경우, 일반적으로 수사와 동량사는 동사 뒤에 위치한다.[6) 고대중국어에서는 두 가지가 다르다. 첫째, 대체로 동량사를 사

---

6) 예를 들어 "去三回"[세 번 가다], "看兩遍"[두 번 보다] "討論幾次(몇 차례 토론하다)"와 같다. (역주) 여기서 동량사란 동작의 횟수를 나타내는 말이다.

용하지 않고, 둘째, 수사는 대개 동사의 앞에 놓는다.

(60) 又與之遇, 七遇皆北. (『좌전·문공(文公) 16년』)
또 그와 마주쳤고 일곱 번 만나 모두 패배시켰다.

(61) 公輸盤九設攻城之機變, 子墨子九距之. (『묵자·공수(公輸)』)
공수반은 성을 공격하는 변화무쌍한 방법을 아홉 번이나 실행하였으나 묵
자는 아홉 번 모두 이를 막아 냈다.

(62) 寒暑易節, 始一反焉. (『열자·탕문』)
겨울 여름 계절이 바뀌면 비로소 한 번 되돌아왔다.

'七遇皆北', '九設', '九距', '一反'을 현대중국어로 표현하면 수사가 동사 뒤로
갈 뿐만 아니라 동량사를 추가하게 된다.[7] 이러한 고대중국어의 어순은 현대중국어
의 일부 성어에 남아있다. '一勞永逸'[한번의 고생으로 영원히 편안해지다], '百戰百勝'
[백전백승하다], '千變萬化'[변화무쌍하다] 등이 그 예이다. 이와 같은 문장 구조는 이해
하기에 그리 어렵지 않다.

문장 성분으로 보면, 고대중국어에서 동사 앞에 놓여 수량을 표시하는 수사는 부
사어로서 동사를 수식한다. 어떤 행위의 수량을 강조할 때, 문형을 바꿔서 수사를 동
사 앞에서 문장 끝으로 옮기고 그 수사 앞에 대체사 '者'로 중복지시하게 되는데,
이렇게 되면 '者'자 앞의 단어가 전체 문장의 주어가 되고, 문장 끝으로 옮겨진 수
사가 전체 문장의 서술어가 된다. 다음 예를 보자.

(63) 於是平原君欲封魯仲連, 魯仲連辭讓者三, 終不肯受. (『전국책·조책』)
이에 평원군이 노중련을 봉하려 하였으나, 노중련이 사양한 것이 여러 번

---

7) (역주) 현대중국어로 옮길 때 '七遇皆北'[일곱 번 만나서 모두 격파함]는 "遇見七次都打敗了"로
번역할 수 있고, '九設'[아홉 번 샐행함]은 "設了九回"로, '九距'[아홉 번 막음]은 "抵擋了九回"
로, '一反'[한 번 돌아감]은 "回去一次"로 말할 수 있는데, 이를 설명한 내용이다.

이었고 끝내 받지 않았다.

(64) 范增數目項王, 舉所佩玉玦以示之者三. (『사기·항우본기』)

범증은 항왕에게 수차례 눈짓을 하고, 차고 있던 옥고리를 들어 보여준 것
이 여러 번이었다.

동작의 횟수를 나타내는 수사가 동사 앞의 부사어에서 전체 문장의 서술어가 되
어 자연스럽게 도드라져 보이고 중요해졌다. 위의 두 예는 현대중국어로 쓸 경우
"魯仲連辭讓多次."[노중련은 여러 차례 사양했다.], "舉起所佩帶的玉玦向項王示意好幾
次."[차고 있던 옥고리를 들어 항왕에게 여러 차례 보여주었다.]로 고대중국어와는 문법 구
조가 크게 다르다.8) 현대중국어의 동량사는 대개 단독으로 서술어가 될 수 없다.

---

8) 두 문장에 쓰인 '三'은 수량이 많음을 나타내며 실제 수를 나타내는 것이 아니다.

07

고대중국어의 판단문

    판단문은 어떤 사물은 무엇이고 혹은 무엇이 아니고, 어떤 사물은 어떠한 부류에 속하고 혹은 어떤 부류에 속하지 않음을 나타낸다.[1] 현대중국어에서 "北京是我國的首都."[북경은 중국의 수도이다.], "他不是北京人."[그는 북경 사람이 아니다.] 등의 문장이 바로 판단문이다. 현대중국어의 판단문에서 '是'는 판단사(계사, copula)라고 부른다. 주어, 서술어를 연결하며 판단을 표시한다. 판단의 부정은 '是'자 앞에 부정부사 '不'을 더한다.

    고대중국어의 판단문은 현대중국어와 달라서, 판단사를 사용하지 않고 판단문의 서술어 뒤에 어기사 '也'를 더해서 판단의 어기를 나타낸다.

    (1) 貢之不入，寡君之罪也. (『좌전(左傳)·희공(僖公) 4년』)
        공물이 들어가지 않음은 우리 군주의 잘못입니다.

---

1) (역주) 여기서 말하는 '판단(判斷)'이라는 말을 '~라고 생각하다', '~라고 판단한다'라는 화자의 주관적인 판단을 말하는 것으로 오해하기 쉽다. 논리학과 철학에서 시작된 '판단'이라는 용어는 객관적으로 타당한 관계를 말하며, 판단문이라고 할 때에는 'A는 B이다.', 'A는 있다'라고 표현되는 문장을 가리킨다.

(2) 王, 人君也. 厲, 人臣也. (『전국책(戰國策) · 제책(齊策)』)

　　왕은 군주이시고 촉은 신하입니다.

(3) 張騫, 漢中人也. (『한서(漢書) · 장건전(張騫傳)』)

　　장건은 한중 사람이다.

　　주어 뒤에 대체사 '者'를 더해서 중복지시하고 서술어를 끌어낼 수도 있는데, 이는 고대중국어에서 자주 보이는 또 다른 판단문 형식이다.

(4) 南冥者, 天池也. (『장자(莊子) · 소요유(逍遙遊)』)

　　남명은 하늘의 연못이다.

(5) 吾所欲者, 土地也. (『한비자(韓非子) · 오두(五蠹)』)

　　내가 바라는 것은 토지이다.

(6) 陳勝者, 陽城人也. (『사기(史記) · 진섭세가(陳涉世家)』)

　　진승은 양성 사람이다.

　　때로는 '也'자를 사용하지 않을 수도 있다.

(7) 兵者, 不祥之器. (『노자(老子)』)

　　무기는 상서롭지 않은 물건이다.

(8) 陳軫者, 游說之士. (『사기 · 장의열전(張儀列傳)』)

　　진진은 유세하는 선비이다.

　　심지어 '者', '也'자를 모두 사용하지 않고도 판단문을 만들 수도 있다.

(9) 夫魯, 齊晉之脣. (『좌전 · 애공(哀公) 8년』)

　　노나라는 제나라와 진나라의 입술과 같은 존재이다.

(10) 荀卿, 趙人. (『사기・맹가순경열전(孟軻荀卿列傳)』)

　　　순경은 조나라 사람이다.

고대중국어에서 판단의 부정을 나타낼 때 판단문의 서술어 앞에 '非'자를 더한다.

(11) 楚雖大, 非吾族也. (『좌전・성공(成公) 4년』)

　　　초나라는 비록 크지만 우리 종족이 아니다.

(12) 耕漁與陶, 非舜官也. (『한비자・난일(難一)』)

　　　농사, 고기잡이, 도공은 순의 관직이 아니다.

(13) 此庸夫之怒也, 非士之怒. (『전국책・제책』)

　　　이는 필부의 분노이지 선비의 분노가 아니다.

(14) 此非所以跨海內, 制諸侯之術也. (이사(李斯) 「간축객서(諫逐客書)」)

　　　이는 천하를 차지하여 제후를 다스리는 방법이 아니다.

　　이러한 '非'자는 현대중국어의 '不是'로 옮길 수 있지만 그렇다고 '非'가 본래 판단사인 것은 아니며 부사였다. 이 점은 부사를 다루면서 상세히 언급하도록 한다.

　　판단문의 주어는 때로 출현하지 않거나 혹은 앞 문장을 받아서 생략할 수 있다. 이러한 경우 문장 끝의 '也'자는 생략할 수 없다.

(15) 明日, 子路行, 以告. 子曰, "隱者也." (『논어(論語)・미자(微子)』)

　　　다음날 자로가 돌아와 이 일을 말씀드리자 공자가 "은자이다."라고 하였다.

(16) 酣戰之時, 司馬子反渴而求飮, 豎穀陽操觴酒而進之. 子反曰, "嘻! 退, 酒也." 陽曰, "非酒也." (『한비자・십과(十過)』)

　　　전투가 한창일 때 사마자반이 목이 말라 마실 것을 찾자 시종 곡양이 한 잔 술을 그에게 바쳤다. 자반이 말하길 "아! 거두어라, 술이구나."라고 하자 곡양이 "술이 아닙니다."라고 말하였다.

(17) 項王按劍而跽曰, "客何爲者?" 張良曰, "沛公之參乘樊噲者也."(『사
　　　기・항우본기(項羽本紀)』)

　　　항왕이 칼을 움켜쥐고 몸을 세우면서 "저 사람은 누구인가?"라고 하자 장
　　　량이 "패공의 참승 번쾌입니다."라고 하였다.

　(15-16)은 주어가 출현하지 않았고, (17)은 앞 문장의 '客何爲者'의 질문에 이어
주어를 생략했다. 이러한 경우는 대화에서 자주 출현한다.

　'是'자는 고대중국어에서도 자주 보이는데, 이때의 '是'는 판단사가 아니고 지시
대체사인 경우가 많다. 그 기능은 '此'와 같으며 판단문의 주어로 자주 사용된다.

(18) 公曰, "是吾寶也."(『좌전・희공 2년』)

　　　공이 말하였다. "이는 내 보물이다."

(19) 是社稷之臣也. (『논어・계씨(季氏)』)

　　　이는 사직의 신하이다.

(20) 曰, "是何也?" 曰, "無何也. 是天地之變, 陰陽之化, 物之罕至者也."(『순
　　　자(荀子)・천론(天論)』)

　　　"이는 무엇인가?" "다른 것이 아니라, 이는 천지와 음양의 변화이며 드물
　　　게 나타나는 현상일 뿐이다."

　이상 예문에서 '是'는 모두 주어로 사용되었으며, '此'와 성질이 같다.

　선진시기 '是'자는 판단사로 사용되지 않았다. 간혹 문장에서의 위치가 판단사와
유사하지만 자세히 분석해보면 여전히 지시대체사임을 알 수 있다. 다음 예를 보자.

(21) 至攘人犬豕鷄豚者, 其不義又甚入人園圃竊桃李. 是何故也? (『묵자(墨子)・
　　　비공(非攻) 상』)

　　　남의 개, 돼지, 닭, 새끼 돼지를 훔친 것은 그 불의함이 남의 과수원에 침

입하여 복숭아, 자두를 훔친 것보다 심하다. 이는 무슨 이유인가?

　대충 보면 '是何故也'는 '是'를 판단사로 이해하여 '무엇 때문인가?'의 뜻으로 해석할 수 있을 것처럼 보이지만, 사실 여기에서의 '是'는 여전히 지시대체사로서 문장의 주어 역할을 한다. '是何故也'는 '이는 무엇 때문인가?'의 뜻이다. 『묵자·비공』에는 (21)의 문장에 이어서 "至入人欄廄, 取人馬牛者, 其不義又甚攘人犬豕鷄豚. 此何故也?"[남의 마구간에 들어가 남의 말, 소를 훔친 것이 어질지 못함이 남의 개, 돼지, 닭, 새끼 돼지를 훔친 것보다 심하다. 이는 무슨 이유인가?]라는 구절이 있는데, 이는 위에서 인용한 예문과 문법 구조가 동일하다. 다만 '是何故也'를 '此何故也'로 바꾸었을 뿐이다. 이는 좋은 증거가 된다.

　(22) 日月星辰瑞曆, 是禹桀之所同也. (『순자·천론』)
　　　해, 달, 별이 순환하는 것, 이것은 우임금 때나 걸임금 때나 동일한 것이다.

　여기에서의 '是'의 위치도 판단사와 매우 유사하다. 그러나 실상 지시대체사로 '日月星辰瑞曆'을 중복지시 한다. '是禹桀之所同也'는 '此禹桀之所同也'라고 쓰는 것과 같으며 '이들은 모두 우임금과 걸임금의 같은 점이다.'라는 뜻이다. (22)의 문장에 이어서 "繁啓蕃長於春夏, 畜積收藏於秋冬 是又禹桀之所同也"[봄, 여름에 싹이 터서 많은 식물이 자라고, 가을과 겨울에 식물을 거두어 쌓아두고 저장하는 것, 이것 또한 우임금 때나 걸임금 때나 동일한 것이다.]라는 구절이 나온다. 여기서 '是又'는 '此又'와 동일하며 '이들 또한'의 뜻이다. 만약 '是'가 판단사라면 '又是'라고 해야지 '是又'라고 할 수 없다.

　(23) 臣聞國之興也, 視民如傷, 是其福也. 其亡也, 以民爲土芥, 是其禍也. (『좌전·애공 원년』)
　　　신이 듣건대 나라가 흥성할 때에는 백성을 다친 사람 보듯 하는 것, 이것이 바로 복이다. 나라가 망할 때에는 백성을 보잘 것 없는 것으로 여기는 것, 이것이 바로 재앙이다.

(24) 國平養儒俠, 難至用介士, 所利非所用, 所用非所利, 是故服事者簡其業, 而遊學者日衆. 是世之所以亂也. (『한비자‧오두』)

나라가 태평하면 선비와 협객을 기르고 어려움이 닥치면 갑옷 입은 군사를 쓴다. 이롭다 여기는 것은 쓰이는 것이 아니고, 쓰이는 것은 이롭다 여기는 것이 아니다. 이러므로 일에 종사하는 사람이 본업을 소홀히 하고, 유협이나 학자는 날로 많아진다. 이것이 세상이 어지러워지는 까닭이다.

(23-24)는 모두 하나의 상황을 언급한 후에 '是'로 중복지시 한 것으로, '是'자를 주어로 하는 판단문이다. 이처럼 지시대체사 '是'를 주어로 사용하여 앞의 내용을 중복지시 하는 문장은 고대중국어에서 자주 보이며 모두 '此'의 뜻이다. 이를 판단사로 이해해서는 안 된다.

'是'가 판단사로 사용되는 것은 분명 한나라 때부터 발생하였다. 중국어의 변화라는 관점에서 살펴보면, 판단사 '是'는 상술한 지시대체사 '是'에서 발전한 것이다. '是'자를 판단사로 사용한 문장은 『사기』에서 몇 가지 예가 보이며, 왕충의 『논형(論衡)』에서는 좀 더 많이 사용되었고, 위진시기 이후에는 더 많다.

(25) 此必是豫讓也. (『사기‧자객열전(刺客列傳)』)
이는 반드시 예양일 것이다.
(26) 余是所嫁婦人之父也. (『논형‧사위(死僞)』)
나는 시집간 사람의 아버지이다.
(27) 若枯即是榮, 榮即是枯, 則應榮時凋零, 枯時結實. (범진(范縝) 「신멸론(神滅論)」)
만약 시듦이 번영이고 번영이 시듦이라면, 응당 영화로울 때 시들고 시들 때 결실이 맺히는 것이다.

이러한 예들은 당시 구어에서 진행된 판단문 형식의 새로운 변화를 반영하고 있다. 그러나 기본적으로 선진시기의 작품을 표준으로 하는 문언문에서는 '是'가 판단사로 사용되는 이러한 문형은 보편적으로 채택되지 않았다. 심지어는 명청(明淸)시기, 근대시기에 이르러서도 문언문에서의 판단문은 대부분 선진시기의 형식을 사용했다.

   (28) 夫殷, 周之不革者, 是不得已也. (유종원(柳宗元)「봉건론(封建論)」)
        은, 주가 개혁을 하지 않은 것은 부득이한 것이다.
   (29) 然則變化無窮者, 地利也. (고조우(顧祖禹)『독사방여기요(讀史方輿紀要)・총서(總序)』)
        그렇다면 변화가 끝이 없다는 것은 땅의 이로움이다.

   (28)의 '是不得已也'는 '이는 부득이한 것이다'의 뜻으로서 '此不得已也'로 이해해야 한다. (29)는 보다 더 전형적인 선진시기의 판단문 형식이다.
   선진시기 중국어에 판단사가 존재했는지 여부는 현재까지도 여전히 쟁점이 되는 문제이다. 일부는 선진시기에 '爲'와 같은 판단사가 있었다고 주장하기도 하고, 또 일부는 '爲'가 단지 일반 동사이며 판단사로 볼 수 없다고 주장하기도 한다. 우리는 선진시기 '爲'는 대부분의 경우 판단사가 아니라고 본다. 간혹 '爲'의 기능이 현대중국어의 판단사 '是'와 유사한 경우도 있다.

   (30) 晉爲盟主, 諸侯或相侵也, 則討之. (『좌전・양공(襄公) 26년』)
        진나라는 맹주가 되어 제후들이 서로 침략하면 이를 토벌했다.
   (31) 四體不動, 五穀不分, 孰爲夫子? (『논어・미자』)
        사체를 부지런히 하지 않고 오곡을 구분하지 못하는데 누가 선생인가?

   그러나 실제로 이러한 '爲'는 모두 동사이며 진정한 판단사가 아니다. (30)의 '晉爲盟主'는 '진나라가 맹주가 되다'라는 뜻이며 (31)의 "孰爲夫子"는 "누가 선생이라 할 수 있는가?"의 뜻이다.

다만 극소수의 문장에서 '爲'가 현대중국어의 판단사 '是'에 해당한다.

(32) 余爲伯儵, 余而祖也. (『좌전·선공(宣公) 3년』)
　　　나는 백숙이며, 나는 너의 선조이다.

'余爲伯儵'은 '나는 백숙이다'라는 뜻으로 여기에서의 '爲'는 판단사이다. 이는 '晉爲盟主'의 '爲'에서 발전한 것이 분명하지만 더 이상 '~로 삼다'의 뜻을 나타내지는 않는다. 그러나 이처럼 '爲'를 써서 판단을 나타내는 형식은 선진시기에 많이 보이지 않는다. 위 예문의 '余而祖也'도 '余爲而祖'라고 말하지 않았다.
　　고대중국어의 판단문에서는 서술어 앞에 부사 '乃', '卽' 혹은 어기사 '維', '惟' 등을 삽입할 수 있다. 다음 예를 보자.

(33) 是乃狼也. (『좌전·선공 4년』)
　　　이것이 바로 이리이다.
(34) 梁父卽楚將項燕, 爲秦將王翦所戮者也. (『사기·항우본기』)
　　　항량의 아버지는 바로 초나라 장군 항연으로 진나라 장군 왕전에게 살육
　　　당한 자이다.
(35) 我馬維駓. (『시경·소아(小雅)·황황자화(皇皇者花)』)
　　　나의 말은 천리마이다.
(36) 爾惟舊人. (『상서(尙書)·대고(大誥)』)
　　　당신이 바로 옛사람이다.

'乃'와 '卽'을 삽입하는 경우는 선진시기에는 그리 많지 않다가 후대로 오면서 사용이 증가한다. 반면 '維'와 '惟'를 삽입하는 경우는 오히려 선진시기에 자주 나타나고, 후대에는 많이 출현하지 않는다.
　　'乃', '卽'이나 '維', '惟'는 모두 판단사가 아니다. '乃', '卽'은 부사로서 긍정의

어기를 강조하는 데 사용되며, 대체적으로 현대중국어의 '便(是)[곧~(이다)]', '就(是)
[바로~(이다)]'에 해당된다. 따라서 후대에 판단사 '是'가 출현한 이후, 이들은 '是'의
앞에 첨가되어 '乃是', '卽是'의 형식으로 쓰이게 되었다. '維', '惟'는 때로 판단사
와 대단히 유사한 것으로 보인다. 그러나 실제 이들은 문장 가운데 위치하는 어기사
로서 서술어를 이끌어 내는 기능을 수행한다. 다수의 상황에서 이들 뒤의 서술어는
앞의 주어와 판단 관계를 발생시키지 못한다. 다음 예를 보자.

(37) 百工維時. (『상서·고요모(皐陶謨)』)

　　　백관이 때에 맞는다.

(38) 周雖舊邦, 其命維新. (『시경·대아(大雅)·문왕(文王)』)

　　　주나라는 비록 옛 나라이나 그 명은 새롭다.

(39) 蚩尤惟始作亂. (『상서·여형(呂刑)』)

　　　치우가 처음 난을 일으키다.

　　'維'와 '惟'의 기능에 대해서는 제12장「어기사와 접두사, 접미사」에서 다시 언급
하게 될 것이다.

　　이러한 부사와 어기사는 종종 부정부사 '非'와 함께 사용되기도 한다. 다음 예를
보자.

(40) 非其父兄, 卽其子弟. (『좌전·양공 8년』)

　　　그의 부형이 아니면 그의 자제이다.

(41) 黍稷非馨, 明德惟馨. (『좌전·희공 5년』)

　　　서직이 향기로운 것이 아니라 밝은 덕이 향기로운 것이다.

　　이를 통해서도 볼 수 있듯이 '非'의 기능은 '乃', '卽' 등과 유사하며, 이들은 판
단문의 서술어 앞에 오는 부사이지 판단사가 아니다.

판단문은 판단을 나타낸다. 그러나 고대중국어나 현대중국어를 막론하고 판단을 나타내지 않는 판단문도 있다. 다시 말해, 그들의 주어와 서술어가 동일한 사물이나 동일한 유형이 아니라는 것이다. 다음 예를 보자.

(42) 君子, 舟也. 庶人者, 水也. (『순자・왕제(王制)』)
　　 군자는 배이고, 서민은 물이다.

(43) 曹公, 豺虎也. (『자치통감(資治通鑑)・한기(漢紀) 57』)
　　 조공은 맹수이다.

이것은 판단문의 형식을 사용하여 비유적으로 표현하는 일종의 수사 방식이다. 본 장의 예문 (9)에서 인용한 "夫魯, 齊晉之脣."[노나라는 제나라와 진나라의 입술이다.] 역시 이 유형에 속한다. 다음은 더더욱 판단 관계로 해석할 수 없는 경우이다.

(44) 夫戰, 勇氣也. (『좌전・장공(莊公) 10년』)
　　 무릇 전쟁은 용기이다.

(45) 百乘, 顯使也. (『전국책・제책』)
　　 백승은 눈에 띄는 사절이다.

(46) 朱紱皆大夫, 紫綬悉將軍. (백거이(白居易) 「경비(輕肥)」)
　　 붉은 인끈은 모두 대부이고, 자주색 인끈은 모두 장군이다.

(44)는 "전쟁은 용기에 의지해야 하는 것이다"라는 뜻이고, (45)는 "백량의 수레를 끌고 오는 것은 너무나 눈에 띄는 사절이다."라는 뜻이며, (46)은 "붉은색 인끈을 맨 사람은 모두 대부이고, 자주색 인끈을 맨 사람은 모두 장군이다."라는 뜻이다. 이처럼 판단문의 형식을 사용하여 비교적 복잡한 내용을 표현하는 방법은 고대중국어에서 자주 보이는데, 이를 융통성 있게 이해해야 한다.

이밖에 고대중국어의 판단문 중 자주 보이는 것으로 유연하게 이해해야 할 용법이 또 있다. 인과관계를 표시하는 복문에서 결과를 나타내는 단문 뒤에 '也'를 수반하는 판단문을 두어 원인을 설명하는 경우이다. 다음 예를 보자.

(47) 良庖歲更刀, 割也. 族庖月更刀, 折也. (『장자·양생주(養生主)』)
좋은 요리사가 일 년에 한 번 칼을 가는 것은 결을 따라 가르기 때문이다.
보통 요리사가 한 달에 한 번 칼을 가는 것은 끊어내기 때문이다.

(48) 輕辭天子, 非高也, 勢薄也. 重爭士橐, 非下也, 權重也. (『한비자·오두』)
천자의 자리를 가볍게 사양했던 것은 고상해서가 아니라 그 권세가 약하였기 때문이고, 관리의 자리를 과격하게 다투는 것은 못나서가 아니라 권세가 중하기 때문이다.

(49) 此其近者禍及身, 遠者及其子孫. 豈人主之子孫則必不善哉? 位尊而無功,
奉厚而無勞, 而挾重器多也. (『전국책·조책(趙策)』)
이처럼 가깝게는 화가 본인에게 미치고, 멀게는 그 자손에게 미치는 것이
어찌 임금의 자손이 반드시 불선하기 때문이겠습니까? 지위는 높으나 공
훈이 없고, 복록은 두터우나 공로가 없음에도 귀중한 보물을 끼고 있는 일
이 많기 때문입니다.

(47)의 '割也', '折也'는 '良庖歲更刀'와 '族庖月更刀'의 원인을 설명한 것이다.
(48)은 정, 반의 두 가지 측면에서 '輕辭天子'와 '重爭士橐'의 원인을 설명하였다.
(49)는 비교적 복잡한데, 간략하게 분석해보면 '位尊而無功' 이하의 세 구절은 "近者禍及身, 遠者及其子孫"의 원인을 풀이한 것이다.
　현대중국어의 판단문에도 유연하게 이해해야할 여러 가지 용법이 있기는 하지만 고대중국어와 완전히 동일하지는 않다. 가령 위에서 들었던 예 가운데 복문에서 직접적으로 판단문 형식을 사용하여 원인을 설명하는 (47-49)과 같은 용법은 현대중국어에 나타나지 않는다. 고대중국어의 판단문을 학습할 때에는 현대중국어와 다른 용법에 대해 주의를 기울여야 한다.

고대중국어의 피동표시법

　고대중국어의 피동표시법은 현대중국어와 기본적으로 일치한다. 피동이란 주어와 술어동사 사이의 관계가 피동관계임을 가리킨다. 즉, 주어는 술어동사가 나타내는 행위의 피동자(Patient), 수사자(受事者)이며, 행위자(Agent), 시사자(施事者)가 아니다. 다음 예를 보자.

(1) 蔓草猶不可除, 況君之寵弟乎? (『좌전(左傳)·은공(隱公) 원년』)
　　무성한 넝쿨도 제거할 수 없는데 하물며 임금이 총애하는 동생은 어떠하겠는가?
(2) 鍥而不舍, 金石可鏤. (『순자(荀子)·권학(勸學)』)
　　새기는 일을 포기하지 않으면 쇠나 돌이라도 새길 수 있다.
(3) 兵挫地削, 亡其六郡. 『사기(史記)·굴원가생열전(屈原賈生列傳)』
　　병사는 패하고 토지는 깎여서 여섯 개 군을 잃었다.

　주어와 동사 사이의 관계를 볼 때, '蔓草'는 '제거[除]' 당하는 것이고, '金石'은

'새김[鏤]'을 당하는 것이며, '兵'은 '꺾임[挫]'을 당하는 대상이고, '地'는 '깎임[削]'을 당하는 대상이 되어 주어는 모두 뒤에 나오는 동사가 나타내는 행위의 피동자, 수사자이다. 아래의 두 예문은 이를 더욱 잘 설명할 수 있다.

(4) 冀復得兎, 兎不可復得. (『한비자(韓非子)・오두(五蠹)』)
다시 토끼를 얻기를 바랐지만 토끼를 다시 얻을 수 없었다.
(5) 人固不易知, 知人亦不易也. (『사기・범저채택열전(范雎蔡澤列傳)』)
사람은 진실로 쉽게 알려지지 않지만, 남을 아는 것 또한 쉽지 않다.

(4)에서 '兎'의 경우, 앞 구절에서는 동사 '得'의 목적어이고 수사자이며, 뒤 구절에서는 동사 '得'의 주어이지만 '得'을 당하는 대상을 나타내는 것으로 여전히 수사자이다. (5)에서 '人'의 경우, 앞 구절에서는 동사 '知'의 주어이지만 '知'를 당하는 대상을 나타내는 것으로 수사자이고, 뒤 구절에서는 앞에 나오는 동사 '知'의 목적어이며 여전히 수사자이다.

이러한 피동표시법의 특징은 전적으로 피동을 나타내는 기능을 하는 단어가 존재하지 않으며, 주어의 피동 성질은 의미를 통해서만 이해할 수 있을 뿐 피동을 나타내는 문형이 없다는 점이다. 이러한 피동표시법은 현대중국어에 이르기까지 광범위하게 운용되었다. 가령, (1)의 '蔓草猶不可除'를 현대중국어로 표현한다면 '蔓延的野草尚且不能除去.'라고 할 수 있고, (4)의 '兎不可復得'을 현대중국어로 표현한다면 '兎子再也得不到了.'라고 할 수 있다. 현대중국어로 표현했을 때의 주어인 '蔓延的野草'와 '兎子'는 여전히 동사가 나타내는 행위의 피동자이다. 이 문장에는 피동을 나타내는 어떠한 단어도 들어있지 않지만 이를 이해하는 데 어려움이 없다. 이러한 점에 있어서 고금이 완전히 일치한다.

피동문형을 사용하여 주어의 피동 성질을 나타내는 것 역시 자주 사용되는 피동표시법이다. 피동문형이란 문장구조 자체에서 주어의 피동 성질을 확인할 수 있는 경우를 가리키는 것으로, 가령 현대중국어에서 "敵人被消滅了."[적은 소멸되었다.], "困難被我們克服了."[우리는 곤란를 극복하였다.]와 같은 문형을 말한다. 여기에서 '被' 혹은 '被我們'은 주어가 동사가 나타내는 행위의 피동자임을 확정해주며, 이것이 전형적인 피동문형이다.

고대중국어의 피동문형은 선진시기에 이미 형성되었으나 현대중국어에서처럼 보편적으로 사용되지는 않았다. 한나라 때 이후 피동문형에 새로운 진전이 있었으며, 점차 보편적으로 사용되었다.

선진시기에 자주 쓰이는 피동문형은 동사 뒤에 전치사 '於'를 사용하여 행위의 주동자를 끌어오는 것인데, 이 경우 동사 앞의 주어는 명확하게 피동의 성질을 갖고 있다. 다음 예를 보자.

(6) 郤克傷於矢, 流血及屨. (『좌전·성공(成公) 2년』)
극극은 화살에 상처를 입어 피가 신발까지 흘러내렸다.

(7) 夫惟無慮而易敵者, 必擒於人. (『손자병법(孫子兵法)·행군편(行軍篇)』)
무릇 생각이 없이 적을 쉽게 여기는 자는 반드시 남에게 사로잡힌다.

(8) 閔王毀於五國, 桓公劫於魯莊. (『순자·왕제(王制)』)
민왕은 다섯나라에게에 훼손을 당하였고, 환공은 노나라 장공에게 위협을 당했다.

(9) 然而兵破於陳涉, 地奪於劉氏者, 何也? (『한서(漢書)·가산열전(賈山列傳)』)
그렇지만 병사가 진섭에게 격파당하고 땅이 유씨에게 빼앗긴 것은 어째서인가?

(10) 妻與子皆養於我者也. (한유(韓愈)「오자왕승복전(圬者王承福傳)」)
아내와 자식은 모두 나에게 길러지는 자들이다.

(6)에서 '郤克'은 '矢'에 상처를 입은 대상이고, (7)에서 '無慮而易敵者'는 '人'에게 사로잡히는 대상이며, (8)에서 '閔王'은 '五國'에 훼손을 당한 대상이고, '桓公'

은 '魯莊'에게 위협을 당하였다.[1] (8)은 피동문형에서 전치사 '於'의 기능을 가장 잘 보여준다. 만일 전체 문장에서 '於'자를 삭제한다면 문장의 구조는 다음과 같이 변화하게 된다.

閔王毁於五國 ──→ 閔王毁五國[민왕은 다섯나라를 무찔렀다]
桓公劫於魯莊 ──→ 桓公劫魯莊[환공은 노장공을 위협했다]

주어는 피동자, 수사자에서 행위자, 시사자로 변화하게 되고, 전체 문장의 의미 또한 완전히 상반되게 된다. 고대 중국인은 정면과 반면의 두 상황을 대비할 때에 이 방법을 자주 사용하였다. 이러한 대비의 문장에서는 하나가 주동을 표시하고, 다른 하나가 피동을 표시하는 것이 매우 명확하다. 다음 예를 보자.

(11) 通者常制人, 窮者常制於人. (『순자·영욕(榮辱)』)
통달한 사람은 항상 남을 제압하고, 궁색한 사람은 항상 남에게 제압당한다.
(12) 物物而不物於物, 則胡可得而累邪! (『장자(莊子)·산목(山木)』)
외물을 외물로 대하고 외물에 사물 취급을 받지 않는다면 어찌 그것에 얽매이겠는가?
(13) 先發制人, 後發制於人. (『한서·항우전(項羽傳)』)
먼저 행동하면 남을 제압하고, 뒤에 행동하면 남에게 제압당한다.

(11)에서 '通者'와 '窮者'는 모두 주어이지만 '通者'는 '남을 제압하는' 행위자이고, '窮者'는 '남에게 제압당하는' 피동자이다. 『맹자·등문공 상』의 "勞心者治人, 勞力者治於人."[마음을 쓰는 사람은 남을 다스리고, 힘을 쓰는 사람은 남에게 다스려진다.]에서 사용된 것 또한 이러한 문형이다. 이러한 문형을 사용할 때에 주어가 꼭 출현해

---

1) 실제로는 노장공의 신하 조말(曹沬)에게 위협을 당하였다.

야 하는 것은 아니다. 가령 (12)에서 '物物'은 '사물을 지배하다'이고,2) '物於物'은 '사물에 의해 지배당하다'로서 규칙은 동일하다.

'於'를 사용한 피동문형에서 전치사 '於' 자체가 피동을 나타내는 것은 아니다. 동사가 이미 피동의 의미로 사용되었고, 전치사 '於'를 사용하여 행위의 주동자를 끌어왔기 때문에 전체 문장의 피동의미가 더욱 명확해지는 것이다. 또 주의해야 할 점은 고대중국어에서 이러한 피동문형의 어순이 현대중국어와 동일하지 않다는 것이다. 현대중국어의 피동문형에서 행위주동자를 끌어 오는 전치사목적어구는 동사의 앞에 위치한다. 반면, 고대중국어에서는 행위주동자를 끌어오는 '於'로 구성된 전치사목적어구가 동사의 뒤에 위치한다. "郄克傷於矢"를 현대중국어의 피동문형으로 표현하면 "郄克被矢射傷"이라고 할 수 있다.

고대중국어에서 자주 보이는 또 다른 피동문형은 전치사 '爲'를 동사 앞에 사용하여 행위의 주동자를 이끌어 냄으로써 주어의 피동 성질을 명확하게 드러나게 하는 경우이다. 이때 문장구조상 '爲'의 지위와 기능은 현대중국어의 '被'와 매우 유사하다. 다음 예를 보자.

(14) 止, 將爲三軍獲. (『좌전·양공(襄公) 18년』)
그치면 장차 삼군에게 포획당할 것이다.

(15) 道術將爲天下裂. (『장자·천하(天下)』)
도술은 장차 천하에 의해 찢기게 될 것이다.

(16) 而身爲宋國笑. (『한비자·오두』)
자신은 송나라의 웃음거리가 되었다.

(17) 身死人手, 爲天下笑者, 何也? (가의(賈誼) 「과진론(過秦論)」)
자신은 남의 손에 죽고 천하의 웃음거리가 되는 것은 어째서인가?

---

2) 첫 번째 '物'자는 명사가 동사로 활용된 것이다.

(18) 多多益善, 何爲爲我禽?(『사기・회음후열전(淮陰侯列傳)』)

　　많으면 많을수록 좋다면서 어찌하여 나에게 잡혀있는가?

　　(14)의 '將爲三軍獲'은 바로 '將被三軍獲'인데, 여기에서 주어는 나타나지 않지만 그 피동 성질은 매우 명확하며, '三軍'은 동사 '獲'이라는 행위의 주동자이다. (15)의 '道術將爲天下裂'은 바로 '道術將被天下裂'인데, 여기에서 주어 '道術'은 동사 '裂'[분리하다, 분열하다]의 대상으로 피동자, 수사자이고, '裂'이라는 행위의 주동자는 '爲'가 이끌고 있는 '天下'[천하의 사람]이다.

　　'爲'자 뒤에 등장하는 행위주동자는 때로 출현하지 않으며, 이때 '爲'가 직접 동사 앞에 위치하여도 여전히 피동문형을 이룬다. 이러한 점 또한 현대중국어 '被'와 완전히 동일하다. 다음 예를 보자.

　　(19) 父母宗族, 皆爲戮沒. (『전국책(戰國策)・연책(燕策)』)

　　　　부모와 친척들이 모두 살육을 당했다.

　　(20) 誠令成安君聽足下計, 若信者亦已爲禽矣. (『사기・회음후열전』)

　　　　진실로 성안군에게 그대의 계책을 듣게 하였더라면 저 한신은 이미 사로 잡혔을 것입니다.

　　(19)의 '爲戮沒'은 '被戮沒'이고, '爲用'은 '被用'이다. (20)의 '爲禽'은 '被禽'이다. (19-20)에서는 '爲' 뒤의 행위주동자가 출현하지 않았다.

　　전국시대 말기에 "爲天下笑"처럼 '爲'를 사용한 피동문형은 또 다시 '爲……所' 문형으로 변화한다. 이때 행위주동자는 '爲'와 '所'의 사이에 위치한다. 다시 말하면, '爲'를 사용하여 행위주동자를 끌어오고 또 다시 동사 앞에 '所'자를 더하는 것이다. 다음 예를 보자.

(21) 夫直議者, 不爲人所容. (『한비자·외저설좌상(外諸說左上)』)

무릇 직언하는 자는 남에게 용납되지 않는다.

(22) 梁父卽楚將項燕, 爲秦將王翦所戮者也. (『사기·항우본기(項羽本紀)』)

항량의 아버지는 바로 초나라 장군 항연으로, 진나라 장군 왕전에게 살육

당한 자이다.

(23) 否, 必爲二子所禽矣! (『사기·회음후열전』)

그렇지 않으면 반드시 두 아들에게 사로잡히게 될 것이다.

(24) 衛太子爲江充所敗. (『한서·곽광전(霍光傳)』)

위나라 태자는 강충에게 패하였다.

(25) 少北, 則爲匈奴所得. (『한서·장건전(張騫傳)』)

소북은 흉노에게 빼앗길 것이다.

(26) 亮與徐庶並從, 爲曹公所追破. (『삼국지(三國志)·촉서(蜀書)·제갈량전

(諸葛亮傳)』)

제갈량은 서서와 함께 뒤따르다 조공에게 추격당하여 격파되었다.

'爲……所' 문형은 고대중국어에서 가장 자주 나타나는 피동문형이며 현대중국의 서면어에서도 계속해서 사용되고 있다. 다만, 고대중국어에서는 '爲' 뒤의 행위주동자가 때로 출현하지 않을 수도 있으므로 '爲'와 '所'가 함께 연결되기도 한다. 다음 예를 보자.

(27) 不者, 若屬皆且爲所虜. (『사기·항우본기』)

그렇지 않으면 너희들은 모두 사로잡히게 될 것이다.

(28) 嵩將詣州訟理, 爲所殺. (한유「장중승전후서(張中丞傳後序)」)

숭이 고을 관청에 나아가 소송하였다가 살해당했다.

'爲所虜', '爲所殺'은 모두 '爲' 뒤에 행위의 주동자를 이끌어오지 않았으나 동사

앞의 '所'가 여전히 남아있다. 이를 현대중국의 서면어로 표현하려면 '被俘', '被殺'이라고 할 수 밖에 없으며, 그렇지 않고 '爲……所' 문형으로 표현하고자 한다면 "爲劉邦所俘"[유방에게 사로잡히다], "爲那武人所殺"[그 무인에게 살해당하다]과 같이 행위의 주동자를 보충해야 한다.

'爲'자 이외에도 고대중국어에서는 '見'자를 동사 앞에 사용하여 피동문형을 만드는 경우도 많다. 다음 예를 보자.

(29) 故君子恥不修, 不恥見汙. 恥不信, 不恥不見信. 恥不能, 不恥不見用. (『순자·비십이자(非十二子)』)

그러므로 군자는 수양하지 못한 것을 부끄러워하지 치욕을 당하는 것을 부끄러워하지 않으며, 믿음직스럽지 못한 것을 부끄러워하지 믿어주지 않는 것을 부끄러워하지 않으며, 능력이 없는 것을 부끄러워하지 쓰이지 않는 것을 부끄러워하지 않는다.

(30) 厚者爲戮, 薄者見疑. (『한비자·세난(說難)』)

심한 사람은 죽임을 당하였고 가벼운 사람은 의심을 받았다.

(31) 擧世皆濁我獨淸, 衆人皆醉我獨醒, 是以見放. (『초사(楚辭)·어부(漁父)』)

온 세상이 모두 흐린데 나만 홀로 맑고, 모든 사람이 취하였는데 나만 홀로 깨어있으니 이 때문에 쫓겨나게 된 것이다.

(32) 臣聞武帝使中郎將蘇武使匈奴, 見留二十年. (『한서·영자왕단전(燕刺王旦傳)』)

신이 듣건대, 무제가 중랑장 소무를 흉노에 사신으로 가게 하였다가 20년간 억류당하였다고 합니다.

(33) 才高見屈, 遭時而然. (『논형(論衡)·자기(自紀)』)

재주가 높되 굽힘을 당하는 것은 시대를 만나 그리되는 것이다.

'見汙', '見信', '見用'은 '치욕을 당하다', '믿음을 받다', '쓰임을 당하다'의 의미로서 현대중국어로는 '被汗', '被信', '被用'로 표현한다. (30)의 '爲戮'과 '見疑'는 대구를 이루며 각각 '살육을 당하다', '의심을 받다'의 의미로, 피동문형에서 '爲'와 '見'의 기능이 동일하다는 것을 잘 설명해준다. 이상의 예문에서 볼 수 있듯이 '見'의 이러한 기능은 현대중국어 '被'와 기본적으로 일치한다.

'見'을 사용하는 피동문형의 특징은 '見'이 직접적으로 행위의 주동자를 이끌어 낼 수 없다는 점이다. 이는 '爲'의 경우와는 다르다. 만약 행위의 주동자를 나타내야 한다면 동사 뒤에 따로 '於'의 피동문형을 조합해야 하며, 행위의 주동자는 '於'의 뒤에 나타나게 된다. 다음 예를 보자.

(34) 吾長見笑於大方之家. (『장자·추수(秋水)』)

　　 나는 크게 도통한 자들에게 오랫동안 비웃음을 당할 뻔하였다.

(35) 先絶齊而後責地, 則必見欺於張儀. (『사기·초세가(楚世家)』)

　　 먼저 제나라를 끊어놓은 뒤에 땅을 요구하면 반드시 장의에게 사기를 당하게 될 것이다.

(36) 臣誠恐見欺於王而負趙. (『사기·염파인상여열전(廉頗藺相如列傳)』)

　　 신은 진실로 왕에게 속아 조나라를 짊어지게 될까 두렵습니다.

(37) 然而公不見信於人, 私不見助於友. (한유 「진학해(進學解)」)

　　 그러나 공적으로는 남에게 신임 받지 못하고, 사적으로는 친구에게 도움을 받지 못한다.

(34)의 '見笑於大方之家'는 현대중국어로 표현하면 '被大方之家笑'에 해당하고, (35)의 '見欺於張儀'는 현대중국어로 '被張儀欺'에 해당한다. '見'이 '見大方之家笑'처럼 직접적으로 행위의 주동자를 이끌어 오는 문장이 성립되지 않기 때문에 동사 뒤에 따로 '於'를 사용하여 행위의 주동자를 이끌어 올 수밖에 없다.

현대중국어에서 피동을 표시하는 '被'자 문형은 전국시대 말기에 이미 출현하기 시작하였다. 그러나 당시에는 비교적 출현 빈도가 낮았으며, 한나라 때에 이르러 점차 많이 출현하게 되었다. 다음 예를 보자.

(38) 今兄弟被侵, 必攻者, 廉也. 知友被辱, 隨仇者, 貞也. (『한비자·오두』)

오늘날 형제가 해를 당하였다면 반드시 공격하는 것이 옳은 것이고, 친구가 치욕을 당하였다면 복수를 하는 것이 곧은 것이다.

(39) 國一日被攻, 雖欲事秦, 不可得也. (『전국책·제책(齊策)』)

나라가 어느 날 공격을 당한 뒤에는 비록 잔나라를 섬기고자 하더라도 그리할 수 없다.

(40) 信而見疑, 忠而被謗, 能無怨乎? (『사기·굴원가생열전』)

신의를 다하였으나 의심받고, 충성을 다하였으나 비방을 당하니 원망이 없을 수 있겠는가?

(41) 兄固被召詣校書郎. (『후한서(後漢書)·반초전(班超傳)』)

형이 불려가 교서랑에 제수되었다.

(38-40)의 '被'자는 모두 '당하다', '입다'의 의미를 지니고 있는데, 이들은 후대 피동문형의 근원이다. (40)에 '見'과 '被'의 대구를 통해 '被'의 기능이 당시에 이미 '見'이나 '爲'와 동일하였음을 설명할 수 있다. 그러나 이 시기에 '被'를 사용한 피동문형은 '見'과 '爲'를 사용하는 피동문형에 비해 현격하게 적다.

'被'가 처음으로 피동문형에 쓰이기 시작했을 때에는 동사의 바로 앞에 위치하였고, 한나라 말기에 이르러 '被'가 행위의 주동자를 이끄는 문형이 출현하였다. 예를 들어 채옹(蔡邕)의 「피수시표(被收時表)」에서 "今月十三日, 臣被尙書召問."[이번 달 십삼일, 신은 상서에게 불려가 물음을 당하였습니다.]라고 한 것이 그 예이다. 이러한 문형은 비교적 구어에 근접한 문장에서만 출현하였다. 당나라 이후에는 구어와 근접한 문장 및 시나 사(詞)에서 '被'가 점차 다른 피동표시 문형을 대체하였다. 그러나 일반 문언문에서는 대부분 여전히 여러 종류의 피동문형이 계속 사용되었다.

부사는 실사와 허사의 기능을 모두 갖고 있는 품사이다. 부사는 행위, 동작, 성질, 상태의 정도와 범위, 시간, 가능성, 정태 및 부정기능을 나타낸다. 또 특정 의미도 갖고 있어 문장에서 보조성분이 될 수 있는데 이것이 실사에 가까운 측면이다. 그러나 단독으로 실제 사물이나 상황 또는 사건을 나타낼 수 없고 문장의 중심성분인 주어나 서술어가 될 수도 없으며, 목적어나 관형어도 될 수 없다는 점은 다른 허사와 비슷하다. 여기에서는 의미에 따라 부사를 정도, 범위, 시간, 정태, 부정 및 공경의 표시 등 여섯 종류로 나누고, 주의해야 할 부분에 대해 각각 예를 들어 설명하겠다.

정도부사

고대중국어에서 자주 사용되는 '最', '太', '至', '尤', '愈', '略' 등의 정도부사는 고대부터 지금에 이르기까지 크게 달라지지 않았다. 다만 몇몇 정도부사는 의미상 큰 변화를 겪었으므로 고대중국어 독해 시 반드시 주의해야 한다. '少'와 '稍'가 여기에 해당한다.

현대중국어의 '少'는 주로 형용사로 쓰이지만 고대중국어의 '少'는 부사로 사용되었으며, '약간', '대체로'의 의미로 현대중국어의 '稍'에 해당한다. 그러나 고대중국어에서 '稍'는 시간부사로서 '점점'의 의미를 나타냈다. 우선 '少'의 예를 살펴보자.

(1) 輔之以晉, 可以少安. (『좌전(左傳)·희공(僖公) 5년』)
    진나라로 보필하게 하면 조금 편안해질 수 있습니다.

(2) 太后之色少解. (『전국책(戰國策)·조책(趙策)』)
    태후의 얼굴빛이 어느 정도 풀어졌다.

(3) 可以少有補於秦, 此臣之所大願也. (『전국책·진책(秦策)』)
    진나라에 어느 정도 도움이 될 수 있으니, 이것이 제가 크게 바라는 것입니다.

'少安', '少解', '少有補'는 '조금 편안하다', '어느 정도 풀리다', '어느 정도 도움이 되다'의 뜻으로 '많고 적음'의 '적다'로 풀이하면 전혀 다른 뜻이 된다. 다음으로 '稍'의 예를 보자.

(4) 子尾多受邑而稍致諸君. (『좌전·소공(昭公) 10년』)
    자미는 봉읍을 많이 받았다가 차차 임금에게 바쳤다.

(5) 項羽乃疑范增與漢有私, 稍奪其權. (『사기(史記)·항우본기(項羽本紀)』)
    그러자 항우는 범증이 한나라와 사적인 내통이 있었다고 의심하여 점차 그의 권한을 빼앗았다.

(6) 蔽林間窺之, 稍出近之, 慭慭然莫相知. (유종원(柳宗元)「삼계(三戒)·검지려(黔之驢)」)
    호랑이가 숲속에 몸을 숨기고 가만히 살펴보다가 점차 나와서 그것에 접근하였지만, 아직도 무엇인지 도무지 알 수 없었다.

(4-6)의 '稍'는 모두 '점차'의 의미이며 '약간'으로 해석해서는 안 된다.

정도부사 '頗'는 고대에 두 가지 뜻이 있었다. 하나는 그 정도가 상당함을 나타내는 것으로 현대중국어의 '很'[매우], '甚'[몹시]과 의미가 비슷하다. 다음 예를 보자.

(7) 唯袁盎明絳侯無罪, 絳侯得釋, 盎頗有力. (『사기·원앙조조열전(袁盎鼂錯列傳)』)
오직 원앙만은 강후에게 죄가 없다는 것을 밝혀주어 강후가 석방되자 원앙은 상당한 힘을 갖게 되었다.

현대중국어 서면어에는 이러한 용법이 남아 있어서 '時間頗長'[시간이 상당히 길다]', '頗感興趣'[크게 흥미를 갖고 있다] 등으로 쓴다. 또 다른 뜻은 '약간, 대략'이다. 다음 예를 보자.

(8) 臣願頗采古禮, 與秦儀雜就之. (『사기·유경숙손통열전(劉敬叔孫通列傳)』)
저는 대체로 하은주의 옛 예법과 진나라의 의례를 취하여 섞어서 절충하는 것이 좋다고 생각합니다.

(9) 至于序尙書則略, 無年月, 或頗有, 然多闕. (『사기·삼대세표서(三代世表序)』)
『상서』의 차례를 매기는 데에 소략하여 연과 월이 없었는데, 간혹 약간 있기는 하지만 빠진 것이 많았다.

위 예문의 '頗'는 고대에 '약간, 대략' 등의 의미로 사용되었으므로, 현대중국어 서면어에서 자주 사용되는 '頗'[매우]로 이해하는 것은 잘못이다.

범위부사

'纔', '皆', '盡' 등의 범위부사 역시 고금의 변화가 크지 않으며, 변화가 큰 것으로는 '但' 등이 있다. 현대중국어 '但'은 주로 역접을 나타내는 접속사로 쓰이지만, 고대중국어에서 '但'은 범위를 나타내는 부사로 사용었으며, 현대중국어 '只'[다만]의 역할을 하였다. 다음 예를 보자.

(10) 匈奴匿其壯士肥牛馬, 但見老弱及羸畜. (『사기・유경숙손통열전』)
   흉노는 건장한 병사와 살진 소와 말을 감추어두고 단지 노약자와 야윈 가축만을 보여주었다.

(11) 人體欲得勞動, 但不當使極爾. (『삼국지(三國志)・화타전(華陀傳)』)
   인체는 노동을 필요로 하지만, 다만 너무 심하게 해서는 안 된다.

(12) 不聞爺娘喚女聲, 但聞黃河流水鳴濺濺. (『악부시집(樂府詩集)・목란시(木蘭詩)』)
   아버지, 어머니가 딸 부르는 소리는 들리지 않고 황하의 물 흐르는 소리만 콸콸 들려오네.

(13) 死去原知萬事空, 但悲不見九州同. (육유(陸游)「시아(示兒)」)
   원래부터 죽으면 모든 일이 끝이라는 것을 안다. 다만 통일된 땅을 보지 못함이 슬플 뿐이다.

현대중국어에서 '不但'[…뿐만 아니라]과 '但愿如此'[단지 이와 같기를 원하다] 등이 바로 고대의 이러한 용법을 보존하고 있다.

'但' 외에, '徒', '特', '第(弟)', '直'도 고대중국어에서 '只'의 뜻으로 자주 사용되었다. 다음 예를 보자.

(14) 徒善不足爲政, 徒法不能以自行. (『맹자(孟子)・이루(離婁) 상』)

한갓 선심만으로는 정치를 하기에 부족하고, 한갓 법도만으로는 저절로 행해지지 못한다.

(15) 然則人之所以爲人者, 非特以二足而無毛也, 以其有辨也. (『순자(荀子)·비상(非相)』)

그렇다면 사람이 사람이 되는 이유는 단지 두 다리로 걷고 털이 없다는 점 때문이 아니고 분별함이 있기 때문이다.

(16) 君第重射, 臣能令君勝. (『사기·손자오기열전(孫子吳起列傳)』)

그대께서 다만 많은 돈을 거시면, 제가 그대가 승리하도록 만들 수 있습니다.

(17) 不可, 直不百步耳, 是亦走也. (『맹자·양혜왕(梁惠王) 상』)

안 된다, 단지 백보를 가지 않았을 뿐이지, 이 또한 달아난 것이다.

'獨'은 본래 '혼자서'의 뜻이지만, 파생되어 '다만'의 뜻으로도 쓰였다. 다음 예를 보자.

(18) 臣之所恐者, 獨恐臣死之後, 天下見臣盡忠而身蹶也, 是以杜口裹足, 莫肯卽秦耳. (『전국책·진책』)

신이 두려워하는 것은, 제가 죽은 후에 천하 사람들이 제가 충성을 다하고도 죽는 것을 보고서, 이 때문에 입을 다물고 발을 묶은 채 진나라로 가는 것을 달가워하지 않을까 하는 것뿐입니다.

(19) 其人與骨皆已朽矣, 獨其言在耳! (『사기·노자한비열전(老子韓非列傳)』)

그 사람과 뼈는 모두 이미 썩었지만, 오직 그의 말만은 남아있다.

그러나 반어의문문에서 '獨'은 주로 반문의 어기를 나타내며 '혼자서' 또는 '다만'이라는 뜻은 나타내지 않는다. 다음 예를 보자.

(20) 然則治天下, 獨可耕且爲與? (『맹자·등문공(滕文公) 상』)

그렇다면 천하를 다스리는 일은 밭을 갈면서도 할 수 있단 말인가?

(21) 相如雖駑, 獨畏廉將軍哉? (『사기·염파인상여열전(廉頗藺相如列傳)』)

　　내가 비록 노둔하기는 하나 어찌 염장군을 두려워하겠는가?

　이러한 기능을 하는 '獨'자는 반문의 어기를 나타내는 정태부사에 속하는 것이므로, '혼자서', '다만'의 의미로 풀이해서는 안 된다.

　범위부사 '僅' 역시 고대부터 지금에 이르기까지 큰 변화를 겪었다. '僅'이 '다만', '겨우', '가까스로'의 뜻을 나타내는 것은 고대와 현대가 일치하는 부분이다. 다음 예를 보자.

(22) 齊王遁而走莒, 僅以身免. (『사기·악의열전(樂毅列傳)』)

　　제나라 왕은 달아나 거 땅으로 가서 겨우 몸만은 피할 수 있었다.

(23) 一旦臨小利害, 僅如毛髮比, 反眼若不相識. (한유(韓愈)「유자후묘지명
　　(柳子厚墓誌銘)」)

　　일단 겨우 털끝에 비유할만한 작은 이해관계라도 생기면 눈을 부릅뜨고
　　언제 봤냐는 듯 얼굴을 바꾼다.

　'僅'의 특성은 양이 적음을 나타낸다는 것이다. 그러나 당나라 때 시문에서는 '僅'이 양이 많다는 뜻으로 쓰여 '거의', '거의 …에 이르다'를 뜻하는 경우도 있다. 다음 예를 보자.

(24) 初守睢陽時, 士卒僅萬人, 城中居人戶亦且數萬. (한유「장중승전후서」)

　　처음 수양 땅을 지킬 때에 사졸은 거의 만 명에 이르렀고 성 안에 거주하
　　는 사람도 수만 명이었다.

(25) 夾澗有古松老杉, 大僅十人圍, 高不知幾百尺. (백거이(白居易)「여산초
　　당기(廬山草堂記)」)

사이의 계곡에 늙은 소나무와 삼나무가 있었는데, 둘레는 거의 열 사람이
에워쌀 정도였고 높이는 몇 백 척이나 되는지 알 수가 없을 정도였다.

(26) 江國踰千里, 山城僅百層. (두보(杜甫) 「박악양성하(泊岳陽城下)」)
강남은 천리 넘게 이어졌고, 산성은 거의 백층의 높이라네.

이러한 '僅'은 보통 수를 나타내는 단어 앞에만 사용되며 현대중국어에서 거성(去
聲)인 jìn으로 읽는다. 이 용법은 송나라 시기의 작품에서도 가끔 보이는데, 이는 구
어에 가까운 송대의 어록체에만 나타난다. 다음 예를 보자.

(27) 學人自出家覽涅槃經僅十餘載, 未明大意. (『경덕전등록(景德傳燈錄)』 5권)
학인이 출가하여 열반경을 읽은 지 거의 십여 년인데, 아직 대의를 이해하
지 못했다.

시간부사

고대중국어의 시간부사는 종류가 많은 편이다. '將'[장차], '正'[마침], '已'[이미],
'常'[종종] 등처럼 현대중국어에서의 뜻과 같은 것도 있지만, 의미 차이가 큰 부사도
있다. 다음에서 몇 가지 예를 들어보자.
'曾'은 고대중국어에서 부사로 사용될 때 간혹 시간을 나타냈는데, 이때는 '일찍
이'의 의미로 현대중국어에서의 용법과 같다. 다음 예를 보자.

(28) 梁王以此怨盎, 曾使人刺盎. (『사기 · 원앙조조열전』)
양왕이 이 때문에 원앙을 원망하여 일찍이 사람을 보내 원앙을 죽이려고
하였다.
(29) 孟嘗君曾待客夜食. (『사기 · 맹상군열전(孟嘗君列傳)』)
맹상군이 일찍이 객들과 함께 밤에 식사를 한 적이 있다.

그러나 고대중국어에서 부사 '曾'은 주로 시간이 아닌 정태(情態)를 나타내는 기능을 하여 부정적 어기를 강화시켰으며, 이는 현대중국어의 '居然'[뜻밖에], '竟'[의외로]의 뜻과 비슷하다. 다음 예를 보자.

(30) 誰謂河廣? 曾不容刀. (『시경(詩經)·위풍(衛風)·하광(河廣)』)
　　　 누가 황하가 넓다고 하는가? 조그만 배조차 띄울 수 없거늘.

(31) 老臣病足, 曾不能疾走. (『전국책·조책』)
　　　 제가 다리에 병이 나서 빨리 걸을 수조차 없습니다.

(32) 生王之頭, 曾不若死士之壟也. (『전국책·제책(齊策)』)
　　　 살아있는 왕의 머리는 죽은 선비의 무덤보다도 못합니다.

(30-32)의 '曾'은 '일찍이'로 해석해서는 안 된다.

고대중국어에서 '일찍이'라는 뜻을 나타내는 데 자주 사용했던 시간부사는 '曾'이 아니라 '嘗'이었다. 다음 예를 보자.

(33) 俎豆之事, 則嘗聞之矣. 軍旅之事, 未之學也. (『논어(論語)·위령공(衛靈公)』)
　　　 제사 지내는 일은 일찍이 들었으나 군대의 일은 아직 배우지 못했습니다.

(34) 公亦嘗聞天子之怒乎? (『전국책·위책(魏策)』)
　　　 공 또한 일찍이 천자가 노여워함을 들었습니까?

(35) 吾嘗終日而思矣, 不如須臾之所學也. (『순자·권학(勸學)』)
　　　 내가 일찍이 하루 종일 생각에 몰두한 적이 있는데, 잠깐 동안 공부하는 것만 못하였다.

위와 같은 '嘗'의 용법은 현대중국어의 '未嘗'[…한 적이 없다], '何嘗'[언제 …한 적이 있었느냐] 등 일부 이음절어에 남아 있으며 일반적으로 단독으로는 사용하지 않는다.

'再'와 '復'는 고대에 동작이 반복됨을 나타내던 단어로, 품사와 의미 모두 현대 중국어와 크게 다르므로 여기에서 논하기로 한다. 고대중국어에서의 '再'는 수량사로서 보통 '두 번'을 가리킨다. 다음 예를 보자.

    (36) 一鼓作氣, 再而衰, 三而竭. (『좌전・장공(莊公) 10년』)

        한 번 북을 치면 용기가 나고, 두 번 치면 용기가 약해지며, 세 번째 북을 치면 용기가 다 없어지게 된다.

    (37) 田忌一不勝而再勝. (『사기・손자오기열전』)

        전기가 한 판은 이기지 못했지만 두 판은 이겼다.

    당나라 때에 이르러 '再'는 두보 「후유수각사(後遊修覺寺)」의 "寺憶新遊處, 橋憐再渡時"[일찍이 절에서 놀던 것 생각나고, 두 번째 다리를 건널 때를 떠올린다.]에서처럼 '두 번째'만을 뜻하게 되었다. 그러나 여전히 오늘날의 의미와는 다르다.

    현대중국어에서의 '再'는 부사로서 주로 '또 한 번'을 뜻하며 "再讀一遍."[다시 한 번 읽다], "再去一次."[다시 한 번 가다]와 같이 '두 번'이나 '두 번째'만을 뜻하지 않는다. 이 의미는 고대중국어에서 '復'로 나타냈다. 다음 예를 보자.

    (38) 有復言令長安君爲質者, 老婦必唾其面. (『전국책・조책』)

        누군가 다시 장안군을 제나라에 인질로 보내자는 말을 한다면 이 늙은이가 그의 얼굴에 침을 뱉을 것이다.

    (39) 晉侯復假道於虞以伐虢. (『좌전・희공 5년』)

        진나라 제후가 다시 우나라에 길을 빌어 괵을 치고자 하였다.

    (40) 不敢復讀天下之書, 不敢復與天下之事. (『사기・범저채택열전(范雎蔡澤列傳)』)

        감히 다시 천하의 글을 읽지 않고, 감히 다시 천하의 일에 관여하지 않겠다.

    (41) 於是遂誅高漸離, 終身不復近諸侯之人. (『사기・자객열전(刺客列傳)』)

이에 마침내 고점리를 주살하고 진시황은 죽을 때까지 제후국 사람들을 가까이 하지 않았다.

(42) 復投一弟子河中. (『사기·골계열전(滑稽列傳)』)

다시 제자 한 명을 황하에 던졌다.

고대중국어의 '再來'는 보통 '두 번 오다' 또는 '두 번째 오다'로 풀이해야 하며, 현대중국어의 '再來'[다시 오다]는 고대중국어에서는 '復來'라고 해야 하는 것이다. '復'는 현대중국어에서는 단독으로 사용되지 않으나, "死灰復燃"[다 탄 재에 다시 불이 붙다], "一去不復返"[한 번 가면 다시 돌아오지 않는다.] 등과 같이 성어나 서면어에 남아 있다.

고대중국어에서 끊임없이 반복하여 나타남을 뜻했던 부사로서 '仍'[거듭]이 있다. 이는 현대중국어에서의 의미와 차이가 크다. 현대중국어 서면어에서 사용하는 '仍'자는 보통 '여전히'의 뜻만 나타내지만, 고대중국어에서 '仍'이 부사로 사용될 때는 주로 '빈번함, 수차례 반복됨'을 뜻하므로 '여전히'로 풀이해서는 안 된다. 다음 예를 보자.

(43) 晉仍無道而鮮胄. (『국어(國語)·주어(周語) 하』)

진은 내내 무도한 정치를 행하고 자손도 적다.

(44) 大將軍將六將軍仍再出擊胡. (『사기·평준서(平準書)』)

대장군이 여섯 장군을 거느리고 계속해서 다시 호 지역을 치려고 나갔다.

(45) 吾仍見上, 上甚聰明. (『후한서(後漢書)·개훈전(蓋勳傳)』)

내가 여러 번 주상을 뵈었는데, 주상은 매우 총명하였다.

정태부사

정태부사는 동사나 형용사 앞에 놓여 특정 정태나 어기를 나타내는 것이다.[1] '대체로', '…라고 하지 않을 수 없다', '본래', '기어코' 등은 모두 정태부사에 속한다. 고대중국어의 정태부사도 종류가 많은 편이다. 아래에서는 현대중국어와 의미 차이가 큰 '且', '固', '蓋' 등을 설명하도록 한다.

'且'자는 고대중국어에서 주로 접속사로 사용되며, '또한'의 의미를 나타낸다. 이 밖에 주로 정태를 나타내는 부사로도 사용되어 '일단', '…조차'의 의미를 나타낸다. 다음 예를 보자.

> (46) 先生且休矣, 我將念之. (『사기・회음후열전(淮陰侯列傳)』)
>   선생은 일단 쉬십시오, 내가 장차 그것을 생각해보겠습니다.
> (47) 臣死且不避, 卮酒安足辭. (『사기・항우본기』)
>   저는 죽는 것조차 피하지 않거늘 한 잔 술을 어찌 사양하겠습니까?

(46)에서는 '일단', '잠시'를 뜻하고, (47)에서는 '…조차'를 뜻한다. 이 두 가지 용법은 현대중국어의 서면어에서도 가끔 보인다.

고대의 '且'는 정태부사 외에 시간부사로도 쓰이는데, 이때에는 '장차'의 뜻을 갖는다. 다음 예를 보자.

> (48) 斥鴳笑之曰, "彼且奚適也?" (『장자・소요유(逍遙遊)』)
>   메추라기는 대붕을 비웃으며, "저들은 장차 어디로 가려는 것인가?"라고 말한다.
> (49) 若屬皆且爲所虜. (『사기・항우본기』)

---

1) 일부 문법서에서는 어기를 나타내는 부사는 따로 '어기부사'로 분류하기도 한다.

너희들은 모두 장차 사로잡히게 될 것이다.

(50) 伍奢有二子, 皆賢, 不誅, 且爲楚憂. (『사기·오자서열전(伍子胥列傳)』)

오사에게는 두 아들이 있었는데 모두 똑똑하니, 죽이지 않으면 장차 초나라의 근심거리가 될 것입니다.

현대중국어 '且'에는 이러한 용법이 전혀 없다.

'固'는 정태부사로 사용될 때 '본래', '당연히'를 뜻한다. 이는 현대중국어의 '固然'[물론]과 전혀 다른 의미이다. 다음 예를 보자.

(51) 百工之事, 固不可耕且爲也. (『맹자·등문공 상』)

백공의 일은 본래 밭을 갈면서 같이 할 수 있는 것이 아니다.

(52) 人固有一死, 或重於秦山, 或輕於鴻毛. (사마천(司馬遷) 「보임안서(報任安書)」)

사람에게는 본래 한 번의 죽음이 있는데, 어떤 것은 태산보다 무겁고 어떤 것은 기러기털 보다 가볍다.

(51-52)의 '固'는 모두 '본래', '당연히'의 뜻이다. 만약 '사람은 본래 죽게 되어 있다'를 '사람은 물론 죽게 되어 있다'로 풀이한다면 잘못이다.

'固'는 어기사 '也'와 직접 결합하여 '固也'라는 관용적 표현으로 고대중국어에서 자주 쓰였다. 이는 '본래 이와 같다'나 '당연히 이와 같다'라는 뜻이며, 대화에서 대답하는 말로 자주 사용되었다. 다음 예를 보자.

(53) [趙高曰,] "臣欲諫, 爲位賤, 此眞君侯之事. 君何不諫?" 李斯曰, "固也! 吾欲言之久矣!" (『사기·이사열전(李斯列傳)』)

[조고가 말했다.] "제가 간언을 하려고 해도 제 지위가 미천합니다. 이는 분명 어르신께서 하실 일인데 어르신께서는 어찌 간언하지 않으십니까?"

이사가 "물론 그렇소. 나는 그것을 말씀드리고 싶어 한 지 오래되었소."라
고 답하였다.

이 문장은 조고가 이사로 하여금 진나라 2대 황제에게 간언 올릴 것을 종용하는
내용이다. 원래는 빈말인데 이사가 이를 진담으로 받아들여 '固也'라고 대답한 상황
이며, 이때 '固也'는 '물론 그렇다'라는 의미이다.

'蓋'자는 어기를 나타내는 정태부사로서, 문장 맨 앞에서 제시나 추측성 판단의
어기를 나타내며 이어지는 문장을 끌어내는 역할을 한다. 다음 예를 보자.

    (54) 蓋均無貧, 和無寡, 安無傾. (『논어·계씨(季氏)』)
        대체로 고르면 가난하지 않고 화목하면 모자라지 않고 평안하면 기울지
        않는다.
    (55) 蓋天下萬物之萌生, 靡不有死. (『사기·효문본기(孝文本紀)』)
        대체로 천하의 만물 중 생명이 있는 것에 죽음이 없는 것은 없다.

  (54)의 '蓋'는 "均無貧, 和無寡, 安無傾"이라는 사회적 이상을 제시함과 동시에 이에
대한 추측성 판단을 나타낸다. (55)의 '蓋'는 '天下萬物之萌生'이라는 현상을 제시하고
'靡不有死'라는 결론을 이끌어냄과 동시에 이러한 현상에 대한 추측성 판단을 나타낸다.

'蓋'는 때로 불확실한 판단의 어기만을 나타내는데, 이때는 문장의 맨 앞에 오지
않을 수도 있으며 '아마도'의 뜻을 지닌다. 다음 예를 보자.

    (56) 蓋有之矣, 我未之見也. (『논어·이인(里仁)』)
        아마도 있었을 것이지만, 내가 아직 본 적이 없다.
    (57) 余登箕山, 其上蓋有許由塚云. (『사기·백이열전(伯夷列傳)』)
        내가 기산에 올랐는데, 그 위에 허유의 무덤이라고 전해지는 것이 있었던
        것 같다.

'蓋'는 어기를 나타내는 기능 외에 문장 가운데에서 연결기능을 하기도 한다. (54)의 '蓋'는 해당 구절과 그 앞의 구절 "君子不患貧而患不均, 不患寡而患不安."[군자는 모자람을 걱정하지 말고 고르지 않음을 걱정하고, 적을 것을 걱정하지 말고 평안하지 않음을 걱정한다.]을 연결시키는 역할도 한다. 다음 예를 보자.

(58) 屈平之作離騷, 蓋自怨生也. (『사기·굴원가생열전(屈原賈生列傳)』)
굴원이 「이소」를 지었는데, 아마도 이런 원망에서 나온 것이다.

(59) 然侍衛之臣不懈於內, 忠志之士忘身於外者, 蓋追先帝之殊遇, 欲報之於陛下也. (제갈량(諸葛亮) 「출사표(出師表)」)
그러나 황제를 곁에서 모시는 신하들이 안에서 게으르지 않고 충성스럽고 의지가 굳은 장수들이 전쟁에서 자신의 몸을 돌보지 않은 것은 아마도 선대 황제의 남다른 대우를 추모하고 폐하에게 이를 보답하고자 했기 때문입니다.

(58-59)의 '蓋'는 모두 앞뒤 문구를 이어주며 이것이 연결기능이다. 이때 '蓋'자 뒤에 오는 문장은 앞 문장의 원인이 되는 내용으로, '蓋'는 추측성 판단의 어기도 나타내고 있다. 부사에는 연결기능이 있는데 이는 예나 지금이나 동일하다.

부정부사

고대중국어에서 자주 쓰이는 부정부사로는 '不', '弗', '毋', '勿', '未', '非', '否' 등이 있다. 이들 부정부사의 의미는 단순한 편이지만 용법은 복잡하다. 다음에서 간단하게 소개하겠다.

'不'과 '弗'은 일반적인 부정을 나타낸다. 고대 '不'의 용법은 기본적으로 오늘날과 같다. 즉, 동사나 형용사를 부정할 수도 있으며 타동사와 자동사 모두를 부정할 수도 있다. 다음 예를 보자.

(60) 昭王南征而不復, 寡人是問. (『좌전・희공 4년』)
소왕이 남쪽으로 순행하였다가 돌아오지 못했는데, 나는 이것을 책망하고
자 한다.

(61) 風之積也不厚, 則其負大翼也無力. (『장자・소요유』)
바람의 쌓임이 두텁지 않으면 그 큰 날개를 짊어짐에 힘이 없다.

(62) 緣木求魚, 雖不得魚, 無後災. (『맹자・양혜왕 상』)
나무에 올라가서 물고기를 구한다면 비록 물고기를 구하지는 못해도 다른
재난은 없다.

(63) 鍥而舍之, 朽木不折. 鍥而不舍, 金石可鏤. (『순자・권학』)
칼로 자르다가 중단하면 썩은 나무도 잘려지지 않지만, 자르는 것을 중단
하지 않으면 쇠나 돌이라도 자를 수 있다.

(60)의 '不'은 자동사 '復'[돌아오다]을 부정하고, (61)의 '不'은 형용사 '厚'를 부
정하며, (62)의 '不'은 타동사를 부정한다. 그러나 (63)의 '不折'은 자동사를 부정한
것이며 '不舍'는 목적어가 생략된 타동사를 부정한 것이다. 이는 앞의 '鍥而舍之'와
대비시켜 보면 알 수 있다.

진한시대 이전에는 '弗'자의 사용범위가 매우 좁아서 일반적으로 '弗'자 뒤의 동
사는 타동사만 가능했고 동사 뒤에는 목적어가 오지 않았다. 다음 예를 보자.

(64) 大司馬固諫曰, "天之棄商久矣, 君將興之, 弗可赦也已." 弗聽. (『좌전・
희공 22년』)
대사마가 굳게 간언하기를, "하늘이 상나라를 버린 지 오래되었는데, 군주
께서 장차 상을 부흥시키고자 한다면 용서받지 못할 것입니다."라고 하였
는데, 이를 듣지 않았다.

(65) 若夫窮辱之事, 死亡之患, 臣弗敢畏也. (『전국책·진책』)

　　궁함과 욕됨을 당하는 일과 죽음에 대한 걱정은, 제가 두려워하는 것이 아닙니다.

(66) 功成而弗居. (『노자(老子)』)

　　공은 이루었지만 그 공을 내세우지 않는다.

(67) 不知亂之所自起, 則弗能治. (『묵자(墨子)·겸애(兼愛) 상』)

　　혼란이 일어난 원인을 모른다면 천하를 다스릴 수 없다.

　　(64-67)의 '弗' 뒤에 있는 타동사는 모두 '之'를 보충할 수 있을 것 같지만, 앞에 '弗'을 썼으므로 뒤에 목적어 '之'가 나오지 않는 것이다.

　　'弗'자 뒤의 동사가 목적어를 지니는 예는 선진시대에는 거의 보이지 않는다. 다음 예를 보자.

(68) 雖與之俱學, 弗若之矣. (『맹자·고자(告子) 상』)

　　비록 그와 같이 배웠지만, 그보다 못하였다.

　　한나라 이후에 '弗'자의 사용범위가 점차 확대되면서 형용사를 부정하기도 했다. 그러나 이러한 현상이 자주 보이지는 않는다. 다음 예를 보자.

(69) 今呂氏王, 大臣弗平. (『사기·여후본기(呂后本紀)』)

　　지금 여씨가 왕노릇 한다면 대신들은 편안하지 않을 것이다.

　　'弗'이 사용되는 곳에는 모두 '不'을 사용할 수 있기 때문에 고서를 읽을 때 '弗'을 '不'로 이해해도 무방하다.

　　'毋'와 '勿'의 뜻은 현대중국어의 '不要', '別'[…하지 말라]에 해당하는 것으로, 주로 명령·청유문에 사용되어 금지나 저지를 나타낸다. '毋'자는 고서에서 주로 '無'

로 표기한다. '毋'와 '勿' 두 글자의 관계는 '不'과 '弗'과 같다. '毋' 혹은 '無'의 문법기능은 '不'과 같고, '勿'의 문법기능은 '弗'과 같다. '毋'의 예는 다음과 같다.

(70) 大毋侵小. (『좌전・양공(襄公) 19년』)
큰 나라는 작은 나라를 침략하지 말라.

(71) 王如知此, 則無望民之多於鄰國也. (『맹자・양혜왕 상』)
왕께서 만일 이를 아신다면 백성의 수가 이웃나라보다 많아지기를 바라지
마십시오.

(72) 毋妄言, 族矣! (『사기・항우본기』)
경망스러운 말을 하지 마라, 멸족하게 된다.

(73) 苟富貴, 無相忘. (『사기・진섭세가(陳涉世家)』)
만약 부귀하게 되더라도 서로 잊지 말자.

'勿'의 예는 다음과 같다.

(74) 莒人囚楚公子平. 楚人曰, "勿殺, 吾歸而俘" 莒人殺之. (『좌전・성공(成公)
9년』)
거나라 사람들은 초나라 공자 평을 사로잡았는데, 초나라 사람들이 "죽이
지 말라, 우리도 너희 나라의 포로를 돌려주겠다."라고 하였지만, 거나라
사람들은 그를 죽여버렸다.

(75) 急擊勿失. (『사기・항우본기』)
급하게 공격하여 때를 놓치지 말라.

'勿' 뒤의 동사는 '之'를 붙일 수 있는 것들이지만 앞에 '勿'이 쓰였기 때문에 목
적어 '之'는 생략한다.
그러나 '勿' 뒤의 동사가 목적어를 수반하지 않는다는 규칙은 선진시대에 완화된

상태였다. 다음 예를 보자.

  (76) 百畝之田, 勿奪其時. (『맹자・양혜왕 상』)

    백무의 밭을 가는 데에 그 농사의 때를 빼앗지 말아야 한다.

  (77) 約絶之後, 雖勿與地, 可. (『전국책・초책(楚策)』)

    약속이 깨어진 후에는 비록 주겠다고 했던 땅을 주지 않아도 된다.

한위(漢魏) 이후에는 '勿'의 사용 범위가 점차 확대되어 '毋'와 '勿'의 이러한 구분이 점차 사라지고, '勿'이 점점 '毋'를 대체하였다.

'毋'[無]와 '勿'은 완전한 금지가 아닌 권유나 제약의 의미로 사용되기도 한다. 다음 예를 보자.

  (78) 王請勿疑. (『맹자・양혜왕 상』)

    왕께서는 의심하지 마십시오.

  (79) 子無敢食我也. (『전국책・초책』)

    그대는 감히 나를 잡아먹어서는 안 된다.

(78)은 권유, (79)는 제약의 뜻으로 모두 일반적인 금지가 아니다.

'毋'[無]와 '勿'은 명령문[2] 외에 진술문에 쓰일 때도 있다. 이때의 의미는 '不'과 비슷하며, 금지의 의미는 아니다. 다음 예를 보자.

  (80) 欲無獲民, 將焉避之. (『좌전・소공 3년』)

    백성들을 얻지 않고자 하면, 장차 어디로 피하겠습니까?

---

2) (역주) '명령문'은 중국어의 '祈使句'를 번역한 용어인데, 중국어 '祈使句'에는 단순한 명령 이외에 어떤 일을 요구하거나 바람을 나타내는 요청, 청구의 의미도 포함된다.

(81) 文公非不欲得原也, 以不信得原不若勿得也. (『여씨춘추(呂氏春秋)・위욕

(爲欲)』)

문공이 원(原) 지방을 갖고 싶어 하지 않았던 것이 아니라, 신뢰가 아닌

것으로 원 지방을 취하는 것은 원 지방을 얻지 않는 것만 못하다고 여겼

기 때문이다.

한나라 때 이후 '毋'[無]와 '勿'의 이러한 용법은 점차 '不'에 의해 대체되었고,

'毋'와 '勿'은 일반적인 명령문에만 쓰이게 되었다.

'未'는 상황이 아직도 실현되지 않았음을 나타내는 것으로, 현대중국어에서 동사

앞에 쓰이는 '沒有'와 같다. 다음 예를 보자.

(82) 宋人既成列, 楚人未既濟. (『좌전・희공 22년』)

송나라 군대는 이미 전열을 정비하였는데, 초나라 군대는 아직 다 건너지

못하였다.

(83) 雖少, 願及未填溝壑而託之. (『전국책・조책』)

비록 어리지만, 제가 죽기 전에 부탁드리고자 합니다.

(84) 讀其書未畢, 齊軍萬弩俱發. (『사기・손자오기열전』)

그 글을 읽는 것을 마치지 않았는데, 제나라 군대의 만 발의 쇠뇌가 모두

발사되었다.

'未嘗'은 관용적 표현으로 '일찍이 …않았다' 혹은 '…해 본 적이 없다'를 나타낸

다. 다음 예를 보자.

(85) 臣未嘗聞也. (『전국책・위책』)

저는 아직까지 들어본 적이 없습니다.

(86) 而吾未嘗以此自多者, 自以比形於天地而受氣於陰陽. 吾在天地之間, 猶

小石小木之在大山也. (『장자・추수(秋水)』)

그렇지만 내가 일찍이 이것을 가지고서 스스로 많다고 여기지 않은 것은, 스스로 천지와 형태를 나란히 하고, 음양에서 기운을 받았기 때문이다. 내가 하늘과 땅 사이에 있는 것은 마치 작은 돌과 작은 나무가 큰 산에 있는 것과 같다.

'未'와 '未嘗'의 차이는 분명하다. '未聞'은 '듣지 못했다'를 뜻하며, 현재를 기준으로 아직 실현되지 않았음을 나타내고, 장차 실현 가능성이 있음을 포함한다. '未嘗聞'은 '들어본 적이 없다'를 뜻하는 것으로 단순히 과거를 부정할 뿐이다.

'未'가 '아직 실현되지 않았음'이 아닌 완곡한 부정을 나타내는 경우도 있다. 이때는 '未'와 '不'의 의미가 비슷하다. 다음 예를 보자.

(87) 君未知戰. (『좌전・희공 22년』)

임금께서는 전투를 모르십니다.

(88) 見兔而顧犬, 未爲晚也, 亡羊而補牢, 未爲遲也. (『전국책・초책』)

토끼를 보고서 개를 돌아보는 것은 늦은 것은 아닙니다. 양을 잃고서 외양간을 고치는 것은 늦은 것이 아닙니다.[3]

'非'자[상고시대에는 '匪'로도 썼다.]는 용법이 특수한 부정부사로 뒷부분의 동사만이 아니라 서술어 전체를 부정한다. 다음 예를 보자.

(89) 夫仁義辯智, 非所以持國也. (『한비자(韓非子)・오두(五蠹)』)

어짊, 의로움, 따지는 것, 지혜로움은 나라를 지탱하는 방법이 아니다.

(90) 此庸夫之怒也, 非士之怒也. (『전국책・위책』)

---

3) (역주) 여기에 두 번 쓰인 '未'는 이 책의 설명과 달리 '아직 … 아니다'라고 해석할 수도 있다.

이는 평범한 사내의 화냄이지, 선비의 화냄이 아니다.

(91) 使我兩君匪以玉帛相見而以興戎. (『좌전·희공 15년』)

우리 두 임금이 구슬과 비단을 가지고 예로서 서로 만나게 하지 않고, 전쟁으로 만나도록 했기 때문이다.

(92) 吾非至於子之門, 則殆矣. (『장자·추수』)

제가 그대의 경지에 이르지 못하였다면, 위태로웠을 것입니다.

(93) 假輿馬者, 非利足也, 而致千里, 假舟楫者, 非能水也, 而絶江河. (『순자·권학』)

수레와 말을 빌리면 발을 더 잘 달리게 하는 것이 아니지만 천 리의 먼 길에 이르게 되고, 배를 빌리면 물에 능수능란하게 되지는 않아도 큰 강을 건널 수 있다.

(89-90)은 판단문의 서술어와 주어의 관계를 부정한 것이다. (91-93)은 서술문의 서술어를 부정한 것으로 어떠한 사실에 대한 부인을 나타내며, 이때에는 종종 배제의 의미를 나타낸다. 아래의 예문에서는 배제의 의미에서 파생되어 가정의 뜻을 나타낸다. 이는 '若非'[만약 …아니라면], '若無'[만약 … 없다면]의 의미이다..

(94) 非梧桐不止, 非練實不食, 非醴泉不飮. (『장자·추수』)

오동나무가 아니면 머물지 않고, 대나무 열매가 아니면 먹지 않고, 단물 샘이 아니면 마시지 않는다.

(95) 蟹六跪而二螯, 非蚘蟺之穴無可[4]寄託者, 用心躁也. (『순자·권학』)

게가 여섯 개의 굽은 다리와 두 개의 집게발을 가지고 뱀이나 뱀장어의 구멍이 아니면 머무르지 않는 것은 마음 씀이 조급하기 때문이다.

---

4) (역주) 사고전서(四庫全書) 판본에는 '所'라고 쓰여 있다.

고대중국어의 '非'는 일반적으로 '…이 아니다'로 번역할 수 있다. 그러나 '非'는 판단사 '是'에 상대되는 부정 표시 판단사가 아닌 단순한 부정부사로서, 그것이 부정하는 것은 술어부 전체이다.

'否' 또한 특수한 용법을 가진 부정부사이다. 이는 긍정적 대답을 나타내는 '然'과 상대되며, 한 단어만으로 문장을 이룬다. 이는 현대중국어에서 한 단어로 문장을 이루는 '不'나 '不是的'에 해당한다. 때로는 가정의 부정으로 쓰인다. 다음 예를 보자.

(96) 孟子曰, "許子必種粟而後食乎?" 曰, "然." "許子必織布而後衣乎?" 曰, "否. 許子衣褐." (『맹자·등문공 상』)

맹자가 말하였다. "허자는 반드시 곡식을 심고 나서 그것을 먹는가?" 말하였다. "그렇습니다." "허자는 반드시 베를 짜서 입는가?"라고 물으니, "아닙니다. 허자는 갈옷을 입습니다."라고 답하였다.

(97) 願君留意臣之計, 否, 必爲二子所禽矣. (『사기·회음후열전』)

원하건대 임금께서는 제 계책을 염두에 두십시오. 그렇지 않다면 반드시 두 사람에게 사로잡힐 것입니다.

'否'는 긍정과 부정이 함께 쓰이는 문장에 쓰여 부정적 측면을 나타내기도 한다. 다음 예를 보자.

(98) 吾得見與否, 在此歲也. (『좌전·양공 30년』)

내가 보고 못 보고는 이번 해에 달려 있다.

'得見'은 긍정을 나타내고, '否'는 부정을 나타내는 것으로 '不得見'을 의미한다. 현대중국어 서면어에서 자주 사용하는 '是否'[…인지 아닌지], '能否'[…할 수 있는지 없는지], '可否'[가능한지 아닌지] 등의 '否'가 바로 이러한 용법이다.

이상의 부정부사 이외에, '微'도 부정을 나타내는 데 쓴다. 다음 예를 보자.

(99) 微獨趙, 諸侯有在者乎? (『전국책·조책』)

　　 조나라 말고 제후 중에 후계자가 있는 곳이 있는지요?

(100) 微禹, 吾其魚乎? (『좌전·소공 원년』)

　　 우가 아니었다면, 나는 아마도 물고기가 되었겠지?

(101) 是日, 微樊噲奔入營誚讓項羽, 沛公事幾殆! (『사기·번력등관열전(樊酈
　　 滕灌列傳)』)

　　 이 날, 번쾌가 진영에 뛰어 들어와서 항우를 꾸짖지 않았다면 패공의 일
　　 은 위태로웠을 것이다!

(102) 微斯人, 吾誰與歸? (범중엄(范仲淹) 「악양루기(岳陽樓記)」)

　　 이 사람이 아니면 나는 누구랑 돌아가나?

　　(99)의 '微'는 '不'과 기능이 같지만 보통 '微獨'의 고정형식에 사용되어 '…뿐만
아니라', '…만이 아니라'의 뜻을 나타낸다. (100-102)의 '微'는 '非'와 뜻이 비슷하
지만 사후의 가설에만 쓰여서 '그렇지 않다면'의 뜻이 된다.

존경을 나타내는 부사

　　존경을 나타내는 부사는 주로 상대방에 대한 존경을 나타낼 때에 쓰인다. 이러한
부사는 원래 구체적인 뜻을 지녔었지만, 존경을 나타내는 데 쓰인 후에는 주로 다른
사람에 대한 존경을 나타냈고, 그러면서 본래 지니고 있던 구체적인 의미는 흐려지거
나 소실되었다. 『사기·염파인상여열전』에 보이는 다음 두 예문을 비교해보자.

　　(103) 寡人竊聞趙王好音, 請奏瑟.

과인이 듣기에 조나라 왕께서 음악을 좋아하신다 하여 슬 연주를 청합니다.

(104) 城不入, 臣請完璧歸趙.

성이 우리에게 들어오지 않으면, 제가 구슬을 완전하게 보존하여 조나라
로 돌아오도록 하겠습니다.

(103)의 '請奏瑟'은 조나라 왕에게 슬을 연주할 것을 청하는 것으로, '請'은 '요청드림'을 뜻한다. (104)의 '請完璧歸趙'의 '請'은 특정인에게 요청함을 나타내는 것이 아니라, 대화의 상대를 높이는 기능을 할 뿐이다. (103)의 '請'은 일반동사이고, (104)의 '請'은 존경을 나타내는 부사이다.

존경을 나타내는 부사는 다른 사람을 높이는 것과 스스로를 낮추는 것, 두 종류로 나눌 수 있다. 타인을 높이는 부사로는 앞에서 말한 '請' 외에 '幸', '謹', '敬', '惠', '辱' 등이 자주 쓰인다. 아래에서 각각 하나씩 예를 들어보자.

(105) 秦王跽曰, "先生不幸教寡人乎?"(『전국책·진책』)

진왕이 무릎을 꿇고 말하였다. "선생께서 저에게 가르침을 베풀어주지 않으시겠습니까?"

(106) 誠若先生之言, 謹奉社稷而以從. (『사기·평원군우경열전(平原君虞卿列傳)』)

진정으로 선생의 말씀과 같다면, 삼가 사직을 받들어서 따르겠습니다.

(107) 太后曰, "敬諾. 年幾何矣?"(『전국책·조책』)

태후가 말하였다. "삼가 허락합니다. 나이가 어떻게 됩니까?"

(108) 君惠吊亡臣, 又重有命. (『국어·진어(晉語)』)

임금께서 은혜롭게도 도망쳐 온 저를 위로하시고 또 거듭 명을 주셨습니다.

(109) 子, 一國太子, 辱在此. (『사기·진세가(晉世家)』)

그대는 한 나라의 태자이신데, 여기에서 고생스럽게 계시는군요.

스스로 낮춤으로써 존경을 나타내는 부사 중에 자주 쓰이는 것으로는 '竊', '忝', '猥' 등이 있다. 각각의 예는 다음과 같다.

(110) 臣聞史議逐客, 竊以爲過矣. (이사(李斯) 「간축객서(諫逐客書)」)
제가 듣기에 대신들이 객을 쫓아낼 것을 논의한다고 하는데, 조심스럽게 생각건대 잘못인 듯합니다.

(111) 太守忝荷重任, 當選士報國. (『후한서·사필전(史弼傳)』)
제가 욕되이 중임을 맡고 있기에, 마땅히 선비를 뽑아 나라에 보답해야만 합니다.

(112) 猥以微賤, 當侍東宮. (이밀(李密) 「진정표(陳情表)」)
외람되게 미천한 몸으로 동궁을 모시게 되었습니다.

고대중국어에서 존경을 나타내는 부사는 적지 않다. 어떤 것은 봉건제도와 밀접한 관계가 있다. 신하가 황제에게 글을 올릴 때 '伏'으로 황제에게 존경의 뜻을 표시한 것이 그 예이다. 다음 예를 보자.

(113) 臣伏計之, 大王奉高帝宗廟最宜稱. (『사기·효문본기』)
제가 엎드려 생각하건대, 대왕께서 고제를 종묘로 받들어 모시는 것이 가장 적당합니다.

고대중국어에서 존경을 나타내는 부사는 오늘날 구어에서 사용되는 '請', 서면어에서 보이는 '謹'과 '敬' 등을 제외하고는 모두 사용하지 않게 되었다. 따라서 현대중국어에서는 존경을 나타내는 부사를 따로 설명할 필요가 없게 되었다.

대체사

고대중국어에서 대체사는 인칭대체사, 지시대체사, 의문대체사의 세 종류가 있다. 이 외에 두 가지 특수한 대체사가 있다. 하나는 무정(無定)대체사인 '或'과 '莫'이고, 다른 하나는 보조성대체사인 '者'와 '所'이다.

인칭대체사

일인칭대체사로는 '吾', '我', '予[余]' 등이 있다. 다음 예를 보자.

(1) 他日我曰, "子爲鄭國, 我爲吾家, 以庇焉, 其可也." (『좌전(左傳)·양공 (襄公) 31년』)

다른 날에 내가 말했다. "그대는 정나라를 위하고, 나는 우리 집안을 위하여 그것을 지키면 그만이다."

(2) 夫上黨之國, 我攻而勝之, 吾不能居其地, 不能乘其車. (『국어(國語)·월어(越語) 상』)

저 상당이라는 지역은 우리가 공격해서 이겨도 그 곳에 머물 수도 없고, 수
레를 탈 수도 없다.

(3) 居, 予語汝! (『장자(莊子)·달생(達生)』)

앉아라, 내 너에게 이야기해주마!

(4) 日, "余病矣." (『좌전·성공(成公) 2년』)

말하였다. "내가 다쳤다."

주의해야 할 점은, 위진(魏晉)시대 이전까지 '吾'가 동사나 전치사 뒤에 놓여 목적
어로 쓰인 경우가 매우 드물었다는 것이다.[1] 그렇지만 부정문에서 목적어가 동사의
앞에 놓일 경우 '吾'를 쓸 수도 있었다. 다음 예를 보자.

(5) 居則日, "不吾知也." (『논어(論語)·선진(先進)』)

평상시에 "나를 알아주지 않는다."라고 말하였다.

위진시대 이후에는 '吾'가 동사와 전치사 뒤에 쓰일 수 있었다. 다음 예를 보자.

(6) 今人歸吾, 吾何忍棄去? (『삼국지(三國志)·촉서(蜀書)·선주전(先主傳)』)

이제 사람들이 나에게 돌아왔는데, 내가 어찌 차마 그들을 버리고 떠나겠는
가?

(7) 與吾居十二年者, 今其室十無四五焉. (유종원(柳宗元) 「포사자설(捕蛇者說)」)

나와 함께 12년을 살던 사람들이 지금은 열에 네다섯은 그 집에 없다.

일인칭에는 또 '朕'이 있다. 진시황(秦始皇)이 천하를 통일한 후, 황제가 스스로를
칭할 때만 '朕'을 쓸 수 있도록 규정하여, 역대 봉건제왕은 모두 이러한 용법을 따

---

1) "今者吾喪我."[오늘 나는 나를 잃었다.](『장자·제물론(齊物論)』)의 구절이 바로 전형적인 예인데,
   이 문장은 '今者吾喪吾' 또는 '今者我喪吾'로 바꿀 수 없다.

랐다. 그렇지만 진나라 이전에는 일반 사람도 스스로를 칭할 때 '朕'을 썼다. 다음 예를 보자.

(8) 皐陶曰, "朕言惠." (『서경(書經)·고요모(皐陶謨)』)
고요가 "제 말이 괜찮습니다."라고 말하였다.

(9) 朕皇考曰伯庸. (굴원(屈原) 「이소(離騷)」)
내 아버지는 백용이시다.

순(舜) 임금의 대신인 고요와 굴원은 모두 제왕이 아니지만, '朕'을 쓸 수 있었다. 이 용법은 『서경』, 「이소」 등 일부 선진시대 전적에 나타난다.

이인칭대체사로는 '女[汝]', '爾', '若', '而', '乃' 등이 있는데, 이를 두 종류로 나눌 수 있다. 하나는 '女[汝]', '爾', '若'으로 주어, 목적어, 관형어로 쓰일 수 있다. 다음 예를 보자.

(10) 五侯九伯, 女實征之, 以夾輔周室. (『좌전·희공(僖公) 4년』)
천하의 제후를 네가 정벌하여 주 왕실을 도왔다.

(11) 吾將殘汝社稷, 滅汝宗廟. (『국어·월어 상』)
내 장차 너희 사직을 부수고, 너희 종묘를 없애겠노라.

(12) 我無爾詐, 爾無我虞. (『좌전·선공(宣公) 15년』)
나는 그대를 속이지 않을 것이니, 그대도 나를 속이지 말라.

(13) 若爲庸耕, 何富貴也. (『사기(史記)·진섭세가(陳涉世家)』)
너는 평범한 농부인데, 어찌 부귀하게 되겠는가?

(14) 吾語若. (『장자·인간세(人間世)』)
내 너에게 이야기해주마.

다른 한 종류는 '而', '乃'로, 일반적으로 관형어로만 쓰인다. 다음 예를 보자.

(15) 吾乃與而君言, 汝何爲者哉? (『사기·평원군열전(平原君列傳)』)

내 지금 너희 군주와 말하고 있는데, 너는 무엇을 하는 것이냐?

(16) 必欲烹乃翁, 幸分我一杯羹. (『한서(漢書)·항우전(項羽傳)』)

반드시 네 아버지를 삶고자 하면, 나에게 그 국을 한 그릇 나누어 주기 바
란다.

'而', '乃'는 가끔 주어로 쓰기도 하지만, 목적어로는 절대로 쓰일 수 없다.

엄격하게 말하면, 선진시대에는 진정한 삼인칭대체사가 없었고, 본래 지시대체사
인 '其', '之'가 삼인칭대체사의 역할을 할 수 있었다. 책을 읽을 때 어떤 '其', '之'
는 삼인칭대체사로 이해해도 된다. '其'는 관형어로만 쓰이고, '之'는 목적어로만 쓰
인다. 다음 예를 보자.

(17) 公室將卑, 其宗族[2]先落, 則公從之. (『좌전·소공(昭公) 3년』)

진(晉)의 공실이 낮아져 그 종족이 먼저 낙후하면 공이 그들을 따를 것입
니다.

(18) 下視其轍, 登軾而望之. (『좌전·장공(莊公) 10년』)

내려서 바퀴자국을 보고, 수레의 가로나무에 올라 바라보았다.

(17)의 '其'는 '公室'을 가리키고 관형어로 쓰여, '그의'라고 번역할 수 있다. '之'
는 '宗族'을 가리키고 목적어로 쓰여, '그들을'이라고 번역할 수 있다. (18)도 마찬
가지이다. '其'의 기능은 명사 뒤에 '之'를 더한 것과 같다. 다음 예를 보자.

(19) 北冥有魚, 其名爲鯤. (『장자·소요유(逍遙遊)』)

북쪽 바다에 물고기가 있는데, 그 이름은 곤이다.

---

2) (역주) 『좌전』의 원문에는 '宗族' 다음에 '枝葉'이 더 쓰여 있다.

"其名爲鯤"은 곧 "물고기의 이름은 곤이다."[魚之名爲鯤]라는 뜻이다. 아래의 예는 명사에 '之'를 더한 것과 뒷부분의 '其'가 의미상 동일함을 대비적으로 보여준다.

(20) 吾見師之出而不見其入也. (『좌전·희공 32년』)
　　 내가 군사가 나가는 것은 보지만 들어오는 것은 못 보겠구나.
(21) 且夫水之積也不厚, 則其負大舟也無力. (『장자·소요유』)
　　 저 물이 쌓인 것이 적으면 큰 배를 실어주기에 힘이 없다.

이곳의 '之'는 '～의'로 번역할 필요가 없다. 마찬가지로 '其' 또한 '그것의'로 번역할 필요 없이, '그'라고만 하면 된다. 그렇지만 문법 구조상 이 '其'는 관형어이지 주어가 아니다. 이는 '之' 앞에 나오는 명사가 관형어일 뿐 주어가 아닌 것과 같다. (20)의 '其入'은 '師之入'이고, (21)의 '其負大舟'는 '水之負大舟'이며, '其'와 뒷부분의 서술어성 성분이 명사구를 이루어 전체 문장의 목적어와 주어가 된다. '其'는 '入' 또는 '負大舟'의 관형어이지 주어가 아니다. (20)은 현대중국어로는 "我看見軍隊出去而看不見它回來."로 번역할 수 있다. 여기서 '軍隊'와 '它'는 바로 '出去'와 '回來'의 주어가 된다. 이는 옛날과 지금의 중요한 문법적 차이를 보여준다.

위진시대 이후에야 '其'가 주어로 쓰이는 예가 가끔 나타난다. 그러나 보편적인 현상은 아니다. '彼'는 때로 주어로 쓰이기도 하지만, 지시대체사로서의 성질이 '之', '其'보다 명확하다.[3] 상고시기 '他'의 의미는 '기타', '다른'이다. 가령, 『시경(詩經)·소아(小雅)·학명(鶴鳴)』의 "他山之石, 可以攻玉."[다른 산의 쓸모없는 돌도 옥을 다듬을 수 있다.]에 쓰인 것이 그 예이다. '他'가 삼인칭대체사로 발전한 것은 당나라 때부터이다. 그렇지만 구어에 가까운 시사(詩詞)나 기타 작품에만 등장할 뿐 일반 문장에서는 매우 드물게 쓰였다.

---

3) 상세한 내용은 본 장 (2)지시대체사 부분을 볼 것.

고대중국어에서는 삼인칭이 주어 역할을 하는 경우를 다음 두 가지 방식으로 표현하였다. 첫째, 앞에 나온 명사를 중복하는 것이다. 『좌전·양공 15년』의 "宋人或得玉, 獻諸子罕, 子罕不受."[어떤 송나라 사람이 옥을 얻어 자한에게 바쳤는데, 자한이 받지 않았다.]가 그 예이다. 둘째, 주어를 생략하는 것이다. 『논어·미자(微子)』의 "使子路反見之. {子路}至, 則{丈人}行矣."[자로가 돌아가 보게 하였다. {자로가} 이르자, {장인이} 떠났다.]가 그 예인데, { } 속에 있는 것이 생략된 주어이다. 이 두 가지 방식은 매우 일반적인 용법이다.

현대중국어 인칭대체사의 복수는 '我們'[우리들], '你們'[너희들], '他們'[그들]처럼 '們'을 더한다. 고대중국어의 인칭대체사는 단복수의 구별이 없다. 인칭대체사는 단수나 복수 모두를 나타낼 수 있으며, 문맥에 따라 결정된다. 아래의 각 예문에 쓰인 인칭대체사는 모두 복수를 표시한다.

(22) 齊師伐我. (『좌전·장공 10년』)
　　　제나라 군대가 우리를 침벌하였다.
(23) 吾與汝畢力平險. (『열자(列子)·탕문(湯問)』)
　　　나는 너희들과 더불어 힘을 다해 험한 것을 고르게 하겠다.
(24) 若皆罷去歸矣! (『사기·골계열전(滑稽列傳)』)
　　　너희들은 모두 그만두고 돌아가라!

일인칭과 이인칭대체사 뒤에 '儕', '屬', '曹' 등을 더하여 한 사람이 아님을 나타낼 수 있다. 다음 예를 보자.

(25) 吾儕何知焉? (『좌전·소공 24년』)
　　　우리들은 무엇을 알 수 있습니까?
(26) 若屬皆且爲所虜. (『사기·항우본기(項羽本紀)』)

우리들은 모두 장차 그에게 사로잡힐 것이다.

(27) 欲使汝曹不忘之耳. (『후한서(後漢書)・마원전(馬援傳)』)

　　너희들로 하여금 잊지 않게 하고자 할 뿐이다.

(28) 吾何以傳女曹哉? (왕완(汪琬)「전시루기(傳是樓記)」)

　　내가 어떻게 너희들에게 전하겠는가?

　‘儕’, ‘屬’, ‘曹’는 비교적 구체적인 뜻을 가지고 있으며, 따라서 ‘吾儕’, ‘若屬’, ‘汝曹’는 ‘우리 이 사람들’, ‘너희 이 사람들’을 뜻한다. 이는 현대중국어의 일반 복수형인 ‘我們’, ‘你們’과 구조도 다르고 뜻도 차이가 난다.

　고대에는 일인칭대체사 대신 겸칭을 사용하고 이인칭대체사 대신 존칭을 사용하는 경우가 많았다. 겸칭과 존칭은 대체사가 아닌 명사이므로 대체사에 적용되는 제약4)을 받지 않는다. 그렇지만 의미상으로는 여전히 ‘나’와 ‘너’를 나타낸다. 겸칭의 예는 다음과 같다.

(29) 昭王南征而不復, 寡人是問. (『좌전・희공 4년』)

　　소왕이 남쪽으로 정벌 갔다가 돌아오지 않았으니, 과인이 이를 묻는다.

(30) 是臣之大榮也, 臣又何恥乎? (『전국책(戰國策)・진책(秦策)』)

　　이는 저의 큰 영광인데, 제가 또 무엇을 부끄러워하겠습니까?

(31) 妾父爲吏, 齊中皆稱其廉平. (『사기・효문본기(孝文本紀)』)

　　저희 아버지는 관리로서, 제나라에서 모두 그의 청렴하고 공평함을 칭찬하였습니다.

(32) 僕非敢如此也. (사마천(司馬遷)「보임안서(報任安書)」)

　　저는 감히 이와 같지는 않습니다.

(33) 愚謂大計不如迎之. (『삼국지・오서(吳書)・주유전(周瑜傳)』)

---

4) 부정문에서 동사 앞에 놓이지 않는 것을 말한다.

제가 말씀드리건대 큰 계책이 그들을 맞이하는 (항복하는) 것보다 못합니다.

존칭의 예는 다음과 같다.

(34) 子將若何? (『좌전·소공 3년』)

그대는 장차 어떻게 할 것인가?

(35) 君美甚, 徐公何能及公也! (『전국책·제책(齊策)』)

그대의 미모는 훌륭한데, 서공이 어떻게 그대에게 미치겠습니까!

(36) 先生奈何而言若此! (『전국책·진책』)

선생께서는 어찌 이렇게 말씀하십니까!

(37) 足下事皆成. (『사기·진섭세가』)

그대의 일은 모두 이루어졌습니다.

(38) 大王嘗聞布衣之怒乎? (『전국책·위책(魏策)』)

대왕께서는 평민이 화내는 것에 대해 들어보셨습니까?

또한 스스로 자신의 이름을 부르는 것도 겸칭이고, 다른 사람의 자(字)를 부르는 것도 존칭이다. 스스로 자신의 이름을 부르는 예는 다음과 같다.

(39) 文倦於事, 憒於憂, 而性懧愚, 沉於國家之事, 開罪於先生. (『전국책·제책』)

제[맹상군 문(文)]은 일에 게으르고 걱정에 심란해하는데, 성품이 나약하고 어리석어 나라의 일에 빠져서는 선생께 죄를 지었습니다.

(40) 夫以秦王之威, 而相如廷叱之. (『사기·염파인상여열전(廉頗藺相如列傳)』)

진나라 왕의 위세에도 나 상여는 조정에서 꾸짖었다.

다른 사람의 자(字)를 부르는 예는 다음과 같다.

(41) 今少卿抱不測之罪. (사마천 「보임안서」)

　　　　이제 소경 그대는 깊은 죄를 뉘우치고 있습니다.

(42) 東野之役於江南也, 有若不釋然者. (한유(韓愈) 「송맹동야서(送孟東野序)」)

　　　　동야가 강남에서 한 일은 석연치 않은 부분이 있다.

　　이상에서 보았듯이 고대중국어에서는 현대중국어에서보다 인칭대체사를 적게 사용한다. 여기에는 두 가지 이유가 있다. 첫째, 고대중국어에서는 주어를 생략하는 경우가 많고, 주어 역할을 하는 삼인칭대체사가 없다. 둘째, 겸칭과 존칭이 많아서 인칭대체사 대신 사용된다.

지시대체사

　　현대중국어의 지시대체사로는 '這'[이], '那'[저]가 있다. '這'는 가까이 있는 것, '那'는 멀리 있는 것을 지시한다. 고대중국어의 지시대체사는 '此', '是', '斯', '玆', '彼' 등이 있다. '此', '是', '斯', '玆'는 가까운 것을 지시하고 '彼'는 멀리 있는 것을 지시한다. 다음 예를 보자.

(43) 以此攻城, 何城不克? (『좌전·희공 4년』)

　　　　이것으로 성을 공격하면 어느 성인들 이기지 못하겠는가?

(44) 是鳥也, 海運則將徙於南冥. (『장자·소요유』)

　　　　이 새는 바다가 움직이면 남쪽 바다로 날아가려 한다.

(45) 逝者如斯夫, 不舍晝夜. (『논어·자한(子罕)』)

　　　　가는 것이 이와 같구나, 밤낮을 쉬지 않는구나.

(46) 挹彼注玆 (『시경(詩經)·대아(大雅)·형작(泂酌)』)

　　　　저것을 떠서 이곳에 갖다 부어서.

(47) 彼一時此一時. (『맹자(孟子) · 공손추(公孫丑) 하』)

그것도 한때요, 이것도 한때다.

‘此’, ‘是’, ‘彼’는 사람을 가리키기도 하는데, 대략 ‘이 사람’, ‘저 사람’의 뜻에 해당한다. 다음 예를 보자.

(48) 此誰也? (『전국책 · 제책』)

이 사람은 누구인가?

(49) 是良史也 (『좌전 · 소공12년』)

이 사람은 좋은 관리다.

(50) 或問子産. 子曰, “惠人也.” 問子西. 曰, “彼哉! 彼哉!” (『논어 · 헌문(憲問)』

어떤 사람이 자산을 물으니, 공자께서 “자혜로운 사람이다.”라고 하셨다. 자서에 대해 물으니, “그 사람은, 그 사람은!”이라고 하셨다.

(50)에서 “彼哉! 彼哉.”는 “그 사람, 그 사람 말이야”라는 말인데, 평가를 않겠다는 뜻을 갖고 있다. ‘彼’는 간혹 인칭대체사의 성격을 지녀서 ‘그’, ‘그들’로 해석될 때가 있다.

(51) 彼丈夫也, 我丈夫也, 吾何畏彼哉! (『맹자 · 등문공(滕文公) 상』)

그도 장부이고 나도 장부이거늘 내가 어찌 그를 두려워하겠는가!

(52) 彼且奚適也? (『장자 · 소요유』)

그들은 장차 어디로 가려는 것인가?

그러나 ‘彼’는 본래의 지시성을 완전히 잃지 않았다. 멀리 있는 것을 지시하기 때문에 사람을 가리킬 때는 종종 경시의 의미를 나타낸다. “彼哉! 彼哉.”가 그 예이다.

그러나 '彼'는 정식 인칭대체사가 아니므로 고대중국어에서 '그' 또는 '그들'을 나타내는 경우는 많지 않다.

'之', '其'는 본래 지시대체사이며, 둘 다 주어로 사용되지 않는다. '之'는 광범위한 지시를 나타내며 관형어, 목적어로 사용된다. 다음 예를 보자.

(53) 之子于歸, 遠送於野. (『시경·패풍(邶風)·연연(燕燕)』)
　　　이 아가씨 시집가니, 들에서 멀리 전송하네.
(54) 姜氏欲之, 焉辟害 (『좌전·은공(隱公) 원년』)
　　　강씨가 이를 바라니 어찌 해를 피하겠는가?

'其'는 제한된 대상을 지시하는 것으로, 특정한 사람이나 사물을 지시할 때 사용한다. 대개 현대중국어의 '那個'[그것], '那種'[그러한 종류]에 해당하며 관형어로 사용된다. 다음 예를 보자.

(55) 晏子立於崔氏之門外, 其人曰"死乎?" (『좌전·양공 25년』)
　　　안자가 최씨의 문 밖에 서있었는데, 그 사람이 "죽었습니까?"라고 말하였다.
(56) 至其時, 西門豹往會之河上. (『사기·골계열전』)
　　　그때가 되어 서문표가 물가로 갔다.

'夫'도 지시대체사이며 멀리 있는 것을 지시한다. 그러나 지시적 성격이 약한 편이고, 번역할 필요가 없는 경우도 많다. 다음 예를 보자.

(57) 食夫稻, 衣夫錦. (『논어·양화(陽貨)』)
　　　쌀밥을 먹고, 비단옷을 입는다.
(58) 則夫二人者, 魯國社稷之臣也. (『좌전·성공 16년』)
　　　두 사람은 노나라 사직의 신하이다.

(59) 使夫往而學焉, 夫亦愈知治矣. (『좌전 · 양공 31년』)

그로 하여금 가서 배우게 하면 그가 다스림을 더욱 잘 알게 될 것이다.

'夫'가 간혹 구조가 복잡한 목적어 앞에 놓이기도 하는데 이것도 지시대체사이다. 다음 예를 보자.

(60) 吾思夫使我至此極者, 而弗得也. (『장자 · 대종사(大宗師)』)

나를 이렇게 궁지에 몰리게 한 것이 누구인가 생각해 보았지만 알 수가 없다.

(61) 乃歌夫"長鋏歸來"者也. (『전국책 · 제책』)

그 '칼아, 돌아가자.'라는 노래를 한 사람입니다.

지시대체사로 또 '若', '然', '爾'가 있다. '若'은 관형어로 쓰이며, '然', '爾'는 주로 서술어로서 '이와 같음', '이러함', '저러함'의 뜻을 나타낸다. 다음 예를 보자.

(62) 君子哉若人! 尙德哉若人! (『논어 · 헌문』)

군자로다! 이 사람이여. 덕을 귀하게 여기는구나, 이 사람이여.

(63) 聞若言, 莫不能揮泣奮臂而欲戰. (『전국책 · 제책』)

그대의 말을 들으면 어느 누구도 눈물을 훔치며 팔을 치켜들고 전쟁을 하려 하지 않을 수 없다.

(64) 河東凶亦然. (『맹자 · 양혜왕(梁惠王) 상』)

하동에 흉년이 들면 역시 그렇게 했다.

(65) 木莖非能長也, 所立者然也. (『순자(荀子) · 권학(勸學)』)

그것은 나무줄기가 길어서가 아니라, 서 있는 자리가 높았기 때문이다.

(66) 相去萬餘里, 故人心尙爾. (「고시십구수(古詩十九首)」)

서로의 거리가 만 여리나 되는데, 임의 마음은 그대로구나

(67) 汝乃我家出, 亦敢爾邪? (『후한서·등우전(鄧禹傳)』)

네가 우리 집에서 나왔는데 감히 이렇게 하는가?

'焉'은 특수한 지시대체사로, 지시대체사이면서 동시에 어기사의 성질을 지닌다. 어떤 범위나 대상을 대신 지칭할 뿐만 아니라 서술문의 끝에 놓여 멈춤의 어기를 나타내며, 보통 그 뒤에는 다른 어기사를 더하지 않는다. '焉'이 지시하는 범위나 대상은 대체로 사람이나 장소와 관계가 있다. 다음 예를 보자.

(68) 三人行, 必有我師焉. (『논어·술이(述而)』)

세 사람이 가면 거기에는 반드시 나의 스승이 있다.

(69) 陳相見許行而大悅, 盡棄其學而學焉. (『맹자·등문공 상』)

진상이 허행을 보고 크게 기뻐하여 자기가 배운 것을 다 버리고서 그에게서 배웠다.

(70) 積土成山, 風雨興焉, 積水成淵, 蛟龍生焉. (『순자·권학』)

흙이 쌓여 높은 산이 되면, 거기에서 비바람이 일고, 물이 쌓여 연못이 되면, 그곳에서 교룡이 생긴다.

(71) 自此, 冀之南, 漢之陰, 無隴斷焉. (『열자·탕문』)

이로부터 기주(冀州)의 남쪽과, 한수(漢水)의 남쪽에, 깎은 듯이 솟아 오른 높은 땅이 없어졌다

위에서 본 '焉'자는 '於是'에 해당한다. (68)의 '必有我師焉'은 '必有我師於是'[5]이며, (70)의 '風雨興焉'은 '風雨興於是'[6]이다. '焉'자는 대체로 자동사 뒤에 사용되며 이 점이 '之'와 다르다. '之'의 주요 기능은 타동사 뒤에서 목적어 역할을 하는

---

5) 이곳의 '是'는 '三人'을 가리킨다.
6) 이곳의 '是'는 '山'을 가리킨다.

것이다. 고대중국어에는 '知之', '殺之'만 있고 '知焉', '殺焉'은 없다. 동일한 동사라도 '之'를 더하는지 '焉'을 더하는지에 따라 의미가 다르다. 아래 두 예문을 비교해 보자.

(72) 君何懼焉. (『좌전·양공 18년』)

　　그대는 어찌하여 이를 두려워하는가?

(73) 奈何以死懼之. (『노자(老子)』)

　　어떻게 죽음으로써 그들을 두렵게 할 수 있으리오.

(72)의 '懼'는 자동사이고 '焉'은 '於是'이며, (73)의 '懼'는 사동의미를 나타내고 '之'는 목적어가 되어 '懼之'는 '使之懼'[그로 하여금 두렵게 함]를 뜻한다.

'焉'은 항상 문장 끝에 위치하기 때문에 점차 어기사의 성질을 갖게 되었다. 어떤 문장에서는 지시 기능을 완전히 잃고 순수한 어기사로 사용되며, 이때는 대상을 지목하여 사람의 주목을 끄는 어기를 나타낸다. 다음 예를 보자.

(74) 夫子言之, 於我心有戚戚焉. (『맹자·양혜왕 상』)

　　선생님께서 그것을 말씀해 주시니, 내 마음에 시원함이 있습니다.

(75) 南方有鳥焉, 名曰蒙鳩. (『순자·권학』)

　　남쪽 지방에 새가 있는데 이름이 몽구이다.

(76) 君以爲易, 其難也將至矣. 君以爲難, 其易也將至焉. (『국어·진어(晉語)』)

　　당신이 쉽게 여기면 장차 어려움이 따를 것이고, 어렵게 여기면 장차 쉬움
　　이 따를 것입니다.

(76)은 주목할 필요가 있다. 병렬관계의 두 구절 중 앞의 문장에서는 '矣', 뒤의 문장에서는 '焉'을 사용했다. 이를 통해 '焉'이 지시의 성질을 지니지 않음을 알 수 있다. 이처럼 순수한 어기사 '焉'과 어기사 성질을 지닌 대체사 '焉'의 경계는 분명

하지 않다. 고대중국어를 학습할 때 이 점에 주의해야 하며 섣불리 '焉'을 단순어기사로 판단해서는 안 된다.

'諸(제)'는 대체사 '之'와 '於' 혹은 '乎'의 음이 합해진 것이다. '之於' 혹은 '之乎'의 음을 합하면 '諸'의 발음과 같아지는데, 이는 고대중국어에서 자주 보인다. '諸'가 '之於'의 의미로 쓰인 다음 예를 보자.

(77) 禹疎九河, 瀹濟漯, 而注諸海. (『맹자·등문공 상』)
우임금이 아홉 강을 뚫고 제수와 탑수를 통하게 하여 바다로 주입시켰다.

(78) 宋人或得玉, 獻諸子罕. (『좌전·양공 15년』)
송나라 사람 중에 어떤 사람이 옥을 주워 자한에게 바쳤다.

'諸'가 '之乎'와 같은 다음 예를 보자.

(79) 文王之囿方七十里, 有諸? (『맹자·양혜왕 하』)
문왕의 동산은 사방 70리였다고 하는데, 정말 그랬습니까?

(80) 人孰敢不聽而化諸? (『장자·응제왕(應帝王)』)
사람 가운데 누가 감히 그것을 듣고 교화되지 않겠느냐?

(79)은 일반의문문이고 (80)은 반어의문문이다. '諸'가 문장 끝에 쓰여 '之乎'와 같은 경우는 일반적으로 위와 같은 두 종류의 문장에서만 나타난다.

의문대체사

고대중국어의 의문대체사는 사람을 가리키는 것, 사물을 가리키는 것, 장소를 가리키는 것의 세 가지로 나뉘며 이 세 가지 사이에는 교차되는 부분이 있다.

사람을 가리키는 의문대체사는 '誰', '孰'이 있다. '誰'의 용법은 현대중국어와 완전히 동일하므로 예를 들지 않기로 한다. '孰'은 주로 선택의문문에 사용되며 목적어 위치에는 출현할 수 없다.

(81) 父與夫孰親? (『좌전·환공(桓公) 15년』)

아버지와 지아비 가운데 누가 친한가?

(82) 吾子與子路孰賢? (『맹자·공손추 상』)

당신과 자로 중에 누가 더 현명한가?

'孰'은 사물을 가리킬 수도 있는데, 사람을 가리킬 때와 마찬가지로 선택을 나타낸다. 다음 예를 보자.

(83) 膾炙與羊棗孰美? (『맹자·진심(盡心) 하』)

회와 구운고기, 대추 중 무엇이 맛있는가?

(84) 天下之害孰爲大? (『묵자(墨子)·겸애(兼愛) 하』)

천하의 해악 가운데 어느 것이 가장 큰가?

(85) 兩者孰足爲也? (『순자·강국(彊國)』)

두 가지 중에서 무엇이 할 만하십니까?

'孰'이 사람을 가리킬 때 선택을 나타내는 것이 아닌 경우도 있으며 이는 '誰'의 용법과 같다. 다음 예를 보자.

(86) 孰可以代之? (『좌전·양공 3년』)

누가 그를 대신하겠는가?

(87) 孰爲夫子? (『논어·미자』)

누가 선생님입니까?

그러나 "吾誰欺?"[내가 누구를 속이겠는가?]를 "吾孰欺?"라고는 할 수 없는데, 이는 '誰'자가 목적어로 쓰였기 때문이다. '孰'자는 목적어로 사용될 수 없다.

고서에서 '孰與' 두 글자가 연용된 것을 자주 볼 수 있는데, '孰與'는 관용형식으로 '何如'[어떠한]의 의미에 가까우며 인물의 높고 낮음, 사건의 득실을 비교할 때 쓰인다. 다음 예를 보자.

(88) 公之視廉將軍孰與秦王? (『사기·염파인상여열전』)
그대가 보기에 염장군과 진왕 가운데 누가 더 대단한가?

(89) 從天而頌之, 孰與制天命而用之? (『순자·천론(天論)』)
하늘을 따라 그것을 노래하는 것과 천명을 제어하여 그것을 이용하는 것 가운데 어느 것이 낫겠는가?

사물을 지시하는 의문대체사로는 '何', '胡', '曷', '奚'가 있으며 '무엇'이라는 뜻으로 현대중국어의 '什麼'에 해당한다. 이 중 '何'자가 가장 자주 보인다. 다음 예를 보자.

(90) 星隊木鳴, 國人皆恐, 曰, "是何也?" 曰, "無何也." (『순자·천론』)
별이 떼를 지어 몰려오고 나무가 외마디 비명을 지르면 사람들은 모두 겁을 먹고 "이것이 도대체 무슨 일인가"라고 말하는데, "아무 것도 아니다." 고 한다.

(91) 以此攻城, 何城不克? (『좌전·희공 4년』)
이로써 성을 공격하면, 어느 성인들 함락시키지 못하겠는가?

(90)에서 "是何也"의 '何'는 서술어이며, '無何'의 '何'는 목적어이다. (91)의 '何'는 관형어이다. '何'는 부사어로도 쓰이는데, 이때는 '무엇 때문에', '어떻게'의 뜻이다. 다음 예를 보자.

(92) 夫子何哂由也? (『논어·선진』)

　　선생님께서는 무엇 때문에 자로에 대해 웃으셨습니까?

(93) 先生坐, 何至於此? (『전국책·위책』)

　　선생이 앉아 있으니, 어찌 이에 이르렀는가?

(94) 弟子何久也? (『사기·골계열전』)

　　제자는 어찌 이토록 오래 걸리는가?

'胡', '曷', '奚'의 사용 범위는 '何'보다 좁다. 대개 부사어로 사용되며 '무엇 때문에', '어떻게'를 나타낸다. 다음 예를 보자.

(95) 胡不見我於王? (『묵자·공수(公輸)』)

　　어찌 나를 왕에게 보여주지 않는가?

(96) 曷足以美七尺之軀哉? (『순자·권학』)

　　어찌 7척의 몸인들 아름답게 지닐 수 있겠는가?

(97) 子奚哭之悲也? (『한비자(韓非子)·화씨(和氏)』)

　　그대는 어찌 그리 통곡하는가?

'奚'는 목적어로 사용되며 사물이나 장소를 나타낸다. 다음 예를 보자.

(98) "許子冠乎?" 曰, "冠." 曰, "奚冠?" 曰, "冠素." (『맹자·등문공 상』)

　　"허행은 관을 쓰는가?" "관을 씁니다." "어떤 관을 쓰는가?" "무명 비단
　　으로 만든 관을 씁니다."

(99) 彼且奚適也? (『장자·소요유』)

　　저들은 장차 어디로 가려는 것인가?

'胡', '曷'은 목적어로 사용되며 주로 '爲'와 함께 써서 '胡爲', '曷爲'가 되어

'왜'의 뜻을 나타낸다. 다음 예를 보자.

(100) 胡爲至今不朝也? (『전국책·제책』)

　　어찌하여 지금까지 알현하지 않는가?

(101) 曷爲久居此圍城之中而不去? (『사기·노중련추양열전(魯仲連鄒陽列傳)』)

　　왜 이 포위된 성에 오래 머무르며 떠나지 않는가?

　장소를 지시하는 의문대체사는 '安', '惡', '焉'이 있으며, '어디'를 뜻한다. 대체로 부사어로 사용되어 반문을 나타낸다. 다음 예를 보자.

(102) 臣死且不避, 卮酒安足辭? (『사기·항우본기』)

　　신은 죽음 또한 피하지 않는데 한 잔의 술을 어찌 사양하겠습니까?

(103) 視弟子與臣若其身, 惡施不慈! (『묵자·겸애 상』)

　　제자와 신하를 마치 자신의 몸과 같이 본다면 어찌 자애롭지 않은 일을

　　하겠는가?

(104) 且焉置土石? (『열자·탕문』)

　　또 흙과 돌을 어디에 두려하는가?

　목적어로 사용되는 경우는 비교적 적다. 다음 예를 보자.

(105) 泰山其頹, 則吾將安仰? (『예기(禮記)·단궁(檀弓) 상』)

　　태산이 무너지면 내 장차 어디를 우러러 보겠는가?

(106) 彼且惡乎待哉? (『장자·소요유』)

　　저것은 또한 무엇을 기대하겠는가?

(107) 天下之父歸之, 其子焉往? (『맹자·이루(離婁) 상』)

　　천하의 아버지가 그에게 귀의하면 그 자식은 어디로 가겠는가?

'或'과 '莫'

'或'과 '莫'은 고대중국어 특유의 무정대체사[無定代詞]이다.7) 현대중국어에는 이러한 대체사가 없으므로 특별히 주의해야 한다.

'或'은 긍정성 무정대체사로 대개 사람을 가리키고, '어떤 사람'의 뜻이며 주어로만 사용된다. 다음 예를 보자.

(108) 或勞心, 或勞力. (『맹자·등문공 상』)
어떤 이는 마음을 쓰고 어떤 이는 힘을 쓴다.

(109) 今或聞無罪, 二世殺之. (『사기·진섭세가』)
지금 어떤 사람이 듣기를, 죄가 없는데 2세가 그를 죽였다고 합니다.

간혹 '或'자 앞에 명사가 출현하고 '或'자는 그중 일부의 사람이나 어느 한 사람을 지시하기도 한다. 다음 예를 보자.

(110) 宋人或得玉. (『좌전·양공 15년』)
송나라 사람 중에 어떤 사람이 옥을 얻었다.

(111) 曹人或夢衆君子立於社宮而謀亡曹. (『좌전·애공(哀公) 7년』)
조나라 사람 가운데 어떤 사람이 여러 군자가 사궁에 서서 조나라가 망하는 것을 도모하는 꿈을 꿨다.

'或'자는 종종 앞뒤 구절에 반복 출현하여 제시한 예가 서로 다른 상황임을 나타낸다. 이때 '或'은 여전히 무정대체사이며 '어떤 사람'이나 '어떤 사물'을 가리킬 수 있다. 다음 예를 보자.

---

7) (역주) 무정대체사는 중국어 용어 '無定代詞'의 번역어이다. 어떤 대상을 특정하지 않고 지시한다는 의미로 비지정 혹은 불특정함을 나타내는 말이다.

(112) 或百步而後止, 或五十步而後止. (『맹자·양혜왕 상』)

어떤 이는 백 걸음 가서 멈추고, 어떤 이는 오십 걸음 간 뒤에 멈췄다.

(113) 夫物之不齊, 物之情也. 或相倍蓰, 或相什伯, 或相千萬. (『맹자·등문
공 상』)

대저 모든 물건이 가지런하지 않은 것이 물건의 실정이다. 어떤 것은 서
로 갑절, 다섯 배 차이가 나고, 어떤 것은 열 배, 백 배 차이나며, 또 어
떤 것은 천 배나 만 배 차이난다.

이러한 용법의 '或'자는 '혹은'처럼 선택을 나타내는 접속사로 이해하지 않도록
특히 유의해야 한다.

'莫'자는 부정성 무정대체사로 '어느 누구도 없다', '어떤 것도 없다'의 뜻이다.
'莫'자가 부정하는 것은 범위가 있을 수도 있고 없을 수도 있으며, 혹은 범위를 나
타내지 않을 수도 있다. 다음 예를 보자.

(114) 羣臣莫對. (『전국책·초책(楚策)』)

군신 중 어느 누구도 대답하는 사람이 없다.

(115) 殺臣, 宋莫能守, 乃可攻也. (『묵자·공수』)

너를 죽이면 송나라에서는 누구도 막아낼 자가 없으니 가히 공격할 수
있다.

(116) 天下之水, 莫大於海. (『장자·추수(秋水)』)

천하의 물 가운데 어느 것도 바다보다 큰 것이 없다.

(117) 虎負嵎, 莫之敢攖. (『맹자·진심(盡心) 하』)

범이 산모퉁이를 등지고 버티고 있어 어느 누구도 감히 가까이 가지 못
하다.

(118) 吾楯之堅, 物莫能陷也. (『한비자·난일(難一)』)

내 방패의 견고함은 만물 가운데 어느 것도 뚫지 못하는 것이 없다.

(114-116)는 일정한 범위를 부정한 것이다. '群臣', '宋', '天下之水'가 '莫'이 부정하는 범위이다. (117-118)은 특정 범위가 아니라 하나를 제외한 나머지 전부를 부정한 것이다.

선진시대 문헌에서 '莫'자는 대체로 무정대체사로 해석할 수 있는데, 한나라 이후에는 새로이 부정부사로서 쓰이기도 했다. 주로 명령문에서 금지를 표시하는 경우에 자주 사용되며 '勿'처럼 '~하지마라'에 해당한다. 다음 예를 보자.

> (119) 秦王車裂商君以徇曰, "莫如商鞅反者." (『사기·상군열전(商君列傳)』)
>   진왕이 상앙을 수레로 찢고 호령하기를 "상앙과 같이 모반하지 마라."라
>   고 하였다.

진술문에도 사용될 때가 있는데, 이때는 '不'과 같다. 다음 예를 보자.

> (120) 諸將皆莫信. (『사기·회음후열전(淮陰侯列傳)』)
>   여러 장군이 모두 믿지 않았다.

'者'와 '所'

'者'와 '所'는 보조적인 기능을 하는 대체사이다. 이들은 특정한 사람이나 사물을 지칭한다. 그러나 독립된 문장 성분으로 사용될 수는 없고 반드시 다른 단어나 구의 앞 또는 뒤에 붙어 '者'자 구조와 '所'자 구조를 이루며, 이 구조가 하나의 문장 성분이 된다. 일부 문법서에서는 이를 '조사'라 칭하기도 한다.

'者'는 보조대체사로서 두 가지 기능을 한다. 첫째, 동사와 형용사 혹은 동사구나 형용사구의 뒤에 붙어 '者'로 끝나는 명사구를 만든다. 이 기능은 현대중국어의 '的'[~겟와 유사하다. 다음 예를 보자.

(121) 庸者笑而應曰. (『사기·진섭세가』)

고용된 자들이 비웃으며 말하였다.

(122) 大者王, 小者侯. (『한서·고제기(高帝紀)』)

큰 것은 왕이고, 작은 것은 제후이다.

(123) 先破秦入咸陽者王之. (『사기·항우본기』)

먼저 진을 격파하고 함양에 들어서는 사람이 왕이 된다.

(124) 王莽徵天下能爲兵法者六十三家. (『후한서·광무기(光武紀)』)

왕망은 천하에 병법에 능한 자 63인을 불렀다.

(125) 夫物不産於秦, 可寶者多 (이사(李斯) 「간축객서(諫逐客書)」)

물건 중에는 진나라에서 나지 않지만 보배가 될 만한 것이 많다.

이상의 예에서 강조점 표시를 한 것이 '者'자 구조이며 그중 '者'자는 문맥에 따라 '~것', '~한 사람', '~한 물건' 등으로 해석할 수 있다. 이러한 기능은 현재에도 유지된다. 가령, '勞動者(노동자)'의 '者'는 보조 기능이 잘 드러난 예이고, 어떤 경우에는 접미사와 성질이 비슷한데 '作者(작자)'의 '者'가 그 예이다.

'者'의 또 다른 기능은 수사나 시간사 뒤에 놓여서 일정 범위나 종류를 나타내는 것이다. 수사 뒤에 놓인 경우는 다음과 같다.

(126) 必不得已而去, 於斯三者何先? (『논어·안연(顔淵)』)

부득이하여 포기해야 한다면 이 세 가지 중 무엇을 먼저 하겠습니까?

(127) 二者皆譏, 而學士多稱於世云. (『사기·유협열전(遊俠列傳)』)

두 가지는 모두 비난 받았으나 학사들 대부분은 세상에서 칭송을 받았다.

시간사 뒤에 놓인 경우는 다음과 같다.

(128) 古者丈夫不耕, 草木之實足食也. (『한비자·오두(五蠹)』)

옛날에는 남자가 농사짓지 않아도 초목의 과실을 먹을 수 있었다.

(129) 今者將軍令臣等反背水陣. (『사기 · 회음후열전』)

지금 장군은 저희들에게 배수진을 등지게 하였습니다.

수사 뒤의 '者'는 '모양', '종류', '방면' 등의 뜻으로 볼 수 있다. '二者', '三者'는 현대중국어의 서면어에서도 자주 사용된다. 시간사 뒤의 '者'는 번역할 필요가 없다.

'者'는 주어를 중복지시하고 서술어를 이끌어 낼 수도 있다.[8] 이는 앞의 「고대중국어의 어순」 및 「고대중국어의 판단문」 두 장에서 이미 언급했으므로 여기서는 설명하지 않기로 한다.

'所'가 보조대체사의 기능을 할 때 특정한 동작의 대상을 대신한다. '所'는 동사나 동사구의 앞에 놓여 '所'자 구문을 구성하며, 이 구조는 명사적 성질을 지닌다. 다음 예를 보자.

(130) 衣食所安, 弗敢專也. (『좌전 · 장공 10년』)

입고 먹는 것으로 편안해짐을 감히 나 혼자 하지 않는다.

(131) 民無所依. (『좌전 · 소공 3년』)

백성들이 의지할 만한 곳이 없다.

(132) 君子於其所不知, 蓋闕如也. (『논어 · 자로(子路)』)

군자는 자신이 모르는 것에 대해서 비워두고 아는 척하지 않는다.

(133) 財物無所取, 婦女無所幸. (『사기 · 항우본기』)

재물에서 취한 바가 없고, 여자 중에 총애한 여자가 없다.

'所安'은 '몸을 편안하게 하는 것', '所依'는 '의지하는 사람', '所不知'는 '모르는

---

8) 가령, 『사기 · 진섭세가』의 "陳勝者, 陽城人也."[진승은 양성 사람이다.]가 그 예이다.

사건', '所取'는 '취한 사물' '所幸'은 '총애하는 여자'를 지시한다.

일반적으로 '所'자 뒤에는 반드시 타동사가 온다. 만약 형용사나 자동사가 오면 타동사의 성질을 갖게 된다. (130)에서 '所安'의 '安'은 형용사인데 '所'를 목적어로 하는 타동사의 성질을 갖게 되었다.

주의할 점은 '所'와 '者'가 타동사와 결합했을 때 차이가 생긴다는 점이다. '所食'은 '食'의 대상을 가리키며 '먹은 것'을 뜻한다. '食者'는 행위자를 가리키며 '먹은 사람'을 뜻한다. 아래 두 예문을 비교해 보자.

(134) 始臣之解牛之時, 所見無非牛者. (『장자·양생주(養生主)』)
　　　 처음 내가 소를 가를 때에는, 보는 것이 소가 아닌 것이 없었다.
(135) 見者驚猶鬼神. (『장자·달생(達生)』)
　　　 본 사람은 귀신처럼 무서워했다.

(134)의 '所見'은 '본 사물'이고, (135)의 '見者'는 '사물을 본 사람'이다.

고대중국어에서는 '所……者'의 형식도 자주 보인다. 그 용법은 '所……'와 같아서 행위의 대상을 지시한다. '所食者'는 '所食'과 같아서 '먹은 물건'을 가리키며 '食者'와는 다르다. 다음 예를 보자.

(136) 所愛者撓法活之, 所憎者曲法誅滅之. (『사기·혹리열전(酷吏列傳)』)
　　　 사랑하는 자는 법을 바꿔 살리고 미워하는 자는 법을 바꿔 주멸한다.
(137) 孟嘗君曰, "視吾家所寡有者". (『전국책·제책』)
　　　 맹상군이 말했다. "우리 집에 부족한 것을 살펴보라."

(136)의 '所愛者', '所憎者'는 각각 '사랑을 받는 사람', '미움을 받는 사람'을 가리키며 (137)의 '所寡有者'는 '적게 있는 물건'이지 '적게 지닌 사람'이 아니다.

'所'자 구조['所……者'를 포함함]의 앞에서는 행위의 주체가 관형어가 되어 그것을 수식할 수 있으며, 이때 관형어 뒤에는 일반적으로 '之'자를 쓴다. '所食'은 '民之所食'으로 확장할 수 있는데, 이때 '民'은 '食'이라는 행위의 주체인 동시에 '所食'의 관형어이다. 다음 예를 보자.

> (138) 商之所長也. (『장자·열어구(列禦寇)』)
> 　　　상이 잘 하는 것입니다
> (139) 是又禹桀之所同也. (『순자·천론』)
> 　　　이는 또한 우임금과 걸임금이 동일하게 하던 것이다.
> (140) 奪其所憎而與其所愛. (『전국책·조책』)
> 　　　그가 싫어하는 자에게 빼앗아 그가 아끼는 자에게 주었다.

(140)의 '其'자는 명사에 '之'를 더한 구조[9]를 대신한다. 따라서 관형어 뒤에 '之'자가 나타나지 않는다. 행위의 주체가 '所……者'를 수식하는 예는 다음과 같다.

> (141) 臣之所好者, 道也. (『장자·양생주』)
> 　　　신이 좋아하는 것은 도입니다.
> (142) 其所善者, 吾則行之. 其所惡者, 吾則改之. (『좌전·양공 31년』)
> 　　　그들이 좋아하는 것을 나는 행할 것이고, 그들이 싫어하는 것을 나는 고
> 　　　칠 것이다.

'所'자 구조가 행위의 대상을 대신 지칭하기는 하지만 그것이 어떤 사람 또는 사물인지는 구체적으로 나타내지 않는다. 이 때문에 '所'자 뒤에 다시 명사를 더하여 사람이나 사물의 구체적 이름을 제시하고, '所'자 구조는 그 앞에 위치하여 관형어

---

9) 앞의 '인칭대체사' 절을 참고할 것.

로서 그것을 수식할 수 있다. 가령, '所食'은 '所食之粟'으로 확장할 수 있고, '民之所食'은 '民所食之粟'이라고 할 수 있다. 다음 예를 보자.

(143) 仲子所居之室, 伯夷之所築與? 抑亦盜跖之所築與? (『맹자·등문공 하』)

중자가 거처하는 집은 백이가 지은 것인가? 아니면 도척이 지은 것인가?

(144) 光不敢以圖國事, 所善荊卿可使也. (『사기·자객열전(刺客列傳)』)

광은 감히 국사를 도모할 수 없으나 친하게 지내는 형가를 부릴 수 있습니다.

(145) 獨籍所殺漢軍數百人. (『사기·항우본기』)

항적이 혼자서 죽인 한나라 군사만도 수백 명이다.

(143)의 '仲子所居'는 '室'의 관형어이며, 이 두 가지가 지시하는 것은 동일하다. (144)의 '所善'은 '荊卿'의 관형어이며, '所善'은 '荊卿'을 지시한다. (145)는 사실 '籍之所殺之漢軍'[항적이 죽인 한나라 군인]의 의미이지만, 해당 예문에는 두 '之'자가 모두 출현하지 않아 수식 관계가 명확하게 드러나지 않는다.

'所'자 구조의 기능은 복잡하다. 위에서 언급한 것이 그중 자주 보이는 용법인데, 이를 다시 정리해 보면 다음 네 가지 구조로 개괄할 수 있다. ① '所食', ② '所食者', ③ '民之所食' 혹은 '民之所食者', ④ '所食之粟' 혹은 '民所食之粟'.

앞서 언급하였듯이 '所'자 뒤에 출현하는 것은 반드시 타동사이어야 하지만 이 타동사 뒤에는 목적어가 오지 않는다. 이는 '所'자가 이미 목적어의 기능을 하기 때문이다. 만약 '所'가 '이유'나 '까닭'의 의미를 갖는다면, 이는 동작 대상의 대체사가 아니므로 뒤에 나오는 동사가 반드시 타동사일 필요가 없다. 또 만약 타동사라면 다른 목적어를 수반할 수도 있다. 다음 예를 보자.

(146) 夙興夜寐, 無忝爾所生. (『시경·소아(小雅)·소완(小宛)』)

새벽에 일어나 밤늦게 잠들며 너를 낳아주신 이를 욕되게 하지 말라.

(147) 所愛其母者, 非愛其形也. (『장자·덕충부(德充符)』)

자신의 어머니를 사랑하는 것은 그의 형체를 사랑하는 것이 아니다.

(146)의 '爾所生'은 '爾所由生'으로, '生爾者' 즉 부모를 가리킨다. (147)의 '所愛其母'는 '所以愛其母'로 즉 '愛母'[어머니를 사랑하는]의 원인을 가리킨다.

그 외에도 '所謂'와 같은 관용형식의 뒤에는 목적어가 올 수 있다. 다음 예를 보자.

(148) 所謂故國者, 非謂有喬木之謂也. (『맹자·양혜왕 하』)

이른바 오래된 나라라는 것은 큰 나무가 있는 것을 일컫는 것이 아닙니다.

(149) 此所謂戰勝於朝廷. (『전국책·제책』)

이것이 이른바 조정에서 승리한다는 것이다.

'所以' 또한 자주 보이는 관용형식이다. 여기에서 '所'자 뒤에 붙어 나오는 것은 동사가 아니라 전치사 '以'이다. 고대중국어에서 '所以'는 두 가지 의미가 있다. 첫째는 비교적 구체적인 의미로서, '…한 방법을 써서', '그것에 의지하여…' 등을 뜻하며, '어떻게'를 설명한다. 다음 예를 보자.

(150) 吾知所以距子矣. (『묵자·공수』)

나는 그대를 막을 방법을 알고 있다.

(151) 彼兵者, 所以禁暴除害也, 非爭奪也. (『순자·의병(議兵)』)

병사란 포악함을 금지시키고 해로움을 제거하는 데 쓰이는 것이지 쟁탈에 쓰이는 것이 아니다.

(152) 師者, 所以傳道受業解惑也. (한유「사설(師說)」)

스승이란 도를 전하고 학업을 전수하고 의혹을 풀어주는 자이다.

(150)의 '所以距子'는 '그대를 막을 방법'을 뜻하고, (151)의 '所以禁暴除害'는 '포악함을 금지시키고 해로움을 제거하는 데 쓰는 도구'를 뜻하며, (152)의 '所以傳道受業解惑'는 '그것에 의지하여 도를 전하고 학업을 전수하며 의혹을 풀어준다'를 뜻한다.

'所以'의 두 번째 의미는 비교적 추상적이다. 원인을 표시하는 데 사용하며 대체로 '…을 만들어낸 원인'을 뜻하여 '왜'라는 이유를 설명한다. 다음 예를 보자.

(153) 吾所以爲此者, 以先國家之急而後私讎也. (『사기·염파인상여열전』)
내가 이렇게 한 까닭은 나라의 위급함을 먼저 생각하고 사사로운 원수를 나중으로 여기기 때문이다.

(154) 君不此問而問舜冠, 所以不對也. (『순자·애공(哀公)』)
군께서 이것을 묻지 않으시고 순임금의 관을 물으시기에 대답하지 않은 것입니다.

(155) 儒以文亂法, 俠以武犯禁, 而人主兼禮之, 此所以亂也. (『한비자·오두』)
유생은 글로 법을 어지럽히고, 협객은 힘으로 금지된 것을 범하는데 임금이 그들을 모두 예우하니, 이것이 난이 일어나는 까닭이다.

(153)은 결과를 먼저 말하고 원인을 뒤에 말한 것으로, '吾所以爲此'의 의미는 '내가 이렇게 행동하게 만든 원인'이다. '所以'의 앞에 '之'자를 더할 수도 있는데, '吾之所以爲此'라고 하여도 의미는 완전히 동일하다. (154-155)는 원인을 먼저 말하고 결과를 뒤에 말한 것이다. (154)의 '所以不對也'는 '이것이 바로 내가 대답하지 않게 한 원인이다'의 의미이고, (155)의 '此所以亂也'는 '이것이 바로 난을 초래하는 원인이다'의 의미이다.

'所以'를 사용하여 원인을 나타내는 것은 현대중국어에서도 계속 사용되고 있다. 그러나 일반적으로 결과를 먼저 말하고 원인을 뒤에 말하는 경우에만 국한되며, 또한 '之所以'만을 사용하여 나타낼 수 있다. 가령, "敵人之所以不肯退出歷史舞臺, 是由它的階級本性決定的."[적이 역사의 무대에서 물러나려고 하지 않는 이유는 그의 계급적 본성에 따라 결정되는 것이다.]와 같은 예이다.

고대중국어의 이 용법은 현대까지 계속 쓰이기도 하지만, 현대중국어의 '所以'는 이미 접속사로 발전되어 더 이상 대체사에 전치사가 결합된 형태라고 볼 수 없다. 이 점은 특별히 주의해야 한다. 고대중국어의 '所以'는 결코 현대중국어처럼 '이때문에', '그래서'로 해석될 수 없다. 아래의 예문이 바로 착각하기 쉬운 예이다.

(156) 故君子居必擇鄕, 遊必就士, 所以防邪僻而近中正也. (『순자·권학』)
　　　그러므로 군자는 거처함에 반드시 동네를 가려 택하고, 노닐 때에는 반드시 어진 이를 따른다. 이것이 사악함과 편벽함을 막고 중정을 가까이 하는 방법이다.

마지막 부분의 의미는 "이것이 사악함과 편벽함을 막고 중정을 가까이 하는 방법이다"이다. 만약 '所以'를 현대중국어처럼 '그래서'로 이해한다면 틀리게 된다. 가령 앞서 (154)의 "君不此問而問舜冠, 所以不對也."에 쓰인 '所以'도 '그래서'의 의미로 이해해서는 안 되며, 반드시 '내가 대답하지 않은 원인'으로 이해해야 한다. 만약 '我'를 보충한다면 "我所以不對也."[내가 대답하지 않은 까닭이다.]라고 말할 수 있을 뿐, "그래서 내가 대답하지 않았다."라고 해석하면 안 된다. 이것이 고금의 문법이 차이를 보이는 부분이다.

'所'자 뒤에 전치사를 더하는 것은 '所以' 이외에도 '所從', '所由', '所與', '所爲' 등이 있으며, 이들의 용법은 '所以'처럼 복잡하지 않다. 아래에 각각의 예문을 보자.

(157) 是吾劍之所從墜. (『여씨춘추(呂氏春秋)·찰금(察今)』)
　　　여기가 내 검이 떨어진 곳이다.

(158) 是亂之所由作也. (『순자・정론(正論)』)

이것은 난이 말미암아 일어나는 것이다.

(159) 其妻問其所與飮食者, 則盡富貴也. (『맹자・이루 하』)

그 아내가 그에게 음식을 주는 자를 물어보니 모두 부귀한 이들이었다.

(160) 所爲見將軍者, 欲以助趙也. (『전국책・조책』)

장군을 뵙는 까닭은 조나라를 돕고자 하기 때문이다.

마지막으로, 고대중국어는 '爲人所笑'처럼 피동문에도 종종 '所'자를 사용한다. 이때의 '所'는 이미 문법화되어 대체사로서의 성질을 잃어버렸다. 이에 대해서는 제8장 「고대중국어의 피동표시법」 부분에서 이미 언급하였다.

11

전치사와 접속사

전치사와 접속사는 문장에서 연결 기능을 한다는 점에서는 같지만, 수행하는 연결 기능이 서로 다르기 때문에 이들을 구별하여 전치사와 접속사로 칭한다.

전치사

전치사는 보통 명사, 대체사 혹은 명사구의 앞에 사용되어 전치사구조를 형성하고, 동사 혹은 형용사의 부사어 혹은 보어로서 시간, 처소, 목적, 원인, 방식, 대상 등을 나타낸다. 고대중국어에서 자주 사용되는 전치사로는 '于'[於, 乎], '以', '爲', '由', '自', '從', '嚮', '在', '用', '被' 등이 있다. 전치사의 일반적 용법은 대부분 현대중국어에도 남아 있다. 아래에서 용법이 비교적 복잡한 '于'[於, 乎], '以', '爲'에 대해 소개하도록 하겠다.

1) 于[於, 乎]

'于'와 '於'는 상고시기에 발음이 같지 않았다. 그러나 전치사로서 이 둘의 차이는 주로 서사 형식에 있다. 갑골문에서는 '于'만 사용되었고, '於'는 쓰이지 않았다. 『좌전』, 『순자』 등 선진시대 일부 고적에서는 '于'와 '於'가 병용되었고, 전국시대 이후의 고서에서는 '於'로 쓰는 경우가 많았다. 현대 중국에서 한자가 간화된 이후에 '於'는 다시 '于'로 간화되었다. '乎'자의 상고음은 '于'와 유사한데, 어기사로 사용된 것이 대부분이지만 그밖에 전치사로도 자주 사용되었으며 그 용법은 기본적으로 '于'와 일치한다.

'于'의 주요 용법은 네 가지이다.

첫째, 처소와 시간을 나타낸다.

(1) 宋公及楚人戰于泓. (『좌전(左傳)·희공(僖公) 22년』)
    송공과 초나라 사람은 홍에서 싸웠다.
(2) 越王句踐棲於會稽之上. (『국어(國語)·월어(越語) 상』)
    월왕 구천은 회계에 머물렀다.
(3) 虎兕出於柙, 龜玉毀於櫝中. (『논어(論語)·계씨(季氏)』)
    호랑이와 들소가 우리에서 뛰쳐나오고 거북껍질과 옥이 궤짝 안에서 부서지다.
(4) 顔成子遊立侍乎前. (『장자(莊子)·제물론(齊物論)』)
    안성자유가 앞에 서서 모셨다.

(1-4)에서는 처소를 나타낸다.

(5) 自朝至于日中昃, 不遑暇食. (『상서(尙書)·무일(無逸)』)
    아침부터 날이 저물 때까지 밥 먹을 시간을 갖지 못하다.

(6) 是干戚用於古, 不用於今也. (『한비자(韓非子)・오두(五蠹)』)

　　이는 방패와 도끼가 옛날에는 쓰였으나 오늘날에는 쓰이지 않는 것이다.

(7) 有志乎古者希矣. (한유(韓愈)「답이익서(答李翊書)」)

　　옛 것에 뜻을 둔 자가 적다.

(5-7)에서는 시간을 나타낸다.

　이처럼 처소와 시간을 나타내는 '于'는 '…에서', '…로', '…로부터' 등의 뜻이며, '乎'자 외에는 현대중국어 서면어에서 여전히 사용된다. 가령, "寫于北京."[베이징에서 쓰다.], "成立于一九四九年."[1949년에 성립되었다.] 등이 그 예이다. 그러나 고대중국어에서는 처소를 나타내는 '于'자를 생략하여, 처소명사가 직접 서술어동사 혹은 동사목적어구 뒤의 보어로 사용될 수 있다. 이는 현대중국어 서면어에 드문 경우이다. 다음 예를 보자.

(8) 吾聞秦軍圍趙王鋸鹿. (『사기(史記)・항우본기(項羽本紀)』)

　　내가 듣건대 진나라 군대가 거록에서 조나라 왕을 포위하였다고 한다.

(9) 令女居其上, 浮之河中. (『사기・골계열전(滑稽列傳)』)

　　여자를 그 위에 머물게 하고는 그것을 물 위로 띄워 보낸다.

둘째, 동작이 미치는 대상을 소개한다.

(10) 先民有言, "詢于芻蕘." 言博問也. (『순자(荀子)・대략(大略)』)

　　선인들의 말씀에 "나무꾼이나 꼴 베는 사람에게도 물어보라."라고 하였으니 널리 물으라는 뜻이다.

(11) 潁考叔爲潁谷封人, 聞之, 有獻於公. (『좌전・은공(隱公) 원년』)

　　영고숙은 영곡의 봉인이던 때에 그 이야기를 듣고는 장공에게 선물을 바쳤다.

(12) 利澤施乎萬物 (『장자·대종사(大宗師)』)

　　이로움과 은택이 만물에 베풀어진다.

　　이처럼 대상을 소개하는 데 쓰이는 '于'는 '…에게', '…대하여'의 뜻이다. 이러한 용법은 '乎'자를 제외하고 현대중국어 서면어에서 자주 보인다. 가령, "獻身于革命事業."[혁명 사업에 헌신하다.], "有利于各國人民."[각국 인민에게 유리하다.] 등이 그러한 예이다.

　　셋째, 비교를 나타낸다.

(13) 青, 取之於藍而青於藍, 氷, 水爲之而寒於水. (『순자·권학(勸學)』)

　　청색은 쪽풀에서 취한 것이나 쪽풀보다 푸르고, 얼음은 물로 만든 것이나

　　물보다 차갑다.

(14) 老臣竊以爲媼之愛燕后, 賢於長安君. (『전국책(戰國策)·조책(趙策)』)

　　제가 살펴보니 태후께서 연후를 아끼는 것이 장안군보다 더 하십니다.

(15) 其聞道也, 固先乎吾. (한유 「사설(師說)」)

　　그가 도를 깨우침이 진실로 나보다 앞서다.

　　고서에서 비교를 나타내는 데는 보통 '於'와 '乎'만을 사용하며, '于'는 매우 적게 쓰인다. 비교를 나타내기 때문에 일반적으로 형용사술어의 뒤에만 위치한다. 의미는 현대중국어의 '比'에 해당하지만 문장에서의 위치는 다르다. '比'와 그의 목적어는 형용사술어의 앞에 놓여 부사어로 기능한다. '寒於水'를 현대중국어로 바꾸면 '比水寒'이 된다. '於'의 이러한 용법은 현대중국어 서면어에도 사용될 때가 있다. 가령, "人民的利益高於一切."[인민의 이익은 모든 것보다 우선한다.]가 이 예이다.

　　넷째, 피동을 나타내는 문장에 사용된다. 이는 제8장 「고대중국어의 피동표시법」에서 이미 소개하였으므로 여기에서는 중복하지 않고, '乎'를 사용하여 행위자를 이끌어 오는 예문 하나만 보충한다.

(16) 刑賞已諾, 信乎天下矣. (『순자・왕패(王霸)』)

　　형벌과 상이 이미 제정되면 천하에 신뢰를 받을 것이다.

　'信乎天下'는 '信于天下'와 같으며, '천하의 믿음을 얻다'는 뜻이다. 고서에서 '乎'를 사용하여 피동을 나타낸 예는 그다지 많지 않다.

2) 以

　전치사 '以'의 용법은 복잡한데, 자주 보이는 용법은 아래의 네 가지이다.

　첫째, 동작행위가 어떤 사물을 도구나 근거로 한다는 점을 나타내어, '~로써' 혹은 '~을 가지고'의 뜻이다. '以'의 목적어가 나타내는 사물은 구체적일 수도 있고 추상적일 수도 있다. 다음 예를 보자.

(17) 蛇出於其下, 以肱擊之. (『좌전・성공(成公) 2년』)

　　뱀이 그 아래에서 나오자 팔뚝으로 그것을 쳤다.

(18) 以羽爲巢, 而編之以髮. (『순자・권학』)

　　깃털로 둥지를 만들고 머리카락으로 그것을 엮는다.

(19) 儒以文亂法, 俠以武犯禁. (『한비자・오두』)

　　유생은 글로 법을 어지럽히고, 협객은 힘으로 금지된 것을 범한다.

　둘째, 어떠한 자격, 신분 혹은 지위에 의지함을 나타낸다.

(20) 至其時, 西門豹往會之河上, …… 以人民往觀之者三二千人. (『사기・골계열전』)

　　그때가 되어 서문표는 만나기로 한 물가로 갔다. …… 백성 중에 가서 보는 자들이 이삼천 명이었다.

(21) 騫以郎應募使月氏. (『한서(漢書)·장건전(張騫傳)』)

　　장건이 낭관의 신분으로 모집에 지원하여 월씨 땅에 사신으로 가게 되었다.

때로는 '거느리다', '의거하다'의 의미를 나타낸다.

(22) 項梁乃以八千人渡江而西. (『사기·항우본기』)

　　항량은 이에 팔천 명을 거느리고 강을 건너 서쪽으로 향했다.

(23) 餘船以次俱進. (『자치통감(資治通鑑)·한기(漢紀) 57』)

　　나머지 배들도 차례대로 모두 나아갔다.

셋째, 원인을 나타내며, '~로 인하여', '~ 때문에', '~로 말미암아'의 뜻이다.

(24) 夫韓魏滅亡, 而安陵以五十里之地存者, 徒以有先生也. (『전국책·위책(魏策)』)

　　한나라와 위나라는 멸망하였는데, 안릉이 오십 리의 땅으로 남을 수 있었
　　던 것은 단지 선생이 있었기 때문이다.

(25) 扶蘇以數諫故, 上使外將兵. (『사기·진섭세가(陳涉世家)』)

　　부소가 여러 차례 간언하였기 때문에 임금께서 그를 변방에서 병사를 다
　　스리게 하였다.

(26) 所謂華山洞者, 以其乃華山之陽名之也. (왕안석(王安石)「유포선산기(遊
　　褒禪山記)」)

　　이른바 화산동이라는 것은 그것이 화산의 남쪽이기 때문에 이름 지어진
　　것이다.

넷째, 시간을 나타내며, '~에', '~때에'의 뜻이다.

(27) 文以五月五日生. (『사기·맹상군열전(孟嘗君列傳)』)

맹상군은 오월 오일에 태어났다.

(28) 韓說以太初三年爲遊擊將軍. (『사기・위장군표기열전(衛將軍驃騎列傳)』)

한열은 태초 삼년에 유격장군이 되었다.

(29) 子厚以元和十四年十一月八日卒. (한유 「유자후묘지명(柳子厚墓誌銘)」)

자후는 원화 14년 11월 8일에 죽었다.

이상의 네 가지 용법은 서로 밀접한 관계를 맺고 있다. 실제로 뒤의 세 가지 용법은 모두 첫 번째 용법이 나타내는 '~에 근거하다'의 의미에서 파생되어 나온 것이다. 따라서 각 용법 간의 경계가 때로는 명확하지 않다. 가령 "以捕蛇獨存."[뱀 잡는 것으로 홀로 생존하였다.](유종원 「포사자설」)은 첫 번째 용법의 "뱀을 잡는 것에 의지하여 홀로 생존해가다."로 이해할 수도 있고, 세 번째 용법의 "뱀 잡는 것으로 말미암아 홀로 생존해가다."로 이해할 수도 있는데, 의미는 기본적으로 일치한다. 현대중국어에서도 '以'자의 용법은 상당히 복잡한데, '근거하다'의 의미를 나타내는 경우는 여전히 상용되지만 시간을 나타내는 용법은 이미 사라졌다.

'以'자의 용법에서는 두 가지 사항을 주의해야 한다. 첫째, '以'가 문장에서 차지하는 위치이다. '以'는 서술어동사의 앞에 쓰일 수도 있고, 서술어동사의 뒤에 쓰일 수도 있다. 위의 (18)에서 『순자・권학』 "以羽爲巢, 而編之以髮."의 두 '以'의 위치가 각기 다르다. 그러나 시간을 나타낼 때에는 서술어동사의 앞에만 위치할 수 있다. 둘째, '以'의 목적어의 위치이다. '以'의 목적어를 강조하기 위해서 해당 목적어를 '以'의 앞에 둘 수 있다. 다음 예를 보자.

(30) 楚國方城以爲城, 漢水以爲池. (『좌전・희공 4년』)

초나라는 방성을 성으로 삼고 한수를 해자로 삼았다.

(31) 一以當十. (『사기・항우본기』)

하나로 열을 당해내다.

만약 '以'의 목적어가 앞 문장에서 이미 출현하였다면 목적어는 때로 생략할 수 있다. 다음 예를 보자.

(32) 小人有母, 皆嘗小人之食矣, 未嘗君之羹. 請以遺之. (『좌전·은공 원년』)
소인에게 어머니가 있는데 모두 소인이 먹는 것만 맛보았지 아직 군주가 드시는 국은 맛본 적이 없습니다. 청컨대 이것을 어머께 드리고자 합니다.

(33) 擧熙熙然迴巧獻技, 以效玆丘之下. (유종원(柳宗元) 「고무담서소구기(鈷鉧潭西小丘記)」)
모두 쾌활하게 저마다의 기교와 재주를 부리고, 그것을 이 언덕 아래에서 보여주었다.

(32)의 '以' 뒤에 '君之羹'이 생략되었고 (33)의 '以' 뒤에 '此'가 생략되었는데, '此'는 앞 문장에서 서술한 일을 가리킨다.

'無以'[亡以]는 관용형식으로 '以' 뒤에 목적어가 오지 않는다. '無以'는 '할 수 없다'는 뜻이다.

(34) 故不積跬步, 無以至千里. 不積小流, 無以成江海. (『순자·권학』)
그러므로 한 걸음 한 걸음을 모으지 않으면 천리를 갈 수 없고, 작은 물길을 모으지 않으면 강과 바다를 이룰 수 없다.

(35) 河曲智叟亡以應. (『열자(列子)·탕문(湯問)』)
황하 가의 슬기로운 노인이 대답을 할 수 없었다.

'以'자는 접속사로 쓰이기도 하는데 이때 그 기능은 '而'와 거의 유사하다. 다음 예를 보자.

(36) 齊因乘勝盡破其軍, 虜魏太子申以歸. (『사기·손자오기열전(孫子吳起列傳)』)

제나라는 승세를 몰아 위나라 군대를 모조리 격파하고 위나라 태자 신을 포로로 잡아 돌아왔다.

(37) 酌貪泉而覺爽, 處涸轍以猶歡. (왕발(王勃) 「등왕각서(滕王閣序)」)

탐욕의 샘물을 마시고도 시원하게 느끼고, 마른 바퀴자국에 처해서도 여전히 즐거워한다.

(38) 夫夷以近, 則遊者衆. 險以遠, 則至者少. (왕안석 「유포선산기」)

무릇 평탄하고 가까우면 노니는 자들이 많고, 험준하고 멀면 이르는 자가 적다.

(36)의 '以'는 '虜太子申'과 '歸' 두 가지 행위동작을 연결하여 그들이 시간적으로 선후 관계를 지니고 있음을 나타낸다. (37)의 '以'는 '而'와 함께 사용되어 의미상 상대되는 두 가지 행위를 연결하고 있으므로 '以'자의 기능이 '而'와 유사하다는 점을 잘 설명해준다. (38)의 '以'자는 두 형용사를 연결하여 '夷'와 '近', '險'과 '遠'이라는 두 가지 성질 사이의 연관성을 나타낸다.

3) 爲

전치사 '爲'는 현대중국어로 wèi라고 발음한다. 보통 그 뒤의 목적어와 함께 서술어동사의 앞에 위치하여 부사어 역할을 하며, 대상, 목적, 원인 등의 관계를 나타낸다. 다음 예를 보자.

(39) 爲長安君約車百乘. (『전국책·조책』)

장안군에게 수레 백승을 약속하다.

(40) 苦爲河伯娶婦. (『사기·골계열전』)

하백에게 신부를 바치는 일을 고통스러워하다.

(41) 天行有常, 不爲堯存, 不爲桀亡. (『순자·천론(天論)』)

하늘의 운행에는 정해진 법칙이 있으니 이는 요임금 때문에 있는 것이 아니고, 걸임금 때문에 사라지는 것이 아니다.

(42) 漢卒十餘萬人皆入睢水, 睢水爲之不流. (『사기·항우본기』)

한나라의 병졸 십여만 명이 모두 수수로 뛰어들었고, 수수는 이 때문에 흐
르지 않았다.

(39-40)에서 '爲'는 대상 혹은 목적을 나타낸다. (41-42)에서 '爲'는 원인을 나타
내며, 이때의 '爲'자는 '~때문에', '~로 인하여'라고 번역할 수 있다.

전치사 '爲' 뒤의 목적어는 때로 생략할 수 있다.

(43) 禹之時, 十年九潦, 而水弗爲加益. 湯之時, 八年七旱, 而崖不爲加損. (『장
자·추수(秋水)』)

우임금 때에 십년 동안 아홉 번이나 홍수가 났지만 물이 늘어나지 않았고,
탕임금 때에 팔년 동안 일곱 번이나 가뭄이 들었지만 수심이 줄어들지 않
았다.

(44) 居輜車中, 坐爲計謀. (『사기·손자오기열전』)

수송용 수레에 앉아서 작전을 지휘하게 하였다.

(45) 煩大巫嫗爲入報河伯. (『사기·골계열전』)

무당 할멈은 수고롭겠지만 들어가 하백에게 보고하시오.

이처럼 생략된 목적어는 위, 아래 문맥을 살펴보면 '之', '我', '此' 등의 대체사인
경우가 많다.

전치사 '爲'는 피동을 나타낼 수도 있는데, 이 경우 wéi로 읽는다. 이는 제8장「고
대중국어의 피동표시법」에서 이미 소개하였으므로 여기서 설명하지 않는다.

접속사

접속사는 단어나 구 또는 문장을 이어주는 허사이다. 고대중국어에서 자주 사용되는 접속사로는 '與', '及', '而', '則', '且', '況', '但', '抑', '雖', '然', '故', '苟', '倘', '令', '第令', '藉使', '之' 등이 있는데, 이 중 현대중국어 서면어에도 자주 사용되는 것들이 적지 않다. 다음 몇 가지 접속사에 대해 알아보자.

1) 與

'與'자는 두 가지 품사로 볼 수 있다. 하나는 접속사이며, 하나는 전치사이다. 접속사 '與'는 보통 병렬관계의 명사나 대체사 또는 명사구를 이어준다. 다음 예를 보자.

(46) 蜩與學鳩笑之. (『장자・소요유(逍遙遊)』)
매미와 어린비둘기가 그를 비웃는다.

(47) 畦留夷與揭車兮, 雜杜衡與芳芷. (굴원(屈原) 「이소(離騷)」)
밭두둑에는 작약과 게차, 두형과 구릿대도 섞어 심었지.

(48) 吾與女同好棄惡, 復脩舊德, 以追念前勳. (『좌전・성공(成公) 13년』)
나와 너는 서로 사이좋게 지내며 이전의 미워했던 것은 버리고 옛날의 우호관계를 회복하여 선대 군주께서 이루신 공을 생각하도록 하자.

(49) 凡有爵者與七十者與未齔者, 皆不爲奴. (『한서・형법지(刑法志)』)
작위를 가진 자, 나이 70이 넘은 노인과 아직 이를 다 갈지 않은 어린이는 모두 노비로 삼지 않는다.

(49)의 '與'는 '有爵者', '七十者', '未齔者' 등 세 개의 명사구를 이어주는 것으로, '與'가 두 번 사용되었다. 그러나 현대중국어의 경우 세 개 이상의 병렬성분을 연결한다면 보통 제일 마지막 항목 앞에 접속사 '和'를 한 번만 사용한다.

'與'자가 전치사로 쓰일 때 앞뒤의 성분은 병렬관계가 아니라, 뒤에 오는 목적어와 함께 전치사구조를 이루어 부사어 역할을 한다. 다음 예를 보자.

(50) 公與之乘, 戰于長勺. (『좌전·장공(莊公) 10년』)
    공이 그와 수레를 타고 장작에서 전투를 하였다.
(51) 夸父與日逐走. (『산해경(山海經)·해외북경(海外北經)』)
    과보가 해와 달리기 경주를 했다.
(52) 君安與項伯有故? (『사기·항우본기』)
    그대는 어떻게 항백과 교류가 있었는가?

(50-52)에서 '公', '夸父', '君'은 문장의 주어이고, '與'는 뒤에 오는 명사와 전치사구조를 이루어 부사어 역할을 한다. (52)에서는 '與' 앞에 부사어 '安'이 사용되어 그것이 전치사의 역할만 하고 있음을 더욱 분명하게 보여준다. 이와 같은 경우 '君'과 '項伯'이 병렬관계가 될 수 없기 때문이다.

전치사 '與'의 목적어도 생략이 가능하다. 다음 예를 보자.

(53) 獨守丞與戰譙門中. (『사기·진섭세가』)
    오직 군수의 부관인 수승만이 (그들과) 초문에서 싸우고 있었다.
(54) 萬峰無不下伏, 獨蓮花與抗耳. (서굉조(徐宏祖) 「유천도(遊天都)」)
    온갖 봉우리가 아래로 엎드리고 있는데, 오직 연화봉만이 (천도봉과) 맞서
    고 있을 뿐이다.

(53-54)에서 '與'자 뒤에는 모두 대체사 '之'가 생략되었다. 생략된 '之'는 (53)에서는 진섭이 이끄는 기의군을 가리키고 (54)에서는 천도봉을 가리킨다.

2) 而

접속사 '而'의 주요 용법으로는 세 가지가 있다.

첫째, 연합구조에서 형용사와 동사 또는 형용사구 및 동사구를 연결하여 두 개의 성질이나 행위가 연결됨을 나타낸다. 다음 예를 보자.

(55) 美而艶. (『좌전·환공(桓公) 원년』)

아름답고 곱다

(56) 敏於事而愼於言. (『논어·학이(學而)』)

일을 민첩하게 하고 말을 신중하게 한다.

이상은 두 개의 성질이 연결되는 경우이다.

(57) 入而徐趨, 至而自謝. (『전국책·조책』)

들어가서 서서히 달려가 도착한 후 스스로 사과하였다.

(58) 執其手而與之謀. (『국어·월어 상』)

그의 손을 잡고 그와 상의하였다.

이상은 두 가지의 행위가 연결되는 경우이다.

'而'자는 두 개의 주술구조를 연결하여 두 개의 사건이 이어짐을 나타낼 수도 있다. 다음 예를 보자.

(59) 任重而道遠. (『논어·태백(泰伯)』)

맡은 임무는 막중하고 갈 길은 멀다.

(60) 故令尹誅而楚姦不上聞, 仲尼賞而魯民易降北. (『한비자·오두』)

그러므로 영윤이 그를 죽이자 초나라의 간악한 일이 위에 알려지지 않았고, 공자가 상을 내리자 노나라 사람들이 쉽게 항복하였다.

(61) 臣死而秦治, 賢於生也. (『전국책·진책(秦策)』)

제가 죽어 잔나라가 다스려진다면 사는 것보다 좋은 일입니다.

고대중국어에서 '而'자는 명사 또는 명사구를 연결하지 않는다. 『순자·권학』의 "蟹六跪而二螯."[게는 여섯 개의 다리와 두 개의 집게 다리를 가지고 있다.]에서 '而'자가 '六跪'와 '二螯'를 연결할 수 있는 것은 이 문장에서 두 명사가 서술어로 사용되며 묘사하는 성질을 지니기 때문이다.

앞뒤 문맥에 따라 '而'는 순접과 역접에 모두 사용할 수 있다. 순접이란 서로 연결되는 두 항목이 의미상 병렬관계이거나 이어지는 경우로, 중간에 의미 전환이 없다. 다음 예를 보자.

(62) 女娃遊于東海, 溺而不返. (『산해경·북산경(北山經)』)

여와가 동해에서 노닐다가 물에 빠져 돌아오지 않았다.

(63) 學而時習之, 不亦說乎? (『논어·학이』)

배우고 항상 그것을 익힌다면 정말 기쁜 일이 아니겠는가?

(64) 因釋其耒而守株, 冀復得兎. (『한비자·오두』)

이로 인하여 쟁기를 내려놓고 나무그루터기를 지키면서 다시 토끼를 얻기를 기대하였다.

(65) 吾聞沛公慢而易人. (『사기·역생육가열전(酈生陸賈列傳)』)

저는 패공이 거만하고 남을 가볍게 여긴다고 들었습니다.

이상은 순접 기능을 하는 '而'이다.

역접이란 서로 연결되는 두 항목이 의미상 상대되거나 상반되는 경우로, 전환의 의미를 지니고 있다. 다음 예를 보자.

(66) 不戰而屈人之兵, 善之善者也. (『손자병법(孫子兵法)·모공(謀攻)』)

싸우지 않고 상대 군대를 굴복시키는 것이 상책 중의 상책이다.

(67) 水淺而舟大也. (『장자・소요유』)

물은 얕고 배는 크기 때문이다.

(68) 舟已行矣, 而劍不行, 求劍若此, 不亦惑乎? (『여씨춘추(呂氏春秋)・찰금

(察今)』)

배는 이미 가버렸는데 칼은 가지 않았으니 이처럼 칼을 찾는 것은 정말

어리석은 것이 아니겠는가?

(69) 日增千金而愈不可得. (유종원「고무담서소구기」)

날마다 천금을 더해주어도 더욱 얻을 수 없었다.

이상은 역접 기능을 하는 '而'이다.

순접과 역접이라는 것은 구체적인 문맥에 따라 판단하는 것이지 '而' 자체가 두 가지 성질을 갖고 있다는 것은 아니다. 가령 『논어・공야장』의 "始吾于人也, 聽其言而信其行, 今吾于人也, 聽其言而觀其行."[처음 나는 사람에 대해 그 말을 듣고 그의 행동을 믿었는데, 지금 나는 사람에 대해 그 말을 듣고도 그의 행동을 살펴본다.]에서 첫 번째 '而'는 순접이고, 두 번째 '而'는 역접이다. 그러나 문법기능면에서 볼 때 '而'자는 모두 두 가지 행위의 연결을 나타내는 것으로 별개의 성질을 지니는 것이 아니다.

둘째, '而'자는 수식구조에서 부사어와 서술어인 동사를 연결시킨다. 의미적으로는 대개 순접이며 앞뒤 의미를 이어준다. 그러나 병렬관계가 아니며 전환의 의미도 나타내지 않는다. 다음 예를 보자.

(70) 一鼓作氣, 再而衰, 三而竭. (『좌전・장공 10년』)

한 번 북을 치면 용기가 나고, 다시 북을 치면 적의 용기가 약해지며, 세

번째 북을 치면 용기가 다 없어지게 된다.

(71) 吾嘗終日而思矣, 不如須臾之所學也. (『순자・권학』)

내가 일찍이 하루 종일 생각해본 적이 있는데, 잠깐 동안 공부하는 것보다

못하였다.

(72) 太后盛氣而揖之. (『전국책・조책』)

태후가 화가 많이 난 채로 그에게 절하였다.

(73) 未至, 道渴而死. (『산해경・해외북경』)

이르지 못하고 도중에 목이 말라 죽었다.

(74) 爲壇而盟, 祭以尉首. (『사기・진섭세가』)

단상을 설치하여 맹세를 하며 무관의 머리를 가지고 제사지냈다.

(75) 吾恂恂而起, 視其缶, 而吾蛇尙存, 則弛然而臥. (유종원 「포사자설(捕蛇者設)」)

나는 천천히 일어나서 단지를 보고 내가 잡은 뱀이 아직 있으면 편안하게 눕는다.

현대중국어에는 이와 같은 기능의 '而'자에 해당하는 허사가 없으며, 해석도 문맥에 따라 다르다.

셋째, '而'자는 주술구조에서 주어와 서술어를 연결시켜 역접의 의미를 나타낸다. 간혹 일어나지 말아야 했는데 일어난 일을 나타내기도 한다. 다음 예를 보자.

(76) 先生獨未見夫僕乎? 十人而從一人者, 寧力不勝, 智不若耶? 畏之也. (『전국책・조책』)

선생께서는 저 시종들을 보지 못하였는가? 열 사람이 한 사람을 따르는 것이 어찌 힘이 못하고 지혜가 모자라기 때문이겠는가? 그를 두려워하기 때문이다.

'十人而從一人者'는 본래 열 사람이 한 사람에게 복종할 필요가 없는데 지금 한 사람에게 복종하고 있음을 말한다. 문장에서 '而'는 전환의 의미를 지닌다.

'而'는 주어와 서술어 사이에 놓일 때 가설의 의미를 나타내기도 한다. 다음 예를 보자.

(77) 子産而死, 誰其嗣之? (『좌전·양공(襄公) 30년』)

자산이 죽는다면 누가 그 뒤를 이어야 하는가?

(78) 意而安之, 願假冠以見. 意如不安, 願無變國俗. (『설원(說苑)·봉사(奉使)』)

생각하시기에 그것을 편안히 여기시면 제가 관을 쓰고 뵐 것이며, 생각하시기에 편치 않으시다면 나라의 풍속을 바꾸지 마시기를 바랍니다.

여기에서 '而'는 '만약', '가령'의 뜻이다. (77)의 '子産而死'은 '자산이 만약 죽으면'이라는 뜻이다. (78)에서는 '而'와 '如'가 함께 사용되어, '而'의 가정 의미가 더욱 분명히 드러난다.

'而'는 고대중국어에서 자주 사용되는 허사이지만, 현대중국어의 서면어에서도 다양한 용법으로 두루 사용된다. 가령, '高而陡'[높고 험하다], '緊張而有秩序'[긴박하지만 질서가 있다], '源源而來'[물이 끊임없이 흐르다], '背道而馳'[도를 등지고 달려가다], "民族戰爭而不依靠人民大衆, 豪無疑義將不能取得勝利."[민족전쟁에서 인민대중의 힘에 의지하지 않는다면 장차 절대 승리를 취할 수 없다.] 등이 그러한 예이다.

3) 則, 然則

접속사 '則'의 주요 용법은 아래의 네 가지가 있다.

첫째, 시간상 두 가지 사건이 이어짐을 나타낸다. '곧', '바로'의 뜻을 지닌다. 다음 예를 보자.

(79) 戰則請從. (『좌전·장공 10년』)

전쟁을 한다면 따라갈 것을 청합니다.

(80) 聞令下, 則各以其學議之. (『사기·진시황본기(秦始皇本紀)』)

아래에 명령을 내리면 각각 자신이 배운 것으로 이를 의논한다고 들었다.

(81) 人情一日不食則饑, 終歲不製衣則寒. (조조(鼂錯) 「논귀속소(論貴粟疏)」)

사람살이란 하루를 먹지 않으면 배고프고 늘 옷을 만들지 않으면 춥다.

둘째, 인과관계나 이치상의 연관관계를 나타낸다. '그러면'이나 '그렇다면 곧'의 뜻을 지닌다. 다음 예를 보자.

(82) 風之積也不厚, 則其負大翼也無力. (『장자・소요유』)

바람의 쌓임이 두텁지 않으면 그 큰 날개를 짊어짐에 힘이 없다.

(83) 民貧則奸邪生. (조조 「논귀속소」)

백성이 가난하면 간사한 일이 일어난다.

(84) 日與水居, 則十五而得其道. 生不識水, 則雖壯, 見舟而畏之. (소식(蘇軾) 「일유(日喩)」)

날마다 물과 함께 생활하면 열다섯 살 나이에 잠수하는 이치를 안다. 태어나서 물을 알지 못한 사람은 건강하게 자랐더라도 배만 보고도 두려워한다.

이와 같은 용법의 '則'은 동등한 관계의 두 절에서 사용되면 대비를 나타낸다. 다음 예를 보자.

(85) 應之以治則吉, 應之以亂則凶. (『순자・천론』)

자연의 법칙에 따라 응하면 길하고 어지럽게 응하면 흉하다.

(86) 是故無事則國富, 有事則兵强. (『한비자・오두』)

그러므로 전쟁이 없으면 나라가 부강해지고 전쟁이 있으면 군대가 강해진다.

(87) 入則心非, 出則巷議. (『사기・진시황본기』)

집에 들어가서는 마음속으로 비난하고 나와서는 마을 사람들과 의논한다.

셋째, 가설을 나타내며 '만약', '가령'의 뜻을 지닌다. 다음 예를 보자.

(88) 時則不至, 而控於地而已矣. (『장자·소요유』)

때로는 거기에 도달하지 못하면 땅에 떨어지고 말 뿐이다.

(89) 項王乃謂海春侯大司馬曹咎等曰, "謹守成皋! 則漢欲挑戰, 慎勿與戰!"

(『사기·항우본기』)

항왕은 이에 해춘후 대사마 조구 등에게 말했다. "성고를 잘 지켜라. 만약 한나라가 싸움을 걸어와도 절대 그들과 싸우지 말라."

넷째, 알게 되었음을 나타내며 '알고 보니 이미'의 뜻을 지닌다. 다음 예를 보자.

(90) 公使陽處父追之, 及諸河, 則在舟中矣. (『좌전·희공 33년』)

공이 양처보로 하여금 그를 쫓도록 하였는데, 제하에 이르자 이미 배에 타고 있었다.

(91) 使子路反見之. 至則行矣. (『논어·미자(微子)』)

자로로 하여금 돌아가 뵙도록 하였는데, 도착해 보니 이미 떠나버렸다.

이러한 용법의 '則'은 대부분 두 개 이상의 절을 지닌 복합구문에 사용되며,[1] 앞쪽의 구절에 나오는 사건이 나중에 발생한 것이고, 뒤쪽 구절에 나오는 사건이 먼저 발생한 것이다. '則'은 뒤쪽 구절에 놓여 이미 발생한 일에 대해 알게 되었음을 나타낸다.

이밖에 '則'은 양보를 나타내어 '비록 …하여도', '오히려'의 뜻도 지닌다. 다음 예를 보자.

---

1) 위의 두 예문은 모두 세 개의 절로 이루어져 있다.

(92) 其室則邇, 其人甚遠. (『시경・정풍(鄭風)・동문지선(東門之墠)』)

그 집은 가깝지만 그 사람은 멀기만 하다.

(93) 善則善矣, 未可以戰也. (『국어・오어(吳語)』)

좋기는 좋습니다만, 아직 그것만으로 전쟁을 할 수는 없습니다.

어떤 문법서에서는 이러한 용법의 '則'을 부사로 보기도 하는데, 사실 '則'이 양보를 표시하는 경우에도 여전히 접속 기능을 수행하므로 일반적인 부사와는 차이가 있다.

'然則'은 본래 지시대체사 '然'과 접속사 '則'이 연용된 것으로, '이렇게 하면' 또는 '이와 같다면, 그러면'의 뜻이며 대부분 대화에 쓰인다. '然則'이 사용되는 문장은 주로 앞문장의 의미에 따라 당연히 나와야 하는 결과를 진술한다. 다음 예를 보자.

(94) 今有搆木鑽燧於夏后之世者, 必爲鯀禹笑矣 …… 然則今有美堯, 舜, 湯, 武, 禹之道於當今之世者, 必爲新聖笑矣. (『한비자・오두』)

지금 만약 하후씨의 시대에서처럼 나무를 얽거나 부싯돌을 긋는 자가 있다면 반드시 곤과 우에게 비웃음을 살 것이다. …… 그런즉 지금 요, 순임금과 탕왕, 무왕, 우임금의 도를 찬양하는 사람이 있다면 반드시 지금시대의 성인에게 비웃음을 살 것이다.

(95) 今取人則不然, 不問可否, 不論曲直, 非秦者去, 爲客者逐, 然則是所重者在乎色樂珠玉, 而所輕者在乎人民也. (이사(李斯) 「간축객서(諫逐客書)」)

지금 사람을 취하는 일은 그렇지 않습니다. 옳고 그름, 바르고 바르지 않음을 따지지 않고 진나라를 비난하는 자를 쫓아내고 유세객으로 있는 사람을 쫓아내는데, 이렇게 하면 이는 색과 음악과 보석은 중시하고 사람들은 가벼이 여기는 것입니다.

나중에 '然則'은 관용적으로 하나의 단어처럼 사용되어 '그렇다면'의 의미를 갖게 되었다. 다음 예를 보자.

(96) 是進亦憂, 退亦憂, 然則何時而樂耶? (범중엄(範仲淹) 「악양루기(岳陽樓記)」)

이는 나아가서도 근심하고 물러나서도 근심하는 것이니 그렇다면 어느 때
에 즐거워했을 것인가?

(97) 吾方以此爲鑑. 然則吾何以傳女曹哉? (왕완(汪琬) 「전시루기(傳是樓記)」)

내가 지금 이것을 거울로 삼는데 그렇다면 내가 너희들에게 어떻게 전할
것인가?

4) 雖, 雖然

접속사 '雖'는 보통 양보를 나타내며 현대중국어의 '雖然[비록 ……지만]'에 해당한
다. 다음 예를 보자.

(98) 十五歲矣, 雖少, 願及未填溝壑而託之. (『전국책·조책』)

열다섯 살로 비록 어리지만, 제가 죽기 전에 그 아이를 맡기기를 원합니다.

(99) 諺曰, "桃李不言, 下自成蹊." 此言雖小, 可以喩大也. (『사기·이장군열
전(李將軍列傳)』)

속담에 "복숭아와 오얏은 말을 하지 않아도 그 아래에 저절로 길이 생긴
다."라는 말이 있는데, 이 말은 소소하지만 중요한 일을 비유할 수 있다.

고대중국어에서 '雖'는 '설령 그렇더라도'의 뜻도 있는데, 이는 가설의 양보이다.
다음 예를 보자.

(100) 雖有槁暴, 不復挺者, 輮使之然也. (『순자·권학』)

설령 말리더라도 다시 곧게 펴지지 않는 것은 굽으면서 본성을 잃었기
때문이다.

(101) 雖九死其猶未悔. (굴원 「이소」)

설령 아홉 번 죽더라도 후회하는 일은 하지 않을 것이다.

(102) 雖我之死, 有子存焉. (『열자·탕문』)

　　설령 내가 죽더라도 내 아들이 남아있다.

(103) 苟此不能守, 雖避之他處何益! (한유 「장중승전후서(張中丞傳後序)」)

　　만약 이곳을 지킬 수 없다면 비록 다른 곳으로 피한들 무슨 도움이 되겠
　　는가?

　현대중국어의 '虽然'[비록 ……지만]의 의미는 고대중국어에서는 '雖' 한 글자로만
나타낸다. 고대중국어에도 '雖然'이 있지만 그것은 접속사 '雖'와 지시대체사 '然'을
이어 쓴 것으로 '비록 그러하지만'의 뜻이다. 다음 예를 보자.

(104) 滕君, 則誠賢君也. 雖然, 未聞道也. (『맹자(孟子)·등문공(滕文公) 상』)

　　등나라 군주는 정말 현명한 군주이다. 비록 그러하지만 아직 도를 듣지
　　못하였다.

(105) 雖然, 猶有未樹也. (『장자·소요유』)

　　비록 그러하지만 아직 세우지 못한 것이 있다.

　두 예에 쓰인 '雖然'은 모두 '비록 이와 같지만'의 뜻으로 독자적으로 하나의 단
문이 되므로, 현대중국어의 접속사 '雖然'으로 풀이해서는 안 되며, 지면에 기록할
때에도 뒷부분을 반드시 쉼표로 끊어주어야 한다.

5) 然, 然而

　'然'은 접속사로서 전환을 나타내며 현대중국어의 '可是', '但是' 또는 '然而'[그
러나]에 해당한다. 다음 예를 보자.

(106) 自始合, 苟有險, 余必下推車, 子豈識之. 然子病矣. (『좌전·성공 2년』)

　　접전이 시작되었을 때부터 험한 길이 있으면 나는 반드시 수레에서 내려

밀었는데, 그대가 어찌 그것을 알겠습니까? 그런데도 당신은 괴로워하고 있습니다.

(107) 周勃厚重少文, 然安劉氏者必勃也. (『사기・고조본기(古祖本紀)』)
주발은 인정이 두텁고 글재주는 부족하다. 그러나 유씨를 안정시킬 자는 필시 주발이다.

고대중국어에도 '然而'가 쓰였지만, 이는 지시대체사 '然'과 접속사 '而'를 이어서 쓴 것으로 '이와 같으나' 또는 '비록 이와 같지만 그러나'의 뜻이다. 다음 예를 보자.

(108) 夫環而攻之, 必有得天時者矣. 然而不勝者, 是天時不如地利也. (『맹자・공손추(公孫丑) 하』)
이를 포위하여 공격하는 사람 중에 반드시 하늘의 때를 얻은 이가 있을 것이다. 그런데도 승리하지 못하는 것은 하늘의 때가 땅의 이로움만 못하기 때문이다.

(109) 汝穎以爲險, 江漢以爲池, 限之以鄧琳, 緣之以方城, 然而秦師至而鄢郢擧, 若振槁然. (『순자・의병(議兵)』)
여수와 영수를 요새로 삼고, 강수와 한수를 해자로 삼으며, 등림으로 경계를 삼고 방성산으로 둘러싸여 있는데, 그럼에도 진나라 군대가 이르러 언과 영 지방이 점령당하니 마치 마른 나뭇잎이 떨어지는 것 같았다.

(108-109)의 '然'은 모두 앞 구절에 나온 사실을 긍정하며, 뒤에 '而'를 사용해 전환시켜 다음 구절의 결론이나 새로운 사실을 내놓는다. 나중에 '然而'는 관용형식이 되어 하나의 단어가 되었다. 다음 예를 보자.

(110) 布履星羅, 四周於天下, 輪運而輻集. 合爲朝觀會同, 離爲守臣扞城. 然而降於夷王, 害禮傷尊, 下堂而迎觀者. (유종원 「봉건론(封建論)」)
제후국들이 무수한 별처럼 퍼져서 천하의 사방에 있고, 바퀴가 중심을 둘러싸고 움직이고 수레바퀴살이 모여 있다. 합쳐지면 함께 모여 천자에게 조회하고 흩어지면 강토를 지키는 신하로서 성을 막아주었다. 그러나 주나라 이왕 때에 이르러서는 예법의 존엄이 훼손되어 천자가 대청 아래로 내려가 제후를 맞이하였다.

여기서 '然而'는 현대중국어와 마찬가지로 '그러나'의 뜻만 나타낸다. 그러나 고대중국어에서는 이 두 가지 용법의 '然而'를 섞어서 쓰곤 했다. 따라서 고대중국어를 읽을 때는 두 '然而'의 차이에 유의해야 한다.

6) 之

'之'자는 두 가지 품사로 분류된다. 하나는 대체사이고, 다른 하나는 접속사이다. 대체사 '之'는 앞에서 대체사를 다룰 때 이미 소개했으므로 여기서는 접속사 '之'에 대해서만 다루기로 한다.

접속사 '之'의 주요 기능에는 두 가지가 있다. 첫째, 관형어와 중심어를 연결하여 소속관계나 수식관계를 나타낸다. 다음 예를 보자.

(111) 是炎帝之少女. (『산해경 · 북산경』)
    이는 염제의 딸이다.

(112) 往古之時, 四極廢, 九州裂. (『회남자(淮南子) · 남명훈(覽冥訓)』)
    상고시대에 하늘의 사방이 갑자기 무너지고 구주의 땅이 갈라졌다.

(113) 足下上畏太后之嚴, 下惑奸臣之態, 居深宮之中, 不離保傅之手. (『전국책 · 진책』)
    그대는 위로는 태후의 위엄을 두려워하고 아래로는 간신의 태도에 미혹되어 깊은 궁중에 거처하면서 태자를 보좌하는 신하의 손을 떠나지 못하고 있습니다.

(114) 今欲以先王之政治當世之民, 皆守株之類也. (『한비자 · 오두』)

지금 선왕의 정치로 이 시대 백성을 다스리려는 것은 그루터기를 지키는 것과 같습니다.

이 '之'자는 보통 현대중국어의 '的'[…의]으로 풀이되지만, 둘은 품사가 다르다. 현대중국어의 '的'자는 구조조사로서, 앞에 오는 단어나 구와 결합하여 명사구2)를 만드는 등 문장에서 관형어뿐만 아닌 다양한 성분으로 쓰인다. 반면 고대중국어의 '之'는 앞에 오는 단어나 구와 함께 관형어로 사용되며, '之'의 뒤에는 반드시 중심어가 와야 한다. 즉 '之'는 관형어와 중심어를 연결해 주는 역할을 한다. 그래서 '접속사'이다.

'之'자의 두 번째 용법은 주술구조 사이에 놓여 명사성 수식구조를 만들어서 그것이 문장의 주어, 목적어 또는 부사어 역할을 하게 하는 것이다. 다음 예를 보자.

(115) 貢之不入, 寡君之罪也. (『좌전·희공 4년』)

　　　공물이 들어가지 않음은 우리 군주의 잘못입니다.

(116) 湯之問棘也是已. (『장자·소요유』)

　　　탕임금이 신하인 극에게 물은 것은 이에 대한 것이다.

(117) 甚矣, 汝之不惠! (『열자·탕문』)

　　　심하구나, 당신의 어리석음이.

이상은 주어 역할을 하는 경우이다.

(118) 不虞君之涉吾地也. (『좌전·희공 4년』)

　　　그대의 군대가 우리의 땅을 침범할 것을 생각지 못하였다.

(119) 不登高山, 不知天之高也. 不臨深谿, 不知地之厚也. (『순자·권학』)

　　　높은 산에 오르지 않으면 하늘이 얼마나 높은지를 모른다. 깊은 계곡에

---

2) 예를 들면 '我的'[내 것], '紅的'[붉은 것], '寫的'[쓴 것], '人民的'[인민의 것], '群衆擁護的'[군중이 지지하는 것] 등과 같다.

이르지 못하면 땅이 얼마나 두터운지를 모른다.

(120) 而恐太后玉體之有所郄也. (『전국책·조책』)

태후의 옥체에 병이 생길 것을 두려워합니다.

이상은 목적어 역할을 하는 경우이다.

(121) 鵬之徙於南冥也, 水擊三千里. (『장자·소요유』)

붕새가 남쪽 큰 바다로 옮겨갈 때에는 물이 삼천리만큼이나 솟구친다.

(122) 大道之行也, 天下爲公. (『예기(禮記)·예운(禮運)』)

대도가 행해지면 천하는 모두의 것이 된다.

(123) 南霽雲之乞救于賀蘭也, 賀蘭嫉巡遠之聲威功績出己上, 不肯出師救.
(한유「장중승전후서」)

남제운이 하란에게 구원병을 청하였을 때에, 하란은 장순과 허원의 명성
과 업적이 자기보다 앞서는 것을 싫어하여 군사를 출병시켜 구원하려고
하지 않았다.

이상은 부사어 역할을 하는 경우이다.

현대중국어에는 이 '之'자에 대응되는 단어가 없다. 이는 고금의 통사구조 차이를
반영한다. 고대중국어에서는 '之'의 이러한 용법이 자주 보이므로 학습할 때 주의해
야 한다.

'之'자의 두 번째 기능도 사실 관형어와 중심어를 이어주는 것일 뿐이다. 다만 관
형어와 중심어 사이에 '之'가 없다면 주어와 서술어의 관계가 된다는 차이가 있을
뿐이다. 일부 연구서에서는 '之'가 관형어를 중심어에 연결시켜주는 역할을 한다는
점에서 전치사에 포함시키기도 한다.

12

어기사와 접두사, 접미사

어기사

어기사는 문장의 성분이 될 수 없고, 또한 문장성분 사이의 관계를 나타낼 수도 없다. 어기사는 문장 내 휴지를 제시하거나 진술, 명령, 의문, 감탄의 어기 등 다양한 어기를 표시하는 기능을 한다. 문장에서 어기사의 위치는 문두, 문중, 문미 세 종류로 나눌 수 있다. 문두와 문중의 어기사는 현대중국어에 더 이상 존재하지 않고, 문미의 어기사는 옛날부터 지금까지 큰 변화가 있었다. 먼저 문미 어기사부터 언급하기로 한다.

1) 문미어기사

고대중국어에서 자주 보이는 문미의 어기사는 '也', '矣', '乎', '哉' 등이 있다. 이 어기사는 전체 문장의 가장 뒤에 놓여 특정한 어기를 나타낸다. 고대중국어는 현대중국어와 마찬가지로, 어기사의 개수가 제한되어 있지만 문장이 나타낼 수 있는 어기는 매우 다양하다. 즉 각 어기사는 기본용법이 있더라도 문장의 유형에 따라 다양한 어기를 나타낼 수 있다. 따라서 각 어기사의 기본 용법을 이해하는 동시에 구체적 문장에서 각 어기사의 용법이 어떻게 달라지는지 그 차이를 이해해야 한다. 전자는 어렵지 않지만, 후자는 꽤 복잡하다. 그러나 이들이 구체적인 문장에서 나타내는 어기를 판별하지 못하면 전체 문장의 내용이나 감정적 분위기를 정확하게 이해하기 어렵다. 따라서 자주 사용되는 주요 어기사를 중심으로 하나하나 분석해 볼 필요가 있다.

❶ 也

'也'가 문미에 놓이는 것은 주로 판단문에서이다. 이 '也'는 서술어가 판단을 나타내는 것을 도와준다. 이는 '也'의 기본 용법으로, 관련 내용은 제7장 「고대중국어의 판단문」에서 이미 설명하였다. '也'는 또한 판단문 이외의 다른 유형의 문장에도 쓰이는데, 그 유형에 따라 '也'가 나타내는 어기에도 변화가 생긴다.

복문에서 '也'는 항상 마지막 절의 문미에 쓰이며, 앞에서 단정한 것의 긍정과 확인을 나타내어 전체 문장의 어기를 강화한다. 다음 예를 보자.

> (1) 如必自爲而後用之, 是率天下而路也. (『맹자(孟子)・등문공(滕文公) 상』)
>   만약 반드시 스스로 만들어 쓴다면, 이는 천하를 이끌어 길로 나가도록 하는 것이다.
> (2) 雖殺臣, 不能絕也. (『묵자(墨子)・공수(公輸)』)
>   비록 저를 죽여도, 꺾을 수 없을 것입니다.
> (3) 禹以治, 桀以亂, 治亂非天也. (『순자(荀子)・천론(天論)』)
>   우임금은 다스림을 가지고 하였고, 걸임금은 어지럽힘을 가지고 하였는데, 다스림과 어지럽힘 모두 자연스러운 것은 아니다.

(1)의 '如必自爲而後用之'는 가정이고, '是率天下而路也'는 이 가정이 만들어낼

결과에 대한 긍정적인 단정이다. (2)의 '雖殺臣'은 양보를 나타내고, '不能絶也'는 이러한 양보의 조건 속에서 일어날 사건의 결과에 대한 긍정적인 단정이다. (3)의 앞 두 절은 객관적 사실을 진술한 것이고, '治亂非天也'는 사실의 결과에 대한 판단이다.

인과관계를 나타내는 복문에서, '也'의 기능에 주의할 필요가 있다. 아래의 두 예를 비교해보자.

(4) 賞罰不信, 故士民不死也. (『한비자(韓非子)·초견진(初見秦)』)
상벌이 믿음직하지 못하므로 병사와 백성들이 나라를 위해 죽으려 하지 않는다.

(5) 螾無爪牙之利, 筋骨之彊, 上食埃土, 下飮黃泉, 用心一也. (『순자·권학 (勸學)』)
지렁이는 발톱과 어금니의 날카로움과 근육과 뼈의 강력함이 없으면서 위로는 진흙을 먹고 아래로는 지하의 물을 마시는 것은 마음을 오로지 한 가지에 쏟기 때문이다.

(4)는 결과를 확신하는 것이고, (5)는 원인을 확신하는 것이다. 결과와 원인은 상반된 것처럼 보이지만 모두 확신과 확인의 어기를 가지므로 모두 '也'로 문장을 끝낼 수 있다.[1]

이상에서 볼 수 있듯이 복문의 문미에 쓰인 '也'는 모두 확신과 확인 혹은 굳은 믿음의 어기를 나타낸다. 이러한 용법은 '也'가 기본적으로 판단을 나타낸다는 점과 밀접한 관련이 있으며, 그 기본 용법에서 파생되어 나온 것이다.

고대중국어에서 명령 혹은 의문을 나타내는 문장 또한 종종 '也'로 끝낸다. 명령을 표시하는 예는 다음과 같다.[2]

---

1) 제7장 「고대중국어의 판단문」을 참조할 것.
2) (역주) 앞서 설명한 바와 같이 중국어의 '명령문'에는 단순한 명령 이외에 어떤 일을 요구하거나 바

(6) 不及黃泉, 無相見也! (『좌전(左傳)·은공(隱公) 원년』)

　　　황천에 이르지 않으면[즉 죽지 않으면] 서로 보지 않겠다!

(7) 欲呼張良與俱去, 曰, "毋從俱死也!" (『사기(史記)·항우본기(項羽本紀)』)

　　　장량을 불러 함께 떠나고자 하여 "따라가서 함께 죽지 마시오!"라고 말하였다.

　　명령을 나타내는 문장에 '也'를 더하면 확정의 어기를 갖게 되며 이는 단순하게
명령만을 나타내는 것이 아니다. '也'의 이러한 용법은 앞에서 언급한 용법과도 통
한다.

　　의문을 나타내는 것은 다음과 같다.

(8) 南冠而縶者, 誰也? (『좌전·성공(成公) 9년』)

　　　초나라의 관인 남관을 쓰고 묶여 있는 자는 누구인가?

(9) 不識臣之力也, (……) 君之力也? (『한비자·난이(難二)』)

　　　모르겠습니다만 신하의 힘인가요? (……) 임금의 힘인가요?

　　(8)은 의문사의문문3)이고, (9)는 선택의문문이다. 이 두 종류의 의문문은 의문의
성격이 강하다. 의문사의문문에는 의문대체사가 쓰인다. 선택의문문은 예상되는 대
답을 제시하고, 문제에 대답하는 사람이 선택하도록 한다. '也'가 의문문의 문미에
사용되는 경우, 주로 이 두 종류의 의문문에만 출현하며 확신과 판단의 어기를 나타
낸다. 이는 순수하게 의문의 어기만을 나타내는 '邪'의 기능과는 현저하게 다르다.
(8-9)에서 '也'를 '邪'로 바꾸면 의문의 어기는 확실히 강해지지만 확신이나 판단의
어기는 갖지 않게 된다.

램을 나타내는 요청, 청구의 의미도 포함된다.

3) (역주) 중국의 문법서에서는 의문사가 들어있는 의문문의 경우 특정한 어떤 것을 묻는다는 점에서
이를 '特指問', 즉 특별히 지칭하여 묻는 의문문이라고 부른다.

❷ 矣

'矣' 또한 고대중국어에서 자주 사용하는 어기사로서 '也'와 대비되는 특징을 지닌다. '也'는 정태를 나타내는 반면 '矣'는 동태를 나타낸다. '也'의 기본 기능은 사물에 대한 판단을 다른 사람에게 알려주는 것으로, 현대중국어에는 이에 해당하는 어기사가 없다. '矣'의 기본 기능은 사물발전의 현 단계가 새로운 상황으로 바뀌었음을 알려주는 것으로, 현대중국어 어기사 '了'의 기능이 이와 상당히 일치한다. 다음 예를 보자.

(10) 雞旣鳴矣. (『시경(詩經)·제풍(齊風)·계명(雞鳴)』)
　　닭이 이미 울었다. [원래는 울지 않았는데, 현재 울게 되었다.]
(11) 余病矣. (『좌전·성공 2년』)
　　내가 다쳤다. [원래는 다치지 않았는데, 현재 다치게 되었다.]
(12) 此迫矣! 臣請入, 與之同命. (『사기·항우본기』)
　　이거 급박하게 되었군요! 제가 들어가서 그와 운명을 함께 하겠습니다.
　　[원래는 급박하지 않았는데, 현재 급박하게 되었다.]

(10-12)는 이미 그러함, 즉 상황이 이미 발생하였음을 나타낸다. '矣'는 때로 미래를 나타낼 수도 있다. 즉 장차 어떠한 상황이 발생할 것임을 예측하고, 예측되는 그 상황을 다른 사람에게 알려주는 것이다. 다음 예를 보자.

(13) 有吳則無越, 有越則無吳矣. (『국어(國語)·월어(越語) 상』)
　　오나라가 있으면 월나라는 없어지게 될 것이고, 월나라가 있으면 오나라는
　　없어지게 될 것입니다.
(14) 吾屬今爲之虜矣. (『사기·항우본기』)
　　우리들은 이제 그의 포로가 될 것이다.

(13-14)는 아직 상황이 발생하지 않은 경우이고, 단지 말하는 사람이 이를 장차 반드시 출현할 새로운 상황으로 제시한 것이다. '矣'로 장래에 그러할 것임을 표시하는 것은 가설과 조건을 나타내는 복문에서 가장 확실하게 볼 수 있다. 다음 예를 보자.

(15) 君能補過, 袞不廢矣. (『좌전·선공(宣公) 2년』)
임금께서 잘못을 고치신다면, 왕권은 없어지지 않을 것입니다.

(16) 天下必以王爲能市馬, 馬今至矣. (『전국책(戰國策)·연책(燕策)』)
천하가 분명 왕께서 말을 살 수 있다고 여길 것이니, 말은 이제 곧 올 것입니다.

(17) 嚮吾不爲斯役, 則久已病矣. (유종원(柳宗元)「포사자설(捕蛇者說)」)
이전에 내가 그 일을 하지 않았다면, 오래전에 이미 병이 들었을 것이다.

(15-17)의 상황은 동일하다. 앞의 구절이 가정이나 조건을 나타내고, 뒤의 구절이 이러한 가정이나 조건 하에서 반드시 어떠한 상황이 발생할 것임을 나타내는 것으로, '矣'를 써서 문장을 마쳤다. 곧 '矣'를 통해 장차 그렇게 될 것임을 강조하였다.
형용사를 서술어로 하는 묘사문에서도 마찬가지로 '矣'를 사용할 수 있다. 묘사문도 새로운 상황을 나타낼 수 있기 때문이다. 다음 예를 보자.

(18) 吾君已老矣, 已昏矣. (『곡량전(穀梁傳)·희공(僖公) 10년』)
우리 임금께서 이미 늙으셨고, 이미 혼미하시다.

(19) 王之蔽甚矣. (『전국책·제책(齊策)』)
왕의 잘못은 심하십니다.

(20) 天下苦秦久矣. (『사기·진섭세가(陳涉世家)』)
세상이 진나라 때문에 고통을 받은 지 오래 되었습니다.

'矣'가 묘사문에 쓰이면 문장의 어기는 대체로 감탄의 의미를 가지게 된다. 간혹

'矣'가 붙은 서술어를 앞으로 보내면 감탄의 어기가 더욱 명확해진다. 다음 예를 보자.

(21) 甚矣, 汝之不惠. (『열자(列子)·탕문(湯問)』)
　　　 심하군요, 그대의 어리석음이.

(22) 遠矣, 全德之君子. (『장자(莊子)·전자방(田子方)』)
　　　 대단하군요, 덕을 완전히 갖춘 군자는.

명령문에도 '矣'를 쓸 수 있다. 다음 예를 보자.

(23) 善哉, 吾請無攻宋矣. (『묵자·공수』)
　　　 좋습니다! 내가 송나라를 공격하지 말 것을 청하겠습니다.

(24) 諾. 先生休矣! (『전국책·제책』)
　　　 알겠습니다. 선생은 쉬십시오.

(25) 若皆罷去歸矣. (『사기·골계열전(滑稽列傳)』)
　　　 너희는 모두 그만두고 돌아가게 될 것이다.

　이는 일반적으로 말하는 사람이 어떠한 행위가 실현되거나 어떠한 상황이 완성되기를 바라는 것으로, '矣'가 장차 그러할 것임을 나타내는 기능과도 상통한다.

　'矣'는 또한 의문문에 쓰일 수 있다. 이러한 의문문에는 반드시 의문의 의미를 나타내는 별도의 단어가 있다. 다음 예를 보자.

(26) 危而不持, 顚而不扶, 則將焉用彼相矣? (『논어(論語)·계씨(季氏)』)
　　　 위태롭지만 받쳐주지 않고, 넘어지는데 부축해주지 않는다면, 그러한 신하를 장차 어디에 쓸 것인가?

(27) 年幾何矣? (『전국책·조책(趙策)』)
　　　 나이가 몇 살인가?

이러한 의문문에서 의문의 기능은 전문적으로 의문을 나타내는 단어가 담당한다. '矣'도 의문의 어기를 돕기는 하지만, 주된 기능은 상황이 장차 이렇게 될것임 혹은 이미 이렇게 되었음을 나타내는 것이다.

'矣'와 쓰임이 비슷한 어기사로 '己'가 있다. 다음 예를 보자.

> (28) 吾生也有涯, 而知也無涯. 以有涯隨無涯, 殆己. (『장자・양생주(養生主)』)
> 내 삶은 유한하고, 앎은 무한하다. 유한한 인생으로 무한한 앎을 추구하면 위태롭게 된다.
>
> (29) 夫神農以前, 吾不知己. (『사기・화식열전(貨殖列傳)』)
> 신농 이전은 나는 모른다.

'己'가 문미에 놓이면 '矣'처럼 진술의 어기를 나타내지만, '己'는 새로운 상황을 알려주는 것이 아니라 '한정'에 중점을 둔 어기를 나타낸다.

❸ 乎, 與[歟], 邪[耶]

'乎', '與'[歟], '邪'[耶]는 모두 의문문의 문미에 사용되어 의문어기를 나타낸다. 그중 '乎'의 의문어기가 가장 강하고 쓰임도 가장 보편적이다.

시비의문문4)에서는 질문자가 의문의 상황을 말하고 상대방에게 긍정 혹은 부정의 답변을 요구할 때에 종종 어기사 '乎'를 쓴다. 이러한 '乎'는 현대중국어의 '嗎'에 해당한다. 다음 예를 보자.

> (30) 丈夫亦愛憐其少子乎? (『전국책・조책』)
> 그대 또한 그대의 작은 아이를 아끼십니까?

---

4) (역주) 시비의문문은 어떤 사안에 대하여 그러한지 아닌지를 묻는 의문문이다. 일반언어학에서는 이를 'Yes-No question'이라고 부른다.

(31) 樂正夔一足, 信乎? (『여씨춘추(呂氏春秋)·신행론(愼行論)·찰전(察傳)』)

악정 기의 다리가 하나라고 하던데, 정말입니까?

(32) 等死, 死國可乎? (『사기·진섭세가』)

동일하게 죽는 것인데, 나라를 위해 죽는 것은 어떻습니까?

선택의문문에서 질문자가 두 가지 혹은 그 이상의 선택지를 열거하고 상대방으로 하여금 그중 하나를 선택하게 할 때에도 종종 어기사 '乎'를 쓴다. 이러한 '乎'는 현대중국어의 '呢'에 해당한다. 다음 예를 보자.

(33) 此龜者, 寧其死爲留骨而貴乎? 寧其生而曳尾於塗中乎? (『장자·추수(秋水)』)

이 거북이가 죽어서 뼈를 남겨 귀하게 되고자 할까요? 살아서 진흙 속에서 꼬리를 끌려고 할까요?

(34) 子以秦爲將救韓乎? 其不乎? (『전국책·한책(韓策)』)

그대는 진나라가 장차 한나라를 구할 것이라고 생각하시나요? 그렇지 않을 것이라 생각하시나요?

(35) 夫古之爲臣者, 於此乎? 於彼乎? (황종희(黃宗羲) 「원신(原臣)」)

옛날의 신하들은 이쪽(천하 만민을 생각하는 쪽)에 속했는가? 저쪽(백성을 임금의 개인 물품으로 생각하는 쪽)에 속했는가?

선진시대에는 의문대체사를 사용하는 의문사의문문에서 '乎'를 매우 드물게 사용하였지만(반문 어기를 나타내는 경우 제외), 진한(秦漢)시대 이후에는 의문사의문문에 '乎'를 점차 많이 사용하게 되었다. 다음 예를 보자.

(36) 軫不之楚, 何歸乎? (『사기·진진열전(陳軫列傳)』)

제가 초나라로 가지 않는데, 어찌 돌아가겠습니까?

(37) 將軍迎曹5), 欲安所歸乎? (『자치통감(資治通鑑)·한기(漢紀) 57』)

장군께서 조조에게 항복하시면, 어디로 돌아갈 수 있겠습니까?

'乎'는 또한 반문의 어기를 표시할 수 있지만, 앞에 반드시 의문대체사나 부정사, 혹은 '豈', '寧', '況' 등이 서로 호응해야 한다. 다음 예를 보자.

(38) 若使天下兼相愛, 愛人若愛其身, 猶有不孝者乎? (『묵자・겸애(兼愛) 상』)
    만약 천하로 하여금 두루 서로 아끼게 하여, 다른 사람을 아끼는 것을 그 자신을 아끼는 것처럼 하면, 여전히 불효자가 있겠는가?

(39) 況日不悛, 其能久乎? (『좌전・소공(昭公) 3년』)
    하물며 날마다 고치지 않는데, 오래 갈 수 있겠습니까?

(40) 子隨我後, 觀百獸之見我而敢不走乎? (『전국책・초책(楚策)』)
    그대가 내 뒤를 따라오면서 여러 동물들이 나를 보고서 감히 도망가지 않는지를 보겠는가?

(41) 趙豈敢留璧而得罪于大王乎? (『사기・염파인상여열전(廉頗藺相如列傳)』)
    조나라가 어찌 감히 화씨의 구슬을 남겨서 대왕께 죄를 얻겠습니까?

(42) 王侯將相, 寧有種乎? (『사기・진섭세가』)
    왕후장상에 어찌 씨가 있겠는가?

반어의문문은 의문문의 형식으로 긍정 또는 부정을 나타내는 것으로, 반드시 대답을 필요로 하지는 않는다. 반어의문문의 '乎'는 의문대체사와 호응하며 현대중국어로는 '呢'로 번역할 수 있다. 그리고 '況'과 호응하여 '呢'로 번역하는 것 이외에는, 일반적으로는 '嗎'로 번역할 수 있다.

'乎'와 부정부사 '不'은 '不亦……乎'라는 관용적인 반문형식을 구성할 수 있다. 다음 예를 보자.

(43) 爲子君者, 不亦難乎? (『좌전・희공(僖公) 10년』)
    그대의 임금이 되는 것도 또한 어렵지 않겠는가?

---

5) (역주) '曹'는 '操'의 誤字이다.

(44) 學而時習之, 不亦說乎? (『논어·학이(學而)』)

배우고 항상 그것을 익힌다면 정말 기쁜 일이 아니겠는가?

(45) 衆人匹之, 不亦悲乎? (『장자·소요유(逍遙遊)』)

여러 사람들이 그와 필적하려고 하니, 또한 슬프지 않겠는가?

이는 고대중국어에 쓰인 완곡한 반어의문문으로, 이때의 '乎'는 현대중국어에서 '嗎'로 번역할 수 있다.

'乎'는 또한 문두나 문중에 쓰인 어기사 '其'나 '得無'[그럴 리 없다], '無乃'[아마도] 등과 호응하여 완곡한 추측의 어기를 나타내며, 이는 현대중국어의 '吧'와 비슷하다. 다음 예를 보자.

(46) 大義滅親, 其是之謂乎? (『좌전·은공 4년』)

대의를 위하여 친족도 죽인다는 것이 이를 가리키는 것이겠군요?

(47) 日食飲得無衰乎? (『전국책·조책』)

매일 먹는 음식은 줄어들지 않을 수 있는가?

(48) 出三日而五災至, 無乃不可乎? (『순자·유효(儒效)』)

나간 지 삼일인데 다섯 가지 재앙이 이르렀으니, 아무래도 안 되겠지요?

'乎'는 의문의 어기를 나타내는 것 외에도 감탄문의 문미에 쓸 수 있다. 다음 예를 보자.

(49) 善哉, 技蓋至此乎! (『장자·양생주』)

좋도다, 기술이 이 경지에 이르렀구나!

(50) 天乎! 吾無罪! (『사기·진시황본기(秦始皇本紀)』)

하늘이시여! 나는 죄가 없소이다!

의문을 나타내는 문미어기사 중에는 '乎' 이외에도 '與'[歟]와 '邪'[耶]가 자주 쓰인다. '與', '邪'의 문법 기능은 동일하다. 선진시기 『논어』, 『맹자』 같은 고서에서는 '與'만을 쓰고 '邪'를 쓰지 않았지만, 『장자』에서는 '邪'의 사용빈도수가 '與'보다 훨씬 높다. 이 두 어기사는 고음(古音)이 서로 비슷한데, 방언의 차이에 따라 다르게 쓰인 것 같다.

선택의문문과 의문대체사가 있는 의문사의문문에서, '與', '邪'의 기능은 기본적으로 '乎'와 같다. 다음 예를 보자.

> (51) 此天下之害與? 天下之利與? 即必曰, "天下之利也." (『묵자·겸애 하』)
> 이는 천하의 해로움인가? 천하의 이로움인가? 그렇다면 반드시 "천하의
> 이로움이다."라고 말할 것이다.
>
> (52) 天之蒼蒼, 其正色邪? 其遠而無所至極邪? (『장자·소요유』)
> 하늘이 푸르른 것은, 올바른 색이어서인가? 멀어서 지극함이 없어서인가?
>
> (53) 是誰之過與? (『논어·계씨』)
> 이는 누구의 잘못인가?
>
> (54) 子何爲者邪? (『장자·외물(外物)』)
> 그대는 무엇을 하고 있는가?

(51-52)는 선택의문문이고, (53-54)는 의문사의문문으로, 모두 의문어기가 강하다.

그러나 많은 경우 '與', '邪'의 의문어기는 위의 경우처럼 강하지 않고, 말하는 사람이 대체로 이러할 것이라고 추측할 뿐 그것을 확신하지 못하여 상대방에게 확인할 때 사용한다. 다음 예를 보자.

> (55) 商君曰, "子不說吾治秦與?" (『사기·상군열전(商君列傳)』)
> 상군이 말하였다. "그대는 내가 진나라를 다스리는 것이 기쁘지 않은가?"
>
> (56) 寡人所與庶人共者邪? (송옥(宋玉) 「풍부(風賦)」)

과인이 백성들과 함께 하는 것인가?

(55-56)의 '與'와 '邪'는 탐문의 어기를 포함하고 있는데, 이를 '乎'로 바꾸면 단도직입적으로 질문하는 것이 되고, 어기도 이처럼 부드럽지 않다.

'與'와 '邪'는 모두 반어의문문에 쓸 수 있다. 다음 예를 보자.

(57) 然則治天下, 獨可耕且爲與? (『맹자·등문공 상』)
    그렇다면 천하를 다스리는 일만은 유독 밭을 갈면서도 할 수 있는 일인가?
(58) 趙王豈以一璧之故欺秦邪? (『사기·염파인상여열전』)
    조나라 왕이 어찌 화씨의 구슬 하나 때문에 진나라를 속이겠습니까?

'何以……爲' 혹은 '何……爲'는 고대에 반어의문문을 표시하는 관용적인 표현으로, 그중 '爲'는 이미 문법화되어 어기사가 되었으므로 여기에서 소개하도록 한다.

'何以……爲'의 뜻은 '왜 그걸 가지고 그러는가?'로 의심이 없이 묻는 것이다. 다음 예를 보자.

(59) 是社稷之臣也, 何以伐爲? (『논어·계씨』)
    이는 사직의 신하인데, 어째서 치려고 하는가?
(60) 君子質而已矣, 何以文爲? (『논어·안연(顔淵)』)
    군자는 바탕이 좋으면 그만일 뿐이지 어째서 외형적 수식을 따지는가?

'何以……爲' 형식에서 '何'는 다른 의문대체사 '奚', '惡'로 바꿔 쓸 수 있고, '以'는 '用'으로 바꾸어 쓸 수 있다. 다음 예를 보자.

(61) 奚以之九萬里而南爲? (『장자·소요유』)
    어째서 구만리를 날아 남쪽으로 가는가?

(62) 惡用是鶃鶃者爲哉? (『맹자・등문공 하』)

이 꽥꽥대는 것을 무엇에 쓸 것인가?

❹ 哉

'哉'자가 나타내는 어기는 단순하다. 이 어기사의 기본 기능은 감탄을 나타내는
것이며, 그중에서도 강한 감탄을 나타내는데, 이는 현대중국어의 '啊'의 기능과 매우
비슷하다. 다음 예를 보자.

(63) 楚國若有大事, 子其危哉! (『좌전・소공 27년』)

초나라에 만약 전쟁이 일어난다면 그대는 위태로워질 것이다!

(64) 小人之好議論, 不樂成人之美, 如是哉! (한유(韓愈) 「장중승전후서(張中
丞傳後敍)」)

소인이 남의 잘못을 논의하기 좋아하고, 다른 사람의 좋은 점이 이루어지
는 것을 즐기지 않음이 이와 같구나!

(65) 快哉此風! (송옥 「풍부」)

빠르구나, 이 바람이!

(66) 大哉! 堯之爲君! (『맹자・등문공 상』)

위대하구나, 요의 임금됨이여!

(65-66)의 '哉'와 그 앞의 형용사 서술어는 문두로 옮겨졌는데 이렇게 되면 감탄
어기가 더욱 강해진다.

'哉'도 반어의문문에 자주 사용되며 이때는 의문대체사나 '豈'와 호응하는 경우가
많다. 다음 예를 보자.

(67) 由此觀之, 客何負於秦哉? (이사(李斯) 「간축객서(諫逐客書)」)

이렇게 보면, 객들이 어찌 진나라의 짐이 되겠습니까?

(68) 彼且惡乎待哉? (『장자・소요유』)

　　그는 장차 무엇에 의지하려 하겠는가?

(69) 燕雀安知鴻鵠之志哉? (『사기・진섭세가』)

　　제비와 참새가 어찌 기러기와 고니의 뜻을 알겠는가?

(70) 豈人主之子孫則必不善哉? (『전국책・조책』)

　　어찌 임금의 자손이 모두 착하지 않겠습니까?

　이러한 반어의문문에서 반문의 어기는 주로 '何', '惡', '安' 등의 의문대체사와 '豈'가 나타내며, '哉'의 주요 기능은 여전히 감탄의 어기를 나타내는 것이다.

　고대중국어에서 감탄의 어기를 표시할 때 많이 쓰이는 것으로 '夫'도 있다. 다음 예를 보자.

(71) 逝者如斯夫! 不舍晝夜 (『논어・자한(子罕)』)

　　가는 것이 이와 같구나, 밤낮을 쉬지 않는구나.

(72) 今若是焉, 悲夫! (유종원 「삼계(三戒)」)

　　지금 이와 같으니 슬프구나!

　'哉'와 비교하면 '夫'가 나타내는 감탄의 어기는 조금 약하다.

❺ 문미어기사의 연용(連用)

　고대중국어의 문미어기사는 연용할 수 있는데, '乎'나 '哉'가 다른 어기사 뒤에 놓이는 경우가 가장 자주 보인다. 다음 예를 보자.

(73) 位其不可不愼也乎! (『좌전・성공 2년』)

　　지위에 오르면 삼가지 않을 수 없구나!

(74) 何可勝道也哉! (왕안석(王安石) 「유포선산기(遊褒禪山記)」)

어찌 모두 다 말할 수 있겠는가!

(75) 女爲周南召南矣乎! (『논어·양화(陽貨)』)

너는 주남과 소남을 공부하였느냐?

(76) 豈特攫其腓而噬之耳哉!6) (『전국책·제책』)

어찌 다만 다리를 붙잡아 그것을 씹어 먹는 것에 그치겠느냐!

'乎'와 '哉'도 자주 연용되는데, '哉'는 '乎'의 뒤에만 올 수 있다. 다음 예를 보자.

(77) 善敗由己, 而由人乎哉? (『좌전·희공 25년』)

성공과 실패가 자신에게 달려있지, 다른 사람에게 달려있겠는가?

(78) 若寡人者, 可以保民乎哉? (『맹자·양혜왕(梁惠王) 상』)

나와 같은 사람이 백성을 보호할 수 있겠는가?

연용된 어기사는 각각의 본래 어기를 지니고 있다. 그러나 어기의 중점은 일반적으로 맨 뒤의 어기사에 있다. 마지막이 '乎'인 문장은 의문에 중점이 있고 마지막이 '哉'인 문장은 감탄에 중점이 있다.

'乎', '哉' 이외에도 '矣', '已', '與', '邪', '夫' 등도 다른 어기사 뒤에 놓일 수 있다. 다음 예를 보자.

(79) 代翕代張, 代存代亡, 相爲雌雄耳矣! (『순자·의병(議兵)』)

때에 따라 움츠렸다가 펼치고, 때에 따라 존속하고 망하니 서로 자웅이 될 뿐이다!

(80) 就有道而正焉, 可謂好學也已! (『논어·학이』)

도가 있는 곳에 나아가 바로 잡으면 배우기를 좋아한다고 할 수 있다.

---

6) 여기에서 '耳'는 제한의 어기를 나타내며 현대중국어의 '而已'와 같다.

(81) 唯求則非邦也與? (『논어・선진(先進)』)

　　구가 말한 것은 나라를 다스리는 것이 아닙니까?

(82) 何愚也耶! (이청조(李淸照)「금석록후서(金石錄後序)」)

　　얼마나 어리석은가!

(83) 此是命矣夫! (조일(趙壹)「자세질사부(剌世疾邪賦)」)

　　이는 운명이구나!

　간혹 세 개의 어기사가 연용될 수도 있다. 가장 자주 보이는 것은 '哉'가 다른 두 어기사의 뒤에 놓이는 것이다. 다음 예를 보자.

(84) 吾罪也乎哉! (『좌전・양공(襄公) 25년』)

　　나의 죄로다!

(85) 鄙夫可與事君也與哉! (『논어・양화』)

　　비천한 사람이 군자를 섬길 수 있겠는가?

　세 개의 어기사가 연용되면 대부분 감정적 어감이 강하다. 각 어기사가 본래의 어기를 나타내기는 하지만 대체로 뒤에 놓이는 어기사의 어기가 앞쪽의 것보다 강하다.

2) 문두와 문장 중간의 어기사

　문두와 문장 중간의 어기사로 자주 보이는 것은 '夫', '唯', '其' 세 가지가 있으며, '也'도 문장 중간의 어기사로 사용될 수 있다. 현대중국어에는 문두의 어기사가 없으며 어기사가 문장 가운데 놓이는 특징도 고대중국어와 다르므로 일대일로 대응시킬 수 없다. 아래에서 이 세 가지 어기사에 대하여 소개하도록 한다.

❶ 夫

'夫'자가 문두의 어기사로 기능하는 것은 지시대체사 '夫'의 문법화에서 기원한다. 이는 문두에서 논의를 제기하여 다음 문장을 이끌어내는 작용을 한다. 고대중국어에서는 이를 '발어사'라고 부른다.

(86) 夫將者, 國之輔也. (『손자병법(孫子兵法)·모공(謀攻)』)
　　　　　·
　　　장수는 국가의 보좌역이다.

(87) 夫寒之於衣, 不待輕暖, 饑之於食, 不待甘旨. (조조(竈錯) 「논귀속소(論
　　　　·
　　　貴粟疏)」)
　　　추우면 옷에 있어서 가볍고 따뜻할 것을 기대하지 않고, 굶으면 음식에 있
　　　어서 단 맛을 기대하지 않는다.

(86-87)의 '夫'는 모두 해석할 수 없지만 이들이 나타내는 어기 기능은 아주 명확하다.

'夫'는 '且', '故', '若', '今'과 결합하여 '且夫', '故夫', '若夫', '今夫'로 쓰여 문두에 사용된다. '且夫', '故夫'는 대체로 '且', '故'와 같으며 '夫'자를 더해서 논의를 이끌어내는 어기를 강화하는 것이다. 다음 예를 보자.

(88) 且夫水之積也不厚, 則其負大舟也無力. (『장자·소요유』)
　　　·　·
　　　물이 쌓인 것이 적으면 큰 배를 띄우기에 힘이 없다.

(89) 故夫作法術之人, 立取舍之行, 別辭爭之論, 而莫爲之正. (『한비자·문변
　　　·　·
　　　(問辯)』)
　　　그래서 법술을 행하는 사람은 해야 할 행위와 그렇지 않은 행위를 명확히 하
　　　고, 정중히 말할 때와 논쟁할 때를 구별하여 그것을 옳다고 여기지 않는다.

'若夫'는 '若'과 비슷하여 '像'[~를 예로 들자면]의 의미가 있으며 '…에 대해서 말

하자면'이라는 의미로 이해할 수 있다. 다음 예를 보자.

> (90) 若夫乘天地之正, 而御六氣之辯, 以遊無窮者, 彼且惡乎待哉? (『장자・소
> 요유』)
> 만일 천지의 바른 기운을 타고 육기의 변화를 몰아서 무궁에 노니는 사람
> 이라면 그는 또 무엇에 의지하려 하겠는가?
> (91) 若夫霪雨霏霏, 連月不開…… (범중엄(范仲淹) 「악양루기(岳陽樓記)」)
> 장마가 줄기차게 내리고 몇 달 동안 날이 개지 않으면 ……

(91)의 '若夫'는 대자연과 관련한 내용의 시작부분에 사용되어 의미상의 큰 전환
을 나타낸다.

'今夫'의 '今'자는 이미 문법화되어 구체적인 시간을 나타내지 않고 새로운 화제
를 꺼내는 데 쓰이며 대체로 '이제 말할 것은'의 의미이다. 다음 예를 보자.

> (92) 今夫螟, 螣, 蚼蠋, 春生秋死, 一出而民數年不(乏)食. (『상군서(商君
> 書)・농전(農戰)』)
> 모기, 등애, 개미 애벌레는 봄에 태어나 가을에 죽는데도, 한번 생겨나면
> 백성들이 여러 해 동안 밥을 먹지 못한다.
> (93) 今夫封建者, 繼世而理, 繼世而理者, 上果賢乎? 下果不肖乎? (유종원 「봉
> 건론(封建論)」)
> 봉건제의 군주는 대대로 세습하여 다스리는데, 세습하여 다스린다면 과연
> 윗사람이 현명한 사람인가? 아랫사람이 어리석은 것인가?

❷ 惟(維, 唯)

'惟'는 문두나 문장 가운데에서 어기사로 사용될 경우 '維', '唯'로도 쓸 수 있다.
문두에 사용되는 경우 두 가지 기능이 있다. 첫째, 주어 또는 연월(年月)를 제시하거

나 이끌어 내는 것이다. 다음 예를 보자.

(94) 惟辟作福, 惟辟作威. (『서경(書痙)·홍범(洪範)』)
오직 임금만이 복을 지으며, 오직 임금만이 위엄을 짓는다.

(95) 唯赤則非邦也與? (『논어·선진』)
적이 말한 것은 나라의 일에 대한 것이 아닙니까?

(96) 惟十有三年春, 大會于孟津. (『서경·태서(泰誓) 상』)
13년 봄에 맹진에서 크게 회합했다.

(97) 惟十有三祀(年), 王訪于箕子. (『서경·홍범』)
13년째 되는 해에 임금님은 기자를 찾아갔다.

(94-95)는 주어를 이끌어낸 것이고, (96-97)은 시간을 이끌어낸 것이다. 이러한 용법은 『서경』, 『시경』에 자주 보이며 후대에는 고대를 모방하는 경우에만 사용되었다. 다음 예를 보자.

(98) 維禹浚川, 九州攸寧. (『사기·태사공자서(太史公自序)』)
우임금께서 하수를 뚫어 9주가 편안해졌다.

(99) 維治平四年七月日 (구양수(歐陽脩) 「제석만경문(祭石曼卿文)」)
치평 4년 7월 어느 날에.

(98)은 고대를 모방하여 '維'로 주어를 이끌어 냈다. (99)는 '維'로 시간을 이끌어 낸 것으로 제문의 첫 부분에 자주 보인다.

'惟'의 또 다른 기능은 기대의 어기를 나타내는 것이다. 다음 예를 보자.

(100) 闕秦以利晉, 唯君圖之. (『좌전·희공 30년』)
진(秦)나라를 줄임으로써 진(晉)나라에 이익이 될 것이니 임금님께서는 잘 생각해 보시기 바랍니다.

(101) 故敢略陳其愚, 唯君子察焉 (양운(楊惲) 「보손회종서(報孫會宗書)」)

　　고로 감히 제 생각을 대략 펼치니, 군께서 살펴주시기 바랍니다.

　　이러한 어기를 나타낼 때에는 대체로 '唯'자를 쓰고 '維'로 쓰지는 않으며, '惟'자를 쓰는 경우도 적은 편이다.

　　'惟'가 문장 가운데에서 어기사로 사용될 때에는 주로 서술어를 이끌어내는 기능을 한다. 이는 『서경』, 『시경』에 자주 보인다. 다음 예를 보자.

(102) 蚩尤惟始作亂. (『서경·여형(呂刑)』)

　　치우가 처음으로 난을 일으켰다.

(103) 周雖舊邦, 其命維新. (『시경·대아(大雅)·문왕(文王)』)

　　주나라가 비록 옛 나라이나 그 명은 새롭다.

(104) 厥土惟白壤. (『서경·우공(禹貢)』)

　　그곳 흙은 희고도 부드럽다.

　　(102)는 서술문, (103)은 묘사문, (104)는 판단문인데, 이들 문장에서 모두 '惟'가 서술어를 이끌어내어 확신의 어기를 강화시키는 역할을 한다. 후대에는 가끔 상고 시기의 문체 풍격을 모방하는 경우에만 이러한 용법을 사용했다.

❸ 其

　　어기사 '其'가 문두나 문장 가운데 사용되면 대개 추측이나 의도를 나타내며 '대체로', '아마 ~일 것이다' 등의 뜻을 나타낸다. 다음 예를 보자.

(105) 齊其爲陳氏矣. (『좌전·희공 4년』)

　　제나라는 아마도 진씨의 나라가 될 것이다.

(106) 天之蒼蒼, 其正色邪? (『장자·소요유』)

하늘의 푸르름은 본래의 색깔인가?

(107) 嗚呼! 其信然耶? 其夢耶? 其傳之非其眞耶? (한유 「제십이랑문(祭十二
郎文)」)

아, 슬프도다! 정말로 그러한가? 꿈인가? 사실이 아닌 것을 전한 것인가?

다만 명령문에서 '其'는 명령의 어기를 강화하는 기능을 하며 권유, 희망, 명령 등
의 의미를 나타낸다. 다음 예를 보자.

(108) 昭王之不復, 君其問諸水濱. (『좌전·희공 4년』)

소왕이 돌아가지 못한 것은 한수 가에 가서 물어보시오.

(109) 吾子其無廢先王之功! (『좌전·은공 3년』)

그대가 선왕의 공적을 무너뜨리지 않기를 바라오!

'其'는 반어의문문에 사용될 수도 있다. 이때에는 반문의 어기를 강조하며 '豈'[어
찌], '難道'[설마]의 어기와 유사하다. 일부 문법서에서는 이 '其'를 '豈'와 동일한 어
기사로 묶고 반문의 부사로 간주한다. 다음 예를 보자.

(110) 若火之燎於原, 不可嚮邇, 其猶可撲滅? (『서경·반경(盤庚) 상』)

불이 들판을 활활 태워 가까이 갈 수 없는데 그 불을 끌 수 있겠는가?

(111) 若闕地及泉, 隧而相見, 其誰曰不然? (『좌전·은공 원년』)

만약 땅을 뚫어 샘에 이르고 굴을 만들어 서로 만난다면 누가 그렇지 않
다고 말하겠습니까?

(112) 雖如是, 其敢自謂幾於成乎? (한유 「답이익서(答李翊書)」)

비록 이와 같지만 어찌 감히 스스로 완전함에 가깝다고 하겠습니까?

❹ 也

어기사 '也'자의 기본 기능은 문미에서 확신의 어기를 나타내는 것이다. 그러나 문장 가운데에서 잠시 쉼을 나타내는 경우도 있다. 다음 예를 보자.

> (113) 丘也聞, 有國有家者, 不患寡而患不均, 不患貧而患不安. (『논어 · 계씨』)
>   내가 듣기로는 나라를 다스리고 가정을 꾸리는 자는 가난을 걱정하지 않
>   고 고르지 않음을 걱정하며 적은 것을 걱정하지 않고 편안하지 못함을
>   걱정한다고 했다.
> (114) 大隧之中, 其樂也融融! (『좌전 · 은공 원년』)
>   큰 굴 속에서 그 즐거움이 넘치도다.
> (115) 風之積也不厚, 則其負大翼也無力. (『장자 · 소요유』)
>   바람의 쌓임이 두텁지 않으면 그 큰 날개를 짊어짐에 힘이 없다.

또한 복문의 앞 절 끝에 쓰여 절과 절 사이에서 잠깐 쉼을 나타낸다. 다음 예를 보자.

> (116) 左右以君賤之也, 食以草具. (『전국책 · 제책』)
>   주위에서 군주가 그대를 천하게 대함에, 초라한 그릇에 음식을 준다고 생
>   각한다.
> (117) 操蛇之神聞之, 懼其不已也, 告之於帝. (『열자 · 탕문』)
>   조사(操蛇) 신이 이를 듣고 그치지 않을 것을 두려워함에, 천제에게 고하
>   였다.

만약 문장 중간에 쓰인 어기사 '也'의 앞이 간단한 주술구조라면 주어와 서술어 사이에 '之'자를 넣어 이를 수식구조로 바꿀 수도 있다.[7] 다음을 보자.

---

7) 제11장 「전치사와 접속사」 참고

(118) 臣之壯也, 猶不如人. 今老矣, 無能爲也矣. (『좌전·희공 30년』)

저의 건장함은 다른 사람보다 못했고, 지금은 늙었으니 할 수 있는 것이
없습니다.

(119) 禹之王天下也, 身執耒臿以爲民先. (『한비자·오두』)

우 임금이 천하의 왕이 되자, 몸소 쟁기와 삽을 잡고 백성의 모범이 되었다.

(120) 世言晉王之將終也, 以三矢賜莊宗而告之. (구양수 『오대사(五代史)·영
관전서(伶官傳序)』)

세간에서 말하기를 진왕께서 돌아가실 때, 장종에게 화살 세 개를 주면서
그에게 알렸다고 한다.

한 절의 주어와 서술어 사이에 '之'를 쓰면 독립된 문장이 되지 않으며, 그 자체
로 말의 의미가 완성되지 않았음을 나타낸다. 이때 그 절의 뒤에 어기사 '也'를 더
하면 쉬었다가 다음 내용을 이끌어내는 어기가 더욱 강해진다.

문장 중간의 '也'는 종종 '者'자와 결합하여 주어 뒤에 놓여 서술어를 제시하는
기능을 한다. 다음 예를 보자.

(121) 君子也者, 道法之摠要也. (『순자·치사(致士)』)

군자는 도법의 요체이다.

(122) 竽也者, 五聲之長者也, 故竽先則鍾瑟皆隨. (『한비자·해로(解老)』)

우(竽)라는 악기는 5음 중 으뜸이 되는 것으로, 먼저 우가 소리를 내면
종이나 거문고가 그에 따라 소리를 낸다.

문장 중간의 어기사 '也'는 언뜻 보면 있어도 되고 없어도 되는 것 같지만 자세히
살펴보면 '也'의 유무로 인한 어기의 차이가 분명히 존재한다는 것을 알 수 있다.
'也'가 있으면 전체 어기가 보다 편안하고 느긋하며 '也' 뒤의 내용에 대한 주의를
이끌어낼 수 있다. 총괄하면 고대중국어에서 문장 중간에 쓰이는 어기사 '也'는 현대

중국어 '啊'와 기능 면에서 대체로 유사하나, 감정적 분위기는 '啊'만큼 강하지 않다.

상고시대의 고대중국어에서 보이는 문두나 문중의 어기사로 '繄', '伊', '思' 등도 있지만 진한시대 이후에는 거의 사용되지 않았으므로 여기에서 일일이 소개하지 않기로 한다.

접두사, 접미사

고대중국어의 일부 허사를 고대에는 '발어사[發語詞]'나 '발성사[發聲詞]'라고 불렀다. 현대의 문법서에서는 이를 '말머리조사[語頭助詞]', '말중간조사[語中助詞]'라고 하며, 일부는 '접두사[詞頭]', '접미사[詞尾]'라고 한다. 이러한 허사는 매우 복잡해서 향후 더욱 심화된 연구가 필요하다.

접두사라고 할 수 있는 것에는 '有'가 있고 접미사로는 '然', '如', '爾', '若'이 있다. 그 밖에 '其', '言', '于', '薄'은 『시경』에서는 용례가 많지만 일반 산문에서는 용례가 적으므로 접두사로 간주하기에는 어려움이 있다. 아래에서 각각에 대해 소개하겠다.

1) 有

'有'자는 접두사로 고유 명사 앞에 가장 자주 사용된다. 상고 시기의 조대 명칭, 나라이름, 부족이름에서 자주 보인다. 다음 예를 보자.

> (123) 我不可不監於有夏, 亦不可不監於有殷. (『서경・소고(召誥)』)
>   나는 하왕조와 은왕조를 본받지 않을 수 없다.
> (124) 禹功有扈. (『장자・인간세(人間世)』)
>   우임금은 유호를 공격했다.
> (125) 號之曰有巢氏. (『한비자・오두』)

이를 유소씨라 부른다.

조대를 나타내는 고유명사 앞에 '有'를 더하는 것은 후대에도 이어졌으며 '有唐', '有明' 등이 그 예이다. '有'는 일부 보통명사 앞에도 사용된다. 다음 예를 보자.

    (126) 予欲左右有民. (『서경·고요모(皋陶謨)』)
         나는 백성을 다스리고자 한다.

    (127) 豺虎不食, 投畀有北, 有北不受 投畀有昊. (『시경·소아(小雅)·항백
         (巷伯)』)
         승냥이와 호랑이가 먹지 않으면 북녘의 신에게 던져주시고, 북녘의 신이
         받아들이지 않으면 하늘에 던져주십시오.

또 형용사 앞에도 쓰일 수 있다. 다음 예를 보자.

    (128) 不我以歸, 憂心有忡. (『시경·패풍(邶風)·격고(擊鼓)』)
         돌아갈 수 없기에 근심스러운 마음으로 걱정하네.

2) 其

'其'자가 접두사로 쓰이면 대개 자동사나 형용사 앞에 사용된다. 다음 예를 보자.

    (129) 旣見君子, 云何其憂. (『시경·당풍(唐風)·양지수(揚之水)』)
         우리 님 뵈었는데, 그 무슨 걱정인가?

    (130) 北風其凉, 雨雪其雰. (『시경·패풍·북풍(北風)』)
         북풍은 사납게 불고 눈비는 펑펑 쏟아지네.

3) 言, 于, 薄

‘言’, ‘于’, ‘薄’이 접두사로 사용되면 모두 동사 앞에만 놓일 수 있다. 다음 예를 보자.

> (131) 言告師氏, 言告言歸. (『시경·주남(周南)·갈담(葛覃)』)
>
> 사씨에게 고해서 친정에 간다 알렸네.
>
> (132) 陟彼南山, 言采其薇. (『시경·소남(召南)·초충(草蟲)』)
>
> 저 남산에 올라가 고비를 캐네.
>
> (133) 之子于歸, 宜其室家. (『시경·주남·도요(桃夭)』)
>
> 아가씨 시집가니, 그 집안이 화평하리로다.
>
> (134) 君子于役, 不知其期. (『시경·왕풍(王風)·군자우역(君子于役)』)
>
> 님은 부역 나가, 돌아올 기약이 없네.
>
> (135) 薄污我私, 薄浣我衣. (『시경·주남·갈담』)
>
> 연복을 빨래하고, 예복을 빨래하네.

4) 然, 如, 爾, 若

‘然’, ‘如’, ‘爾’, ‘若’은 주로 형용사 뒤에 놓이며, 형용사와 결합해서 문장에서 부사어 기능을 한다.[8] 이밖에 ‘焉’, ‘乎’ 두 가지가 더 있는데, 기능은 앞의 네 가지와 동일하다. ‘如’, ‘爾’, ‘若’은 ‘然’이 변형된 것으로 보면 된다. 아래 각각의 예를 보자.

> (136) 塡然鼓之. (『맹자·양혜왕 상』)
>
> 둥둥 북을 울리다.
>
> (137) 天下晏如也. (『사기·사마상여열전(司馬相如列傳)』)
>
> 천하가 평온하다.

---

8) 서술어로 기능할 때도 있다.

(138) 子路率爾而對. (『논어・선진』)

　　　자로가 불쑥 대답했다.

(139) 桑之未落, 其葉沃若. (『시경・위풍(衛風)・맹(氓)』)

　　　뽕잎이 떨어지기 전, 그 잎은 싱싱하였네.

(140) 潸焉出涕. (『시경・소아・대동(大東)』)

　　　줄줄 눈물만 흐르네.

(141) 恢恢乎其於遊刃必有餘地矣. (『장자・양생주』)

　　　넓고도 넓어서 칼이 노는 그곳에 반드시 남아있는 공간이 있습니다.

　　형용사 뒤에 이와 같은 접미사를 쓰면 형상화의 정도가 강해지며, 대체로 '어떠어떠한 모양'으로 풀이하면 된다. 이를 현대중국어로 번역한다면 부사어로서 '……地'로 해석할 수 있다. '雜然'은 현대중국어의 '紛紛地'[분분히]로, '率爾'는 '不假思索地'[깊이 생각지 않고]로, '……地'의 형식으로 번역할 수 있다. 그러나 이와 같이 번역할 수 없는 경우도 있다. '潸焉'은 '流淚的樣子'[눈물을 흘리는 모양]의 의미를 나타내므로, '流淚地'[눈물을 흘리며]로 바꿀 수 없다. (137)과 (139)처럼 서술어 역할을 하는 경우에도 당연히 '……地'의 형식으로 번역할 수 없다.

고대의 성씨와 호칭

고대 중국인의 성씨와 호칭은 지금보다 복잡하다. 진한시기 이전에는 한 사람을 여러 가지 방식으로 부를 수 있었다. 전국시기에 이르러서야 점차 고정되기 시작하였고, 진한 이후에는 지금과 대체로 같았다. 먼저 성씨의 기원과 변화를 살펴보자.

성과 씨

성(姓)은 어느 시대부터 존재했을까? 적지 않은 고대의 성이 '女(여)'자를 편방으로 한다는 사실을 보면 모계 사회시대부터 이미 성의 구별이 있었을 것으로 예상된다. 어째서 성의 구별이 필요했던 것인가? 반고(班固)는 『백호통의(白虎通義)』에서 이에 대해 다음과 같이 언급하고 있다. "사람이 성을 가지는 것은 어째서인가? 은애(恩愛)를 존중하고 친친(親親)을 두터이 하고, 금수를 멀리하고 혼인 관계를 구별하기 위해서이다. 세대를 구분짓고 부류를 나누며, 태어나서는 서로 아끼고 죽으면 서로 슬퍼하며, 동성 간에 서로 혼인할 수 없게 하는 것은 모두 인륜을 중시하기 때문이다."[1]

반고의 설명은 다음 세 가지로 귀납할 수 있다.

첫째, 성은 '세대를 구분짓고 부류를 나누는'[紀世別類] 것이다. 다시 말해 초기의 성은 일종의 씨족의 호칭이었다. 그것은 개인이나 개별 가족의 호칭이 아니라 전체 씨족의 호칭이다. 중국 원시사회 전설상의 씨족은 희(姬)성의 황제(黃帝), 강(姜)성의 염제(炎帝), 영(嬴)성의 소호(少暤), 풍(風)성의 태호(太暤) 등이 있다. 씨족사회에는 본래 수많은 여러 씨족이 존재하였다. '백성(百姓)'이라는 단어는 처음에 수많은 씨족을 가리켰을 가능성이 높다. 고염무(顧炎武)는 "성이라고 하는 것은 오제(五帝)에 근본을 두고 있는데, 춘추에 보이는 것으로 22개가 있다."[2]라고 하였다. 이 22개의 성은 嬀(규), 姒(사), 子(자), 姬(희), 風(풍), 嬴(영), 己(기), 任(임), 姞(길), 祁(기), 芈(미), 曹(조), 董(동), 姜(강), 偃(언), 歸(귀), 曼(만), 熊(웅), 隗(외), 漆(칠), 妘(운), 允(윤)이다. 춘추시대에 보이는 22개의 성은 다시 말해 춘추시대에까지 이어진 원시 22개 씨족의 후예이다.

둘째, 성은 '혼인 관계를 구별하는'[別婚姻] 기능이 있다. 씨족사회에서 동성(同姓) 간에 혼인하지 않는다는 것은 실질적으로 동일한 씨족 내부의 사람끼리 통혼할 수 없다는 것을 의미한다. 엥겔스(Friedrich Engels)는 "씨족 내 어떠한 구성원도 그 내부에서 통혼할 수 없다. 이는 씨족의 근본적 규칙이며 씨족을 묶어내는 끈이다. 이것은 혈연관계를 인정하기 위한 배제의 방법이며, 이러한 혈연관계에 의해 연결된 개인들이 하나의 씨족을 이룬다. 모건(Lewis Henry Morgan)은 이와 같은 간단한 사실을 발견함으로써 최초로 씨족의 본질을 명백하게 밝혀냈다."라고 하였다. 엥겔스는 씨족 내 통혼 금지의 기능을 전적으로 인정하였는데, 이를 통해 씨족의 호칭으로서 성이 중국 원시사회에서 중요한 의의를 지녔다는 것을 확인할 수 있다. 고대 중국인은 이른 시기에 이미 "남녀가 성이 같으면 그 자손이 번성하지 않는다."[3]는 점을 지적하

---

1) 人所以有姓者何? 所以崇恩愛, 厚親親, 遠禽獸, 別婚姻也. 故紀世別類, 使生相愛, 死相哀, 同姓不得相娶, 皆爲重人倫也.
2) 言姓者本於五帝, 見於春秋者, 得二十有二. (고염무 『일지록(日知錄)』 23권)

였다. 그들은 가까운 혈연의 혼인이 유전적으로 불리하다는 점을 알고 있었고, 이로 인해 역대로 동성불혼의 규칙을 계속 지켜왔다. 오늘날 동성 간에 결혼이 가능한 것은 현대의 성과 상고시대의 성이 이미 많이 다르기 때문이다. 오늘날 동성인 사람 중에는 혈연관계에는 있지만 거리가 매우 먼 사람도 있고, 아무런 혈연관계도 없는 사람도 있다. 그러나 혈연관계가 가까운 남녀는 현대에도 여전히 혼인이 불가능하다.

셋째, 성은 '은애(恩愛)를 존중하고 친친(親親)을 두터이 하는'[崇恩愛, 厚親親] 기능을 지닌다. '은애를 존중하고 친친을 두터이 한다'는 것은 무엇을 일컫는가? 이는 인륜관계, 사고방식, 감정적 거리만을 가리키는 것은 아니다. 더 중요한 점은 정치권력, 물질이익의 문제와 결부되어 있다. 엥겔스는 "씨족의 명칭은 처음부터 그 씨족의 권익과 밀접하게 연결되어 있었다."고 하였다. 따라서 씨족사회에서 한 씨족의 구성원은 씨족 내부의 각종 권익을 평등하게 누렸다. 그런데 노예사회 시대에는 '백성'이 귀족을 가리켰고, 노예에게는 성이 없었다. 또 춘추전국시대에는 일반 평민 역시 성을 갖지 못하였다. 예컨대, 『좌전(左傳)』의 서예(鉏麑), 영첩(靈輒), 『장자(莊子)』의 포정(庖丁), 장석(匠石) 등은 모두 이름만 있고 성은 없다. 귀족은 성이 있고 평민은 성이 없었으므로 성은 계급 지위를 구분하는 표지가 되기도 하였다.

중국 상고시기에는 성(姓) 뿐만 아니라 씨(氏)도 있었다. 씨는 성과 관련도 있지만 차이도 있다. 성은 씨족의 호칭이고, 씨는 성의 분파이다. 『좌전・은공 8년』에 "태어남에 따라 성을 하사하고, 땅을 봉토로 주어 씨를 부여한다."[4]고 하였고, 공영달(孔穎達)은 소(疏)에서 "성(姓)이란 낳는다는 뜻이다. 성을 근본으로 삼아 함께 살아가니 비록 아래로 백 세대에 이르더라도 이 성은 바뀌지 않는다. 족(族)이란 소속을 뜻한다. 그 자손과 더불어 서로 이어지는 것인데, 그 방계(傍系)가 따로 무리를 이루면 각자 씨를 세우게 된다."[5]라고 하였다. 다시 말해, 성은 고대의 씨족 호칭이고, 씨는

---

3) 男女同姓, 其生不蕃. (『좌전・희공(僖公) 23년』)

4) 因生以賜姓, 胙之士而命之氏.

5) 姓者, 生也, 以此爲祖, 令之相生, 雖下及百世, 而此姓不改. 族者, 屬也, 與其子孫共相連屬, 其

후대에 자손이 번성하여 생겨난 각 분파의 호칭이다. 가령, '子(자)'는 은나라 사람의 성으로, 자성이 다시 화씨(華氏), 상씨(向氏), 낙씨(樂氏), 어씨(魚氏) 등으로 나뉜다. '姬(희)'는 주나라 사람의 성으로, 희성이 다시 맹씨(孟氏), 이씨(李氏), 손씨(孫氏), 유씨(游氏) 등으로 나누어진다. '姜(강)'은 제나라 사람의 성으로, 강성이 다시 신씨(申氏), 여씨(呂氏), 허씨(許氏), 기씨(紀氏), 최씨(崔氏), 마씨(馬氏) 등으로 나뉜다. 성은 변하지 않지만, 씨의 변화는 매우 크다. 고염무는 "씨는 한두 번 전해지고 바뀔 수 있지만 성은 천만년이 지나도 변하지 않는다."[6]고 하였다. 예컨대, 주나라 사람이 姬(희)를 성으로 삼는 것은 황제(黃帝)시기에서부터 내려온 것이고, 진(陳)나라 사람이 嬀(규)를 성으로 삼는 것은 우순(虞舜) 시대서부터 계속되어 내려온 것이라고 한다. 이는 역사적으로 확인이 가능한 기록은 아니지만, 적어도 수천, 수백 년을 거치며 변화하지 않았다는 사실만은 분명하다. 그러나 씨는 한두 세대만 지나도 변화하곤 한다. 가령 춘추 말기 초나라의 오자서(伍子胥)는 본래 오(伍)씨인데, 그가 오나라에서 살해된 이후에 아들이 제나라로 난을 피해 도망치면서 씨를 왕손(王孫)으로 바꾸었다.[7] 또, 진(晉)나라의 순(荀)씨 순림보(荀林父)는 중행(中行) 지역을 지휘하였기 때문에 순림보의 후손이 중행씨가 되었고, 순림보의 동생인 순수(荀首)는 하군대부(下軍大夫)를 지냈는데 그의 채읍이 지(知) 땅에 있었기에 순수의 후손은 지(知)를 씨로 삼았다. 그 밖에도 본인이 직접 씨를 바꾸는 경우도 있다. 가령, 진완(陳完)은 본래 진(陳)씨인데, 진나라에 내란이 일어나 제나라로 도주하면서 전(田)씨로 바꾸었다.

이처럼 성은 바꿀 수 없는 것이고 씨는 스스로 세울 수 있는 것이다. 씨를 스스로 세우는 경우는 여러 복잡한 상황이 있는데, 그중 자주 보이는 경우는 다음과 같다.

旁支別屬則各自立氏.

6) 氏一再傳而可變, 姓千萬年而不變. (『정림문집(亭林文集)・원성(原姓)』)

7) 『좌전・애공 11년』 참고

봉지로 받은 읍의 이름으로 씨를 삼은 경우

知罃(지앵), 羊舌肸(양설힐), 解狐(해호), 臼季(구계)

거주하던 지명으로 씨를 삼은 경우

西門豹(서문표), 北郭騷(북곽소), 南宮适(남궁괄), 百里奚(백리혜)

관직의 이름을 씨를 삼은 경우

卜偃(복언), 史墨(사묵), 司馬穰苴(사마양저), 樂正克(악정극)

조상의 자(字)나 시호(諡號)를 씨로 삼은 경우

孔丘(공구) [송(宋)나라 공손가(公孫嘉)의 후손, 가(嘉)의 자가 공보(孔父)]
莊蹻(장교) [초(楚)나라 장왕(莊王)의 후손, 장(莊)은 시호]

제후의 아들은 공자(公子)라 칭하고, 공자의 아들은 공손(公孫)이라 칭하는데, 공손의 아들은 종종 그 조부(즉 공자)의 자를 씨로 삼는다. 가령 송환공(宋桓公)의 아들은 공자목이(公子目夷)로 자가 자어(子魚)이다. 손자는 공손우(公孫友)였는데, 공손우의 아들은 그 조부인 공자목이의 자인 어(魚)를 씨로 삼아 어초(魚莒), 어석(魚石)이라 불렸다. 노 환공의 세 아들은 자가 중(仲)인 공자경보(公子慶父), 자가 숙(叔)인 공자아(公子牙), 자가 계(季)인 공자우(公子友)였다. 그들의 후손은 각각 중손(仲孫)[후에 맹손(孟孫)으로 바뀜], 숙손(叔孫), 계손(季孫)을 씨로 삼았으며, 노나라의 실제 정권을 장악한 삼대 가족이 되었고, 세칭 '삼환(三桓)'이라 하였다.

전국시대 이후 사람들은 종종 씨를 성으로 삼았고, 성씨가 점차 하나로 합해졌다.

한대에 들어와서는 이를 '성'이라 통칭하였고 천자로부터 일반 평민에 이르기까지 모두가 성을 가질 수 있었다.

앞에서 이미 언급하였듯이 상고시기에는 동성간에 혼인하지 않았고, 성을 통해 혼인을 구별하였다. 따라서 전국시기 이전에 남자는 씨만을 부르고 성을 부르지 않았다. 고염무는 "『좌전』을 살펴보면 255년 사이에 성을 칭한 남자가 있었던가? 없었다."[8]라고 하였다. 그러나 여자는 반드시 성을 불렀다. 고염무는 "성이라는 것은 여자쪽에 적용되는 것이다."[9]라고 하였는데, 이것이 옳다. '혼인 관계 구별'의 측면에서 귀족 여성의 성은 이름보다 더욱 중요하였고, 미혼 여성에 대해서는, 성 앞에 '맹(孟), 백(伯), 중(仲), 숙(叔), 계(季)'를 써서 서열을 표시한다. 예를 들면 다음과 같다.

孟姜(맹강), 伯姬(백희), 仲子(중자), 叔姬(숙희), 季芈(계미)

출가 이후에 구분을 하려면 다음 몇 가지 방법을 사용하였다.

1. 성 앞에 자신이 출생한 국명이나 씨를 더한다.

齊姜(제강), 晉姬(진희), 鄭姬(정희), 秦嬴(진영), 陳嬀(진규), 國姜(국강)[國은 씨이다]

2. 다른 나라의 국왕과 결혼한 경우, 성 앞에 배우자가 봉지로 받은 국명을 더한다.

---

8) 考之於傳, 二百五十五年之間, 有男子而稱姓者乎? 無有也. (『정림문집(亭林文集)・원성(原性)』)
   (역주) 원서에서는 "『일지록』 23권"으로 되어 있다. 이는 『정림문집・원성』에 있는 내용이다. 『일지록집석(日知錄集釋)』에서 이 내용을 인용하였다. 즉 『일지록』 본문에는 없는 내용이다. 다음 주도 마찬가지이다. 이하 『정림문집・원성』으로 고쳤다.
9) 姓焉者, 所以爲女坊也. (『정림문집・원성』)

秦姬(진희), 芮姜(예강), 息嬀(식규), 江芈(강미)

3. 다른 나라의 경대부와 결혼한 경우, 성 앞에 배우자의 씨 혹은 읍명을 더한다.

趙姬(조희) [춘추시대 진(晉)나라 대부인 조최(趙衰)의 처]
孔姬(공희) [춘추시대 위(衛)나라 대부인 공어(孔圉)의 처]
秦姬(진희) [춘추시대 노(魯)나라 대부인 진천(秦遄)의 처]
棠姜(당강) [춘추시대 제(齊)나라 대부인 당공(棠公)의 처, 당(棠)은 읍명]

4. 사후에 성 앞에 배우자 혹은 본인의 시호를 더한다.

武姜(무강) [정무공(鄭武公)의 처], 穆姬(목희) [진목공(秦穆公)의 처]
文嬴(문영) [진문공(晉文公)의 처], 文姜(문강) [노환공(魯桓公)의 처]

구분이 필요 없을 때는 성 뒤에 '씨(氏)'자를 더하는 방법으로 여성을 칭할 수도 있었다. 가령, 무강(武姜)은 강씨(姜氏)로 불렸고, 경영(敬嬴)[노문공(魯文公)]의 비은 영씨(嬴氏)로 불렸고, 여희(驪姬)[진헌공(晉獻公)]의 비는 희씨(姬氏)로 불렸던 것이 그 예이다. 이러한 방법은 봉건시대에 계속하여 사용되었고, 일부 여성은 이름도 없이 모모(某某)씨로만 불렸다. 이는 현대 중국 성립 이전의 농촌에도 보편적으로 남아있었다.

이름과 별칭

고대 중국인은 이름과 자(字)를 가지고 있었다. 상고시기에는 아이가 출생한지 3개월이 지나면 아버지가 직접 이름을 지어주었다고 한다. 남자는 20세 관례(冠禮)를 치를 때 자를 갖게 되고, 여자는 15세 계례(笄禮)[10]를 치를 때 자를 갖게 된다. 이름과 자는 종종 의미상 관계가 있다. 가령, 宰予(재여)는 자가 子我(자아)이고, 端木賜(단목사)는 자가 子貢(자공)이고, 冄耕(염경)은 자가 伯牛(백우)이고, 屈原(굴원)은 이름이 平(평)이고 자가 原(원)이다.[11] 이름과 자는 심지어 한 쌍의 반의어가 될 수도 있는데, 가령 曾點(증점)은 자가 晳(석)인 것이 그 예이다.[12]

　단어의미의 변천으로 인해 일부 이름과 자는 오늘날 둘 사이의 의미 관계를 알기 어려운 경우도 있다. 가령 顔回(안회)의 자가 子淵(자연)이고,[13] 樊須(번수)의 자가 子遲(자지)인 것이 그 예이다.[14] 간혹 이름과 자가 우연히 어떤 관련이 있을 뿐이어서 둘 사이의 연관성을 알아보기 쉽지 않은 경우가 있다. 가령, 공자(孔子)의 이름은 丘(구)이고, 자는 仲尼(중니)이다. 『사기(史記)·공자세가(孔子世家)』의 기록에 따르면 공자의 아버지인 숙량흘(叔梁紇)과 어머니 안씨(顔氏)가 '니구산(尼丘山)에서 기도하여' 공자를 낳았고, 이로 인해 이름을 '丘'라 하고 자를 '仲尼'라 하였다. 이 전설에서 알 수 있듯이 고대인의 이름과 자 사이에는 다양한 연관성이 있을 수 있으며 그 가운데 일부는 지금으로서는 정확한 파악이 불가능하다.

　주나라 때 귀족 남자는 자 앞에 종종 '백, 중, 숙, 계'를 더하여 형제 서열을 표시하고, 자 뒤에는 때로 '父(보)'나 '甫(보)'자를 더하여 성별을 나타냈다. 이러한 방식으로 구성된 남성의 정식 자는 총 세 개의 글자로 이루어진다.

　　　伯禽父(백금보), 仲山甫(중산보), 仲尼父(중니보), 叔興父(숙흥보)

　비교적 자주 보이는 형태는 '父'나 '甫'자를 생략한 경우이다.

---

10) 머리를 묶어 비녀를 꽂아주는 예식. (역주) 여성의 성인식을 가리킨다.
11) 廣平曰原.[넓고 평평한 것을 原이라 한다.] (『이아(爾雅)·석지(釋地)』)
12) 點, 小黑也.[點은 작고 검은 것이다.], 晳, 人色白也.[晳은 얼굴색이 흰 것이다.] (『설문해자(說文解字)』)
13) 淵, 回水也.[淵은 소용돌이 치는 물이다.] (『설문해자』)
14) 고대에 '須'와 '遲'는 모두 '기다리다'의 의미를 지녔다.

伯禽(백금), 仲尼(중니), 叔向(숙향), 季路(계로)

때로는 서열을 생략하기도 한다.

禽父(금보), 尼父(니보), 羽父(우보)

형제 서열만을 자로 삼는 경우도 있다. 가령, 관이오(管夷吾)의 자가 중(仲)이고 범수(范睢)의 자가 숙(叔), 노공자우(魯公子友)의 자가 계(季)인 경우와 같다. 그러나 이러한 경우는 많지 않다.

춘추시대 남자가 자를 취하는 가장 보편적인 방식 가운데 하나는 바로 '子(자)'자를 더하는 것이다. 이는 '자'가 남자의 존칭이기 때문이다. 예를 들면 다음과 같다.

子産(자산)[公孫僑(공손교)]　　　子犯(자범)[狐偃(호언)]
子胥(자서)[伍員(오원)]　　　　子淵(자연)[顔回(안회)]
子有(자유)[冉求(염구)]　　　　子牛(자우)[司馬耕(사마경)]

'子'자는 때로 생략할 수도 있는데, 예를 들면 안회(顔回), 염구(冉求), 사마경(司馬耕)을 안연(顔淵), 염유(冉有), 사마우(司馬牛)로 직접 칭할 수 있다.

상고시기에는 이름과 자를 붙여 말할 때에 통상적으로 자를 먼저 부르고 이름을 뒤에 불렀다.[15] 가령, 季友(계우), 孟明視(맹명시), 白乙丙(백을병), 孔父嘉(공보가), 叔梁紇(숙량흘) 등이 그 예이다. 한대 이후가 되면 종종 이름을 먼저 부르고 자를 뒤에 칭하였다. 예를 들면, 조비(曹丕)의 『전론(典論)·논문(論文)』에서는 "지금의 문인으로는 노나라의 孔融文擧(공융문거), 광릉의 陳琳孔璋(진림공장), 산양의 王粲仲宣(왕찬중

---

15) 이 단락에서 아래에 강조점이 있는 것이 자이다.

선), 북해의 徐幹偉長(서간위장), 진류의 阮瑀元瑜(완우원유), 여남의 應瑒德璉(응창덕련), 동평의 劉楨公幹(유정공간)이 있다."[16]라고 하였고, 왕안석(王安石)의 「유포선산기(游褒禪山記)」에서는 "네 사람은 여릉의 蕭君圭君玉(소군규군옥), 장락의 王回深父(왕회심보), 여제의 安國平父(안국평보)와 安上純父(안상순보)이다."[17]라고 하였다.

상고시기에는 존비의 구분이 엄격하였다. 지위가 높은 사람이 아랫사람을 대할 때에는 이름을 부르고, 아랫사람이 자신을 칭할 때에도 이름을 불렀다. 동년배나 윗사람을 대할 때에는 이름을 부를 수 없고 자만 부를 수 있었으며, 심지어 부모를 대할 때에는 자마저도 부를 수 없었다. 이처럼 이름을 부르거나 자를 부르는 것으로 존비관계를 나타내는 방법은 후대에도 계속 사용되었다. 가령, 『논어(論語)』의 예를 보자. 공자가 자신을 칭할 때 구(丘)라 하는 것은 겸칭이다. 공자는 제자를 대할 때 이름을 불렀다.

(1) 賜也, 始可與言詩已矣. (『논어·학이(學而)』)
　　사는 비로소 시를 논의할 만하다. [端木賜(단목사)의 자는 子貢(자공)이다.]
(2) 求, 爾何如? (『논어·학이』)
　　구야, 너는 어떠한가? [冉求(염구)의 자는 子有(자유)이다.]

제자가 자신을 칭할 때에도 이름을 불렀다.

(3) 顏淵曰, "回雖不敏, 請事斯語矣." (『논어·안연(顏淵)』)
　　안연이 말하였다. "저 회는 민첩하지 않습니다만, 이 말을 받들고자 합니다." [顏回(안회)의 자는 子淵(자연)이다.]

---

16) 今之文人, 魯國孔融文擧, 廣陵陳琳孔璋, 山陽王粲仲宣, 北海徐幹偉長, 陳留阮瑀元瑜, 汝南應瑒德璉, 東平劉楨公幹.
17) 四人者, 廬陵蕭君圭君玉, 長樂王回深父, 余弟安國平父, 安上純父.

(4) 子路曰, "昔者由也聞諸夫子曰……"(『논어·양화(陽貨)』)
　　자로가 말하였다. "옛날 저 유가 선생님께 듣기로는……"[仲由(중유)의 자
　　는 子路(자로)이다.]

제자가 선생님 앞에서 다른 제자를 칭할 때에도 이름을 불렀다.

(5) 子貢問, "師與商也孰賢?"(『논어·선진(先進)』)
　　자공이 물었다. "사와 상 중에서 누가 더 현명합니까?"[顓孫師(전손사)의
　　자는 子張(자장)이고, 卜商(복상)의 자는 子夏(자하)이다.]
(6) (曾晳)曰, "夫子何哂由也?"(『논어·선진』)
　　(증석)이 말하였다. "선생님께서는 어째서 유를 비웃으셨습니까?"[仲由(중
　　유)의 자는 子路(자로)이다.]

『논어』를 기록한 사람은 공자의 제자를 언급할 때 일반적으로 자를 불렀다.

(7) 顔淵, 季路侍. (『논어·공야장(公冶長)』)
　　안연과 계로가 선생님을 모셨다. [季路(계로)는 子路(자로)이다.]
(8) 樊遲請學稼. (『논어·자로(子路)』)
　　번지가 농사짓는 법에 대해 배우고자 청하였다. [樊須(번수)의 자는 子遲
　　(자지)이다.]

　단지 증참(曾參)에 대해서는 '증자(曾子)'라 칭하고 자를 부르지 않았으며, 유약(有
若)에 대해서는 세 차례 '유자(有子)'라 칭하고 자를 부르지 않았다. 따라서 혹자는
증참과 유약의 문인이 『논어』를 기록하였다고 추측하기도 한다.
　이름과 자(字) 외에 '별호(別號)'와 '별자(別字)'도 있다. 자는 성년이 되었을 때 높
은 사람이 지어주는 것이고, 별호는 주로 자신이 짓는다. 별호는 세 글자 또는 그 이

상으로 지을 수 있다. 예를 들어 갈홍(葛洪)은 포박자(抱朴子), 도잠(陶潛)은 오류선생 (五柳先生), 이백(李白)은 청련거사(青蓮居士), 백거이(白居易)는 향산거사(香山居士), 소식 (蘇軾)은 동파거사(東坡居士)라고 자신의 별호를 지었다. 그러나 자주 보이는 별호는 두 글자로, 왕안석(王安石)의 자는 개보(介甫)이고 별호는 반산(半山)이며, 육유(陸游)는 자가 무관(務觀)이고 별호가 방옹(放翁)이고, 신기질(辛棄疾)은 자가 유안(幼安)이고 별 호가 가헌(稼軒)이다. 세 글자 이상의 별호 중 두 글자로 줄여서 사용하는 경우도 있 는데, 백향산(白香山), 소동파(蘇東坡) 등이 이에 해당한다. 두 글자인 별호와 자는 사 용함에 있어 큰 차이가 없으며, 사람에 따라 호를 부르는 것이 더 일반적이고 자는 잘 사용하지 않는 경우도 있다. 예를 들어 백거이는 자가 낙천(樂天)이고, 소식은 자 가 자첨(子瞻)이며, 육유는 자가 무관(務觀)이지만, 각각 백향산(白香山), 소동파(蘇東坡), 육방옹(陸放翁) 등으로 더 많이 불린다.

자나 호를 부르는 것은 본래 존경을 나타낸다. 그러나 그것으로도 부족하다고 여 겨 상대방의 관직이나 출생지, 거주지 등의 지명을 존칭으로 삼아 부르는 경우도 있 었다. 예를 들어 두보는 두공부(杜工部)[두보는 검교공부원외랑(檢校工部員外郎) 직위를 지 낸 바 있다], 왕안석은 왕임천(王臨川)[왕안석은 강서(江西) 임천(臨川) 사람이다]으로 불린 다. 심지어는 성(姓)의 본관이 고유한 호칭이 되는 경우도 있다. 예를 들어, 한유(韓 愈)를 한창려(韓昌黎)라고 하는데, 이는 창려 한씨가 명망 있는 집안이기 때문이지 한 유가 창려 사람이기 때문은 아니다.

한 가지 덧붙이자면, 당대 시문에는 종종 항렬을 칭하는 표현이나 항렬과 관직을 이어 부르는 표현이 나타난다. 예를 들어 백거이는 백이십이(白二十二)로, 원진(元稹) 은 원구(元九)로, 이신(李紳)은 이이십시랑(李二十侍郎)으로 불린다. 이러한 항렬은 같은 부모 밑의 형제 서열이 아니라, 동일 증조부 밑 자손들의 서열을 근거로 한다.

시호와 피휘

|

고대에는 제왕, 제후, 고관대신이 사망하면 봉건사회의 도덕 기준과 그들의 생전 행적에 따라 조정에서 칭호를 부여하였는데, 이것을 시(謚) 또는 시호(謚號)라 한다. 시호는 특정한 글자로 되어 있는데, 주로 죽은 자의 생전 업적과 관련하여 한 두 글자를 골라 그의 시호로 삼음으로써 그의 잘한 점과 못한 점을 평가한다. 시호로 쓰이는 글자는 대체로 세 종류이다. 첫째는 좋은 의미를 지닌 '文(문), 武(무), 昭(소), 景(경), 惠(혜), 穆(목)' 등이고, 둘째는 나쁜 의미를 지닌 '靈(영), 厲(여), 幽(유), 煬(양)' 등이며, 셋째는 동정의 의미를 지닌 '哀(애), 懷(회), 愍(민), 悼(도)' 등이다. 상고시대의 시호는 대체로 한 글자였으나, 간혹 두세 글자로 된 것도 있었다. 다음 예를 보자.

周平王[주나라 평왕]　　齊桓公[제나라 환공]　　秦穆公[진나라 목공]

晉文公[진나라 문공]　　楚考烈王[초나라 고열왕]　　趙孝成王[조나라 효성왕]

睿聖武公[예성무공, 즉 위나라 무공(衛武公)]

후대의 시호는 황제를 제외하고 대부분 두 글자로 썼다. 다음 예를 보자.

文成侯[문성후, 즉 장량(張良)]　　忠武侯[충무후, 즉 제갈량(諸葛亮)]

昭明太子[소명태자, 즉 소통(蕭統)]　　武穆王[무목왕, 즉 악비(岳飛)]

시호는 죽은 사람의 생전 행적과 품성의 집약이라고 하나, 붙여지는 시호는 사실상 봉건통치계급의 수요에 의해 결정된다. 따라서 진회(秦檜)가 죽은 후에 송(宋) 고종(高宗)에 의해 '충헌(忠獻)'이라 불린 것처럼 종종 사실과 다르거나 아예 거짓인 경우도 있다.[18]

---

18) 진회는 송나라 영종(寧宗) 때에 와서야 '무추(繆醜)'로 바뀌었다.

조정에서 시호를 내리는 것 외에 개인적으로 붙이는 경우도 있다. 이는 이름 있는 학자가 죽은 후에 친한 친구들이나 문인들이 붙이는 시호이다. 예를 들어 동한의 진식(陳寔)이 죽은 후 문상을 간 사람들이 삼만 명이 넘었다 하여 문범선생(文範先生)이라는 시호가 붙었고, 진(晉)나라 도잠(陶潛)이 죽은 후에 안연년(顏延年)이 그를 위해 조문을 읽으며 정절징사(靖節徵士)라는 시호를 붙였고, 송(宋)나라 황정견(黃庭堅)이 죽은 후에는 문인들이 문절선생(文節先生)이라는 시호를 붙였다.

시호를 부르는 것도 존경을 나타내는 방법 중 하나인데, 어떤 사람들의 시호는 후대 사람들이 자주 불러 거의 별명이 될 정도였다. 예를 들어 악무목(岳武穆), 소명태자(昭明太子), 도정절(陶靖節) 등이다.

끝으로 피휘(避諱)에 대해 간단히 살펴보겠다.

피휘란 군주나 높은 사람의 이름을 직접 부르지 않는 것이다. 군주나 높은 사람의 이름과 동일한 글자를 보면 다른 글자로 바꾸거나 획을 빼는 방법으로 피한다. 그 결과 언어표현 상 약간의 혼란이 빚어지곤 한다. 다음 몇 가지 예를 보자.

진(秦)나라 장양왕(莊襄王)의 이름이 자초(子楚)이므로 진나라 조정에서 '초(楚)'나라를 '형(荊)'으로 바꿔 불렀다. 『사기・진시황본기(秦始皇本紀)』의 "二十三年, 秦王復召王翦使將擊荊."[23년, 진왕이 왕전을 다시 불러서 '형'을 공격하라고 하였다.]의 '荊'이 바로 초나라이다.

한(漢)나라 고조(高祖)의 이름이 방(邦)이므로 '방'을 '국(國)'으로 바꾸었다. 『논어・미자(微子)』의 "何必去父母之邦."[어찌 반드시 부모의 나라를 떠나야 합니까?]은 한대의 석경(石經)에 남아있는 비석에는 "何必去父母之國."이라고 되어 있다.

한나라 문제(文帝)의 이름이 항(恒)이므로 '항'을 '상(常)'으로 바꾸었다. 『사기』에 항산(恒山)은 상산(常山)으로 되어 있다.

수(隋)나라 양제(煬帝)의 이름이 광(廣)이므로 '광'을 '박(博)'으로 바꾸었다. 수나라 조헌(曹憲)은 『광아(廣雅)』에 음을 달아 책을 내면서 『박아(博雅)』로 바꾸었다.

당(唐)나라 태종(太宗)의 이름이 세민(世民)이므로, '세'를 '대(代)'나 '계(系)'로, '민(民)'을 '인(人)'으로 바꾸었다. 유종원의 「봉건론(封建論)」에서는 '삼세(三世)'를 '삼대(三代)'로, '생민(生民)'을 '생인(生人)'으로 바꾸었으며, 「포사자설(捕蛇者說)」에서는 '민풍(民風)'을 '인풍(人風)'으로 바꾸었다. 또 『세본(世本)』[19]은 책이름 자체를 『계본(系本)』으로 바꾸었다.

당나라 고종(高宗)의 이름이 '치(治)'였으므로 '치'는 '이(理)'나 '지(持)' 또는 '화(化)'로 바꾸었다. 유종원의 「봉건론」에서는 "繼世而治"[대를 이어 다스리다.]를 "繼世而理"로 썼으며, 이현(李賢)은 『후한서(後漢書)·조포전(曹襃傳)』의 "治慶氏禮"[경씨의 예를 공부하였다.]를 "持慶氏禮"로 썼고, 『후한서·왕부전(王符傳)』의 "治國之日舒以長"[다스리는 날이 편안하고 오래된다.]을 "化國之日舒以長"으로 바꾸었다.

청나라 聖祖[성조, 즉 강희(康熙)]의 이름이 현엽(玄燁)이므로 '현'은 '원(元)'으로, '엽'은 '욱(煜)'으로 바꾸었다. 청나라 사람들의 저작 또는 청나라 때 새겨진 고서는 '현조(玄鳥), 현무(玄武), 현황(玄黃)'처럼 '현'자가 포함되어 있었던 것을 모두 '원'으로 썼다.

이상은 임금의 이름을 피한 예이다. 집안의 이름을 피한 가휘(家諱)의 예는 다음과 같다.

회남왕(淮南王) 유안(劉安)의 아버지 이름이 '장(長)'이었으므로 '장'을 '수(脩)'로 고쳤다. 『노자』의 "長短相形"[길고 짧은 것으로 서로 형태를 이룬다.]이라는 구절을 『회남자(淮南子)·제속훈(齊俗訓)』에서는 "短脩相形"이라고 인용했다.

소식 조부의 이름이 '서(序)'였으므로 소순(蘇洵)의 문장에서는 '서'를 '인(引)'으로 고쳤고, 소식이 다른 이의 서문을 적어 줄 때에도 '敍(서)'자를 사용했다.

삼국시대 이후에는 임금이나 높은 사람의 이름과 동일한 글자만 피하는 것이 아

---

19) (역주) 『세본』은 선진시기의 사관이 편찬한 것으로, 상고시대의 제왕, 제후, 경대부의 계보 전승을 기록한 책이다.

니라 음이 같거나 비슷한 글자도 피해야 했다. 수나라 문제의 아버지 이름은 '忠(충)'이었는데, '忠'과 '中(중)'은 중국어로는 발음이 같으므로 '中'자도 피하게 됐고, 따라서 '中'을 '內(내)'로 바꾸게 되어, 관직명인 '중서(中書)'가 '내사(內史)'가 됐다. 이하(李賀)의 아버지 이름은 진숙(晉肅)인데, '晉(진)'과 '進(진)'의 발음이 같다는 이유로 진사에 합격하지 못하자, 한유가 특별히 「휘변(諱辯)」을 지어 이하를 변론하였다.

　이름을 피해 글자를 바꾸는 것 말고도 이름을 피해 필획을 생략하는 방법도 있는데 이는 당나라 때부터 시작된 것이다. 가령, 당나라 때에는 태종 이세민의 이름을 피하여 '世(세)'를 '卅'로 적었고, 송나라 때에는 진종(眞宗) 조항(趙恒)의 이름을 피하여 '恒(항)'을 '恒'으로 적었으며, 청나라 때에는 세종[世宗, 즉 옹정제(雍正帝)] 윤정(胤禎)의 이름을 피하여 '胤(윤)'자를 '胤'으로 적었고, 선종[宣宗, 즉 도광제(道光帝)] 민녕(旻寧)의 이름을 피하여 '寧(녕)'자를 '甯'으로 적었다. 또한 당나라 이후에 공자(孔子)의 이름을 피하여 '丘(구)'를 '丘'라고 적은 것 등이 그러한 예이다.

고대의 관직제도

　중국 고대의 관직제도는 시대마다 다르고 같은 조대(朝代) 내에서도 변화를 보이는 등 그 상황이 복잡하므로 여기서 일일이 다 언급할 수 없다. 진한 시기 이전의 관직제도에 대해서는 완전한 기록이 부족한 실정이지만, 일부 문헌에 의하면 당시 중국에는 전국적으로 통일된 관직제도가 형성되어 있지 않았음을 알 수 있다. 예를 들어 춘추전국시기에는 각국의 관직제도가 달랐다. 초나라의 가장 높은 벼슬은 '영윤(令尹)'이고, 그 다음이 '무관상주국(武官上柱國)'이었는데 이는 다른 나라와 다르다. 진 시황은 중국을 통일한 이후 중앙집권적 관제를 마련하여 관리를 중앙과 지방 둘로 구분하였다. 한대에는 대체로 진대의 관제를 이어받았고, 이후에 대대로 여러 가지 변화가 있었으나 2,000년 동안 대체로 진한대의 관제를 기초로 발전 및 변화하였다. 『한서(漢書)・백관공경표(百官公卿表)』를 비롯해 역대 사서마다 각 시대별 관제에 대해 기록하여 오늘날 비교적 잘 갖춰진 관제 자료를 볼 수 있게 되었다. 아래에서는 중앙관제와 지방관제 두 부분으로 나누어 진한관제를 중심으로 고대의 관직에 대해 간단히 소개하겠다.

중앙관제

진시황은 중국을 통일한 후 삼공(三公)과 구경(九卿)을 지정하여 중추기구를 만들었다. 삼공은 승상(丞相), 태위(太尉), 어사대부(御史大夫)로, 중앙 최고 군정(軍政) 장관이다. 승상은 지위가 가장 높고, 황제의 뜻을 전해 받아 국정을 돕는다. 태위는 황제가 전국 군사를 관장하는 것을 돕고, 어사대부는 황제의 비서장으로 감찰을 책임지고 담당하며 승상의 일을 돕는다. 세 관직은 권력 면에서 역할이 나뉘어 상호 제약의 기능을 하기도 한다. 한나라 초기에는 진나라 때의 관제를 이어받았다. 한나라 무제에 이르러 태위의 직책을 없애고 대사마(大司馬)로 바꾸어 황제가 신임하는 외척이나 측근에게 맡겼고, 대사마는 차츰 사실상 집정관이 되었다. 그리하여 곽광(霍光)이 대사마 대장군(大將軍)으로서 국정을 도와 그 권력이 승상을 훨씬 넘어선 것과 같이, 승상은 대사마에 비해 높은 지위였음에도 불구하고 권력이 점차 축소되었다. 서한 말에 이르러서는 승상을 대사도(大司徒)로 바꾸고, 어사대부(御史大夫)도 대사공(大司空)으로 명칭을 바꾸었다. 대사도, 대사공, 대사마를 합하여 '삼공'이라 불렀는데,[1] 이들 모두가 재상(宰相)이다.[2]

구경은 진한시기 중앙행정기관의 장관으로 다음의 아홉 가지가 있다. (1) 봉상(奉常) : 종묘의례를 담당한다. 한나라 경제 때 태상(太常)으로 바뀐다. (2) 낭중령(郎中令) : 궁정의 호위를 담당한다. 한나라 무제 때 광록훈(光祿勳)으로 바뀐다. (3) 위위(衛尉) : 궁문의 근위군을 담당한다. 한나라 경제 때 잠시 중대부령(中大夫令)으로 바뀐다. (4) 태복(太僕) : 황제의 거마를 담당한다. (5) 정위(廷尉) : 형법을 담당하는 자로, 가장 높은 법관이다. '대리(大理)'라 불렸던 때도 있다. (6) 전객(典客) : 각 소수민족과 외국의 조회 등의 일을 담당한다. (7) 종정(宗正) : 황족과 관련된 사무를 담당한다. (8) 치

---

1) 이를 '삼사(三司)'라고도 함.
2) 사도(司徒), 사공(司空), 사마(司馬)는 서주(西周) 때 생긴 관직이며, 당시 사도는 교화(敎化)를 관장하고 사공은 건설을 관장하며, 사마는 군대를 관장하는 등 한대와는 전혀 달랐다.

속내사(治粟內史) : 조세와 부역을 담당한다. 한나라 경제 때 대농령(大農令)으로 바뀌었고, 무제 때 다시 대사농(大司農)으로 바뀐다. (9) 소부(少府) : 궁정의 총무를 담당한다. 구경(九卿) 가운데 정위, 전객, 치속내사가 맡은 것은 정무(政務)이고 나머지 여섯 경이 담당하는 것은 황제와 궁정 관련 사무이다. 이상을 통해 알 수 있는 것은 진한 관제에서 궁정 사무의 중요성이 매우 두드러진다는 것이다. 궁정사무를 맡은 관리는 황제 가까이에 있을 수 있어 정사를 결정하는 데 매우 큰 영향을 미치기도 했다.

구경 외에도 비교적 중요한 중앙행정장관이 있다. 예를 들어 중위(中尉)는 수도의 치안을 담당했고[한나라 무제 때 '집금오(執金吾)'로 호칭이 바뀜], 장작소부(將作少府)는 궁실을 짓는 일을 담당했다[한나라 경제 때 '장작대장(將作大匠)'으로 호칭이 바뀜].

구경이 중심이 된 각 중앙행정장관에게는 모두 속관(屬官)이 있었다. 일부 속관은 황제와 사이가 가까워 관직의 등급이 높지는 않았지만 상당한 중직이었다고 할 수 있다. 예를 들어 낭중령(郎中令)[후대의 광록훈]의 속관으로 대부(大夫)와 낭(郎)이 있었는데, 이들은 모두 황제에게 접근이 가능했다.

대부는 '논의를 담당하는' 자로서, 태중대부(太中大夫), 중대부(中大夫)[한 무제 때 '광록대부(光祿大夫)'로 호칭 바뀜] 등이 있다. 이들은 품계는 있지만 실질적인 직책이 없는 산관(散官)에 해당하지만 황제에게 접근하여 의견을 제시할 수 있었다. 간대부(諫大夫)가 바로 간언하는 일을 전담하는 관리이다.

낭은 황제의 호위관에 대한 통칭으로, 의랑(議郎), 중랑(中郎), 시랑(侍郎), 낭중(郎中)이 있다. 의랑이 응대 관련 일에 대해 고문하였고, 다른 낭들은 모두 '문호를 지키고 수레와 말을 내오는 일'[掌守門戶, 出充車騎]을 담당했다. 한나라 무제 때에는 기문(期門), 우림(羽林)도 두었는데, 모두 낭의 속관이었으므로 기문랑(期門郎), 우림랑(羽林郎)이라 부르기도 했다.

한나라에는 '가관(加官)'이라는 것도 있었는데, 이는 본래의 관직 외에 더 주어진 관직이다. 대신들은 '가관'을 얻게 되면 궁정을 드나들며 자주 황제에게 접근할 수 있었다. 한나라 때의 가관에는 시중(侍中), 좌우조(左右曹), 제리(諸吏), 산기(散騎), 상시

(常侍), 급사중(給事中) 등이 있었다. 시중이 되면 궁내의 금지구역에 드나들며 황제의 측근[친신(親信)]이 될 수 있었고, 좌우조가 되면 황제의 문서를 처리할 수 있었으며, 제리가 되면 궁정의 관원들을 대상으로 감찰 및 탄핵을 실시할 수 있었다. 산기는 말을 타고 황제를 따르는 기종(騎從)이고, 상시는 황제의 시종[동한 때에는 '환관(宦官)'이 전담했음]이었으며, 급사중은 궁 안에서 일을 처리한다는 뜻으로 황제를 도와 응대에 대한 자문을 해 주었다. 한나라 이후의 왕조에서는 대체로 급사중 관직을 유지시켰는데, 가관이 아닌 정식 관직이었다. 여러 가관 중 시중이 가장 높았고 좌우조와 제리가 가장 권력이 컸다.

서한 시기에는 '삼공'의 권력이 강한 편이었다. 동한 시기에 이르러 "삼공이 있으나, 일은 대각(臺閣)에 맡겨져"(『후한서(後漢書)·중장통전(仲長統傳)』), 삼공은 실권을 잃고 단지 관례에 따라 공무를 처리하는 고급관리로 변한 반면 대각은 사실상의 재상부(宰相府)가 되었다.

'대각'이란 상서(尚書)기구인 상서대(尚書臺)를 가리키는 것으로 궁정의 사무소이다. 상서(尚書)는 본래 구경 중소부의 속관으로 한나라 초기에는 높은 직위가 아니었다. 그저 황제의 곁에서 문서 처리를 담당하는 등 일반적인 비서 업무를 맡았었다. 그러나 사무가 점차 많아져 상서대로 발전하였으며, 수장은 상서령(尚書令), 부장(副長)은 상서복야(尚書僕射)였다. 부서를 나누어 일을 처리했고 각 부서마다 상서 한 사람씩을 두면서 권력도 점차 확대, 집중되어 국가의 실제 권력을 장악한 기구가 되었다.

위(魏)나라 문제(文帝) 때는 동한 시대에 상서대의 권력이 지나치게 커지는 것을 보고, 상서대를 보조적인 집행기구로 바꾸고 중서감(中書監)과 중서령(中書令)을 대표로 하는 중서성(中書省)을 설치하여 주요기밀사항을 다루게 했다. 남북조 때에는 중서성의 권세가 갈수록 커지자 또 시중(侍中)을 우두머리로 하는 문하성(門下省)을 설치하여 중서성을 감시했고, 이렇게 되어 중앙에는 상서, 중서, 문하 삼성(三省)이 역할을 분담하게 되었다. 중서성은 임금의 뜻을 받고, 문하성은 그것을 살펴 따지고, 상서성은 집행하였다. 중서령, 시중, 상서령은 각각 삼성을 대표하여 황제의 정무 처리를 돕는 자로서, 황제에게 인정만 받는다면 재상이나 마찬가지였다. 이러한 삼성 업무 분담 제도는 수당 시기 중앙관제의 발판이 되었다.

당나라 때에는 태종(太宗)이 즉위 이전에 상서령을 맡았었기 때문에 그가 황제로 즉위한 이후에는 이 관직을 수여하지 않고 좌우복야(左右僕射)를 상서성의 장으로 임명했다. 당 태종은 또한 중서령과 시중의 지위가 너무 높다고 여겨 함부로 수여하지 않고, 다른 관직에 있는 자에게 '참의조정(參議朝政)', '참의득실(參議得失)', '참지정사(參知政事)' 등과 같은 이름을 주고 재상의 업무를 맡게 했다. 고종(高宗)은 이후 재상 업무를 보는 자들을 '동중서문하삼품(同中書門下三品)', '동중서문하평장사(同中書門下平章事)' 등이라 칭했다. 이러한 관원들이 사실상의 재상이 되었고, 삼성의 수장들은 실질적인 권력이 없게 되었다. 동평장사(同平章事)는 대체로 한 사람에 그치지 않았는데, 사람이 많을 때는 돌아가면서 일상적인 업무를 처리했고, 중대한 행정업무는 모두 모여 황제를 뵙고 상의 후 처리했다.

송나라 때 중앙기구는 중서(中書)와 추밀원(樞密院)이 문무(文武) 두 분야를 나누어 맡아 '이부(二府)'라 하였다. 추밀원은 진나라 때의 태위부(太尉府)와 비슷했고 수장과 부수장은 추밀사(樞密使)와 부사(副使)였다. 원나라 때에는 상서성, 중서성이 재상부(宰相府)였고, 상서령(尙書令)과 좌우승상(左右丞相), 평장정사(平章政事)가 재상이 되었다. 이후 상서령은 없어지고 중서로 합쳐졌다. 명나라 때에는 중서성을 없애고 황제가 직접 국정을 처리하였으며, 한림원(翰林院) 관원에게 용도각대학사(龍圖閣大學士) 등의 직함을 주고 조서(詔書)를 기획하게 했다. 이후 대학사(大學士)가 점차 정치에 참여하게 되었고 사실상의 재상이 되었다. 청나라 때에는 명나라 때의 관제를 따랐으며 옹정제(雍正帝)에 이르러서는 군기처(軍機處)를 만들어 황제가 정사를 처리하는 것을 돕게 했고, 대학사(大學士)는 직권이 없어졌다.

다음은 육부(六部)이다.

동한부터 수당에 이르기까지 상서성[尙書省, 즉 상서대]은 행정의 총책임기구였다.

사무가 많아지자 상서성 내부적으로 부서를 나누어 일을 처리했고 각 하위부서에 상서 한 명씩을 두었는데, 이것이 후대 중앙 각 부서의 전신이다. 수나라 전에는 부서를 나누는 특별한 제도는 없었고 수나라 때에 이르러서야 이(吏), 민(民), 예(禮), 병(兵), 형(刑), 공(工) 육부를 정해 상서성에 속하게 했다. 당나라 때에는 태종의 이름인 '民'자를 피하여 민부(民部)를 호부(戶部)로 바꾸었다. 이후 대대로 이어져 중앙행정기구의 육부제는 청나라 때까지 전해졌으며 그 기본 틀은 계속 유지되었다.

육부의 업무분담은 대체로 아래와 같다.

(1) 이부(吏部) : 관리의 임명과 면직, 전서(銓敍),3) 실적평가, 승진 및 강등 등
(2) 호부(戶部) : 토지, 호구, 부세, 재정 등
(3) 예부(禮部) : 국가의 의식, 과거시험, 학교 등
(4) 병부(兵部) : 전국의 군사정책
(5) 형부(刑部) : 형법, 감옥과 송사 관리 등
(6) 공부(工部) : 공사, 건설, 둔전, 수리 등

각 부의 장은 상서(尙書)라 부르고 부책임자는 시랑(侍郞)이라 불렀다. 부 아래에는 사(司)를 두었고, 사의 수장은 낭중(郞中), 부책임자는 원외랑(員外郞)이라 했다. 여기에 부속된 관리로는 도사(都事), 주사(主事) 등이 있다. 이러한 관명은 청나라 때까지 지속되었다.

육부가 성립한 이후 각 경의 직권이 점차 축소되었고, 일부 경은 직무가 관련 부나 사로 편입되어 결국 철폐되었다.

역대 중앙기구 중 감찰관(監察官)과 간관(諫官)도 있다. 감찰관은 여러 관리들을 감시하고 탄핵하며, 간관은 황제에게 옳은 도리로 간언한다. 감찰기구는 어사대(御史臺)라 하고 수장은 어사대부(御史大夫) 또는 어사중승(御史中丞)이며, 속관으로는 시어사

---

3) (역주) 재능을 시험하고 그 우열에 따라 벼슬을 시키는 일

(侍御史), 치서시어사(治書侍御史), 전중시어사(殿中侍御史) 등이 있다. 감찰관은 통틀어 대각(臺閣)이라 하고, 간관과 합하여 대간(臺諫)이라고 한다. 간관은 간대부(諫大夫) 또는 간의대부(諫議大夫)라 칭한다. 당나라 때에는 간의대부 외에도 보궐(補闕), 습유(拾遺)를 더 두었고, 각각 좌우로 나뉘어 문하성과 중서성에 귀속되었다. 간관과 함께 문하성에 있던 관리로는 급사중(給事中)이 있는데, 각 부에서 올리는 문서와 중서성에서 기획한 조서내용을 검열하는 일을 했다. 명나라 때 급사중은 육부를 감찰하는 역할을 했고 동시에 이전 시기 간의, 보궐, 습유의 직무를 겸임하였기 때문에, 그 이후에는 급사중을 속칭 급간(給諫)이라 불렀다. 청나라 옹정 시기에는 급사중과 어사가 모두 도찰원(都察院)에 속해 있었으므로 어사 역시 '대간'이라 불렀다.

중국 고대 중앙정부에는 일반적인 행정체계에 속하지 않는 관직도 있다. 예를 들어 한림대조(翰林待詔) 또는 한림학사(翰林學士)가 있는데, 이는 황제의 문학시종(文學侍從)과 비슷한 것으로 주로 황제 대신 조령을 기획하거나 문장을 다듬는 일을 했다. 시독학사(侍讀學士) 또는 시강학사(侍講學士)는 황제를 모시고 책을 읽는 문인이다. 중국에는 대대로 사관(史官)이 있었는데, 진한(秦漢) 시기에는 태사(太史), 위진시기에는 저작랑(著作郎), 당송 이후에는 수찬(修撰), 편수(編修) 등으로 불렀다. 도서 전적을 담당하는 관원으로는 역대로 난대령사(蘭臺令史), 비서랑(秘書郎), 교서랑(校書郎) 등이 있다. 이밖에 고대에는 박사(博士), 조교(助敎) 등의 관직도 있었는데, 진한 시기의 박사는 고금에 두루 밝아 고문 역할을 하는 비교적 중요한 관직이었다. 위진 이후에는 국자감(國子監)과 태학(太學)의 교관(敎官)이 이에 해당하고, 조교는 박사의 보조 업무를 담당했다.

이 관직들은 대부분 문화적인 측면과 관계가 있는데, 그중 한림학사(翰林學士)가 중요하다. 한림학사는 당나라 현종 때 생긴 것으로 처음에는 황제가 조서에 대해 말하기를 기다렸다가 문건을 작성하는 역할만 했지만, 덕종 이후에는 점차 황제의 기밀조령에도 관여하게 되어 황제의 고문이나 참모가 되었다가 재상의 자리에까지 오르는 경우가 많았다. 명청 시기의 한림(翰林)은 전시(殿試)에 참여하거나 진사 시험에 합격한 후에 수여받을 수 있는 관직이었기에 직접 정사에 참여할 수는 없었다. 그러나 역대로 한림관(翰林官)은 대부분 청렴하고 높은 신분으로 여겨졌으며, 재상 중에도 한림 출신이 아니면 체면이 서지 않았는데, 당나라 때부터 청나라 때까지 줄곧 이런 분위기였다.

지방관제

춘추전국시기에 군현(郡縣) 두 단계의 지방 행정 단위는 이미 기본적으로 이루어졌다. 진시황이 중국을 통일한 후 천하를 36군으로 나누고[이후에 40군으로 늘어났다] 군 아래에 현을 세웠다. 군과 현의 장관은 모두 조정에서 임명하여, 때에 따라서 조정하고 이동하였다. 이후 각 왕조의 지방행정 단위는 모두 진(秦)나라 때의 군현제를 기초로 하였다.

2,000여 년 동안 중국 지방 행정의 기층 단위는 언제나 현이었다. 진한 시기의 한 현은 대개 사방 백 리였다. 인구가 조밀한 지방은 면적이 조금 좁고, 인구가 희소한 지방에서는 면적이 조금 넓었다. 한 현 내에는 10리를 하나의 정(亭)으로 삼았고, 정에는 정장(亭長)이 있어 도둑 잡는 일을 관장하였다. 10정이 하나의 향(鄕)이 되고, 향의 관리로는 삼로(三老), 색부(嗇夫), 유요(游徼)가 있었다. 삼로는 교화를 담당하고, 색부는 소송과 부세를 담당하고, 유요는 도둑을 잡는 일을 관장하였다. 1만 호 이상의 현의 우두머리는 영(令)이라고 하고, 만 호가 되지 않는 현의 우두머리는 장(長)이라 하였다. 또한 현승(縣丞)은 현의 정치를 돕고, 현위(縣尉)는 치안을 담당한다. 수당(隋唐)에서는 현의 우두머리를 영(令)이라 통칭하였다. 당나라 때 중엽 이후에서 오대(五代)까지 번진(藩鎭)으로 나누어 점거하던 시대에는 각 지방의 현령(縣令)을 지방 세력이 독점하였다. 송나라 개국 이후, 조정이 현급(縣級) 정권의 통제를 회복하기 위해 중앙에서 관리를 파견하여 현의 정사를 관장하게 하였고, 이를 '지모현사(知某縣事)', 약칭 '지현(知縣)'이라고 하였다. 원나라 때에는 현윤(縣尹)이라 하였다. 명나라, 청나

라 때에는 또 다시 '지현'이라는 명칭을 사용하였다. 역대로 모든 현 장관의 아래에는 각종 속관이 있었고 그들은 각각의 일을 담당하였다.

진한(秦漢) 시대에 현보다 큰 행정 단위는 군(郡)이었다. 진나라 때 군의 행정장관은 군수(郡守), 군사를 관장하던 사람은 위(尉), 감찰을 관장하던 사람은 감어사(監御史)[줄여서 감(監)이라 함]였다. 세 사람의 업무 분장은 중앙의 승상, 태위, 어사대부와 동일하다. 한나라 때 군수는 태수(太守)라는 명칭으로 바뀌었고, 이후에 군사(軍事)를 겸하여 다스렸기 때문에 군장(郡將)이라는 호칭이 생겨났다. 군의 속관 중에서 비교적 중요한 것은 독우(督郵)로, 각 현에 속한 관리의 공과를 살피는 일을 담당하고 지방의 권력이 센 자와 간악한 자를 다스렸는데, 권력이 커서 당나라 때 이후에야 겨우 폐지되었다.

한나라 때에는 군과 동급의 행정 단위로 '국(國)'이 있었다. 이는 황제의 자제나 공신의 봉지(封地)였기 때문에 '제후왕국(諸侯王國)'이라고도 하였다. 한나라 초기 제후왕국의 관리 임명은 전부 중앙의 것을 따랐다. 오초칠국(吳楚七國)의 난(亂)[4] 이후에는 제후왕국의 세력을 약화시키기 위해 그곳의 관리를 줄이고 중앙에서 '상(相)'을 보내서 행정을 처리하였다. 상의 지위는 군 태수와 동급으로, 봉록이 2,000석이었다. 따라서 한나라 때에는 '이천석(二千石)'이라는 명칭을 '군국수상(郡國守相)'을 대신하는 호칭으로 썼다.

한나라 무제(武帝) 때는 중앙의 통치력을 강화하기 위해, 전국을 십여 개 감찰구(監察區)로 나누고 주(州) 또는 부(部)라고 하였다. 각 주에는 자사(刺史) 한 명을 두어[이후 어느 때에는 목(牧)이라 하였다] 소속된 군국(郡國)을 감찰하였다. 수도에 있는 주(州)에는 사례교위(司隸校尉)를 두었는데 대략 자사와 같다. 자사의 속관으로는 별가종사사(別駕從事史), 치중종사사(治中從事史) 등이 있다. 별가는 자사를 따라다니며 순찰하

---

4) (역주) 오초칠국의 난은 전한 효경제(孝景帝) 때, 오(吳), 초(楚), 조(趙), 교서(膠西), 교동(膠東), 치천(菑川), 제남(濟南)의 일곱 나라가 연합하여 일으킨 반란.

고, 치중은 문서를 주관한다. 동한시대 때에는 전쟁이 빈번하여 자사 혹은 주목(州牧)이 병권을 장악하였다. 위진남북조시대의 자사는 대부분 장군의 칭호를 가졌으며, 모두 군부를 세울 수 있도록 허락 받아 스스로 막료를 두었으니, 그 권세가 매우 컸다. 이로 인해 자사에게는 두 무리의 속관이 있게 되었다. 한 무리는 감찰 계통에 속하는 별가, 치중 등이고, 또 하나는 군사 계통에 속하는 장사(長史), 사마(司馬), 참군(參軍) 등이다.

남북조 때는 지방 관제가 가장 어지러웠던 시기로, 관리를 배치하기 위해 여러 주군현(州郡縣)을 마구 설치하였다. 남조(南朝)는 북방에서 남방으로 옮겨와 정착한 것이었으므로, 원래 북방에서 쓰던 교주군현(僑州郡縣)이라는 명칭도 많이 사용하였다. 수나라 문제는 중국을 통일한 이후, 군 단위는 없애고 주(州)와 현(縣) 두 단위만 두었다. 당나라 때에는 이것을 이어받아 현 이상의 행정단위를 주 또는 군이라고 불렀다. 주라고 했을 때의 장관은 자사이고 군이라고 했을 때의 장관은 태수이다. 당나라 때의 자사는 주의 행정장관으로 실제상으로는 태수와 동급이었고, 한나라 때 자사의 직권과는 매우 달랐다. 남북조 시대에는 자사의 두 속관도 행정 계통의 관호(官號)를 섞어서 썼다. 당나라 태종 때에는 각 주의 치중을 사마로 바꾸었고 별가는 장사로 바꾸어 두 부속 관리의 명칭을 합쳤다. 이 점을 이해하면 유종원이 영주사마(永州司馬)로, 백거이가 강주사마(江州司馬)로 폄적된 것은, 군사 업무를 장악한 것이 아니며 폄적되어 어떠한 실권도 없는 사마가 된 것이라고 이해해야 할 것이다.

당나라 때 지방에 대한 중앙의 감찰은 해당 인원을 각 주로 보내는 것에서 시작되는데, 이를 출척사(黜陟使)라 하였으며 지방 관리에 대한 파면이나 추천 등의 권한이 있었다. 당나라 태종 때에는 전국을 10도(道)로 나누어[현종(玄宗) 때에는 15도로 늘어남] 각 도에 중앙에서 파견된 관원 하나가 소속 주현을 순찰하였는데, 차례로 순찰사(巡察使), 안찰사(按察使), 채방처치사(採訪處置使), 관찰사(觀察使)라 하였다. 직권은 한나라 때의 주자사(州刺史)와 비슷하다. 당나라 때에는 또한 변경의 몇 주를 모아서 하나의 진(鎭)으로 삼고 절도사(節度使)를 두었다. 절도사는 탁지(度支), 영전(營田), 관찰(觀察) 등을 겸하여, 군정, 민정, 재정과 감찰의 큰 권한을 모두 가졌다. 원래는 이민족 침략을 방어하기 위해 변방의 중요한 진에만 세웠지만, 이후 중심의 내륙지역에도 절도사를 설치하여 점점 번진(藩鎭)이 할거하는 국면이 이루어졌다. 송나라 때에는 번진 제도가 폐지되었고 절도사는 단지 총애하는 장수나 대신 그리고 종실과 공훈이 있는 황실의 친척[훈척(勳戚)]에게 주는 실권 없는 명예직이었다. 원나라 때에 이르러서는 이마저도 폐지되었다.

송나라 때 현 이상의 행정단위는 주(州)였다. 주의 정사는 중앙에서 파견된 관원이 와서 관리하였는데, 이를 '지모주군모사(知某州軍某事)',[5] 약칭 '지주(知州)'라고 하였다. 주에는 통판(通判)이 있고, 통판에게는 지주와 함께 주의 업무를 처리하는 권한이 있었다. 또한 지주의 행동을 감독하여 감주(監州)라고도 하며 중앙에서 직접 파견하였다. 주의 속관 중에서 중요한 것은 판관(判官)과 추관(推官)이 있는데 판관은 행정을 관장하고 추관은 사법(司法)을 관장한다. 주와 동급의 행정단위로는 부(府), 군(軍), 감(監)이 있으며, 관직을 두는 것은 주와 대부분 비슷하다. 송나라 때에는 당나라 때에 주에 도를 두는 방식을 모방하여 전국을 15로(路)로 나누고, 각 로에 전운사(轉運使) 등의 관리를 두어 소속된 주군의 하천과 육지의 운송 및 재정과 세금을 관장하였다. 후에 권력이 확대되어 형법(刑法)과 민사(民事)를 겸하여 관장하던 때도 있었다.

원나라 때 지방 최고의 행정기구는 행중서성(行中書省)이었다. 그 체제는 중앙과 비슷하여 또한 승상, 참지정사 등의 관직이 있었다. 명나라 초기에는 원나라의 제도를 이어받았다가 이후에 승선포정사사(承宣布政使司)로 개칭하고 줄여서 포정사(布政使) 혹은 포정사(布政司)라고 하였으나 습관적으로 여전히 '성(省)'이라고 불렀으며 장관은 좌우포정사(左右布政使)로서 한 성의 정무를 책임졌다. 또한 전쟁이 있을 때에는 조정의 신하를 보내 지방을 순시하여 군사 업무를 처리하였는데 이를 순무(巡撫)라고 한다. 만약 전쟁이 여러 성과 연관이 되어 순무가 해결할 수 없으면 총독(總督)을 보

---

5) 여기서 '군(軍)'은 지방 군대를 가리키고, '주(州)'는 민정을 가리킴.

내 처리하였다. 총독과 순무는 임시직이어서 정식 지방관으로 보지 않는다. 청나라 때에 이르러 총독과 순무는 고정적인 봉강대리(封疆大吏)가 되었다. 순무는 성급(省級)의 최고 장관으로 비교적 민정에 편중되었다. 총독은 한 성 혹은 두세 성의 군대 및 민간 관련 업무를 총괄 담당하며 비교적 군정에 편중되었다. 한 성에는 순무만 있고 총독이 없을 수 있으며 또한 총독이 순무의 일을 겸할 수 있는 등 엄격한 규정이 없었다. 포정사는 그들의 속관으로 재정과 인사만을 담당하며 번대(藩臺)라고도 하였다. 또한 안찰사는 성의 형사안건을 주관하며 얼대(臬臺)라고도 하였다.

명청대에는 하나의 성이 여러 도로 나뉘고, 도에는 도원(道員)이 있는데 분수도(分守道), 분순도(分巡道)라 하였다.[6] 도 아래에는 부가 있는데, 부의 장관은 지부(知府)라 하고, 부속 관리로는 동지(同知), 통판(通判) 등이 있다. 부 아래에는 일반적으로 주가 있다. 주의 장관은 지주(知州)이고, 속관으로는 주동(州同)[즉, 동지(同知)], 주판(州判) 등이 있다. 주 아래에는 현이 있고, 장관은 지현(知縣)이다. 그렇지만 어떠한 주는 부에 해당한다. 직예주(直隸州)는 수도가 있는 곳으로, 그 지위가 부와 거의 같다. 또한 직예주(直隸州)가 아닌 산주(散州)가 몇 곳 있었는데, 비록 부에 예속되어 있었지만 실제 지위는 현과 비슷했다.

품계(品階)와 훈작(勳爵)

고대에는 직관(職官)을 몇 가지 등급으로 나누었는데 통칭하여 '품(品)'이라고 한다. 한나라 때에는 녹봉이 많고 적음에 따라 관직의 높고 낮음을 정하였다. 예를 들어 구경(九卿)은 꽉 채운 2,000석(石)이고, 자사(刺史), 태수(太守) 등은 2,000석이며, 현령(縣令)은 600석에서 1,000석까지, 녹봉이 다르고 월 봉급이 다르다. 조위(曹魏) 때에

---

6) 전체 성의 어떠한 특정 직무를 담당하는 관리 또한 '도'라 하였다. 양저도(糧儲道), 병비도(兵備道) 등이 있다.

는 직관을 9품(品)으로 나누었으며, 1품이 가장 높고 9품이 가장 낮았다. 이후 각 조대(朝代)는 기본적으로 이를 기초로 하였으며 시대에 따라 좀더 세밀하게 나누는 경우도 있었다. 예를 들어 명나라, 청나라 때에는 9품을 각각 정종(正從)으로 나누어 모두 18급(級)이었다. 수당(隋唐) 때에는 9품 이내의 직관을 유내(流內)라 하였고, 9품 이외는 유외(流外)라 하였다. 청나라 때에는 9품에 들지 못하는 관직을 미입류(未入流)라고 하였다.

수당(隋唐) 시기에는 직무가 있는 관리를 직사관(職事官)이라 하였고, 직무가 없는 관리는 산관(散官)이라 하였는데, 산관 또한 등급이 있었다. 관원의 신분 등급을 나타내는 칭호는 '계(階)' 혹은 '계관(階官)'이다. 이후 각 조대에 모두 계관을 두었는데 단지 명칭과 등급만 달랐을 뿐이다. 당나라, 송나라 때에는 신분등급과 직무에 따른 등급이 반드시 일치하지는 않았다. 신분등급이 직무등급보다 높다면 직사관명 앞에 '행(行)'자를 더한다. 신분등급이 직무등급보다 낮으면 직사관명 앞에 '수(守)'자를 더한다. 신분등급이 직무등급보다 두 품이 낮으면 '시(試)'자를 더한다.

당나라 때부터는 이전 시기의 몇몇 산관의 관호(官號)에 약간의 보충을 가해 군공(軍功)을 보상하였다. 이를 '훈(勳)' 또는 '훈관(勳官)'이라고 하였다. 훈관 또한 등급이 나뉘는데, 당나라 때에는 상주국(上柱國), 주국(柱國), 상호군(上護軍), 호군(護軍), 상경거도위(上輕車都尉), 경거도위(輕車都尉), 상기도위(上騎都尉), 기도위(騎都尉), 효기위(驍騎尉), 비기위(飛騎尉), 운기위(雲騎尉), 무기위(武騎尉) 등 12급이 있었다. 명나라 때에는 문관도 훈호가 있었다. 청나라 때에는 훈(勳)과 작(爵)이 합쳐져서 하나가 되었다.

중국에는 역대로 봉작(封爵) 제도가 있었다. 옛 설에는 주나라 때에 봉작이 공후백자남(公侯伯子男) 등 다섯 등급으로 나뉘었다고 하였다. 한나라 때에는 봉작이 왕(王)과 후(侯) 두 등급만 있었다. 한나라 초기에는 이성(異姓) 또한 왕으로 봉할 수 있었지만, 이후에는 황제와 동성(同姓)만으로 제한되었다. 삼국(三國)시대 이후 역대의 봉작 제도는 동일하지는 않지만 동성을 왕으로 봉하는 것은 기본적으로 일치하였고, 이성의 경우는 소수를 제외하고는 일반적으로 공후백자남으로 봉할 뿐이었다. 조대

별 봉작의 차이는 일일이 열거하지 않겠다.

　　이상 간략하게 중국 고대의 중앙 및 지방 관제에 대하여 소개하였다. 마지막으로 짚고 넘어가야 할 것이 있다. 옛 사람들은 관명(官名)을 만들어낼 때 이전 시대의 옛 명칭을 그대로 사용하는 것을 좋아하였다. 예를 들어 중앙의 육부는 『주례(周禮)』에 실려 있는 육관(六官)과 대부분 비슷하다. 이부(吏部)는 천관태재(天官大宰)[즉, 총재(冢宰)]에 해당하고, 호부(戶部)는 지관대사도(地官大司徒)에 해당하고, 예부(禮部)는 춘관대종백(春官大宗伯), 병부(兵部)는 하관대사마(夏官大司馬)에 해당하고, 형부(刑部)는 추관대사구(秋官大司寇)에 해당하고, 공부(工部)는 동관대사공(冬官大司空)에 해당한다. 그리하여 옛 사람들은 종종 『주례』 육관의 명칭에서 육부 상서(尚書) 대신의 이름을 따왔다. 이부상서는 총재(冢宰), 호부상서는 대사도(大司徒), 예부상서는 대종백(大宗伯)이라고 한 것이 그 예이다.7)

　　이러한 상황을 이해하면 고대중국어를 읽을 때 생기는 고대 관명과 관련된 오해를 피할 수 있다. 유종원의 「영주위사군신당기(永州韋使君新堂記)」 마지막 문장에서 말하였다. "글로 엮어서 이천석(二千石)의 모범으로 삼겠습니다."[編以爲二千石楷法.] 이 문장에서의 이천석은 한나라 때 군국수상(郡國守相)의 칭호를 그대로 쓴 것으로, 실제로는 당시 주의 행정장관인 자사를 말한 것이다. 이 문장의 뜻은 "글을 지어 자사의 모범으로 삼고자 한다."이다. 또한 구양수의 「취옹정기(醉翁亭記)」에서는 여러 차례 태수가 나오고, 마지막에서 "태수는 누구인가? 여릉(廬陵) 사람 구양수이다."[太守謂誰? 廬陵歐陽修也.]라고 말하였다. 실제로 송나라 때에는 태수가 없었고, 구양수는 당시 지저주사(知滁州事), 즉 저주(滁州)의 지주였다. 그런데 그를 태수라고 한 것은 한당(漢唐) 시기 주군의 행정장관을 가리켰던 옛 명칭을 그대로 쓴 것이다.

---

7) 청나라의 호부는 세금 걷는 일과 세금으로 거둔 곡식을 배로 운반하는 일을 담당하여 호부상서는 또한 대사농(大司農)이라고도 하였는데, 이는 한나라 때의 명칭을 그대로 쓴 것이다.

15

고대의 지리

고대의 지리는 전문적인 분야로, 여기서 자세하게 이야기할 수는 없다. 본 절에서는 고대 지리의 개황 및 고서를 읽을 때 주의해야 하는 몇 가지 문제만을 소개할 것이다.

고대에는 이른 바 '구주(九州)'라고 하는 것이 있었다. 이는 전설 속의 상고시기 중국 중원지방의 행정 구역이다. 구주의 명칭은 책마다 모두 일치하지는 않는데, 『상서(尙書)·우공(禹貢)』에 근거하면 '구주'는 기주(冀州), 연주(兗州), 청주(靑州), 서주(徐州), 양주(揚州), 형주(荊州), 예주(豫州), 양주(梁州), 옹주(雍州)이다. 구주의 대략적 위치는 다음과 같다.

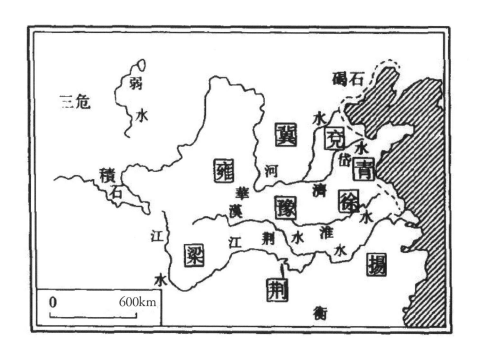

　　주나라 때에 분봉(分封)을 실행하면서, 여러 제후국(諸侯國)을 세웠다. 『사기(史記)·
십이제후년표(十二諸侯年表)』에 근거하면, 춘추시대의 12개 주요 제후국 및 그 도성
은 아래와 같다.

국 명	도 　　　성
노(魯)	곡부(曲阜)〔지금의 산동성(山東省) 곡부시(曲阜市)〕
제(齊)	박고(薄姑)〔지금의 산동성 박흥현(博興縣) 동북쪽〕 후에 임치(臨淄)〔지금의 산동성 치박시 (淄博市) 북쪽〕로 옮김.
진(晉)	당(唐). 지금의 산서성(山西省) 임분시(臨汾市) 서쪽, 또한 강(絳)〔지금의 산서성 익성현 (翼城縣) 동남쪽〕을 수도로 하였다. 진경공(晉景公)이 신전(新田)으로 옮긴 후에도 명칭을 강(絳)〔지금의 산서성 곡옥현(曲沃縣) 서남쪽〕이라 하였다.
진(秦)	원래는 옹(雍)〔지금의 섬서성(陝西省) 봉상현(鳳翔縣)〕에 있다가, 헌공(獻公) 때에 역양 (櫟陽)〔지금의 섬서성 고릉현(高陵縣) 동북쪽〕으로 옮겼다, 효공(孝公) 때에 함양(咸陽) 〔지금의 섬서성 함양시(咸陽市) 동쪽〕으로 옮겼다.

국 명	도 성
초(楚)	단양(丹陽)〔지금의 호북성(湖北省) 자귀현(秭歸縣)〕, 초무왕(楚武王) 때 영(郢)〔지금의 호북성 강릉현(江陵縣) 북쪽〕으로 옮겼다.
송(宋)	상구(商丘)〔지금의 하남성(河南省) 상구시(商丘市)〕
위(衛)	조가(朝歌)〔지금의 하남성 기현(淇縣)〕 이후에 초구(楚丘)〔지금의 하남성 활현(滑縣) 동쪽〕, 제구(帝丘)〔지금의 하남성 복양현(濮陽縣) 서남쪽〕로 옮겼다.
진(陳)	완구(宛丘)〔지금의 하남성 회양현(淮陽縣)〕
채(蔡)	여남(汝南)〔지금의 하남성 상채현(上蔡縣) 서쪽〕 이후에 주래(州來)〔지금의 안휘성(安徽省) 봉대현(鳳臺縣)〕로 옮기고, 주래를 하채(下蔡)로, 여남을 상채(上蔡)로 삼았다.
조(曹)	조(曹)〔지금의 산동성 정도현(定陶縣)〕
정(鄭)	신정(新鄭)〔지금의 하남성 신정현(新鄭縣)〕
연(燕)	계(薊)〔지금의 북경시(北京市)〕

이 외에도 오(吳)와 월(越)이 있는데, 이들은 춘추 후기의 강국으로, 오나라의 수도
는 오(吳)〔지금의 강소성(江蘇省) 소주시(蘇州市)〕이고, 월나라의 수도는 회계(會稽)〔지금의
절강성(浙江省) 소흥시(紹興市)〕이다.

전국시대에는 제후의 겸병을 거치면서 7개의 제후국이 형성되었다. 그들의 국명과
도성은 다음과 같다.

국 명	도 성
진(秦)	함양(咸陽)
위(魏)	안읍(安邑)〔산서성 익성현(翼城縣) 부근〕, 대량(大梁)〔지금의 하남성 개봉시(開封市)〕으로 옮겼다. 천도 후의 위나라를 양(梁)이라고도 한다.
한(韓)	평양(平陽)〔지금의 산서성 임분시(臨汾市) 서쪽〕, 경후(景侯) 때에 양적(陽翟)〔지금의 하남성 우주시(禹州市)〕으로 옮겼고, 애후(哀侯) 때 신정(新鄭)으로 옮겼다.
조(趙)	진양(晉陽)〔지금의 산서성 태원시(太原市) 서남쪽〕, 이후 한단(邯鄲)〔지금의 하북성(河北省) 한단시(邯鄲市)〕으로 옮겼다.
초(楚)	영(郢)
연(燕)	계(薊)
제(齊)	임치(臨淄)

진시황(秦始皇)은 중국을 통일한 후, 군현 두 단계의 행정구획을 시행하였다. 이러한 체제는 이후에도 계속 사용되었다. 진나라 초기에는 36군을 정하였고, 이후 점점 늘어 40여 군이 되었다. 36군의 명칭에 대해서는 학자들마다 설명이 다르다.

한나라 역시 진나라의 제도를 이어 받아 주로 군현 두 단계의 행정구획을 시행하였다. 그러나 군과 동급의 '국(國)'도 있었다. 국은 한나라 제후왕(諸侯王)의 봉지(封地)로, 땅의 크기는 일정하지 않다. 한나라 경제(景帝) 이후 제후왕의 힘을 줄이기 위해 국을 점점 작게 나누었고, 그 결과 국의 구역이 대략 군과 같아졌다. 따라서 '군국'이라고 병칭하였다. 한나라 무제(武帝) 때에는, 중앙 집권을 강화하기 위해 수도 부근의 7군을 제외하고는 전국을 13개 감찰구로 나누고, 각각 자사 한 명을 감찰관으로 두어 소속 군국을 순찰하게 하였다. 이들은 '13자사부(刺史部)'라고 하였고 줄여서 '13부(部)' 혹은 '13주(州)'라고 하였다. 그 명칭은 예(豫), 연(兗), 청(青), 서(徐), 기(冀), 유(幽), 병(幷), 량(涼), 익(益), 형(荊), 양(揚), 교지(交趾), 삭방(朔方)이다. 이후에 또한 수도 부근 7군에 '사례교위부(司隸校尉部)'를 세웠는데, 그 성격은 13부와 동일하다. 동한(東漢) 때에는 삭방(朔方)이 병주(幷州)로 포함되고, '교지'를 '교주(交州)'라고 바꾸어 불렀다. 또한 여기에 사례교위부를 더하여 13부 혹은 13주로 유지되었으나 그 성격은 이미 군급 이상의 일급 행정구역으로 변하였다.

남북조(南北朝) 때의 행정구획 역시 주, 군, 현 세 단계였다. 서진(西晉)은 전국을 19주로 나누었다. 이후에 남북조가 대치하게 되면서 남조와 북조 모두 축소되었지만 주는 끊임없이 늘어났고, 양(梁)나라 무제(武帝) 때에는 …… 옛날의 주가 멀리 떨어져 있었기에 구역을 세세하게 나누었다.[1] 진(陳)나라 말엽에 이르러서는 57개의 주로 나누었다. 이로 인해 주와 군의 경계를 나누는 것이 크게 차이가 없게 되었다.

수나라가 전국을 통일한 후에는 군을 없애고 주와 현 두 단계의 행정구역을 두었다. 수나라 양제(煬帝) 때에는 주를 군으로 바꾸었다. 당나라 때에 이르러서도, 주군

---

1) 梁武帝……以舊州遒闊, 多有析置.(『수서(隋書)·지리지(地理志)』)

이 여러 차례 바뀌었다. 송나라 때에는 군을 폐지하고 주라고 하였다. 이후 각 조대에서는 주로 현 중심으로 통치하였다.

당나라 때에도 감찰구를 설치하고 '도(道)'라고 하였는데 한나라 때의 주와 대략 같았다. 정관(貞觀) 때에는 전국을 10도로 나누었는데, 10도는 다음과 같다. 관내도(關內道)[봉상(鳳翔)을 다스림], 하남도(河南道)[낙양(洛陽)을 다스림], 하동도(河東道)[태원(太原)을 다스림], 하북도(河北道)[위주(魏州), 즉, 지금의 하북성(河北省) 대명(大名)을 다스림], 산남도(山南道)[양주(襄州), 즉, 지금의 호북성(湖北省) 양번시(襄樊市)를 다스림], 농우도(隴右道)[선주(鄯州), 즉, 지금의 청해성(青海省) 낙도(樂都)를 다스림], 회남도(淮南道)[양주(揚州)를 다스림], 강남도(江南道)[소주(蘇州)를 다스림], 검남도(劍南道)[성도(成都)를 다스림], 영남도(嶺南道)[광주(廣州)를 다스림]. 개원(開元)년간에는 관내도에서 경기도(京畿道)[장안(長安)을 다스림]를 분리하고, 하남도에서 도기도(都畿道)[낙양(洛陽)을 다스림]를 분리하고, 산남도를 산남동도(山南東道)와 산남서도(山南西道)로 나누고, 강남도(江南道)를 강남동도(江南東道)와 강남서도(江南西道), 검중도(黔中道)로 나누어 15개 도로 구분하였다.

송나라 때에는 '도'는 없고 '로(路)'가 있었다. 노는 초기에 세금을 징수하고 식량을 운반하기 위한 구역이었으나, 이후에는 점차 행정구역, 군사구역의 성격을 지니게 되었다. 처음에는 전국을 15로로 나누었고, 이후에는 18로, 23로로 나누었다. 23로의 구역은 지금의 성(省)과 대체로 일치하며 명칭 또한 거의 비슷하다.

당송(唐宋) 때에는 주, 군과 동급의 행정 단위로 '부(府)'가 있었다. 큰 주를 부라고 하였다. 부는 당나라 때의 봉상부(鳳翔府), 흥원부(興元府) 등과 같은 것으로, 이들은 모두 배도(陪都)[2]였다. 송나라 때에는 개봉부(開封府), 대명부(大名府) 등이 있었다. 개봉부는 동경(東京)이고, 대명부는 북경(北京)이다.

원나라의 행정 구획은 비교적 복잡했다. 성(省), 도(道), 로(路), 주(州)[부(府)], 현(縣)의 5등급이었고, '성'은 '행중서성(行中書省)'의 약칭으로 중서성의 행정 부서라는 뜻

---

2) (역주) 수도(首都)와 비슷한 역할을 하는 큰 도시를 가리킨다.

이다. 본래 임시적으로 설치한 것이었지만 후대 고정된 행정 단위가 되었다. 당시 산동, 산서 및 하북 지역은 중서성에서 직접 관할하며 '복리(腹裏)'라 불렸고 그 나머지 지방은 11행중서성으로 나뉘어 약칭으로 11행성(行省)이라 불렸다. 원나라의 도는 송나라의 로에 해당하며 원나라의 로는 명나라, 청나라의 부와 유사하다. 일부 성 아래에는 도가 없고 직접 로를 다스린다. 로 아래에 주(부)가 있고, 주(부)가 현을 관할하였다.

명나라는 '성'을 '포정사사(布政使司)'로 바꾸었으며 전국 각지에서 직접 관할하는 경사, 남경 지방을 제외하고 13개의 포정사사로 나누어 속칭으로 '13성'이라 했다. 습관상 두 경(京)도 포함시켜서 '15성'이라 불렸다. 그 명칭은 산동(山東), 산서(山西), 하남(河南), 섬서(陝西), 사천(四川), 호광(湖廣)[지금의 호남(湖南)과 호북(湖北)], 절강(浙江), 강서(江西), 복건(福建), 광동(廣東), 광서(廣西), 운남(雲南), 귀주(貴州), 북직예(北直隸), 남직예(南直隸)이다. 성 하위의 행정 구획은 부이다. 명나라 때에는 주를 부로 바꾸었으며 소수의 직예주만을 성이 직접 관장하고, 그 나머지 여러 주는 현과 같이 부에 예속시켰다.

청나라의 체제는 대개 명나라와 일치하며 다만 '포정사사'를 다시 성으로 바꾸었다. 청나라 초기에 북직예를 직예성(直隸省)으로 바꾸었고 남직예를 강남성(江南省)으로 바꾸었으며 그 후에 강남(江南)을 강소(江蘇)와 안휘(安徽)로, 섬서를 섬서(陝西)와 감숙(甘肅)으로, 호광을 호남(湖南), 호북(湖北)으로 나눴다. 이처럼 각 성의 명칭은 오늘날과 기본적으로 일치되었다. 성 아래의 관할 행정 단위는 청나라와 명나라가 같으며 역시 부와 주, 그리고 현 두 등급이다.

위에서 우리는 역대 행정 구역의 변화 개황을 소개했다. 이를 통해 진나라에서 청나라까지 2천 년의 기간 동안 '현'은 기본 행정 단위로서 변화가 없지만 그 외의 기타 행정 단위는 역대로 크게 변화했음을 알 수 있다. '주'를 예로 들면, 한나라, 당송, 명청의 주는 매우 다르다. 한나라 때에 주의 관할 영역은 매우 넓었지만, 당송의 주는 한나라 때의 군에 해당하고 명청의 주는 현에 해당한다. 우리는 고서를 읽을 때 이러한 상황에 주의해야 한다.

다음은 역대 수도를 소개하겠다.

상(商)나라 때에는 도읍을 여러 차례 천도하다가 반경(盤庚)이 은(殷)[지금의 하남성 안양시의 서쪽]으로 천도한 이후에는 상나라 멸망 때까지 은을 도읍으로 유지하였다. 서주는 호경(鎬京)[지금의 섬서성 서안시 서남], 동주는 낙읍(雒邑)[지금의 하남성 낙양시], 진은 함양(咸陽)[지금의 섬서성 함양시 부근], 서한은 장안(長安)[지금의 섬서성 서안시 부근], 동한은 낙양(洛陽)을 도읍으로 삼았다. 위나라와 서진도 낙양에 도읍을 세웠다. 동진은 건업(建業)[후에 건강(建康)으로 개명했으며 지금의 강소성 남경시], 남조도 이곳에 도읍을 세웠다. 수나라는 대흥(大興)[지금의 섬서성 서안시], 당나라는 장안, 송나라는 동경(東京)[지금의 하남성 개봉시], 원나라는 대도(大都)[지금의 북경시]를 도읍으로 삼았고, 명나라와 청나라는 모두 순천부(順天府)[지금의 북경시][3]를 수도로 삼았다.

일부 왕조는 부도읍[배도(陪都)]을 두었다. 일례로 당나라 때에는 '오경(五京)'이 있었는데, 경조부(京兆府)는 중경(中京), 봉상부(鳳翔府)는 서경(西京), 성도부(成都府)는 남경(南京), 하남부(河南府)는 동경(東京), 태원부(太原府)는 북경(北京)으로 삼았다.[4] 송나라는 개봉부(開封府)를 동경, 하남부(河南府)를 서경, 응천부(應天府)[지금의 하남성 상구시(商丘市)]를 남경(南京), 대명부(大名府)[지금의 하북성 대명]를 북경(北京)으로 삼았다.

중국의 명산대천은 고서에서도 자주 언급된다. 가장 유명한 강은 황하(黃河)과 장강(長江)이다. 상고시기 '하(河)'는 일반적으로 황하를 가리켰으며 '강(江)'은 장강을 가리켰다. 회하(淮河), 제수(濟水) 역시 유명한 강으로 강, 하, 회(淮), 제(濟)를 합하여 '사독(四瀆)'이라고 부른다. 제수는 '제수(泲水)'로 쓰기도 하며 지금의 하남성 제원현(濟原縣)에서 발원하여 지금의 산동 유역을 경유하여 발해로 유입된다. 후에는 물길이 바뀌어 하류에서 황하와 합쳐졌다. 큰 저수지로는 운몽(雲夢)이 있었는데, 현재 호

---

3) (역주) 명나라는 처음에 남경(南京)을 수도로 삼았지만, 이후 영락제 때 북경으로 수도를 옮겼다.
4) 이는 당나라 숙종(肅宗) 지덕(至德) 2년에 정한 것이다. 그 전후로 변화가 있었다.

북성 장강 남북에 위치하던 것으로 본래 장강 북쪽의 운, 장강 남쪽의 몽 두 개의 저수지였다. 후에 물줄기가 육지로 변하였으니, 지금의 홍호(洪湖) 등이 운몽의 유적지이다. 이 밖에도 동정(洞庭), 팽려(彭蠡)[지금의 파양호(鄱陽湖)], 구구(具區)[진택(震澤)]이라고도 하며, 지금의 태호(太湖)]도 있다. 『사기색은(史記索隱)·하거서(河渠書)』에서는 구구, 조격(洮滆)[조호와 격호로, 모두 태호 부근], 팽려, 청초(靑草)[동정호의 동남쪽이며 북쪽에는 사주가 있어 동정호와 떨어져 있고, 물이 불어나면 동정호와 연결됨], 동정을 '오호(五湖)'[5]라 했다. 명산으로는 '오악(五嶽)'이 있는데, 동악의 태산(泰山)[태산(太山), 대산(岱山)이라고도 함], 서악의 화산(華山)[태화(太華)라고도 함], 남악의 형산(衡山), 북악의 항산(恒山), 중악의 숭산(嵩山)이다. 처음에는 '사악(四嶽)'만을 언급하여 『좌전·소공 4년』에서 "四嶽三塗(사악삼도)"라 했다. 이후에 중악 숭산을 더해서 '오악'이라 칭하였다.[6]

고대 지리에는 '관내(關內)', '관외(關外)', '관동(關東)', '관서(關西)' 등과 같이 습관적으로 사용하는 명칭이 있었다. '관(關)'은 함곡관을 가리킨다. 춘추전국시대와 한나라 초기에 함곡관은 현재 하남성 영보현(靈寶縣) 지역이었는데, 한나라 무제 때에 지금의 하남성 신안현(新安縣)으로 옮겼다. '산동(山東)'은 일반적으로 효산(崤山)의 동쪽을 가리키는 말로, 전국시기 육국을 두루 가리켰다. 진나라는 효산의 서쪽이고 육국은 효산의 동쪽에 있었기 때문이다. 가의(賈誼)의 『과진론(過秦論)』에서 "산동의 호걸들이 마침내 모두 일어나 진나라를 멸망시켰다."[山東豪俊遂並起而亡秦族矣.]고 했다. '강동(江東)', '강좌(江左)'는 장강 하류의 현재 강소 남부 일대를 가리키며 그 반대의 '강서(江西)', '강우(江右)'는 장강 하류의 현재 안휘성 중부 지역을 가리킨다. 장강이 현재의 구강(九江)까지 흘러서 동북으로 꺾어지기 때문에 이 지역의 강의 흐름을 경계로 동서, 좌우를 구분한다. 고대에는 '하동(河東)', '하서(河西)', '하내(河內)', '하외(河外)'라는 표현도 있었는데, 이때 '하(河)'는 황하를 가리킨다. 황하가 지금의 산서

---

5) 역대로 오호(五湖)가 지시하는 것에 대한 설이 다르다. 간혹 오호는 태호(太湖)만을 가리킨다.
6) 『주례(周禮)·춘관(春官)·태종백(太宗伯)』과 『이아(爾雅)·석산(釋山)』에 보인다.

성과 섬서성을 지나는 부분이 북에서 남으로 향하므로 황하의 서쪽 지역을 하서, 동쪽 지역을 하동이라 한다. 황하는 동관에 이른 후에 동쪽으로 방향을 바꾸어 지금의 하남성 지역을 지나는데, 이때 강의 북쪽 지역을 하내, 남쪽 지역을 하외라 한다. 이는 고서에서 자주 보인다.

고서를 읽을 때 고대 지리와 관련하여 다음 2가지 문제에 주의해야 한다.

첫째, 이름이 같지만 다른 지역인 경우와 이름이 다르지만 같은 지역인 경우이다. 이름이 같고 지역이 다른 예로, 북경은 당나라와 오대(五代) 때에는 지금의 산서성 태원(太原), 송나라 때에는 하북성 대명(大名), 금나라 때에는 요녕성 능원(凌源)을 가리켰다. 남경은 당나라 때에는 사천성 성도(成都), 송나라 때에는 하남성 상구(商丘), 요나라 때에는 북경시(北京市), 금나라 때에는 하남성 개봉(開封)을 가리켰다. 강(絳)은 춘추시대에는 산서성 익성(翼城)의 동남, 진나라 경공부터 서한시기에는 산서성 곡옥(曲沃), 수나라 때에는 산서성 신강(新絳)을 가리킨다. 단양(丹陽)은 춘추시기에 초나라가 처음으로 단양에 봉해졌는데, 이는 지금의 호북성 자귀(秭歸)이다. 후에 초나라 문왕이 수도를 지금의 호북성 강지현(枝江縣) 서쪽으로 옮긴 후에도 그대로 단양이라 불렀다. 전국시기 진나라가 초나라 군대를 단양에서 패배시켰다고 할 때, 이곳은 단수(丹水)의 양(陽)[북쪽]을 가리키며 하남성 석천(淅川) 부근이다. 진시황이 단양에서 전당(錢塘)까지 다스렸다고 할 때의 단양은 안휘성 당도현(當塗縣) 부근이다. 당나라 때에는 곡아(曲阿)를 단양현으로 바꾸었고 이는 지금의 강소성 단양시이다. 한나라 때의 윤대(輪臺)는 지금 신강성 윤대현(輪臺縣)에 해당하며 남쪽 변경에 있다. 당시(唐詩)에서 자주 언급되는 윤대는 현재의 우루무치시[烏魯木齊市]이며 북쪽 변경에 있다. 산과 강, 호수, 저수지도 이러한 문제가 있다. 항산(恒山)의 주봉은 하북성 곡양현(曲陽縣) 부근에 있으나 지금의 산서성 혼원현(渾源縣) 부근에도 항산이 있다. 진한(秦漢) 이래로 곡양현 부근의 항산을 북악이라 했고 명나라 때에는 혼원현 부근의 항산을 북악이라 했다. 『맹자(孟子)』에서 "태산을 끼고 북해를 건너다"[挾泰山以超北海]라고 할 때의 북해(北海)는 지금의 발해(渤海)를 가리킨다. 한나라 때 소무(蘇武)가 양을 쳤다는 북해는 소련의 바이칼 호수이다. 앞서 언급한 것처럼 산동은 대개 효산 동쪽을 가리키지만 태행산(太行山) 동쪽을 가리키는 경우도 있다. 『사기·진세가(晉世家)』의 "(문공4년) 12월, 진나라 병사가 먼저 산동을 공략했다."[十二月晉兵先下山東.]라는 말은 태행산에서 나와서 동쪽으로 조나라를 공격한 것이다.

　이름은 같지만 지역이 다른 예 중에는 군의 명칭과 현의 명칭이 같은 경우도 있다. 회계(會稽)는 진한시기 군의 명칭으로 관할 영역이 가장 큰 시기에는 강소성 장강 이남, 절강성 대부분 지역과 복건성 전체를 포함했다. 진나라와 서한 시기에 회계군은 오(吳)[지금의 강소성 소주(蘇州)] 지역이었고, 동한시기에는 산음(山陰)[지금의 절강 소흥(紹興)]으로 바뀌었다. 수나라 때의 '회계'는 현의 명칭으로 산음현이 분리된 것이며 지금의 절강성 소흥이다. '회계'는 산의 명칭이기도 한데, 주봉이 절강성 승현(嵊縣) 북쪽에 있다. 월왕 구천이 "회계에 머물렀다."[棲於會稽]라고 한 것은 회계산을 가리킨다. 단양의 경우 앞에서 언급한 지명 이외에도 한나라 때부터 수나라 때까지 군의 명칭이기도 했다. 서한시기에는 완릉(宛陵)[지금의 안휘 선주시(宣州市)]이었고, 삼국시대 오(吳)나라 때는 단양군이 건업(建業)[지금의 강소성 남경]을 가리켰다. 영(郢)은 고대 도읍 명칭으로 지금의 호북성 강릉(江陵)이다.[7] 또한 주의 명칭으로 쓰이기도 했는데, 남조시기 영주(郢州)는 여남(汝南)[하구성(夏口城), 지금의 호북성 무창(武昌)]이며, 당송시기에는 호북성 종상(鐘祥)을 가리켰다. 동일한 군이나 주도 그 관할 지역, 통치 지역이 자수 변했으므로 이 역시 수의해야 한다.

　이름은 다르지만 지역이 동일한 예로는 현재의 북경을 들 수 있다. 춘추전국시대부터 남북조시대까지는 계(薊), 금나라 때에는 중도(中都), 대흥(大興), 원나라 때에는 대도(大都)라 하였다. 현재의 남경은 전국시대 초나라의 금릉(金陵)이며 진(秦)나라 때에는 말릉(秣陵)으로 이름이 바뀌었다. 삼국시대 오나라 때에는 이곳에 도읍을 세워

---

7) 초나라는 여러 차례 천도했으며 옮겨간 약(郡), 언(鄢) 등의 지역도 당시에 영이라고 하였다. 상세히 논하지 않겠다.

건업(建業)이라고 불렸으며 진(晉)나라 때에는 건강(建康)이라 명명했다. 수나라 때에는 도읍을 폐하고 단양군(丹陽郡)으로 이름을 바꿨으며, 당나라 때에는 강녕군(江寧郡)으로 정하고 후에 승주(昇州)로 바꾸었다. 북송 때에는 강녕부(江寧府), 남송 때에는 건강부(建康府), 명나라 때에는 응천부(應天府) 또는 남경이라 칭했다. 청나라 때에는 강녕부라 했다. 지금의 광주시(廣州市)는 진, 서한, 삼국, 서진 때에 남해군(南海郡)의 땅이었으며, 삼국 오나라, 당나라, 송나라, 원나라 때에는 남해군을 광주로 바꿨다. 남해군의 관청은 번우(番禺)에 있었는데 수나라 때에는 번우를 남해현으로 바꿨다. 당나라 때에는 또 나누어 번우현을 설치했다. 원나라 때 이후에 남해와 번우 두 현이 합병되어 광주로(廣州路) 혹은 광주부(廣州府)의 관청을 두었다.[8] 이는 역대 지명 변화로 형성된 것으로서 이해하기 어렵지 않다.

두 번째로 주의해야 할 점은 옛 명칭이나 별칭이다. 일부 지역은 당시에 이미 그렇게 불리지 않았으나 문인들이 고아함을 선호해서 옛 명칭을 써서 나타냈다. 이백(李白)의 「송맹호연지광릉(送孟浩然之廣陵)」에서 "친구는 서쪽으로 황학루를 떠나, 춘삼월 꽃피는 시절 양주로 떠난다."[故人西辭黃鶴樓, 煙花三月下揚州]의 양주(揚州)는 당시 명칭이고 광릉(廣陵)은 옛 명칭으로 한나라 때의 칭호이다. 유영(柳永)의 「관해조(觀海潮)」 "전당(錢塘)은 예로부터 번화했으니"[錢塘自古繁華]에서 말한 곳은 절강성 항주이다. 북송 시기 항주를 여항군(餘杭郡)이라 불렀고 전당(錢塘)은 진나라 때의 칭호이다. 고소(姑蘇)는 소주의 별칭이다. 장계(張繼) 「풍교야박(楓橋夜泊)」에서 "고소성 밖 한산사, 한밤중 종소리 객선까지 들려오네."[姑蘇城外寒山寺, 夜半鍾聲到客船]라 했다. 소주성 서남쪽에 고소산이 있기 때문에 얻은 명칭이다. 성도(成都)는 '금관성(錦官城)', '금관(錦官)'이라고도 했다. 두보(杜甫)의 「춘야희우(春夜喜雨)」에서 "날 밝아 붉게 젖은 곳 바라보니, 금관성에 꽃들이 활짝 피었네."[曉看紅濕處, 花重錦官城]라고 하

---

8) 여기에서 말하는 것도 간략한 개황이며 동일한 왕조에서도 지명이 바뀐다. 강녕군(江寧郡)은 당나라 초에 양주(揚州), 장주(蔣州)로 불렸으며 광주는 당나라 때에 한 차례 바뀌어 남해군으로 불렸다.

였고, 이백의 「촉도난(蜀道難)」에서 "금성에 있는 것이 비록 즐겁다 해도, 서둘러 집으로 돌아감만 못할 것이니"[錦城雖云樂, 不如早還家]라고 했다. 이렇게 부르는 이유는 고대에 성도에 '금관(錦官)'[비단 직조를 주관하는 기구]을 설치하였기 때문이다. '유양(維揚)'은 양주(揚州)의 별칭이다. 유희이(劉希夷)「강남곡(江南曲)」에서 "조수가 들어와 잔잔하니 초나라 땅이 보이고, 하늘 끝에서 유양을 바라보네."[潮平見楚甸, 天際望維揚]라고 했다. 이는 『서경(書經)·우공(禹貢)』에서 "회수와 바다 사이가 양주이다."[淮海惟揚州]"라고 한 것을 보고, 후대 문인들이 '유양(維揚)' 두 글자를 취하여 양주의 별칭으로 삼은 것이다.9) 고서를 읽을 때에는 이와 같은 사항에 주의해야 한다.

---

9) '維'는 '오직'이라는 뜻의 '惟'와 통한다.

16

고대의 역법

고대 역법은 상(商)나라 이전에 생긴 이후 점차적으로 발전하였고, 천문학자 조충지(祖沖之), 승일행(僧一行), 곽수경(郭守敬) 등의 연구를 거쳐 청나라 때에 완전한 수준에 이르렀다. 여기에서는 중국 고대 역법에 대해 간단히 소개하기로 한다.[1] 이와 더불어 역법은 천문과 밀접한 관련이 있으므로 중국 고대 천문학 관련 상식에 대해서도 설명하겠다.

연(年), 세(歲)

연(年), 세(歲)는 서로 다른 개념이다.[2]

1년은 12개월이고 윤년(閏年)에는 13개월이 있다. 보통의 1년은 평균 354일(6개의

---

1) 주요 참고서는 진혜동(秦蕙同) 『관상수시(觀象授時)』(『황청경해(皇淸經解)』 25권)이다.

2) 연(年), 세(歲)를 구분하지 않을 때도 있다. 가령, 『이아(爾雅)』에서는 "하나라는 세(歲), 상나라는 사(祀), 주나라는 연(年), 당우(唐虞) 때에는 재(載)라고 하였다."라고 설명하였다.

큰달과 6개의 작은달을 포함)이고 윤년은 383일이다.

태양이 하늘을 한 번 도는 것이 1세이다. 태양이 하늘을 한 번 돈다는 것은 태양이 춘분점을 지나 황도를 따라 동쪽으로 운행하여[3] 다시 춘분점으로 돌아오는 시간으로, 사실상 지구 공전의 1주기이다. 고대 중국인의 '세'는 현대 천문학자들이 말하는 회귀년(回歸年), 태양년(太陽年)에 해당한다. 이렇게 따지면 1세는 365¼일(실제 365.24199일이다. 『서경(書經)·요전(堯典)』에서 "기(朞)는 366일이다."[朞三百有六旬有六日.]라고 했는데 이때의 '기'는 태양이 한 바퀴를 돈 '1세'를 뜻하고, 366일은 그것을 정수로 표현한 것이다. 이는 양력에서의 1년이고, 중국 역법에서는 '세실(歲實)'이라고 부른다.

연은 음력이고 세는 양력이다. 그러므로 중국 고대의 역법은 음양이 합쳐진 역법이다. 중국의 절기는 양력을 따르며, 윤달은 음양력의 모순을 해결하기 위한 것이다.

세의 뜻은 세성(歲星)에서 기원한 것으로, 세성은 목성(木星)이다. 세성은 하늘을 한 바퀴 도는 데 약 12년이 걸린다. 고대 중국인은 황도를 따라 하늘을 도는 궤도를 서쪽에서 동쪽 방향으로 12개의 성차(星次)로 나누었는데, 세성은 1년에 하나의 성차(星次)만큼 움직인다. 12차(次)의 명칭은 각각 성기(星紀), 현효(玄枵), 추자(諏訾), 강루(降婁), 대량(大梁), 실침(實沈), 순수(鶉首), 순화(鶉火), 순미(鶉尾), 수성(壽星), 대화(大火), 석목(析木)이다. 『좌전(左傳)·양공(襄公) 28년』의 "세성이 성기에 있다."[歲在星紀], 『좌전·양공 30년』의 "세성이 강루에 있다."[歲在降婁], 『국어(國語)·진어(晉語)』의 "세성이 대화에 있다."[歲在大火]라는 말은 모두 세성으로 연도를 기록한 것이며, 이는 가장 이른 시기의 연도 기록 방법[紀年法]이다. 후대 사람들은 글을 지을 때 고문을 모방하기 위해 이러한 연도 기록법을 사용하기도 했다. 반악(潘岳)의 『서정부(西征賦)』에서 "세성이 현효에 있다."[歲在玄枵]라고 한 것이 그 예이다.

---

3) 황도(黃道)는 고대 중국인이 생각해낸, 태양이 1년을 주기로 하여 운행하는 궤도이다. 태양의 1년 주기를 운동의 궤도로 본다.

세성은 시계 반대 방향으로 서쪽에서 동쪽으로 운행하기 때문에 세성을 기준으로
한 연도 기록법은 응용하기 불편했다. 이 때문에 고대 중국인은 임시로 세성을 설정
하여 '태세(太歲)'라 부르고 진짜 세성과는 반대로 동쪽에서 서쪽을 향해 움직이게
했다. 황도 부근을 동쪽에서 서쪽 방향으로 12등분 하여 자축인묘진사오미신유술해
(子丑寅卯辰巳午未申酉戌亥)의 12진(辰)으로 나누어 불렀는데, 이렇게 하면 12진 방향과
그 순서가 일치한다. 이것이 '태세기년법(太歲紀年法)'이다. 세성기년과 태세기년의 그
림은 아래와 같다.

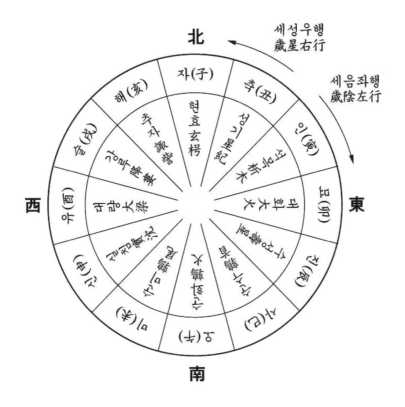

『한서(漢書)·천문지(天文志)』의 전국시대 천체 현상 기록에 근거하면, 어떤 해에

세성이 성기(星紀)에 있으면 태세(太歲)는 석목(析木), 즉 인(寅)에 있다. 이 해는 "태세재인(太歲在寅)"이다. 다음 해에 세성이 현효에 이르면 태세는 대화, 즉 묘(卯)로 이동하니 이 해는 "태세재묘(太歲在卯)"이다. 나머지도 이와 같이 유추할 수 있다. 한편, 고대에는 12진에 섭제격(攝提格)[인(寅)], 단알(單閼)[묘(卯)], 집서(執徐)[진(辰)], 대황락(大荒落)[사(巳)], 돈장(敦牂)[오(午)], 협흡(協洽)[미(未)], 군탄(涒灘)[신(申)], 작악(作噩)[유(酉)], 엄무(閹茂)[술(戌)], 대연헌(大淵獻)[해(亥)], 곤돈(困敦)[자(子)], 적분약(赤奮若)[축(丑)]이라는 별칭을 붙이기도 했다. 『초사(楚辭)·이소(離騷)』에서 "섭제해 첫 정월, 경인일에 내가 태어났다."[攝提貞於孟陬兮, 惟庚寅吾以降.]라고 했는데, 이는 굴원이 인년 인월 인일에 태어났음을 말한다.[4]

『이아(爾雅)』의 기록에 따르면 섭제격 등 12진은 세음(歲陰)이며, 그와는 별개로 해를 기록하는 십간(十干)은 세양(歲陽)이다. 세양(歲陽)의 명칭은 알봉(閼逢)[갑(甲)], 전몽(旃蒙)[을(乙)], 유조(柔兆)[병(丙)], 강어(强圉)[정(丁)], 저옹(著雍)[무(戊)], 도유(屠維)[기(己)], 상장(上章)[경(庚)], 중광(重光)[신(辛)], 현익(玄黓)[임(壬)], 소양(昭陽)[계(癸)]이다. 갑자기년법(甲子紀年法)[5]은 동한에서 시작된 비교적 초기의 기년법으로, 세양과 세음을 조화시킨 것이다. 『사기(史記)·역서(曆書)』의 '언봉섭제격태초원년(焉逢攝提格太初元年)'[갑인], '단몽단알2년(端蒙單閼二年)'[을묘], '유조집서3년(游兆執徐三年)'[병진], '강오대황락4년(强梧大荒落四年)'[정사][6] 등이 그 예이다. 후대 사람들은 고대를 모방하여 태세기년법을 쓰기도 했는데, 사마광(司馬光)의 『자치통감(資治通鑑)』이 그 예이다.

목성이 하늘을 한 바퀴 도는 것은 사실 12년이 아니라 11.86년이다. 따라서 83년마다 성차 하나의 오차가 생기는데, 이를 초진(超辰) 또는 초차(超次)라고 한다.[7] 이

---

4) 최근 린겅(林庚)은 굴원은 인년 인월에 태어난 것이 아니라고 주장하였다.

5) (역주) 10천간(天干), 12지지(地支)를 하나씩 따서 해를 기록하는 방법.

6) 언봉(焉逢)은 알봉(閼逢), 단몽(端蒙)은 전몽(旃蒙), 유조(游兆)는 유조(柔兆), 강오(强梧)는 강어(强圉)이다.

7) 한나라 때 유흠(劉歆)은 초진에 대해 알고 있었다. 그는 144년마다 하나의 초진이 생긴다고 했다.

와 같은 초진 현상 때문에 한나라 때 이후의 세성기년법은 점차 실제와 어긋나게 되었고 오차도 점점 커졌다. 따라서 사마광의 『자치통감』에 보이는 세성기년은 사실상 갑자기년과 같은 것이다.

월(月)

달은 태양과 지구 사이를 도는데, 고대 중국인들은 달이 태양과 동시에 출몰하는 것을 그 둘이 서로 만나는 것이라 여겨 회(晦)[해와 달이 만나다, 진(辰)이라고도 씀], 또는 합삭(合朔)[8]이라고 하였다. 달이 합삭에서 지구를 한 바퀴 돌면 또 다시 합삭이 된다. 이렇게 도는 데 걸리는 시간은 $29\frac{499}{940}$일[실제로는 29.53059일]로서 이를 '한 달'이라고 부른다. 이 수치는 30일에는 못 미치고 29일보다는 많기 때문에 음력에는 큰달과 작은달이 있다. 즉 큰달은 30일, 작은달은 29일이고, 큰달과 작은달이 갈마들며 거의 비슷해진다. 그래도 약간의 차이가 나므로 때로는 두 달 연속 큰달이 되기도 한다.

고대 중국인에게는 월건(月建)[월에 부여되는 간지]이라는 것이 있었는데, 이는 1년 12개월과 하늘의 12진을 연결한 것이다. 하(夏)나라 역법에 의거하면 두병(斗柄)[9]이 인(寅)을 가리키면 정월(1월)이라 부르고, 두병이 묘(卯)를 가리키면 2월이라 부른다. 진(辰)은 3월, 사(巳)는 4월, 오(午)는 5월, 미(未)는 6월, 신(申)은 7월, 유(酉)는 8월, 술(戌)은 9월, 해(亥)는 10월, 자(子)는 11월, 축(丑)은 12월이다. 그러나 은(殷)나라 역법에 의거하면 축(丑)이 정월이고, 주(周)나라 역법에 의거하면 자(子)가 정월이다. 하, 은, 주 삼대의 역법이 이렇게 서로 달랐다. 『시경(詩經)·빈풍(豳風)·칠월(七月)』은

---

8) 해와 지구가 달을 중간에 두고 일직선이 되어 달이 전혀 보이지 않을 때를 가리킨다.

9) (역주) 북두칠성 가운데 자루가 되는 세 별. 제5에서 제7까지의 세 별[형성(衡星)·개양성(開陽星)·요광성(搖光星)]을 이름. 제1에서 제4까지의 별을 괴(魁)라고 하고 제5에서 제7까지의 별을 표(杓)라고 하며 합해서 두(斗)라 함.

하나라 역법과 주나라 역법을 함께 사용한 것으로, 시에 나오는 '사월(四月)', '칠월(七月)' 등은 하나라 역법을 가리키고, '일지일(一之日)'[일월(一月)], '이지일(二之日)'[이월(二月)] 등은 주나라 역법을 가리킨다. 한나라 무제(漢帝) 태초(太初) 원년(B.C.140)부터 청나라 말기까지 중국은 하나라 역법을 사용해 왔으며, 인월(寅月)을 세수(歲首)로 삼았다. 오늘날의 이른바 구력(舊曆)이니 농력(農曆)¹⁰⁾이니 하는 것은 모두 하나라 역법을 가리킨다.

회[晦, 그믐], 삭[朔, 초하루], 망[望, 보름], 비[朏, 초승달], 현[弦, 반달]

매월 마지막 날을 '회(晦)'라고 부르고, 첫날을 '삭(朔)'이라 부른다. 삭은 해와 달이 합삭(合朔)하는 날이다. 고대인은 삭을 매우 중시하였는데, 이는 초하룻날이 잘못 정해지면 시서(時序)가 혼란스러워지기 때문이었다. 천자는 제후에게 삭을 알리고, 제후는 사당에 삭을 고한다. 사관이 일을 기록하는 데 있어서 사건이 삭일에 발생하였다면 반드시 이를 기록하였다. 『서경·순전(舜典)』에 "11월 초하루에 순수(巡守)하였다."[十有一月朔巡守.]라고 하였고, 『시경·소아(小雅)·시월지교(十月之交)』에 "시월 초하루 신묘일 일식이 일어나다."[十月之交, 朔日辛卯, 日有食之.]라고 하였으며, 『좌전·희공(僖公) 5년』에 "봄, 정월 신해일 초하루 동짓날, 공께서 시삭(視朔)¹¹⁾을 하신 뒤에 관대에 올라 기상을 관측하였다."[春, 王正月辛亥朔, 日南至, 公既視朔, 遂登觀臺以望.]라고 하였다. 후대의 역사 기록에서도 이 방법이 계속 사용되었다.

고대에는 간지(干支)로 날을 헤아렸는데, 이에 따라 역사서에는 어느 달의 몇 번째 날이라고 기록하지 않고 간지로 기록하였다. 따라서 고서에 기록된 날짜를 알려면 그 달 초하룻날의 간지를 확인하고 간지기일법(干支紀日法)에 따라 몇 번째 날인지를

---

10) (역주) 한국의 '음력'에 해당한다.
11) (역주) 초하루에 태묘에서 한 달간의 정사를 듣는 것으로 청삭(聽朔)이라고도 한다.

계산해야 한다. 두예(杜預) 『춘추장력(春秋長曆)』과 진원(陳垣) 『이십이사삭윤표(二十二史朔閏表)』를 참조할 수 있다.

매월 15일[때로는 16일이 될 수도 있고, 간혹 17일이 되기도 한다]을 '망(望)'이라고 부른다. 이때에 지구는 달과 태양 사이에 위치한다. 태양과 달이 하나는 떠오르고 하나는 지며, 하나는 동쪽, 다른 하나는 서쪽 아득히 먼 곳에서 서로를 향해 바라보기[相望] 때문에 망이라고 부르는 것이다. 『석명(釋名)·석천(釋天)』에서는 "망은 보름달의 이름이다. 달이 큰 달일 때에는 16일에 해당하고, 작은 달일 때에는 15일에 해당한다. 해는 동쪽에 있고 달은 서쪽에 있으며, 아득하게 서로를 바라본다."[望, 月滿之名也. 月大十六日, 小十五日, 日在東, 月在西, 遙相望.]고 하였다. 후대 사람들은 15일을 망이라고 하고, 16일을 기망(旣望)이라고 하였다. 소식(蘇軾)은 「적벽부(赤壁賦)」에서 "임술년 가을 7월 기망일,[12] 소자는 객과 함께 배를 띄우고 적벽 아래에서 노닐었다."[壬戌之秋, 七月旣望, 蘇子與客泛舟, 遊於赤壁之下.]라고 하였고, 「후적벽부(後赤壁賦)」에서는 "이 해 10월 망일, 설당에서부터 걸어 임고정으로 돌아가려 하였다."[是歲十月之望, 步自雪堂, 將歸於臨皐.]라고 하였다.

매월 초삼일은 '비(朏)'라고 한다. 『설문해자(說文解字)』에서 "朏는 달의 빛이 아직 풍성하지 못한 것이다. 월(月)과 출(出)로 구성된 회의자이다."[朏, 月未盛之明也, 從月出.]라고 하였으니, '비'는 달이 나왔으나 그 빛이 충분히 밝지는 못하다는 뜻이다.

달과 태양이 90도를 이루는 경우를 '현(弦)'이라고 부른다. 『석명·석천』에는 "현은 반달의 이름이다. 그 형태가 한쪽은 둥글고, 한쪽은 곧아서 마치 활에 활시위를 매어놓은 것과 같다."[月半之名也, 其形一旁曲, 一旁直, 似張弓施弦也.]라고 하였다. 상현과 하현으로 나뉘며, 상현은 초7일이나 초8일을 가리키고, 하현은 22일이나 23일을 가리킨다.

---

12) 일반 주석서에서는 「적벽부」의 '기망(旣望)'이 가리키는 것이 7월 16일이라고 설명한다. 그러나 그 해의 임술 7월은 큰 달이므로 실제로 이는 7월 17일이다.

상주(商周) 시대에 한 달은 4부분으로 나뉘었다. 첫째부분은 초길(初吉)이라고 하여 초1일에서 초7일 혹은 초8일, 즉 삭일(朔日)에서 상현(上弦)까지의 시간을 가리킨다. 금문(金文) 「변돈(邠敦)」에 "2년 정월 초길에 왕께서 주소궁(周邵宮)에 계시다."[惟二年 正月初吉, 王在周邵宮.]라고 하였다. 둘째부분은 기생백(旣生魄)13)이라고 하여 초8일 또는 9일부터 14일 또는 15일까지, 즉 상현에서 망일까지의 시간을 가리킨다. 『서경·무성(武成)』에 "기생백에 여러 나라의 총군과 백공이 모두 주나라에서 명을 받았다."[旣生魄, 庶邦冢君暨百工受命于周.]라고 하였다. 셋째부분은 기망(旣望)으로, 15일 또는 16일에서 22일 또는 23일까지, 즉 망일에서 하현까지의 시간을 가리킨다.14) 『서경·소고(召誥)』에 "2월 기망에서 엿새 지난 을미일, 왕께서 아침에 수레를 타고 주나라를 출발하여 풍에 이르렀다."[惟二月旣望, 越六日乙未, 王朝步自周, 則至于豐.]라고 하였다. 넷째부분은 기사백(旣死魄)으로, 23일에서 29 혹은 30일, 즉 하현에서 회일(晦日)까지의 시간을 가리킨다. 금문(金文) 「혜백길보반(兮伯吉父盤)」에 "5년 3월 기사패 경인일"[唯五年三月旣死魄庚寅.]이라고 하였다. 또한 재생백(哉生魄)이라는 것도 있는데 초2일 혹은 초3일을 가리킨다. 『서경·강고(康誥)』에 "3월 재생백에 주공이 처음으로 터를 닦으시고 동쪽 나라 낙(洛)에 새로이 큰 도읍을 세우시다."[惟三月哉生魄, 周公初基, 作新大邑于東國洛.]라고 하였다. 방사백(旁死魄)은 25일을 가리킨다.15) 『서경·무성』에 "1월 임진 방사백의 다음날인 계사일에 왕께서 아침에 주나라를 출발하여 상을 정벌하러 가시다."라고 하였다.[惟一月壬辰旁死魄, 越翼日癸巳, 王朝步自周, 于征伐商.]

한 달은 세 부분으로 나눌 수도 있는데, 이때는 '순(旬)'이라고 부른다.16) 열흘을

---

13) 魄(백)은 霸(패)로도 쓴다.

14) 여기에서의 '기망'은 후대에 이르는 '기망[16일]'과는 다르다.

15) '초길', '생백', '사백', '기망' 등의 명칭에 대해서는 서로 다른 각종 각설이 있다. 여기서는 왕국유(王國維)의 설에 근거하였다.

16) 갑골문에 이미 '순(旬)'자가 보인다.

일순(一旬)이라고 하며, 또한 '협일(浹日)'이라고도 부른다.[17] 『국어·초어(楚語)』에 "가깝게는 열흘을 넘기지 못한다."[近不過浹日.]라는 구절이 있다. 12일간은 '협진(浹辰)'이 된다. 『좌전·성공(成公) 9년』에 "12일 사이에"[浹辰之間]라는 말이 있다.

일(日), 시(時), 각(刻), 분(分), 초(秒)

지구가 스스로 한 바퀴 도는 시간을 하루[일일(一日)]라고 한다. 고대 중국인은 밤낮이 한 번 바뀌는 것을 하루로 여겼다. 하루는 12시(時), 100각(刻)으로 나뉜다.

고대 중국인은 12지지로 시간을 헤아렸기 때문에 후대인은 이를 '시진(時辰)'이라고도 불렀다.[18] 한밤중부터 계산을 하며 이때를 자시(子時)라고 불렀다. '자야(子夜)'는 바로 '한밤중'이라는 뜻이다. 오늘날에는 밤 11시에서 1시까지의 시간을 자시라고 하고, 1시에서 3시까지를 축시(丑時), 3시에서 5시를 인시(寅時), 5시에서 7시를 묘시(卯時), 7시에서 9시를 진시(辰時), 9시에서 11시를 사시(巳時), 11시에서 오후 1시를 오시(午時), 오후 1시에서 3시까지를 미시(未時), 3시에서 5시를 신시(申時), 5시에서 7시를 유시(酉時), 7시에서 9시를 술시(戌時), 9시에서 11시를 해시(亥時)라고 한다. 이는 옛날 방식과 일치한다.

고대에는 시간을 계산하는 데 동호적루법(銅壺滴漏法)[19]을 사용하였는데, 수수호(受水壺)에 화살대 모양의 전(箭)을 세워두고 전을 100개의 눈금[刻]으로 나눴기 때문에 '각(刻)'이라고 불렀다. 고대의 '각'은 현대중국어에서 쓰는 '각'[刻(kè), 15분]과는 약간 차이가 있다. 오늘날은 하루를 96각으로 나누지만 고대인은 하루를 100각으로

---

17) 고대에는 갑자(甲子)로 날을 세었으므로 갑(甲)부터 계(癸)까지 한차례 회전하는 10일을 일컬어 '협일(浹日)'이라고 한 것이다.

18) 현재 우리는 국제적 습관에 근거하여 하루를 24시간으로 구분한다. 현대중국어로 시간을 '小時'라고 하는데, 이는 시진(時辰)의 반이므로 '小時'라고 하는 것이다.

19) (역주) 동호적루법(銅壺滴漏法)은 고대에 구리로 만든 단지에 구멍을 내어 물방울이 떨어지는 것을 통해 시간을 재던 방법이다.

나눈다.[20)]

밤낮의 길이는 때에 따라 다르다. 『후한서(後漢書)』에 따르면 하지(夏至)에는 낮이 65각이고 밤이 35각이다. 동지(冬至)에는 낮이 45각이고 밤이 55각이다. 춘분(春分)에는 낮이 55각 8분, 밤이 44각 2분이다. 추분(秋分)에는 낮이 55각 2분, 밤이 44각 8분이다. 이는 중원지역의 경우에만 해당될 뿐, 지역마다 밤낮의 길이가 상이하다.[21)]

멀리 상나라 이전에는 간지를 사용하여 날을 계산하였다. 10간(干)을 12지(支)와 조합하여 60 '갑자(甲子)'를 얻게 되는데, 이는 아래와 같다.

갑자	을축	병인	정묘	무진	기사	경오	신미	임신	계유
갑술	을해	병자	정축	무인	기묘	경진	신사	임오	계미
갑신	을유	병술	정해	무자	기축	경인	신묘	임진	계사
갑오	을미	병신	정유	무술	기해	경자	신축	임인	계묘
갑진	을사	병오	정미	무신	기유	경술	신해	임자	계축
갑인	을묘	병진	정사	무오	기미	경신	신유	임술	계해

앞에서 이미 언급하였듯이 선진양한시기에는 매월의 날짜에 대하여 초1일, 초2일, 초3일 등으로 부르지 않고, 간지를 사용하여 날을 기록하였다. 가령, 『좌전·희공 32년』에 "겨울, 진문공이 죽었다. 경진일에 장차 곡옥에서 염할 것이다."[冬, 晉文公 卒, 庚辰, 將殯於曲沃.]라고 한 것과 같다. 후인의 고증에 따르면 여기의 '경진'은 노(魯)나라 희공(僖公) 32년 12월 10일이다. 후에 초1일, 초2일, 초3일 등으로 날을 기

---

20) 양(梁)나라 천감(天監: 502~519)연간에 일찍이 한 차례 96각으로 바뀐 적이 있었으나 오래가지 않아 또 다시 원래대로 개정되었다. 동호적루법에서 각은 10분이었고, 종표계(鐘表計)를 사용하기 시작한 뒤부터 각은 15분, 1분은 60초가 되었다.

21) 청나라 때 『협기변방서(協紀辨方書)』에 따르면 하지는 낮이 59각 5분, 밤이 36각 10분이고 동지는 낮이 36각 10분, 밤이 59각 5분이다. 춘분, 추분은 밤낮이 각각 48각이다. 하루는 96각이다. 이는 종표계의 시각에 따라 계산한 것으로 『후한서』와는 약간 차이가 있다.

록하는 방법을 사용하기도 하였으나 역사학자들은 여전히 간지기일법을 사용한다.

60갑자는 대략적으로 두 달에 해당하지만 큰달과 작은달을 합하면 59일밖에 되지 않기 때문에 매달의 간지와 날짜의 대응이 어긋나는 경우가 종종 있다. 가령, 정월 초하루가 갑자일이면 3월 초하루는 계해일이 된다.

사시(四時), 절(節), 후(候)

1년은 사시(四時)로 나뉘고, 근래에는 이를 '사계(四季)'라고 불렀다. 정월, 2월, 3월이 봄이고, 4, 5, 6월이 여름, 7, 8, 9월이 가을, 10, 11, 12월이 겨울이다.[22]

1년은 24개 절기로 나뉘는데, 고대에는 이를 '절(節)' 혹은 '기(氣)'라고 불렀다. 매달 2개의 절기가 있으며, 앞에 있는 것을 '절기(節氣)'라고 부르고 뒤에 있는 것을 '중기(中氣)'라고 부른다. 정상적인 상황일 때에 24개 절기와 사시 12개월의 대응관계는 아래와 같다.[23]

1) 봄

정월 [맹춘(孟春)]	입춘(立春)	우수(雨水)
2월 [중춘(仲春)]	경칩(驚蟄)	춘분(春分)
3월 [계춘(季春)]	청명(淸明)	곡우(穀雨)

2) 여름

| 4월 [맹하(孟夏)] | 입하(立夏) | 소만(小滿) |
| 5월 [중하(仲夏)] | 망종(芒種) | 하지(夏至) |

---

22) 주력(周曆)에서는 자월(子月)을 정월로 삼으므로 사시가 모두 하력(夏曆)보다 2개월 앞선다. 『맹자 · 등문공(滕文公) 상』의 "가을볕에 그것을 말린다."[秋陽以暴之.]에서 '가을볕'이 가리키는 것은 하력 5, 6월의 태양이다.

23) 음력으로 매해의 절기는 날짜가 완전히 고정적이지는 않다.

| 6월 [계하(季夏)] | 소서(小暑) | 대서(大暑) |

3) 가을

7월 [맹추(孟秋)]	입추(立秋)	처서(處暑)
8월 [중추(中秋)]	백로(白露)	추분(秋分)
9월 [계추(季秋)]	한로(寒露)	상강(霜降)

4) 겨울

10월 [맹동(孟冬)]	입동(立冬)	소설(小雪)
11월 [중동(仲冬)]	대설(大雪)	동지(冬至)
12월 [계동(季冬)]	소한(小寒)	대한(大寒)

처음에는 대략적으로 '춘분', '하지', '추분', '동지' 네 개의 절기만 규정하였고, 이를 '분지(分至)'라고 약칭하였다.[24] 『서경・요전』에서는 '중춘', '중하', '중추', '중동'이라고 하였다. 이후 8개 절기로 늘어나는데, 이것이 바로 『좌전・희공 5년』에서 말한 '분지계폐(分至啓閉)'이다. '분'은 춘분・추분을 가리키고, '지'는 하지・동지를 가리키며, '계'는 입춘・입하를, '폐'는 입추・입동을 가리킨다. 결국에는 24개의 절기로 정해졌는데, 『회남자(淮南子)』에서 이미 24개 절기가 모두 언급되었다.

24절기는 태양년[25]을 24등분 한 것이다. 따라서 양력에 따라 절기가 고정된다. 1태양년은 약 $365\frac{1}{4}$일이므로 매 절기는 15.2일 남짓이다.[26] 따라서 일반적으로 양력

---

24) '분(分)'은 밤낮의 길이가 같다는 뜻이고, '지(至)'는 '다하다', '가장'의 뜻이다. 하지(夏至)는 해가 가장 길고, 해가 가장 북쪽을 지나고, 해 그림자가 가장 짧다. 동지(冬至)는 해가 짧고, 해가 가장 남쪽을 지나며, 해 그림자가 가장 길다.

25) (역주) 회귀년(回歸年)이라고도 한다. 세차(歲差)에 의해 조금씩 움직이는 평균춘분점에서 잰 태양의 황경(黃經)이 360°가 되는 시간을 말한다. 평균 태양일로 나타내면 365.24219878⋯일로, 이 길이는 춘분점의 이동속도 때문에 100년에 약 0.5초씩 짧아진다.

26) 여기에서 말하는 것은 소위 항기(恒氣)[태양년 1년을 모두 균등하게 24등분한 절기]이고, 실제로 정해진 절기는 정확하게 24등분이 아니다. 해가 운행할 때에 속도의 차이가 있는데, 가령 동지에

상반기는 매월 6일, 21일이 절기이고, 하반기는 매월 8일, 23일이 절기이다.

절(節)보다 더욱 작은 단위는 '후(候)'이다. 각각의 절기는 3개의 후(候)를 갖는다. 하나의 후는 5일 남짓이다. 고대인이 '시후(時候)'라고 말하는 것은 바로 시령(時令)과 절후(節候)를 가리킨다.[27] 양(梁)나라 간문제(簡文帝)의 「여유효작서(與劉孝綽書)」에서 "가을 서리 밤에 내리고, 길 떠나는 기러기 새벽에 날아오르네. 생각건대 양기와 욱 기가 알맞은 때를 만났으니 시후(時候)가 어그러짐이 없겠구나."[玉霜夜下, 旅雁晨飛, 想涼燠得宜, 時候無爽.]라고 하였다. 고대인이 말하는 '세후(歲候)' 또한 시령과 절후를 가리킨다. 『문선(文選)』에 수록된 안연지(顏延之)의 「하야정종형산기거장사(夏夜呈從兄 散騎車長沙)」 시에 "세후(歲候)가 절반을 지났으니 전초(荃草)와 혜초(蕙草)가 어찌 오 래토록 향기로울 수 있겠는가!"[歲候初過半, 荃蕙豈久芬.]라는 구절이 그 예이다.

이상의 내용을 정리하면 다음과 같다. '세실(歲實)'이란 한 해(태양년 한 해)의 실제 운행과 관련된 숫자이다. 이를 8등분 한 것이 팔절(八節 : 분지계폐)이고, 24등분한 것 이 절기(節氣), 중기(中氣)이고, 72등분한 것이 후(候)이다.

고대 중국인은 무엇에 근거하여 절기를 규정하였던 것일까? 천문에 근거하였다. 구체적으로는 낮에는 해 그림자를 관측하고 밤에는 중성(中星)[28]을 살피는 방법이다.

해 그림자를 관측할 때, 고대 중국인은 토규(土圭)라는 도구를 사용하였다. 하지에 는 해 그림자가 1척 5촌으로 가장 짧으며, 동지에는 해 그림자가 1장 3척으로 가장

는 해의 운행이 가장 빠르고, 춘분 전 3일에 해는 이미 하늘의 90도를 지나치게 된다. 후대인의 역법은 더욱 정교하여 해의 운행 속도로 절기를 규정하고, 이를 정기(定氣)[태양의 황경에 따라 24절기를 구분한 것]라고 하였으니 항기와는 약간의 차이가 있다. 아래의 「영(贏), 축(縮)」을 참고 할 것.

27) (역주) 현대중국어에서 '時令'과 '節候'는 모두 '계절', '절기'를 뜻하고, '時候'는 '시간', '때'를 뜻하며 간혹 문언문에서 '계절'을 가리킨다. 따라서 이 세 단어와 바로 이어 나오는 '歲候'는 동 일한 의미로 볼 수 있다.

28) (역주) 일반적으로 중성이란 이십팔수 중 하늘의 정남쪽에 보이는 별로, 해가 질 때의 혼중성(昏中 星), 해가 뜰 때의 단중성(旦中星) 등을 말한다. 여기서 말하는 중성을 살피는 것은 바로 이어진 설명을 참고할 것.

길다. 그 나머지 절기도 이런 방식으로 유추할 수 있다. 『후한서·역법(曆法)』에 상세하게 나온다.

밤에 중성을 살핀다는 것은 초저녁 때 하늘 한복판의 별자리를 관찰한다는 것이다. 대낮에는 해만 보이고 별은 보이지 않으므로 초저녁에 별을 관찰한다. 『상서·요전』에 다음과 같은 구절이 있다.

> 日中星鳥, 以殷仲春. 해의 길이가 중간이고 중성이 조성이면 이때를 중춘으로 한다.
> 日永星火, 以正仲夏. 해의 길이가 길고 중성이 화성이면 이때를 중하로 정한다.
> 宵中星虛, 以殷仲秋. 밤의 길이가 중간이고 중성이 허성이면 이때를 중추로 한다.
> 日短星昴, 以正仲冬. 해의 길이가 짧고 중성이 묘성이면 이때를 중동으로 정한다.

중춘, 중추는 춘분, 추분을 가리킨다. 중(中)은 밤낮의 길이가 같은 것을 가리킨다. 일(日)은 낮이고, 소(宵)는 밤이다. 밤낮의 길이가 같다는 점에서 '일중(日中)', '소중(宵中)'은 동일하다. 중하, 중동은 하지, 동지를 가리킨다. 일영(日永)은 하지에 낮이 긴 것을 가리키고, 일단(日短)은 동지에 낮이 짧은 것을 가리킨다. '중춘일중성조(仲春日中星鳥)'는 춘분 초저녁의 중성이 순조(鶉鳥)[28수 중의 별자리]라는 말이고, '하지일영성화(仲夏日永星火)'는 하지 초저녁의 중성이 대화(大火)[즉 심수(心宿)]라는 말이다. '중추소중성허(仲秋宵中星虛)'는 추분 초저녁의 중성이 허수(虛宿)라는 것이고, '중동일단성묘(仲冬日短星昴)'는 동지 초저녁의 중성이 묘수(昴宿)라는 말이다.

고대 중국인은 항성(恒星)을 배경으로 일월오성의 운행을 관측하였고, 황도, 적도 부근의 28개 별자리를 선택하여 좌표로 삼았다. 일전(日躔)[태양이 지나는 별자리]은 이십팔수에 속한다. 이십팔수는 다음과 같다.

동방 창룡7수(蒼龍七宿) : 角(각), 亢(항), 氐(저), 房(방), 心(심), 尾(미), 箕(기)
북방 현무7수(玄武七宿) : 斗(두), 牛(우), 女(녀), 虛(허), 危(위), 室(실), 壁(벽)
서방 백호7수(白虎七宿) : 奎(규), 婁(루), 胃(위), 昴(묘), 畢(필), 觜(자), 參(삼)

남방 주작7수(朱雀七宿) : 井(정), 鬼(귀), 柳(류), 星(성), 張(장), 翼(익), 軫(진)

　지금도 초저녁의 중성을 관측하면 일전(日躔)의 위치를 알 수 있으며 절기를 추론
할 수 있다. 가령, 앞의 「요전」에서 초저녁의 중성이 성수(星宿)라면 일전은 위(胃)에
있는 것이고, 이는 당시의 춘분이라는 것이다. 여기에서는 더 이상 상세한 소개는 하
지 않겠다.

영(贏), 축(縮)

　『사기·천관서(天官書)』에 "세성(歲星)[목성]이 영축(贏縮)하다. ⋯⋯ 자리로 빠르게
나아가 앞서는 것을 영(贏)이라고 하고, 자리에서 물러나는 것을 축(縮)이라 한다."[29)]
라고 하였다. 후에 천문학자들은 영축을 태양이 황도 위에서 운행하는 속도를 가리
키는 것으로 보았고, '영축(盈縮)'이라고도 썼다. 지구가 태양을 공전하는 궤도가 타
원형이기 때문에 태양이 황도 위를 운행하는 속도는 빠르기도 하고 느리기도 한 것
처럼 보이는데, 속도가 빠른 때를 '영'이라 부르고, 속도가 늦은 때를 '축'이라 부르
는 것이다. 여름에는 속도가 늦어서 춘분에서 추분까지 약 186일이 소요되고, 겨울
에는 속도가 빨라서 추분에서 춘분까지 약 179일 정도만이 소요된다. 만약 절기의
평균 일수에 따라 계산한다면 동지에서 춘분까지 6개 절기가 있으나 실제로 90일에
못 미친다. 따라서 역법에 규정된 춘분은 밤낮이 고르게 나뉜 날이 아니고, 춘분 전
3일이야말로 밤낮의 길이가 동일하다. 마찬가지로, 하지에서 추분까지 6개 절기가
있으나 실제로는 90일이 넘는다. 따라서 역법에 규정된 추분 또한 밤낮이 고르게 나
뉜 날이 아니고, 추분 3일 뒤에야 밤낮의 길이가 동일하게 된다.

---

29) 歲星贏縮. ⋯⋯ 其趨舍而前曰贏, 退舍曰縮.

정삭(定朔), 정기(定氣)

고대 중국인들은 태양에 영(贏), 축(縮)이 있음을 알고 나서, 매 해 큰달과 작은달을 번갈아 가며 1년을 354일로 규정하는 것이 정밀하지 못하다는 것을 알게 되었다. 태양의 움직임에는 영축이 있고 달의 움직임에는 지질[遲疾, 느림과 빠름]이 있다. 그리하여 삭일(朔日)은 반드시 태양과 달의 속도 영축, 지질에 따라 정해야 하고, 연이어 두 달을 큰달 혹은 작은달이 되게 해야 한다. 이러한 방법을 '정삭(定朔)'이라고 한다.[30] 고대에 '조(脁)'[그믐달]자가 있는데, 이것은 '그믐에 달이 서쪽에서 보임'을 뜻한다. 정삭이 생긴 후 '조'에 해당하는 현상은 나타나지 않았다.

고대 중국인들은 또 태양에 영축이 있음을 발견한 뒤에, 1년을 24등분하여 24절기로 나누는 역법이 정밀하지 못하다는 것을 알게 되었다. 일부 절기 사이의 간격은 멀게, 일부는 가깝게 조정되어야 했다. 절기와 관련된 이전의 역법을 '항기(恒氣)'라고 하며, 새로운 역법을 '정기(定氣)'라고 한다.[31] 정기(定氣)가 생긴 후, 윤달에는 중기(中氣)가 없다는 규정 역시 아주 정확한 것은 아님을 알게 되었다.[32]

윤달[閏月]

윤달을 두는 것은 음력과 양력 시이의 모순을 해결하기 위해서이다. 앞에서 언급한 바와 같이 24절기는 태양년을 24등분 한 것이며, 곧 양력이다. 양력 1년은 365¼일인데 음력으로는 매년 354일밖에 안 된다. 이렇게 되면 매년 11¼일이 남는다. 이 때문에 3년마다 1개월을 더해 줘야 하는데 이를 윤달이라 한다. 윤달은 보통 29일

---

30) 이를 옛날 역법에서는 '경삭(經朔)'이라고 했다.

31) 후지친[胡繼勤]의 『시간과 역법[時間和曆法]』 44쪽 참고

32) 가령, 청나라 함풍(咸豊) 원년 8월에는 중기가 없고 윤달을 두었으며, 다음 해 2월에는 중기도 없고 윤달도 없었다. (역주) 중기란, 24절기 중에 태양력으로 매달 중순 이후에 드는 절기로, 우수·춘분·곡우 등을 말한다.

이다. 3년에 한 번 윤달을 두고도 3년의 양력일수가 채워지지 않아 4¾일이 모자라는데, 그리하여 5년째 되는 해에 다시 윤달을 두게 되었다. 『역경・계사(繫辭) 상』에서 "5년마다 윤을 더한다."[五歲再閏]고 했는데 바로 이 때문이다. 그러나 5년마다 다시 윤달을 더하는 방법도 정밀한 것은 아니다. 왜냐하면 5년째에 윤달을 두 번 두면 1¾일이 남기 때문이다. 그리하여 후대 사람들은 19년에 일곱 번 윤달을 두기로 했다. 약 32개월마다 한 번씩 윤달을 두는 것이 된다.

『상서・요전』에서는 "윤달로 사계절을 정하고 한 해를 이룬다."[以閏月定四時成歲.]고 했는데, 왜 윤달이 있어야 사계절이 정해지고 한 해가 이루어지는가? 이는 공전 각도가 360도이고 태양이 일정한 속도로 움직인다고 할 때 달은 $13\frac{7}{19}$도를 가는데, 만약 윤달이 없으면 3년마다 1개월이 모자라고 9년이면 3개월이 모자라 봄이 여름이 되며, 17년이면 6개월 차이가 나서 사계절이 반대로 뒤집어지기 때문이다.

상주(商周) 시대에는 역법이 정밀하지 않았고 윤달도 모두 연말에 두었다. 진나라 때에는 10월이 한 해의 시작이 되어 윤달을 '후구월(後九月)'이라 칭했다. 한나라 초기에는 여전히 진나라의 역법을 따랐으며, 한나라 무제 태초(太初) 원년에 역법을 개혁한 이후에야 중기(中氣)가 없는 달을 윤달로 정했다. 왜 중기가 없는 달을 윤달로 정했는가? 이는 음력과 양력의 차이 때문에 절기가 월말로 정해지기 때문이다. 중기는 원래 그 달 16일 정도에 있어야 하는데 차츰 29일이나 30일의 월말로 밀렸다. 이처럼 음양력의 차이가 극심해지는 시점에 윤달을 두게 된 것이다. 윤달의 절기는 그 달 15일이 되며, 이렇게 되면 이 절기 뒤의 중기는 다음 달 초가 된다. 그리하여 "윤달에는 중기가 없다."고 하는 것이다.[33]

---

33) 이는 일반적인 경우이다. 윤월에도 예외적으로 중기가 있다.

세차(歲差)

태양과 달의 인력이 지구에 작용함에 따라 지축은 황도축의 주위를 타원형으로 돌면서 서서히 서쪽으로 이동하게 된다. 이렇게 되면 춘분점이 매년 약 50초만큼 서쪽으로 이동하는데, 이 현상을 '세차(歲差)'라고 한다.[34]

가장 먼저 '세차'를 발견한 것은 진(晉)나라의 천문학자 우희(虞喜)이며, 후에 남조(南朝) 송(宋)나라의 하승천(何承天)과 남제(南齊)의 조충지(祖沖之), 수(隋)의 유작(劉焯), 당나라의 승일행(僧一行)이 그 법을 사용하면서 차츰 정밀해졌다.

고대 중국인이 세차를 발견한 것은 절기의 일전(日躔)과 중성(中星)이 수시로 변하는 것을 관측했기 때문이다. 『서경·요전』에서 "해의 길이가 짧고 중성이 묘성이면 이때를 중동으로 정한다"[日短星昴, 以正仲冬.]라고 하였고, 『예기(禮記)·월령(月令)』에서 "동지가 있는 달은, 초저녁에 동벽성이 중성이다."[仲冬之月, 昏東壁中.]라고 했는데, 이 중 어느 것이 맞는 것일까? 두 가지 모두 맞다. 왜냐하면 「요전」에서 말하는 것은 은나라 말기와 주나라 초기의 역법이고 「월령」에서 말하는 것은 주나라 때의 역법으로, 서로 수백 년의 시간차가 있으므로 동지의 중성도 자연히 달라진 것이다. 『협기변방서(協紀辨方書)』에 의하면 청나라 때 동지의 중성은 위수(危宿)로 이동했다고 한다. 이것은 모두 세차가 있음을 증명해 준다. 은나라 때에는 춘분의 일전(日躔)이 묘(昴)에 있었고, 청나라 때에는 춘분의 일전이 실(室)에 있었는데, 시간차가 3천 년이 넘는 만큼 일전의 변화도 매우 컸다.

세차를 이해하면 고서를 읽을 때 많은 도움이 된다. 앞에서 언급한 『서경·요전』의 "日中星鳥, 以殷仲春", "日永星火, 以正仲夏", "宵中星虛, 以殷仲秋", "日短星昴, 以正仲冬"에 대하여, 위공전(僞孔傳)의 작자인 매색(梅賾)은 세차를 이해하지 못한 채 "조(鳥)는 남방의 주작 칠수로 춘분 밤에는 조성(鳥星)이 완전하게 보인다. 화

---

34) 천체가 하늘을 한 바퀴 돌아오는 공전[周天]은 360도(度)인데, 1도는 60분(分)이고, 1분은 60초(秒)이다.

(火)는 창룡(蒼龍)의 중성으로 가운데를 들면 7성이 보임을 알 수 있다. 허(虛)는 현무(玄武)의 중성으로 칠성이 모두 추분일에 보임을 말하며, 묘(昴)는 백호의 중성으로 또한 칠성이 모두 보여 이로써 동지(冬至) 삼절을 정한다."[35]라는 애매한 풀이만 했고, 공영달(孔穎達)은 이 잘못된 해석을 그대로 받아들였다. 마융(馬融)과 정현(鄭玄)만이 "춘분 저녁에는 칠성(七星)이 중성이고, 중하 저녁에는 심성(心星)이 중성이며, 추분 저녁에는 허성(虛星)이 중성이고, 동지 저녁에는 묘성(昴星)이 중성이다."[36]라고 옳게 풀이했다. 송나라의 채침(蔡沈)은 『서집전(書集傳)』에서 당나라 승려 일행(一行)의 세차설을 인용하여 요 임금 때 순화(鶉火)가 춘분 저녁의 중성이었으며, 대화(大火)가 하지 저녁의 중성이었고, 허수(虛宿)가 추분 저녁의 중성이었으며, 묘수(昴宿)가 동지 저녁의 중성이었음을 증명했다. 과학의 발달로 고서에서 의문이 가는 부분이 해결되었다.

『하소정(夏小正)』에서 말하는 중성은 「요전」에서 말하는 중성과 비슷하다. 어떤 이는 『하소정』과 「요전」에서 말하는 중성에 근거하여 『시경』에 나오는 중성을 설명하여 오류에 빠졌다. 『시경·빈풍·칠월』에 "칠월에는 화성이 서쪽으로 내려오고 구월에는 겹옷을 준비한다네."[七月流火, 九月授衣]라고 했는데, 어떤 이가 이에 대해 "화(火)는 대화(大火)라고도 하며, 별 이름으로 곧 심수(心宿)이다. 매년 하력(夏曆) 5월 황혼 무렵 이 별은 정남쪽에 위치하는데, 이는 곧 정중앙 가장 높은 위치이다. 6월이 지나면 기울어서 아래로 내려간다. 이것을 '류(流)'라고 한다."고 풀이했다. 이는 『하소정』과 「요전」에 근거하여 풀이한 것이다. 『하소정』에서는 "5월 초 저녁은 대화(大火)가 중성이다."[五月初昏大火中]라고 했고, 「요전」에서는 "해의 길이가 길고 중성이 화성이면 이때를 중하로 정한다."[日永星火, 以正仲夏]고 했다. 그러나 이러한 풀이는 잘못된 것이다. 왜냐하면 주나라 때의 중성과 하나라 때의 중성은 다르기 때문

---

35) 鳥, 南方朱雀七宿, 春分之昏, 鳥星畢見. 火, 蒼龍之中星, 舉中則七星見可知. 虛, 玄武之中星, 亦言七星皆以秋分日見. 昴, 白虎之中星, 亦以七星並見, 以正冬之三節.
36) 春分之昏七星中, 仲夏之昏心星中, 秋分之昏虛星中, 冬至之昏昴星中.

이다. 대진(戴震)은 "주나라 시간에 근거하면 계하(季夏)[6월]에 화(火)가 중성이었으므로 맹추(孟秋)[7월]의 달 초에는 이미 중성을 지나 서쪽으로 흐르는[流] 것만 보일 뿐이었다. 만약 「요전」의 '해가 길고 중성이 화성이면 이때를 중하로 정한다'나 『하소정』의 '5월초 저녁에는 대화가 중성이다'라는 내용을 따른다면 '류화'는 6월부터 시작된다. 이는 하나라부터 주나라까지의 세차가 다르기 때문이다."[37]라고 하였다.

중국의 천문학자들이 세차를 발견한 시기는 서양보다 이르다. 이를 통해 중국 고대문화가 매우 발달했었음을 알 수 있다. 고대중국어를 배울 때는 고대역법도 배워야 하며, 고대역법을 이해하려면 천문에 대해서도 알아야 한다. 이는 고대중국어 연구자들에게 요구되는 다소 어려운 과제이다.

---

37) 據周時夏季昏火中, 故孟秋之月初昏已過中, 但見其西流耳. 若「堯典」之'日永星火, 以正仲夏', 『夏小正』之'五月初昏大火中', 則流火自六月矣. 此虞夏至周, 歲差不同也.(대진 『시보전(詩補傳)』)

고대중국어의 기본 참고도서

고대중국어로 된 작품을 읽을 때 어려운 문제가 생기면 여러 가지 서적을 참고해야 한다. 이와 같이 고서를 읽을 때 참고해야 하는 서적을 중국에서는 '공구서(工具書)'라고 한다. 중국의 공구서 편찬은 한나라 때부터 시작되었으며, 이후 각 시대마다 여러 공구서가 편찬됨에 따라 그 종류가 매우 다양해지고 수량도 많아졌다. 자주 사용되는 자전과 사서에 대해서는 제1장 「사전 이용 방법」에서 이미 다루었다. 이 장에서는 고대중국어로 된 작품을 읽을 때 자주 사용되는 또 다른 기본 참고도서에 대해 간단히 소개하고자 한다. 이들은 주로 고대의 한자와 단어, 전고, 인명, 지명, 서명, 연대 검색과 관련된 상용 공구서이며, 그 외의 것은 일일이 언급하지 않겠다.

『설문해자(說文解字)』

동한(東漢) 시대의 허신(許愼)이 편찬한 책으로, 동한 화제(和帝) 영원(永元) 12년[서기100년]에 초고를 작성하여, 안제(安帝) 건광(建光) 원년[서기121년]에 완성한 뒤 황제에게 진상했다. 이 책은 체계가 잘 갖춰진 중국 최초의 자전으로 총 9,353자와 중문 (重文)[1] 1,163자가 수록되어 있다.

　허신은 그 시대의 유명한 고문(古文) 경학가였다. 동한 시기의 일부 금문(今文) 경학가들은 유가의 경전을 제멋대로 해설하였으며, 예서(隷書)는 '선왕들의 서체'이므로 마음대로 바꾸어서는 안 된다고 여겼다. 허신은 이와 같은 잘못된 경향에 반대하고자 소전(小篆)과 각종 고문자(古文字)를 모아 『설문해자』를 편찬하여 한자의 구조와 발전 양상에 대해 설명하였다. 물론 허신의 해설 중에는 잘못된 것도 있지만, 전체적으로는 한자변천의 객관적 법칙과 사실을 존중하여 엄밀하고 신중하게 글자를 연구하였다고 할 수 있다. 따라서 한자에 대한 허신의 해설은 대부분 신뢰할 만하다.

　『설문해자』는 한나라 때에 볼 수 있던 고문자가 수록되어 있다는 점에서 고대중국어와 고문자를 연구하는 데 매우 중요한 자료이다. 수록된 모든 글자들에 대해서는 각각 소전체가 먼저 제시되었고, 그 다음에 허신의 설명이 이어졌다. 각 글자에 대한 설명 부분에서는 먼저 글자의 뜻인 자의(字義)를 설명하고 그 다음 자형을 분석하였다. 다음의 예를 보자.

　　(气) : 雲气也. 象形. 凡气之屬皆从气.
　　　　　구름의 기운이다. 상형이다. 기운과 관련 있는 것은 모두 气로 구성
　　　　　된다.
　　(男) : 丈夫也. 从田从力. 言男用力於田也.
　　　　　장부이다. 田과 力으로 구성되며, 남자가 밭에서 힘을 씀을 말한다.
　　(誅) : 討也. 从言朱聲.
　　　　　벌함이다. 言으로 구성되고, 朱가 성부이다.
　　(奉) : 承也. 从手从廾丰聲.

---

1) (역주) 뜻은 같지만 모양이 다른 글자를 가리킴.

받음이다. 手와 丰으로 구성되며 丰이 성부이다.

'气'와 '男'은 모두 『설문해자』의 부수자이다. 보통 부수자의 맨 뒤에는 "某와 관련 있는 것은 모두 某로 구성된다."[凡某之屬皆從某]라고 덧붙였다. 허신의 수집과 정리로 인해 다량의 전서 자형이 체계적으로 보존될 수 있었고, 그 덕분에 한자의 형태와 고금의 한자 의미에 어떤 변화가 있었는지에 대한 기본적인 상황을 이해할 수 있게 되었다. 이것이 허신이 역사에 남긴 큰 공적이다.

허신이 풀이한 자의는 사실 허신 자신이 생각한 본의(本義)이다. 허신은 전서 자형을 근거로 의미를 풀이하였으며, 그중 대부분은 믿을 만하다. 그러나 시대적으로 한계가 있었고 고문자 자료가 부족하여 잘못 풀이한 것도 일부 있다. 예를 들어 '爲(위)'자는 갑골문과 금문 모두 손으로 코끼리를 끌고 있는 모양을 나타낸다. 즉 이 글자의 본의는 '힘들여 일함'이고, 여기에서 '하다'의 의미가 파생되었다. 그런데 허신은 갑골문과 금문을 보지 못한 채 소전에만 근거하여 '爲'를 "어미 원숭이이다, 爪로 구성된다"[母猴, 從爪] 등으로 설명하였다. 이것은 완전히 잘못된 풀이이다.

허신은 전서의 형태와 구조를 분석 및 귀납한 후 540개의 편방을 추려내어 부수로 삼고, 『설문해자』에 수록된 9,000여 자를 각각 540 부수로 귀속시켰다. 이 역시 허신의 뛰어난 독창성을 보여주는 부분으로, 이 방법은 후대의 한자 검색법에 막대한 영향을 미쳤다. 다만 이 방법은 처음으로 시도되는 것이었으므로 부수 간 배열순서나 같은 부수 내 글자의 배열순서에 대해 일관된 기준을 적용하지는 못하였다. 『설문』에서는 부수를 '人(인), 匕(비), 从(종), 比(비), 北(북)'처럼 최대한 전서의 자형이 비슷하거나 관련이 있는 것끼리 한데 묶었다. 그리고 같은 부수 내의 글자의 경우, '言'부의 '訕[산, 헐뜯다], 譏[기, 나무라다], 誣[무, 속이다], 誹[비, 헐뜯다], 謗[방, 헐뜯다]'처럼 의미가 가까운 것끼리 한데 묶었다. 본래 이러한 배열방법은 처음부터 끝까지 유지하기가 매우 어려우며, 더군다나 허신은 이 방법을 엄격히 적용하지도 않았다. 이 때문에 『설문해자』에서 글자를 검색하는 것은 후대의 공구서에 비해 훨씬 어렵다. 전서 자형과 540 부수를 잘 모른다면 어디서부터 어떻게 검색해야 할지 몰라 막막할 것이다. 청나라 때의 설문 연구가들은 검색의 편의를 위하여『강희자전(康熙字典)』의 214 부수 체제에 따라『설문해자』에 수록된 9,000여 자를 해서(楷書) 자형을 기준으로 재배열하고 그것이『설문해자』무슨 부수의 몇 번째 글자라는 것을 밝혔다. 이 중 비교적 널리 보급된 것으로 여영춘(黎永椿)의『설문통검(說文通檢)』이 있다. 최근 몇 십 년 사이 영인본으로 출판된『설문해자』에는 대부분『설문통검』이나 별도의 색인이 첨부되어 있어『설문해자』검색이 더욱 쉬워졌다.

청나라 때『설문해자』연구 열풍이 불면서 이 책에 주소(注疏)를 다는 학자들도 많았다. 어떤 학자는 글자의 형태에 중점을 두었고, 어떤 학자는 글자의 의미에 중점을 두었다. 여러 연구서 중 비교적 중요한 것으로는 단옥재(段玉裁)의『설문해자주(說文解字注)』, 주준성(朱駿聲)의『설문통훈정성(說文通訓定聲)』, 계복(桂馥)의『설문의증(說文義證)』, 왕균(王筠)의『설문구두(說文句讀)』등이 있으며, 그중에서도 단옥재와 주준성의 성과가 두드러진다. 단옥재의 주석에서는 고서를 인용하고 그것을 증거로 삼아『설문』에 수록된 모든 글자에 대하여 자형과 자의 두 측면에서 풀이하였는데, 이는 오늘날 글자 의미의 근원을 이해하는 데 큰 도움을 준다.『설문』에 익숙하지 않은 독자들은 단옥재의 주석을 참고해야 원문을 이해할 수 있다. 주준성의 책은『설문』에 수록된 각 글자의 의미의 근원과 발전에 대해 상세하게 분석하였고 다량의 고서 자료가 인용되어 있어 사실상 별도의 자전으로 사용해도 될 정도이다. 그러나 주준성의 책에서는 부수가 아닌, 주준성 자신이 연구한 상고운부(上古韻部)에 따라 모든 글자를 재분류 및 재배열하였으므로 고운(古韻)을 모르면 검색이 어렵다.『설문해자』를 읽으려면 이 두 주석본의 사용법을 반드시 알아두어야 한다.

『경적찬고(經籍纂詁)』

청(淸)나라 완원(阮元)이 편찬한 책으로 가경(嘉慶) 3년[서기 1798년]에 완성되었다.

이 책은 당나라 이전의 각종 고서에 대한 주해만을 모아서 실은 자전으로, 각 글자 아래에 당나라 이전[일부 당나라 이후의 것 포함] 고서에 대한 주해 및 해당 글자에 대한 문자학 전문 서적의 풀이를 나열하고 풀이가 같거나 비슷한 것끼리 묶어 놓았다. 당나라 이전의 고서를 읽을 때, 이전까지 그 글자에 대해 어떠한 풀이들이 있었는지 확인하고 그것의 장단점이 무엇인지 연구하기 위해서는 『경적찬고』를 이용하는 것이 가장 편리하다. 다음에서 '誅'자를 예로 들어 이 책의 체례에 대해 소개하겠다.

여기에는 당나라 이전의 각종 고서 주해에서 '誅'에 대해 풀이한 내용 대부분이 수록되어 있으며, 서로 다른 풀이 항목은 ○ 표시로 분리되어 있다. 매 항목에서는 먼저 풀이 내용을 인용하였고, 그 다음 출처를 열거하였다. 위의 그림에서 본다면, "誅, 責也."['誅'는 벌함이다.]라는 풀이는 『좌전(左傳)·장공(莊公) 8년』 "誅屢於徒人

費.”[시종인 비에게 신발을 찾게 하였다.]에 대한 두예(杜預)의 주(注)에 보인다는 것이다. 이 책에서는 편폭을 줄이기 위해 여러 주석을 간략하게 줄여 썼는데, 예를 들어『좌전』의 주는 진(晉)나라의 두예가 단 주석을 가리킨다. 관련 내용은 이 책의 범례에 자세히 나와 있으므로 여기에서는 일일이 열거하지 않겠다.

위의 예에서 보이듯『경적찬고』는 당나라 이전의 주해를 모아 나열했을 뿐 자신의 견해에 따라 취사선택을 한 것이 아니다. 그만큼 인용된 자료가 풍부하고 종합적이라는 점이 이 책의 장점이다. 그러나 자료가 지나치게 많고 꼭 필요한 내용과 불필요한 내용이 섞여 있으며, 주요 사항과 부수적인 사항이 구분되어 있지 않다는 점 때문에 사용자들에게 큰 불편을 준다. 당나라 이전의 모든 주해가 다 정확하다고는 할 수 없다.『경적찬고』를 통해 여러 해석을 한데 놓고 비교해 보면 다양한 견해의 옳고 그름을 쉽게 판단할 수 있다. 그리고 이러한 비교 과정에서 어휘의미 변화의 실마리를 발견하게 되는 경우도 있다. 예를 들어, '誅'자는 당나라 이전의 주해에서 주로 "責也."[벌함이다.], "治也."[다스림이다.], "罰也."[징벌함이다.]로 풀이되었고, "殺也."[죽이다.], "戮也."[형벌로 죽이다.]로 풀이된 경우는 거의 없다. 이를 통해 '誅'자는 상고시기에 주로 '형벌을 내리다'의 의미를 나타냈으며, '죽이다'의 의미는 비교적 늦은 시기에 생겨 지금까지 '誅'의 주요의미로 사용되고 있음을 알 수 있다.

『경적찬고』에는 고서의 주해뿐만 아니라 고대 전적에서 한자를 직접 풀이한 내용도 수록되어 있다. 예를 들어, '誅'자 해설 두 번째 항목 "責也."는『광아(廣雅)·석고(釋詁)』의 "數、誅、謫 …… 誅、過、訟, 責也."['數', '誅', '謫'……'誅', '過', '訟' 등은 '責'의 뜻이다.]에서 인용한 것이다. 또한 '天'자에 대해서는『순자(荀子)·유효(儒效)』의 "至高謂之天."[지극히 높은 것을 하늘이라 한다.],『장자(莊子)·천지(天地)』의 "無爲爲之之謂天."[무위로써 행하는 것을 하늘이라 한다.], 왕충(王充)『논형(論衡)·담천(談天)』의 "淸者爲天."[맑은 것이 하늘이다.]과 같이 '天'에 대한 고대 중국인의 여러 가지 풀이를 열거하였다. 이러한 풀이는 고서의 주해가 아닐지라도 고대의 단어의미를 이해하는 데는 큰 도움이 된다.

『경적찬고』는 평수운(平水韻) 106운(韻)에 따라 피석자를 배열하여 검색이 매우 불편하다. 최근의 영인본 『경적찬고』 앞부분에는 필획색인이 첨부되어 있어 이를 사용해 검색할 수 있다.

『경적찬고』는 당나라 이전의 훈고 문헌만을 수록하고 있어 그 자료가 완전하다고 할 수 없다. 최근 무한(武漢)대학교 고적연구소의 『고훈회찬(故訓匯纂)』이 출판 완료되었다. 『고훈회찬』에는 선진시대부터 만청시대에 이르는 전적이 두루 인용되었으며, 이는 『경적찬고』에 비해 1천여 년이나 긴 역사 기간을 포괄하고 있는 것으로 편폭은 3-4배가 넘는다. 특히 『고훈회찬』은 현대의 학술적 성과를 반영하여 보다 완벽하게 편집되었으며 검색이 더욱 편리하다. 훈고 자료를 제공하는 중요한 신작이다.

『패문운부(佩文韻府)』

청나라 장옥서(張玉書) 등이 편찬한 것으로 강희(康熙) 50년[서기 1711년]에 완성되었다. 이는 운(韻)에 따라 글자를 배열한 방대한 사전으로서, 정집(正集)은 444권이고 습유본(拾遺本)은 112권이다. 이 책은 청조 강희제의 칙명으로 편찬된 것으로서, 많은 인력과 물력을 집중적으로 동원하여 7년 만에 완성되었다. '패문(佩文)'은 청조 황제의 서재(書齋) 이름이다.

『패문운부』는 주로 원명 시대부터 전해내려 오던 『운부군옥(韻府羣玉)』, 『오거운서(五車韻瑞)』 등을 저본으로 삼아 수정 및 보완한 것이다. 수록된 단어는 주로 두 글자 또는 세 글자 단위이며[네 글자인 단어도 일부 있음], 평수운 106운에 따라 분류하고 각 단어 끝 글자의 운을 기준으로 삼았다. 체례 상으로는 낱글자를 먼저 제시하고 그에 대해 간략하게 음과 뜻을 달았으며, 다음에 그 낱글자로 끝나는 두 글자, 세 글자 그리고 네 글자짜리 단어순으로 배열하였다. 그리고 각 단어 아래에는 두 줄로 작게 출처를 밝혔다. 예를 들어 1권의 상평성(上平聲) 제1 東운의 첫 번째 글자는 '東'자인데, 먼저 간략하게 '東'자의 음과 뜻을 설명하고 그에 이어 '南東, 自東, 在東, 徂

東 … 澗瀍東, 首陽東 … 宿西食東, 有文者東' 등의 단어를 나열하였다. 이 단어들의 수는 총 300여 개이다. 보통 각 단어 아래에는 출처만 명시하였고 별도의 설명은 덧붙이지 않았다. 다음에서 '東'자 그룹에 속하는 첫 번째 단어 '南東'을 예로 들어보자.

南東　[詩]~~其畝[李孝先詩]余其歸老兮
　　　沂之~~[邵寶詩]楚帆連日阻~~

본래 원문은 세로로 되어 있으나 위에서는 가로로 입력하였다. 원문에서는 '│' 부호로 인용된 단어를 나타냈으나, 위의 인용문에서는 '~' 부호로 바꾸었다.

각 운자(韻字) 하위의 단어들은 '운조(韻藻)'와 '증(增)' 두 부류로 구분된다. '운조'에 속하는 단어는 본래 『운부군옥』과 『오거운서』 등에 수록되어 있던 것이며, '증'에 속하는 단어는 『패문운부』에서 새로 추가된 것이다. '증'에 해당하는 단어가 '운조'에 해당하는 단어보다도 많다. 예를 들어 '東'자 그룹의 경우 '운조'에 속하는 단어가 100개가 안 되는 반면 '증'에 속하는 단어는 200개가 넘는다. '운조'와 '증' 외에, 각 운자 맨 끝부분에 '대어[對語, 쌍을 이루는 말]'과 '적구[摘句, 따온 구절]'도 첨부되어 있다. 예를 들어 '東'자의 '대어'로는 '渭北-江東, 日下-天東 … 星橋外-斗柄東' 등 30여 쌍이 있고, '적구'로는 '力障百川東, 農作正宜東 … 象牀豹枕畵廊東' 등 50여 개의 구절이 있다. 이는 당시 사람들이 시나 사를 짓기 위해 활용했던 것이다.

『패문운부』는 수록된 단어가 많고 자료가 풍부하여 단어와 관련된 전고의 출처를 찾는 데 유용하며, 『사원(辭源)』이나 『사해(辭海)』에 수록되지 않은 단어들도 많이 수록되어 있다. 그러나 당시 『패문운부』 편찬에 참여하였던 이들 가운데 전문적인 학자들이 거의 없어서 책의 완성도가 떨어지며, 인용된 자료도 대부분 몇 차례에 걸쳐옮겨 적은 것이어서 틀린 부분도 많다. 따라서 이 책을 활용할 때는 관련 자료에 대한 실마리만 참고할 뿐, 여기에 인용된 자료를 그대로 믿지 말고 반드시 원전자료를 대조해 봐야 한다. 게다가 인용서의 편명(篇名)이 명시되어 있지 않고 인용한 시(詩)의 제목도 알 수 없어 대조하기가 더욱 어렵다. 예를 들어, 앞서 살펴본 '南東'의 경우 "南東其畝"[남북 동서로 이랑이 뻗었네]가 『시경』 어느 편의 구절인지 명시되어 있지 않고 이효선(李孝先)과 소보(邵寶) 시의 제목도 알 수 없어 원문을 찾아 대조하는 데 꽤 많은 노력이 필요하다.

『패문운부』는 평수운 106운에 따라 글자의 그룹을 나누었으므로 평수운을 잘 모를 경우 검색이 어렵다. 평수운을 잘 안다 해도 각 운자에 속하는 단어의 순서가 명확한 규칙에 따라 배열된 것이 아니어서 단어 검색이 쉽지 않다. 상무인서관(商務印書館)의 만유문고(萬有文庫) 영인본 『패문운부』에는 맨 뒤에 '사각호마(四角號碼)' 색인이 첨부되어 있고, 수록된 모든 단어를 지금의 일반 사전처럼 우선 맨 앞 글자를 기준 삼고, 그 다음엔 두 번째 글자를 기준으로 삼아 배열했다. 또한 맨 앞 글자의 부수를 기준으로 한 색인도 첨부되어 있어 검색이 훨씬 편리하다. 1983년에 상해서점(上海書店)에서 만유문고본 영인본을 다시 출판하였다.

『십삼경색인(十三經索引)』

섭소균(葉紹鈞)[1894~1988, 자는 성도(聖陶)]이 편찬한 책으로 1934년 개명서점(開明書店)에서 출판하였고, 1957년과 1959년에 중화서국(中華書局)에서 초판본을 재발행하였다. 1983년 중화서국에서 『십삼경주소(十三經注疏)』에 따라 보충 및 수정 작업을 한 후 개정판을 발행하였다. 이는 십삼경(十三經) 구절의 출처를 검색하기 위해 편찬된 색인이다. 중국에서는 송나라 때부터 '십삼경'이라고 불리는 것이 있었는데, 이는 『주역(周易)』, 『상서(尚書)』, 『모시(毛詩)』(즉 『시경』), 『주례(周禮)』, 『의례(儀禮)』, 『예기(禮記)』, 『춘추좌전(春秋左傳)』, 『춘추공양전(春秋公羊傳)』, 『춘추곡량전(春秋穀梁傳)』, 『논어(論語)』, 『효경(孝經)』, 『이아(爾雅)』, 『맹자(孟子)』 등 13 종류의 경서를 가리키며, 그 내용이 후대 사람들에 의해 자주 인용되었다. 십삼경은 권수가 방대하고 종류가 많기 때문에 구절의 출처 검색이 쉽지 않다. 『십삼경색인』은 이러한 어려움을 해결하기 위해 편찬된 책이다.

이 색인은 십삼경의 모든 어구를 발췌 및 인용하여 매 어구의 맨 앞 글자의 필획 순서에 따라 배열하고, 맨 앞 글자가 같을 경우 두 번째 글자의 필획 순서에 따라 배열하는 등의 방식을 취하였다. 각 어구 아래에는 그것이 십삼경 중 어느 책의 어느 부분에 나오는지를 밝혀, 사용하는 데 매우 편리하다. 앞서 소개한 『패문운부』에서는 『시경』의 "南東其畝"라는 어구를 인용할 때 편명을 밝히지 않았다. 그러나 『십삼경색인』에서는 9획 '南'자 부분에서 다음과 같은 내용을 찾을 수 있다.

南東其畝 詩 小谷信 · 左 成二 3

원서에서는 편폭을 줄이기 위해 어구의 출처를 명시할 때 편목(篇目)의 약칭을 사용하였다. 『십삼경색인』의 앞부분에 첨부되어 있는 「편목약칭표」에 따르면, '詩小谷信'은 『시경·소아·곡풍지십(谷風之什)·신남산(信南山)』을 가리키고, '左成二 3'은 『좌전·성공 2년』 제3절을 가리킨다. 이는 "南東其畝"라는 어구가 십삼경 중 이상의 두 서적에서 보임을 말한다.

[참고] 『주역색인[周易引得]』2) 등

『십삼경색인』은 어구 단위만 뽑아 수록한 것으로 일종의 구절 중심 색인이다. 그런데 구절 중심 색인보다 더욱 자세한 것은 글자 중심 색인, 즉 각 경서의 매 글자에 대한 색인이다. 오래 전 옌칭대학[燕京大學] 색인편찬처에서는 십삼경에 대한 색인 작업을 하여, 『주역색인』, 『상서통검(尚書通檢)』, 『모시색인』 등 총 13부의 색인을 출판하였다. 그 밖에 『순자색인』, 『장자색인』, 『묵자색인』과 『두시색인[杜詩引得]』도 있다. 이들 색인은 모두 글자를 기준으로 삼은 것이다. 예를 들어 앞서 인용한 『시경』의 "南東其畝"라는 구절은 『모시색인』에서 4군데, 즉 '南', '東', '其', '畝' 네 글자 아래에서 각각 보인다. 이와 같은 색인은 단어나 어구의 출처 검색에 도움을 줄 뿐만 아니라 고대중국어의 단어의미와 문법 연구에도 유용하게 활용할 수 있다.

『중국인명대사전(中國人名大辭典)』

상무인서관에서 편집 및 인쇄하여 1921년에 초판을 발행하였고 1940년에 제8판이 나왔다. 이 책은 중국 역대 인명 검색을 위한 공구서로서 몇 십 년에 걸쳐 광범위하게 보급되었다. 여기에는 각종 '경서'에서 언급된 주요 인물과 24사(史) 중 전(傳)으로 소개된 인물이 주로 실려 있고, 기타 저작에서 나오는 인물까지 합하여 중국의 역사적 인물 4만 여 명이 수록되어 있다. 오래 전 옛 신화 속의 인물부터 청나라 말기의 저명한 인물에 이르기까지 각각에 대한 역사적 평가에 관계없이 거의 다 수록하였다. 각 인명의 아래에는 먼저 조대(朝代)를 표시하였고, 그 다음에 출신지역을 표시한 후 그 인물의 주요 업적을 간단하게 소개하였다. 이러한 설명은 역사적 인물을 대략적으로 이해하는 데에 도움을 준다. 예를 들어, 앞서 소개한 『패문운부』의 '南東' 항목에서 이효선과 소보의 시를 인용하였는데, 이 두 인물은 비교적 생소한 편이다. 이때 『중국인명대사전』을 이용하면 이 두 사람이 살았던 시대와 대략의 행적을 찾아낼 수 있을 뿐만 아니라 그들의 주요 저작 또한 알 수 있다. 그리고 필요한 경우, 이를 통해 『패문운부』에 수록된 두 개의 시 구절이 오류 없이 정확한지도 대조해 볼 수 있다.

중국 고대에는 성과 이름이 같은 사람이 많았기 때문에 주의하지 않으면 엉뚱한 사람을 찾는 실수를 범할 수 있다. 당나라 사마정(司馬貞)의 『사기색은(史記索隱)』에서

---

2) (역주) 이 단락의 '색인'은 원서에 '引得'으로 되어 있는데, 이는 'Index'의 중국어 차용어이다.

는 공자의 제자인 공손룡(公孫龍)과 명가학파(名家學派)의 공손룡(公孫龍)을 동일인물로 착각하였다. 이전 사람들도 이러한 문제점을 인지하여 양(梁) 원제(元帝) 소역(蕭繹)은 『고금동성명록(古今同姓名錄)』을 편찬한 바 있고, 이는 이후 계속해서 보충되었다. 『중국인명대사전』은 동일 인명 아래에 항목을 구분하여 인물을 소개함으로써 이러한 착오가 생기는 것을 방지하였다.

『중국인명대사전』은 60여 년 전에 편찬된 것으로, 각 인물에 대한 관점 및 평가에 적지 않은 착오가 있다. 예를 들어, 역대 농민 봉기에 앞장섰던 이들 대부분이 '도(盜)'나 '적(賊)'으로 폄하되었다. 이 때문에 사용 시 특별히 주의해야 한다. 이 책의 또 다른 단점은 자료의 출처를 명시하지 않아 심화 연구의 실마리를 직접적으로 제공하지 못하며, 소개하는 인물의 행적이 정확한지도 확인하기 어렵다는 것이다.

사전 뒤에는 '사각호마색인', '성씨고략(姓氏考略)' 그리고 '이명표(異名表)'가 첨부되어 있다. '성씨고략'은 성씨의 연원을 고증한 것이다. '이명표'는 고대 주요 인물들을 나타내는 데 자주 쓰인 자(字), 호(號) 및 시호(諡法) 등을 나열하고 원래 이름을 명시한 것이다. 모두 5천 여 항목이 수록되어 있어 참고자료로 삼을 만하다. 예를 들어, '자범(子犯)' 항목에서 그것이 춘추시대 진(晉)나라 호언(狐偃)의 자라는 것을 알 수 있다. 또 '소릉(少陵)'은 두보의 호이고, '형공(荊公)'은 왕안석(王安石)의 봉호(封號)라는 것을 알 수 있다.

[참고] 『이십오사인명색인(二十五史人名索引)』

개명서점(開明書店)에서 편집 및 인쇄하여 1935년에 출판하였고, 1956년 중화서국(中華書局)에서 다시 출판하였다. 이 색인은 『이십오사(二十五史)』[3]에서 전기(傳記)로 소개된 인물을 전부 수록하여 사각호마에 따라 배열하였다.[책 뒤에 필획 색인이 첨부되어 있다.] 각 인명 아래에 그 인물이 어느 역사서의 몇 권에 나오는지, 그리고 개명서점판 『이십오사』의 몇 페이지에 나오는지를 밝혔다. 역사적 인물의 행적을 자세히 알고 싶은 경우 이 색인이 큰 도움이 된다. 그러나 『이십오사』에서 전기로 소개된 인물에만 한정되어 있고 그 외의 인물은 수록하지 않았으므로, 만약 어떤 사람이 살았던 시대와 대략의 행적만 간략하게 살펴보려면 『중국인명대사전』을 찾는 것이 더 편리하다.

『역대인물종합표[歷代人物年里碑傳綜表]』

강량부(姜亮夫)가 편찬한 것으로 1959년 중화서국에서 출판하였다. 이 책은 저자가 1937년에 엮은 『역대인물종합표』를 근거로 보충한 것이다. 고대 중국인의 생졸연월을 고증한 저작은 청나라 때 전대흔(錢大昕)의 『의년록(疑年錄)』에서 시작되었으며, 이후 여러 사람들이 계속해서 교정하였다. 이 책은 이전의 연구 성과를 종합하고 보충 및 수정한 것이다. 공구(孔丘)[공자]부터 시작하여[공자가 태어난 해는 기원전 551년이다], 1919년에 사망한 인물까지 수록되었으며, 그 인원은 총 1만 2천 명 정도이다. 각 인물에 대하여 자와 호, 출신지역, 나이, 태어난 해, 사망한 해를 기록하였고, '비고'를 붙여 각 내용의 출처와 문제점을 소개하였다.

옛 사람의 생졸연월을 확인하는 일은 세밀함을 요하는 번잡한 일이다. 이 책은 이전 사람들의 연구 성과를 계승하여 엄밀하고 신중하게 보충 및 수정한 것으로서 비교적 믿을 만한 자료이다. 특히 '비고' 항목에서 자료의 출처를 알려주어 1차 자료를 찾아볼 수 있게 하였는데, 이를 통해 이 책에 실린 내용의 옳고 그름을 확인할 수 있을 뿐만 아니라 각 인물의 구체적인 이력 또한 자세히 알 수 있다. 책에 수록된 첫 번째 항목인 공구를 예로 들어 보자. 표에서는 다음과 같이 설명하였다. "공구, 자는 중니(仲尼)이고 노(魯)나라 사람이며, 73세까지 살았다. 주(周) 영왕(靈王) 21년[경술(庚戌), 기원전 551년]에 태어나 주 경왕(敬王) 41년[임술(壬戌), 기원전 479년]에 죽

---

3) 『이십사사(二十四史)』에 『신원사(新元史)』를 더한 것.

었다." 비고에서는 이 내용이 『사기·공자세가(孔子世家)』 등에서 인용한 것이라고 밝혔으며, 공자가 태어난 해와 관련하여 두 가지 설[주 영왕 21년 또는 주 영왕 20년]이 있다는 것, 그리고 각각 어떠한 사람이 주장하였는지 기록하였다. 이러한 내용은 공자의 생졸연월에 대한 심화된 연구에 필요한 단서가 된다.

이 책은 태어난 해를 기준으로 먼저 태어난 인물을 앞에 수록하였으므로 그 인물이 태어난 해를 모를 경우 표에서 찾기 어려울 수 있다. 책 뒤에는 인명필획색인(人名筆畫索引)이 첨부되어 있다. 색인에서는 각 인명 아래에 그가 태어난 해를 기록하였으며, 태어난 해를 모를 경우에는 사망한 해를 기록하였다.[4] 필획색인에서 인물의 태어난 해 혹은 사망한 해를 검색하면 이 표에서 찾고자 하는 인물을 쉽게 찾을 수 있다.

『중국고금지명대사전(中國古今地名大辭典)』

상무인서관에서 편찬한 책이며 1931년에 초판이 나왔다. 중국에서는 『한서(漢書)』부터 시작해서 모든 역사서에 「지리지(地理志)」를 수록하였다. 그 결과 중국의 지리 변화와 관련된 귀중한 자료가 매우 많이 축적되었다. 그 밖에 역대 지리 변화를 다룬 전문서적도 많다. 그중 고조우(顧祖禹)의 『독사방여기요(讀史方輿紀要)』가 참고할 만하다. 그러나 이러한 저작은 주로 군현의 설치 현황을 설명하거나 역대 영토의 변화를 다룬 것으로, 고대 지리를 검색하는 데 편리한 자료는 아니다. 『중국고금지명대사전』은 지명 검색을 위해 편찬된 공구서로서 고금의 지명 약 4만 항목을 수록하였고, 각 지명에 대해 지리적 위치와 대략적인 역사를 핵심적으로 설명하여 옛 지명에 대한 기본 사항을 이해하는 데 유용하다.

---

4) 태어난 해에는 '897-'처럼 연도 뒤에 짧은 옆줄을 붙였고, 사망한 해는 '-897'처럼 연도 앞에 짧은 옆줄을 붙였다.

옛날과 지금은 지명의 차이가 매우 크기 때문에 옛날에는 있었으나 지금은 없는 지명을 보게 된다. 이처럼 생소한 지명이 나왔을 때는 공구서를 이용해야 한다. 주의 해야 할 사항은 옛날과 지금 가리키는 곳이 전혀 다름에도 그 지명이 익숙하여 착오를 일으킬 수 있다는 것이다. 『중국고금지명대사전』은 지명의 변화를 항목에 따라 나누어 설명했다는 점에서 유용하다. 예를 들어 '南京' 항목에서는 역대 남경(南京)이 가리키던 지역이 어디였는지를 밝혔다. 이를 통해 남경이 당나라 때에는 사천성(四川省)의 '성도(成都)'를 가리켰고, 송나라 때에는 하남성(河南省)의 '상구(商丘)'를 가리켰으며, 명나라 때에 이르러서야 지금의 남경을 가리키게 되었다는 것[청나라와 민국시기 초에는 '강녕(江寧)'이라고 불렀음]을 알 수 있다.

『중국고금지명대사전』이 만들어진 지 벌써 상당한 시간이 지났으므로 이 사전에서 말하는 '지금[今]'의 지명이 오늘날의 지명과 전혀 다른 경우도 있다. 따라서 새롭게 출판된 각종 『중화인민공화국지리도집(中華人民共和國地理圖集)』을 함께 참고하는 것이 좋다.

『2천 년 간의 음양력 대조표[兩千年中西曆對照表]』

설중삼(薛仲三)과 구양이(歐陽頤)가 편찬하였고 1956년 삼련서점(三聯書店)에서 출판하였다. 중국 고대에는 음력으로 연월을 계산하였으므로 옛 서적에 기록된 연월일시를 양력으로 따져봐야 할 때가 있다. 음력과 양력 날짜에 대해 다룬 저작으로 진원(陳垣)의 『중서회사일력(中西回史日曆)』과 『이십사삭윤표(二十史朔閏表)』가 있는데, 모두 지나치게 전문적이고 계산 방법이 복잡하다. 『2천 년 간의 음양력 대조표[兩千年中西曆對照表]』는 편집이 단순하고 사용하기에 편리하여 음력과 양력 날짜를 계산할 때 자주 쓰는 공구서이다.

이 책에 수록된 날짜는 서기 1년[한나라 평제(平帝) 원시원년(元始元年)]부터 서기 2000년까지이다. 음력을 중심축으로 하여 음력 1년을 하나의 표에 기록하고, 제왕의 연호(年號)와 서기 연도를 순서대로 적었다. 또한 좌측 세로줄에는 음력 달을, 표 상단에는 가로로 음력 날짜를 순서대로 적고, 표 가운데에는 양력 월일을 배열하였다. 이 방법은 현재 통용되는 달력과 비슷하다. 음력 달은 가로줄로 구분하고 매 날은 세로줄로 구분하는데, 해당 달의 가로줄과 해당 날의 세로줄의 교차점이 바로 양력 날짜가 된다. 예를 들어, 한유(韓愈)의 『유자후묘지명(柳子厚墓誌銘)』에 "자후는 원화 14년 11월 8일에 죽었다."[子厚以元和十四年十一月八日卒]라는 구절이 있는데, 이를 통해 유종원이 죽은 해와 날짜를 알 수 있다. 우선, 책의 부록으로 수록된 「역대 연호(歷代年號)」를 보면 당나라의 원화(元和) 원년은 806년이고, 그렇다면 원화 14년은 819년이다. 본문의 표에서 이 해[819년]의 대조표를 찾아보면 표 좌측에 "원화 14년은 기해년이며, 819년에서 820년 사이이다."[元和十四年, 己亥, 819-20]이라고 되어 있다. 아래에서 해당 표의 왼쪽 하단 일부를 보며 유종원(柳宗元)이 사망한 해를 예로 들어 그 용법을 살펴보겠다.

	1	2	3	4	5	6	7	8	9	10	11	12	13	14	15	......
10	23	24	25	26	27	28	29	30	31	N1	2	3	4	5	6	......
11	21	22	23	24	25	26	27	28	29	30	D1	2	3	4	5	......
12	21	22	23	24	25	26	27	28	29	30	**31**	1_1	2	3	4	......

유종원이 이 해 음력 11월 초 8일에 사망했다는 것은 위의 예문에서 이미 명시하였다. 먼저 표 좌측 음력 달의 순서에 따라 11에서 우측으로 가로줄을 따라가고 표 위의 음력 날의 순서에 따라 8에서 세로줄을 따라 내려오다 보면, 음력 11월의 가로줄과 음력 8일의 세로줄이 서로 만나는 점은 양력 28일이다. 그리고 이 28일에서 앞쪽으로 거꾸로 따라가 양력 달을 확인해 보면 굵은 글씨로 쓴 N이 나오는데 이것은 양력 11월을 말한다.5) 이와 같은 방법으로 따져보면 유종원이 사망한 날짜는 양

---

5) 표에서 양력 달은 굵은 글씨체를 써서 **11**, **21**과 같이 매월 1일의 앞에 기록한다. 10월, 11월, 12

력으로 819년 11월 28일임을 확인할 수 있다. 양력을 보고 음력을 계산하는 방법도 마찬가지이다. 예를 들어 양력 820년 1월 1일이 음력으로 언제인지 알고 싶다면 먼저 표 속에서 1월 1일을 찾는다. 이 날과 같은 가로줄에 있는 숫자는 12이므로 해당 음력 달은 12월이다. 그리고 이 날과 같은 세로줄에 있는 숫자는 12이므로 해당 음력 날은 12일이다. 이를 통해 양력 820년 1월 1일은 음력으로 기해년(己亥年) 12월 12일이라는 것을 알 수 있다.

이 책 내의 모든 표에는 간지(干支)와 요일을 알 수 있는 숫자도 첨부되어 있어 모든 날의 간지와 요일을 확인할 수 있는데 여기에서는 소개하지 않겠다.

『사고전서총목(四庫全書總目)』

청나라 기윤(紀昀)이 중심이 되어 편찬하였고 건륭(乾隆) 46년[1781년]에 완성되었다. 이 책은 청나라 건륭 황제 때에 편찬한 『사고전서(四庫全書)』의 책 목록과 내용 요약[提要, abstract]을 담은 것이다. 『사고전서』는 건륭 37년[1772년]부터 편찬하기 시작하여 수많은 인력과 물력을 동원한 후 10여 년이 지나서야 완성되었다. 이 서적은 규모가 방대한 총서로서 '경(經), 사(史), 자(子), 집(集)' 4부(部)로 나뉘었고, 건륭 이전까지의 네 부류에 속하는 중국 고대 주요 저작이 대부분 포함되어 있다. 『사고전서』를 편찬하는 과정에서 이 책에 수록된 도서 및 서목(書目)만 기록하여 둔 모든 도서에 대하여 그 주요 내용을 기록한 후 책의 앞부분에 실었다. 훗날 다시 주요 내용을 종류별로 나누어 배열한 후 단독으로 『사고전서총목』이라는 책을 만들었다. 이 책은 『사고전서총목제요(四庫全書總目提要)』라고도 부르며, 줄여서 『사고제요(四庫提要)』라고도 한다.

월 세 달은 두 자리 수이므로 기록이 용이하지 않아서 영어 이니셜인 O, N, D를 사용하였다. (역주) O(ctober), N(ovember), D(ecember).

『사고전서총목』은 전체 200권으로 구성되며, 수록된 서목은 10,254종이다. 그중 『사고전서』에 수록된 것은 3,461종이고, 존목(存目, 서목만 기록한 것)은 6,793종이다. 수록된 모든 서목에 대한 내용 요약을 달아서 작자와 책의 대략적 내용을 소개하였고, 책의 장단점 및 역대의 전승 상황도 간략하게 설명하였다. 전체 책은 '경, 사, 자, 집'의 네 개 대부류로 나뉘고, 각 부류는 다시 몇 개의 소부류로 나뉜다. 대부류와 소부류 앞에는 '소서(小序)'를 붙여 해당 부류에 속하는 저작의 기원과 그 저작이 해당 부류에 속하게 된 이유 등을 설명하였고, 각 부류의 뒤에는 '존목'을 붙여 『사고전서』에 수록되지 않은 서목을 나열하였다. '존목'에 대해서는 해당 서적의 내용과 저자 등에 대한 소개 외에 『사고전서』에 수록되지 못한 이유도 설명하였는데, 대부분 저작 자체의 가치가 높지 않은 것이 많으나 당시의 봉건적 정통사상에 어긋난다는 이유로 수록되지 않은 것도 있다. 그리고 당시 '경, 사, 자, 집' 4부에 넣을 수 없다고 여겨진 책, 예를 들어 송원시대 이래의 수많은 희곡과 소설은 '존목'에조차 실리지 않았다.[6] 원서는 검색하기 어렵게 분류되어 있으나 1965년에 발간된 중화서국 영인본은 뒷면에 책 제목과 저자 색인이 붙어 있어 검색이 매우 편리해졌다.

이 책은 꼼꼼한 편집과 정성스러운 제작이 돋보이는 서적이다. 또한 내용이 충실하고 체계를 갖춘 고대의 도서 검색용 공구서로서 건륭 이전 시기 고서의 대략적 내용과 기원을 이해하는 데 도움을 준다. 그러나 서적에 대한 평가에 있어서는 편찬자가 전적으로 당시 통치자의 입장에 서 있었다. 예를 들어, 명나라 이지(李贄)의 『장서(藏書)』는 봉건적 정통사상을 공격하였는데, 이 때문에 『사고전서총목』에서는 이 책을 '존목' 부류에 넣고 다음과 같은 평가를 하였다. "이 책은 공자를 배격하고 그에 대한 포폄을 따졌다. 천고의 시간 동안 전해지는 선과 악을 모두 뒤집어 놓았으니 그 죄는 더욱 용서할 수 없다. 이런 책은 태워버려야 하며 그 이름 또한 간독에 올릴 것이 못

---

6) 원서(原書)의 하위 부류에는 '소설가(小說家)'라는 부류가 있지만, 그 내용은 요즘 말하는 '소설'과 다르다.

된다. …… 이에 특별히 제목을 남겨 그 죄를 분명히 드러내고자 한다."[7] 이와 같은 평론은 봉건사상을 옹호했던 편찬자의 태도를 드러낸다.

『사고전서총목』이 편찬된 지 2년 후인 건륭 47년(1782년)에는 『사고전서간명목록(四庫全書簡明目錄)』도 편찬되었다. 이 책은 전체 20권으로 구성되었으며 '존목'을 아예 수록하지 않고 내용 요약 역시 상당 부분을 삭제하였다. 간명하고 핵심내용 중심으로 실려있다는 점에서 일반인이 보기에 더욱 편리하다. 1957년 고전문학출판사(古典文學出版社)에서 출판한 『사고전서간명목록』 뒷부분에는 서명과 저자 색인이 수록되어 있어 검색이 더욱 편리하다.

---

7) 此書排擊孔子, 別立褒貶. 凡千古相傳之善惡, 無不顚倒易位, 尤爲罪不容誅. 其書可燬, 其名亦不足以汚簡牘. …… 特存其目, 以深暴其罪焉.

18

고서의 주해(注解)

　고서를 읽을 때 가장 먼저 부딪히는 어려움은 시대에 따른 언어와 문자의 차이다. 시대 차이가 클수록 그 어려움은 더욱 커진다. 고서를 문제없이 읽기 위해서는 주해(注解)를 봐야 한다. 중국에서는 한나라 때부터 고서에 대한 주해 작업이 시작되었다. 그 이후 대부분의 주요 고서들에 대해서는 옛 학자들이 주해 작업을 해 놓아서 오늘날 고서를 읽는 데에 많은 도움이 된다. 중국에서는 해방 이후 고서들에 대한 새로운 주석본이나 선주본(選注本)이 대거 출판되었는데, 이들은 대부분 현대중국어로 되어 있으며 뜻이 잘 드러나고 이해하기 쉬우므로 현대 중국의 초학자들이 이용하기에 적합하다. 현대인들이 해놓은 고서의 주해는 대부분 선인들의 옛 주석을 참고하거나 이전 시기의 연구 성과를 이용한 것이므로 이러한 주해가 정확한지 아닌지는 옛 주를 참고해야 판단할 수 있는 경우가 많다. 또한 근래 새로이 주석된 고서가 얼마 되지 않으므로 대부분의 고서는 여전히 옛 주석을 참고해야만 한다. 특히 어려운 말들이 많은 고서는 옛 주를 참고하지 않으면 아예 읽을 수조차 없다. 따라서 고서에 대한 옛 주석의 체례, 주해의 방법 및 한계 등을 이해한다면 고서의 독해능력 신장에 큰 도움이 될 것이다.

한나라 때의 주해작업은 주로 유가 저작에 한해서 이루어졌다. 한나라 무제가 '백가(百家)들을 배척하고 유가 학술만을 높인'[罷黜百家, 獨尊儒術] 이후 유가사상이 차츰 정통 사상이 되었고, 그에 따라 유가 저작도 경전(經典)으로 여겨졌다. 그러나 언어의 변화, 그리고 구두 전승 및 전사(傳寫) 과정에서의 오류로 인하여 한나라 사람들 대부분이 경전을 제대로 이해할 수 없게 되었고, 이에 전문적으로 경전에 주해를 다는 사람들이 생겼다. 모형(毛亨), 공안국(孔安國), 마융(馬融), 정현(鄭玄), 고유(高誘), 왕일(王逸) 등은 한나라 때의 유명한 주해가이다. 이들의 주해는 대부분 유가경전에 대한 것으로서 사상 측면에서 유가의 영향을 받았다는 한계가 있다. 그러나 각 경서들이 시기적으로 선진(先秦)과 가깝기 때문에 옛 서적의 자구(字句)에 대한 이들의 주석은 지금까지도 참고자료로서 큰 가치를 발휘하고 있다.

수백 년 후 당나라 때에 이르자 한나라 사람들의 주해도 당나라 사람들에게는 이해하기에 어려운 것이 되었다. 그로 인해 경서의 본문만을 해석하는 것이 아니라 이전 주해에 대해 다시 주해를 다는 새로운 주해 방법이 생겨났다. 이러한 주해를 '소(疏)' 또는 '정의(正義)'라고 한다. 예를 들어, 오늘날 전해지는 『모시정의(毛詩正義)』는 『시경(詩經)』에 대한 주(注)와 소(疏) 두 가지 주해를 모두 포함하는 것으로, 구체적으로는 한나라 모형(毛亨)의 전(傳)과, 한나라 정현(鄭玄)의 전(箋), 당나라 공영달(孔穎達) 등의 정의(正義)가 해당된다. '모전(毛傳)'의 '전(傳)'과 정현의 '전(箋)'은 한나라 당시 각각의 의미가 있었다. '전(傳)'은 경서의 뜻을 풀어서 밝히는 것을 말하고, '전(箋)'은 모전을 보충하고 바로잡는다는 뜻을 지니고 있었다. 당나라 때에는 이전 시기의 주해작업을 종합하고 정리한 것을 바탕으로 공영달 등이 『오경정의(五經正義)』를 편찬했다. 여기서 말하는 '오경'은 『주역(周易)』, 『상서(尙書)』, 『시경』, 『예기(禮記)』, 『춘추좌씨전(春秋左氏傳)』이다. 또 가공언(賈公彦)의 『주례소(周禮疏)』와 『의례소(儀禮疏)』, 서언(徐彦)의 『춘추공양전소(春秋公羊傳疏)』, 양사훈(楊士勛)의 『춘추곡량전소(春秋穀梁傳疏)』 등도 포함하여 총 9종의 주해서가 포함되어 있다. 송나라 때에는 형병(邢昺)이 『논어(論語)』, 『효경(孝經)』, 『이아(爾雅)』 등에 소를 달았고, 손석(孫奭)은 『맹자(孟子)』

에 소를 달았다. 그 후 후대 사람들이 검색의 편의를 위하여 이들 주소에 당나라 육덕명(陸德明)의 『경전석문(經典釋文)』에 근거한 주음(注音)을 더하여 책을 냈는데, 그것이 바로 오늘날 전해지는 『십삼경주소(十三經注疏)』이다.

선진시대 경서에 대한 주해는 읽기가 어렵다. 가장 큰 이유는 주해가의 수가 많아 관점이 제각각인 경우가 많으며 취사선택 또한 쉽지 않기 때문이다. 뿐만 아니라 주석이 간단하고 체계나 용어가 일반 독자들에게 생소하다는 어려움도 있다. 그러므로 선진시대 경서에 대한 주해를 제대로 이해하기 위해서는 그것의 체례에 대한 이해가 선행되어야 한다. 다음에서 『시경·용풍(鄘風)·상서(相鼠)』를 예로 들어 경서 주해의 체례를 설명하겠다.

相鼠　刺無禮也　衛文公能正其群臣而刺在位承先君之化無禮儀也　相息亮反……篇內同

相鼠有皮　人而無儀　人而無儀　不死何為

相鼠有齒　人而無止　人而無止　不死何俟　俟待也

相鼠有體　人而無禮　胡不遄死　遄市專反

相鼠三章章四句

경문 "相鼠有皮, 人而無儀."[쥐도 가죽이 있는데, 사람이면서 예의가 없네.] 아래의 작은 글씨 중 '箋云'이라는 말이 없이 나온 "相, 視也. 無禮儀者, 雖居尊位猶爲闇昧之行."['相'은 '보다'이다. 예의 없는 자는 높은 자리에 있어도 어리석은 짓을 한다.]이라는 주석이 모형의 전(傳)이다. '箋云' 다음에 나오는 "儀, 威儀也. 視鼠有皮, 雖處高顯之處, 偸食苟得, 不知廉恥, 亦與人無威儀者同."['儀'는 '위의'이다. 쥐를 보아도 가죽이 있거늘, 높은 자리에 처해있으면서도 구차하게 봉록을 구하면서 염치를 모른다면 역시 사람 중에 위의가 없는 자와 같다.]이라는 구절이 정현의 전(箋)이다. ○ 표시 다음에 있는 "行, 下孟反. 之處, 昌慮反."['行'은 下와 孟의 반절로 발음한다. '之處'의 '處'는 昌과 慮의 반절로 발음한다.]1)이라는 구절은 당나라 육덕명의『경전석문』에 근거한 발음 설명이다.『경전석문』의 발음은 한위(漢魏) 이래 각 학자들이 경전의 경문 및 주석문에 달아놓았던 발음이다. '疏'자 이하는 공영달의 '소'이다. '소'의 체례는 다음과 같다. 대체로 '소'를 달 경문이나 주해의 처음 또는 끝의 두세 글자를 언급하고, ○ 표시로 구분을 한 후 다시 설명을 한다. 예를 들어, '相鼠至何爲'는 경문의 '相鼠有皮'에서 '不死何爲'에 대한 설명이라는 것을 말한다. '箋視鼠至者同'은 정전의 '視鼠有皮'부터 '亦與人無威儀者同'까지에 대한 설명이라는 것을 말한다. 소는 대부분 내용이 길다. 여기에서는 비교적 짧은 예를 살펴보았다.

「상서(相鼠)」는 당시 통치계급의 방탕하고 염치없음을 풍자하는 시로서 그들이 늙은 쥐만도 못하다고 질책하는 내용이다. 주소의 풀이는 원문을 이해하고 그것에 내포되어 있는 내용을 파악하는 데 도움을 준다. 그러나 소에서 "文公能正其羣臣, 而在位猶有無禮者, 故刺之."[위(衛) 문공은 여러 신하들을 바로잡을 수 있었으나, 높은 자리에 있어도 무례하게 행하는 자가 있어 그것을 풍자한 것이다.]라고 한 것은 상층의 통치계급을 미화시키기 위해 시 본래의 내용을 왜곡한 것이다.

한당(漢唐) 시기 사람들은 고서의 주해에 있어 자구의 풀이와 독음을 다는 일에 중

---

1) '雖處高顯之處'에는 두 개의 '處'가 쓰였는데, 여기에서 '之處'라고 밝혀 두 번째 '處'에 대해 설명한 것임을 나타냈다.

점을 두었다. 자구의 풀이에 주로 사용되던 방법은 '글자 풀이'[釋字]와 '구절 풀이'[串講]이다. 앞의 예 가운데 "相, 視也.", "儀, 威儀也.", "俟, 待也." 등은 글자 의미를 풀이한 것이다. "無禮儀者, 雖居尊位, 猶爲闇昧之行."[예의 없는 자는 높은 자리에 있어도 어리석은 짓을 한다.], "視鼠有皮, 雖處高顯之處, 偸食苟得, 不知廉恥, 亦與人無威儀者同."[쥐를 보아도 가죽이 있거늘, 높은 자리에 처해있으면서도 구차하게 봉록을 구하면서 염치를 모른다면 역시 사람 중에 위의가 없는 자와 같다.]은 모두 경문 "相鼠有皮, 人而無儀."에 대한 구절 풀이이다. 원문에 대한 글자 풀이와 구절 풀이에는 다양한 관점이 반영된다. 앞의 예를 보면, '止(지)'에 대한 해석으로 다음의 세 가지가 있다. (1) 모전(毛傳) : "止, 所止息也." ['止'는 멈추어 쉬는 것이다.] (2) 정전(鄭箋) : "止, 容止."['止'는 몸가짐과 태도이다.] (3) 한시(韓詩) : "止, 節."['止'는 절제함이다.] 독자들은 상황에 따라 취사선택을 해야 한다. 이와 같은 '글자 풀이'와 '구절 풀이' 외에 전체 문단의 의미를 총체적으로 해석한 경우도 있다. 오늘날 전해지는 조기(趙岐)의 『맹자장구(孟子章句)』에는 모든 장의 끝에 '장지(章指)' 부분이 있는데, 이것은 장 전체의 의미를 정리한 것이다.

지금까지 유가경전의 주해에 대해 살펴보았다. 한나라 때의 고서 주해 작업은 경서에서 시작되었으나, 이후 그 범위가 확대되어 고유(高誘)의 『전국책주(戰國策注)』, 『여씨춘추주(呂氏春秋注)』, 왕일(王逸)의 『초사주(楚辭注)』 등이 후대에 큰 영향을 미쳤다. 위진남북조 시대에는 현학적 경향이 확산됨에 따라 위(魏)나라 왕필(王弼)의 『노자주(老子注)』와 진(晉)나라 곽상(郭象)의 『장자주(莊子注)』가 나왔고, 역사서 중에는 오(吳)나라 위소(韋昭)의 『국어(國語)』에 대한 주가 있다. 당나라 사람들은 선진 유가의 경서 외에 자서(子書)에도 주를 달았는데, 양경(楊倞)의 『순자주(荀子注)』, 윤지장(尹知章)의 『관자주(管子注)』[옛날에는 방현령(房玄齡)이 주를 달았다고 함] 등이 있다. 또 한나라 이후 고서들에 대한 주해도 있다. 예를 들어 장수절(張守節)의 『사기정의(史記正義)』, 안사고(顔師古)의 『한서집주(漢書集注)』, 이선(李善)의 『문선주(文選注)』 등이 있다. 다만 한나라 이후에 문장의 스타일이 변함에 따라 주해의 내용도 다소 달라졌다.

한나라 이후의 문장가들은 경전 인용을 좋아하였다. 특히 위진남북조 시대에는 전고 활용이 유행하였다. 따라서 이 시대 작품을 주해할 때에는 반드시 출전을 명시해야 한다. 당나라의 이선은 양(梁)나라 소통(蕭統)이 편찬한 『문선(文選)』에 주를 달 때, 전고 및 단어의 출처를 밝히는 것에 중점을 두었다. 다음의 예를 보자.[2]

| 拳拳之忠. 終不能自列. | 禮記. 子曰. 回得一善. 拳拳不失之矣. 鄭玄曰. 拳拳. 捧持之貌. 說文曰：列, 分解也. |

이것은 사마천(司馬遷)의 「보임안서(報任安書)」의 일부로서 이선의 주에서는 '拳拳(권권)'의 출처가 『예기』[3]라고 설명하고 정현이 이 단어에 대해 풀이한 내용을 인용하였다. 또한 '列'에 대해서는 『설문(說文)』의 풀이를 인용하였다. 한편 어떤 주해는 주로 인명이나 지명을 고증하거나 역사적 사실을 따지는 데 중점을 두었다. 당나라 사마정(司馬貞)의 『사기색은(史記索隱)』과 장수절의 『사기정의』가 바로 여기에 해당된다. 전고의 출처와 인물, 지리, 역사적 사실 등을 밝힌 설명은 고서를 읽는 데 큰 도움이 된다. 어떤 주해는 역사적 사실의 고증 측면에서 후대에 확보하기 어려운 많은 사료를 보충하였고, 이들 주해는 역사 연구에 큰 도움이 된다. 남조(南朝) 송(宋)나라 배송지(裴松之)의 『삼국지(三國志)』에 대한 주가 그 대표적인 예이다.

고서 주해 중에는 철학 및 사상을 밝히는 데 중점을 둔 것이 있는데, 그중에는 원저의 철학적 이치를 밝힌 것도 있고 원저의 내용을 통해 주해하는 사람의 사상적 관점을 드러낸 것도 있다. 곽상의 『장자주』가 바로 후자에 속한다. 다음에서 「소요유(逍遙遊)」의 한 구절을 보자.

---

2) 원본에는 세로쓰기로 되어 있으나 여기서는 가로로 쓴다. 이하 마찬가지이다.

3) 『예기·중용(中庸)』 참고. 원문은 "子曰, 回之爲人也, 擇乎中庸, 得一善, 則拳拳服膺而弗失之矣."[선생님께서 말씀하셨다. 안회의 사람됨은 중용을 택하여 살다가 좋은 것을 얻으면 그것을 꾸준히 마음에 간직한 채 잃지 않으려 하였다.]이다.

之二蟲又何知	二蟲, 謂鵬蜩也. 蜩大於小, 所以均異趣也. 夫趣之所以異, 豈知異 而異哉? 皆不知所以然而自然耳. 自然耳, 不爲也. 此逍遙之大意.

이 주해에서 자구 풀이는 "二蟲, 謂鵬蜩也."['두 가지 동물'은 붕새와 매미를 말한다.] 뿐이고, 나머지는 모두 "之二蟲又何知."[이 두 동물(이 다름)은 또 어찌 아는가?]라는 말에 내포된 '자연(自然)'이나 '불위(不爲)' 등의 철학사상에 대한 설명이다.

당나라에 이어 송나라 학자들도 많은 주해작업을 하였다. 송나라의 주해 스타일은 한당(漢唐) 때와 매우 달랐는데, 주로 주해를 통해 자신의 정치 및 철학적 관점을 피력한 것이 많다. 송나라의 주해가 가운데 후대에 큰 영향을 미친 학자는 주희(朱熹)이다. 주희는 『주역본의(周易本義)』, 『시집전(詩集傳)』, 『논어집주(論語集注)』, 『맹자집주(孟子集注)』, 『초사집주(楚辭集注)』 등을 저술하였다. 그의 주해는 한당 주해의 자구 풀이의 장점을 수용하여 간단명료하고 쉽게 이해할 수 있다. 그러나 송나라 이학(理學)의 유심주의(唯心主義) 사상이 반영된 부분이 많다.

청나라 때는 고적 정리 및 연구 작업이 대대적으로 이루어졌고, 문자(文字), 음운(音韻), 훈고(訓詁) 등을 깊이 있게 연구하는 학자들이 생겨나 주해의 스타일도 달라졌다. 청나라 때 학자들은 주해를 할 때 원서 자체의 의미를 중시하였으며 방법 면에서도 이전 시기보다 발전하였다. 그 결과 고서에 대한 많은 의문점이 해결되었고 주해의 내용도 대부분 상세하고 믿을 만하다. 그러나 단순하게 모든 글자에 대한 풀이를 늘어놓아 번잡해진 주해도 있다. 한편 고서는 대대로 글자를 새겨 전하므로 가끔 글자가 잘못된 경우가 있다. 원전의 뜻을 정확히 이해하기 위해서는 이러한 잘못을 바로잡아야 한다. 청나라 때에는 교감 방면의 작업도 활발히 이루어졌으며 그중 완원(阮元)이 『십삼경주소(十三經注疏)』를 교감한 『교감기(校勘記)』가 있다. 고서를 읽을 때는 이와 같은 '교감기'도 참고해야 한다. 고서의 교감에는 몇 가지 전문용어가 사용되는데 가장 자주 보이는 것으로 '연문(衍文)'과 '탈문(脫文)'이 있다. '연문'은 줄여서 '연(衍)'이라고 하거나 '연자(衍字)'라고 하며 고적을 옮겨 적거나 새길 때 잘못

들어간 글자를 가리킨다. 다음 예를 보자.

(1) 子路行以告, 夫子憮然. (『논어·미자』)

자로가 가서 이 일을 말하자, 공자가 근심스러운 표정을 지었다.

漢石經無行字, 夫字. 案史記孔子世家亦無行字, 因丈人章而誤衍也. (완
원 『교감기』)

한나라 석경에는 '行'자와 '夫'자가 없다. 『사기·공자세가』에도 '行'자는
없다. (뒤 구절) '丈人章' 때문에 잘못 들어간 것이다."

'탈문'은 줄여서 '탈(脫)'이라고 하며['敚' 혹은 '奪'이라고도 씀], '탈자(奪字)'라고도
하는데, 이는 고적을 옮겨 적거나 새길 때 빠진 글자를 가리킨다. 다음 예를 보자.

(2) 雖有粟, 吾得而食諸? (『논어·안연(顏淵)』)

비록 곡식이 있다고 한들 내가 먹을 수 있겠는가?

皇本, 高麗本吾下有豈字. 釋文本"吾焉得而食諸"……案史記仲尼世家, 漢
書武五子傳並作豈, 與皇本合. 太平御覽二十二引"吾惡得而食諸". 豈, 焉,
惡三字義皆相近, 疑今本吾下有脫字. (완원『교감기』)

황간본(皇侃本)과 고려본(高麗本)에는 '吾'자 뒤에 '豈'자가 있다. 『석문』
본에는 "吾焉得而食諸"로 되어 있다. …… 내가 살펴보니, 『사기·공자세
가』와 『한서·무오자전』에는 모두 '豈'라고 되어 있어 황간본과 일치한다.
『태평어람』 22권에는 "吾惡得而食諸"로 인용되어 있다. '豈', '焉', '惡' 세
글자의 의미는 모두 비슷하므로 지금 판본에는 '吾' 뒤에 탈자가 있는 것
같다.

고서에 대한 옛 주석을 읽을 때에는 그것의 체례와 주해 방법을 숙지해야 할 뿐
아니라, 글자나 단어를 풀이에 사용되는 용어도 이해해야 한다. 자주 사용되는 주해
용어로는 아래 몇 가지가 있다.

1) '曰(왈)', '爲(위)', '謂之(위지)'

이 세 용어를 사용할 경우, 설명 대상이 되는 단어는 언제나 '曰', '爲', '謂之' 다음에 온다. 세 용어의 기능은 동일하며, 단어의 뜻을 풀이할 뿐 아니라 동의어와 유의어 간의 미세한 차이를 밝혀주기도 한다. 다음 예를 보자.

(3) 黍稷重穋, 禾麻菽麥. (『시경·빈풍(豳風)·칠월(七月)』)
    늦고 이른 기장쌀, 벼와 삼과 콩과 보리
    後熟曰重, 先熟曰穋. (모형 전)
    나중에 익는 것이 '重'이고, 먼저 익는 것이 '穋(류)'이다.

(4) 各興心而嫉妒. (『초사·이소(離騷)』)
    각기 흑심을 품고 질투하네.
    害賢爲嫉, 害色爲妒. (왕일 주)
    지혜로움을 시기하는 것이 '嫉(질)'이고, 빼어난 용모를 시기하는 것이 '妒 (투)'이다.

(5) 譬猶蠅蚋之附羣牛. (매승(枚乘)『상서중간오왕(上書重諫吳王)』)
    파리와 모기가 소떼에 달라붙어 있는 것 같다.
    說文曰, 秦謂之蚋, 楚謂之蚊. (이선 주)
    『설문』에서 "진나라에서는 '蚋(예)'라고 하고, 초나라에서는 '蚊(문)'이라고 한다."라고 하였다.

'重'과 '穋'는 같은 종류의 곡물이며, '嫉'과 '妒'는 유의어이고, '蚊'과 '蚋'는 동 의어이다. 주석가들은 '曰', '爲', '謂之'를 사용하여 두 단어를 구분하였다.[4]

---

4) 이 세 용어는 현대중국어의 '叫做'[~라고 부른다]에 해당한다.

2) '謂(위)'

'謂'와 '謂之'는 다르다. '謂'를 사용할 때는 설명의 대상이 되는 단어가 '謂'의
뒤가 아닌 앞에 온다. '謂' 다음의 내용은 대부분 '謂' 앞의 단어가 가리키는 범위,
또는 비유나 암시하는 사물을 설명한다. 다음 예를 보자.

> (6) 樹藝五穀. (『맹자·등문공(滕文公) 상』)
>> 오곡을 심다.
>> 五穀謂稻黍稷麥菽也. (조기 주)
>> 오곡은 벼, 메기장, 찰기장, 보리, 콩이다.
>
> (7) 强本而節用. (『순자·천론(天論)』)
>> 근본을 강하게 하고 지출을 절제하다.
>> 本謂農桑. (양경 주)
>> 근본이란 농사와 잠업이다.
>
> (8) 恐美人之遲暮. (『초사·이소』)
>> 미인이 점차 늙어가는 것이 두렵다.
>> 美人謂懷王也. (왕일 주)
>> 미인은 회왕이다.

위의 예에서 '五穀'이 무엇을 가리키는지 명확하지 않아 '稻, 黍, 稷, 麥, 菽'이라
는 비교적 구체적인 단어로 그것을 풀이하였다. 또 '本'이라는 단어가 추상적이므로
'農桑'으로 그것이 가리키는 것을 구체적으로 밝혔다. '美人'은 초나라 회왕을 은유
적으로 표현한 말인데, 왕일이 주에서 그 단어가 은유하고 있는 내용을 밝혔다.

3) '貌(모)', '之貌(지모)'

이 두 용어는 보통 동사나 형용사의 다음에 오며, 설명 대상 단어가 어떠한 성질
이나 상태를 나타내는 형용사임을 나타낸다. 다음 예를 보자.

(9) 夫列子御風而行, 冷然善也. (『장자‧소요유(逍遙遊)』)

　　열자는 바람을 타고 다니며 가뿐하게 즐긴다.

　　冷然, 輕妙之貌. (곽상 주)

　　'冷然(냉연)'은 가뿐한 모습이다.

(10) 衆踥蹀而日進兮. (『초사‧애영(哀郢)』)

　　소인들은 저벅저벅 날마다 벼슬길에 나아간다.

　　踥蹀, 行貌. (홍흥조(洪興祖) 주)

　　'踥蹀(첩접)'은 걷는 모습이다.

4) '猶(유)'

'猶'는 대부분 유의어에 대해 설명하거나 파생의미로 본의를 풀이할 때 사용한다. 따라서 설명하는 단어와 설명 대상 단어의 의미가 완전히 같지 않고 비슷할 뿐이다. 다음 예를 보자.

(11) 肉食者謀之, 又何間焉? (『좌전‧장공(莊公) 10년』)

　　고기 먹는 자들이 도모할 것인데 또 어찌 거기에 관여하려는가?

　　間, 猶與也. (두예 주)

　　'間(간)'은 '與'[참여하다]와 같다.

(12) 直不百步耳. (『맹자‧양혜왕(梁惠王) 상』)

　　다만 백 보가 아닐 뿐이다.

　　直, 猶但也. (주희 주)

　　'直(직)'은 '但'[다만]과 같다.

'間'과 '與'는 '관여하다'라는 의미를 나타내는 유의어이며, '直'은 가차된 의미로 쓰일 때만 '다만'의 뜻을 나타낸다.

5) '之言(지언)', '之爲言(지위언)'

이 두 용어를 사용할 때는 반드시 발음이 같거나 비슷한 단어로 설명을 한다. 그리하여 '성훈(聲訓)'이라고도 한다. 다음의 예를 보자.

(13) 吾恐季孫之憂, 不在顓臾, 而在蕭牆之內也. (『논어·계씨(季氏)』)

나는 계씨의 걱정거리가 전유국에 있는 것이 아니고 자기 집안의 담장 안에 있다고 생각한다.

蕭之言肅也. 牆謂屛也. 君臣相見之禮至屛而加肅敬焉, 是以謂之蕭牆. (정현 주)

'蕭(소)'는 '肅(숙)'[엄숙하다]을 말한다. '牆(장)'은 병풍이다. 군주와 신하가 서로 만나는 예에 의하면, 병풍에 이르러 더욱 엄숙하고 공손하게 하므로 그것을 일컬어 '蕭牆'이라고 한다.

(14) 鬼之言歸也. (『이아·석훈(釋訓)』)

'鬼(귀)'는 '歸(귀)'[돌아가다]를 말한다.

(15) 爲政以德, 譬如北辰, 居其所, 而衆星共之. (『논어·위정(爲政)』)

덕을 근본으로 정치를 행하는 것은 마치 북극성이 제자리에 있지만 모든 별들이 그 주위를 둘러싸고 돌아가는 것과 같다.

政之爲言正也, 所以正人之不正也. 德之爲言得也, 得於心而不失也. (주희 주)

'政(정)'은 '正(정)'[바르다]을 말하는 것으로, 사람의 잘못됨을 바로잡는 것이다. '德(덕)'은 '得(득)'[얻다]을 말하는 것으로, 마음으로 터득하여 잃지 않는 것이다.

'肅'과 '蕭'는 고대 발음이 쌍성관계이고 운모도 비슷하다.5) '鬼'와 '歸'는 쌍성관계이고 운모 역시 같으나 성조는 다르다. '政'과 '正'은 음이 같고 '德'과 '得'도

───────────────

5) '蕭'자는 '肅'자를 성부(聲符)로 삼는다.

음이 같다. 성훈의 방식으로 주석하는 경우는 풀이하는 단어와 풀이 대상 단어의 뜻과 발음이 같거나 비슷하여 기억하기에 매우 편리하다. 성훈은 옛 사람들이 동원어[同源詞]를 밝히는 데에도 사용되었으나, 주관적이고 자의적인 면이 많아서 견강부회한 경우도 적지 않다는 점에 특히 유의해야 한다.

6) '讀爲(독위)', '讀曰(독왈)', '讀若(독약)', '讀如(독여)'

이들 용어는 모두 독음을 밝히는 데 사용되며, '讀爲'와 '讀曰'은 보통 본래글자[本字]로 가차자(假借字)를 설명할 때 사용한다. 다음 예를 보자.

(16) 而御六氣之辯. (『장자·소요유』)
육기의 변화를 다스린다.
辯讀爲變. (곽경번(郭慶藩) 주)
'辯(변)'은 '變(변)'[변하다]으로 읽는다.

(17) 播時百穀. (『서경·요전(堯典)』)
온갖 곡식을 심다.
時讀曰蒔. (정현 주)
'時(시)'는 '蒔(시)'[모종을 심다]로 읽는다.

'辯'은 본래 '변론하다'라는 뜻이지만 가차되어 '변하다'의 '變'으로 사용되었으며, '時'는 본래 '때'를 뜻하지만 가차되어 '심다'의 '蒔'로 사용되었다. 주석가들은 '讀爲'와 '讀曰' 뒤에 그 의미를 나타내는 본래글자 '變'과 '蒔'를 써서 이들의 가차 상황에 대해 설명하여, 음을 밝힘과 동시에 뜻도 풀이하였다.

'讀若'과 '讀如'의 주요 기능은 음을 밝히는 데 있다. 다음 예를 보자.

(18) 又重之以修能. (『초사·이소』)
더불어 뛰어난 능력을 갖추었네.

故有絶才者謂之能, 此讀若耐. (홍홍조 주)

따라서 뛰어난 재능이 있음을 '能'이라고 하였으며, 이 경우 '耐(내)'로 발음한다.

(19) 其爲飮食酏醴也, 足以適味充虛而已矣. (『여씨춘추(呂氏春秋)·중기(重己)』)

음식과 술은 적당히 입맛에 맞고 허기를 채울 정도면 충분하다.

酏讀如詩虵虵碩言之虵. (고유 주)

'酏(이)'는 『시경』 '虵虵碩言'의 '虵(이)'로 발음한다.

또한 '讀若'과 '讀如'가 본자로 가차자를 설명하는 경우도 있다. 다음 예를 보자.

(20) 雖危, 起居竟信其志. (『예기·유행(儒行)』)

위태롭더라도 행동함에 끝까지 그 의지를 펼쳐낸다.

信, 讀如屈伸之伸, 假借字也. (정현 주)

'信(신)'은 굽히고 폄[屈伸]을 뜻하는 '伸(신)'으로 읽는다. 가차자이다.

'信'은 본래 성실하고 믿음직스러움을 나타내는데, '펴다'를 뜻하는 '伸(신)' 대신 사용된 것으로 '펴서 굽히지 않음'을 뜻한다.

'讀爲'와 '讀曰'은 결국 본자로 가차자를 설명하는 것이고, '讀若'과 '讀如'는 주로 음을 밝히는 데 사용하지만 간혹 본자로 가차자를 설명하는 경우도 있다. 이들은 글자의 발음을 알려주는 기능을 하지만 그렇다고 주석하는 글자와 주석 대상 글자의 발음이 반드시 같은 것은 아니다. 예를 들어, 앞에서 본 '能'과 '耐', '信'과 '伸' 등은 옛날이나 지금이나 발음이 완전히 같지 않고 단지 비슷하기만 하다. 또 '辯'과 '變'도 지금은 발음이 같지만 옛날에는 음이 '비슷한' 관계에 불과했다.

고대중국어를 배울 때에는 반드시 고서의 옛 주석을 참고해야 한다. 그러나 옛 주석을 참고할 때에는 그것을 무조건 믿을 것이 아니라 다음 세 가지 방면에 유의해야 한다.

첫째, 고서에 대한 옛 주석은 중국의 길고 긴 봉건사회의 산물로서 그중에는 지금으로부터 2,000년 전의 것도 있다. 그만큼 당시의 주해가들은 봉건사회의 영향을 받을 수밖에 없었다. 주해는 주해가의 입장과 사상적 관점을 바탕으로 이루어진다. 따라서 봉건사상과 유심주의(唯心主義)를 찬양하는 부분이 많으며, 심지어는 원문의 내용을 왜곡한 것도 있다. 가령, 『시경』에 수록된 시가는 대부분 상고시대 각 지방의 민간 가요로서 연애와 혼인에 대한 시가 적지 않다. 그렇지만 『시경』에 대한 주해에서는 대부분 이러한 시들을 왕이나 귀족을 찬양하고 봉건 예교(禮教)를 널리 알리는 시로 왜곡하였다. 물론 일부 단어나 자구에 대한 해석 중 참고할 만한 것도 있다.

둘째, 어떤 주해는 적절한 취사선택을 하지 못하고 상이한 학설을 억지로 끌어다 붙이기도 했다. 위(魏)나라 왕필이 주를 단 『주역』과 양(梁)나라 황간이 소를 단 『논어』 등이 여기에 해당된다. 또 어떤 주해는 보수적인 면이 강하여 스승의 가르침 중 잘못된 것이 있어도 그것을 고치지 못한 채 그대로 전하였다. 한당(漢唐) 때의 주소들 대부분이 이러한 문제점을 안고 있다. 이러한 경향은 주해의 객관성을 떨어뜨린다.

셋째, 옛 사람들은 언어문자에 대한 객관적 이해가 부족하여, 단어의미를 풀이할 때 주관적으로 판단하거나 견강부회하는 경향이 있었다. 일부 주해가들이 단어의미 풀이에 성훈(聲訓)을 남용한 것이 전형적인 예이다. 또 어떤 주해가는 다양한 근거자료를 인용하여 불필요한 고증을 하였는데, 특히 청나라 때의 주해가들이 심했다. 예를 들면, 유보남(劉寶楠)의 『논어정의(論語正義)』에서는 『논어』 첫 번째 문장인 "子曰, 學而時習之."[공자께서 말하길, 배우고 때때로 익히니]에 대해 천여 글자의 분량으로 주해를 달았다. 매우 상세하게 풀이한 것 같지만 사실 그다지 도움이 되지 않는다.

정리하자면, 고서를 읽을 때에는 옛 주석을 배제하고 독단적인 해석을 하는 일이 없어야 한다. 또한 옛 주석을 맹신하여 끌려 다니기만 해서도 안 된다. 지나친 독단과 맹신을 지양하고 옛 주석의 내용 중 유용한 부분을 비판적으로 받아들이는 태도가 필요하다.

19

고서의 구두점과 구두법

　　고서에는 구두점이 표시되어 있지 않으므로 책을 읽을 때 스스로 문장을 끊어야 했다. 고대 중국인은 책을 읽을 때 한 문장이 끝날 때마다 끝 글자의 옆에 점 또는 동그라미를 표시했다. 이것을 '구(句)'라고 한다. 또 한 문장이 끝나지 않았어도, 읽을 때 쉬어야 할 부분에는 글자 아래에 점을 찍었는데, 이를 '두(讀)'라고 한다. 이 둘을 합하여 '구두(句讀)'라고 한다. 사실 옛날 사람들이 책을 읽을 때는 주로 '두' 단위가 아닌 '구' 단위로 끊었다. 고서에 표기된 '구두'는 기본적으로는 문장을 끊어 주는 역할만 할 뿐 현재 사용되는 문장부호와는 그 성질이 다르다.

　　고대 중국인은 주석을 달 때 문장이 어디에서 끊어지는지 상관하지 않았다. 그러나 대부분의 주석은 문장을 끊는 부분에 달려 있으므로 주석이 보이면 그 부분에서 끊어야 한다는 것을 알 수 있다. 반면 주석이 없는 부분은 독자가 알아서 문장을 끊어야 한다. 고서 중에는 주석이 전혀 없는 것도 많으므로 문장을 어디서 끊어야 할지 더더욱 신경 써야 한다.

　　책을 판각할 때 구두를 넣기 시작한 것은 송나라 때부터이다.[6] 그러나 구두를 표기한 책은 많지 않았다. 청나라 말기에 이르기까지 대부분의 서적에는 구두 표시가 없었다. 1919년 '5·4' 시기 이후, 현재 통용되는 문장부호를 사용한 고서들이 연이어 출판되었다. 해방과 함께 고서에 대한 구두점 작업이 이루어지면서, '24사'와 같은 방대한 역사서도 구두점이 들어간 판본으로 출판될 정도였다. 그러나 중국의 고서가 방대한 만큼 구두점 작업이 이루어진 서적은 극소수에 불과했고, 구두점이 잘못 표기된 경우도 있었다. 따라서 고서에 구두점 찍는 법을 안다면 고서를 읽는 데 큰 도움이 될 것이다.

고대 서적이나 글은 대개 끊는 곳을 표기하지 않았지만 당시 사람들은 구두 연습을 중시하였다. 문장을 제대로 끊었다면 글의 내용을 정확하게 이해한 것이고, 문장을 잘못 끊었다면 그것은 어떠한 단어나 문장을 제대로 이해하지 못한 것이다. 다음 예를 보자.

(1) *李氏子蟠·年十七·好古文六藝經傳·皆通習之.[7] (한유(韓愈)『사설(師說)』)

위 예문에서 끊은 것에 따르면, 이자반(李子蟠)이 좋아하는 것은 고문(古文)과 육예경전(六藝經傳)[8]이고 두루 꿰고 있는 것도 고문과 육예경전인데 이러한 풀이는 잘못되었다. 육예경전과 달리 고문은 하위부류가 없어 두루 꿰고 있는 대상이 될 수 없디. 또 육예경전은 당시의 필독서였으며 내용이 방대하고 복잡하여 모든 하위부류를 좋아하기 어렵다. 정확한 구두점은 다음과 같다.

---

6) 악가(岳珂)의 『간정구경삼전연혁례(刊正九經三傳沿革例)』에서는 "감본(監本)과 속본(屬本) 등에는 모두 구두가 없으며, 건감본(建監本)부터 비로소 관각(館閣)의 교서식(校書式)을 따라 옆에 동그라미[圈點]를 더하였다."라고 하였다.

7) 중화서국(中華書局) 사부비요(四部備要) 중 『고문사류찬(古文辭類纂)』 2권10쪽. 구두점이 잘못된 문장은 문장 앞에 *표를 붙인다. 아래도 같다. (역주) 구두점이 잘못되어 *표가 붙은 문장의 우리말 번역어는 제시하지 않는다. 올바르게 구두점이 된 문장의 번역을 참고하기 바란다. 이하의 예문도 마찬가지이다.

8) (역주) 육경(六經, 즉 『시』, 『서』, 『예』, 『악』, 『역』, 『춘추』)의 경문(經文)과 전문(傳文).

(1′) 李氏子蟠, 年十七, 好古文, 六藝經傳皆通習之.

　　　이자반은 나이가 17세로, 옛 문장을 좋아하고 육예경전을 두루 꿰고 있었다.

　이자반이 좋아하는 것은 고문이고, 두루 꿰고 있는 것은 육예경전이라고 해야 한유 문장의 원래 의미에 부합한다. 위 예문은 원문을 제대로 이해하지 못하여 문장을 잘못 끊은 것이다.

　그러나 문장을 제대로 끊었어도 문장을 제대로 이해한 것은 아닐 수 있다. 문장은 정확하게 끊었으나 문장부호를 잘못 쓴 경우가 있는데, 이는 문장의 뜻을 정확하게 이해하지 못한 것이다. 다음 예를 보자.

　(2) *興元中, 有僧曰法欽, 以其道高, 居徑山. 時人謂之徑山長者.[9] (『당어림 (唐語林) 1권』)

　위의 구두점에 따르면, "以其道高"[그의 도의 경지가 높기 때문에]는 원인이고 "居徑山"[경산에 머문다]가 결과로서, 전치사 '以'는 '道高'까지 걸린다. 그런데 '도의 경지가 높은 것'과 '경산에 머무는 것'이 어떻게 인과 관계로 묶인단 말인가? '도가 높아'야만 '경산에 머물' 수 있다는 것인가? 이 구두점은 잘못되었음을 알 수 있다. 위 문장의 정확한 구두점은 다음과 같다.

　(2′) 興元中, 有僧曰法欽. 以其道高, 居徑山, 時人謂之徑山長者.

　　　홍원 때 법흠이라는 스님이 있었다. 그의 도의 경지가 높았고 경산에 머물렀기에 당시 사람들은 그를 '경산의 장자'라고 불렀다.

　그의 도의 경지가 높기 때문에 '장자'라고 하는 것이고, 그가 '경산에 살기' 때문

---

9) 『당어림』, 상해고적출판사(上海古籍出版社)(1987년판).

에 '경산의 장자'라고 하는 것이다. 이때 '以'는 '徑山'까지 걸린다. '以其……徑山'은 원인을 나타내고 '時人謂之……'는 결과를 나타내므로 이 두 구절 사이는 마침표로 끊을 수 없다. 다음에서 또 다른 예를 보자.

(3) *陛下亦宜自謀, 以諮諏善道, 察納雅言. 深追先帝遺詔, 臣不勝受恩感激. 今當遠離, 臨表涕零, 不知所言.[10] (제갈량(諸葛亮)「출사표(出師表)」)

위의 예문에서는 세 개의 마침표가 쓰였는데, 이는 전체 문장을 세 부분의 의미로 나눈 것이다. 첫 번째는 후주(後主)에 대한 당부이고, 두 번째와 세 번째는 자신의 심정을 이야기한 것이다. 그러나 주어 '臣'이 두 번째 부분의 뒷문장에 놓여 있어 문장의 흐름이 어색하다. 사실 '深追先帝遺詔'도 제갈량이 후주에게 당부하는 말이며, 자신의 심정을 설명하는 것은 '臣'자 다음부터이다. 이 문장은 크게 두 부분으로 나뉘는 것으로서, 구두점은 아래와 같이 고쳐야 한다.

(3′) 陛下亦宜自謀, 以諮諏善道, 察納雅言, 深追先帝遺詔. 臣不勝受恩感激, 今當遠離, 臨表涕零, 不知所言.
폐하 또한 스스로 생각하시고 좋은 방법을 물으시고 좋은 말을 살펴 받아들이시어 선제께서 남기신 말씀을 깊이 따르셔야 합니다. 저는 폐하께서 내려주신 은혜에 매우 감격하였으며, 멀리 떠나는 길에 표를 올리려 하니 눈물만 흐를 뿐 무어라 말씀드려야 할지 모르겠습니다.

이상의 세 가지 예는 문장 끊기와 문장부호의 착오가 주로 글에 대한 잘못된 이해에서 비롯됨을 보여준다. 고대중국어를 배우려면 고서에 구두점 찍는 방법을 익혀야 한다. 그래야 고서 독해 능력을 신장시킬 수 있다.

---

10) 『제갈량집(諸葛亮集)』, 중화서국(1974년판), 6쪽.

고서에 구두점을 정확하게 찍기 위해서는 고대중국어의 어휘와 문법 그리고 중국의 고대문화에 대한 풍부한 지식이 필요하며, 고대중국어 음운(音韻)에 대한 지식이 필요한 경우도 있다. 이러한 요소들은 오랜 시간에 걸쳐 축적되는 것으로서 여기에서 상세하게 설명할 수는 없다. 고서에 구두점을 찍을 때는 기본적으로 다음의 사항에 유의해야 한다. 먼저 구두점을 찍고 난 후 자구의 의미가 자연스럽게 이어져야 하고, 그 다음에는 구두점으로 나뉜 각 구절의 의미가 이치에 부합해야 하며, 끝으로 구두점을 찍은 후의 문법과 어음(語音) 현상이 모두 고대중국어의 원칙에 부합해야 한다. 이상의 세 가지 측면을 예와 함께 살펴보겠다.

자구의 의미가 자연스럽게 이어져야 한다

구두점을 찍기 전에 원문의 의미를 정확하게 파악해야 하며 두루뭉술하게 넘어가거나 정확한 이해 없이 구절을 끊거나 구두점을 찍어서는 안 된다. 구두점을 찍은 상태에서 각 글자와 구절이 의미상 자연스럽게 연결되는지 반복해서 검토해야 한다. 만약 어떤 부분이 자연스럽지 않다면 그것은 구두점이 정확하지 않기 때문일 것이다. 다음에서 이와 관련된 예를 몇 가지 살펴보자.

(4) *今往僕少小所著辭賦一通. 相與夫街談巷說. 必有可采. 擊轅之歌. 有應風雅. 匹夫之思. 未易輕棄也.[11] (조식(曹植) 「여양수서(與楊修書)」)

위와 같이 끊으면 '相與夫街談巷說'의 의미가 자연스럽게 풀이되지 않는다. 따라서 이와 같은 구두점은 잘못되었을 가능성이 높다. 원문의 내용을 잘 살펴보면 정확한 구두점은 아래와 같이 찍어야 한다.

---

11) 『문선(文選)』, 중화서국(1977년판), 94쪽.

(4′) 今往僕少小所著辭賦一通相與. 夫街談巷說, 必有可采, 擊轅之歌, 有應風
雅, 匹夫之思, 未易輕棄也.
이제 제가 어릴 적 지은 사부 한 편을 보내 드립니다. 길에서 떠도는 이야
기에서도 취할 부분이 있고, 끌채로 장단 맞추는 노래에도 그것만의 풍격
과 우아함이 있으며, 보통사람의 생각도 가벼이 흘려보내어서는 안 됩니다.

첫 번째 문장은 "지금 내가 어릴 적 지은 사부 한 편을 그대에게 보낸다"는 뜻이
다. '往'은 '보내다'를, '與'는 '주다'를 뜻한다. 이 두 글자의 뜻을 모르면 전체 문
장의 뜻도 이해하기 어렵다. 이처럼 자구의 의미를 완전히 이해하지 못한 상태에서
문장을 나누면 당연히 착오가 생길 수밖에 없다.

(5) *子厚前時少年. 勇於爲人. 不自貴重. 顧藉謂功業可立就.[12] (한유 「유자
후묘지명(柳子厚墓誌銘)」)

'顧藉'는 '아끼다', '소중히 여기다'는 뜻이다. 구두점을 다는 사람이 단어의 뜻을
잘 몰라서 '貴重' 뒤에서 문장을 끊고 '顧藉'를 다음 구절과 이어지게 하였고, 그 결
과 자연스러운 의미 풀이가 불가능해졌다. 정확한 구두점은 다음과 같다.

(5′) 子厚前時少年, 勇於爲人, 不自貴重顧藉, 謂功業可立就.
자후는 예전 어렸을 적에 다른 사람을 위한 일에 용감했고 자신을 돌보거
나 아끼지 않으면서 공업을 세울 것이라고 하였다.

때로는 구두점을 다는 사람이 해당 단락을 제대로 이해하지 못한 상태에서 아무
렇게나 구두점을 찍어서 그 글 전체의 의미가 제대로 읽히지 않는 경우도 있다. 이

---

12) 「국학기본총서간편(國學基本叢書簡編)」『한창려집(韓昌黎集)』下六, 상무인서관, 70쪽.

러한 실수는 일부 단어의 뜻을 모르거나 고대 문화에 대한 상식이 부족한 데서 비롯된다. 구두점을 달기 전에 모르는 단어의 뜻을 확인하고 관련 상식에 대해 알아본다면 이처럼 구두점을 잘못 찍는 일은 없을 것이다. 다음 예를 보자.

(6) *晝居外次, 晨門曰：“有九疑生持一刺來謁, 立西階以須.” 生危冠方袂, 淺拱舒拜, 且前致詞稱. 贄其文, 頗涉獵前言.[13] (유우석(劉禹錫) 「송노주유부거시인(送魯周儒赴舉詩引)」)

이 단락은 한 서생이 유우석을 찾아가 자신의 문장을 봐 달라고 부탁하는 내용이다. 그런데 왜 문장 보내는 것을 '贄其文'이라고 하는지, 또 '致詞稱'이 무엇을 말하는지 이해하기 어렵다. 아마 구두점을 단 사람도 명확하게 설명하지 못할 것이다. 이 문장의 구두점은 잘못되었다. 정확한 구두점은 다음과 같다.

(6') 晝居外次, 晨門曰, “有九疑生持一刺來謁, 立西階以須.” 生危冠方袂, 淺拱舒拜, 且前致詞稱贄, 其文頗涉獵前言.
낮에 외부의 숙소에 머무를 때 새벽성문을 열어주는 문지기가 아뢰었다. "구의지방의 한 서생이 명함을 들고 뵈러 와서 서쪽 계단에서 기다립니다." 유생은 갓과 소매를 반듯하게 하고 살며시 손을 모아 조용히 절하고는 앞으로 나아가 문장을 올렸는데, 그 글에서 옛 사람의 말을 두루 인용하였다.

'稱贄'는 하나의 어구로서, 어떤 자리에 손님으로 갔을 때 주인에게 선물을 건네는 것을 말한다. 여기에서는 자신의 문장을 드리는 것이 이에 해당하고, 바로 다음에서 그의 글에 많은 고사가 인용되어 있다고 하였다. 이는 '稱贄'의 뜻을 몰라서 문

---

13) 『유우석집(劉禹錫集)』, 상해인민출판사(1975년판).

장의 구두점을 잘못 찍은 것이다.

아래 두 문장의 구두점은 모두 잘못된 것으로서, 이로 인해 단락 전체의 의미를 이해할 수 없게 되었다.

(7)　*史記天官書云. 牽牛爲犧牲. 其北河鼓. 河鼓大星. 上將左右. 左右將.[14]
　　　(호자(胡仔)『초계어은총화(苕溪漁隱叢話)』후집(後集) 7권)

(7´)　*史記天官書云, "牽牛爲犧牲, 其北河鼓. 河鼓大星上將左右." 左右將, ……[15]

『사기』 원문의 의미는 "견우성은 희생을 상징한다. 그 북쪽은 하고성이다. 하고성은 세 개의 별로 이루어지는데, 그중 제일 큰 별은 상장(上將)을 의미하고, 좌우의 두 별은 좌우의 장군을 의미한다."이다. 당나라 장수절(張守節)의 『사기정의(史記正義)』는 이 구절에 대하여 다음과 같이 매우 명확한 주해를 달았다. "하고성의 세 별은 견우성 북쪽에 있는 것으로 군고(軍鼓)를 주관하며 천자(天子)의 삼장군(三將軍)에 해당하는 것 같다. 중앙의 큰 별은 대장군이고, 그것의 남쪽 좌측별은 좌장군이며, 그것의 북쪽 우측별은 우장군이다. 이들은 주요 관문과 다리로서 어려움을 막아준다."[河鼓三星, 在牽牛北, 主軍鼓. 蓋天子三將軍：中央大星, 大將軍; 其南左星, 左將軍; 其北右星, 右將軍. 所以備關梁而拒難也.] 따라서 정확한 구두점은 다음과 같이 찍어야 한다.

(7´´)　史記天官書云, "牽牛爲犧牲, 其北河鼓. 河鼓大星, 上將, 左右, 左右將."
　　　『사기·천관서』에서 "견우성은 희생을 나타내고, 그 북쪽은 하고성이다. 하고성 중 큰 별은 상장군이고, 좌우의 별들은 각각 좌장군과 우장군이다."라고 하였다.

---

14) 만유문고(萬有文庫)『초계어은총화』, 상무인서관.
15) 『초계어은총화』후집, 인민문학출판사(人民文學出版社)(1962년판), 48쪽.

이 단락은 고대의 천문에 대한 지식이 필요하여 구두점 찍는 것이 쉽지 않다. 그러나 『사기』 원문을 참고하거나 장수절의 『정의』를 확인했다면 정확한 구두점을 찍을 수 있었을 것이다. 잘못된 예의 두 번째 경우처럼 『사기』 원문의 '左右將' 세 글자를 인용 부호 밖으로 내는 일은 더더욱 없었을 것이다.

내용이 실제상황에 부합해야 한다

때로는 구두점 찍은 문장의 뜻이 통하는 듯 보이지만 해당 문장 또는 앞뒤 문맥에 비추어 봤을 때 그 구두점에 따른 내용이 실제상황에 부합하지 않거나 앞뒤 문장과 모순되는 경우도 있다. 이러한 구두점 역시 잘못된 것이다. 이와 같은 구두점의 오류는 비교적 잦은 편인데 유심히 살피지 않으면 쉽게 발견되지 않는다. 다음의 예를 보자.

> (8) *韓信曰, "善!" 從其策, 發使使燕. 燕從風而靡遣使報漢, 且請以張耳王
> 趙. 漢王許之.[16] (『자치통감(資治通鑑)』 20권)

위의 구두점에 따르면 '遣使報漢'[사신을 보내어 한나라에 보고하다]과 '請以張耳王趙'[장이를 조나라 왕으로 세워줄 것을 청하다]라는 행위를 하는 것은 연나라이다. 그런데 연나라가 왜 장이를 조나라의 왕으로 세워달라고 하는가? 당시 연나라는 한나라와 적대적 관계에 있었던 데다가 연나라는 약자였고 한나라가 강자였는데, 연나라가 뭘 믿고 한나라에 이와 같은 요구를 했겠는가? 이는 실제 상황에 부합하지 않는다. 『자치통감』에 실린 이 단락의 출처는 『사기』인데, 그 내용을 살펴보면 "遣使報漢"과 "請以張耳王趙"를 행하는 주체는 한신이다. 구두점을 단 사람이 행위의 주체를 명

---

16) 『자치통감』, 중화서국(1956년판), 329쪽. 이 구두점은 1976년판에서는 이미 개정되었다.

확하게 파악하지 못하여 내용이 실제상황과 맞지 않게 되었다. 이 단락의 구두점은 아래와 같이 찍어야 한다.

(8′) 韓信曰：“善！”從其策. 發使使燕, 燕從風而靡. 遣使報漢, 且請以張耳王趙. 漢王許之.

한신이 “좋습니다!”라고 하며 그 계책을 따랐다. 사신을 연나라로 보냈더니 연은 바람에 쓸리듯이 복종했다. (한신은) 한나라에 사신을 보내어 상황을 보고하고 장이를 조나라 왕으로 세워줄 것을 청하였다. 한나라 왕이 이를 허락하였다.

아래에서 두 가지 예를 더 살펴보자.

(9) *周有泉府之官, 收不售與欲得, 卽『易』所謂“理財正辭, 禁民爲非”者也.[17]
(『자치통감』 37권)

위의 구두점에 따르면 ‘收不售與欲得’이 잘 읽히지 않는다. ‘不售’[팔리지 않는 것]는 관청에서 걷을 수 있지만, ‘欲得’[구하려는 것]까지 어떻게 관청에서 걷을 수 있겠는가? 『자치통감』의 이 구절은 『한서(漢書)·식화지(食貨志) 하』에서 인용한 것으로, 안사고(顏師古)는 『한서』에 대한 주석에서 다음과 같이 명확하게 설명하였다. “言賣不售者, 官收取之, 無而欲得者, 官出與之.”[팔리지 않는 것은 관부에서 거둬들이고, 없는데 구하려는 것은 관에서 내어줌을 말한 것이다.][18] 여기에서 ‘與’가 ‘~와’를 뜻하는 것이 아니라 ‘주다’를 뜻함을 알 수 있다. 정확한 구두점은 “收不售, 與欲得[팔리지 않는 것

---

17) 『자치통감』, 중화서국(1956년판), 1181쪽. 이 구두점은 1976년판에서는 이미 개정되었다. (역주) 아래에 설명된 올바른 구두점에 따르면, 이 문장은 “주나라에는 천부라는 관직이 있는데, 팔리지 않는 것은 거두어들이고 구하려는 것을 내어준다. 이는 『역(易)』에서 말하는 ‘재물을 관리하고 언사를 바르게 하며, 사람들로 하여금 나쁜 행위를 하지 못하게 금한다.’라는 것이다.”라고 해석된다.

18) 호삼성(胡三省)의 『자치통감』 주(注)에서도 안사고 주석을 인용하였다.

을 거둬들이고, 구하려는 것을 내어줌)"이다.

(10) *諸壘相次土崩, 悉棄其器甲, 爭投水死者十餘萬, 斬首亦如之.[19] (『자치
통감』 146권)

위의 구두점에 따르면 전투에 패한 병사들이 서로 물에 뛰어든 것이 자살을 위해
서였던 것으로 보인다. 그러나 이는 실제상황과 맞지 않다. 병사들이 물에 뛰어든 것
은 도망가기 위한 것이었으며, 물에 빠져 죽은 것은 자신이 의도하지 않은 것이다.
따라서 '投水' 다음에 쉼표를 붙여서 "爭投水, 死者十餘萬, 斬首亦如之."[앞 다투어
물에 뛰어 들었는데, 그중 물에 빠져 죽은 자가 10여만 명이고, 목이 베인 자들도 그와 비슷하
다.]라고 해야 한다.

또 어떤 때는 구두점이 잘못되었다는 것을 한두 문장으로 알 수 없는 경우가 있
다. 이는 반드시 문맥을 꼼꼼하게 살펴보아야 확인할 수 있다. 다음 예를 보자.

(11) *綦毋張喪車, 從韓厥曰 : "請寓乘, 從左右." 皆肘之, 使立於後.[20] (『좌
전(左傳)・성공(成公) 2년』)

위의 문장은 『좌전』의 한 단락이다. 기무장이 자신의 수레를 잃고 한궐에게 수레
를 태워달라고 부탁하는 것이다. 그가 한궐의 왼쪽과 오른쪽에 서자 한궐이 팔꿈치
로 그를 밀어 뒤로 가게 한 것이다. 위에서는 '從左右'를 따옴표 안에 넣어서 기무
장의 말로 구분하였는데, 의미가 매우 부자연스럽다. 또한 다음 구절 '皆肘之'와 묶

---

19) 『자치통감』, 중화서국(1956년판), 4572쪽. 이 구두점은 1976년판에서는 이미 개정되었다. (역주)
아래에 설명된 올바른 구두점에 따르면, 이 문장은 "여러 진영이 여기저기 무너지고, 모두 무기와
갑옷을 버렸으며, 앞 다투어 물에 뛰어들었는데, 그중 물에 빠져 죽은 자가 10만 여 명이고, 목이
베인 자들도 그와 비슷하다."라고 해석된다.
20) 왕백상(王伯祥) 『춘추좌전독본(春秋左傳讀本)』, 250-251쪽.

어서 볼 경우 '皆'와 호응하는 성분이 없다. 정확한 구두점의 위치는 다음과 같다.

(11′) 綦毋張喪車, 從韓厥曰, "請寓乘." 從左右, 皆肘之, 使立於後.
　　　기무장이 수레를 잃고 한궐을 쫓아가며 말하였다. "좀 얻어 타겠습니다."
　　　왼쪽과 오른쪽 자리에 타려하니 팔꿈치로 밀어 그를 뒤에 서게 하였다.

다음에서 다시 두 가지 예를 더 살펴보자.

(12) *一旦臨小利害, 僅如毛髮, 比反眼若不相識, 落陷穽, 不一引手救, 反擠
　　　之, 又下石焉者, 皆是也.[21] (한유 『유자후묘지명』)

'一旦臨小利害, 僅如毛髮'[일단 머리털 같은 작은 이해관계를 만나면]은 이해할 수 있지만, 바로 다음의 '比反眼若不相識, 落陷穽, 不一引手救'의 의미가 앞부분과 이어지지 않고, '比'는 호응하는 성분이 없다. '落陷穽'[함정에 빠진 것]도 '不相識'[서로 외면함]의 결과인 것으로만 보인다. 이러한 사항을 통해 위 예의 구두점이 잘못되었음을 알 수 있다. 전체 단락의 내용을 살펴보면 다음과 같이 구두점을 찍어야 한다.

(12′) 一旦臨小利害, 僅如毛髮比, 反眼若不相識, 落陷穽不一引手救, 反擠之,
　　　又下石焉者, 皆是也.
　　　일단 머리털 정도의 작은 이해관계만 생기면 눈길을 돌려 모르는 사람처럼 외면하고, 누군가 함정에 빠졌을 때 손을 뻗어 구하지는 못할망정 도리어 밀어 넣고 또 돌까지 던지는 자들이 대부분이다.

'比'는 '비교하다'를 뜻한다. '如毛髮比'는 '머리카락 같음'을 말한 것과 같다. 그

---

21) 『역대문선(歷代文選)』하책(下冊), 중화청년출판사(中國青年出版社), 56쪽.

리고 '落陷穽'과 '不一引手救'[손을 뻗어 구하지 않음]를 연결해야 '不相識'[서로 외면함]과 잘못 연관 짓지 않게 된다.

(13) *徐羨之起自布衣, …… 沈密寡言, 不以憂喜見色; 頗工弈棋、觀戲, 常若未解, 當世倍以此推之.[22] (『자치통감』 119권)

위에서 문제가 되는 구두점은 '頗工弈棋, 觀戲' 이 부분이다. 우선 '頗工觀戲'는 말이 안 된다. '觀戲'[놀이를 보는 것]는 '弈棋'[바둑이나 장기 두는 것]와는 달리 잘하고 못하고를 따질 수 없다. 또 앞에서는 '상당히 잘한다'[頗工]고 하고 뒤에서는 '보통은 잘 모르는 것처럼 한다'[常若未解]고 한 것은 모순이다. '當世倍以此推之'는 그가 '상당히 잘함'[頗工]을 높이 산다는 것인가, 아니면 그가 '잘 모르는 것처럼 행동함' [常若未解]을 높이 산다는 것인가? 사실 '놀이를 보는 것'[觀戲]은 다른 사람들이 바둑 두는 것을 보는 것을 가리킨다. 다른 사람들이 바둑을 둘 때 자신이 '바둑을 상당히 잘 두'[頗工弈棋]면서도 그것을 드러내지 않는다는 것이다. 이것은 바로 앞부분의 "근심과 기쁨을 겉으로 드러내지 않는"[不以憂喜見色] 점에 대한 구체적인 설명이며, 이 때문에 "당시 사람들이 더욱더 그를 높이 샀다"[當世倍以此推之]고 한 것이다. 이 문장의 구두점은 다음과 같이 바뀌어야 한다.

(13′) 徐羨之起自布衣, …… 沈密寡言, 不以憂喜見色. 頗工弈棋, 觀戲常若未解, 當世倍以此推之.
서선은 평민이었다. …… 가볍지 않고 말이 적었으며 근심과 기쁨을 겉으로 드러내지 않았다. 바둑과 장기 등을 상당히 잘했지만 남들이 두는 것을 볼 때는 잘 모르는 것처럼 행동하였고, 이 때문에 당시 사람들이 더욱더 그를 높이 샀다.

_____

22) 『자치통감』, 중화서국(1956년판), 3742쪽. 이 구두점은 1976년판에서 이미 개정되었다.

반드시 고대중국어의 문법과 음운에 부합해야 한다

구두점의 대상은 고문, 즉 고대중국어 문장이다. 그러므로 구두점은 고대의 문법 규칙과 허사 용법에 부합해야 한다. 만약 구두점을 찍는 부분에서 압운을 해야 한다면, 고대 음운도 고려해야 한다. 이러한 사항도 구두점의 정확성 여부를 판단할 수 있는 중요한 기준이 된다. 고대 중국인도 이 문제에 주의를 기울였다. 예를 들어『논어(論語)·향당(鄕黨)』의 아래 문장은 일반적으로 다음과 같이 문장을 끊는다.

(14) 厩焚. 子退朝. 曰, "傷人乎?" 不問馬.
　　 마구간이 불이 났다. 선생께서 조회에서 돌아와서 말씀하셨다. "사람이 다쳤는가?" 말에 대해서는 묻지 않았다.

육덕명(陸德明)은『경전석문(經典釋文)』에서 "'不'자 뒤에서 끊는 경우도 있다."[一讀至不字絶句]라고 말하였다. 이와 같이 끊는 경우로 다음의 두 가지를 들 수 있다.

(14´) *厩焚. 子退朝. 曰, "傷人乎不?" 問馬.
(14´´) *厩焚. 子退朝. 曰, "傷人乎?" "不." 問馬.[23]

왕약허(王若虛)는『호남유로집(瀗南遺老集)』5권의「논어변혹(論語辨惑)」에서 이와 같은 끊어 읽기가 잘못 되었음을 지적하고 다음과 같이 말하였다. "성인께서 지극히 인자하시어 분명 가축을 보잘 것 없이 여기거나 불쌍히 여기지 않지는 않았을 것이다. 의리의 옳고 그름은 잠시 논외로 접어두고 세상의 문장에 이와 같은 문법이 있

---

23) (역주) 이 구두점이 성립한다면, (14´)은 "마구간이 불이 났다. 선생께서 조회에서 돌아와서 말씀하셨다. '사람이 다쳤는가 아닌가?' 말에 대해서 물으셨다." (14´´)은 "마구간이 불이 났다. 선생께서 조회에서 돌아와서 말씀하셨다. '사람이 다쳤는가?', '아닙니다.' 말에 대해서 물으셨다."라고 해석될 수 있을 것이다.

단 말인가? 보통 경(經)을 풀이할 때 설령 그 논의 수준이 높아도 글의 흐름이나 문법이 자연스럽지 않다면 그것을 그대로 따를 수 없는데, 하물며 논의 수준이 높지 않은 것은 어떻겠는가!" 왕약허의 의견은 정확하다. 고대중국어에는 위와 같이 의문어기사 뒤에 '不'을 붙이는 의문문이 없다. 또한 '不'만 단독 단어로서 부정을 나타내는 경우도 없다. 위의 예는 구두점을 찍는 것에 정치적 성향이 반영될 수 있음을 보여준다. 즉 '성인'이 가축을 천하게 여기지 않았음을 말하기 위하여 문법적 사실을 왜곡하고 주관적으로 의리를 추구한 것이다. 이와 같은 구두점은 정확하다고 할 수 없다.

아래의 문장은 『노자(老子)』의 한 구절인데 일반적으로 다음과 같이 문장을 끊는다.

(15) 三十輻, 共一轂. 當其無, 有車之用.
　　　서른 개의 바퀴살이 하나의 바퀴통에 모여 움직인다. 바퀴통이 비어있을
　　　때 수레가 달릴 수 있다.

청나라의 필원(畢沅)은, 『주례(周禮)·고공기(考工記)·윤인(輪人)』에 대하여 정현(鄭玄)이 "利轉者, 轂以無有爲用也."[구르는 데 이롭게 하는 것으로, 바퀴통은 비어있을 때 제 역할을 한다.]라고 주석한 내용을 근거로, 이 구절은 아래와 같이 '有'자 뒤에서 끊어야 한다고 하였다.

(15′) *三十輻, 共一轂. 當其無有, 車之用.

이후 필원의 주장을 따르는 사람들도 있었다.[24] 그러나 필원이 틀렸다. 양수달(楊樹達)은 다음과 같이 말하였다. "'無有'를 한 구절로 만들면, '車之用'은 불완전해진다. 필원의 설명은 좀 더 생각해 봐야 한다." 양수달의 의견이 맞다. 고대중국어에서

---

24) 주겸자(朱謙之) 『노자교석(老子校釋)』, 27쪽.

'車之用'은 단독으로 문장이 되지 않는다.[25] 만약 단독으로 문장을 만들어야 한다면 보통 뒷부분에 '也'를 붙여서 "車之用也"로 쓰는데, 『노자』 구절의 뒷부분에는 '也' 자가 없다. 필원의 설명에 따라 문장을 끊으면 앞부분의 '當'자 또한 호응하는 성분이 없어진다. 필원은 정현의 주석을 근거로 삼았다. 정현의 주석의 이 구절이 『노자』에서 인용한 것이 아닐 수도 있지만, 만약 『노자』에서 인용하였다면 정현 또한 틀렸다.

고대중국어의 허사 용법을 확실히 알고 있으면 구두점이 정확한지 아닌지 판단하는 데에 도움이 된다. 다음 예를 보자.

  (16) *建一官而三物成, 能擧善也夫. 唯善, 故能擧其類.[26] (『좌전·양공(襄公) 3년』)

고대중국어에서 '也夫'는 문장 끝에 붙어 감탄을 나타내는 경우가 많다. 『논어·헌문(憲問)』의 "莫我知也夫!"[나를 알아주지 않는구나!]가 그 예이다. 그러나 위의 구절은 상황이 다르다. '夫'자 뒤에 '唯'자가 이어지기 때문이다. 고대중국어에서 '夫唯'는 문장 앞에 붙어 뒷부분에 나오는 '故' 또는 '是以'와 호응하는 경우가 있다. 위의 예문은 여기에 해당한다. 따라서 정확한 구두점은 다음과 같다.

  (16′) 建一官而三物成, 能擧善也. 夫唯善, 故能擧其類.
       한 사람의 관리를 세워 세 가지 일을 이루었으니 훌륭한 사람을 잘 뽑은
       것이다. 훌륭한 사람이기에 그와 비슷한 부류의 사람을 뽑을 수 있었던
       것이다.

어기(語氣)를 따져보면 '夫' 앞부분의 말은 일반적인 판단을 나타낸 것으로 감탄의

---

25) 『논어·학이(學而)』의 "禮之用, 和爲貴."[예를 행할 때에는 조화를 이루는 것이 중요하다.]에서 '禮之用'은 단독으로 문장을 이루는 것이 아니라 '和爲貴'의 주어이다.
26) 왕백상, 『춘추좌전독본』, 319쪽.

느낌이 전혀 없다. 그러므로 '也夫'로 문장을 마치면 안 된다.

　다음은 『좌전·소공(昭公) 16년』의 한 구절이다. 어떤 사람들은 이 구절을 아래와 같이 끊는다.

　　(17) *僑聞爲國非不能事大, 字小之難, 無禮以定其位之患. (『좌전·소공 16년』)

　이는 공영달이 『좌전』에 소(疏)를 달 때 복건(服虔)의 문장 끊기를 지적하며 든 예이다. 공영달은 "복건은 '字小之難'으로 문장을 끊고 '字, 養也, 言事大國易, 養小國難.'['字'는 '기르다, 돌보다[養]'의 뜻으로, 대국을 섬기는 것은 쉽고 소국을 돌보는 것은 어려움을 말한 것이다.]이라고 했다."라고 하였다. 공영달은 이에 대하여 "경전의 구절도 제대로 끊지 못하는데 어찌 대전을 주석하겠는가?"[尚未能離經辨句, 復何須注述大典]라고 비판하였다. 공영달이 옳다. '字小之難'은 문장이 될 수 없기 때문이다. 정확하게 끊으려면 '事大' 뒤의 구두점을 없애야 한다. 앞뒤 구절을 자세히 비교해 보면, "不能事大字小之難"[대국을 잘 섬기고 소국을 가련하게 여기지 못할지의 어려움]과 "無禮以定其位之患"[예로써 그 지위를 확정하지 못할까 걱정함]은 그 구조가 같다는 것을 알 수 있다. 이 구절에서 교(僑)가 들은 내용은 "나라를 다스릴 때 대국을 잘 섬기고 소국을 가련하게 여기지 못할지가 어려운 것이 아니라 예로써 그 명분과 위치를 확정하지 못할까 걱정한다."라는 말이다. 복건이 행한 구두는 문법에 부합하지 않으므로 틀린 것이다.

　음운에 대해 잘 모를 경우에도 끊어 읽기를 잘못할 수 있다. 이는 자주 일어나는 일은 아니지만 주의가 필요하다. 다음 예를 보자.

　　(18) *趙王餓乃歌曰, "諸呂用事兮, 劉氏微, 迫脅王侯兮, 彊授我妃. 我妃既妒兮, 誣我以惡, 讒女亂國兮, 上曾不寤. 我無忠臣兮何故, 棄國自快中野兮, 蒼天與直! 于嗟不可悔兮, 寧早自賊!"[27] (『한서·고오왕전(高五王傳)』)

이는 안사고가 『한서』에 주를 달면서 문장을 끊은 것이다. 그는 '何故'에 대하여 "잘 모르겠음을 말한 것이다."[謂不能明白也.]라고 하였고, '自賊'에 대하여 "일찍 조나라를 버리고 들로 나가서 죽지 않았음을 후회한 것이다."[悔不早棄趙國, 而快意自殺於田野之中.]라고 하였다. 아마도 '故(고)'가 '惡(오)', '寤(오)'와 압운되므로 '故' 뒤에서 끊어야 한다고 본 것 같은데, 이는 옳지 않다. 정확한 끊어 읽기는 "我無忠臣兮, 何故棄國"[내게는 충신이 없단 말인가? 어찌하여 나라를 버리는가?]으로 해야 하며 '國(국)'은 뒷부분의 '直(직)', '賊(적)'과 압운된다. 단락의 의미상으로도 "我無忠臣兮何故"[내게 충신이 없는 것은 어째서인가]는 통하지 않으며, 전체 노래에서 '兮'자 다음에는 4자 혹은 3자로 된 하나의 문장이 오는데, 안사고의 구두점에 따르면 이 문장만 '兮'자 뒤에 '何故' 두 글자가 붙게 되어, 형식적인 측면에서도 다른 부분과 맞지 않는다. 다음에서 예 하나를 더 보자.

(19) *夫功者難成而易敗, 時者難得而易失也. 時乎, 時不再來. 願足下詳察之.[28] (『사기·회음후열전(淮陰侯列傳)』)

이 예문은 괴통(蒯通)이 한신에게 한나라를 모반하도록 권하는 부분의 마지막 몇 문장이다. 위의 구두점에 따르면 "時乎, 時不再來"는 억지로 해석이 가능하지만 괴통이 한신에게 기회가 왔으므로 결정해야 함을 권하는 급박한 어기는 전혀 드러나지

---

27) (역주) 이 문장은 아래에서 제시한 올바른 구두점에 의하면 다음과 같이 해석된다. 조왕이 굶주린 채 노래를 불렀다. "여씨들이 마음대로 하니, 유씨가 위태롭구나. 왕후를 협박하여 강제로 내게 왕비를 주었다네. 왕비가 질투하여 내게 죄를 뒤집어씌우네. 참언하는 여자가 나라를 어지럽히건만 황상은 알지 못하네. 내게 충신이 없는 것인가? 어찌하여 나라를 버리는 것인가? 들판에서 자결하니 푸른 하늘이 시비를 가려주리라. 아아! 후회스럽도다. 차라리 일찍 자결할 것을."

28) 중화서국 『중화활엽문선(中華活葉文選)』 합정본(合訂本)(4) 289쪽, 1962년. (역주) 이 문장은 아래에서 제시한 올바른 구두점에 의하면 다음과 같이 해석된다. "공이란 이루기는 어렵지만 잃기는 쉽고 때는 얻기 어려운 반면에 놓치기는 쉽습니다. 바로 이때입니다. 이는 두 번 다시 찾아오지 않습니다. 장군께서는 잘 생각해 보십시오."

않는다. 만약 '時(시)'자와 '來(래)'자가 상고시기에 같은 운부(韻部)에 속하는 글자로 서로 압운이 가능했다는 사실을 알았다면, 이 두 구절이 운문(韻文)이라는 것을 알 수 있었을 것이다. 따라서 정확한 구두점은 "時乎時, 不再來!"[바로 이 때입니다, 이는 두 번 다시 찾아오지 않습니다!]로 해야 한다. 이렇게 끊으면 문장의 뜻이 자연스럽게 이어질 뿐만 아니라 괴통이 한신에게 권고하는 심정도 잘 드러난다.

이상에서 살펴본 바와 같이 고서의 구두점 문제는 여러 가지 요소와 연관되어 있다. 일부 확실한 오류는 쉽게 발견되지만, 대부분의 경우 문맥을 꼼꼼히 따져봐야 구두점의 정확성 여부를 판단할 수 있다. 지금도 사람들이 고서에 구두점을 찍을 때에 실수를 하지만, 옛 주석가들도 일부 구절에 대해서는 저마다의 구두 방법을 주장하였다. 그러므로 각자 분별력을 갖추어 어느 한 쪽을 맹목적으로 따르는 일은 없어야 한다. 물론 두 가지 방식의 구두점이나 끊어 읽기가 모두 가능한 경우도 있는데, 이러한 문장은 여러 학자들 간의 논쟁 과제로 두어야 하며 어느 것이 옳고 그른지 억지로 판단할 필요는 없다.

이처럼 고서에 정확하게 구두점을 찍는 것은 쉬운 일이 아니다. 구두점을 잘 찍으려면 고대중국어 각 방면에 대한 지식이 풍부해야 할 뿐 아니라 고서를 많이 읽으면서 구두점 찍는 연습을 해야 한다. 이렇게 해야 정확한 구두점을 찍을 수 있고 고서 독해 능력도 향상시킬 수 있다.

20

고대의 문체

    고금의 문체는 유사한 부분도 있고, 크게 다른 부분도 있다. 설사 유사한 문체라고 하더라도 그 형식과 특징은 또한 고금의 차이가 있다. 가령, 고시(古詩)와 현대시는 모두 운문에 속하지만 형식은 전혀 다르다. 또, 일부 고대 문체는 현재에는 이미 사라졌으나 일정한 역사 시기동안 매우 큰 영향력을 발휘했다. 우리는 고적을 정리, 연구하거나 독해하는 과정에서 변체문(騈體文)이나 응용문(應用文) 등과 같은 문체들을 대면하게 된다. 따라서 고대중국어를 학습할 때에는 고대의 문체를 확실히 분별해야 한다. 고대 문체의 특징 및 그 변화 양상을 이해하는 것은 고대중국어 독해 능력을 향상시키는 데 도움이 된다.

    중국의 고적은 무수히 많고, 문체 또한 유구한 역사 속에서 발전해왔다. 그렇다면 도대체 어떻게 문체의 종류를 구분해야 할 것인가? 어떠한 기준에 근거하는지에 따라 여러 가지 분류법이 생겨날 수 있다. 조비(曹丕)는 최초로 문체의 특징을 연구한 사람이다. 그는 『전론(典論)·논문(論文)』에서 문체를 주의(奏議), 서론(書論), 명뢰(銘誄), 시부(詩賦)의 네 가지 종류로 구분하였고, 각각의 특징과 풍격에 대하여 간단하게 논술하였다. 진(晉)나라 때에 이르러 이충(李充)의 『한림론(翰林論)』, 지우(摯虞)의 『문장유별지론(文章流別志論)』 등 문체를 연구하는 전문 저작이 생겨나기 시작했다. 남조(南朝) 유협(劉勰)의 『문심조룡(文心雕龍)』은 거의 절반의 분량을 할애하여 각종 문체의 원류와 파별을 상세히 논술하였다. 이때에는 문체별 선문문집이 출현하기도 하였다. 영향력이 가장 컸던 저작으로는 『소명문선(昭明文選)』이 있는데, 이 선집은 문체를 무려 37여 종으로 분류하였다. 그 가운데 20여 종은 모두 응용문의 부류로 귀속시킬 수 있다. 명나라 때에 이르러 문체를 다룬 중요한 저작 두 편이 출현하는 데, 이것이 바로 오눌(吳訥)의 『문장변체(文章辨體)』와 서사증(徐師曾)의 『문체명변(文體明辨)』이다. 청나라 때에 요내(姚鼐)가 편찬한 『고문사류찬(古文辭類纂)』 또한 한때 크게 유행하였다. 이 책에서는 논변류(論辨類), 서발류(序跋類), 주의류(奏議類), 서설류(書說類), 증서류(贈序類), 조령류(詔令類), 전장류(傳狀類), 비지류(碑誌類), 잡기류(雜記類), 잠명류(箴銘類), 송찬류(頌贊類), 사부류(辭賦類), 애제류(哀祭類) 등 문체를 총13개 부류로 나누었다. 이러한 분류는 그다지 번잡하지 않고, 문장의 선정도 비교적 정교하다. 13개 부류 중에는 비지, 잠명, 송찬, 애제류 등의 응용문이 많으며, 이 부류에 속하는 글 중에는 사회적 의의가 크지 않고 문채(文采)가 좋지 않은 것도 있다. 때로는 분류가 적합하지 않은 경우도 있다. 「구가(九歌)」, 「조굴원부(弔屈原賦)」 등은 모두 애제류로 분류하였으나 이는 조금 억지스럽다.

종합하면, 선인들의 분류는 세 가지 기준을 벗어나지 않는다. 가령, 시(詩), 사(辭), 가(歌), 부(賦)는 언어형식의 측면에서 구분한 것이고, 사(史), 전(傳), 행(行), 장(狀)은 내용에 근거하여 구분한 것이고, 서(書), 신(信), 증(贈), 서(序)는 응용의 범주를 기준으로 구분한 것이다.

중국 고대의 문체는 언어형식의 차이에 근거하여 크게 산문, 운문, 변문 세 가지로 구분할 수 있다. 운문은 시, 사, 가, 부, 명(銘), 잠(箴), 송(頌), 찬(贊)을 포함한다. 사부(辭賦)의 언어형식은 시가와 산문의 사이에 끼어있으나 기본적으로 압운을 하므로 운문의 부류에 넣어야 한다. 변문은 중국 고대의 특수 문체이다. 이를 산문이라고 하기에는 평측과 대구를 중시하기 때문에 적합하지 않고, 시가와 같다고 한다면 압운하지 않으므로 적합하지 않다. 따라서 별도의 부류로 세울 수밖에 없는 것이다. 운문과 변문에 관해서는 뒤에서 따로 장절로 나누어 소개할 것이므로 여기에서는 산문의 문제만을 다루도록 하겠다. 그러나 응용문에서 일부 운문의 체제를 소개할 것이다.

다음에서 고전 산문을 네 가지로 분류하고, 각 체제의 특징 및 발전 양상을 대략적으로 소개하도록 하겠다.

사전문(史傳文)

사전문은 '역사산문(歷史散文)'이라고도 한다. 주로 편년체(編年體), 기년체(紀傳體), 기사본말체(紀事本末體) 세 가지 체제가 있다. 편년체의 특징은 시간을 날줄, 사건을 씨줄로 삼는다는 점이며, 최초의 작품으로는 『춘추(春秋)』, 『좌전(左傳)』이 있다. 후에 사마광(司馬光)이 주편한 『자치통감(資治通鑑)』 또한 편년체를 사용하였으며, 이 저작은 매우 뚜렷하게 『좌전』의 전통을 계승하였다. 편년체는 시간을 중심으로 하기 때문에 줄거리 맥락이 분명하고 배경이 명확하며 매우 체계적이다. 편년체의 한 가지 약점은 인물을 묘사에 중점을 두고 광범위하게 다루기에 적절치 않다는 것이다. 사마천(司馬遷)은 『사기(史記)』에서 본기, 세가, 열전과 같은 체제를 처음으로 만들어 적용하였으며, 편년체의 한계를 벗어나 인물을 중심으로 하는 기전체의 선례를 열었다. 이와 같은 체제의 출현은 역사산문 형식의 일대 혁명이라 할 수 있다. 『사기』 이후, 조정에서 편찬하는 역대의 사서들은 기본적으로 이러한 체제를 사용하였고, 인물에 대한 전기 역시 종종 역사서 밖으로 따로 독립하여 광범위한 발전을 이루었다. 작자 또한 사관에 국한되지 않았고, 사관이 아닌 문인들도 전(傳)을 지을 수 있었다. 전기의 대상은 죽은 사람뿐 아니라 살아있는 사람도 될 수 있었다. 유종원(柳宗元)의 「동구기전(童區寄傳)」, 후방역(侯方域)의 「이희전(李姬傳)」처럼 개별 작가들이 사회 하층의 보통 백성에게까지 시선을 돌리기도 하였다. 형식적인 측면도 발전하여 전(傳) 뿐만 아니라 '행장(行狀)'이 생겨나게 되었는데, 이는 '행술(行述)', '행략(行略)', '사략(事略)' 등으로도 불렀다. 행장은 본래 정부에서 시호를 정하거나 역사서에 전기를 기술할 때에 제공하는 자료이다. 그러나 유종원의 「단태위일사장(段太尉逸事狀)」과 같은 행장은 별도의 독립된 전기이기도 했다.

자서전 체제의 생성 또한 사마천과 관련이 있다. 현존하는 「태사공자서(太史公自序)」는 아마도 최초의 산문식 자서전이라고 할 수 있을 것이다. 굴원(屈原)의 「이소(離騷)」는 비록 자서전의 특징을 가지고 있기는 하지만 운문이고, 사마상여(司馬相如)도 자서전을 저술하였다는 견해가 있지만 그 내용이 어떠한지 알 수 없다. 후에 『한서』의 「서전(敍傳)」이나 『논형(論衡)』의 「자기(自紀)」는 모두 「태사공자서」의 영향으로 만들어진 것들이다. 이러한 서전(序傳)은 전체 책의 서문일 뿐만 아니라 작자의 자서전이기도 하다. 서전은 전체 책의 앞 쪽이 아니라 뒤 쪽에 위치한다. 후대의 서언(序言), 발어(跋語)는 여기에서 발전에 온 것이다.

전기 산문의 발전은 소설, 고사(故事) 등의 문학형식 발전에도 영향을 주었다. 다시 말해, 실제 인물이나 실제 사건으로 전기를 서술할 수 있을 뿐만 아니라 허구의 인물, 혹은 실제 인물의 허구적 사건으로 전기소설(傳奇小說)을 만들어 내는 경우도 있었다는 것이다. 당나라 때 사람들의 전기소설은 전기산문과 밀접한 관련이 있다.

소위 기사본말체란 사건을 중심으로 하여 그와 관련된 주제의 자료를 한데 모아서 기술하는 것으로, 독자가 어떤 문제의 전면적 상황을 이해하기에 편리하다. 이러한 체제를 처음으로 만든 것은 송나라 때의 원추(袁樞)이다. 그는 『자치통감(資治通鑑)』에 의거하여 『통감기사본말(通鑑紀事本末)』을 편찬하였다. 전체 책은 239개의 주제로 구성되는데, 가령 제1권의 세 가지 테마는 '삼가가 진나라를 나누다'[三家分晉], '진나라가 육국을 병합하다'[秦併六國], '호걸이 진나라를 멸망시키다.'[豪桀亡秦]이다. 후대 사람들은 또한 『좌전』 및 송, 원, 명, 청사를 모두 기사본말체로 편찬하였다. 이러한 저작들은 자료로서 두드러지게 발전한 것은 아니지만 전문 주제의 관련 자료를 열거함에 순서가 뚜렷하고 맥락이 분명하여 독자들에게 큰 편리함을 제공하였다. 청대 역사학자 장학성(章學誠)은 이러한 체제의 작품을 "문장은 기전체보다 간소하고, 사건은 편년체보다 광범위하다."라고 하였는데, 타당한 평가이다.

설리문(說理文)

설리문은 철학논문, 정치논문, 역사론, 문장론 등을 포함한다. 중국 최초의 설리문은 공자의 제자와 제자의 제자가 편찬하여 오늘날까지 전해지는 『논어』이다. 논어와 같은 어록체의 설리문은 형식이 짧고 간단하며 철학적 이치를 설명하는 성격이 강하고, 대화의 형식이기 때문에 인물의 사상적 태도가 생동감 있게 묘사되는 경우가 많다. 그러나 제목이 없고, 문맥이 갖추어진 완정한 문장이 아닌 단지 한두 마디의 간단한 말을 모아놓은 것에 불과하다. 분명한 논설문이라고 할 수 있는 것의 시초는 『묵자(墨子)』이다. 묵자는 이치를 설파하는 설리산문을 새로운 단계로 발전시켰다. 이 책은 문장의 주제가 명확하고 구조가 철저하며 논리성이 강하다. 전국시대는 계급투쟁이 복잡하고 첨예하였으며, 학술사상이 전례 없이 활발하였고, 여러 사상가들이 봉기하고 백가쟁명(百家爭鳴)하던 시기이다. 설리산문 또한 그에 상응하는 큰 발전을 이룩하였다. 『장자(莊子)』, 『맹자(孟子)』, 『순자(荀子)』, 『한비자(韓非子)』는 설리 측면에서 모두 각각의 특색을 갖추고 있으며 그 영향력이 매우 크다. 특히 『장자』, 『맹자』의 영향력은 매우 두드러진다. 『장자』의 문장은 내용이 풍부하고 기세가 드높으며, 미묘한 흥취가 끊임없이 일어나고, 우화를 자주 사용하여 철리를 설명한다. 『맹자』의 문장은 신랄하고 설득력 있으며, 그 기세가 왕성하고, 비유를 자주 사용하여 도리를 설명한다. 이러한 특징은 중국 고대 산문 발전의 원동력이 되었다. 결론적으로 말하면, 오랜 봉건시대 동안 이어진 설리문의 입론 방식과 그에 대해 논박하는 방식은 기본적으로 선진 제자 산문의 범주를 넘어서지 못하였다. 선진시기에는 기본적으로 단편 논문이 없었다. 한나라 이후에야 단편 논문을 쓰는 사람들이 점차 많아지기 시작했고, 그 형식도 한층 더 발전되었다. 설리문의 가장 중요한 체제는 논(論),

설(說), 변(辯), 원(原) 등이다. 이들 사이에는 일치되는 부분도 있고 명확한 차이점도 있다.

　논(論)은 의론을 말하며, 논증을 위주로 하는 설리 방식이다. 설(說)은 설명을 뜻하며, 해석을 위주로 하는 설리 방식이다. '논'은 주로 소식(蘇軾)의 「유후론(留侯論)」처럼 인물에 대한 논의나 가의(賈誼)의 「과진론(過秦論)」, 범진(范縝)의 「신멸론(神滅論)」, 유종원의 「봉건론(封建論)」처럼 특정 주제에 관한 논의를 한다. '설'은 어떤 사건이나 문제에 대한 이치를 말하는 것으로, 가령 「사설(師說)」은 스승의 도리에 관한 것이고, 「천설(天說)」은 하늘의 도리에 관한 것이고, 「포사자설(捕蛇者說)」은 뱀을 잡는 사람의 주장과 이치에 관한 것이다. 크게는 하늘을 '설'할 수도 있고, 작게는 유종원의 「설거(說車)」처럼 하나의 사물을 '설'할 수도 있다. 그러나 일반적으로 '설'이라는 형식을 사용하여 인물이나 큰 정치문제를 논평하지는 않는다. 물론 때로는 '설'과 '논'의 경계가 불분명한 때도 있다. 또 다른 부류의 '설'은 문학 산문에 매우 근접해 있는데, 그 특징은 사물을 빌려 이치를 비유적으로 표현한다는 점이다. 주돈이(周敦頤)의 「애련설(愛蓮說)」, 유종원의 「비설(羆說)」 등을 들 수 있다. 후자는 우화에 더욱 가깝다.

　우화를 한 번 살펴보자. 우화는 비유나 고사를 사용하여 어떠한 철리를 설명하는 것이다. 선진 제자의 문집 중에는 수많은 우화고사들이 남아 있는데, 특히 장자와 한비자는 이러한 체제를 매우 잘 이용하였다. 가령, 「포정이 소를 가르다[庖丁解牛]」, 「그루터기를 지키며 토끼를 기다리다[守株待兎]」, 「창과 방패[矛與盾]」 등은 모두 인구에 회자되는 명편이다. 후대에 와서 우화는 일종의 독립적인 문학 형식으로 발전되었으니, 가령 유종원의 「삼계(三戒)」, 유기(劉基)의 「매감자언(賣柑者言)」 등은 모두 깊은 사회적 의미를 갖고 있다.

　변(辯)의 주요 특징은 논박으로, 잘못된 관점이나 믿을 수 없는 사실을 반박하여 바로잡는다. 한유(韓愈)의 「휘변(諱辯)」은 잘못된 관점을 반박한 것이고, 유종원의 「변열자(辯列子)」는 일부 작품의 진위를 변별한 것이다.

원(原)이라는 체제는 당나라 때 시작되었는데, 유명한 작자로는 한유, 피일휴(皮日休)가 있다. 후대에 황종희(黃宗羲)가 쓴 「원군(原君)」, 「원신(原臣)」 또한 그 영향력이 크다. 피일휴는 "원(原)이란 무엇인가? 그것이 시작된 바의 근원을 헤아리는 것이다."[夫原者何也? 原其所自始也.]라고 하였다. 이른바 '원'은 이론이나 제도, 사회 습관에 대하여 근본적으로 탐색하고 고찰하는 것이다.

설리문에는 이밖에도 다른 여러 형식이 있는데 여기에서 일일이 소개하지는 않겠다.

잡기문(雜記文)

잡기문은 그 범위가 넓어서 사전(史傳), 비지(碑志) 이외의 나머지 서술문이 대부분이 부류에 포함된다. 산수지리를 기록한 것으로는 역도원(酈道元)의 『수경주(水經注)』, 유종원의 『영주팔기(永州八記)』, 『서하객유기(徐霞客遊記)』 등이 있고, 경물과 사회 풍토, 인정(人情)을 서술한 것으로는 양현지(楊衒之)의 『낙양가람기(洛陽伽藍記)』, 일을 기록한 것으로는 방포(方苞)의 「옥중잡기(獄中雜記)」, 공자진(龔自珍)의 「병매관기(病梅館記)」, 사물을 기록한 것으로는 위학이(魏學洢)의 「핵주기(核舟記)」가 있다.

잡기문의 특징은 특정한 일을 기록하는 것을 위주로 한다는 점이다. 그러나 때로는 서술하면서 논평을 끼워 넣는 경우도 있고, 심지어는 범중엄(范仲淹)의 「악양루기(岳陽樓記)」처럼 의론이 일의 기록보다 더 많은 경우도 있다. 경치나 사물을 묘사하는 서술문은 일반적으로 언어의 깔끔함과 문장의 표현력을 중요시한다. 이른바 '시정화의(詩情畵意)'[시의 정취와 그림의 분위기]라는 것은 이러한 문장이 마땅히 갖추어야 할 특색이다.

잡기문에는 필기문(筆記文)이라는 큰 부류도 포함된다. 고대 중국인들은 대부분 필기를 소설류에 귀속시켰다. 고대 중국인이 말하는 소설과 우리가 오늘날의 소설은 매우 상이하다. 고대 중국인이 말하는 소설은 '흩어져 있는 자질구레한 말들', '항간에 떠도는 이야기'를 가리킨다.

필기문 또한 일의 기록을 위주로 한다. 편폭이 짧은 것이 특징인데, 긴 것은 1,800자를 넘지 않고, 짧은 것은 거우 몇 단어만으로 이루어진 경우도 있다. 그러나 그 내용은 각양각색으로, 역사비화, 일문일사(逸聞佚事), 문예수필, 인물단평, 과학소품, 문자고증, 지괴잡록(志怪雜錄), 독서잡기(讀書雜記) 등 다양하다. 유의경(劉義慶)의 『세설신어(世說新語)』는 인물 품평을 주로 하였고, 심괄(沈括)의 『몽계필담(夢溪筆談)』은 작자가 일생동안 보고 경험한 것과 학술 연구 성과의 결정체이다. 고염무(顧炎武)의 『일지록(日知錄)』은 경사(經史)를 읽고 깨달은 바를 기록한 것으로 종종 새로운 발견도 있다. 원매(袁枚)의 『수원수필(隨園隨筆)』은 고증의 성격을 지니고 있으며, 기윤(紀昀)의 『열미초당필기(閱微草堂筆記)』는 지괴와 이야기 모음 중간의 성격을 갖고 있다. 육조 이래로 필기문의 작품은 볼 만한 것들이 자못 있으나 정교한 것과 조잡한 것, 좋은 것과 나쁜 것이 섞여 있으니 이러한 자료들을 이용할 때에는 잘 선택해야 한다.

응용문

응용문의 범위는 상당히 번잡하다. 일부 응용문은 봉건사회 제도의 필요에 따라 생겨났다. 여기에서는 주의(奏議), 조령(詔令), 비지(碑誌), 애제(哀祭), 송서(送序), 잠명(箴銘), 송찬(頌贊) 등을 소개하겠다.

주의(奏議)는 신하가 황제에게 올리는 서신이나 보고로서 여기에는 주(奏), 의(議), 서(書), 소(疏), 표(表), 장(狀), 봉사(封事), 차자(劄子) 등이 있다. 가령, 조조(鼂錯)의 「논귀속소(論貴粟疏)」, 가양(賈讓)의 「치하의(治河議)」, 제갈량(諸葛亮)의 「출사표(出師表)」, 이사(李斯)의 「간축객서(諫逐客書)」, 왕안석(王安石)의 「본조백년무사차자(本朝百年無事劄子)」, 호전(胡銓)의 「무오상고종봉사(戊午上高宗封事)」 등이 이것이다. 각각의 명칭은 만들어진 시점이 다르며 그 사용 범위도 각각의 조대에 따라 다르다. 그 밖에도 대책(對策)이 있는데, 이는 '주의'의 부가적 유형이다. 대책은 황제가 문제를 출제하고 과거 응시자가 문제에 답하는 형식으로, 봉건왕조가 인재를 선발하는 방법이다. 예를 들면, 한나라 무제(武帝) 때에 현량(賢良)과 문학(文學)의 선비를 선발할 때, 동중서(董仲舒)가 현량대책을 냈는데, "대답이 끝나자 천자는 동중서를 강도의 재상으로 삼고 역왕을 섬기게 하였다."[對旣畢, 天子以仲舒爲江都相, 事易王.]고 한다.

조령(詔令)은 황제가 신하에게 내리는 서신이나 명령이다. 여기에는 책서(策書), 제서(制書), 조서(詔書), 계칙(戒敕) 등이 포함된다. 그러나 각 조대의 제도가 완전히 동일한 것은 아니다. 설령 명칭은 같다 하더라도 사용 범위가 동일한 것은 아니며, 언어형식 또한 같지는 않다. 칙(敕)을 예로 들면, 당 왕조의 '칙'은 한나라 때의 '계칙'에 비해 범위가 넓다. 또한 한나라 때의 '칙'은 산문이고, 육조 이후의 '칙'은 대개 변문이다. 그 밖에도 격문(檄文)이 있는데, 이는 조령의 한 유형으로 군용문서에 속한다. 낙빈왕(駱賓王)의 「위서경업토무조격(爲徐敬業討武曌檄)」이 여기에 속한다. 『문심조룡』에서 "무릇 격(檄)의 중요한 이치는 자신의 아름다움을 기술하거나 타인의 가혹함을 서술하는 것이다."[凡檄之大體, 或述此休明, 或敍彼苛虐.]라고 하였는데 여기에서 알 수 있듯이 격문은 종종 적대적인 쌍방이 자신의 아름다움을 과장하거나 상대방의 단점을 폭로하는 데 사용하는 공문서이다.

상하의 존비 관계를 나타내는 데 사용되는 문서로는 두 가지 유형이 있다. 하나는 교(教)로서 제갈량의 「여군하교(與羣下教)」처럼 제후인 왕이 신하에게 보내는 공문서이고, 다른 하나는 전(牋)으로 양덕조(楊德祖)의 「답임치후전(答臨淄侯牋)」처럼 하급자가 상급자에게 올리는 문서이다.

비지(碑誌)는 비명(碑銘)과 묘지명(墓誌銘)을 포함한다. 비명의 범위는 비교적 넓다. 산천이나 고적, 궁실이나 불교와 도교 사원, 신을 모시는 사당이나 집안의 사당, 누각, 정자, 집, 담장, 봉선 당묘와 가묘, 임금이 하늘과 산천에 제사 지는 것, 공훈을 기록한 것 등은 모두 돌에 새겨 비석으로 만들어 기념으로 삼았다. 왕간서(王簡栖)의 「두타사비(頭陀寺碑)」, 한유의 「평준서비(平淮西碑)」, 유종원의 「남제운휴양묘비(南霽雲睢陽廟碑)」 등이 이러한 부류이다. 그 밖에도 묘비(墓碑), 묘갈(墓碣), 묘표(墓表)가 있는데 이 세 가지는 모두 죽은 사람의 묘에 사용한다. 묘비는 형태구조가 크고, 5품 이상의 관료만이 비(碑)를 세울 수 있다. 묘갈은 형태구조가 작고, 5품 이하가 갈(碣)을 세울 수 있다. 관직 품위가 없는 사람은 표(表)를 세울 수 있다. 묘비는 신도비(神道碑), 묘표는 신도표(神道表)라고도 하였는데, 신도는 묘지 앞의 길을 말한다. 묘비, 묘갈의 내용은 일반적으로 두 부분으로 나뉜다. 전반부는 산문 형식이고 후반부에 압운 형식의 시구를 덧붙이는데, 이것이 명문(銘文)이다. 묘표에는 명문이 있는 경우도 있고 없는 경우도 있다. 가령, 구양수(歐陽脩)의 「농강천표(瀧岡阡表)」에는 명문이 없다. 묘지명은 묘 안쪽에 묻는다고 해서 매명(埋銘), 묘기(墓記)라고도 하는데 한나라 때 시작되었다고 전해진다. 그 형태는 두 덩이의 네모난 돌인데, 하나는 아래에 깔고 하나는 위에 덮고 각각에 '지(誌)'와 '명(銘)'을 새긴다. 내용 또한 두 부분으로 나뉜다. 한 부분은 '지(誌)'로서, 산문체이고 죽은 사람의 성명, 고향, 관직 및 일생의 사적 등을 기재한다. 또 다른 부분은 '명(銘)'으로, 운문체이며 매우 짧다. 한유의 「유자후묘지명(柳子厚墓誌銘)」이 여기에 속한다.

　보통 백성들은 사후에 일반적으로 묘전(墓甎)만 세웠다. 그 위에는 죽은 사람의 성명, 그리고 묘전을 묻은 자가 생전 그를 부르던 호칭을 새겼다.[1]

　애제(哀祭)에는 애사(哀辭), 제문(祭文), 뇌(誄) 등이 포함되는데, 이는 죽은 자를 애도하는 문장으로 일반적으로는 운문이다. 조식(曹植)의 「왕중선뢰(王仲宣誄)」, 구양수의 「제석만경문(祭石曼卿文)」 등이 이것이다. '애사'의 운문은 때로 초사체(楚辭體)를 사용하여 문미 혹은 문중에 '兮'자를 쓰기도 하는데, 한유의 「구양생애사(歐陽生哀辭)」가 그 예이다. '제문'은 제사를 지낼 때에 낭독하는 데 쓰이며, 끝 부분에 일반적으로 '상향(尙饗)' 두 자를 써서 귀신이 흠향하기를 바라는 뜻을 나타낸다. '뇌'는 본래 죽은 사람의 덕행을 기록하는 데 쓰였으나 후에는 애사와 큰 차이가 없게 되었다.

　비지(碑誌)와 애제(哀祭) 두 부류는 사상적 내용이 부족하고, '처음에는 영광스러움을, 끝에는 슬픔을' 나타내는 것이 대부분이다. 간혹 문사가 수려한 작품도 있고, 역

---

1) (역주) 묘전은 무덤의 입구에 돌로 만들어 놓은 것으로 무덤의 주인을 알 수 있는 기록이다.

사적 인물의 비지는 중요한 사료적 가치를 지니기도 한다.

명잠(銘箴), 송찬(頌贊)은 운문에 속하지만 기능적인 면에서는 응용문에 속한다.

명(銘)의 기능은 두 가지이다. 첫째, 축송(祝頌)에 사용되고, 둘째, 규계(規戒)에 쓰인다. 명의 내용은 반고(班固)의 「십팔후명(十八侯銘)」처럼 공을 기록한 경우, 반고의 「봉연연산명(封燕然山銘)」처럼 공훈을 기록한 경우, 유우석(劉禹錫)의 「누실명(陋室銘)」처럼 집에 대해 기록한 경우, 유신(分信)의 「단선명(團扇銘)」처럼 그릇을 기록한 경우가 있으며 그 밖에 좌우명(座右銘)이 있다. 명문은 일반적으로 모두 네 글자 구이며 가장 짧은 것은 몇 구절만으로도 이루어진다.

잠(箴)은 스스로를 경계하는 격언으로 기본적으로는 네 글자의 운문이다. 가령, 한유의 「오잠(五箴)」, 피일휴의 「육잠(六箴)」, 공자진(龔自珍)의 「팔잠(八箴)」은 모두 각 항목별로 연관된 문자로 이루어져 있다. 유종원의 일부 잠에는 앞에 서문이 있는 경우도 있다.

찬(贊)은 주로 역사적 인물을 표창, 찬양하는 데 사용되는 것으로 일반적으로는 네 글자의 운문이다. 가령, 도연명(陶淵明)의 「선상화찬(扇上畵贊)」은 매 4구마다 한 사람을 찬양하였고, 전체 9명의 인물을 찬양하였다. 그 외에도 『문심조룡』 뒷부분의 '찬어(贊語)'와 같이 책 뒤에 덧붙는 찬도 있다. 간혹 자기 자신을 찬양한 「자찬(自贊)」도 있는데, 진량(陳亮), 이탁오(李卓吾) 등이 이러한 작품을 쓴 적이 있다.

송(頌)은 공덕을 찬미하는 데 쓰인다. 일반적으로 4언으로 된 운문이지만 한유의 「백이송(伯夷頌)」처럼 압운하지 않은 것도 있다.

송서(送序)는 당나라 때에 생겨난 것이다. 가령, 한유의 「송맹동야서(送孟東野序)」나 유종원의 「송설존의서(送薛存義序)」는 모두 영향력 있는 작품들이다. 표현 방식의 측면에서 보면 송서는 설리문이다. 그러나 친구에게 보내는 데에 사용되었으므로 응용문으로 볼 수도 있을 것이다.

위에서 소개한 각종 유형의 문체에 대한 내용은 단지 대략적인 상황일 뿐이다. 사실, 문체 또한 시대에 따라 변화해 왔으므로 각종 문체는 대부분 모두 그 체제가 변화하였다. 어떤 문체는 이름은 같지만 실상은 다른 경우도 있다. 가령 『한서』의 '찬(贊)'은 명찬(銘贊)의 '찬(贊)'과 다르다. 전자는 역사논평인 사론(史論)에 속하는 산문이고, 후자는 명류(銘類)에 속하는 운문이다. 송서(送序)의 '서(序)'와 문서(文序)의 '서(序)'도 전혀 다른 별개의 사항이다. 송서는 고대인들이 이별을 고할 때에 글을 전하는 습관에서 발전된 것이고, 문서는 글의 앞이나 뒤에 쓰는 머리말이다. 그 밖에도 서신(書信)의 경우 일반적으로는 응용문에 속하지만, 대부분의 서신이 설리를 위주로 하고, 일부 서신은 감정 토로하는 것을 위주로 하기도 한다. 이처럼 유형을 넘나드는 정황을 모두 구별하려면 구체적 작품 각각을 살펴봐야 한다. 그러니 결코 기계적 관점으로 작품을 분류해서는 안 될 것이다.

21

변려문(騈儷文)[1]의 구성

　　변려문은 한나라 사부(辭賦)의 영향을 받아 점차적으로 형성된 특수 문체이다. 위진 시대에 형성되기 시작했으며, 남북조 시대에는 문장의 정통이 되었다. 당나라 때에는 이 문체를 '시문(時文)'이라 부르며 '고문(古文)'과 상대적인 것으로 보았고, 글 전체가 4자, 6자 구로 구성되어 있기 때문에 만당(晚唐) 시기부터는 '사륙(四六)' 또는 '사륙문(四六文)'으로 부르기 시작했다. 명나라까지 계속 이 이름으로 불리다가 청나라에 이르러 '변려문(騈儷文)'이라 불렀다. 중당(中唐) 이후 변려문의 정통적 지위가 점차 '고문(古文)'으로 대체되었으나 여전히 많은 문헌에서 변려문의 형식을 사용하였고, 또한 당송시기 이후의 문학 언어, 특히 율시(律詩)에도 큰 영향을 미쳤다. 역사자료를 연구하거나 고대 문화유산을 받아들이는 과정에서 유협(劉勰)의 『문심조룡(文心雕龍)』과 같은 변려문 형식의 작품을 접하게 된다. 변려문의 표현방식은 일반 산문과는 다르므로 그것의 표현방식 즉 언어적 특징에 대한 기본적인 이해가 필요하다.

　　변려문의 언어에는 세 가지 특징이 있다. 첫째, 어구(語句) 측면의 특징으로 변우

---

[1] (역주) 변려문은 변체문(騈體文)이라고도 한다.

(駢偶)와 '4·6자 구조', 둘째, 어음(語音) 측면의 특징인 평측(平仄) 대구, 셋째, 어휘 사용 측면의 특징인 전고 사용과 수식 방법이다.

변우(駢偶)

'변우'는 둘씩 쌍을 이루는 것을 말한다. '변(駢)'은 두 마리 말이 나란히 있는 것이고, '우(偶)'는 두 사람이 같이 있는 것이다. 고대의 의장(儀仗)도 둘씩 쌍을 이루었는데, 이 때문에 변우를 '대장(對仗)'[2]이라고도 부른다. 변려문은 보통 평행한 두 구를 사용하며 글이 끝날 때까지 둘씩 짝을 이룬다. 옛날 사람들은 명확한 문법개념은 없었으나 어휘의 허실(虛實), 문장 형식의 같고 다름 등을 분별할 줄 알았기에, 허자(虛字) 대 허자, 실자(實字) 대 실자 및 문장 형식의 대칭을 중요하게 여겼다. 오늘날의 문법개념으로 따져 보면 이는 문법구조의 상호대칭으로, 주술구조와 주술구조, 술목구조와 술목구조, 수식구조와 수식구조, 복문과 복문이 대를 이루는 것이다. 이것이 '변우'의 기본 조건이다. 다음 예를 보자.

1) 주술구조 대 주술구조

(1) 其中騰波觸天, 高浪灌日. (포조(鮑照) 「등대뢰안여매서(登大雷岸與妹書)」)
   그 가운데 높은 파도는 하늘에 닿고, 높은 물결은 태양까지 이르네.

(2) 故情者文之經, 辭者理之緯. (『문심조룡·정채(情采)』)
   고로 뜻은 글을 이루는 날줄이요, 말은 이치를 이루는 씨줄이다.

(3) 風煙俱淨, 天山共色. (오균(吳均) 「여주원사서(與朱元思書)」)
   바람과 안개가 모두 흩어져 사라지니, 하늘과 산이 같은 빛깔이다.

(4) 時運不齊, 命途多舛. (왕발(王勃) 「등왕각서(滕王閣序)」)

---

2) (역주) 대장(對仗)은 옛 시문에서 서로 대우가 되는 것, 즉 대구를 이루는 것을 가리킨다. 이하에서는 '대구'라고 쓴다.

시운이 고르지 못하고, 운명이 자주 어긋난다.

2) 술목구조 대 술목구조

(5) 呑吐百川, 寫泄萬壑. (포조「등대뢰안여매서」)

수많은 내를 삼기고 뱉으며, 깊고 큰 골짜기를 거두고 내보낸다.

(6) 若乃綜述性靈, 敷寫器象. (『문심조룡·정채』)

성령을 총체적으로 서술하고, 만물을 상세히 묘사하다.

(7) 式觀元始, 眇觀玄風. (소통(蕭統)「문선서(文選序)」)

원시 시대를 살펴보고, 유원한 풍속을 들여다본다.

(8) 臨帝子之長洲, 得天人之舊館. (왕발「등왕각서」)

제자의 큰 강을 눈앞에 두고, 천인의 오래된 집을 얻다.

3) 수식구조 대 수식구조

(9) 棲波之鳥, 水化之蟲. (포조「등대뢰안여매서」)

파도에 어우러진 새, 물에 동화된 벌레들.

(10) 冬穴夏巢之時, 茹毛飮血之世. (소통「문선서」)

겨울에는 동굴에서 살고 여름에는 둥지에 살던 시절, 날 것을 먹고 피를
마시던 세월.

(11) 勃三尺微命, 一介書生. (왕발「등왕각서」)

나는 삼척의 미명이요, 보잘것없는 서생이라.

4) 복문 대 복문

(12) 夫水性虛而淪漪結, 木體實而花萼振. (『문심조룡·정채』)

무릇 물의 성질은 비어있어 물결이 얽히고 나무의 본체는 실하여 꽃받침
이 생겨난다.

(13) 氷釋泉涌, 金相玉振. (소통「문선서」)

얼음이 녹아 샘물이 용솟음치고, 금과 옥이 부딪혀 소리를 낸다.

(14) 地勢極而南溟深, 天柱高而北辰遠. (왕발 「등왕각서」)

지세가 극에 달하여 남쪽 바다는 깊고, 천주(天柱)는 높아 북극성이 멀리
보인다.

'변우'는 전체적으로 대칭을 이루어야 할 뿐만 아니라 앞뒤 연의 문법구조도 일치
해야 한다. 즉 주어 대 주어, 서술어 대 서술어, 목적어 대 목적어, 보어 대 보어, 관
형어 대 관형어, 부사어 대 부사어로 일치해야 한다. (1)에서 '騰波'와 '高浪'은 주
어 대 주어이고, '觸天'과 '灌日'은 술어 대 술어이며, 주어에서도 '騰'과 '高'는 관
형어 대 관형어이고, 서술어에서 '天'과 '日'은 목적어 대 목적어이다. (5)에서 주어
가 생략되었고 연 전체가 서술어 대 서술어 구조이다. 즉, '呑吐'와 '寫泄'는 서술어
대 서술어이고, '百川'과 '萬壑'은 목적어 대 목적어이며, 목적어에서 '百'과 '萬'은
수식어 대 수식어이다. 종합하면, 앞의 각 예들은 전체적으로 대칭을 이룰 뿐만 아니
라 앞뒤 연의 내부구조도 동일하다. 물론 변려문의 대구 가운데 내부구조가 일치하
지 않는 경우도 드물게 있지만, 제량(齊梁)시기 이후의 변려문에서 구의 형식이 대칭
되지 않는 경우는 매우 적다.

변려문에서는 문장 구조의 대칭을 중시하며 한 연의 대구에서도 단어가 서로 쌍
을 이루는 것을 중시한다. 앞뒤 두 구의 같은 위치에 오는 단어는 명사 대 명사, 동
사 대 동사, 형용사 대 형용사, 접속사와 전치사 대 접속사와 전치사로 대응되어야
한다. 명사, 동사, 형용사는 보통 다른 글자로 대응시킨다. 다음 예를 보자.

(15) 窺地門之絶景, 望天際之孤雲. (포조 「등대뢰안여매서」)

지문의 석양빛을 들여다보고 하늘 가의 외로운 구름을 바라본다.

(16) 遠棄風雅, 近師辭賦. (『문심조룡·정채』)

풍아를 멀리 버리고, 사부를 가까이 섬긴다.

(17) 蟬則千轉不窮, 猿則百叫無節. (오균 「여주원사서」)

매미는 수천 번 울며 그칠 줄 모르고, 원숭이는 수백 번 울며 끊임이 없다.

(18) 睢園綠竹, 氣凌彭澤之樽, 鄴水朱華, 光照臨川之筆. (왕발 「등왕각서」)
　　 휴원의 푸른 대나무는 그 기운이 팽택 현령[도연명]의 술잔을 능가하고, 업
　　 수의 붉은 꽃은 그 빛이 임천[사령운]의 붓만큼이나 빛이 난다.

　접속사와 전치사는 대부분 같은 글자끼리 대가 된다. 그러나 다른 글자가 대가 되
는 경우도 있다. 다음 예를 보자.

(19) 若擇源於涇渭之流, 按轡於邪正之路. (『문심조룡・정채』)
　　 만약 경수와 위수의 흐름에서 근원을 가리며, 그릇됨과 바름의 길에서 고
　　 삐를 당긴다면.

(20) 綺麗以艶說, 藻飾以辯雕. (『문심조룡・정채』)
　　 화려한 말로 멋을 내고 반듯한 말로 꾸미다.

(21) 論則析理精微, 銘則序事淸潤.(소통 「문선서」)
　　 ‘논’은 이치를 분석함을 치밀히 하는 것이고, ‘명’은 일의 순서 매김을 분
　　 명하고 자연스럽게 하는 것이다.

(22) 襟三江而帶五湖, 控蠻荊而引甌越. (왕발 「등왕각서」)
　　 삼강을 뛰어넘고 오호를 아우르며, 만형을 제어하고 구월을 끌어들이다.

(23) 從嶺而上, 氣盡金光, 半山以下, 純爲黛色.(포조 「등대뢰안여매서」)
　　 산봉우리를 따라 오르면 온통 금빛으로 가득하고, 산 중턱으로 내려가면
　　 까만 눈썹 같이 까마득하도다.

(24) 正采耀乎朱藍, 間色屛於紅紫. (『문심조룡・정채』)
　　 바른 색인 적색과 청색을 빛내고, 잡스러운 색인 홍색과 자색을 없앤다.

(25) 楊意不逢, 撫凌雲而自惜, 鍾期旣遇, 奏流水以何慚? (왕발 「등왕각서」)
　　 양득의(楊得意)는 때를 만나지 못해, 능운(凌雲)이라고 위로하며 스스로
　　 애석해하고, 종자기(鍾子期)를 이미 만났으니, 유수(流水)처럼 연주하더라
　　 도 무엇이 부끄럽겠는가?

(19-22)에서는 동일한 글자가 대를 이루고, (23-25)에서는 다른 글자가 대를 이룬다.

옛날 사람들에게는 오늘날과 같은 품사 개념이 없었으나, 허사 대 허사, 실사 대 실사 등 허사와 실사에 대해서는 분명하게 구분했다. 실사와 허사 내부에서는 변통되기도 했다. 오늘날의 문법 용어로 설명하면, 주어나 목적어 역할을 하는 경우 모두 명사로 간주할 수 있고, 관형어 역할을 하는 경우 명사와 형용사를 같은 부류로 간주할 수 있으며, 서술어 역할을 하는 경우 형용사와 동사를 같은 부류로 볼 수 있고, 부사어 역할을 하는 경우 모두 부사로 볼 수 있다. 허사 내부에서는 접속사가 전치사와 대를 이룰 수 있다. 다음 예를 보자.

(26) 智吞愚, 强捕小. (포조 「등대뢰안여매서」)
지혜로운 것이 어리석은 것을 지배하고, 강한 것이 약한 것을 사로잡는다.

(27) 老當益壯, 寧移白首之心. 窮且益堅, 不墜青雲之志. (왕발 「등왕각서」)
늙을수록 더욱 강해진다면 어찌 흰머리의 마음을 알겠는가. 가난할수록 더욱 견고해진다면 청운의 뜻을 꺾지 않으리라.

(28) 層臺聳翠, 上出重霄, 飛閣翔丹, 下臨無地. (왕발 「등왕각서」)
층층의 누대는 푸르게 솟아 위로 아득한 하늘을 뚫고, 높은 누각은 붉게 뜬 채로 아래로 아득한 땅을 굽어보네.

이상은 형용사가 주어나 목적어 역할을 하는 경우로, 명사로 간주한다.

(29) 若擇源於涇渭之流, 按轡於邪正之路. (『문심조룡·정채』)
만약 경수와 위수의 흐름에서 근원을 가리며, 그릇됨과 바름의 길에서 고삐를 당긴다면.

(30) 落霞與孤鶩齊飛, 秋水共長天一色. (왕발 「등왕각서」)
저녁놀은 외로운 따오기와 나란히 떠 있고, 가을 강물은 넓은 하늘과 한 색이로다.

이상은 명사와 형용사가 모두 관형어 역할을 하는 경우로, 같은 부류로 간주한다

(31) 嚴霜慘節, 悲風斷肌(포조 「등대뢰안여매서」)
매서운 서리가 뼈마디를 아프게 하고, 슬픈 바람이 살갗을 엔다.

(32) 靈雲之興會標擧, 延年之體裁明密 (심약(沈約) 『송서(宋書)·사령운전론(謝靈運傳論)』)
사령운의 기발함은 명확하고 자세하며, 두연년의 체재는 확실하고 세밀하다.

(33) 天高地迥, 覺宇宙之無窮, 興盡悲來, 識盈虛之有數. (왕발 「등왕각서」)
하늘은 높고 땅은 아득하니 우주의 무궁함을 깨닫고, 기쁨이 다하고 슬픔이 찾아오니 흥성과 쇠락은 정해져 있음을 알게 되네.

이상은 동사와 형용사가 모두 서술어 역할을 하는 경우로, 같은 부류로 간주한다.

(34) 故體情之製日疏, 逐文之篇愈盛. (『문심조룡·정채』)
심정을 체현해 내는 작품은 날마다 줄어들고, 화려함을 쫓는 글이 갈수록 많아진다.

(35) 孟嘗高潔, 空懷報國之貞, 阮籍猖狂, 豈效窮途之哭. (왕발 「등왕각서」)
맹상은 성품이 고결하였으나 헛되이 나라에 보답하고자 하는 마음을 품었고, 완적은 제멋대로 행동하였으니 어찌 길이 다한 곳에서 운 것을 본받겠는가.

위에서 부사어 역할을 하는 '日(일)'과 '空(공)'은 '날마다', '헛되이'라는 의미의 부사로 간주한다.

(36) 懷帝閽而不見, 奉宣室以何年? (왕발 「등왕각서」)
제왕의 궁문을 그리워해도 보이지 않으니, 선실에서 명 받들 날이 언제일까?

위에서는 접속사 '而'와 전치사 '以'가 서로 대가 된다.

변려문은 문법구조와 단어의 품사가 모두 대를 이루어야 할 뿐만 아니라 대구가 안정되고 가지런해야 한다. 대구가 안정되고 가지런하다는 것은 사물을 여러 부류로 구분하여 천문 대 천문, 지리 대 지리, 동물 대 동물, 식물 대 식물, 인간사[人事] 대 인간사, 기물 대 기물 등과 같이, 같은 부류에 속하는 단어끼리 대를 이루는 것을 말한다. 다음 예를 보자.

> (37) 思盡波濤, 悲滿潭壑. (포조 「등대뢰안여매서」)
> 그리움은 파도에 가득하고, 슬픔은 골짜기에 가득하다.

'思'와 '悲'는 인간사가 대를 이루고, '波濤'와 '潭壑'은 지리가 대를 이룬다.

> (38) 蟬則千轉不窮, 猿則百叫無節. (오균 「여주원사서」)
> 매미는 수천 번 울며 그칠 줄 모르고, 원숭이는 수백 번 울며 끊임이 없다.

'蟬'과 '猿'은 동물이 대를 이룬다.

> (39) 望長安於日下, 指吳會於雲間. (왕발 「등왕각서」)
> 해 아래에 있는 장안을 바라보고, 구름 사이에 있는 오와 회계를 가리킨다.

'長安'과 '吳會'는 지리가 대를 이루고 '日'과 '雲'은 천문이 대를 이룬다.

> (40) 睢園綠竹, 氣凌彭澤之樽, 鄴水朱華, 光照臨川之筆. (왕발 「등왕각서」)
> 휴원의 푸른 대나무는 그 기운이 팽택의 술잔을 능가하고, 업수의 붉은 꽃은 그 빛이 임천의 붓만큼이나 빛이 난다.

'睢園'과 '鄴水'는 지리가 대를 이루고, '綠竹'과 '朱華'는 식물이 대를 이룬다. '彭澤'과 '臨川'은 표면적으로는 지리가 대를 이룬 것으로 보이나 실제로는 인명이 대를 이룬 것으로 각각 도연명, 사령운을 일컫는다. '樽'과 '筆'은 사물이 대를 이룬 것이다.

숫자, 색깔을 나타내는 어휘가 대를 이루는 것은 전형적인 정밀한 대구 형식3)이라 할 수 있는데, 변려문에서는 숫자를 숫자에, 색깔을 색깔에 대응시키는 것을 중시한다. 다음 예를 보자.

(41) 東顧五洲之隔, 西眺九派之分. (포조 「등대뢰안여매서」)
동쪽으로 오주가 떨어져 있는 것을 돌아보고 서쪽으로 구파가 나누어진 것을 내려다본다.

(42) 留侯之發八難, 曲逆之吐六奇, 蓋乃事美一時, 語流千載. (소통 「문선서」)
유후 장량이 여덟 가지 난제를 내고, 곡역후 진평이 여섯 가지 기책을 내었으니 어떤 일로 한 시대가 흥하면 그 이야기는 천년 동안 전해진다.

(43) 左右青靄, 表裏紫霄. (포조 「등대뢰안여매서」)
양옆은 푸른 아지랑이, 겉과 속은 자줏빛 하늘.

(44) 正采耀乎朱藍, 間色屏於紅紫. (『문심조룡·정채』)
바른 색인 적색과 청색을 빛내고, 잡스러운 색인 홍색과 자색을 없앤다.

구 안에서도 대를 이루고4) 다시 두 구가 대를 이루는 것도 정밀한 대구에 속한다. 구 안에서 대를 이룬다는 것은 해당 구 안에 이미 대단히 정밀하게 대를 이루는 병렬구조가 갖춰져 있는 것을 가리키며, 이 구가 다시 다른 구와 대를 이루게 될 경우

---

3) (역주) 이곳의 '정밀한 대구 형식'은 중국어의 '工整對'를 번역한 것이다. 이는 대구의 한 종류를 부르는 말로, 여기서는 '정밀한 대구'라고 번역하여 쓰기로 한다.

4) (역주) 전후 구절이 대를 이루는 것과 무관하게 한 구절 안에서 대를 이루는 것을 가리킨다. 이를 중국에서 '句中自對' 혹은 '自對'라고 부른다.

에는 각 구에서 대가 되는 단어들끼리 대가 딱 맞아떨어질 필요가 없다. 다음 예를
보자.

(45) 負氣爭高, 含霞飮景. (포조 「등대뢰안여매서」)
기운을 업고 올라가 높이를 다투며, 노을을 머금고 빛을 삼킨다.

(46) 氷釋泉涌, 金相玉振. (소통 「문선서」)
얼음이 녹고 샘물이 솟아오르며, 금과 옥이 부딪혀 소리를 낸다.

(47) 襟三江而帶五湖, 控蠻荊而引甌越. (왕발 「등왕각서」)
삼강을 뛰어넘고 오호를 아우르며, 만형을 제어하고 구월을 끌어들이다.

(48) 騰蛟起鳳, 孟學士之詞宗; 紫電靑霜, 王將軍之武庫. (왕발 「등왕각서」)
솟아오르는 교룡과 날아오르는 봉황은 맹학사 문장의 뛰어남을 나타내고,
자줏빛 번개와 차가운 서리는 용맹스러운 왕장군의 무기고를 나타낸다.

(45-47)에서 전후 두 구절에서 문법구조가 완전히 일치하며, 구 안에서 정밀하게
대를 이룬다. 다만 '氣'와 '霞', '高'와 '景', '氷'과 '金', '泉'과 '玉', '三江'과 '荊
蠻', '五湖'와 '甌越'은 모두 대가 맞지 않는다. 그러나 전체 구는 전형적인 정밀한
대를 이룬다. (48)은 두 개의 술목구조와 두 개의 수식구조가 대를 이루는데, 문법구
조가 다르긴 하지만 구 안에서 대가 잘 이루어졌으므로 전체적인 대구는 여전히 정
밀하다고 할 것이다.

변려문에서 대구의 정밀함을 중시하게 된 것은 일련의 발전 과정을 거친 것이다.
초기 변려문에서는 대개 두 구만 대를 이루었으며 정밀한 대구까지는 요구하지 않았
다. 같은 글자로 대를 만드는 것도 꺼리지 않았으며, 변구(騈句)와 산구(散句)를 함께
사용하는 작법도 있었다. 포조의 「등대뢰안여매서」의 첫 번째 단락을 보자.

(49) 吾自發寒雨, 全行日少, 加秋潦浩汗, 山溪猥至, 渡沔無邊, 險徑遊歷,
棧石星飯, 結荷水宿, 旅客貧辛, 波路壯闊, 始以今日食時, 僅及大雷.

塗登千里, 日踰十晨, 嚴霜慘節, 悲風斷肌, 去親爲客, 如何如何!

내가 차가운 비속에서 출발해서 온 여정동안 해를 본 날이 드물다. 가을 빗물이 넘치고 산골물이 많이 불어 끝없는 물길을 거슬러 건너 험한 길을 지나왔다. 잔도의 돌에 앉아 별 아래에서 밥을 먹고, 연잎을 엮어서 물가에서 잔다. 나그네 여정은 궁핍하고 고생스러운데 물길은 광활하다. 비로소 오늘 식사 때가 되어서야 대뢰에 겨우 도착했다. 길은 천리에 올랐고, 날은 열흘이 넘는다. 매서운 서리가 뼈마디를 아프게 하고, 슬픈 바람이 살갗을 에는데 가족을 떠나 나그네 되었으니, 어찌 할꼬, 어찌 할꼬!

글자 아래에 '△'가 붙은 것은 산구이고, '·'가 붙은 것은 대구가 그리 정밀하지 않은 변구이다. 전체 문장에는 변구와 산구가 함께 쓰이고 있으며 정밀한 대구도 많지 않다. 전체 문장에는 산구나 통사구조가 동일하지 않은 정밀하지 않는 대구도 적지 않다. 후기 변려문은 대구의 정밀함 더욱 중시하게 되었고, 고의적으로 같은 글자로 대를 만드는 것을 피했으며, 가능하면 산구의 사용을 줄이거나 아예 사용하지 않았다. 이것의 전형적인 예로 왕발의 「등왕각서」를 들 수 있다. 하지만 지나치게 대구의 정밀함을 추구하다 보니 생각의 표현에 제약이 생기고, 글의 분위기가 딱딱해지고 막힌 듯하며, 문체를 중시하다보니 의미가 통하지 않는 경우도 많다.

4·6자 구조

변려문의 어구는 변우 외에도, 4·6자 구조의 특징이 있다. 변우는 문장형식의 대구에 관한 것이고, 4·6은 글자 수에 대한 것이다.

4·6의 기본구조에는 다섯 가지가 있다. (1) 4자구와 4자구가 대가 되는 4·4, (2) 6자구와 6자구가 대가 되는 6·6, (3) 상4자·하4자와 상4자·하4자가 대가 되는 4·4·4·4, (4) 상4자·하6자와 상4자·하6자가 대가 되는 4·6·4·6, (5)

상6자·하4자와 상6자·하4자가 대가 되는 6·4·6·4 등이다. 다음 예를 보자.

(50) 帶天有匝, 橫地無窮. (포조 「등대뢰안여매서」)

하늘가를 둘러싸 띠를 이루고, 대지에 가로 누워 끝없이 이어진다.

(51) 時更七代, 數逾千祀. (소통 「문선서」)

세상이 일곱 번 바뀌고, 제사 횟수로는 수천 번이 넘는다.

(52) 急湍甚箭, 猛浪若奔. (오균 「여주원사서」)

빠른 물살은 화살보다도 빠르고, 사나운 물결은 내달리는 듯하다.

이상은 4·4의 예다.

(53) 窺地門之絶景, 望天際之孤雲. (포조 「등대뢰안여매서」)

지문의 석양빛을 들여다보고 하늘 가의 외로운 구름을 바라본다.

(54) 心定而後結音, 理正而後擒藻. (『문심조룡·정채』)

마음이 안정된 후에 소리가 이어지고, 이치가 바르게 된 후에 무늬가 펼쳐진다.

(55) 冬穴夏巢之時, 茹毛飮血之世. (소통 「문선서」)

겨울에는 동굴에서 살고 여름에는 둥지에 살 때, 날 것을 먹고 피를 마시던 때.

이상은 6·6의 예다.

(56) 從嶺而上, 氣盡金光, 半山以下, 純爲黛色. (포조 「등대뢰안여매서」)

산봉우리를 따라 오르면 온통 금빛으로 가득하고, 산 중턱으로 내려가면 까만 눈썹 같이 까마득하다.

(57) 泉水激石, 泠泠作響, 好鳥相鳴, 嚶嚶成韻. (오균 「여주원사서」)

샘물이 돌에 부딪쳐 똑똑 소리를 내고, 듣기 좋은 산새들이 함께 지저귀며

앵앵 운을 이루네.

(58) 北海雖賒, 扶搖可接, 東隅已逝, 桑榆非晚. (왕발 「등왕각서」)
　　　북해는 아득히 멀지만 바람타고 가면 닿을 수 있고, 젊은 시절은 멀어졌으
　　　나 만년이 있으니 아직 늦지 않았네.

이상은 4・4・4・4의 예다.

(59) 譬陶匏異器, 並爲入耳之娛, 黼黻不同, 俱爲悅目之玩. (소통 「문선서」)
　　　예를 들면 질나팔과 생황은 서로 다른 악기이지만 모두 귀로 들으면 즐거
　　　움을 느끼고, 도끼 무늬와 궁자(弓字) 무늬는 모양이 상이하지만, 모두 눈
　　　으로 보아 기쁨을 느끼는 것과 같다.

(60) 騰蛟起鳳, 孟學士之詞宗, 紫電靑霜, 王將軍之武庫. (왕발 「등왕각서」)
　　　솟아오르는 교룡과 날아오르는 봉황은 맹학사 문장의 뛰어남을 나타내고,
　　　자줏빛 번개와 차가운 서리는 용맹스러운 왕장군의 무기고를 나타낸다.

(61) 老當益壯, 寧移白首之心, 窮且益堅, 不墜靑雲之志. (왕발 「등왕각서」)
　　　늙을수록 더욱 강해진다면 어찌 흰머리의 마음을 알겠는가. 가난할수록 더
　　　욱 견고해진다면 청운의 뜻을 꺾지 않으리라.

이상은 4・6・4・6의 예다.

(62) 申包胥之頓地, 碎之以首, 蔡威公之淚盡, 加之以血. (유신(分信) 「애강동
　　　남부서(哀江南賦序)」)
　　　신포서는 땅에 머리를 조아려 머리를 깨뜨렸고, 채나라 위공은 울음 끝에
　　　피까지 났다.

(63) 屈賈誼於長沙, 非無聖主, 竄梁鴻於海曲, 豈乏明時. (왕발 「등왕각서」)
　　　가의가 장사에서 뜻을 펴지 않은 것은 성스러운 군주가 없어서가 아니다. 양
　　　홍이 바닷가에서 숨어 지낸 것이 어찌 밝은 시기가 아니기 때문이었겠는가.

(64) 宋微子之興悲, 良有以也, 袁君山之流涕, 豈徒然哉? (낙빈왕(駱賓王)「위서경업토무루격(爲徐敬業討武曌檄)」)

송 미자가 기뻐하고 슬퍼했던 것은 분명 이유가 있기 때문인데, 원 군산이 눈물 흘림에 어찌 이유가 없겠는가?

위는 6 · 4 · 6 · 4의 예다.

4 · 6으로 대가 되는 형식은 발전과정을 거친 것이다. 위진시대의 변려문은 문장의 자수에 큰 제한이 없었으나 보통 4자구가 많았다. 4자구와 6자구가 한 연이 되고, 한 구 건너에 있는 구끼리 대가 되는 형식은 남조시대의 송나라 시기부터 시작되어 제량(齊梁) 이후에 차츰 늘어났다. 『문심조룡 · 장구(章句)』에서는 "네 글자는 긴밀하여 급박하지 않으며, 여섯 자는 틀이 잡혀 있어 늘어지지 않고, 간혹 3 · 5로 변하기도 하니, 이는 전체적 틀에 맞춰 균형과 절제를 이룬 것이다"라고 하였다.[5] 유협은 이러한 형식을 이론적으로 체계화하고자 한 것이다. 당나라 때 이후 4 · 6형식은 정형화되기 시작했다. 당나라 전기 변려문의 대구는 주로 앞에서 언급한 (1), (2)의 형식으로 포조의 「등대뢰안여매서」와 같다. 오균은 양(梁)나라 사람이고 당시 4 · 6의 대구 형식이 이미 자리를 잡았으나, 그가 지은 「여주원사서」는 기본적으로 (1), (2) 두 종류의 대장형식을 채용했다. 당나라 후기의 변려문에서는 (3), (4) 두 종류의 대장이 가장 많이 보이는데, 유신의 「애강동남부서」, 왕발의 「등왕각서」가 그 예이다.

4자구의 리듬은 보통 2 · 2이고, 6자구의 리듬은 주로 3 · 3, 2 · 4, 4 · 2 등 세 종류이다. 3 · 3 형식은 대개 네 번째 글자 자리에 허사를 써서 3 · 1 · 2로 나누기도 한다. 2 · 4와 4 · 2 형식은 두 글자가 기본이 되며, 2 · 2 · 2로 나누기도 한다. 다음 예를 보자.

---

5) "四字密而不促, 六字格而非緩, 或變之以三五, 蓋應機之權節也."

(65) 橫柯 ─ 上蔽, 在晝 ─ 猶昏, 疎條 ─ 交映, 有時 ─ 見日. (오균「여주원사서」)
가로막대가 위에 덮여 있어 낮에도 밤 같고, 듬성듬성한 나뭇가지가 서로 덮고 있어, 때때로 해가 보인다.

(66) 窺地門 ─ 之/絶景, 望天際 ─ 之/孤雲. (포조「등대뢰안여매서」)
지문의 석양빛을 들여다보고, 하늘 가의 외로운 구름을 바라본다.

(67) 經正 ─ 而後/緯成, 理定 ─ 而後/辭暢. (『문심조룡·정채』)
날줄이 바르게 된 후에 씨줄이 이루어지고, 이치가 정해진 후에 언사가 펼쳐진다.

(68) 閭閻 ─ 撲地, 鐘鳴/鼎食 ─ 之家, 舸艦 ─ 迷津, 靑雀/黃龍 ─ 之軸. (왕발「등왕각서」)
여염집들은 땅에 빽빽하고, 종을 울려 솥을 늘어놓고 먹는 집도 있다. 큰 배와 싸움배가 나루에서 헤매는데, 청작과 황룡이 굴대에 그려져 있다.

변려문에는 4·6구 이외에 5자구, 7자구도 있다. 변려문의 5자구와 5언 시의 리듬은 다르다. 오언시의 리듬은 왕발의 「송두소부지임촉주(送杜少府之任蜀州)」 중 "海內 ─ 存知己, 天涯 ─ 若比鄰"[이 세상 어딘가에 나를 알아주는 사람이 있으면, 저 하늘 끝에 있어도 이웃과 같다.]과 같이 보통 2·3인데, 변려문의 5자구 리듬은 보통 2·1·2 또는 1·2·2이다. 다음 예를 보자.

(69) 孝敬 ─ 之 ─ 准式, 人倫 ─ 之 ─ 師友. (소통「문선서」)
효도함과 공경함의 명확한 모범이요, 인륜의 스승과 벗이다.

(70) 虎豹 ─ 無文, 則 ─ 鞟同 ─ 犬羊, 犀兕 ─ 有皮, 而 ─ 色資 ─ 丹漆. (『문심조룡·정채』)
호랑이와 표범에 무늬가 없으면 그 생가죽은 개나 양의 것과 같고, 무소나 외뿔소는 가죽이 있지만 색을 낼 때에는 단칠을 해야 한다.

(69)는 2·1·2의 5자구로 이와 같은 형식은 대부분 4자구의 중간에 허사 한 글자가 들어간 것이다. (70)은 1·2·2인 5자구로, 이러한 형식은 대부분 4자구의 앞에 접속사나 다른 허사를 넣은 것이다.

변려문의 7자구 역시 칠언시의 리듬과 다르다. 칠언시의 리듬은 두보의 「등고(登高)」 중 "無邊/落木 ─ 蕭蕭/下, 不盡/長江 ─ 滾滾/來"[끝없이 떨어지는 나뭇잎들은 우수수 하염없이 떨어지고, 다함이 없는 장강의 물은 잇달아 굽이쳐 내려온다.]와 같이 4·3이 일반적이다. 반면 변려문의 7자구의 리듬은 그 유형이 매우 다양하여, 3·1·3, 2·5, 2·3·2, 4·1·2, 1·2·4 등이 있다. 예를 보자.

> (71) 水性虛 ─ 而 ─ 淪漪结, 木體實 ─ 而 ─ 花萼振. (『문심조룡·정채』)
>   무릇 물의 성질은 비어있어 물결이 얽히고 나무의 본체는 실하여 꽃받침이 생겨난다.
>
> (72) 擇源 ─ 於/涇渭之流, 按轡 ─ 於/邪正之路. (『문심조룡·정채』)
>   경수와 위수의 흐름에서 근원을 가리며, 그릇됨과 바름의 길에서 고삐를 당긴다.
>
> (73) 落霞 ─ 與孤鶩 ─ 齊飛, 秋水 ─ 共長天 ─ 一色. (왕발 「등왕각서」)
>   저녁놀은 외로운 따오기와 나란히 떠 있고, 가을 강물은 넓은 하늘과 한 색이로다.
>
> (74) (夫)桃李/不言 ─ 而 ─ 成蹊, (有實存也;) 男子/樹蘭 ─ 而 ─ 不芳, (無其情也.) (『문심조룡·정채』)
>   복숭아나무와 배나무가 말이 없어도 길이 만들어지는 것은 열매가 존재하기 때문이요, 남자가 난을 심으면 향이 나지 않는 것은 정성스런 마음이 없기 때문이다.
>
> (75) (夫鉛黛所以飾容,) 而 ─ 盼倩 ─ 生/於淑姿, (文采所以飾言,) 而 ─ 辯麗 ─ 本/於情性. (『문심조룡·정채』)
>   (백분과 눈썹먹으로 얼굴을 꾸며도,) 여성의 아름다운 용모는 고운 자질에서 생겨나고, (문채로 말을 꾸며도,) 변론의 아름다움은 감정에서 근원한다.

변려문의 7자구는 다른 유형의 리듬도 있지만 대개 6자구에 한 자가 더해져 이루어진 것으로 칠언시의 리듬과는 다르다.

왕발의 「등왕각서」 중 "披秀闥, 俯雕甍"[수놓은 듯한 문을 열어젖히고, 조각된 기와를 구부려 본다.]처럼 짧게는 세 글자로 된 구도 있고, 길게는 포조의 「등대뢰안여매서」 중 "則有江鵝、海鴨、魚鮫、水虎之類, 豚首、象鼻、芒鬚、針尾之族, 石蟹、土蚌、燕箕、雀蛤之儔, 坼甲、曲牙、逆鱗、返舌之屬."[6][갈매기, 바다오리, 상어, 물범의 부류와 쇠돌고래, 코끼리코 모양의 물고기, 바늘수염, 바늘꼬리의 족속과 돌게, 민물조개, 가오리, 새조개 무리와 자라, 민어, 역린어, 두꺼비 등이 있다.]처럼 여덟 자 이상으로 된 구도 있다. 그러나 이런 경우는 드물다. 특히 여덟 자 이상인 문장은 제량(齊梁) 시기 이후 더욱 드물어졌다.

평측(平仄)

성조는 자연스럽게 예술화의 수단이 되었다. 이는 양나라 때의 영명체(永明體) 시가에서 기원하여 근체시(近體詩)의 성률(聲律)로 발전하여 다시 이후의 사(詞), 곡(曲)의 격률(格律)에 영향을 미쳤다. 당연히 당나라 이후의 변려문 또한 시가의 성률로부터 영향을 받았다. 성률이라는 것은 평측이 마주함을 중시하는 것이다. 평은 평성(平聲)이고, 측은 평성이 아닌 것으로, 상성(上聲), 거성(去聲), 입성(入聲)을 포괄한다.[7] 당나라 이전의 변려문은 평측을 중시하지 않았다. 당나라 이후 변려문은 시 운율의 평측 규칙[8]의 영향을 받아, 대구일 때 문법 구조와 단어의미가 서로 대를 이루어야 할 뿐

---

6) (역주) 坼甲, 曲牙, 逆鱗, 返舌 등이 무엇을 가리키는 것인지 분명하지 않다. 본 번역서의 원서인 『古代漢語』의 문선(文選) 부분에 실린 주석에 의하면, 이 네 가지는 전설 속에 있는 이상한 동물을 말한다고 한다. 따라서 본 번역문은 잠정적으로 찾아낸 번역어에 불과하다.

7) 여기서 이야기하는 4성은 중고중국어의 성조 체계다. 그것은 현대중국어 보통화(普通話)의 성조 체계와 완전히 일치하지 않는다. 보통화에는 입성이 없고, 평성은 음평(陰平)과 양평(陽平)으로 나뉜다. 중고중국어의 입성은 보통화의 평성, 상성, 거성 세 성조로 나뉘어 편입되었다. 오늘날의 몇몇 평성자는 옛날에는 입성으로 읽었다. 따라서 평측이 완전히 일치하지는 않는다.

8) 자세한 내용은 제 27장 시의 운율을 참조하라.

만 아니라, 자음도 평으로 측을 상대하고, 측으로 평을 상대할 것을 요구한다. 왕발의 「등왕각서」가 대표적인 작품이다. 아래에서 한 구절 대구와 두 구절 대구의 몇 가지 예를 살펴보기로 한다.9)

1) 한 구절 대구

❶ 4자 대구

형식(가)　　평평측측　　측측평평

星分翼軫, 　　地接衡廬.

별자리는 익성, 진성이고, 땅으로는 형산, 여산에 이어져 있다.

형식(나)　　측측평평　　평평측측

時運不齊, 　　命途多舛.

시운이 고르지 못하고, 운명이 자주 어긋난다.

❷ 6자 대구

3·3 형식(가)　평평측측평평　측평평-평측측

臨帝子 之長洲, 　得天人 之舊館.

등왕이 있던 장주에 이르러 천인이 세운 옛 누각을 찾아냈다.

3·3 형식(나)　측평평-평측측　평측측측평평

望長安 於日下, 　指吳會 於雲間.

해 아래에 있는 장안을 바라보고, 구름 사이에 있는 오와 회계를 가리킨다.

---

9) 글자 아래에 'ㅇ' 표시를 한 것은 평성도 가능하고 측성도 가능함을 나타낸다. 예문 중에서 출처를 밝히지 않은 것은 「등왕각서」에서 인용한 것이다.

2・4 형식(가)   평평측측평평   측측평평측측

庶旌 西土之遊, 遠嗣 東平之唱. (왕발 「만추유무담산사서(晚
秋遊武擔山寺序)」)

여러 깃발은 서쪽에서 노닐고, 먼 후계자는 동평에서 노래한다.

2・4 형식(나)   측측평평측측   평평측측평평

坐眜 先幾之兆, 必貽 後至之誅. (낙빈왕 「위서경업토무조격」)

가만히 앉아서 조짐을 예견하는 것에 어두우면, 반드시 이후에
죽음이 이를 것이다.

평측이 서로 대를 이룰 때, 절주점[節奏點, 평측이 교차되어 바뀌는 지점]의 평측은 엄
격하게 요구된다. 4자구에서는 2, 4자가 절주점이다. 6자구가 3・3형식이면, 3, 6자
가 절주점이고, 2・4 형식이면 2, 4, 6자가 절주점이다.

2) 두 구절 대구

두 구절이 서로 대를 이룰 때, 각 구절의 평측은 한 구절의 대구 규칙과 같다. 앞
의 구절이 측성으로 끝났다면, 뒤 구절은 평성으로 맺어야 하고, 앞의 구절이 평성으
로 끝났다면, 뒤 구절은 측성으로 맺어야 한다.

❶ 4・4 앞 연의 앞의 구가 측으로 끝난 형식

평평측측   측측평평   측측평평   평평측측

層臺聳翠, 上出重宵.   飛閣翔丹, 下臨無地.

중첩한 산은 솟아 비취빛을 띠고, 나무들은 하늘 높이 솟아 있네. 나는 듯한 누
각에 단청 빛 흐르고 아래를 보니 끝없는 땅이 펼쳐지네.

❷ 4·4 앞 연의 앞의 구가 평으로 끝난 형식

측측평평 평평측측   평평측측 측측평평
他日趨庭, 叨陪鯉對.   今晨捧袂, 喜託龍門.

훗날 뜰을 종종 걸음으로 지나며, 리(鯉)가 배운 것처럼 아버지의 가르침 받으리라. 오늘은 소매를 받쳐 들고 용문에 기탁하니 기쁘도다.

❸ 4·6 앞 연의 앞의 구가 측으로 끝난 형식

평평측측 평측측측평평   측측평평 측평평 평측측
鶴汀鳧渚, 窮島嶼之縈迴,   桂殿蘭宮, 列岡巒之體勢.

학이 노니는 물가, 오리가 노니는 모래섬이 섬을 끝없이 에워싸고. 계수나무 궁전, 목란 궁궐이 언덕, 산봉우리의 형세를 따라 줄지어 있다.

❹ 4·6 앞 연의 앞의 구가 평으로 끝난 형식

측측평평 측평평평측측   평평측측 평측측측평평
臨別贈言, 幸承恩於偉餞,   登高作賦, 是所望於羣公.

이별을 맞아 글을 짓게 된 것은 다행히 성대한 잔치에서 은혜를 입었기 때문이오, 등왕각에 올라 부를 짓는 것은 이것이 여러 공들이 원하는 바이기 때문이다.

4자구, 6자구의 평측 형식은 대략 이와 같고, 5자구와 7자구의 평측 형식도 이로부터 유추할 수 있다. 대체로 평은 측으로, 측은 평으로 상대하고, 절주점의 평측은 엄격히 지켜야 하며, 허자에 해당하는 글자는 평측을 따지지 않는다는 것을 원칙으로 한다. 그렇지만 변려문의 평측 대구는 근체시처럼 엄격하게 요구되지는 않는다. 근체시의 평측은 격률 규칙으로서 반드시 준수해야 하지만, 변려문의 평측 대구는 고정적인 격률 규칙이 아니므로 운용이 비교적 자유롭다.

전고의 인용

문장을 지을 때 전고를 인용하는 기원은 매우 이르다. 선진시기의 고서에서 말과 사건을 인용하는 것이 적지 않았고, 한나라 때의 문장도 전고의 인용이 많았다. 다만 이는 수사의 수단이며 결코 문체의 특징이 아니다. 변려문의 전고 인용은 문체의 특징 중의 하나다. 변려문에서 전고를 인용하는 것은 옛 일이나 옛 사람의 말을 인용하여 자신의 관점을 증명하기 위한 것이 아니라, 전아하고 함축적인 문장을 추구하는 것에 있었다. 일상적인 말이나 지극히 보편적인 뜻 또한 전고를 인용해서 표현함으로써 전고로 지면을 가득 채우는 것이 변려문 언어 표현상의 특징이 되었다. 다음 예를 보자.

(76) 固知翠綸桂餌, 反所以失魚. 言隱榮華, 殆謂此也. (『문심조룡·정채』)
비취의 낚싯줄과 계수나무 떡밥이 오히려 물고기를 잃는 수단이 됨을 알아야 한다. 말이 화려한 문채에 가려진다는 것은 아마도 이를 가리키는 것이다.

(77) 睢園綠竹, 氣凌彭澤之樽, 鄴水朱華, 光照臨川之筆. (왕발 「등왕각서」)
휴원의 푸른 대나무는 그 기운이 팽택의 술잔을 능가하고, 업수의 붉은 꽃은 그 빛이 임천의 붓만큼이나 빛이 난다.

(78) 馮唐易老, 李廣難封. 屈賈誼於長沙, 非無聖主, 竄梁鴻於海曲, 豈乏明時 ? (왕발 「등왕각서」)
풍당은 쉽게 늙었고, 이광은 봉작을 받기 어려웠다. 가의가 장사에서 뜻을 펴지 않은 것은 성스러운 군주가 없어서가 아니다. 양홍이 바닷가에서 숨어 지낸 것이 어찌 밝은 시기가 아니기 때문이었겠는가.

(76)은 『궐자(闕子)』[10]와 『장자』[11]에 나오는 전고로 자신의 관점이 정확함을 증

---

10) (역주) 『궐자』는 현재 전해지지 않는다. 『태평어람(太平御覽)』 834에서 『궐자』의 다음 구절이 인

명하였다. (77)의 두 문장은 연회의 주인과 손님을 찬미하는 것이지만 실제 양나라 효왕(孝王)이 양원(梁園)에서 손님을 접대하고 조식(曹植)이 빈객을 접대했던 것 그리고 도연명(陶淵明)이 술을 잘 마셨던 것과 사령운(謝靈運)이 시를 잘 지었던 것을 언급했다. 이는 확실히 의식적으로 문장의 전아함을 추구한 것이다. (78)은 풍당(馮唐), 이광(李廣), 가의(賈誼), 양홍(梁鴻)의 고사를 써서 "시운이 고르지 못하고, 운명이 자주 어긋난다."[時運不齊, 命途多舛.]는 심정을 서술한 것이다. 실제로는 작자 자신이 뜻을 이루지 못하고 폄적 당함에 대한 불만과 속상함을 표시한 것으로, 본래 푸념이 깊은 말이지만 전고를 사용함으로써 완곡하게 표현했다. 총괄하면 변려문에서 전고 인용은 대개 그 의도가 말 밖에 있다. 표면적으로 이야기하는 것은 갑이지만, 실제로 말하고자 하는 것은 을이 되어, 전고를 꿰뚫어야만 작자의 실제 뜻을 이해할 수 있게 된다.

변려문의 전고 인용은 종종 출처를 명시하지 않고, 일부를 잘 잘라내서 융화하는 것을 중시한다. 잘 잘라낸다는 것은 대구에서 필요로 하는 옛 일과 옛 말을 잘라내서 취하는 것이고, 융화는 잘라낸 옛 말과 옛 일을 고쳐서 대구에서 필요로 하는 단어로 기능하며 문장 속의 본래 뜻에 적합하도록 하는 것이다. 다음 예를 보자.

(79) 虎豹無文, 則鞹同犬羊. 犀兕有皮, 而色資丹漆. (『문심조룡·정채』)
　　 호랑이와 표범에 무늬가 없다면 그 생가죽은 개나 양의 것과 같다. 무소나
　　 외뿔소는 가죽이 있지만 색을 낼 때에는 단칠을 해야 한다.

(80) 酌貪泉而覺爽, 處涸轍以猶歡. (왕발「등왕각서」)
　　 탐천을 마셔도 시원함을 느끼고, 괴로운 처지에 있어도 오히려 즐겁다.

_____

용되었다. "노(魯)나라 사람 중에 낚시를 좋아하는 자가 있었다. 계수나무로 떡밥을 만들고, 황금 갈고리를 은벽(銀碧)으로 장식하고 비취 깃털로 만든 낚싯줄을 드리웠는데, 쥐고 있는 낚싯대와 위치는 좋았으나 물고기는 잡힐 기미가 안 보였다. 그러므로 낚시에서 힘쓸 것은 꾸밈에 있지 않고, 일에서 중요한 것은 언변(言辯)에 있지 않다고 하는 것이다."[魯人有好釣者, 以桂爲餌, 黃金之鉤, 錯以銀碧, 垂翡翠之綸, 其持竿處位卽是, 然其得魚不幾矣. 故曰, 釣之務不在芳飾, 事之急不在辯言.]

11) (역주)『장자·제물론』에서 "말은 화려한 문채에 가려진다."[言隱於榮華.]라고 하였다.

(79)는 『논어』,12) 『좌전』13)의 두 단락에서 필요한 단어들을 잘라내 하나의 대구로 만들어, 작자가 제시하려는 "질은 문을 필요로 한다."[質待文也]는 관점에 맞게 하였다. (80)은 두 가지 고사14)를 인용하여 "천도를 즐거워하면서 분수를 안다."[樂天知命]는 것을 행하고 스스로 위안으로 삼으려는 작자의 사상과 감정을 나타낸다. 이 때 옛 말과 일은 모두 작자 자신의 말로 융화되어 작자의 관점이나 사상과 감정을 나타낸다.

간혹 전고를 하나의 단어나 구로 융화시켜 표면상으로는 무슨 출전이 있는 것인지 전혀 드러내지 않지만 실상은 작자가 의식적으로 전고를 인용한 경우도 있다. 다음 예를 보자.

(81) 正采耀乎朱藍, 間色屛於紅紫. (『문심조룡·정채』)
바른 색인 적색과 청색을 빛내고, 잡스러운 색인 홍색과 자색을 없앤다.

(82) 望長安於日下, 指吳會於雲間. (왕발 「등왕각서」)
해 아래에 있는 장안을 바라보고, 구름 사이에 있는 오와 회계를 가리킨다.

위의 두 예는 모두 전고를 하나의 단어 속에 완전히 융화한 것으로, 작자가 나타내고자 하는 뜻은 전고의 원래 의미와는 상당한 차이가 있으며 우리는 이를 일반적

---

12) (역주) 『논어·안연』에 "호랑이와 표범의 털 없는 가죽은 개나 양의 털 없는 가죽과 같다."[虎豹之鞟, 猶犬羊之鞟.]라는 말이 있다.

13) (역주) 『좌전·선공 2년』에 다른 같은 이야기가 있다. 송나라가 성을 쌓고, 화원이 감독이 되어 순찰을 돌았다. 성을 쌓는 사람들이 노래하였다. "눈 튀어나오고 배 허옇게 드러내며, 갑옷 버리고 도네. 허연 머리 하였지만 갑옷 버리고 돌아왔네." 화원이 참승을 시켜 그들에게 말하게 하였다. "소에게는 가죽이 있고, 물소와 외뿔소 가죽도 여전히 많다. 갑옷 버린다고 무슨 문제인가?" 일꾼들이 말하였다. "가죽이 있다 한들 염색은 어떻게 할건데?" 화원이 말하였다. "가자! 저들의 입은 많고 우리 쪽은 적다."[宋城, 華元爲植, 巡功. 城者謳曰: "睅其目, 皤其腹, 棄甲而復. 于思于思, 棄甲復來." 使其驂乘謂之曰: "牛則有皮, 犀兕尙多, 棄甲則那?" 役人曰: "從其有皮, 丹漆若何?" 華元曰: "去之! 夫其口衆我寡."]

14) (역주) 『진서(晉書)·오은지전(吳隱之傳)』 탐천(貪泉)의 고사와 『장자·외물(外物)』 학철지부(涸轍之鮒)의 고사이다.

인 단어의 뜻으로 이해해도 종종 통한다. 그렇지만 작자가 왜 일부러 '朱藍', '紅紫',15) '日下', '雲間'16)과 같은 단어를 사용했을까? 이와 같은 단어들은 출전이 있어서 이를 사용함으로써 문장의 전아함을 나타낼 수 있기 때문이다.

이러한 종류의 전고 인용 방법은 종종 문장을 난삽하게 만들어 이해하기 어렵게 한다. 그 때문에 변려문을 읽을 때, 축자적으로만 이해해서는 안 되며 출전이 있는지 없는지 신중하게 살펴야만 하고, 전고를 확실하게 이해해야 작자가 나타내고자 하는 뜻을 알 수 있다.

아랫부분에서는 조식(藻飾)의 문제를 덧붙여 이야기하고자 한다. '조식'이라고 하는 것은 문체가 화려함을 추구하는 것이다. 변려문에서는 색깔, 금과 옥, 산수, 아름다운 풍격, 기이한 동물, 꽃, 풀과 같은 종류의 단어가 가장 많이 사용된다. 예를 들면 양형(楊炯)의 「왕발집서(王勃集序)」에서 "금, 옥, 용, 봉황이 섞이고, 붉은색, 자색, 청색, 황색이 어지럽게 섞였다."[粲之金玉龍鳳, 亂之朱紫靑黃.]라고 말한 것과 같다. 육조시기에서도 적지 않은 변려문에서 색 부류의 단어가 전체 문자수의 10% 이상을 차지하기도 한다. '조식'과 전고 인용은 모두 변려문의 어휘 측면의 특징이라 할 수 있다.

이상 변려문의 언어 특징에 대해 간략히 설명하였다. 변려문의 이러한 언어 특징은 중국어의 특징과 밀접한 관계가 있는 것이 분명하지만, 변려문의 형성은 주로 육

---

15) 『논어·향당(鄕黨)』에 다음과 같은 말이 있다. "홍색·자색 옷은 편안한 복장으로 쓰지 않는다." [紅紫不以爲褻服.] 또한 『논어·양화(陽貨)』에서는 "자색이 주색을 압도하는 것을 싫어하셨다." [惡紫之奪朱也.]라고 하였다.

16) 『세설신어·배조(排調)』에 다음과 같은 내용이 있다. "육운(陸雲)과 순은(荀隱)이 서로 통성명을 하였다. 육운은 자신을 '운간육사룡(雲間陸士龍)'이라고 칭하였다. 그는 오군(吳郡) 출신인데, 오(吳) 지역의 옛날 이름이 '운간(雲間)'이다. 순은은 자신을 '일하순명학(日下荀鳴學)'이라고 칭하였다. 그는 영천(潁川) 사람이며, 영천은 서진(西晉)의 도성 낙양(洛陽) 근처이다. 옛날에는 도성을 '일하(日下)'라고 칭했는데 그 이유는 당시 사람들이 임금을 해에 비유했기 때문이다."[陸雲與荀隱互通姓名. 陸雲自稱雲間陸士龍, 陸爲吳郡人, 吳之古稱雲間. 荀隱自稱日下荀鳴學, 荀爲潁川人, 接近西晉都城洛陽, 古稱京都爲日下, 因爲古人把人君比作日.]

조시기의 유미주의, 형식주의 문풍을 기반으로 만들어진 것이다. 이러한 종류의 문체는 형식적 단정함과 어구의 대우를 과도하게 추구하기 때문에, 종종 내용 전달에 영향을 미친다. 심지어는 4・6형식을 맞추기 위해 단어를 잘라 놓는 경우도 있다. 예를 들어 왕발 「등왕각서」의 "楊意不逢, 撫凌雲而自惜；鐘期既遇, 奏流水以何慚."[양득의(楊得意)는 때를 만나지 못해, 능운(凌雲)이라는 표현으로 위로하며 스스로 애석해한다. 종자기(鐘子期)를 이미 만났으니, 유수(流水)처럼 연주하더라도 무엇이 부끄럽겠는가?]에서 양득의[17]를 '楊意'로, 종자기를 '鐘期'로 말하였다. 전고를 지나치게 많이 사용하면 남의 글을 베껴 쓴 것과 크게 다르지 않게 되고, 내용도 불분명해서 이해하기 어렵다. 종합적으로 보면 변려문은 중국어문학 언어의 발전 과정에서 사람들의 구어와는 점점 더 괴리되는 서면언어를 사용했으며 문학사에서의 지위도 높지 않다. 그렇지만 천여 년 동안 변려문 중에서는 글에 내용이 충실하거나[言之有物] 감정과 문채가 모두 뛰어난[情文並茂] 우수한 작품도 있다. 그들은 당송 이후의 문학 언어에도 큰 영향을 주었다. 따라서 변려문을 숭배해야 할 필요는 없겠지만, 문헌과 문학 언어 발전의 관점에서 고려한다면 변려문이라는 문체를 홀시해서도 안 될 것이다.

---

17) (역주) 서한사람으로, 사마상여(司馬相如)를 무제(武帝)에게 추천한 사람이다.

22
사부(辭賦)의 구성

사(辭)와 부(賦)는 모두 운문(韻文)이다. 사(辭)라는 명칭은 '초사(楚辭)'에서 유래했다. '초사'는 본래 책 이름이 아니라 '초(楚)나라의 노래'라는 뜻이었는데, 한나라 사람들이 굴원(屈原), 송옥(宋玉) 등의 장편 시(詩)를 편집하여 『초사(楚辭)』라 통칭하였다. 초나라의 노래는 『시경(詩經)』과는 다른 형식상의 특징이 있다. 『시경』은 일반적으로 4자구이지만, 『초사』는 4자구에서 10자구로 변하였고, 『시경』에서도 어기사(語氣詞) '兮(혜)'를 사용하기는 하지만, 『초사』에서는 그보다 더욱 광범위하게 사용한다. 또한 송옥 「초혼(招魂)」의 "魂兮歸來, 南方不可以止些."[혼이여! 돌아오시라, 남방에는 오래 머무르지 마시오]에서와 같이 어기사 '些(사, suò)'는 『초사』에서만 사용된 것이다.

부(賦)는 본래 시가의 표현 수법 가운데 하나로서 사물을 그대로 진술하는 것이 특징이며, 비[比, 비유의 수법], 흥[興, 흥취를 돋우는 수법]과 병렬적인 관계에 있다. 『문심조룡(文心雕龍)·전부(詮賦)』에서는 "부라는 것은 시인에게서 시작되어 『초사』에서 개척된 것이다."[1]라고 말하였는데, 이는 부가 『시경』, 『초사』에서 발전해 온 것이라는 말이다. 『시경』의 표현 수법은 부의 먼 근원이고, 『초사』는 부의 가까운 친척이다. 부의 명칭이 출현한 것은 매우 이른 시기이다. 『순자(荀子)』에 「부편(賦篇)」이 있는데, 그것은 수수께끼와 비슷한 시로 부와는 같은 것이라고 볼 수는 없다. 가의(賈誼)의 「조굴원부(弔屈原賦)」, 「복조부(鵩鳥賦)」 및 송옥이 지었다고 전해지는 「풍부(風賦)」, 「고당부(高唐賦)」, 「신녀부(神女賦)」, 「등도자호색부(登徒子好色賦)」 등이 바로 한부(漢賦)의 시작이다.

사는 본래 서정(抒情)에 편중되었고, 부는 서사(敍事)에 편중되었다. 그런데 한나라 때에 이르러 사가 점점 부로 대체되면서 가의의 「조굴원부」와 같이 서정적인 부가 생겨날 수 있었다. 이후로 부는 서사로도 쓸 수 있고, 서정으로도 쓸 수 있게 되었다. 아래에서는 주로 언어 형식상의 사부의 구성을 설명한다.

사부의 압운(押韻)

사와 부 모두 운(韻)이 있다. 사부의 압운과 시가 압운의 원리는 동일하다. 고대 사부의 어떤 압운은 현대중국어로 읽어도 여전히 압운이 된다. 「이소(離騷)」의 한 단락에서 예를 들면 다음과 같다.

(1) 鷙鳥之不羣兮, 自前世而固然(rɑn).
맹금이 다른 새와 무리 짓지 않는 것은 옛날부터 본래 그러했다.
何方圓之能周兮, 夫孰異道而相安(ɑn)!
네모와 동그라미가 어찌 들어맞을 수 있으리? 뜻이 다른데 어찌 공존할 수 있으리?
屈心而抑志兮, 忍尤而攘詬(gou).
마음에 굴욕을 주고 뜻을 억압하여도 질책을 참아내고 모욕을 견디리라.

---

1) "然賦也者, 受命於詩人, 拓宇於楚辭也."

伏清白以死直兮, 固前聖之所厚(hou).
지조를 지키며 바른 길을 위해 죽는 것은 본래부터 옛 성현이 중시한 것이
었네.

'然(연)'과 '安(안)'이 압운이고, '詬(후)'와 '厚(후)'가 압운이다. 그러나 대다수는 현대중국어로 읽으면 압운이 되지 않는다. 「이소」의 다른 단락에서 예를 들면 다음과 같다.

(2) 汨余若將弗及兮, 恐年歲之不吾與(yú).
시간이 빨리 흘러 따라가지 못할 것 같고 세월이 나를 기다려 주지 않을 것 같네.
朝搴阰之木蘭兮, 夕攬中洲之宿莽(mɑng).
아침에는 언덕의 목련화를 따서 꽂고 저녁에는 모래섬의 인동초를 캐서 차네.
日月忽其不淹兮, 春與秋其代序(xú).
해와 달은 서두르며 머무르지 않아 봄과 가을이 끊임없이 서로 지나가니,
惟草木之零落兮, 恐美人之遲暮(mu).
초목이 시들어 떨어지는 걸 보며 미인께서 그처럼 노쇠하실까 걱정일세.

본래 '與(여)', '莽(망)', '序(서)', '暮(모)' 네 글자가 압운인데, 현대중국어로 읽으면 ü와 u는 서로 어울리는 압운이 아니며, ang은 ü, u와 차이가 많기 때문에 압운할 수 없다. 이는 옛날과 지금의 발음이 다르기 때문이다. 굴원 시대에는 '與', '莽', '序', '暮' 모두 魚部(어부)에 속하여[2] 운모가 유사하였기에 압운이 가능했지만, 2000년의 언어 변화를 겪으면서 이들 글자의 소리가 변하여 큰 차이가 생기게 된

---

2) 고운(古韻)에 대해서는 본서 25장을 참조할 것

것이다. 다음 예를 보자.

(3) 惟夫黨人之偸樂兮, 路幽昧以險隘(ai),
    소인배 무리가 그저 향락에 빠져서 나라를 어둡고 위험한 길로 이끄니,
    豈余身之憚殃兮, 恐皇輿之敗績(ji).
    이 몸이 어찌 재앙을 두려워하리오! 다만 임금님 수레가 뒤집힐까 두렵구나.

현대중국어로 읽으면, ai와 i 운모는 차이가 커서 서로 압운할 수 없다. 그렇지만 상고(上古)시대 '隘(애)', '績(적)'은 모두 錫部(석부)에 속하고 운모 또한 서로 비슷하기 때문에 이 두 자가 당시에 서로 압운하는 것은 자연스러운 일이었다. 이처럼 고대 운문 또는 시가의 용운(用韻)을 분석하려면 명확한 시대 개념을 가지고 있어야 하며, 시대에 따라 음운계통이 전혀 다른 것임을 인식하고 현재의 음으로 옛날의 격률을 헤아리려서는 안 된다. 고금어음의 차이와 고대 음운의 변화에 대해서는 아래 제24장부터 제26장 사이에서 중점적으로 소개할 것이므로 여기서는 더 이상 다루지 않겠다.

사부에서 압운의 규칙은 시가와 기본적으로는 같다. 가장 자주 볼 수 있는 규칙은 홀수 문장인 기구(奇句)에는 운을 쓰지 않고, 짝수 문장인 우구(偶句)에는 운을 쓰는 것이다. 「이소」 상반부, 「애영(哀郢)」 전편, 「별부(別賦)」 전편은 모두 기본적으로 이와 같은 용운 규칙을 따른다.

홀수 문장에서 용운하는 경우는 전편의 첫 번째 문장이거나 운이 바뀌는, 즉 환운(換韻)의 시작 부분에 해당한다. 다음 예를 보자.

(4) 君不行兮夷猶(첫구), 蹇誰留兮中洲?(『초사·구가(九歌)·상군(湘君)』)
    상군이 오시지 않아 머뭇거리니, 아! 누구를 기다리느라고 섬에 있는가?
(5) 故別雖一緒, 事乃萬族. 至若龍馬銀鞍, 朱軒繡軸, 帳飮東都, 送客金谷.

琴羽張兮簫鼓陳, (환운) 燕趙歌兮傷美人. 珠與玉兮豔暮秋, 羅與綺兮嬌
上春. (강엄(江淹) 「별부(別賦)」)

따라서 이별은 한 가지 정서이나, 이별하는 사연은 만 가지나 될 것이네.
용마에 은으로 만든 안장을 얹고, 붉은 수레에 차축은 곱게 수놓아, 동도문
에 장막치고 송별연을 열고, 금곡에서 정든 손님 배웅할 때면, 금 연주 높
은 소리에 퉁소와 북도 울리면서, 연·조의 노래 부르니 고운님이 슬퍼하
네. 진주와 패옥은 늦가을 볕에 고우시고, 벽라와 비단 옷은 이른 봄에 어
여쁘리.

문장 끝이 어기사일 때에는, 어기사 바로 앞이 압운자이다. 다음 예를 보자.

(6) 余固知謇謇之爲患兮, 忍而不能舍也. 指九天以爲正兮, 夫惟靈修之故也.
(「이소」)
내 본디 충직함이 재앙이 됨을 알고 있었지만, 차마 이를 그만 둘 수는 없
어라. 하늘에 맹세하여 증거로 삼을 것이니 모두가 임금을 위한 것이기 때
문이다.

(7) 雖淵雲之墨妙, 嚴樂之筆精, 金閨之諸彦, 蘭臺之羣英, 賦有凌雲之稱, 辯
有雕龍之聲, 誰能摹暫離之狀, 寫永訣之情者乎! (강엄 「별부」)
왕자연(왕포)과 양자운(양웅)의 글쓰기가 기묘하고, 엄안과 서락의 문장이
정교하고, 금마문의 학사들과 난대의 인물들이 사부 짓는 실력이 하늘에 닿
고, 변설 능력이 화려하다고 명성 있어도, 누가 능히 짧은 이별을 묘사해내
며, 영원한 이별의 슬픈 정을 써낼 수 있나!

이러한 압운 방식은 기본적으로 짝수 문장 압운이며, 어기사는 운각(韻脚)이 되지
않는다. 이는 소식(蘇軾)의 「적벽부(赤壁賦)」에서도 마찬가지이다. 다음 예를 보자.

(8) 月明星稀, 烏鵲南飛, 此非曹孟德之詩乎? 西望夏口, 東望武昌(환운), 山

川相繆, 鬱乎蒼蒼, 此非孟德之困於周郎者乎?

'달 밝고 별 드물며 까막까치 남쪽으로 날아가네.' 이는 조맹덕(曹操)의 시가 아닙니까? 서쪽으로는 하구가 멀리 보이고 동쪽으로는 무창이 멀리 보이며 산과 강이 서로 엉켜 빽빽하니, 이는 조조가 주랑(周瑜)에게 괴롭힘을 당한 곳이 아닌지요?

(9) 逝者如斯, 而未嘗往也, 盈虛者如彼, 而卒莫消長也. 蓋將自其變者而觀之, 則天地曾不能以一瞬(환운) ; 其不變者而觀之, 則物與我皆無盡也.

흘러가는 것이 이와 같지만 일찍이 아주 간 적은 없었고, 차고 기우는 것이 저와 같지만, 끝내 줄어들거나 늘어나지는 않습니다. 아마도 변한다는 점에서 본다면 천지는 일찍이 한 순간도 그대로 있을 수 없었습니다. 변하지 않는다는 점에서 본다면 세상과 나는 모두 끝이 없습니다.

한부(漢賦)와 당송고문가(唐宋古文家)가 지은 부는 압운이 비교적 자유롭다. 매 구마다 압운하는 구구운(句句韻), 한 구를 건너뛰어 압운하는 격구운(隔句韻)이 있으며, 두세 구를 건너뛰어 압운하는 경우도 있다. 또한 산문을 운문과 함께 사용하는 경우도 있어서, 어떤 부분에서는 운을 쓰지 않기도 한다. 예를 들어 매승(枚乘)의 「칠발(七發)」에는 운을 쓰지 않는 산구(散句)가 많은데, 첫 번째 단락에서 오객(吳客)과 초태자(楚太子)가 나누는 첫 번째 문답이 바로 운을 쓰지 않은 부분이다.3) 또한 소식 「적벽부」의 '임술지추(壬戌之秋)'에서 '요조지장(窈窕之章)'까지,4) "於是飮酒樂甚, 扣舷而歌之."[이때 술 마시는 즐거움이 매우 커서, 뱃전을 두드리며 노래했다.], "客有吹洞簫者, 倚歌

---

3) 楚太子有疾, 而吳客往問之曰, 伏聞太子玉體不安, 亦少間乎. 太子曰, 憊, 謹謝客.[초나라 태자가 몸이 안 좋았는데 오나라 객이 와서 병문안을 하며 말했다. "제가 듣기에 태자께서 옥체가 편치 않으시다 하던데 조금 차도가 있으신지요?" 태자가 말했다. "힘드오! 참으로 감사하오"] (매승 「칠발」)

4) 壬戌之秋, 七月旣望, 蘇子與客泛舟, 游於赤壁之下. 淸風徐來, 水波不興, 擧酒屬客, 誦明月之詩, 歌窈窕之章.[임술년 가을 7월 기망, 소자는 손님과 함께 배를 띄우고, 적벽 아래를 노닐었네. 맑은 바람 선선히 불어오고 물결은 잔잔하여, 술잔을 들고 손님에게 권하며 '명월' 시를 읊조리고 '요조' 구절을 노래했네.] (소식 「적벽부」)

而和之."[손님 중에 퉁소를 불 줄 아는 사람이 있어, 노래에 맞추어서 반주하였다.] 등에도 운이 없다.

사부의 문장 형식

『초사』의 문장 형식과 『시경』의 문장 형식은 상이하다. 『시경』은 4자구 위주이고, 『초사』는 대개 6자구이거나 '兮(혜)'자를 붙여서 7자구이며 두 구가 합쳐서 1연이 된다. 다음 예를 보자.

(10) 帝高陽之苗裔兮, 朕皇考曰伯庸. 攝提貞于孟陬兮, 惟庚寅吾以降. (「이소」)
     전욱(顓頊)황제인 고양씨의 후예로, 작고하신 나의 아버지는 백용이시다.
     태세(太歲)로 인년 정월, 경인 일에 나는 세상에 태어났다.

(11) 皇天之不純命兮, 何百姓之震愆, 民離散而相失兮, 方仲春而東遷. (『구장·애영』)
     하늘의 떳떳하지 못한 명으로, 백성의 두려움과 허물이 어떠했던가? 백성이 고향 떠나 흩어지고 좋은 봄날에 나도 동쪽으로 떠났도다.

위의 두 예에서 앞의 구에는 '兮'자를 쓰고 뒤의 구에는 쓰지 않았다. 어떤 경우는 '兮' 자를 구의 가운데 삽입하기도 하고 구절마다 '兮'자를 쓰기도 한다. 다음 예를 보자.

(12) 帝子降兮北渚, 目眇眇兮愁予. 嫋嫋兮秋風, 洞庭波兮木葉下. (「구가·상부인(湘夫人)」)
     상제의 딸이 북쪽 소주에 내려와, 아득히 멀어 내 마음을 슬프구나. 산들산들 부는 가을바람이여, 동정호 물결에 나뭇잎 떨어지네.

(13) 操吳戈兮被犀甲, 車錯轂兮短兵接. 旌蔽日兮敵若雲, 矢交墜兮士爭先.

(「구가・국상(國殤)」)

오나라 창 들고 무소 갑옷 입고, 수레 축이 부딪히고 짧은 병기 접전하니,
깃발이 해를 가리고 구름같이 적이 몰려오네, 화살이 빗발쳐 떨어지는데
병사 다투어 전진하네.

굴원 작품 중 구에 '兮'자를 쓰지 않거나 6자구가 아닌 경우는 매우 드물다. 다만
「천문(天問)」만이 4자구를 위주로 하고 '兮'자를 적게 썼다. 굴원 이후의 작품은 '兮'
자의 사용이나 6자구라는 제한에 얽매이지 않은 것이 많아졌다. 다음 예를 보자.

(14) 出自湯谷, 次于蒙汜. 自明及晦, 所行幾里? (「천문」)
태양은 탕곡에서 나와 몽사에 이르니, 아침부터 저녁까지 몇 리나 가는가?

(15) 夫尺有所短, 寸有所長, 物有所不足, 智有所不明, 數有所不逮, 神有所不
通. (「복거(卜居)」)
자에도 짧은 것이 있고, 마디에도 긴 것이 있고, 물건에도 부족함이 있으
며 지혜에도 밝히지 못하는 것이 있고, 운수를 점침에 미치지 못함이 있고
신묘함에도 통하지 않는 것이 있다.

(16) 寧赴湘流, 葬於江魚之腹中, 安能以皓皓之白, 而蒙世俗之塵埃乎? (「어부
(漁父)」)
차라리 상강에 가서 물고기 뱃속에 장사지낼지언정, 어찌 결백한 몸으로서
세속의 더러운 먼지를 덮을 수 있겠는가?

이처럼 『초사』에는 4자구에서 10자구까지 있기는 하지만, 6자구와 '兮'자를 포함
한 문장을 연이어 사용한 것이 『초사』의 형식적 특징 중의 하나라고 할 수 있다.
『초사』의 또 다른 특징은 접속사 연용이 적다는 것으로, 이는 『시경』 및 기타 시
가와 일치한다. 시가는 산문과 달리 이치 설명이 아닌 감정 표현을 중시하기 때문에
언어 표현에 있어서 내재적 관계를 중시하고 운율을 연결고리로 삼는다. 따라서 문

장과 문장, 단락과 단락 사이에 이들을 연결하는 단어를 첨가할 필요가 없으며, 독자는 접속사 없이도 자연스럽게 그 뜻을 이해할 수 있다. 예를 들면 「상부인」, 「애영」은 접속사를 사용하지 않았으며 「이소」도 거의 사용하지 않았다.

부의 문장 형식은 글자 수에 얽매이지 않지만, 4자구, 6자구가 많은 편이며, 특히 육조시대의 부는 더욱 그러하다. 가령 강엄의 「별부」는 거의 전체가 4자구와 6자구로 되어 있다. 이는 변려문과 관련이 있다. 한부는 이와 다르다. 가령 매승의 「칠발」은 4자구, 6자구 위주이지만 1자구처럼 짧은 구절이나 10여 자의 긴 구절도 있다.

> (17) 太子曰:"諾. 病已, 請事此言."
> 태자가 말했다. "그렇지요. 병이 나으면 객의 이 말대로 하겠습니다."
> 於是太子據几而起, 曰:"渙乎若一聽聖人辯士之言." 澀然汗出, 霍然病已.
> 그러자 태자는 안석을 짚고서 일어나며 말했다. "정신이 맑게 깨어나는 것이 마치 성인 변론가의 말씀을 들은 것 같습니다." 그리고는 몸에서 줄줄 땀이 나고 갑자기 병이 나아버렸다.

앞에서 언급한 바와 같이 한부와 당송고문가가 지은 부에는 산문이 섞여있다. 산문은 글자 수에 제한이 없다. 따라서 이들의 부는 글자 수에 구애받지 않을 뿐만 아니라 '而(이)', '則(즉)', '雖(수)', '今夫(금부)', '於是(어시)' 등과 같은 접속사를 자주 사용한다. 한부뿐만 아니라 당송, 육조 시기의 부도 이러하다. 예를 들면 강엄의 「별부」는 '況(황)', '復(부)', '故(고)', '至若(지약)', '乃有(내유)', '又有(우유)', '儻有(당유)', '是以(시이)', '雖(수)' 등의 접속사를 사용했다.

부의 특징은 『문심조룡·전부(詮賦)』에서 지적한 바와 같이 "표현을 펼쳐서 문장을 꾸미고 사물에 대해 구체적으로 설명하고 이치를 명백히 한다."[鋪采摛文, 體物寫志.]이다. 따라서 사물을 읊고 사건을 서술하는 요소는 많고, 감정 표현은 적다. 그 특징은 시와 산문의 중간이다. 이는 부의 문장 형식을 시가보다 자유롭게 만든 요소이다.

부 체제의 변화

부는 소부(騷賦), 고부(古賦), 변부(騈賦), 문부(文賦) 4종류로 나뉜다. 소부는 『초사』를 모방하여 쓴 부를 가리키며 가의의 「조굴원부」, 사마천(司馬遷) 「비사불우부(悲士不遇賦)」, 양웅(揚雄) 「감천부(甘泉賦)」 등이 있다. 형식상 초사와 큰 차이가 없고 구절 중간에 '兮'자를 사용한다. 내용은 '뜻을 쓰는 것'에 중점을 두고 '사물 묘사'를 중시하지 않는다. 『문심조룡·전부』에서 "육가가 그 단서를 두드리고, 가의가 그 실마리를 떨쳤다."[陸賈扣其端, 賈誼振其緒.]라 했다. 한나라 초기의 소부는 초사가 부로 변형되는 발단 단계이다.

고부는 소부 이외의 한부를 가리키며 대표작품은 사마상여(司馬相如), 반고(班固) 등이 지은 장편의 대부(大賦)로서, 대개 문답체 형식을 사용한다. 구성은 크게 3부분으로 나뉜다. 시작은 산문 단락으로 서문과 유사하다. 중간은 부의 본체로 주객 간에 서로 형세를 과장하거나 가무, 여색, 개 사육, 승마의 즐거움을 과장되게 묘사한다. 운문 사이에 산문을 섞어 산문으로 서술하고 운문으로 묘사한다. 끝 부분은 다시 산문 한 단락으로 의론을 밝히고 풍자하여 깨우치는 뜻을 담는데, 초사의 '亂(난)', '訊(신)'과 유사하다. 문장 형식은 대개 '兮'자를 사용하지 않으며 주로 4언, 6언을 사용하고 3언, 5언을 섞는다. 예를 들면 매승의 「칠발」은 제목을 부라 하지 않았지만 실상 완전한 한부의 형식이다. 문장 가운데 산문, 운문이 섞여있고 문장 형식이 자유롭다. 다음 예를 보자.

(18) 客曰：“不記也. 然聞於師曰, 似神而非者三. 疾雷聞百里, 江水逆流, 海
水上潮, 山出內雲, 日夜不止. 衍溢漂疾, 波湧而濤起. ……”

객이 말했다. "기록되어 있지 않습니다. 그러나 스승에게서 들었는데, 신의 힘인 것 같지만 실은 그렇지 않은 것이 세 가지가 있다 합니다. 요란한 천둥소리 같은 파도 소리가 백리까지 들리면, 강물은 역류하고 바닷물은 밀물이 되며, 산이 구름을 머금고 토해냄을 밤낮으로 멈추지 않는다고 합니다. 그때에는 강물이 가득 차 넘쳐서 빠르게 흘러가, 물결이 솟아오르고 파도가 일어납니다. ……"

반고의 「서도부(西都賦)」도 이와 같다.

(19) 漢之西都, 在於雍州, 實曰長安. 左據函谷二崤之阻, 表以太華終南之山. 右界褒斜隴首之險, 帶以洪河涇渭之川.
한의 서도는 옹주에 있는데, 이곳이 장안입니다. 왼쪽으로는 함곡관과 효산의 험준함에 의탁하고 태화산과 종남산으로써 표지를 삼으며, 오른쪽으로는 포사곡과 농수산의 험준함을 경계로 삼고 홍하와 경수·위수 등 하천으로써 둘러싸여 있습니다.

변부는 주로 육조부를 가리키며 이는 고부에서 발전한 것이다. 고부에 이미 대구의 문장이 많았고 남북조에 이르러 부에서 대구를 사용하는 것은 고정 형식이 되었다. 4자구, 6자구이며 평측을 중시하고 전고가 많다. 사실 변부는 운이 있는 변려문과 같다. 변려문의 일반적 특징도 갖추었으며 또한 상세히 서술하고 과장하는 부의 특색도 실현하였다. 다음 예를 보자.

(20) 乃有劍客慙恩, 少年報士, 韓國趙廁, 吳宮燕市. 割慈忍愛, 離邦去里, 瀝泣共訣, 抆血相視. 驅征馬而不顧, 見行塵之時起. 方銜感於一劍, 非買价于泉裏, 金石震而色變, 骨肉悲而心死. (강엄 「별부」)
이에 검객은 은혜를 갚지 못해 부끄러웠고, 소년은 국사 대우에 보답을 했네. 한나라 수도에선 섭정이 복수했고, 조나라 저택에선 예양이 원수 갚았

네. 오나라 궁궐에선 공자 광이 정권을 빼앗았고, 연나라 저자에선 형가가 비분강개했네. 부모와도 단절하고 처자와도 이별 참으면서, 고국과 고향을 아득히 떠났다네. 울음을 머금고 함께 이별하고, 피눈물을 닦으며 서로 바라보네. 말을 몰아 떠나가며 돌아보지 않는데, 달려가는 먼지가 때때로 솟아오르네. 바야흐로 한 자루 칼에 보은을 맡긴 거지, 황천에서도 이름을 팔려한 것이 아니라네. 금석 악기가 울려대자 얼굴색이 변하였고, 골육지친도 슬퍼하며 죽기로 마음먹었네.

(21) 水毒秦涇, 山高趙陘; 十里五里, 長亭短亭. 飢隨蟄燕, 暗逐流螢, 秦中水黑, 關上泥靑. (유신(分信)의 「애강남부(哀江南賦)」)
진나라 경(涇)에서 물에 독을 탔고, 조나라 정경(井陘) 지방의 험악한 산에서 고생하였네. 십 리와 오 리에 장정과 단정을 두었다. 굶게 되면 제비 잡아먹는 것을 따라하고, 어두우면 흘러가는 반딧불이를 쫓으며, 진나라 흑수(黑水) 지방과 관상의 청니(靑泥) 지방에서 곤란을 당하였네.

(20-21)의 변부는 모두 4자, 6자 대구문으로, 역시 전고를 많이 사용했다. 이는 남북조 변부에서 빠질 수 없는 형식적 특징이다. 강엄의 「별부」와 같이 평측과 대구는 변부 초기에는 엄격하지 않았으며 후에 갈수록 엄격해져서 (21)의 유신「애강남부」와 같이 평측과 대구가 매우 정교해졌다. 당송시기 과거제도는 시부로 선발했으며 시는 오언장률(본서 제27장 참고), 부는 변부로 운자를 한정하고 평측과 대구를 요구했다. 따라서 율부(律賦)라고도 불렀다. 이러한 율부는 내용이 빈약하고 문자가 우둔하고 생동감이 없어서 문학적으로 가치가 떨어진다.

문부는 고문운동의 영향으로 생겨난 것이다. 당송고문가는 부의 창작에 있어서도 대구, 평측의 속박에서 벗어나 나열하거나 수식하는 것을 중시하지 않고, 전체 문장을 산문의 기세로 일관되게 하고 유창한 것을 보다 중시했다. 예술 형식에 있어서 부의 체제에 새로운 활력을 제공했고 비교적 높은 문학 가치를 갖춘 문부를 창출했다. 소식의 「적벽부」가 이에 해당한다.

23

고대중국어의 수사법

고대중국어의 수사법은 매우 다양하다. 옛 문헌에서 가장 자주 보이는 몇 가지 수사법에 대해 살펴보자.

인용법

인용의 목적은 '일에 의거해서 뜻을 분류하고, 옛 것을 끌어와 지금의 것을 증명하는 것'이다.[1] 인용은 '말 인용', '사건 인용', '글 인용' 세 가지 종류로 구분된다.

'말 인용'은 서적에서는 찾아볼 수 없는 격언이나 속담, 노랫말 등을 인용하여 문장의 설득력을 높이는 것이다. 다음 예를 보자.

(1) 遲任有言曰, "人惟求舊. 器非求舊, 惟新."(『서경(書經)・반경(盤庚) 상』)
　　　지임이 이렇게 말했다. "사람은 옛 사람을 구하지만 그릇은 옛 것을 구하는

---

1) '據事以類義, 援古以證今.'(『문심조룡(文心雕龍)・사류(事類)』)

것이 아니라 새것을 구한다.”

(2) 野語有之曰, “聞道百, 以爲莫己若”者, 我之謂也. (『장자(莊子)·추수(秋
水)』)

속담에 이르길 “백 가지 진리만을 깨닫고는 자기만한 사람이 없다고 여긴
다”고 하였으니, 이는 나를 일컫는 것이다.

(3) 楚人諺曰, “得黃金百, 不如得季布一諾.” (『사기(史記)·계포열전(季布列
傳)』)

초나라 속담에 이르길, “황금 백 근을 얻는 것보다 계포의 허락을 한 번 받
는 것이 낫다”고 하였다.

(4) 故漁者歌曰, “巴東三峽巫峽長, 猿鳴三聲淚霑裳.” (『수경주(水經注)·무
산(巫山)·무협(巫峽)』)

그래서 어부가 이렇게 노래했다. “파동삼협의 무협은 길고도 긴데, 원숭이
울음소리 세 번 들리자 눈물이 옷자락을 적시네.”

‘사건 인용’은 글을 지을 때 역사적 고사(故事)를 인용하는 것으로, 사부(詞賦), 변
문(騈文), 산문(散文), 시가(詩歌) 등 다양한 문체에서 쉽게 찾아볼 수 있다. 사건 인용
은 문장 안에서 쉽게 알아볼 수 있는 경우와 그렇지 않은 경우로 나눌 수 있는데,
아래의 「보임안서(報任安書)」 구절은 사건 인용을 쉽게 알아볼 수 있는 예이다.

(5) 昔衛靈公與雍渠同載, 孔子適陳. 商鞅因景監見, 趙良寒心. 同子參乘, 袁
絲變色. 自古而恥之.

옛날, 위령공이 옹거와 함께 수레를 타자 공자는 진나라로 갔고, 상앙이 경
감을 통해 임금을 알현하자 조량은 실망했으며, 조담(趙談)이 황제와 수레
를 함께 타자 원앙(袁盎)의 얼굴색이 변했다. 자고로 이러한 일을 수치스럽
게 여겼던 것이다.

「보임안서」의 작자 사마천(司馬遷)은 위의 문장에서 3개의 고사를 연속하여 인용

하였으며,[2] 출현하는 인명을 통해 해당 고사의 출처와 본래 의미를 대략적으로 알
수 있다. 반대로, 역사 고사를 간접적으로 인용하는 경우도 있으므로, 고서를 읽을
때 특별히 주의를 기울여야 한다. 다음 예를 보자.

  (6) 一登龍門, 則聲價十倍, 所以龍蟠鳳逸之士, 皆欲收名定價於君侯. (이백
      (李白) 「여한형주서(與韓荊州書)」)
      한 번 용문에 오르면 명성이 10배에 이르니 웅크리던 용이나 숨어있던 봉
      황과 같은 선비들이 모두 그대에게서 명성을 인정받고자 한다.

  (7) 古之進人者, 或取於盜, 或擧於管庫. (한유(韓愈) 「후십구일부상재상서(後
      十九日復上宰相書)」)
      옛날에 사람을 등용할 때에는 도둑들 가운데 취하기도 하였고, 혹은 창고
      관리자를 천거하기도 하였다.

  (8) 蓋棺事則已, 此志常覬豁. (두보(杜甫) 「자경부봉선현영회오백자(自京赴奉
      先縣詠懷五百字)」)
      관 뚜껑을 덮어야 모든 일이 끝나지만, 이 뜻이 펼쳐지기를 항상 바라왔네.

  (9) 關河夢斷何處, 塵暗舊貂裘. (육유(陸游) 「소충정(訴衷情)」)
      관하의 꿈이 끊어진 곳 어디인가? 먼지 쌓이고 낡은 검은 담비가죽 옷.

(6)의 '登龍門'은 동한(東漢)시기 사람 이응(李膺)의 고사를 인용한 것으로, 『후한서

---

[2] (역주) ①공자가 위나라에 도착한지 이틀째 되는 날, 위령공이 부인과 함께 수레를 타고 유람을 나
갔다. 위령공은 환관 옹거를 시위관으로 같은 수레에 동승하게 하고, 공자는 뒤 수레를 타고 따라오
게 하며 거드름을 피우며 시내를 지나갔다. 공자가 치욕을 느끼며 말했다. "나는 색을 좋아하는 것
처럼 덕을 좋아하는 경우를 본 적이 없다." 그리고는 위나라를 떠났다. ②상앙이 환관 경감을 통해
소개를 받아 진효공(秦孝公)을 알현하고 관직을 얻었다. 당시 진나라 현사로 소문난 조량은 이를
한심하게 여겼다. ③동자는 한문제(漢文帝)의 환관 조담을 가리킨다. 하루는 문제가 수레를 타고 모
친에게 아침 문후를 드리러 가는데, 그 수레에 조담이 동승하였다. 당시 낭중의 벼슬을 맡고 있던
원앙이 수레 앞에 엎드려 막으며 간언했다. "신이 듣건대, 천자가 6척의 수레에 더불어 함께하는
자는 모두 천하의 호걸 영웅이라고 합니다. 지금 한나라에 비록 사람이 없다고 하나, 폐하께서 어찌
환관과 함께 수레에 오르십니까?" 이에 문제는 웃으며 조담에게 수레에서 내리라고 하였다.

(後漢書)・이응전(李膺傳)』에 "오직 이응 한 사람만이 품격과 절개를 지켜 그 명성이 절로 높아졌다. 인재들 중에 그와 만나 접대를 받은 이는 용문에 올랐다는 소문이 퍼졌다."[膺獨持風裁, 以聲名自高, 士有被其容接者, 名爲登龍門.]라는 기록이 있다. (7)은 두 가지 역사 고사를 인용한 것으로 '取于盜'는 『예기(禮記)・잡기(雜記) 하』의 "공자가 말하기를, 관중이 도적을 만나 그 가운데 두 사람을 취했는데, 그들은 공신의 자리까지 올랐다."[孔子曰, 管仲遇盜, 取二人焉, 上以爲公臣.]라는 구절에 보인다. '擧於管庫'는 『예기・단궁(檀弓) 하』의 "조문자가 진나라의 창고 관리자로 천거한 이는 70여 가구이다."[所擧於晉國管庫之士, 七十有餘家.]에 보인다. (8)은 훗날 '蓋棺事定(개관사정)'[관 뚜껑을 덮은 뒤에야 일이 정해진다]라는 성어로 변하게 된다. 1979년판 『사해(辭海)』에서는 이 성어가 한유 「동관협(同冠峽)」의 "다녀도 종적이 없으니 관 뚜껑을 덮어야 일은 끝이 난다."[行矣且無然, 蓋棺事乃了.]에서 온 것이라고 설명하였다. 하지만 사실 한유와 두보의 시에서 인용한 구절은 모두 『한시외전(韓詩外傳)』에서 기원한 것이다. 『한시외전』에 실려 있는 공자와 자공의 대화에서 공자가 "그러므로 배움은 그치지 않는 것이요, 관 뚜껑을 덮은 뒤에야 비로소 그치는 것이다."[故學而不已, 闔棺乃之.]라고 한 것을 인용한 것이다. (9)의 '塵暗'은 소진(蘇秦)의 고사를 인용했다. 소진은 진(秦)나라에 가서 유세했지만 끝내 뜻을 이루지 못하였고, 돈을 모두 탕진하고 검은 담비가죽 옷도 다 낡아 헤진 채로 진나라를 떠나 돌아올 수밖에 없었다.[3] 이상의 예문은 산문, 시, 사에서 사용되는 사건 인용의 예이다. 변려문에서의 사건 인용 수사법은 앞의 제21장 '변려문의 구성'에서 언급하였으므로 여기에서 다시 다루지 않겠다.

'글 인용'은 전적에 출현하는 문장을 인용하는 것이다. 선진시기의 문헌에서는 경전 인용이 주를 이룬다. 예를 들면 『맹자(孟子)』는 『시경(詩經)』을 26회 인용하였고, 『순자(荀子)』는 『시경』을 무려 70회나 인용하였다. 한나라 때 이후부터 점차 글의

---

3) 說秦王書十上而說不行. 黑貂之裘弊, 黃金百斤盡, 資用乏絶, 去秦而歸. (『전국책・진책(秦策)』)

인용이 광범위하게 이루어졌다. 글의 인용 또한 독자가 한 번에 이해할 수 있는 직접 인용과 출처를 알 수 없는 간접 인용으로 구분할 수 있다. 다음 예를 보자.

(10) 日星隱耀, 山岳潛形. 商旅不行, 檣傾楫摧. (범중엄(范仲淹) 「악양루기(岳陽樓記)」)

해와 별은 빛을 숨기고, 산악은 형세를 감추었으며, 장사꾼과 나그네들이 다니지 않고, 돛대는 쓰러지고 노는 부러졌다.

(11) 逝者如斯, 而未嘗往也, 盈虛者如彼, 而卒莫消長也. (소식(蘇軾) 「적벽부(赤壁賦)」)

흘러가는 것이 이와 같지만 일찍이 아주 간 적이 없었고, 차고 기우는 것이 저와 같지만 끝내 더해지거나 줄어들지 않았다.

(10) 「악양루기」의 '商旅不行'은 『역경(易經)·복괘(復卦)』를 인용하였고, (11) 「적벽부」의 '逝者如斯'는 『논어(論語)·자한(子罕)』을 인용하였다. 만약 옛 문헌에 대한 이해가 깊지 않으면 이것이 인용문이라는 것을 알기 어렵다. 일부 인용문은 원작을 생략, 변형하거나 혹은 한 구절에서 가장 중요한 몇 개의 글자만을 취하는 경우도 있다. 다음 예를 보자.

(12) 左相日興費萬錢, 飲如長鯨吸百川, 銜杯樂聖稱避賢. (두보 「음중팔선가(飲中八仙歌)」)

좌상은 하루 주흥에 만 전을 쓰고, 큰 고래가 모든 내천을 마시듯 술을 마셨으며, 술잔을 들면 청주를 마시지 탁주는 마시지 않았다.

(13) 其末也, 莊周以其荒唐之辭鳴. (한유 「송맹동야서(送孟東野書)」)

그 말기에 장주는 황당한 말로 소리냈다.

(14) 王郎健筆誇翹楚. 到如今, 落霞孤鶩, 競傳佳句. (신기질(辛棄疾) 「하신랑(賀新郎)」)

왕랑의 웅건한 문장은 걸출하다 칭송받으니, 오늘날까지도 '지는 노을 외로운 오리'는 다투어 전해지는 명구이다.

(12)에서 '左相'은 이적지(李適之)를 가리키며, 마지막 구 '銜杯樂聖稱避賢'은 이
적지의 시 "避賢初罷相, 樂聖且銜杯."[현인을 피하여 재상을 버리고, 술잔을 입에 댈 땐 청
주만 즐겼지.]'를 변형하여 인용한 것이다. (13)의 '荒唐之辭'은『장자·천하(天下)』에
서 인용한 것으로, 원문은 '荒唐之言'으로 되어 있다. (14)의 '落霞孤鶩'은 왕발(王
勃)「등왕각서(滕王閣序)」의 "落霞與孤鶩齊飛"[지는 노을은 외로운 오리와 함께 난다]에서
취한 것이다.

비유법

비유는 통속적이고 이해하기 쉽게 표현하고 문장을 생동감 있게 형상화하는 것으
로, 동서고금을 막론하고 문학가들이 즐겨 사용하는 수사방법이다. 비유는 직유와
은유로 구분된다. 직유는 '譬如(비여)', '譬猶(비유)', '譬之(비지)', '猶(유)', '若(약)',
'如(여)' 등의 단어를 사용하여 표시하므로 단번에 이해할 수 있다. 은유는 '譬喩(비
유)' 등의 단어를 사용하지 않고 직접적으로 표현하는데, 이러한 수사법이 사용된 문
장을 읽을 때에는 이를 비유로 파악해야만 작가의 본의를 정확하게 이해할 수 있다.
다음 예를 보자.

(15) 如今人方爲刀俎, 我爲魚肉何辭爲? (『사기·항우본기(項羽本紀)』)
　　지금 저들은 칼과 도마이고 우리는 생선과 고기 신세인데 무슨 작별의 예
　　란 말인가?
(16) 周有天下, 裂土田而瓜分之. ……布履星羅, 四周於天下, 輪運而輻集.
　　(유종원(柳宗元)「봉건론(封建論)」)
　　주나라가 천하를 소유한 뒤에 토지를 분할하여 오이 나누듯 나누어 주었

다.……제후들이 관할하는 강역은 별처럼 분포되어 천하 사방에 펼쳐졌고, 바퀴처럼 운행하고 바퀴살처럼 모여들었다.

(17) 將蘄至於古之立言者, 則無望其速成, 無誘於勢利, 養其根而竢其實加其膏而希其光. 根之茂者其實遂, 膏之沃者其光曄. (한유 「답이익서(答李翊書)」)

장차 과거에 '입언(立言)'했던 이들의 경지에 이르기를 바라는 것이라면 서둘러 이루어지기를 바라지 말고, 권세와 이익에 유혹되지 말라. 뿌리를 기른 후에 열매를 기다리고 기름을 부은 후에 빛을 바라는 것이니, 뿌리가 무성하면 그 열매가 풍성하고 기름이 풍족하면 그 빛은 밝을 것이다.

(18) 曹公, 豺虎也. (『자치통감(資治通鑑)』)

조공은 승냥이이다.

(15)의 '刀俎'는 항우를, '魚肉'은 유방을 비유한 것으로, 적군의 강함과 아군의 약함을 형상화하여 설명하였다. (16)의 '瓜分', '星羅', '輪運', '輻集'은 모두 비유적 표현으로, 첫 번째 명사는 모두 부사어처럼 사용되었다. '星羅'는 별과 같이 분포되어 있음을, '輪運'은 수레바퀴처럼 중심을 둘러싸고 운행하는 모습을, '輻集'은 바퀴살이 바퀴통으로 집중되는 모습을 비유한 것으로, 주나라 초기에 제후국들이 별과 같이 사방에 분포되어 있으면서도 주 왕실 주위로 단결하여 지휘체계에 복종하였음을 의미한다. (17)은 '古之立言者'의 수준에 도달하려면 자기 수양을 강화해야 한다는 점을 말하는 내용으로, 한유는 생동감 넘치는 두 가지 비유를 들었다. 하나는 나무를 심는 것에 비유하여 반드시 뿌리를 잘 배양해야 한다는 것이었고, 또 하나는 등불을 붙이는 것에 비유하여 기름을 많이 부어야 한다는 것이었다. 먼저 비유를 들고 논의를 확장하는 방식으로 비유 안에 이치를 함축하였다. (18)은 판단문으로 서술어 부분이 비유이다. 전체 문장은 조조가 승냥이와 같다는 것이고 승냥이는 조조의 흉악함을 형용한다.

고대인은 단번에 많은 비유로 동일한 사물을 설명하는 박유(博喩)도 중요시 하였는데, 여기에도 직유와 은유가 있다. 가령, 소식의 시 「백보홍(百步洪)」 두 수 가운데 첫 번째 시의 "有如兔走鷹隼落, 駿馬下注千丈坡, 斷絃離柱箭脫手, 飛電過隙珠翻荷."[토끼가 달리듯, 송골매가 내려오듯, 준마가 천 길의 비탈을 달리듯, 끊어진 줄이 튕기듯, 화살이 손을 벗어나듯, 용마루에 번개 지나가듯, 이슬방울 연잎 위를 구르듯.]는 7개의 비유로 물결이 높은 곳에서 떨어지는 장관을 묘사하였다. 은유의 예로는 하주(賀鑄) 「청옥안(靑玉案)」의 "試問閒愁都幾許? 一川煙草, 滿城風絮, 梅子黃時雨."[묻노니, 슬픔은 얼마나 되는가? 시냇가에 가득한 안개 낀 풀 만큼, 성에 가득 바람에 날리는 버들 솜만큼, 매실 누렇게 익을 때의 장맛비 만큼이리라.]를 들 수 있다.

대유법

사물에는 사회적으로 약속되어 정해진 고유의 명칭이 있다. 하지만 간혹 수사적인 표현을 위해 작가가 그 사물의 고유 명칭을 사용하는 것이 아니라 해당 사물과 내재적 연관성을 지니는 단어를 빌려서 호칭으로 삼는 경우가 있다. 이것을 가리켜 '대유법'이라고 한다.

대유법은 비유와는 다르다. 비유는 'A가 마치 B와 같다'는 것을 말하는 것이지, B와 완전히 동등하다는 것을 의미하지는 않는다. 예를 들어, '조공은 승냥이 같다'라는 비유적 표현은 '조공이 곧 승냥이이다'라는 말이 아니다. 대유법은 그 명칭을 직접적으로 대신하는 것이지 닮았는지 아닌지의 문제가 아니다. 물론, 동일한 사물에 다양한 비유가 있을 수 있듯이 동일한 사물에 다양한 대유가 있을 수 있다.

(19) 乘堅驅良逐狡兔. (『사기·월왕구천세가(越王句踐世家)』)
　　　견고한 수레를 타고, 좋은 말을 몰아 교활한 토끼를 쫓는다.

(20) 乘堅策肥. (『한서(漢書)·식화지(食貨志)』)
　　　견고한 수레를 타고, 살찐 말을 채찍질 한다.

(21) 雖乘奔御風, 不以疾也. (『수경주·무산·무협』)

　　말을 타고 바람을 타도 빠르다 여기지 않는다.

　　위의 예문에서 '良', '肥', '奔'은 모두 명사로 사용되었으며 '말'을 의미한다. 옛 문헌에서 자주 보이는 대유법의 몇 가지 유형을 살펴보자.

1) 환유법 : 사물의 성질이나 특징으로 해당 사물을 대신 지칭한다.

(22) 爲肥甘不足於口與, 輕煖不足於體與? (『맹자·양혜왕(梁惠王) 상』)

　　맛 좋은 음식이 입에 부족하기 때문입니까? 가볍고 따뜻한 옷이 몸에 부족하기 때문입니까?

(23) 五月渡瀘, 深入不毛. (제갈량(諸葛亮) 「출사표(出師表)」)

　　5월에 강을 건너 불모지에 깊이 들어간다.

(24) 素湍綠潭, 迴淸倒影. (『수경주·무산·무협』)

　　흰 여울, 녹색 못, 푸른 물결 휘돌아 그림자 비치네.

(25) 試問捲簾人, 却道海棠依舊. 知否? 知否? 應是綠肥紅瘦. (이청조(李淸照) 「여몽령(如夢令)」)

　　주렴 걷는 아이에게 물으니 오히려 해당화는 여전하단다. 아느냐, 모르느냐? 잎은 살 오르고 꽃은 수척해졌을 것을.

　　이상의 각 예문에서 '肥甘'은 맛있는 음식, '輕煖'은 좋은 옷, '不毛'는 황량한 장소, '淸'은 맑은 물, '綠'은 해당화 잎, '紅'은 해당화를 나타낸다.

2) 제유법① : 상위개념을 나타내는 단어로 하위개념을 대신 지칭한다.[4]

---

4) (역주) 일반적으로 고대중국어에서 단어가 특정 문맥에서 상위의미로 쓰이는 것을 '범칭(泛稱)'이라고 하고, 반대로 특정 문맥에서 하위의미로 쓰이는 것을 '특칭(特稱)'이라고 한다. 즉, 제유법①은

(26) 晉國, 天下莫强焉. (『맹자·양혜왕 상』)

　　위나라가 천하에 막강하다.

(27) 似逢我公, 車邊病是也. (『후한서·화타전(華佗傳)』)

　　우리 어르신을 만나보셨나 보네요. 수레 옆에 기생충을 달고 오신 것 보니.

(28) 擅山海之富. (『낙양가람기(洛陽伽藍記)·왕자방(王子坊)』)

　　풍부한 산해진미를 멋대로 차지하다.

(29) 但知以聲色、土木淫蠱上心耳. (『청계구궤(青溪寇軌)·용재일사(容齋逸史)』)

　　다만 음악, 미녀, 가옥만을 알고, 음란함에 마음을 기울이니.

　　(26)에서 '晉國'은 본래 전국시기의 한(韓), 위(魏), 조(趙) 세 나라를 포함한다. 그런데 전국시기에는 상위개념인 '晉國'이 하위개념 '위나라'만을 전문적으로 지칭하였다. '病'은 모든 질병을 나타내는 상위개념의 일반명사인데, (27)에서 '病'은 그것의 하위개념인 일종의 기생충을 가리킨다. '山', '海'는 원래 상위개념을 나타내는 일반명사이지만 (28)의 '山海'는 산과 바다에서 나오는 물산을 가리키는 데 사용되었다. (29)의 '聲'과 '色', '土'와 '木'도 상위개념의 일반명사이지만 여기에서는 음악, 미녀, 건축물을 가리킨다.

　　3) 제유법② : 하위개념을 나타내는 단어로 상위개념을 대신 지칭한다.

(30) 凌陽侯之氾濫兮, 忽翱翔之焉薄. (굴원(屈原) 「애영(哀郢)」)

　　출렁이는 양후의 큰 파도를 타고, 홀연히 날아올라 어디에 머물 것인가?

(31) 送君南浦, 傷如之何! (강엄(江淹) 「별부(別賦)」)

　　내님 떠난 남포에서, 이 시름 어찌하나!

(32) 許史相經過, 門高盈四牡. (왕유(王維) 「우연작(偶然作)」)

　　범칭으로 특칭을 대신하는 경우이고, 제유법②는 특칭으로 범칭을 대신하는 경우이다.

허사와 서로 왕래하고 대궐 같은 집에는 수레가 넘쳐나네.

(33) 大雅久不作, 吾衰竟誰陳. (이백 「고풍(古風)」)

　　대아가 오래도록 끊어졌으니, 내가 노쇠하면 누가 이를 펼치리오!

(34) 區區之心, 願斷三人頭, 竿之藁街. (호전(胡銓) 「무오상고종봉사(戊午上
高宗封事)」)

　　못난 마음에 세 사람 머리를 잘라 고가에 걸고 싶다.

(30)의 '陽侯'는 본래 고대 전설상의 물의 신을 가리키는데, 이 예문에서는 대유
적인 표현으로 '파도'를 가리킨다. (31)의 '南浦'는 굴원 「구가(九歌)・하백(河伯)」의
"送美人兮南浦"[고운 님 남포에서 떠나보내네]에서 보이는 말로, 원래는 구체적인 지명
을 나타냈는데, 이후에는 이별하는 장소의 범칭(泛稱)으로 사용되었다. (32)의 '許',
'史'는 본래 한(漢)나라 선제(宣帝) 시기 황실의 인척이었던 두 가문을 구체적으로 가
리켰는데, 여기에서는 특정 가문이 아닌 일반적인 황실 인척을 가리키는 말로 대유
적으로 사용되었다. (33)의 '大雅'는 본래 『시경』을 구성하는 한 부분을 가리키지만
여기에서는 우수한 전통을 지닌 고시(古詩)를 범칭하였다. (34)의 '藁街'는 한(漢)나라
시절 장안에 있었던 거리로, 주로 이민족을 접대하고 묵을 수 있게 해주는 장소였다.
이 예문에서는 이민족이 거주하는 경성의 일부 지역을 가상으로 나타낸 것으로, 남
송(南宋)시기 임안(臨安)에 실제로 그런 길이 있었던 것은 아니다.

병제(並提)법

'병제'란 일반적으로 서로 관련된 두 가지 사건을 하나의 문장 안에 병렬하여 서
술하는 것이다. 고대인들은 문장을 치밀하고 간략하게 표현하기 위해서 종종 병제법
을 사용해 글을 지었다. 다음 예를 보자.

(35) 夫種、蠡無一罪, 身死亡. (『사기・한신노관열전(韓信盧綰列傳)』)
　　　종과 려는 하나의 죄도 없이 죽거나 도망하였다.

　위 문장은 '종은 아무런 죄도 없이 죽었다', '려는 아무런 죄도 없이 도망하였다'의 두 가지 의미를 나타낸다. 만약 '死亡'을 하나의 단어로 간주하여 '종과 려가 아무런 죄 없이 사망하였다'라고 이해한다면 옳지 않다. 실제 역사적 사실에 근거하면 대부 종은 자살하여 죽었고, 범려는 도망쳤기 때문이다. 병제식 문장을 이해하기 위해서는 일반적으로 문장의 의미 결합 관계를 분석하는 데 주목해야 한다. 다음 예를 보자.

(36) 腥醲肥厚. (매승(枚乘)「칠발(七發)」)
　　　고기와 술은 기름지고 진했다.
(37) 發皇耳目. (매승「칠발」)
　　　귀를 열고 눈을 밝히다.
(38) 耳目聰明. (『후한서・화타전』)
　　　귀와 눈이 밝다.
(39) 自非亭午夜分, 不見曦月. (『수경주・무산・무협』)
　　　정오나 자정이 아니면 해와 달을 볼 수 없다.

　(36)의 '腥'은 고기를 가리키고, '醲'은 술을 가리킨다. 고기는 '肥'라고 할 수 있지만 '厚'라고는 할 수 없고, 술은 '厚'라고 할 수 있지만 '肥'라고 할 수는 없다. 이 문장은 병제식으로서 '腥肥醲厚'로 이해해야 한다. (37)은 '發耳', '皇目' 두 개의 사동구조로 구성된 문장이다. '發目'은 말이 될 수 있지만, '皇耳'는 말이 되지 않는다. 따라서 반드시 병제식으로 보아야 이 문장은 의미가 통할 수 있다. (38)의 '耳目聰明'은 '耳聰', '目明'의 뜻으로, 비교적 쉽게 분석할 수 있는 병제식이다. (39)에서 '亭午', '夜分'은 병존하지 않는 시간이고, '曦', '月'은 서로 다른 자연현상으로

합쳐 놓으면 말이 되지 않는다. 병제 수사법이 사용된 것으로서, 마땅히 '정오가 아니면 해를 볼 수 없다'와 '자정이 아니면 달을 볼 수 없다'의 의미로 이해해야 한다.

옛 문헌을 읽을 때에는 이와 같은 병제식 수사법을 잘 파악해야 한다. 하지만 고대 중국인이 사용한 병제식 문장이 모두 훌륭한 것은 아니다. 때로는 수사적 표현이 의미를 해치는 경우도 있다. 가령, 『사기·효경본기(孝景本紀)』에는 "封故御史大夫周苛孫平爲繩侯, 故御史大夫周昌子左車爲安陽侯."[어사대부 주가의 손자 평이 승후에 봉해졌고, 어사대부 주창의 아들 좌거가 안양후에 봉해졌다.]라는 구절이 있는데, 『한서·경제기(景帝紀)』에서는 이 두 문장을 병제식으로 수정하여 "封故御史大夫周苛周昌孫子爲列侯."[어사대부 주가, 주창의 손자와 아들이 열후에 봉해졌다.]라 하였다. 이러한 병제식은 문장 자체에서 변별할 방법이 없다. 『사기』와 대조해 보지 않은 상태에서는 주가와 주창 두 사람의 손자, 아들이 모두 열후에 봉해진 것으로 오해하기 쉽다.

호문(互文)법

호문은 '호문견의(互文見義)'라고도 하고, 약칭하여 '호견(互見)'이라고도 한다. 앞뒤 문장의 의미가 상호 호응하고 보충되는 것이 특징이다. 고대인은 일찍부터 이러한 수사방법에 주목하였다. 예를 들어, 『좌전(左傳)·은공(隱公) 원년(元年)』에는 "公入而賦"[공이 굴속에 들어가 시를 읊었다], "姜出而賦"[강씨가 굴에서 나와 시를 읊었다]라는 구절이 있는데, 이에 대해 복건(服虔)은 "들어간 것은 장공(莊公)을 말하고, 나온 것은 강씨를 말하여 함께 들어가고 나왔음을 밝힌 것으로, 상호가 뜻을 보여준다."[入言公, 出言姜, 明俱出入, 互相見.]라고 주석하였다. 또한, 『좌전·애공(哀公) 8년』의 "吳師克東陽而進, 舍於五梧. 明日, 舍於蠶室. 公賓庚, 公甲叔子與戰於夷, 獲叔子與析朱鉏, 獻於王. 王曰, '此同車必使能, 國未可望也.'"[오나라 군사는 동양을 함락시킨 뒤 전진하여 오오에 주둔했다. 다음날에는 잠실에 머물렀다. 이때 공빈경, 공갑숙자가 군사를 이끌고 이 땅에서 오나라 군사와 교전하였는데 오나라는 숙자와 석주서를 잡아 왕에게 바쳤다. 왕이 말했다. '이들은 같은 전차에 타고 있던 자이다. 노나라는 분명 능력있는 사람을 부리는 나라이다. 그 나라는 아직 엿볼 수 없다.']라는 구절에 대하여 두예(杜預)는 "공빈경과 공갑숙자, 석주서 세 사람은 모두 같은 수레에 타고 있었는데 「전(傳)」에서 그것을 호언한 것이다."[公賓庚、公甲叔子並析朱鉏爲三人, 皆同車, 傳互言之.]라고 주석하였다. 다시 말해, '이 땅에서 교전을 할 때' 석주서도 있었고, '왕에게 바칠 때' 공빈경도 있었다는 것이다.

여러 상황에서 호견은 앞뒤 두 문장의 사이에 출현한다. 다음을 보자.

> (40) 東西植松柏, 左右種梧桐. (『초중경처(焦仲卿妻)』)
>
> 동서로 소나무와 측백나무를 심고, 좌우로 오동나무를 심었다.
>
> (41) 受任於敗軍之際, 奉命於危難之間. (제갈량 「출사표」)
>
> 군대가 패하는 상황에 임무를 받고 나라가 위급한 순간에 명을 받았다.
>
> (42) 叫囂乎東西, 隳突乎南北. (유종원 「포사자설(捕蛇者說)」)
>
> 동서로 소란을 피우고 남북으로 헤집고 다닌다.
>
> (43) 不以物喜, 不以己悲. (범중엄(范仲淹) 「악양루기(岳陽樓記)」)
>
> 타물로 인해 기뻐하지 않고, 자신으로 인해 슬퍼하지 않는다.

(40)은 동쪽과 서쪽에는 소나무와 측백나무만 심고, 왼쪽 오른쪽에는 오동나무만 심었다고 잘못 이해해서는 안 된다. 동서좌우에 모두 소나무, 측백나무, 오동나무를 심었다는 것으로 이해해야 한다. (41)은 '受任'과 '奉命'이 호응하고, '敗軍之際'와 '危難之間'이 호응한다. (42)에서 '叫囂'와 '隳突'이 호문이고, '南北'과 '東西'가 호문이다. (43) 또한 외부 사물의 영향으로 기뻐하거나 슬퍼해서는 안 되고, 자신의 상황으로 인해 기뻐하거나 슬퍼해서는 안 된다는 뜻으로 이해해야 한다.

고대 중국인이 말하는 '호문'에는 표현의 중복을 피하기 위해 동의어로 바꾸어 사용하는 경우도 포함된다. 다음 예를 보자.

> (44) 鄭衛之女不充後宮, 而駿馬駃騠不實外廐. (이사(李斯) 「간축객서(諫逐客

書)」)

정위의 여인들은 후궁을 채울 수 없고, 준마와 결제는 바깥 마구간을 채울 수 없다.

(45) 吾再逐於魯, 伐樹於宋, 削跡於衛, 窮於商周. (『장자·산목(山木)』)

나는 노나라에서 두 번이나 쫓겨났고, 송나라에서는 뽑힌 나무에 죽을 뻔 했고, 위나라에서는 등용되지 않았고, 송나라와 주나라에서는 궁지에 몰렸다.

(46) 蹠越者, 或以舟, 或以車, 雖異路, 所極一也. (『회남자(淮南子)·설림(說林)』)

월나라로 가는 사람들은 배를 타기도 하고 수레를 타기도 했다. 비록 길은 달랐으나 가는 곳은 하나였다.

(47) 時維九月, 序屬三秋. (왕발「등왕각서」)

때는 9월이요 계절은 삼추라.

(44)의 '充'과 '實'은 동의어로서 '가득 차다'의 의미를 나타내며, 문장에서는 동사로 사용되었다. '宋'과 '商'은 동의어이다. (45)에서는 송나라가 본래 상나라의 후예이므로 '商'으로 '宋'을 지칭하였다. (46)의 '蹠'과 '極' 또한 동의 호훈이다. 『회남자』에 대한 고유(高誘)의 주석에서 "蹠은 至이고, 極 또한 至로서 호문일 뿐이다."[蹠, 至也., 極亦至, 互文耳.]라고 하였다. (47)의 '九月'은 곧 '三秋'를 의미한다. 상술한 네 개의 예문에서 나타나는 '호문'은 본래 고대중국어 의미론에서 연구해야 하는 내용이다. 그러나 엇갈리는 표현으로 문장을 만든다는 점이 수사의 측면에서 다루어질 수 있으므로 수사학과 무관하다고 할 수 없다.

과장법

'과장법'은 사실보다 훨씬 크거나 작게 표현하는 강조법의 일종으로, '과식(誇飾)'이라고도 한다. 다음 예를 보자.

(48) 誰謂河廣, 曾不容刀. (『시경・위풍(衛風)・하광(河廣)』)

누가 황하를 넓다 하는가, 작은 배도 띄우지 못하는 것을.

(49) 瞋目視項王, 頭髮上指, 目眥盡裂. (『사기・항우본기』)

눈을 부릅뜨고 항왕을 노려보는데, 머리카락은 위로 솟고 눈초리는 사납게 찢어졌다.

(50) 觀其廊廡綺麗, 無不歎息, 以爲蓬萊仙室, 亦不是過. (『낙양가람기・왕자방』)

당 앞 낭옥의 아름다움을 보니 탄식하지 않을 수 없었다. 봉래산 신선의 집도 이를 넘어서지는 못할 것이라 여겼다.

(51) 喑鳴則山岳崩頹, 叱咤則風雲變色. (낙빈왕(駱賓王) 「위서경업토무조격 (爲徐敬業討武曌檄)」)

큰 소리로 부르짖으면 산악이 무너지고, 성내며 꾸짖으면 풍운이 색을 바꾸었다.

(48)은 황하의 작음을 극단적으로 말하여 작은 배도 띄울 수 없다고 표현한 것이다. (49)는 번쾌의 분노를 극단적으로 말한 것으로, 실제로 머리카락이 위로 곤두선 것은 아니다. (50)은 하간사(河間寺)의 화려함을 극단적으로 말한 것으로, 사람들은 선경을 극락세계라고들 말하는데, 선경도 하간사를 뛰어넘지는 못한다고 한 것이다. (51)은 서경업(徐敬業) 군대의 위세가 성대함을 강조하여 말한 것으로 '山岳崩頹', '風雲變色'은 모두 과장법을 사용한 표현이다.

도치법

|

수사적 도치는 문법적인 도치와는 같지 않다.[5] 문법적 도치는 조건이 있는 것으

---

5) (역주) 문법적인 도치란 "甚也, 汝之不惠."와 같이 어기를 강조하기 위해 서술어를 문두로 이동시키는 것을 말한다. 중국어에서는 문법적 도치를 '도장倒裝', 수사적 도치를 '도치倒置'로 용어를 구분하여 사용한다.

로, 지금은 '도치'라고 하지만 과거 고대인에게 있어서는 정상적인 문장 형식이다. 반면, 수사적 도치는 규칙적인 현상이 아니며 긍정적으로 평가할 만한 수사법도 아니다. 다음 예를 보자.

> (52) 諺所謂"室於怒市於色"者, 楚之謂矣. (『좌전·소공 19년』)
> 속담에 "집안에서 노하고는 시장에서 성낸다"라고 한 것은 초나라를 일컫는 것이다.
> (53) 或有孤臣危涕, 孽子墜心. (강엄 「한부(恨賦)」)
> 중용되지 못하는 고독한 신하는 가슴 아파하고 첩의 자식은 불안해하며 눈물 흘린다.
> (54) 香稻啄餘鸚鵡粒, 碧梧棲老鳳凰枝. (두보 「추흥팔수(秋興八首)」)
> 앵무새가 쪼다 남은 쌀 알갱이, 봉황이 깃드는 나이든 벽오나무 가지
> (55) 春與猿吟兮, 秋鶴與飛. (한유 「유주나지묘비(柳州羅池廟碑)」)
> 봄은 원숭이와 함께 울어대고, 가을은 학과 함께 난다.

(52)의 '室於怒市於色'은 '怒於室色於市'의 도치이다. 『전국책(戰國策)·한책(韓策)』에는 이 구절이 "怒於室者色於市"로 되어 있다. (53)의 '孤臣危涕, 孽子墜心'은 마땅히 '孤臣墜心, 孽子危涕'라고 해야 한다. 『맹자·진심(盡心) 상』에 "獨孤臣孽子, 其操心也危."라 하였다. 危는 두렵고 불안하다는 뜻이다. (54)는 '鸚鵡啄餘香稻粒, 鳳凰棲老碧梧枝.'로 이해해야 한다. (55)의 '秋鶴與飛'는 '秋與鶴飛'로 이해해야 한다. 운문에서의 도치는 평측과 압운을 맞추기 위한 것이기도 하고, 때로는 특수한 예술적 분위기를 표현하기 위한 것이다.

완곡법

어떤 사실을 직접적으로 이야기 하지 않고 의도적으로 함축적이고 완곡하게 말하는 것을 일컬어 '완곡 표현'이라고 한다. 고대 중국인이 자주 사용했던 완곡 표현으로는 대체로 다음의 몇 가지 유형을 들 수 있다.

1) 거칠고 조속한 말을 피한다

(56) 荒侯市人病, 不能爲人. (『사기·번역등관열전(樊酈滕灌列傳)』)

황후 시인(시인은 번쾌의 서자로서 황후에 봉해졌다)은 병이 나서 성관계를 하지 못하였다.

(57) 卽陽爲病狂, 臥便利. (『한서·현성전(玄成傳)』)

즉양은 정신병에 걸려서 누워서 대소변을 보았다.

'爲人'은 남녀 사이의 성적인 관계를 완곡하게 표현한 것이고, '便利'는 대소변의 완곡한 표현이다.

2) 금기시하는 말을 피한다

고대인에게는 금기하는 말이 많았다. 그 예로 '死[죽다]'의 완곡한 표현법은 매우 많다.

(58) 放勳乃徂落. (『맹자·만장(萬章) 상』)

방훈이 이에 죽었다.

(59) 一旦山陵崩, 長安君何以自託於趙. (『전국책·조책(趙策)』)

하루아침에 태후께서 돌아가시고 나면 장안군은 무엇으로 스스로 조나라에 의탁하겠습니까.

(60) 七月丙寅, 始皇崩於沙丘平臺. (『사기·진시황본기(秦始皇本紀)』)

7월 병인일에 시황제는 사구 평대에서 붕어하시다.

(61) 卽宮車宴駕, 非大王立, 尙誰立哉? (『한서・관부전(灌夫傳)』)

제왕께서 돌아가신 뒤에 대왕이 즉위하지 않으면 누가 즉위하겠습니까?

(62) 先帝創業未半, 而中道崩殂. (제갈량「출사표」)

선제께서 창업하시고 반도 이루지 못하시고는 중도에 붕어하셨다.

(63) 百歲之後, 歸于其居. (『시경・당풍(唐風)・갈생(葛生)』)

죽어서도 그가 있는 곳으로 돌아가리라.

(64) 越數月, 而先生亦捐館. (요정상(廖廷相)「절운고외편(切韻考外篇)・발(跋)」)

수개월이 지나고 선생께서도 돌아가셨다.

(58)에서 (62)까지는 모두 황제의 '죽음'을 완곡하게 표현한 것으로, 일반적인 완곡 표현과는 달리 금기어를 피하는 것 이외에 군주를 존경하는 의미를 함께 내포한다. (63)과 (64)는 일반적인 사람도 모두 사용할 수 있는 완곡 표현이다. '죽음'을 완곡하게 표현하는 말로 그밖에도 '仙去', '仙逝', '歸道山' 등등이 있다.

3) 무례함을 피한다

타인에게, 특히 임금에게 경어를 사용하고, 자신에 대해서는 겸어를 사용하는 경우 '감히 무례하게 범하지 않다'는 뜻을 나타낸다. '陛下, 執事, 左右, 足下, 賜' 등은 모두 경어이고, '僕, 牛馬走, 再拜' 등은 모두 겸사이다. 이처럼 겸손과 존경을 표현하는 완곡법 이외에, 때로는 군주와 관련된 문제에 있어서 완곡한 언사로 자신의 뜻을 표현해야 했다. 가령, '황제는 젊다'라고 하지 않고, '陛下富於春秋[폐하께서는 춘추가 풍성하시다]'(『사기・이사열전(李斯列傳)』)라고 하거나 '태자의 나이가 적다'라는 직접적인 표현 대신에 '太子方富於年[태자께서는 나이가 한창 풍요로우시다]'(매승「칠발」)이라고 하였다. 젊다는 것은 종종 철이 들지 않았다거나 견문이 좁다는 것을 의미하기 때문이다. 심지어는 황제에게 불만이 있어 불평을 할 때에도 겉으로는 그것이 드러나지 않도록 완곡하게 말하였다. 가령, 맹호연(孟浩然)은 자신의 시 「세모귀남산(歲暮歸南山)」에서 "不才明主棄, 多病故人疏."[재능 없어 밝은 임금께 버림받고, 병이 많아 오랜 친구도 멀어지는구나.]라고 하였는데, 표면적으로는 당(唐)나라 때의 현종(玄宗)을 존칭하여 '明主'라 하고 스스로는 겸사로 '不才'라 하였지만 '棄'자를 덧붙임으로써 '不才'는 실제로 '才'가 있음을 나타내고 '明主'는 결코 '明'하지 않다는 뜻을 말속에 숨겨 나타냈다.

4) 외교적 언사

고대 중국인은 말에 예의를 갖추는 것을 중시하였다. 예의 바른 언사와 완곡 표현은 완전히 동일한 것은 아니지만, 대화하는 과정에서 종종 완곡 표현이 예의 바른 성질을 갖기도 한다. 가령 왕안석(王安石)의 「답사마간의서(答司馬諫議書)」에 "如日今日當一切不事事, 守前所爲而已, 則非某之所敢知. 無由會晤, 不任區區向往之至."[그대가 말하길 오늘부터 일절 아무 일도 하지 않고 그저 전에 하던 바의 일들만 지키라고 하였으나 이는 제가 감히 알 수 있는 것이 아닙니다. 만날 기회가 없으니 구구하게 그리워하는 마음을 이기지 못하겠습니다.]라는 구절이 있는데, 여기에서 '則非某之所敢知'는 사마광(司馬光)의 모든 질책을 완곡하게 거절하면서도 대단히 예의를 갖추어 표현한 것이다. 이러한 완곡 표현은 동료들 사이에 사용할 뿐만 아니라 적국 간에 사용하기도 한다. 예를 들어, 『좌전·희공 4년』이나 『좌전·성공 2년』에는 적지 않은 완곡 표현이 수록되어 있다. 『좌전·성공 2년』에는 한궐(韓厥)이 제후(齊侯)에게 다음과 같이 말하는 구절이 있다. "저희 임금이신 진경공(晉景公)께서 여러 신하들로 하여금 노나라와 위나라를 대신해 부탁하라 하시면서 '제나라 땅으로 군대를 깊숙이 들이지는 말라'고 하셨습니다. 신이 불행히도 공의 군대와 만나게 되어 도망가 숨을 곳이 없었습니다. 또 도망가게 된다면 두 군주를 치욕스럽게 하는 일이 될까 우려됩니다. 외람되게도 저 또한 용사이기에 감히 고하노니 비록 불민하나 맡은 바의 소임을 다하고자 합니다."[寡君使羣臣爲魯衛請, 曰, '無令輿師陷入君地.' 下臣不幸, 屬當戎行, 無所逃隱, 且懼奔辟而

亦兩君. 臣辱戎士, 敢告不敏, 攝官承乏.] 상대를 포로로 잡아가겠다는 의미의 말을 이처럼 흥미진진한 언사로 표현한 것이다. 만약 자구 그대로의 의미로만 읽는다면 그 진의를 이해할 수 없게 된다.

조조(曹操)는 적벽대전을 치르기 전에 손권(孫權)에게 다음과 같은 편지를 썼다. "지금 다스리는 수군이 80만정도 되니 장군과 오나라에서 크게 사냥이나 하고자 한다."[今治水軍八十萬衆, 方與將軍會獵於吳.] 이때 '會獵'이란 사실 교전을 가리키는데, 여기에서는 완곡한 표현으로 군사적 위협을 나타낸 것이다.

생략법

생략은 본래 문법에서 다루어야 할 문제이지만 문장 성분의 생략이 때로는 수사법과 관련 있기 때문에 여기에 덧붙여 설명한다.

1) 주어 생략

(65) 邴夏曰, "射其御者, 君子也." 公曰, "謂之君子而射之, 非禮也." ( )射其左, ( )越於車下. ( )射其右, ( )斃於車中. (『좌전·성공 2년』)

병하가 말했다. "수레 모는 자를 쏘십시오. 군자인 듯 합니다." 공이 말했다. "군자라고 일컬으면서 그에게 활을 쏘는 것은 예가 아니다." 그 왼쪽에 앉아있는 자를 쏘자 수레 아래로 굴러 떨어졌다. 그 오른쪽에 앉아있는 자를 쏘자 수레 안으로 쓰러졌다.

(66) 應侯曰, "鄭人謂玉未理者璞, 周人謂鼠未腊者朴. 周人懷朴過鄭賈曰, '欲買朴乎?' 鄭賈曰, '欲之.' ( )出其朴, ( )視之, ( )乃鼠也. ( )因謝不取." (『전국책·진책(秦策) 3』)

응후가 말했다. "정나라 사람들은 가공하지 않은 옥을 '박(璞)'이라고 하고, 주나라 사람들은 포 뜨지 않은 쥐를 '박(朴)'이라고 한다. 주나라 사람이 박을 품고 정나라 상인을 옆을 지나며 말하기를 '박을 사시겠는가?'라고 묻자 정나라 상인이 '사겠소.'라고 하였다. 박을 꺼냈고, 그것을 보았더니 쥐였다. 그리하여 사양하고 취하지 않았다.”

(65)에서는 앞 문장을 이어 받아 4개의 주어가 생략되었다. '越於車下'와 '斃於車中'의 주어는 비교적 쉽게 이해할 수 있다. '射其左', '射其右'의 주어는 병하인지 공(公 : 齊侯)인지 불분명하여 오해하기 쉽다. 앞뒤 문맥을 살펴보면 이 두 문장의 주어는 제후(齊侯)이다. 병하는 수레꾼으로서 제후에게 진군의 수레꾼을 쏘라고 건의한 것이지 자신이 직접 활 쏘는 일을 수행할 수는 없기 때문이다.

(66)의 '出其朴', '因謝不取'구절에서 생략된 주어는 어렵지 않게 이해할 수 있다. 하지만 '視之' 앞에 생략된 주어 '鄭賈[정나라 상인]'은 쉽게 간과할 수 있다. 이 문장의 구두점을 '出其朴視之'로 찍어서 '視'를 '~에게 보여주다'의 의미로 해석하고, '之'가 정나라 상인을 가리키는 것으로 보아 '박을 꺼내어 정나라 상인에게 보여주다'라고 해석하는 사람도 있는데, 이는 옳지 않다.

2) 목적어 혹은 겸어 생략

(67) 明日, 子路行, 以( )告( ). (『논어・미자(微子)』)
다음날 자로가 길을 떠나며 그것을 고하였다.

(68) 老臣病足, 曾不能疾走, 不得見( )久矣. (『전국책・조책(趙策)』)
노신은 발에 병이 생겨 빨리 뛰어갈 수 없었기에 뵙지 못한지 오래되었습니다.

(69) 明日, 徐公來, 熟視之, 自以爲不如( ). (『전국책・제책(齊策)』)
다음날 서공이 왔다. 그를 자세히 살펴보고는 스스로 그보다 못하다고 여겼다.

(70) 廣故數言欲亡, 忿恚尉, 令( )辱之. (『사기・진섭세가(陳涉世家)』)
광은 고의로 여러 차례 도망하고 싶다고 말하며 압송하는 군관을 화나게 하였고 그들로 하여금 자신을 욕보이게 하였다.

(67)에서는 '以' 뒤의 목적어 '之'(노인을 만났던 사건)와 '告' 뒤의 목적어 '之'(공자)가 모두 생략되었다. (68)에서는 '見' 뒤에 목적어 '太后'가 생략되었다. (69)에서는 '如' 뒤에 목적어 '之(서공)'가 생략되었다. 네 번째 예문에서는 겸어 '尉'가 생략되었다.

3) 서술어 생략

> (71) 躬自厚( )而薄責於人, 可以遠怨矣. (『논어·위령공(衛靈公)』)
> 자신에겐 엄격하게 질책하고 남에게는 가볍게 질책하면 원망이 멀어진다.

> (72) (太后)曰, "君過矣, 不若( )長安君之甚." (『전국책·조책』)
> (태후가) 말하였다. "그대는 잘못 알고 있습니다. 장안군을 아끼는 것만 못합니다."

> (73) 一鼓作氣, 再( )而衰, 三( )而竭. (『좌전·장공(莊公) 10년』)
> 한 번 북을 치면 용기가 나고, 다시 북을 치면 용기가 약해지며, 세 번째 북을 치면 용기가 다 없어지게 된다.

(71)에서는 뒤 문장과 동일한 서술어인 '責'자가 생략되었다. (72)에서는 앞 문장을 이어 '愛'자가 생략되었고, (73)에서는 '再', '三' 뒤에 서술어 '鼓'가 생략되었다.

4) '曰'자 생략

고서에서는 대화를 기록할 때에 중간의 '曰'자를 생략하는 경우가 종종 있는데, 구두점도 없기 때문에 쉽게 오해를 일으킨다. 다음을 보자.

> (74) (孔子)曰爲國以禮其言不讓是故哂之唯求則非邦也與安見方六七十如五六
> 十而非邦也者唯赤則非邦也與宗廟會同非諸侯而何赤也爲之小孰能爲之大
> (공자가) 말했다. "나라를 다스리는 것은 예를 가지고 하는 것인데, 그의 말에 겸손함이 없어서 웃은 것이다." "그렇다면 구(求)가 말한 것은 나라

에 대한 것이 아닌가요?" "어찌 사방 육치림 리나 오류십 리 정도라고 해서 나라가 아니겠느냐?" "적(赤)이 말한 것은 나라에 대한 것이 아닙니까?" "종묘의 제사나 군주들의 회동이 제후의 일이 아니면 무엇이겠는가? 적이 하고자 하는 일이 작은 일이라면 누가 하는 일이 큰일이겠는가?"

위 단락은 증석(曾晳)과 공자(孔子)의 대화이다. '唯求……', '安見……', '唯赤……', '宗廟……' 네 구절 앞에는 모두 '曰'자가 생략되어 있다. 그러나 어떤 주석본에서는 전체 단락을 모두 공자의 말로 보고, '唯求……', '唯赤……' 두 구절은 공자의 자문으로, '安見……', '宗廟……' 두 구절은 공자의 자답으로 풀이하기도 하는데, 전체 문맥을 분석해보면 이러한 해석은 이해를 잘 못한 것이다.

24

고금의 발음 차이

고대중국어와 현대중국어의 문법, 어휘는 많은 차이를 보인다. 고대중국어 발음과 현대중국어 발음 역시 그 차이가 매우 크다.

발음은 대단히 체계적이다. 중국어에서 하나의 음절은 하나의 글자로 표기된다. 각 글자의 발음은 성모(聲母), 운모(韻母), 성조(聲調)로 구성된다. 고대중국어와 현대중국어의 발음 차이 또한 한자 발음의 성모, 운모, 성조 세 가지 측면에서 나타난다.

고금의 운모 차이는 비교적 쉽게 확인된다. 당시(唐詩)를 읽을 때, 현대중국어 발음으로 소리 내어 읽으면 압운이 맞지 않는 경우가 있다. 두보(杜甫)의 시「등고(登高)」를 예로 들어 보자.

風急天高猿嘯哀, 渚淸沙白鳥飛迴.
無邊落木蕭蕭下, 不盡長江滾滾來.
萬里悲秋常作客, 百年多病獨登臺.
艱難苦恨繁霜鬢, 潦倒新停濁酒杯.
바람은 급하고 하늘은 높은데, 원숭이 슬피 울고,

물가는 맑고 모래는 하얀데, 새 한 마리 날아도네.

끝없이 낙엽은 우수수 떨어지고

다함없이 장강은 콸콸콸 흘러온다.

타향 만 리 서글픈 가을에 언제나 나그네 신세

평생토록 병 많은 몸 홀로 누대에 오르나니

고생으로 귀밑머리 하얗게 새는 것을 한탄하며

늙고 쇠약하여 이제는 탁주잔도 멈추었다.

이 시의 운각(韻脚)은 '哀(애)', '迴(회)', '來(래)', '臺(대)', '杯(배)'로, 이것이 곧 압운자이다. 고대 시운(詩韻)인 '평수운(平水韻)'에서 이 글자들은 모두 '灰韻(회운)'에 속한다.[1] 다시 말해, 이 글자들은 주요모음과 운미(韻尾)가 동일하다. 그러나 현대중국어 표준어로 발음하면, '哀', '來', '臺'의 운모는 ɑi, '迴'의 운모는 uei, '杯'의 운모는 ei이다. 운미는 동일하지만 주요모음이 달라진 것이다. 다시 이백(李白)의 시 「월녀사 5수(越女詞五首)」 가운데 한 수를 예로 들어 보자.

長干吳兒女, 眉目豔星月.

屐上足如霜, 不著鴉頭襪.

장간의 오 여인 눈썹과 눈이 별과 달처럼 어여쁘네.

나막신 신은 발 서리 같고, 까치머리 버선 신지 않았네.

이 시에서는 '月(월)', '襪(말)'이 압운자이다. 고대의 시운에서 두 글자는 모두 입성(入聲) 月韻(월운)에 속했으나, 오늘날 현대중국어에서 '月'은 yuè로, '襪'은 wà로 발음되어 운모가 완전히 달라졌다. 이러한 현상은 고금의 운모가 변화한 데서 기인한다. 이보다 시대가 더 앞선 『시경(詩經)』의 경우 발음의 차이는 더욱 크다. 『시

---

1) '灰韻'은 '평수운'의 운목(韻目) 중의 하나이다. '평수운'에 대해서는 뒤의 28장 시율(詩律) 부분에서 보다 자세히 설명하기로 한다.

경·주남(周南)·관저(關雎)』의 예를 보자.

關關雎鳩, 在河之洲. 窈窕淑女, 君子好逑.
參差荇菜, 左右流之. 窈窕淑女, 寤寐求之.
求之不得, 寤寐思服. 悠哉悠哉, 輾轉反側.
參差荇菜, 左右采之. 窈窕淑女, 琴瑟友之.
參差荇菜, 左右芼之. 窈窕淑女, 鍾鼓樂之.

구룩구룩 물수리가 황하의 모래톱에서 우네. 아리따운 아가씨 군자의 좋은 배필이로다.
올망졸망 마름 풀을 이리저리 헤치며 뜯네. 아리따운 아가씨 자나 깨나 그립구나.
그리워도 만나지 못하니 자나 깨나 생각하네. 생각하고 생각하니 잠 못 자며 뒤척이네.
올망졸망 마름 풀을 여기저기 뜯고 있네. 아리따운 아가씨 거문고 타며 함께 하세.
올망졸망 마름 풀을 이리저리 고르네. 아리따운 아가씨 풍악 울리며 즐겨보세.

이 시는 세 부분[章]으로 나뉜다. 맨 처음 장의 운각은 '鳩(구)', '洲(주)', '逑(구)'이고, 두 번째 장 앞 네 구의 운각은 '流(류)'와 '求(구)'이다. 이 글자들은 오늘날 현대 중국어로도 동일한 운에 속한다. 그러나 두 번째 장 뒤 네 구의 운각 '得(득)', '服(복)', '側(측)', 세 번째 장의 운각 '采(채)'와 '友(우)', '芼(모)'와 '樂(락)'은 현대중국어의 발음과 큰 차이를 보인다. 주요모음뿐만 아니라 운미까지 다른 글자도 있다. 사실 이들 운각은 수당(隋唐) 시대는 물론이고 그보다 앞선 남북조(南北朝) 시대에도 이미 압운이 되지 않았다. 『시경』이 형성된 시기에서 남북조시대에 이르기까지 천년 이상의 세월이 흘렀고, 그 사이 중국어의 운모 체계에도 큰 변화가 있었기 때문이다.

그러나 오랜 기간 동안 『시경』 연구자들은 이 문제를 '언어의 변화'라는 관점으로 바라보지 못했다. 다음 예를 보자.

(1) 燕燕于飛, 下上其音, 之子于歸, 遠送于南. 瞻望弗及, 實勞我心. (『시경·패풍(邶風)·연연(燕燕)』)

제비들이 훨훨 나네, 오르락내리락 울며 나네. 그녀가 시집가는 길 남쪽에
서 멀리 전송하네. 멀리 내다보아도 보이지 않아 실로 내 마음이 아프구나.

위 예문의 '南'자에 대해서 『경전석문(經典釋文)』에서는 양(梁)나라 말기 심중(沈重)
의 『시음의(詩音義)』를 인용하여 "운을 맞추기 위해[協句], '乃(내)'와 '林(림)'의 반절
음으로 읽어야 한다."[協句, 宜乃林反.]라고 하였다. '南'의 발음은 본래 '那(나)'와 '含
(함)'의 반절음 nán'인데, 이 시에서는 압운을 위해 임시로 nín으로 읽어야 하며, 이
렇게 해야 앞부분의 '音(음)', 뒷부분의 '心(심)'과 운이 맞는다는 것이다. '協句'의
'協'은 '조화를 이룬다'는 뜻이다. 송(宋)나라 주희(朱熹)의 저작 『시집전(詩集傳)』은
'협음설(叶音說)'을 적극 채용하였는데, 이때 '협(叶)'은 '協'과 동일하므로 '운을 맞춘
다[協句]'는 주장과 같다. 예를 들어, 위 예문의 '南'에 대해 주희는 "'尼(니)'와 '心
(심)'의 반절음과 조화를 이룬다"[叶尼心反]이라고 주석하였다. '尼'와 '心'의 반절음
nín이 그대로 '乃'와 '林'의 반절음으로 근거 없는 주장이다. '협음'과 '협구'는 억지
로 한자의 발음을 바꾸어 운을 맞추고자 한 것이지 『시경』의 본음을 밝힌 것이 아니
다. 또 다른 예로 동일한 '儀'자를 상황에 따라 다르게 분석한 경우도 있다. 다음을
보자.

(2) 其桐其椅, 其實離離. 豈弟君子, 莫不令儀. (『시경·소아(小雅)·잠로(湛露)』)
오동나무 가래나무에 열매가 주렁주렁. 편안하게 즐기는 군자께서는 아름다
운 몸가짐 아닌 것이 없네.

(3) 汎彼柏舟, 在彼中河. 髧彼兩髦, 實維我儀. 之死矢靡他. (『시경·용풍(鄘
風)·백주(柏舟)』)
두둥실 잣나무 배는 저 강물 가운데 떠있네. 늘어진 다팔머리 그이만이 나
의 배필이었으니 죽어도 딴마음 품지 않으리.

(4) 乃生女子, 載寢之地. 載衣之裼, 載弄之瓦. 無非無儀, 唯酒食是議, 無父
母詒罹. (『시경·소아·사간(斯干)』)

딸을 낳으면 맨 바닥에 재우고 포대기에 둘러 실패 갖고 놀게 하네. 좋을
것도 없고 나쁠 것도 없네. 그저 술 데우고 밥 짓는 일 가르쳐 부모 걱정거
리 되지 않게 하런다.

(5) 親結其縭, 九十其儀. 其新孔嘉, 其舊如之何. (『시경·빈풍(豳風)·동산
(東山)』)

어머니가 그녀의 허리춤에 향주머니 매어주며 온갖 의식 다 갖추어 시집
보내셨더랬지. 신혼살이 그토록 즐거웠는데, 오래된 지금이야 어떠하랴!

(2)의 '儀'자는 '椅(의)', '離(리)'와 압운 되는데, 송나라 때의 발음에 부합하였으므
로 주희는 이것을 '협음'으로 설명하지 않았다. 그러나 (3)에서 '儀'가 '河(하)', '它
(타)'와 압운되는 것은 송나라 시절의 발음에는 부합하지 않았다. 그래서 주희는
"'牛'와 '何'의 반절음과 조화를 이룬다"[叶牛何反]이라고 주장하였다. 즉, '儀'를 '俄
(아)'로 읽어야 한다는 것이다. 또한 (4)에 대해서는, '儀'자가 '子(자), 地(지), 禠(체),
瓦(와), 議(의), 罹(리)'와 압운 되는데, 송나라 때의 발음에 부합하지 않는 것으로 여
겨 "'義' 발음과 조화를 이룬다"[叶音義]라는 주석을 달았다. 게다가 그는 '瓦'에 대
해 "'魚'와 '位'의 반절음과 조화를 이룬다"[叶魚位反]이라고 주석을 달고,[2) '罹'에
대해 "'麗' 발음과 조화를 이룬다"[叶音麗]라고 주석을 달기도 하였다. (5)의 '儀'는
'縭(리), 嘉(가), 何(하)'와 압운 되는데, 주희는 그것이 송나라 때의 발음과 맞지 않
는다고 하여, 네 글자 모두를 '협음'이라고 설명하였다.[3) 동일한 글자가 의미적으로
어떠한 차이가 없음에도 불구하고 자신이 사용하는 구어 현실에 부합하지 않는다고
하여 임의로 발음을 바꾸는 것은 객관적 근거가 전혀 없는 주장이다. 주희의 근본적

---

2) '魚位反'은 실제로 '瓦'자와는 고대 음운 상 큰 차이가 있으며, 성조도 맞지 않는다.

3) '縭'에 대해서는 "'離', '罹' 두 발음과 조화를 이룬다"[叶離罹二音], '儀'에 대해서는 "'宜', '我'
두 발음과 조화를 이룬다"[叶宜我二音], '嘉'에 대해서는 "居宜의 반절음, 居何의 반절음과 조화
를 이룬다"[叶居宜居何二反], '何'에 대해서는 "'奚', '河' 두 발음과 조화를 이룬다"[叶奚河二
音]이라고 설명하였다.

인 잘못은 고운(古韻)을 형이상학적 관점으로만 보았을 뿐, 고운 그 자체가 변화한다는 점은 인식하지 못하였다는 데 있다.

고대의 연면사(聯綿詞) 중에는 '窈窕(요조)'와 같이 첩운(疊韻)으로 구성되는 유형이 있다. 현대중국어 발음으로 '窈窕'의 운모는 모두 iao이다. 첩운은 앞뒤 음절의 운(韻)이 동일한 것으로, 이 때 주요모음과 운미는 같고 개음(介音)은 달라도 된다. 예를 들어 '輾轉(전전)', '崔嵬(최외)', '嬋媛(선원)', '薜荔(설려)', '蹉跎(차타)', '須臾(수유)' 등이 있다. 그러나 고대의 첩운 연면사 가운데 많은 경우는 현대의 독음으로 읽으면 첩운이 되지 않는다. 예를 들어, '倉庚(창경)'을 오늘날 독음으로 읽으면 앞 글자의 운모는 αng, 뒤 글자의 운모는 eng이다. '芣苢(부이)'의 경우, 앞 글자는 운모가 u이고, 뒤 글자는 운모가 i이다. 이러한 현상 역시 고대의 발음이 현대의 발음과는 같지 않다는 것을 보여준다.

고금의 성모 차이는 쌍성(雙聲) 연면사를 통해서도 확인할 수 있다. 쌍성은 두 음절의 성모가 같은 것을 말한다. 예를 들어 '彷彿(방불)'은 두 음절의 성모가 모두 f이다. '參差(참치)', '踟躕(지주)', '蝃蝀(체동)', '蒹葭(겸가)', '栗烈(율렬)' 등도 모두 앞뒤 음절의 성모가 동일하다. 두 음절이 모두 영성모(零聲母)인 경우도 쌍성이다. '伊威(이위)', '逶迤(위이)', '猶豫(유예)', '鴛鴦(원앙)' 등이 그러한 예이다. 그러나 쌍성도 첩운과 마찬가지로 시간의 흐름에 따라 변화를 겪는다. 고대의 쌍성 연면사 가운데 일부는 현대중국어의 발음으로 읽으면 쌍성이 되지 않는다. 가령 쌍성 연면사 '繽紛(빈분)'를 현대중국어로 읽을 경우, 앞 글자의 성모는 b이고, 뒤의 글자의 성모는 f이다.

고대에는 '36자모(字母)'라는 것이 있었다. 자모는 성모의 대표자를 가리킨다. 이에 해당하는 36개의 자모는 '幫滂並明, 非敷奉微, 端透定泥來, 知徹澄娘, 精淸從心邪, 照穿牀審禪日, 見溪羣疑, 曉匣影喩'이다. 음운학에서는 36자모를 발음 부위에 따라 '순음(脣音)', '설음(舌音)', '치음(齒音)', '아음(牙音)', '후음(喉音)' 다섯 종류로 분류하고, 이를 '오음(五音)'이라고 부른다. 순음은 또 다시 '중순음(重脣音)'과 '경순음(輕脣音)'으로 나눌 수 있고, 설음은 다시 '설두음(舌頭音)'과 '설상음(舌上音)'으로,

치음은 '치두음(齒頭音)'과 '정치음(正齒音)'으로 나뉜다. 그 외에 '반설음(半舌音)'과 '반치음(半齒音)'을 구분하여 설정하고, 이것을 '칠음(七音)'이라고 부르기도 한다. 다음은 36자모 분류표이다.

		전청 (全淸)	차청 (次淸)	전탁 (全濁)	차탁 (次濁)	청 (淸)	탁 (濁)
순음 脣音	중순(쌍순음) 重唇(雙脣音)	幫	滂	並	明		
	경순(순치음) 輕唇(脣齒音)	非	敷	奉	微		
설음 舌音	설두(설첨중) 舌頭(舌尖中)	端	透	定	泥		
	설상(설면전) 舌上(舌面前)	知	徹	澄	娘		
치음 齒音	치두(설첨전) 齒頭(舌尖前)	精	清	從		心	邪
	정치(설엽음) 正齒(舌葉音)	照	穿	牀		審	禪
아음 牙音	(설면후음) (舌面後音)	見	溪	羣	疑		
후음 喉音	(설근음, 반원음) (舌根音, 半元音)	影			喩	曉	匣
반설음 半舌音	(설첨변음) (舌尖邊音)				來		
반치음 半齒音	(비치음) (鼻齒音)				日		

　　가로 행은 자모의 발음 방법에 따라 청탁(淸濁)의 차이가 있다. 이 36자모는 당나라 말기의 승려 수온(守溫)이 만든 30자모를 바탕으로 송나라 때의 연구자들이 수정 보완한 것으로 알려져 있다. 대체로 당송(唐宋) 사이의 중국어 성모체계를 반영하였으며, 각각의 자모는 하나의 성모를 대표한다. 하지만 그중 많은 자모는 현대중국어

표준어로 발음하면 구별이 되지 않는다. '幫'과 '並'은 오늘날 모두 b 성모이고, '非', '敷', '奉'은 모두 f 성모이다. '知'와 '照'는 모두 zh 성모이고, '徹', '澄', '牀', '禪'은 모두 ch 성모이다. '精'과 '見'은 모두 j 성모, '心', '邪', '溪', '曉', '匣'은 모두 x 성모로 발음한다. 이러한 사실은 당송시대부터 오늘날에 이르기까지 중국어의 성모 체계에 큰 변화가 있었음을 말해준다.

두보는 시를 창작할 때에 쌍성첩운을 이용하여 대구를 만드는 것에 대단히 능숙했다. 쌍성첩운을 일종의 수사적 수단으로 활용하여 예술적 효과를 높인 것이라고 할 수 있다.[4] 그의 시 「기부영회(夔府詠懷)」에서 "遠遊凌絶境, 佳句染華箋."[머나먼 유람 절경을 넘나들고, 아름다운 구절들 화려한 편지 물들이네.] 구절의 '遠遊'와 '佳句'는 쌍성의 두 단어를 사용한 것이다. '佳句'는 현대중국어에서 두 음절 모두 j 성모이지만 원(元)나라 이전에는 아음인 見母(견모)에 속하여 g로 발음하였다. '遠遊'는 현대중국어로 두 음절 모두 영성모이며, 36자모에서 후음 喩母(유모)에 속하여 당송시대 이후 지속적으로 쌍성 관계가 유지되었다. 그러나 『시경』 시대까지 거슬러 올라가면 '遠'자는 후음 '匣母(갑모)'에 속하고, '遊'는 설두음 '定母(정모)'에 가까워 쌍성이라 할 수 없다. 이는 『시경』 시대의 성모 체계와 오늘날 성모 체계 사이에 더욱 큰 차이가 있음을 보여주기도 한다.

성조(聲調)에 대해서도 살펴보자. 현대중국어 표준어의 성조는 음평(陰平), 양평(陽平), 상성(上聲), 거성(去聲) 4성으로 이루어져 있다. 중고음 체계에서도 평(平), 상(上), 거(去), 입(入) 4성이 있었으나 그 둘의 차이는 매우 크다. 이는 시가의 용운(用韻)에서도 뚜렷하게 나타난다. 이백의 「조발백제성(早發白帝城)」을 예로 들어 보자.

---

4) 청(淸)나라 주춘(周春)의 『두시쌍성첩운보괄약(杜詩雙聲疊韻譜括略)』 참고

朝辭白帝彩雲間, 千里江陵一日還

兩岸猿聲啼不住, 輕舟已過萬重山.

새벽 구름 벌겋게 동틀 무렵 백제성을 떠나

천리 길 강릉을 하루 만에 다다랐네.

양 언덕에 원숭이 울음 그치지 않는데

가벼운 배 어느덧 일만 겹 산을 지나왔구나.

운각 해당하는 '間(간)', '山(산)'은 오늘날 현대중국어로 '음평'으로 발음하고, '還(환)'은 '양평'으로 읽는다. 그러나 중고음에서는 평성자(平聲字)가 음평과 양평으로 나뉘지 않았다. 다음 왕유(王維)의 시 「신청야망(新晴野望)」을 보자.

新晴原野曠, 极目無氛垢.

郭門臨渡頭, 村樹連溪口.

白水明田外, 碧峰出山後.

農月無閒人, 傾家事南畝.

이제 막 개인 들판은 끝없이 광활하니,

눈길 닿는 곳까지 바라보아도 티끌 한 점 없다.

외성의 성문은 나루터에 가깝고,

마을의 나무들은 시내 어귀까지 연이어 있다.

하얀 물은 들판 밖으로 밝게 빛나고,

푸른 봉우리는 산너머로 솟아 나와 있다.

한창 바쁜 농사철이라 한가한 사람 하나 없이

온 집안이 모두 나서 남향의 논밭에서 일하는구나.

위의 고체시는 상성운(上聲韻)으로 압운하고 있는데, 운각 '垢(구)', '口(구)', '後(후)', '畝(무)'는 모두 '평수운'에서 상성의 '有韻(유운)'에 속하는 글자이다. 그러나 현재 '垢', '後'는 거성으로 바뀌었다. 다시 왕창령(王昌齡)의 「추흥(秋興)」을 예로 들어 보자.

日暮西北堂, 涼風洗修木.

著書在南窗, 門館常肅肅.

苔草延古意, 視聽轉幽獨.

或問余所營, 刈黍就寒谷.

서북쪽으로 해가 지고 시원한 바람은 높은 나무를 스치네.

남쪽 창에서 글을 짓노라니 서원은 늘 고즈넉하구나.

이끼에 옛 정취가 묻어나매 보고 들은 것은 아득해지네.

누가 내게 무얼 하는지 물으면 서리 베어 한곡(寒谷)에 가리.

위의 시 또한 고체시로서 입성운(入聲韻)으로 압운하고 있다. 운각은 '竹(죽)', '肅(숙)', '獨(독)', '谷(곡)'이며, '평수운'의 '屋韻(옥운)'에 속한다. 그러나 지금은 '竹', '獨'은 양평으로, '谷'은 상성으로, '肅'은 거성으로 발음한다.

『시경』 시대의 성조는 중고시기와는 또 다르다. 『시경·소아·상상자화(裳裳者華)』 두 번째 장을 보자.

裳裳者華, 芸其黃矣. 我覯之子, 維其有章矣. 維其有章矣, 是以有慶矣.

화려하게 피어있는 꽃, 무성한 노란 꽃이여. 우리 님을 만나니 몸가짐 의젓하시네. 몸가짐 의젓하시니 그래서 복 받으리로다.

위의 시에서 '黃(황)', '章(장)', '章(장)', '慶(경)'이 압운자이다. 『시경』 시대에 '慶'은 다른 압운자와 마찬가지로 평성으로 발음하였으나 중고시기 이후부터 오늘날까지는 거성으로 발음한다.

현대의 발음이 고대의 발음과 다른 것은 시간의 흐름에 따른 결과이다. 고대중국어를 학습하려면 고대의 발음을 잘 이해해야 한다. 발음은 변화한다는 시각을 토대로 음운학 지식을 어느 정도 갖추고 고음을 분석할 수 있는 능력을 키워야 옛 문헌을 읽을 때 부딪히는 문제를 해결할 수 있다.

25

상고음(上古音) 개설(概說)

중국어 어음의 발전은 대체로 상고, 중고, 근고 및 현대 네 시기로 나누어 볼 수 있다. 상고음은 선진(先秦) 양한(兩漢) 시대의 어음을 가리키는 것으로, 『시경(詩經)』의 음이 대표가 된다. 중고음은 육조에서 당송시대의 어음으로 보통 『절운(切韻)』음계를 대표로 삼는다. 『절운』은 운에 따라 글자를 배열한 운서로 수나라 육법언(陸法言)이 편찬하였다. 그러나 이 책의 원본은 유실되었고, 그 음계는 북송 진팽년(陳彭年) 등이 편찬한 『광운(廣韻)』에 보존되어 있다. 근고음(近古音)은 원나라, 명나라, 청나라의 어음이다. 원나라 주덕청(周德清)의 『중원음운(中原音韻)』은 이 시기의 어음체계를 반영하는 대표작으로, 원나라 북곡(北曲)의 운자 사용을 귀납하여 만들었다. 현대음은 현대 보통화 어음체계, 즉 북경음계로 대표된다.

고대중국어를 공부하는 데 있어 상고음을 이해하는 것은 매우 중요하다. 따라서 이 절에서는 상고음계에 대해 자세히 소개하겠다.

상고음 연구는 고운(古韻)의 이해에서부터 시작된다. 이는 한위(漢魏)시대 이후 사람들이 『시경』등의 선진시기 운문을 읽을 때 압운이 안 되는 부분이 많다는 점을 깨닫고 고운에 대해 연구한 것에서부터 시작되었다. 그러나 앞에서 살펴본 바와 같이 역사적 관점이 결여되어 있었던 까닭에 '협구(協口)', '협음(叶音)' 등의 잘못된 주장을 제기했고, 이 때문에 고운 연구는 오랜 기간 동안 별다른 성과를 거두지 못했을 뿐만 아니라 부정적인 영향을 미치기도 했다.

명나라 말기에 이르러 고음학자 진제(陳第)가 등장했는데, 그는 주희(朱熹)의 '협음설'을 전적으로 반대했다. 그는 『모시고음고(毛詩古音考)』 서언에서 "때에는 예와 지금이 있고, 땅에는 남과 북이 있으며, 음에는 변화하고 옮겨지는 것이 있는데, 모든 흐름은 그렇게 되어 있다."[時有古今, 地有南北, 字有更革, 音有轉移, 亦勢所必至.]라고 했다. 진제는 『시경』의 각 운자는 모두 고정된 발음법이 있으며, 이때는 이 음으로 저 때는 저 음으로 읽어서는 안 된다고 했다. 예를 들어 '儀'는 본래부터 '俄'(牛何反)으로 읽는 것이었고, '宜'나 '義'로 읽을 수 없다는 것이다. 후대에 '義'를 '宜'로 읽는 것은 어음 변화의 결과이다. 진제는 "현재의 음으로 옛 글을 읽으면 어그러지고 맞지 않을 수밖에 없다."[以今之音讀古之作, 不免乖刺而不合.]라고 했다. 그의 『모시고음고』와 『굴송고음의(屈宋古音義)』는 『시경』과 『초사(楚辭)』에서 오늘날의 발음과 다른 운자에 대해 옛 발음을 달아준 것이다. 그러나 진제가 사용한 방법은 직음법(直音法)으로, 설명된 옛 발음이 그다지 정확하지 않고 고운(古韻)의 부(部)를 나누지 않아 체계적인 고운 연구라고는 할 수 없다.

청나라 초기 고음학자 고염무(顧炎武)는 진제의 사상과 저작을 바탕으로, 『역경』 등 운문의 용운(用韻)에 대해 구체적으로 분석, 귀납하였다. 그는 선진 양한 시대의 운문에서 어떤 글자가 특정 부류의 글자와 압운이 되는 것이 우연이 아님을 알게 되었다. 예를 들어 '儀(의)'자는 『시경』의 '河(하), 何(하), 嘉(가), 他(타), 莪(아), 磨(마)' 등의 글자와 압운이 되는 것이 보편적인 현상이고, '儀'자와 현재의 운모가 비슷한 '宜(의), 爲(위), 離(리), 罹(리), 皮(피), 池(지), 馳(치), 施(시), 猗(의)' 등의 글자들 역시 '河' 부류의 글자와 서로 압운이 된다. 다음 예를 보자.

(1) 相鼠有皮, 人而無儀. 人而無儀, 不死何爲? (『시경·용풍(鄘風)·상서(相鼠) 1장』)

쥐를 보아도 가죽이 있는데, 사람이 되어 위엄이 없다. 사람이 되어 위엄이 없으면 죽지 않고 무엇하랴!

(2) 羔羊之皮, 素絲五紽. 退食自公, 委蛇委蛇. (『시경·소남(召南)·고양(羔羊) 1장』)

염소 가죽 옷, 흰 실로 다섯 겹을 꿰매었네. 일을 마치고 돌아가니 의젓하고 당당하네.

(3) …… 已焉哉, 天實爲之, 謂之何哉! (『시경·패풍(邶風)·북문(北門) 1장』)

…… 아서라, 하늘이 하는 일, 말해서 무엇 하리!

(4) 魚網之設, 鴻則離之. 燕婉之求, 得此戚施. (『시경·패풍·신대(新臺) 3장』)

물고기 잡으려 그물 쳤는데, 기러기만 걸려들었네. 평온하게 살고자 했는데 이런 슬픔 안겨주네.

(5) 君子偕老, 副笄六珈. 委委佗佗, 如山如河, 象服是宜. 子之不淑, 云如之何! (『시경·용풍·군자해로(君子偕老) 1장』)

임과 함께 살고지고, 쪽비녀에 구슬이 여섯 개, 의젓하고 점잖은 거동이 산처럼 강처럼 기풍 있도다. 제복이 잘 맞는데 그대의 정숙하지 못함은 어찌된 일이오.

(6) 瞻彼淇奧, 綠竹猗猗. 有匪君子, 如切如磋, 如琢如磨. (『시경·위풍(衛風)·기욱(淇奧) 1장』)

기수의 물굽이를 바라보니 푸른 대나무가 우거져 있네. 아름다운 우리 임은 깎은 듯 다듬은 듯 쪼아 다듬은 듯 갈은 듯하구나.

(7) 有兎爰爰, 雉離于羅. 我生之初, 尙無爲. 我生之後, 逢此百罹. 尙寐無吡! (『시경·왕풍(王風)·토원(兎爰) 1장』)

토끼는 느긋한데, 꿩은 그물에 걸려드네. 내가 태어난 처음에는 아직 아무 일도 없었는데, 내가 태어난 뒤에는 이 숱한 환난을 만났으니 영원히 잠들었으면

(8) 丘中有麻, 彼留子嗟. 彼留子嗟, 將其來施施. (『시경·왕풍·구중유마(丘

中有麻) 2장』)

언덕에 삼밭이 있으니, 저 유씨 댁 아드님이여, 저 유씨 댁 아드님이여, 바라건대 어서 오시길.

(9) 弋言加之, 與子宜之. (『시경・정풍(鄭風)・여왈계명(女曰雞鳴) 2장』)

주살로 쏘아 맞추거든, 그대와 함께 먹으리라!

(10) 東門之池, 可以漚麻. 彼美淑姬, 可與晤歌. (『시경・진풍(陳風)・동문지지(東門之池) 1장』)

동문 밖 연못, 삼 담그기 좋은 곳, 저 아름다운 아가씨와 함께 노래하고 싶네.

(11) 菁菁者莪, 在彼中河. 既見君子, 樂且有儀. (『시경・소아(小雅)・청청자아(菁菁者莪) 1장』)

무성한 다북쑥, 저 언덕 안에 있구나, 군자님을 뵈오니 즐겁고 위엄 있네.

(12) 四黃既駕, 兩驂不猗. 不失其馳, 舍矢如破. (『시경・소아・거공(車攻) 6장』)

네 마리 노랑말에 멍에 씌우고 양쪽 곁말이 의지하지 않네. 그 달리는 법을 잃지 않으니 화살을 쏘면 쪼개지는 듯하네.

(13) …… 無矢我陵, 我陵我阿. 無飲我泉, 我泉我池. (『시경・대아(大雅)・황의(皇矣) 6장』)

…… 우리 구릉에 진 치는 자가 없는지라, 우리 구릉이요 우리 언덕이며, 우리 샘물을 마시는 자가 없는지라, 우리 샘물이요 우리 못이로다.

(14) 其告維何, 籩豆靜嘉. 朋友攸攝, 攝以威儀. (『시경・대아・기취(既醉) 4장』)

무엇을 고하는가. 제기가 정갈하고, 빈객들 돕는 것이 엄숙하고 위엄 있네.

(15) 鳧鷖在沙, 公尸來燕來宜. 爾酒既多, 爾殽既嘉, 公尸燕飲, 福祿來爲. (『시경・대아・부예(鳧鷖) 2장』)

물오리와 갈매기 모래밭에 있고, 임금님 시동 잔치에 왔네, 술도 많고 안주도 훌륭하네. 임금님 시동 잔치에서 술을 마시네, 복록을 내려주시네.

고염무의 연구에 의하면 이상의 시에서 서로 압운이 되는 '皮(피), 儀(의), 爲(위),

紽(타), 蛇(사), 何(하), 離(리), 施(시), 珈(가), 佗(타), 河(하), 宜(의), 猗(의), 磋(차), 磨(마), 羅(라), 纙(리), 吪(와), 麻(마), 嗟(차), 加(가), 池(지), 歌(가), 莪(아), 駕(가), 馳(치), 破(파), 阿(아), 嘉(가), 沙(사), 多(다)……' 등은 상고시기에 모두 같은 운부에 속해 있었다. 고염무는 고운을 10부로 나누었다. 앞에 열거한 글자들은 그가 나눈 운부에서 제6부에 속한다. 또한 고염무는 『시경』의 운자를 중고시기 『광운』의 음계와 비교했다. 『광운』에서부터 거슬러 올라가면서 합해지는 것은 합하고, 나눌 것은 나누었다. 예를 들어 고염무의 제6부에는 『광운』의 歌韻(가운)과 戈韻(과운) 그리고 麻韻(마운)의 반, 支韻(지운)의 반이 포함된다.

그 이후의 고음학자들은 고염무의 연구를 바탕으로 『시경』, 『초사』 및 기타 선진 양한 시대의 운문의 운자 사용 및 해성편방(諧聲偏旁)에 대해 심도 있는 연구를 시도했으며, 부(部)의 개수도 갈수록 늘어났다. 강영(江永)은 고운을 13부로 나누었고, 단옥재(段玉裁)는 17부로 나누었으며, 공광삼(孔廣森)은 18부로, 왕념손(王念孫)과 강유고(江有誥)는 각각 21부, 장병린(章炳麟)은 23부로 나누었다. 만약 입성운을 모두 독립시키면 부의 개수는 더 많아진다. 대진(戴震)은 고운을 9류 25부로 나누었고, 황간(黃侃)은 28부로 나누었으며, 왕리(王力) 선생은 『시경』 시대의 고운을 11류 29부로 나누었고, 『초사』 시대는 30부로 나누었다.

다음은 고운 11류 30부이다.

제1류	음성운	입성운	양성운[1]
제1류	1. 之部	2. 職部	3. 蒸部
제2류	4. 幽部	5. 覺部	6. 冬部
제3류	7. 宵部	8. 藥部	

---

1) 운부는 陰, 陽, 入의 세 가지 부류로 나누어질 수 있다. 이는 운부의 운미 차이에 따른 것이다. 음성운은 운미가 없는 운[開尾韻] 혹은 운미가 모음인 운이고 입성운은 운미가 파열음[塞音]이고 양성운은 운미가 비음(鼻音) 이다.

제4류	9. 侯部	10. 屋部	11. 東部
제5류	12. 魚部	13. 鐸部	14. 陽部
제6류	15. 支部	16. 錫部	17. 耕部
제7류	18. 歌部	19. 月部	20. 元部
제8류	21. 脂部	22. 質部	23. 眞部
제9류	24. 微部	25. 物部	26. 文部
제10류		27. 緝部	28. 侵部
제11류		29. 葉部	30. 談部

각 상고운부가 어떤 글자들을 포함하고 있는지는 가장 먼저 『시경』, 『초사』 등 선진시대 운문의 운자 사용에 근거하여 귀납한다. 운각으로 사용된 적이 없는 글자는 주로 해성자의 편방에 근거한다. 일반적으로 같은 편방의 글자들은 같은 운부에 속한다. 예를 들어 '儀(의)'는 歌部에 속하는데, '儀'는 '義(의)'가 성부이고, '義'는 '我(아)'가 성부이다. 그렇다면 '我'를 성부로 하는 '俄, 峩, 娥, 蛾, 誐, 餓, 鵝, 義, 蟻, 議……' 등의 글자 또한 歌部에 속한다. 마찬가지로, '皮(피)'와 '也(야)'도 歌部에 속하는데, 그렇다면 '皮'를 성부로 하는 '波, 彼, 披, 陂, 破, 被, 跛, 頗, 簸……' 등과 '也'를 성부로 하는 '他, 地, 池, 迤, 馳, 施……' 등도 역시 歌部에 속하는 것이다. 한자 체계에서 형성자가 차지하는 비중은 70~80%이다. 이처럼 성부를 근거로 삼으면 선진시대에 출현했던 대부분의 글자들이 고운의 각 운부로 귀납된다. 그러나 글자가 만들어진 시기는 『시경』 시대보다 이르므로 예외도 있다. 『시경·위풍·죽간(竹竿)』 3장의 "淇水在右, 泉源在左. 巧笑之瑳, 佩玉之儺."[기수는 오른편에 흐르고 샘물은 왼편에 흐르고 있네. 생긋 웃을 때엔 흰 이가 옥처럼 고왔고 허리에 찬 구슬이 댕그랑 거렸네.]에서는 '左(좌)', '瑳(차)', '儺(나)'가 운이 되며, 이들은 歌部에 속한다. 그런데 '儺'는 '難(난)'을 성부로 하며, '難'은 元部(원부)에 속한다. 이는 '儺'가 처음에는 양성운인 元部에 속했다가 『시경』 시기에 이르러 음성운인 歌部로 바뀌었음을 보여준다. 따라서 해성자 편방이 『시경』의 용운(用韻)과 맞지 않는 경우에는 고운으로 글자를

귀납함에 있어 『시경』의 운자 사용을 근거로 삼는 수밖에 없다.

단옥재는 처음으로 고운해성표(古韻諧聲表)를 만들었으며 이는 후대 고음학자들의 보완 및 수정을 거쳐 점점 완성된 모습을 갖추게 됐다. 각 해성자가 속하는 부에 대해서는 아직까지 견해 차이가 보이지만 대체로는 일치한다. 이 절 뒷부분에 '고운 30부 중 자주 보이는 해성자 일람표'를 덧붙이니 참고하기 바란다.

30개 운부는 상고시기 중국어의 운부 체계를 대표하기는 하지만 사실상 주진(周秦)시대까지만 유효하다. 한나라, 특히 동한시대에 이르면 운부체계에 변화가 생긴다. 侯部(후부)와 魚部(어부), 脂部(지부)와 微部(미부), 眞部(진부)와 文部(문부), 質部(질부)와 物部(물부)처럼 어떤 운부에서는 병합추세를 보이고, 之部(지부)에 속했던 '牛(우), 丘(구)' 등이 幽部(유부)로 옮겨가고, 魚部에 속해있던 '家(가), 華(화)' 등의 글자가 歌部로 들어가며, 歌部에 속해 있던 '爲(위), 奇(기)' 등이 支部로 들어가는 변화를 보이기도 한다. 이러한 변화는 모두 한나라 악부(樂府) 및 사부(辭賦)의 운자 사용에 반영되었다.

상고의 성모체계에 대해서는 상고 운부체계만큼 연구가 이루어져 있지 않으며, 고음학자들이 주목한 시기도 늦은 편이어서 지금까지도 견해가 일치하지 않는다. 예전에 이 방면에서 연구 성과를 낸 고음학자로는 청나라 전대흔(錢大昕)과 근대시기 장병린, 황간, 증운건(曾運乾) 등이 있다. 그들은 대체로 송나라의 36자모를 기초로 하고 고대 문자·훈고 자료를 근거로 삼아 자모의 합병과 분화의 문제를 연구하였다. 예를 들어 전대흔은 순음(脣音)과 설음(舌音)에 대해 연구했는데, 그는 상고시기의 순음에는 중순음(重脣音) '幫(방), 旁(방), 並(병), 明(명)'만 있고 경순음(輕脣音) '非(비), 敷(부), 奉(봉) 微(미)'는 없었다고 여겼다. 또 상고시기의 설음(舌音)에는 설두음(舌頭音) '端(단), 透(투), 定(정), 泥(니)'만 있고, 설상음(舌上音) '知(지), 徹(철), 澄(징), 娘(랑)'은 없다고 여겼다. 이후 장병린은 "娘과 日 두 성모가 泥母로 합쳐진다"는 설을 제기했다. 황간은 정치음(正齒音) '照(조), 穿(천), 牀(상), 審(심), 禪(선)'을 각각 둘로 나누어,

하나는 치두음(齒頭音) '精(정), 淸(청), 從(종), 心(심), 邪(사)'로, 다른 하나는 설두음(舌頭音) '端(단), 透(투), 定(정)'으로 귀속시켰다. 또한 증운건은 '喩母(유모)'도 '匣母(갑모)'과 '定母(정모)' 두 부분으로 나뉘어야 한다고 보았다. 그들이 주장한 내용은 모두 참고할 만하다. 오늘날의 학자들은 이들 연구를 기반으로 음운학 이론과 역사비교법을 운용하여 몇 가지 새로운 의견을 제시하였다. 학자들의 연구 성과에 의하면 상고시기 성모체계는 32개로 정리할 수 있다.

① 순음(脣音)
　　1. 幫(非)[2]　2. 滂(敷)　3. 並(奉)　4. 明(微)

② 설음(舌音)
　　5. 端(知)　6. 透(徹)　7. 定(澄)　8. 喩[甲][3]　9. 泥(娘)　10. 來
　　11. 照[甲]　12. 穿[甲]　13. 牀[甲]　14. 審[甲]　15. 禪　16. 日

③ 치음(齒音)
　　17. 精　18. 淸　19. 從　20. 心　21. 邪　22. 照[乙]　23. 穿[乙]
　　24. 牀[乙]　25. 審[乙]

④ 아후음(牙喉音)
　　26. 見　27. 溪　28. 羣　29. 疑　30. 曉　31. 匣(喩乙)　32. 影

위에 보이는 32개 성모의 구분에 따라 상고시기 중국어의 쌍성(雙聲) 자료를 분석하면 어느 정도 문제가 해결된다. 다음은 상고시기 32성모 체계에 따라 몇 가지 쌍성 어휘를 예로 든 것이다.

　　[幫]　　　斑駁　　　蝙蝠　　　髮發　　　褒貶

---

2) 소괄호안의 '非'는 幫母안에 속함을 나타낸다. 즉 非母는 幫母와 같은 발음으로 읽는다는 것이다.
3) 꺾쇠괄호안의 '甲'은 喩母의 일부이며 喩母의 또 다른 부분 '乙'은 匣母로 합쳐진다(소괄호로 표시). 아래의 照, 穿, 牀, 審은 각각 甲과 乙 두 부분으로 나뉘고 꺾쇠괄호를 사용한다.

[滂]	芬芳	偏頗	匹配	紛披
[並]	匍匐	旁薄	蓬勃	屏藩
[明]	黽勉	蒙昧	蠻貊	微末
[端]	雕琢	顛倒	對答	輾轉
[透]	挑剔	推託	涕唾	超卓
[定]	獨特	荼毒	池塘	長大
[喻甲]	猶豫	游移	踴躍	悅懌
[泥]	泥濘	惱怒	男女	黏膩
[來]	陸離	凜冽	流連	玲瓏
[照甲]	祝咒	終止	斟酌	指掌
[穿甲]	充斥	昌熾	出處	臭椿
[牀甲]	脣舌	乘射	神術	蝕食
[審甲]	賞識	舒適	身手	舍室
[禪]	誰孰	匙杓	承受	植樹
[日]	柔軟	爾汝	忍讓	如若
[精]	蹤跡	接濟	祖宗	忌酒
[清]	倉猝	悽愴	催促	青蔥
[從]	寂靜	存在	絕盡	造就
[心]	迅速	消息	思想	霰雪
[邪]	習俗	嗣續	兕象	辭謝
[照乙]	爭扎	斬斫	債責	齊盞
[穿乙]	參差	册策	初創	鏟剗
[牀乙]	事狀	柴棧	鋤鑱	士仕
[審乙]	師史	生產	疏數	所殺
[見]	干戈	疆界	綱紀	恭敬
[溪]	崎嶇	慷慨	肯綮	契闊
[羣]	琴棋	勤儉	強勍	窮極
[疑]	言語	鵝雁	阢陧	吾我

[曉]	呼喚	馨香	喜好	煦旭
[匣]	玄黃	禍害	雲雨	萑葦
[影]	伊威	燕婉	鴛鴦	厭邑

상고시기 중국어에는 분명 성조가 있었으나, 몇 개가 있었는지에 대한 정론(定論)은 아직 없다. 중고시기 중국어 성조인 평(平), 상(上), 거(去), 입(入) 4성으로『시경』의 압운을 따져보면 상고시기 중국어 성조와 중고시기 중국어 성조에 공통된 부분이 있음을 알 수 있다. 예를 들어『시경·주남·관저(關雎)』의 제1장과 제2장에서 '鳩, 洲, 逑'와 '流, 求'가 압운이 되는데, 이들은 모두 평성자(平聲字)이고, 제2장 마지막 네 구에서는 '得, 服, 側'이 압운이 되는데 이들은 모두 입성자(入聲字)이며, 제3장의 운각 '采'와 '友'은 상성자(上聲字)이다. 그러나 후대 발음으로 거성자(去聲字)인 글자가『시경』에서 종종 입성자와 압운되는 경우도 있다. 다음 예를 보자.

(16) 一之日觱發, 二之日栗烈. 無衣無褐, 何以卒歲. (『시경·빈풍(豳風)·칠월(七月) 1장』)[4]
동짓달에 찬바람 불고 섣달에는 매섭게 추워진다. 옷과 털옷이 없으면 어찌 한 해를 넘길까.

(17) 鸛鳴于垤, 婦歎于室. 洒埽穹窒, 我征聿至. (『시경·빈풍·동산(東山) 3장』)
황새는 작은 언덕에서 울고, 아내는 집에서 걱정하고 있네. 쓸고 닦고 쥐구멍 막을 때, 출정한 내가 돌아 왔지.

(18) 樂具入奏, 以綏後祿. (『시경·소아·초자(楚茨) 6장』)
악대들이 모두 들어와 연주하고 제사 뒤의 음식을 즐긴다.

또 후대의 상성자와 거성자가『시경』에서 평성자와 종종 압운이 되는 경우도 있

---

4) ▲는 거성자, △는 입성자를 나타냄.

다. 예를 보자.

(19) 羔羊之縫, 素絲五總. 委蛇委蛇, 退食自公. (『시경・소남・고양(羔羊) 3장』)
염소 가죽옷 솔기에 흰 실로 다섯 곳을 꿰매었네, 의젓하고 당당하게 일을
마치고 돌아가네.5)

(20) 淇水湯湯, 漸車帷裳. 女也不爽, 士貳其行. (『시경・위풍・맹(氓) 4장』)
기수의 물은 넘실넘실, 수레 휘장을 적시네, 여자로서는 잘못 없건만 남자
인 그대는 그 행동이 처음과 다르네.

(21) 沔彼流水, 其流湯湯. 鴥彼飛集, 載飛載揚. 念彼不蹟, 載起載行. 心之憂
矣, 不可弭忘. (『시경・소아・면수(沔水) 2장』)
철철 넘치는 저 강물은 흘러서 바다로 들어가니, 급히 나는 저 새매, 날다
가 다시 솟아오르는구나. 도리를 다르지 않음을 생각하니, 일어섰다 갔다
경황이 없어라, 마음의 근심이 잊을 수 없도다.

(22) 弗躬弗親, 庶民弗信. (『시경・소아・절남산(節南山) 4장』)
정사를 몸소 보지 않으면 뭇 백성이 믿지 않는다.

(23) 不弔昊天, 亂靡有定. 式月斯生, 俾民不寧. 憂心如酲, 誰秉國成? 不自
爲政, 卒勞百姓. (『시경・소아・절남산 6장』)
무정한 하늘이여 나라의 어지러움이 안정되지 않고 날로 달로 늘어나 백
성들이 편하게 못하는구나. 근심이 술병과 같아 그치지 않으니 그 누가
나라의 권세를 쥐는가? 스스로 다스리지 않아 마침내 백성들을 힘들게 하
는구나.

이러한 현상에 대해 고음학자들은 상이한 해석을 하며 다양한 주장을 제기했다.
단옥재는 상고시기에는 거성이 없고 평・상・입 세 개의 성조만 있었다고 주장했고,
강유고는 상고시기에도 4성이 있었으나 4성에 각각 속하는 글자들이 후대와는 달랐

---

5) *는 평성자, ▲는 거성자, ・는 상성자를 나타냄.

다고 주장했다. 황간은 상고시기에는 평성과 입성 두 개의 성조만 있었다고 했으며, 왕력 선생은 평성과 입성 두 성조가 각각 장·단으로 나뉘어 장평, 단평, 장입, 단입 등의 4성으로 나뉜다고 주장했다. 이 주장들은 모두 참고할 만하며 한층 더 깊게 연구할 만한 주제들이다.

[부록] 고운 30부에서 자주 보이는 해성표

【之部】

不聲 音聲 啚聲 佩聲 負聲 婦聲 某聲 母聲

目(以)聲 台聲 里聲 㠯聲 來聲 乃聲 能聲

甾聲 丝聲 子聲 在聲 再聲 朶聲 士聲 才聲

宰聲 思聲 辭聲 司聲 事聲 寺聲 史聲 巳聲

蚩聲 之聲 止聲 齒聲 市聲 而聲 耳聲 已聲

久聲 丘聲 其聲 舊聲 牛聲 疑聲 㕦聲 喜聲

亥聲 有聲 矣聲 友聲 尤聲 郵聲

散字 : 裘6)

【職部】

北聲 畐聲 㕨聲 伏聲 葍聲 麥聲 㝵聲

悥(㥯)聲 直聲 㦯聲 弋聲 異聲 㚆聲

力聲 則聲 仄聲 塞聲 色聲 嗇聲 息聲

式聲 食聲 棘聲 㔻聲 革聲 戒聲 克聲

或聲 意聲

散字 : 特螣

---

6) '求聲'은 幽部에 있다. '裘'는 之部에 들어가 있으므로 '散字'라 한다. 아래도 같다.

【蒸部】

仌(冰)聲 朋聲 馮聲 曾聲 夢聲 登聲 徵聲
朕聲 夌聲 曾聲 禹聲 乘聲 蠅聲 升聲 丞聲
雁聲
散字：仍陾

【幽部】

勹(包)聲 呆(保)聲 彪聲 褭聲 早聲 缶聲
孚聲 阜聲 卯聲 矛聲 车聲 冃(冒)聲 鳥聲
討聲 丑聲 由聲 攸聲 臽聲 丣聲 翏聲 酉聲
匋聲 條聲 流聲 留聲 早聲 艸聲 秋聲 曹聲
叟聲 修聲 羞聲 秀聲 囚聲 舟聲 周聲 帚聲
臭聲 收聲 手聲 守聲 首聲 雔聲 受聲 壽聲
柔聲 咎聲 九聲 韭聲 万聲 求聲 臼聲 好聲
休聲 昊聲 憂聲 幼聲
散字：蕭椒

【覺部】

复聲 目聲 翏聲 竹聲 畜聲 逐聲 毒聲 育聲
六聲 坴聲 戚聲 就聲 夙聲 肅聲 宿聲 祝聲
叔聲 粥聲 肉聲 告聲 覺聲 匊聲 奧聲
散字：迪穆(稑)

【冬部】

冬聲 中聲 彤聲 蟲聲 農聲 隆聲 宗聲 宋聲
衆聲 戎聲 宮聲 躬聲 夅聲

【宵部】

焱聲　表聲　麃聲　票聲　毛聲　苗聲　刀聲　盜聲

岳聲　朝聲　料聲　勞聲　了聲　尞聲　杲聲　巢聲

焦聲　肖聲　笑聲　召聲　兆聲　少聲　高聲　羔聲

交聲　丩聲　敖聲　堯聲　豪聲　号聲　爻聲　夭聲

要聲　幺聲　杳聲

散字：叫徼

【藥部】

暴聲　貌聲　卓聲　弔聲　的聲　敫聲　翟聲　樂聲

爵聲　雀聲　鑿聲　勺聲　弱聲　虐聲　隺聲　約聲

散字：沃駮駁

【侯部】

付聲　孜聲　斗聲　豆聲　兪聲　臾聲　豆聲　婁聲

扁聲　走聲　取聲　芻聲　須聲　需聲　朱聲　主聲

殳聲　句聲　冓聲　口聲　區聲　具聲　禺聲　矣聲

后聲　後聲　厚聲

散字：飫

【屋部】

卜聲　美聲　木聲　豕聲　谷聲　賣聲　彔聲　鹿聲

足聲　奏聲　族聲　束聲　蜀聲　辱聲　角聲　曲聲

吉聲　玉聲　岳聲　獄聲　屋聲

散字：數

【東部】

丰聲　封聲　夅聲　冡聲　尨聲　東聲　用聲　容聲
同聲　重聲　龍聲　弄聲　燮聲　从聲　囪聲　送聲
充聲　春聲　工聲　公聲　共聲　孔聲　凶聲　邕聲
散字：顒

【魚部】

布聲　夫聲　甫聲　巴聲　普聲　步聲　父聲　無聲
巫聲　武聲　馬聲　土聲　兔聲　余聲　舁聲　与聲
予聲　瓜聲　徒聲　茶聲　宁聲　女聲　盧聲　魯聲
鹵聲　呂聲　且聲　素聲　疋聲　穌聲　者聲　車聲
古聲　賈聲　叚聲　瓜聲　鼓聲　明聲　去聲　夸聲
巨聲　五聲　午聲　魚聲　牙聲　乎聲　虍聲　華聲
户聲　互聲　于聲　羽聲　禹聲　烏聲　於聲　亞聲
散字：寫

【鐸部】

百聲　白聲　莫聲　乇聲　睪聲　亦聲　射聲　度聲
舄聲　乍聲　昔聲　夕聲　炙聲　赤聲　石聲　若聲
各聲　戟聲　郭聲　𡧱聲　谷聲　咢聲　屰聲　霍聲
蒦聲
散字：博薄

【陽部】

兵聲　丙聲　方聲　彭聲　明聲　皿聲　長聲　易聲
羊聲　丈聲　良聲　兩聲　量聲　倉聲　刅(創)聲

匠聲 兂聲 爽聲 襄聲 相聲 桑聲 象聲 章聲

昌聲 商聲 向聲 尙聲 上聲 亢聲 岡聲 庚聲

更聲 京聲 光聲 慶聲 竟聲 羌聲 卬聲 享聲

香聲 皀聲[7]兄聲 行聲 黃聲 永聲 王聲 央聲

【支部】

卑聲 知聲 庀聲 此聲 斯聲 支聲 只聲 是聲

氏聲 兒聲 圭聲 規聲 咠聲 奚聲 巂聲

【錫部】

辟聲 辰聲 糸聲 泪聲 帝聲 易聲 狄聲 秝聲

鬲聲 責聲 脊聲 朿聲 冊聲 析聲 臭聲 縠聲

解聲 厄聲 益聲

【耕部】

并聲 甹聲 平聲 立(並)聲 名聲 鳴聲 冥聲

丁聲 貞聲 壬聲[8] 盈聲 亭聲 盇聲 皿聲[9] 爭聲

井聲 青聲 生聲 省聲 正聲 殸聲 成聲 耿聲

敬聲 巠聲 同聲 頃聲 幸聲 夐聲 炊聲 賏聲

散字：刑

【歌部】

皮聲 罷聲 磨聲 多聲 朶聲 也聲 它聲 妥聲

---

7) '皀(xiáng)'을 성부로 하는 글자는 '鄕, 響' 등이 있다.
8) '壬(tǐng)'을 성부로 하는 글자는 '廷, 庭' 등이 있다.
9) '皿(líng)'을 성부로 하는 글자는 '霝, 靈' 등이 있다.

隋聲 那聲 羅聲 離聲 丽聲 左聲 坐聲 沙聲
吹聲 垂聲 戈聲 加聲 果聲 冎聲 可聲 我聲
宜聲 兮聲 瓦聲 化聲 禾聲 爲聲
散字：儺播

【月部】

貝聲 拜聲 癶聲 市聲[10] 㕵聲 伐聲 罰聲 发聲
別聲 末聲 蔑聲 帶聲 泰聲 徹聲 羍聲 戾聲
屮聲 曳聲 大聲 兌聲 奪聲 列聲 劣聲 祭聲
最聲 毳聲 殺聲 歲聲 雪聲 制聲 折聲 舌聲
世聲 設聲 介聲 匃(丐)聲 夬聲 會聲 欮聲
㓞聲 桀聲 埶聲 乂聲 外聲 月聲 𡴀聲 喙聲
曰聲 害聲 戉聲 衛聲 乞聲
散字：怛厲

【元部】

半聲 反聲 片聲 釆聲[11] 弁聲 般聲 樊聲 面聲
丏聲 㒼聲 曼聲 萬聲 丹聲 單聲 亶聲 旦聲
展聲 耑聲 彖聲 段聲 㕣(㕣)聲 廛聲 延聲
難聲 連聲 䜌聲 𤔔聲 奴聲 睘聲 戔聲 全聲
泉聲 巽聲 前聲 散聲 鮮聲 山聲 產聲 𥘅聲
孨聲 專聲 扇聲 善聲 肰聲 耎聲 干聲 𠃬聲
間聲 姦聲 肙聲 卝聲 卷聲 幵聲 見聲 建聲
官聲 毌聲 𡿪聲 犬聲 虔聲 彦聲 言聲 元聲

---

10) '市(fú)'를 성부로 하는 글자는 '芾, 沛' 등이 있다.
11) '釆(biàn)'을 성부로 하는 글자는 '番, 潘' 등이 있다.

厂聲[12] 吅(喧)聲 雚聲 憲聲 奐聲 㬎聲 袁聲
爰聲 完聲 丸聲 萑聲 亘聲 安聲 焉聲 㫃聲
燕聲 肙聲 夗聲 匽聲

【脂部】

匕聲 比聲 眉聲 美聲 米聲 氐聲 夷聲 弟聲
尼聲 𥝢聲 爾(爾)聲 豊聲 朩聲 次聲 妻聲
齊聲 師聲 厶聲 死聲 細聲 犀(犀)聲 旨聲
示聲 尸聲 矢聲 豕聲 二聲 皆聲 几聲 癸聲
冀聲 豈聲 伊聲

【質部】

必聲 畀聲 𠦒(畢)聲 匹聲 疐聲 替聲 肆聲
㣇聲 戜聲 隶聲 呈聲 栗聲 戾聲 利聲 卪聲
七聲 桼聲 自聲 兕聲 四聲 悉聲 彗聲 質聲
至聲 失聲 日聲 吉聲 季聲 計聲 棄聲 器聲
肎聲 血聲 穴聲 惠聲 一聲 壹聲 乙聲 抑聲
散字 : 涖屆

【眞部】

扁聲 賓聲 頻聲 民聲 天聲 寅聲 引聲 勻聲
陳聲 田聲 年聲 粦聲 令聲 晉聲 進聲 千聲
秦聲 𦘔聲 辛聲 卂聲 信聲 旬聲 眞聲 申聲
身聲 臣聲 人聲 玄聲 因聲 印聲 𣶒聲
散字 : 矜

12) '厂(hǎn)'을 성부로 하는 글자는 '雁, 彥' 등이 있다.

【徵部】

非聲 飛聲 肥聲 敠聲 尾聲 呂聲 畾聲 厽聲

皋(罪)聲 衰聲 隹聲 水聲 幾聲 鬼聲 危聲

希聲 虫聲13) 卉聲 火聲 毇聲 回聲 褏聲 韋聲

哀聲 衣聲 委聲 畏聲 威聲

散字 : 枚绥

【物部】

八聲 弗聲 宇聲 妃聲 勿聲 未聲 沒聲 對聲

退聲 聿聲 突聲 术聲 內聲 类聲 卒聲 率聲

帥聲 豙聲 出聲 骨聲 貴聲 乞聲 气聲 豙聲

兀聲 胃聲 位聲 尉聲 旡聲14) 鬱聲

散字 : 彙

【文部】

夲(卉)聲15) 分聲 糞聲 奮聲 焚聲 門聲 文聲

免聲 典聲 敦聲 屯聲 厽聲 尹聲 允聲 肙聲

盾聲 侖聲 夋聲 尊聲 寸聲 存聲 先聲 西聲

孫聲 飧聲 春聲 川聲 舛聲 刃聲 艮聲 巾聲

斤聲 堇聲 昆聲 君聲 軍聲 困聲 壼聲 熏聲

昏聲 云聲 員聲 殷聲 悫聲 昷聲 垔聲

---

13) '虫(huǐ)'를 성부로 하는 글자는 '虺'가 있다.
14) '旡(jì)'를 성부로 하는 글자는 '旣', '愛(愛)' 등이 있다.
15) '夲(卉)(bèn)'을 성부로 하는 글자는 '奔, 濆' 등이 있다.

【緝部】

乏聲 沓聲 立聲 畐聲 集聲 澀聲 習聲 執聲
汁聲 至聲 十聲 入聲 及聲 合聲 邑聲
散字：軜

【侵部】

凡聲 風聲 品聲 忝聲 尤聲 壬聲 覃聲 朕聲
南聲 男聲 林聲 㐭聲 先(簪)聲 𣆪聲 參聲
毚聲 炎聲 心聲 三聲 彡聲 尋聲 占聲 罙聲
甚聲 壬聲 今聲 金聲 欠聲 禽聲 咸聲 㔾聲
弓聲 音聲
散字：貶

【葉部】

法聲 耴聲 𣶒聲 枼聲 畾聲 劦聲 巤聲 妾聲
盇聲 疌聲 涉聲 甲聲 夾聲 业聲 盍聲 厭聲
散字：帖

【談部】

斬聲 僉聲 韱聲 广聲 冄聲 染聲 甘聲 敢聲
監聲 贛聲 兼聲 炎聲 奄聲 弇聲

26

고서의 독음(讀音) 문제

고서에는 고대중국어 서면어가 기록되어 있다. 서면어는 구어와 구별되지만 구어를 기초로 형성된다. 고대의 서면어 역시 고대인의 구어를 바탕으로 만들어졌으므로, 『시경(詩經)』, 『논어(論語)』, 『맹자(孟子)』, 『좌전(左傳)』, 『사기(史記)』 등과 같은 선진 양한 시대 고서에 기록된 언어는 당시의 구어와 어느 정도 유사하다. 그러나 고대 중국인의 구어는 끊임없이 변화해 왔으며, 시간의 흐름에 따라 고대의 서면어와 구어의 괴리는 점차 커졌다. 현대 중국인들은 고서를 읽을 때 고금의 어휘 차이, 단어 의미의 변화, 문법 구조의 차이를 금세 발견하게 된다. 그래서 그들은 고대중국어의 어휘를 정확하게 파악하지 못하고, 문법 구조의 특징을 올바로 이해하지 못한 채로는 선진시대의 고서를 읽어내기 어렵다는 점을 쉽게 알 수 있다. 그러나 발음 문제에 있어서만은 마치 아무런 장애도 존재하지 않는 것처럼 보인다. 이러한 오해는 한자가 표음문자가 아니라는 점에서 비롯된다. 고서는 보통 '눈으로 읽기'만으로도 이해가 가능하고, 만약 소리 내서 읽어야 하는 경우라면 표준어이든 방언이든 자신에게 익숙한 현대중국어로 발음해도 전혀 문제될 것이 없기 때문이다. 하지만 그렇다고 해서 고서의 독음 문제가 전혀 없는 것은 아니다.

모든 언어는 유성언어(有聲言語)이다. 언어 내부에 존재하는 단어들은 모두 발음과 의미의 결합체이다. 특정 발음을 사용해서 특정 의미를 나타내는 데 있어서 각 민족의 언어는 각각 자신만의 습관과 특징을 지닌다. 언어의 발전 과정에서 단어의미의 변화와 발음의 차이는 종종 밀접한 관계를 맺고 있다. 서면어에서는 동일한 글자로 나타내는 단어가 때로 의미와 품사의 변화로 인해 독음도 달라지는 경우가 있는데, 이 둘은 별개의 단어이다. '長'자를 예로 들어 보자. '長'은 '길다'의 의미로 사용되면 형용사이고 cháng으로 읽는다. 그러나 '성장하다'의 의미로 사용되면 동사이고 zhǎng으로 읽는다. 이러한 현상은 고대중국어에서도 자주 보인다. 가령, 동일한 '王'자라고 할지라도 『좌전·희공 4년』의 "王祭不共, 無以縮酒."[왕의 제사에 공급하지 않아 술을 거를 수 없었다.]에서 '王'은 명사로서 평성(平聲)으로 읽지만, 『맹자·양혜왕(梁惠王) 상』의 "德何如, 則可以王矣?"[덕이 어떠하면 왕 노릇 할 수 있습니까?]에서 '王'은 동사로서 거성(去聲)으로 읽어야 한다. 고서에서는 이러한 현상을 '파독(破讀)'이라고 한다. 고서에서 자주 보이는 또 다른 상황으로는, 본래는 뜻이 완전히 다른 두 글자(단어)이지만 때로 독음이 같거나 유사하다는 이유로 가차하여 사용하는 경우이다. 예를 들면, 『논어·양화(陽貨)』의 "陽貨欲見孔子, 孔子不見, 歸孔子豚."[양화가 공자를 뵙고자 하였으나 공자를 뵙지 못하자 공자에게 돼지를 선물하였다.]이라는 문장에서 '歸'자는 '돌아가다', '귀환하다'의 의미가 아니라 그와 독음이 유사한 '饋' 대신 사용한 것으로 '선물하다', '증정하다'의 의미를 나타낸다. 따라서 이 문장에서의 '歸'자는 guī가 아닌 kuì로 읽어야 한다. 이러한 현상을 '동음통가(同音通假)'라고 한다. 상술한 두 가지 현상은 서면어와 구어가 밀접하게 관계 맺고 있으므로 글자를 인식할 때에 단순히 자형만 볼 것이 아니라 그것이 나타내고자 하는 단어의 뜻을 확인해야 한다는 점을 설명한다. 또한 다른 한편으로는 고서를 읽을 때에 독음의 문제가 확실히 존재한다는 점을 보여주기도 한다.

고서의 독음 관련 문제는 매우 많다. 여기에서는 몇 가지 문제를 들어 분석하고 그것을 어떻게 처리할 지에 대하여 논의하고자 한다.

먼저 고대 시가 운문의 독음에 대해 살펴보자. 중국어 발음의 변화로 인해 고대에 압운하였던 부분을 오늘날 현대의 발음으로 읽으면 압운이 맞지 않고 잘 어울리지 않는다. 지금 시대와의 거리가 먼 과거일수록 어울리지 않는 곳도 그만큼 많아진다. 이는 대단히 자연스러운 현상이다. 앞서 24장 '고금의 발음 차이'에서 이러한 상황에 대해 소개하였다. 그리고 주희(朱熹)의 '협음설(叶音說)'을 반대하며, 조화를 맞추기 위해 글자의 음을 억지로 바꾸는 주장에 대해 비판하였다. 청나라 초기의 고염무(顧炎武)는 고음 연구에 있어서 큰 성과를 거둔 학자이다. 그러나 그의 고음 연구 목적은 "지금의 발음을 순수한 고대의 것으로 바꾸고자" 한 것으로서,[1] 고음을 사용해 고시(古詩)를 읊어야 한다고 주장하였다. 이는 일종의 복고주의 관점으로서 실현 불가능한 일일 뿐만 아니라 법칙으로 삼기에도 무리이다. 청나라 때의 강영(江永)은 일찍이 이 점에 대해 정확하게 지적한 바 있다. "이 주장은 실행되기 대단히 어렵다고 생각된다. 고대인들의 발음이 오늘날 방언음에 남아 있다고 하더라도 현재 발음이 통용된 지 이미 오래인데, 어찌 한 구석의 것으로 온 세상을 덮을 수 있겠는가?"[2] 또한 "발음은 변화하는 것이다.……위진(魏晉)시대 이후로 고운(古韻)은 나날이 쇠퇴하였다. 당송(唐宋)시대에 이르러서는 날마다 금운(今韻)을 익혔지만 또한 고운(古韻)이 간섭하였다. 만약 한자음을 학습한 사람이 억지로 지방음을 따라한다면, 비슷하면 숙오(叔敖)의 모습 같겠지만[3] 잘 못하면 동시(東施)의 찡그린 이마와 같을 것이다. 이것이 어떻게 전형적인 근거가 될 수 있겠는가?"[4]라고 하였다. 오늘날에는 아마도 고

---

1) "擧今日之音而還之淳古." (고염무『음학오서(音學五書)·서(敍)』)

2) "愚謂此說亦大難. 古人之音雖或存方音之中, 然今音通行旣久, 豈能以一隅者槪之天下?" (강영『고운표준(古韻標準)·예언(例言)』)

3) (역주)『사기·골계열전(滑稽列傳)』에서 우맹(優孟)이 손숙오(孫叔敖)를 완벽하게 흉내 낸 일을 가리킨다.

4) "夫音有流變……魏晉而後, 古韻益微. 降及唐宋, 日習今韻, 而又間爲古韻. 如習漢音者, 強效鄉音, 其似者如叔敖之貌, 其劣者若東施之顰, 此何足爲典據?" (강영『고운표준·예언』)

서를 고음으로 읽어야 한다고 주장하는 사람은 없을 것이다. 고음에 관한 학습은 고음으로 고대 시문을 읽기 위한 것이 아니다. 고금의 발음 변화의 대응 관계를 익힘으로써 고대 운문의 압운 양상에 대한 시대적 특징을 이해하고, 고서에 존재하는 발음 문제를 분석, 해결하기 위한 것이다.

고서의 가차자(假借字)는 문자와 어휘의 문제이면서 동시에 중요한 발음 문제이기도 하다. 가차란 고대인이 어떤 단어를 기록할 때에 본래의 글자를 사용하지 않고 동일하거나 유사한 발음의 글자를 빌려 사용한 것이다. 『시경·위풍(魏風)·석서(碩鼠)』의 "逝將去女"[장차 너를 떠나리라] 구절을 예로 들어 보자. 여기에서 '逝'자는 '맹세하다'의 의미를 나타내는 것으로, 그 글자의 본래의미 '떠나다'나 파생의미 '죽다'와는 의미상 관련이 없다. 단지 '逝'와 '誓'의 독음이 같기 때문에 '逝'자를 빌려서 '誓'의 뜻을 나타낸 것이다. 또한 "逝將去女" 구절의 '女'자도 가차자이다. 여기에서 '女'는 '여성'의 의미가 아니라 이인칭대명사로 쓰인 것으로, '너, 당신'의 의미를 나타낸다. 후대에는 해당 의미의 자형으로 '汝'자를 썼다. '汝' rǔ와 '女' nǚ는 현대중국어로 발음할 경우 독음 차이가 비교적 크지만, 고음은 매우 가까웠다. 이러한 경우를 '고음통가(古音通假)'라고 부른다.

고서에서의 가차는 대략 두 가지 유형으로 구분된다. 하나는 '육서(六書)'에서의 가차이다. '서쪽'을 의미하는 '西'를 예로 들 수 있다. 원래 '서쪽'이라는 의미를 나타내는 전용 글자는 없었고, '새가 둥지에 서식하다'라는 의미의 '西'자를 빌려서 표시했다. 이후에 이를 구별하기 위해 '棲'자를 새로 만들어 '새가 둥지에 서식하다'의 의미를 나타내었고, '西'자는 '서쪽'의 의미만을 나타내는 글자로 쓰이게 되었다. 이러한 유형의 가차는 "본래 해당 글자가 없어서 발음에 의거해 개념을 의탁하는 것"이다.[5] '女', '汝'가 이인칭대명사로 쓰이는 경우도 이 유형에 속한다. 구어에서 이인칭대명사는 매우 이른 시기에 생성되었다. 그러나 그 의미가 비교적 추상적이기

---

[5] "本無其字, 依聲托事." (허신(許愼) 『설문해자(說文解字)』)

때문에 글자를 만들기가 쉽지 않았고, 따라서 독음이 유사한 '여성'의 의미를 나타내는 '女'자를 빌려서 표시하였다. 이렇게 빌려 쓰게 되자 '女'자는 '여성'이라는 의미도 나타내고 이인칭대명사로도 사용되었다. '여성'이라는 단어와 이인칭대명사는 모두 자주 쓰이는 단어였기 때문에 '女'자의 부담이 커졌다. 따라서 전국(戰國)시대 이후에는 물 이름을 나타내는 '汝'자를 빌려 이인칭대명사를 표시하고, '女'자는 '여성'이라는 뜻으로만 전용하게 되었다.

또 다른 가차의 유형은 '逝'를 빌려 '誓'의 의미를 나타내거나 '歸'를 사용하여 '饋'의 의미를 나타내는 경우와 같이 본래 해당 글자가 있지만 발음이 동일하거나 유사한 글자를 대신 사용하는 것이다. 또 다른 예를 보자.

(1) 甚矣, 汝之不惠! (『열자(列子)·탕문(湯問)』)
     심하구나, 너의 지혜롭지 못함이!
(2) 兩涘渚崖之間, 不辯牛馬. (『장자(莊子)·추수(秋水)』)
     두 물가 언덕 사이에서는 소와 말이 구분되지 않는다.

(1)에서는 '惠'자를 빌려 '지혜롭다'는 의미의 '慧'를 나타냈고, (2)에서는 '辯'자를 빌려 '분별하다'는 의미의 '辨'을 나타냈다. 이와 같은 글자 사용상의 가차는 현대인이 보기에 잘못 쓴 글자로 보이기도 하지만 문자 규범이 마련되지 않았던 상고 시기에는 가능한 일이었다. 한(漢)나라 이전에는 규범화된 자전이 만들어지지 않았고, 서사도구도 상당히 불편하였다. 또한 문헌 자료를 서로 돌려가면서 베껴 썼기 때문에 동음으로 대체하는 방법이 쉽게 사용되었고, 발음이 동일하거나 유사한 글자 가운데 필획이 간단한 글자로 복잡한 글자를 대신하는 경우가 종종 있었다. 이러한 현상은 한자의 발전 과정에서 나타나는 경향이며, 선진 양한 시기의 고서에서 통가 현상이 비교적 자주 보이는 주요 원인이기도 하다.

가차의 조건은 독음이 서로 동일하거나 유사한 것이다. 선진 양한 시기의 고서에 보이는 가차는 상고시기의 독음을 근거로 하기 때문에 고음을 알아야 가차자를 알아볼 수 있다. 다음 예를 보자.

(3) 直不百步耳, 是亦走也. (『맹자·양혜왕 상』)
　　 단지 백 보를 가지 않았을 뿐, 이 또한 도망간 것이다.

위의 예에서 '直'은 '特'의 가차자이다. 현대의 독음으로 '特' tè과 '直' zhí은 성모, 운모, 성조가 모두 달라 발음의 차이가 매우 크다. 그러나 상고시기에는 둘 다 입성(入聲) 職部(직부)에 속하고 성모도 모두 定母(정모)로, 고음통가의 조건에 완벽하게 부합한다. 과거 학자들의 고증을 거쳐 고서에서의 가차 현상 대부분이 주석으로 제시된 상태이며, 주준성(朱駿聲)의 『설문통훈정성(說文通訓定聲)』 등과 같은 관련 서적에서도 그 내용을 찾아볼 수 있다. 그러나 아직까지 지적되지 않거나 명확하게 해결되지 않은 문제들이 여전히 남아있다.[6] 70년대 이후 출토된 한(漢)나라 때의 백서(帛書)와 죽간에 실려 있는 가차자는 많은 사람들을 놀라게 했다. 이들 모두 고음과 훈고 지식을 활용하여 고찰해야 한다.

가차자와 본자(本字) 사이에 음이 같거나 유사하지 않은 경우가 있어서 그로 인해 가차자의 독음 문제가 발생하였다. 고음으로 고서를 읽어야 한다고 주장하는 것은 아니다. 그러나 발음의 변화로 인해 고음은 동일하거나 유사하지만, 현재 발음으로는 그 차이가 매우 심한 경우가 있다. 따라서 가차자를 어떻게 읽어야 하는지에 대해서도 정해진 원칙이 있어야 한다. 만약 가차자와 본자의 현재 음이 완전히 동일하다면 어떠한 음으로 읽어야 하는지의 문제는 존재하지 않는다.[7] '逝'가 '誓'를 가차

---

6) 주준성이 지적한 가차 가운데 일부는 신뢰할 수 없는 것들이다.
7) 본래 독음의 차이가 있었으나 현재에 음이 섞인 경우도 포함된다. 가령, 『관자(管子)·팔관(八觀)』의 "倍人倫而禽獸行, 十年而滅."[인륜을 저버리고 동물처럼 행동하여, 십 년만에 망했다.]에서 '倍'는 '背'를 가차한 것으로, '倍'는 상고음에서 並母 之部에 속하고, '背'는 幫母 職部에 속해 음이 서로 달랐지만 현재는 모두 bèi로 읽는다.

한 경우 shì라고 읽고, '惠'가 '慧'를 가차한 경우 huì라고 읽는 것이 그러한 예이다. 만약 가차자의 독음이 본자의 독음과 차이가 있거나 본래는 동음이었으나 나중에 독음이 달라진 경우에는 일반적으로 나타내고자 하는 본자의 발음에 근거하여 읽어야 한다. 예를 들어 『시경・위풍・석서』의 "逝將去女"에서 '女'는 이인칭대명사로 가차된 것이므로 rǔ(汝)로 읽어야 한다. 또 다음 예를 보자.

(4) 八月剝棗. (『시경・빈풍(豳風)・칠월(七月)』)
8월에 대추를 딴다. ('剝'은 '攴'의 가차자이다. pū로 읽는다.)

(5) 尺蠖之屈, 以求信也. (『역경(易經)・계사(繫辭) 하』)
자벌레가 굽히는 것은 펴고자 하기 때문이다. ('信'은 '伸'의 가차자이다. shēn으로 읽는다.)

(6) 今也則亡. (『논어・옹야(雍也)』)
이제는 없습니다. ('亡'는 '無'의 가차자이다. wú로 읽는다.)

(7) 不如早爲之所, 無使滋蔓. (『좌전・은공(隱公) 원년』)
빨리 처리하는 것이 낫지, 자라도록 놔두지 마십시오. ('無'는 '毋'의 가차자이다. wù로 읽는다.)

(8) 門有吏, 主者里門, 筦閉, 必須太守之節. (『묵자(墨子)・호령(號令)』)
문에 관리가 있는데, 대부분 안쪽에 있다. 막으려면, 태수의 부절이 반드시 필요하다. ('者'는 '諸'의 가차자이다. zhū로 읽는다. '筦'은 '關'의 가차자이다. guān으로 읽는다.)

(9) 若己推而內之溝中. (『맹자・만장(萬章) 상』)
자신을 밀어 골짜기 속에 넣는 것과 같다. ('內'는 '納'의 가차자이다. nà로 읽는다.)

(10) 始也我以女爲聖人邪? 今然君子也. (『장자・천지(天地)』)
처음에 나는 너를 성인이라고 보았는데, 지금 보니 군자이다. ('邪'는 '耶'의 가차자이다. yé로 읽는다.)

(11) 城郭不辨. (『순자(荀子)・의병(議兵)』)

성곽이 수리되지 않았다.('辨'은 '辦'의 가차자이다. bàn으로 읽는다. '備辦'은 '수리하다'의 뜻이다.)

(12) 人不能自止於足, 而亡其富之涯乎! (『한비자(韓非子)·설림(說林) 하』)
사람은 스스로 만족함에 그칠 수 없으니, 그래서 부유함의 한계를 잊은 것입니다!('亡'은 '忘'의 가차자이다. wàng으로 읽는다. 상고음에서 '忘'과 '亡'은 모두 평성이다.)

(13) 增冰峨峨, 飛雪千里些. (『초사(楚辭)·초혼(招魂)』)
층층의 얼음이 아슬아슬하게 치솟아 있고, 눈발이 천 리까지 날린다.('增'은 '層'의 가차자이다. céng으로 읽는다.)

(14) 唐堯遜位, 虞舜不台. (『사기·태사공자서(太史公自序)』)
요임금이 왕위를 물려주자 우순은 기뻐하지 않았다.('台'는 '怡'의 가차자이다. yí로 읽는다.)

일부 가차자는 그것이 나타내는 본자가 무엇인지 알아도 습관적으로 가차자의 독음에 근거하여 읽는다. 예를 들어 『맹자·양혜왕 상』의 "直不百步耳, 是亦走也."[단지 백 보를 가지 않았을 뿐, 이 또한 도망간 것이다.]에서 '直'은 '特'을 가차한 것이지만 tè로 읽지 않고 zhí로 읽는다. 이러한 경우는 그저 습관에 따를 수밖에 없다.

다음으로 파독(破讀) 문제에 대해 다시 살펴보자. '파독'이란 글자(단어)의 독음을 바꿈으로써 의미나 품사를 구분하는 방법이다. 가령, 앞서 예로 들었던 '王'자는 평성 wáng으로 읽으면 명사로 '제왕'의 뜻이고, 거성 wàng으로 읽으면 동사로 '왕으로 자처하다'의 뜻이다. 또한 '衣'자의 경우, 『시경·빈풍·칠월』의 "無衣無褐"[옷도 없고 누더기도 없다]에서는 '옷'이라는 의미의 명사로 쓰여 평성 yī로 읽고, 『한비자·외저설좌상(外儲說左上)』의 "境內莫衣紫"[경내에는 자줏빛 옷을 입은 사람이 없었다]에서는 '옷을 입다'는 의미의 동사로 쓰여 거성 yì로 읽는다. 일반적으로 후자의 의미와 독음은 전자의 의미와 독음에서 변화한 것이다. 따라서 전통적으로 전자의 독음을 '본음(本音)' 혹은 '여자(如字)'라고 하였고, 후자의 변화한 독음을 '파독(破讀)'

또는 '독파(讀破)'라고 하였다. 이는 고서에서 보편적으로 나타나는 현상이다.

예를 들어, '勝'은 타동사로 쓰여 '이겨내다(감당할 수 있다)'의 의미를 나타낼 경우, shēng 평성으로 읽는다.

(15) 臣不勝受恩感激. (제갈량(諸葛亮) 「출사표(出師表)」)
저는 은혜를 받아 감격스러움을 이겨내지 못합니다.

자동사로 쓰여 '승리하다'를 뜻하거나 형용사로 쓰여 '뛰어나고 아름답다'의 의미를 나타낼 때에는 shèng 거성으로 파독한다.

(16) 是故百戰百勝, 非善之善者也. (『손자(孫子)·모공(謀攻)』)
따라서 백 번 싸워 백 번 이기는 것은 좋은 것 중의 좋은 것이 아니다.

'惡'이 '추악하다'는 의미의 형용사로 쓰일 때에는 è로 읽는다. 과거에는 입성에 속했다.

(17) 歲惡不入. (가의(賈誼) 「논적저소(論積貯疏)」)
수확이 나쁘면 내지 않았다.

'惡'가 동사로 쓰여 '싫어하다'의 의미를 나타낼 때에는 wù 거성으로 파독한다.

(18) 天不爲人之惡寒也輟冬. (『순자·천론(天論)』)
하늘은 사람들이 추위를 싫어한다고 해서 겨울을 거두지 않았다.

'分'이 동사로 쓰여 '나누다', '나누어 주다'의 의미를 나타낼 때에는 fēn 평성으로 읽었다.

(19) 衣食所安, 弗敢專也, 必以分人. (『좌전·장공(莊公) 10년』)

　　편안한 옷과 음식은 감히 혼자 독차지 못하고 반드시 다른 사람과 나누었다.

명사로 쓰여 '명분', '직분'을 의미할 때에는 fèn 거성으로 파독한다.

(20) 此臣之所以報先帝而忠陛下之職分也. (제갈량 「출사표」)

　　이것이 제가 선제께 보답하고 폐하의 직분에 충성하는 방법입니다.

'近'이 '가깝다'는 의미의 형용사로 쓰일 때에는 상성 jìn으로 읽었다.

(21) 遠水不救近火也. (『한비자·세림상』)

　　먼 곳에 있는 물은 가까운 곳의 불을 끌 수 없다.

'접근하다', '친근하다'라는 뜻의 동사로 쓰일 때에는 거성 jìn으로 파독한다.

(22) 爲善無近名, 爲惡無近刑. (『장자·양생주(養生主)』)

　　좋은 일을 할 때는 명성을 가까이 하지 말고, 나쁜 일을 할 때는 형벌을
　　가까이 하지 말라.

'從'이 자동사로 쓰여 '따르다'의 의미를 나타낼 때에는 평성 cóng으로 읽는다.

(23) 張良是時從沛公. (『사기·항우본기』)

　　장량은 이때부터 패공을 따랐다.

사동사로 쓰여 '따르게 하다'의 의미를 나타낼 때에는 거성 zòng으로 파독한다.

(24) 沛公旦日從百餘騎來見項王. (『사기・항우본기』)

　　패공은 다음 날 백여 기를 따르게 하여 항왕을 보러 왔다.

　　파독은 가차와는 다르다. 가차자와 본자 사이에는 발음이 동일하거나 유사할 뿐, 의미상의 필연적인 연관성이 없다. 그러나 파독의 의미와 본음의 의미는 역사적인 관련성을 가진다. 사회가 발전함에 따라 단어의미는 끊임없이 파생되고, 품사 또한 끊임없이 분화된다. 어떤 글자(단어)에 새로운 의미와 새로운 문법 기능이 만들어진 뒤에, 원래의 의미나 문법 기능과 구별하기 위해 독음으로 차이를 나타낼 것이 요구되었다. 따라서 파독은 단어의미의 파생과 품사의 분화로 인한 결과로 발생한 것이라고 할 수 있다. 이는 일종의 음변조어[音變構詞 : 음을 변화시켜 단어를 만들어내다]의 방식이다.

　　파독의 발음 차이에 있어서 중요한 것은 성조이다. 게다가 대다수는 원래 평성(혹은 상성, 입성)의 글자가 거성으로 변화한다. 거성은 고서에서의 파독음을 알아내는 중요한 단서이다. 파독은 대략 한(漢)나라 때부터 시작하여 위진(魏晉)시대 이후 대량으로 출현하였다. 진송(晉宋) 이후의 자서(字書), 운서(韻書), 고서에 대한 주석서 등에서는 여자(如字)와 파독자를 매우 엄격하게 구분하였다. 당(唐)나라 육덕명(陸德明)의 『경전석문(經典釋文)』, 송(宋)나라 가창조(賈昌朝)의 『군경음변(羣經音變)』 등은 글자의 본음과 파독음을 집중적으로 분석하였다. 송원(宋元)시대 이후의 지식인들은 고서에 주석이 달려있는 파독음을 준수하여 낭송하였고, 파독이 필요한 글자의 우측상단에 붉은색으로 작은 원을 그려 표시했다. 이러한 방법을 파독법(破讀法) 혹은 '권발지법(圈發之法)'이라고 부른다.

　　파독음은 객관적으로 존재하는 것이다. 파독음과 본음이 구별되는 단어들은 현대 중국어에도 다량으로 존재한다. 예를 들어, '좋다'는 뜻의 형용사 '好'는 hǎo로 읽고, '좋아하다'는 뜻의 동사 '好'는 hào로 읽는다. '법도'라는 뜻의 명사 '度'는 dù라고 읽고, '헤아리다'라는 의미의 동사 '度'은 duó로 읽는다. '어렵다'는 뜻의 형용

사 '難'은 nán으로 읽고, '재난'이라는 뜻의 명사 '難'은 nàn로 읽는다. '하다'라는
의미의 동사 '爲'는 wéi로 읽고, '…을 위하여'라는 의미의 개사 '爲'는 wèi로 읽는
다. 현대 구어에서 새로운 파독음이 만들어지는 경우도 있다. 가령, 현대중국어에서
'相沿[답습하다]'의 동사 '沿'은 yán으로 읽고, '河沿[강변]'의 명사 '沿'은 yàn으
로 읽는다. '豬圈[돼지우리]'의 '圈'은 명사로서 juàn으로 읽고, '圈起來[가두다]'의
'圈'은 동사로서 juān으로 읽는다. 고서에서 주석을 달아놓은 파독 가운데 현대까지
유지되지 못하는 경우도 적지 않은데, 이러한 현상에는 이유가 있다. 일부는 파독의
의미가 구어에서 더 이상 사용되지 않게 됨으로써 소실된 경우이다. '麾'자를 예로
들어 보자. '麾'의 본래의미는 군사적 지휘 작전에 사용하는 깃발로, 『묵자·호령』
"城上以麾指之"[성 위에서 대장기로 지시하였다]에서의 '麾'는 평성 huī로 읽는다. 한편
동사로 쓰여 '휘두르다, 지휘하다'의 의미를 나타내기도 하는데, 『초사·이소(離騷)』
"麾蛟龍以梁津兮, 詔西皇使涉予."[교룡을 지휘하여 다리를 놓아 건너네, 서황에게 나를 건
너게 해달라고 부탁하네.]의 '麾'에 대해서 구주(舊注)에서는 "또한 허(許)와 위(僞)의 반
절로 발음한다"[反許僞反]라고 하고 거성으로 읽었다. 그러나 현대중국어에서 '휘두
르다, 지휘하다'의 의미는 '麾'자가 아닌 '揮'자를 사용하게 되었고, 그로 인해 '麾'
의 거성 발음도 사라졌다. 파독이 유지되지 못한 주요 원인은 중국어 발음 체계의
변화 때문이다. 고대중국어에서 현대중국어로 변화하는 과정에서 중국어의 발음 체
계(성모, 운모, 성조)는 점차 간화(簡化)되는 경향을 보였고, 두 가지 이상의 다른 음으
로 읽히던 것이 현대에는 단일한 음으로만 읽게 되어 본음과 파독음의 구별이 사라
지게 된 것이다. 예를 들어, '易'자는 '변화하다'라는 의미의 동사로 쓰일 때는 입성
으로 읽고, '쉽다'라는 의미의 형용사로 쓰일 때는 거성으로 파독하였지만, 현재는
모두 거성으로 읽는다. 이는 입성 운미(韻尾)의 소실로 인해 입성조(入聲調)가 평성,
상성, 거성의 세 성조로 바뀌었기 때문이다. 동일한 유형으로 '足', '食', '乞' 등을
예로 들 수 있다. 또 다른 이유로는 탁성모(濁聲母)의 청화(淸化)를 들 수 있다. 특히
전탁상성(全濁上聲)이 거성으로 변화함에 따라 본음이 상성이고 파독음이 거성으로

구별되었던 것들이 모두 거성으로 읽히게 되었다. 예를 들어, 羣母(군모)에 속하는 '近'자는 형용사로 쓰일 경우 본음인 상성으로 읽고, 동사로 쓰일 경우 거성으로 파독하였다. 그러나 현대중국어에서는 羣母가 청화(淸化)되어 모두 거성으로 읽는다. 동일한 유형으로 '上', '下', '坐', '涕', '飯', '斷' 등을 예로 들 수 있다.

그렇다면 오늘날 우리는 고서의 주석에서 밝혀놓은 파독음에 대해 어떻게 접근해야 할까? 여러 파독음은 이미 현대중국어의 구어나 서면어에 깊이 스며들어 있고, 대중적으로도 어느 정도 안정적으로 자리 잡혀 있다. 일반적인 자전이나 사전에도 독음에 대한 상세한 주석이 달려있으므로 확실하게 익혀둘 필요가 있다. 반면, 발음 변화 등의 원인으로 인해 현대중국어에 보존되지 못한 일부 파독의 경우에는 일부러 구분할 필요 없이, 현재 자리 잡은 독음에 따라 읽으면 될 것이다. 그러나 고대중국어를 학습할 때에는 파독의 성질과 기능에 대한 통시적인 이해 또한 필요한 것이 사실이다. 단어의미를 분석하고, 고서에 대한 이해를 심화시키는 데에 어느 정도 도움이 되기 때문이다. 『신화자전(新華字典)』과 『현대중국어사전[現代漢語詞典]』에서는 현대중국어에서 이미 뒤섞여 구분되지 않는 몇몇 파독에 대해서 "'文 wén'의 옛 독음 wèn" 등과 같이 '옛 독음'을 표시하였는데, 아마도 이러한 생각에서 출발한 것으로 보인다.

마지막으로 고서에 나타나는 특수한 단어의 독음 문제에 대해 좀 더 살펴보도록 하자. 고서를 읽다보면 어떤 글자(단어)에 달린 주석의 음이 해당 글자의 일반적인 독음과 같지 않은 경우를 볼 수 있다. 예를 들면, 『서경(書經)·순전(舜典)』의 "禹拜稽首, 讓於稷契暨皋陶."[우는 절하고 머리를 조아리며, 직설와 고요에게 양보하였다.]에 대한 공영달(孔穎達)의 소(疏)에서 "契은 식(息)과 열(列)의 반절로 발음한다. '陶'의 음은 '遙(요)'이다."[契, 息列反, 陶音遙.]라고 하였다. 『서경』의 이 구절에서 '契'은 전설 속의 상(商)나라 선왕의 이름으로,[8] 보통의 발음 qì로 읽지 않고 식(息)과 열(列)의 반절

---

8) 『설문해자』에는 '偰'자로 되어 있다.

로 읽는다. 현대 발음으로는 xiè이다. '皐陶'의 '陶' 또한 보통의 발음 táo가 아닌 yáo로 읽는다. 이처럼 특수한 독음을 가지는 단어들은 고서에서 적지 않게 발견된다. 대부분은 고대의 나라이름, 부족이름, 지명, 인명, 성씨 등이다. 다음을 보자.

나라이름

龜茲 Qiūcí : guīzī로 읽지 않는다.

大宛 Dàyuān : '宛'을 wǎn으로 읽지 않는다.

康居 Kāngqú : '居'를 jū로 읽지 않는다.

月氏 Yuèzhī : '氏'를 shì로 읽지 않는다.

身毒 Yuāndú : '身'을 shēn으로 읽지 않는다.

부족이름

吐谷渾 Tǔyùhún : '谷'를 gǔ로 읽지 않는다.

葷粥 Xūnyù : hūnzhōu로 읽지 않는다.

先零 Xiānlián : '零'을 líng으로 읽지 않는다.

吐蕃 Tǔfān : '蕃'을 fán으로 읽지 않는다.

지명

鎬京 Hàojīng : '鎬'를 gǎo로 읽지 않는다.

不羹 Bùláng : '羹'을 gēng으로 읽지 않는다.

龍兌 Lóngduó : '兌'을 duì로 읽지 않는다.

陽夏 Yángjiǎ : '夏'를 xià로 읽지 않는다.

番禺 Pānyú : '番'을 fān으로 읽지 않는다.

阿房宮 Epánggōng : '房'을 fáng으로 읽지 않는다.

인명

伍員 Wǔyún : '員'을 yuán으로 읽지 않는다.

禽滑厘 Qíngǔlí : '滑'을 huá로 읽지 않는다.

酈食其 Lìyìjī : '食其'를 shíqí로 읽지 않는다.

冒頓 Módú : '冒頓'을 màodùn으로 읽지 않는다.

성씨

種 Chóng : zhǒng으로 읽지 않는다.

解 Xiè : jiě로 읽지 않는다.

祭 Zhài : jì로 읽지 않는다.

洗 Xiǎn : xǐ로 읽지 않는다.

万俟 Mòqí : wànsì로 읽지 않는다.

尉遲 Yùchí : '尉'를 wèi로 읽지 않는다.

상술한 단어의 특수 독음은 역사가 오래되었다. 역사적으로 살펴보면 세 가지 유형으로 구분된다. 첫째, 고대의 발음을 보존하고 있는 경우로 '番禺'의 '番'을 pān으로 읽는 것이 그러한 예이다. 둘째, 이민족의 대음(對音)인 경우이다. 과거 흉노족의 군왕 칭호인 '單于'는 chányú로 읽고, shànyú나 dānyú로 읽지 않는다. 과거 선비족과 돌궐족의 군왕 칭호인 '可汗'은 kèhán으로 읽고, kěhàn으로 읽지 않는다. 셋째, 고대 방언 단어일 가능성이 있다. 이들 단어의 특수 독음은 대다수가 고서의 주음(注音)을 통해 전해져서 현대의 일반 자전이나 사전에도 수록되었으므로 전통적인 독법(讀法)에 근거하여 읽어야 한다. 그러나 일부는 현대중국어의 일반적인 독음으로 바꾸어 읽는 경우도 있다. 이때에는 굳이 옛 독음을 따를 것을 강조할 필요는 없다. 가령, '葉公好龍'[9)의 '葉'은 오늘날 대부분 yè로 읽고 있으므로 더 이상 shè로 읽을 필요는 없다.

---

9) (역주) 유향(劉向)의 『신서(新序)』에 따르면, 섭공(葉公)은 용을 대단히 좋아했다. 하늘의 용이 그 마음을 가상히 여겨 그의 거처로 강림하였는데, 용의 모습을 실제로 본 섭공은 놀라고 두려워 정신을 잃었다. '葉公好龍'은 이 고사에서 유래한 성어로, '말로는 좋아한다고 하지만 실제로는 두려워하거나 좋아하지 않음'을 뜻한다.

　중국의 시가(詩歌)는 유구한 역사를 지니고 있으며, 『시경(詩經)』과 『초사(楚辭)』는 가장 이른 시기의 시집이다.

　한위육조(漢魏六朝)시대의 시를 일반적으로 고시(古詩)라고 부르며, 여기에는 오언시, 칠언시, 악부(樂府)가 포함된다. 악부는 본래 한(漢)나라 때 설치한 관서의 명칭으로, 민가를 채집하고 그에 해당하는 악보를 만드는 일을 관장하였다. 이후에는 채집한 민요의 가사를 가리키는 명칭으로도 '악부'라는 용어가 사용되었다. 한나라 때의 유명한 「맥상상(陌上桑)」과 「동문행(東門行)」, 남북조(南北朝)시대의 「자야가(子夜歌)」 등이 모두 악부이다. 나중에는 몇몇 문인들이 악부의 옛 제목을 그대로 따오거나 악부체를 모방하여 시를 짓기도 하였는데, 이렇게 창작된 시에는 반주 음악이 없었지만 또한 악부라고 불렀다. 고적(高適)의 「연가행(燕歌行)」, 이하(李賀)의 「안문태수행(雁門太守行)」 등이 이에 해당한다.

　오언시와 칠언시는 한나라 때 만들어진 시체(詩體)이다. 오언시는 서한(西漢)의 민요에서 기원하였으며, 오언시로서 가장 성숙한 최초의 작품으로는 동한(東漢) 말기의

「고시십구수(古詩十九首)」를 들 수 있다. 가장 이른 시기의 칠언시는 「백량대시(柏梁臺詩)」로, 작자가 누구인지는 알 수 없으나 시의 압운 사용을 근거로 살펴보면 대략 한나라 때에 만들어 진 것으로 보인다. 삼국시대 조비(曹丕)의 「연가행(燕歌行)」이 완전한 칠언시의 체제를 갖춘 최초의 작품이라고 할 수 있으나 이 시 또한 매 구(句)마다 압운을 하였다. 가장 이른 시기의 격구압운(隔句押韻)의 칠언시는 포조(鮑照)의 「의행로난(擬行路難)」의 첫 번째 시와 세 번째 시이다.

제량(齊梁)시대에 들어오면서 시의 형식에도 점차 변화가 생기는데, 변화는 주로 사성(四聲)의 발견으로 시가 창작에서 평측(平仄)을 중시하기 시작한 것이었다. 당시 '영명체(永明體)'의 특징이 바로 성률(聲律)을 중시하는 것으로, 심약(沈約)과 사조(謝朓)가 그 대표 작가이다. 당나라 때에 이르러 평측과 대구를 중시하는 것을 특징으로 하는 격률시(格律詩)가 정식으로 이루어졌다. 이것이 '근체시(近體詩)'라고 하는 것이다. 근체시는 율시(律詩)와 절구(絶句)를 포함한다. 그러나 당나라 이후에도 고시 작법에 따라 평측과 대장(對仗)을 중시하지 않고 지은 시가 있었는데, 이러한 시를 '고체시(古體詩)'라 하고, '고풍(古風)'이라고도 한다.

여기서는 주로 근체시의 격률(格律)에 대해서 설명할 것이다. 고시와 고체시의 격률 또한 부가적으로 설명할 것이다.

근체시와 고시는 주로 다음 네 가지 측면에서 차이를 보인다. (1) 구수(句數)가 고정된다. (2) 압운이 엄격하다. (3) 평측을 중시한다. (4) 대구를 요구한다. 아래 부분에서 이 네 방면에 대해서 설명할 것이다. 마지막으로 또한 근체시의 특수한 구식(句式)에 대해 설명할 것이다.

구수(句數)

고체시(고시를 포함한다. 아래도 같다.)는 구수(句數)의 제약이 없다. 한 수의 고체시는 짧을 수도 있고 길 수도 있다. 반면, 근체시의 구수는 고정적이다. 일반적인 율시는 모두 8구이고, 율절(律絶)은 모두 4구이다. 8구를 넘는 것은 장률(長律)이라고 하고, 또한 배율(排律)이라고 한다. 장률은 일반적으로 오언시이다.

근체시의 구수가 고정적이라고 말하였지만, 반대로 8구로 된 것은 모두 율시이고 4구로 된 것은 모두 율절이라고 말할 수 없다. 왜냐하면 구수의 고정이 근체시의 가장 본질적 특징이 아니기 때문이다. 근체시의 가장 본질적 특징은 평측을 중시한다는 것이다. 만약 평측을 중시하지 않았다면, 4구 또는 8구의 시라도 율절 또는 율시라고 할 수 없고, 여전히 고체시이다.

압운

시가는 모두 압운을 한다. 어떠한 것은 매 구마다 압운을 하기도 하고, 어떠한 것은 격구(隔句)에 압운을 한다. 근체시는 각 구의 첫머리에 운을 넣는 것 이외에 모두 격구 압운이다. 고체시도 일반적으로는 격구 압운이다. 이 점에 있어서는 둘 사이에 본질적인 차이가 없다. 근체시의 압운이 엄격하다는 것을 이야기할 때에는 주로 다음과 같은 사항을 가리킨다.

1) 근체시는 일반적으로 평성운(平聲韻)[1]을 사용하지만, 고체시는 평성운으로 압운할 수도 있고, 측성운(仄聲韻)으로 압운할 수도 있다.

2) 근체시는 '출운(出韻)'할 수 없다. 다시 말해 운각(韻脚)(즉 압운한 글자)은 반드시 동일한 운의 글자만을 써야 하고, 인운(鄰韻)[2]의 글자를 쓸 수 없다.

시인의 용운(用韻)은 일반적으로는 당시의 발음에 근거하여, 같은 운(주요 원음과 운미가 서로 같은 것)으로 압운하였다. 상고시기의 36개 운부(韻部)는 기본적으로 선진 양

---

1) 극소수의 측운(仄韻) 율시도 있지만 정규적인 것은 아니다.
2) (역주) 방운(旁韻)이라고도 한다. 운서에서 운의 음가의 유사함으로 순서를 정할 때 서로 이웃하는 것을 가리킨다. 예를 들어 東韻(동운)과 冬韻(동운), 支韻(지운), 微韻(미운)과 齊韻(제운)은 인운이라고 한다.

한의 시가 운문에서 적용하였다. 위진(魏晉)시대 이후 어음의 변화가 갈수록 커지면서 시인의 용운 또한 달라졌다. 남북조시대에는 시인이 자를 골라 압운할 수 있게 하려는 목적으로 편찬된 여러 운서가 나타났다. 수(隋)나라 육법언(陸法言)의 『절운(切韻)』이 바로 그 가운데 중요한 운서로서, 193운(성조(聲調)가 다른 것은 다른 운에 속함)으로 나뉘었다. 북송(北宋)시대 진팽년(陳彭年)이 편찬한 『광운(廣韻)』은 『절운』의 기초에서 또한 206운으로 세분하였다. 그렇지만 『절운』, 『광운』의 분운(分韻)은 너무 세밀하기에 당시의 구어와 완전히 부합하지 않았다. 이 때문에 시인들은 괴로워하였고, 사실상 당나라 때 사람들만 해도 시를 지을 때 193운이나 206운을 완전히 따랐던 것은 아니었다. 당시에는 '동용(同用)'의 규정이 있어, 사람들이 인접한 운을 합하여 쓰는 것을 허락하였다. 남송(南宋)에 이르러 강북(江北) 평수(平水)의 유연(劉淵)이 지은 『임자신간예부운략(壬子新刊禮部韻略)』에서 함께 쓰는 운을 합해 놓아서 107운이 되었다. 이와 같은 시기에 금(金)나라 사람 왕유욱(王有郁)이 지은 『평수신간운략(平水新刊韻略)』에서도 또한 106운으로 귀납하여 합하였다. 이 106운이 바로 일반적으로 이야기하는 '평수운(平水韻)'이다.

'평수운'은 평성 30운, 상성 29운, 거성 30운, 입성 17운을 포함한다. 그 운목(韻目)은 아래의 표와 같다.

상평성[3]	상 성	거 성	입 성
一東	一董	一送	一屋
二冬	二腫	二宋	二沃
三江	三講	三絳	三覺
四支	四紙	四寘	
五微	五尾	五未	
六魚	六語	六御	
七虞	七麌	七遇	

---

3) 『절운』에서는 평성이 많기 때문에 상하(上下) 두 권으로 나누었다. 상평성(上平聲)은 평성(平聲) 권

상평성	상성	거성	입성
八齊	八薺	八霽	
		九泰	
九佳	九蟹	十卦	
十灰	十賄	十一隊	
十一眞	十一軫	十二震	四質
十二文	十二吻	十三問	五物
十三元	十三阮	十四願	六月
十四寒	十四旱	十五翰	七曷
十五刪	十五潸	十六諫	八黠
下平聲			
一先	十六銑	十七霰	九屑
二蕭	十七筱	十八嘯	
三肴	十八巧	十九效	
四豪	十九皓	二十號	
五歌	二十哿	二十一箇	
六麻	二十一馬	二十二禡	
七陽	二十二養	二十三漾	十藥
八庚	二十三梗	二十四敬	十一陌
九青	二十四迥	二十五徑	十二錫
十蒸4)			十三職
十一尤	二十五有	二十六宥	
十二侵	二十六寢	二十七沁	十四緝
十三覃	二十七感	二十八勘	十五合
十四鹽	二十八琰	二十九豓	十六葉
十五咸	二十九豏	三十陷	十七洽

상(卷上)을 가리키고, 하평성(下平聲)은 평성 권하(卷下)를 가리킨다. 이후에 이 호칭을 계속 사용하였다.

4) 증운(蒸韻)에서 상성(上聲)은 ‘迥’으로 합쳐졌고, 거성(去聲)은 ‘徑’으로 합쳐져서, 『광운』의 동용독용(同用獨用)의 예와 합치하지 않는다. 그렇지만 이 두 운자(韻字)는 당시(唐詩)에서는 적게 보인다.

'평수운'은 남송시기에 이르러서야 출현한 것이긴 하지만, 이는 당나라 사람들이 시를 지을 때 용운하던 부류(部類)를 반영한 것이다. 예를 들어 왕발(王勃) 「송두소부지임촉주(送杜少府之任蜀州)」은 眞韻(진운)을 사용하였고,[5] 이백(李白) 「도형문송별(渡荊門送別)」과 두보(杜甫) 「여야서회(旅夜書懷)」는 尤韻(우운)을 사용하였고,[6] 두보 「등고(登高)」는 灰韻(회운)을 사용하는 등등이다.[7] 당나라 이후 근대시기까지 실제 발음은 큰 변화가 있었지만, 사람들은 근체시를 지을 때 여전히 '평수운'에 의거하였다. 시의 운각은 반드시 '평수운'의 동일한 운에 속하는 글자여야 하고, 그렇지 않은 경우를 '출운(出韻)'이라고 불렀다. '출운'한 시는 표준적인 근체시라고 할 수 없다. 근체시의 용운은 매우 엄격하였다.[8]

---

5) 왕발 「송두소부지임촉주(送杜少府之任蜀州 : 촉주로 부임해 가는 두소부를 보내며)」
   城闕輔三秦, 風煙望五津.
   與君離別意, 同是宦遊人.
   海內存知己, 天涯若比隣.
   無爲在岐路, 兒女共霑巾.

6) 이백 「도형문송별(渡荊門送別 : 형문을 떠나며)」
   渡遠荊門外, 來從楚國游.
   山隨平野盡, 江入大荒流.
   月下飛天鏡, 雲生結海樓.
   仍憐故鄉水, 萬里隨行舟.

   두보 「여야서회(旅夜書懷 : 나그네가 밤의 감회를 쓰며)」
   細草微風岸, 危檣獨夜舟.
   星垂平野闊, 月湧大江流.
   名豈文章著, 官因老病休.
   飄飄何所似, 天地一沙鷗.

7) 두보 「등고(登高 : 높은 곳에 올라)」
   風急天高猿嘯哀, 渚淸沙白鳥飛迴.
   無邊落木蕭蕭下, 不盡長江滾滾來.
   萬里悲秋常作客, 百年多病獨登臺.
   艱難苦恨繁霜鬢, 潦倒新停濁酒杯.

8) 그렇지만 근체시 수구(首句)에 입운(入韻)은 인운(鄰韻)을 써도 괜찮았다. 예를 들어 소식(蘇軾)의 『제서림벽(題西林壁)』: "橫看成嶺側成峰, 遠近高低各不同. 不識廬山眞面目, 只緣身在此山中." [가로로 보면 산맥을 이루고 세로로는 봉우리를 이루어, 멀고 가깝고 높고 낮음이 각각 다르네. 여

그와 대조적으로 고체시는 용운이 비교적 관대하여 인운(鄰韻)의 글자를 쓸 수 있다. 예를 들어 두보 「북정(北征)」의 제 일단의 운각 '吉(길), 室(실), 日(일), 蓽(필), 出(출), 失(실), 畢(필)'은 質韻(질운)이고, '勿(물)'은 物韻(물운), '切(절)'은 屑韻(설운), '惚(홀)'은 月韻(월운)이다.9) 고체시는 또한 환운(換韻 : 운을 바꾸어 사용함)할 수 있다. 예를 들어 백거이(白居易) 「비파행(琵琶行)」의 앞부분 십여 구는 기본상으로는 평측상간(平仄相間 : 평성운과 측성운이 서로 번갈아 나타남)이다. '客(객), 瑟(슬)'은 陌質合韻(맥질합운)(측), '船(선), 弦(현)'은 先韻(선운)(평), '別(별), 月(월), 發(발)'은 屑月合韻(설월합운)(仄), '誰(수), 遲(지)'는 支韻(지운)(평), '見(견), 宴(연), 面(면)'은 霰韻(산운)(측)이다.10)

평측

평측은 근체시를 형성하는 가장 중요한 요소이다. 우선 율시의 평측을 논하고 이를 기초로 절구와 배율의 평측을 다시 논하기로 한다.

근체시의 평측은 매우 복잡하게 보이지만 기본적 요구는 단 한 가지이다. 평측이

산의 진면목을 알지 못하는 것은 단지 내가 이 산 속에 있어서라네.] 수구에서는 冬韻(동운) '峰'자를 사용하였지만, 이(二), 사(四)구에서는 東韻(동운) '同, 中'을 사용하였다.

9) 두보 「북정(北征 : 북으로 떠나다)」
皇帝二載秋, 閏八月初吉. 杜子將北征, 蒼茫問家室.
維時遭艱虞, 朝野少暇日. 顧慚恩私被, 詔許歸蓬蓽.
拜辭詣闕下, 怵惕久未出. 雖乏諫諍姿, 恐君有遺失.
君誠中興主, 經緯固密勿. 東胡反未已, 臣甫慎所切.
揮涕戀行在, 道途猶恍惚. 乾坤含瘡痍, 憂虞何時畢!

10) 백거이 「비파행(琵琶行)」 일부
潯陽江頭夜送客, 楓葉荻花秋瑟瑟.
主人下馬客在船, 擧酒欲飮無管弦.
醉不成歡慘將別, 別時茫茫江浸月.
忽聞水上琵琶聲, 主人忘歸客不發.
尋聲暗問彈者誰, 琵琶聲停欲語遲.
移船相近邀相見, 添酒回燈重開宴.
千呼萬喚始出來, 猶抱琵琶半遮面.

갈마들며 성조의 높낮이, 멈춤과 바뀜[抑揚頓挫]을 추구하는 것이다. 5언 율시의 평측은 "평평—측측"이나 "측측—평평"을 기초로 하나의 음절을 추가하여 형성한 것으로 볼 수 있다.

　　(갑) 측측—평평—측　　　　　(을) 평평—측측—평
　　(병) 평평—평—측측　　　　　(정) 측측—측—평평

　(갑), (을), (병), (정)의 4가지 형식은 근체시의 4가지 기본 형식이라 할 수 있다. 7언의 근체시는 앞쪽에 반대되는 평측을 첨가한 것이다.

　　(갑) 평평측측평평측　　　　　(을) 측측평평측측평
　　(병) 측측평평평측측　　　　　(정) 평평측측측평평

　이러한 4가지 기본 형식을 교차해서 4가지 다른 격식의 율시를 구성한다. 아래에서 예를 들어 설명하기로 한다.

　(一) 5언 측기측수(仄起仄收) 형식(7언은 평기측수(平起仄收) 형식이 된다.)[11]

　　(갑) 평평측측평평측　　　　　(을) 측측평평측측평
　　(병) 측측평평평측측　　　　　(정) 평평측측측평평
　　(갑) 평평측측평평측　　　　　(을) 측측평평측측평
　　(병) 측측평평평측측　　　　　(정) 평평측측측평평

　5언율시의 예로 두보의 「여야서회(旅夜書懷 : 나그네가 밤의 감회를 쓰며)」가 있다.

---

11) (역주) 이하 형식 설명에서 앞의 글자를 작게 쓴 부분은 7언시일 때 해당하는 것을 나타낸다. 5언시는 작게 쓴 것을 제외한 나머지 다섯 글자로 평측을 맞춘다.

細草微風岸, 危檣獨夜舟.

星垂平野闊, 月湧大江流.

名豈文章著, 官因老病休.

飄飄何所似, 天地一沙鷗.

언덕에 가는 풀이 미풍에 흔들리고, 높은 돛배 안에서 홀로 밤을 보낸다.

별은 드넓은 들판에 드리워 있고, 달이 솟아 오른 큰 강물이 흐른다.

어떻게 글로써 이름을 드러내리오! 늙고 병들어 벼슬도 물러났나니

떠도는 이 신세 무엇에 비길까, 하늘과 땅 사이 한 마리 갈매기로다.

7언율시의 예로 유우석(劉禹錫)의 「수락천양주초봉석상견증(酬樂天揚州初逢席上見贈 : 양주서 백거이 만나 술자리에서 답하다)」이 있다.

巴山楚水淒涼地, 二十三年棄置身.

懷舊空吟聞笛賦, 到鄕翻似爛柯人.

沈舟側畔千帆過, 病樹前頭萬木春.

今日聽君歌一曲, 暫憑杯酒長精神.

파산, 촉수 처량한 땅에서, 23년 버려두었던 몸.

옛 일을 회상하며 공연히 문적부 읊노라니, 고향에 돌아오니 문드러진 자루 같구나.

가라앉는 배 옆으로 수많은 배가 지나가고, 병든 나무 앞으로 온갖 나무가 봄을 맞네.

오늘 그대의 노래 한 곡 들으며, 잠시 술에 의지해 마음 달래네.

(二) 5언 평기측수 형식(7언은 측기측수 형식이 된다.)

(병) 측측평평평측측   (정) 평평측측측평평

(갑) 평평측측평평측   (을) 측측평평측측평

(병) 측측평평평측측   (정) 평평측측측평평

(갑) 평평측측평평측   (을) 측측평평측측평

5언 율시의 예로 왕유(王維)의 「산거추명(山居秋暝 : 저무는 가을산에서)」이 있다.

空山新雨後, 天氣晚來秋.
明月松間照, 淸泉石上流.
竹暄歸浣女, 蓮動下漁舟.
隨意春芳歇, 王孫自可留.
인적 끊긴 산에 새로이 비 내린 뒤, 어두워져 가을이 왔네.
밝은 달 소나무 숲 사이를 비추고 맑은 샘물 돌 위를 흐르네.
대숲 소리에 빨래하던 여인 돌아가고 연잎 흔들리더니 고기잡이 배 떠내려가네.
봄꽃은 시들어 버렸으나 이 몸은 머무를 만하구나.

7언율시의 예로 두보의 「화배적촉주동정송객봉조매상억견기(和裴迪蜀州東亭送客逢
早梅相憶見寄 : 배적의 '촉주 동정에 올라 손님을 전송하는데 이른 매화를 만나다'에 화답해 서로
추억하며 마주보며 줌)」가 있다.

東閣官梅動詩興, 還如何遜在揚州.
此時對雪遙相憶, 送客逢花可自由.
幸不折來傷歲暮, 若爲看去亂鄕愁.
江邊一樹垂垂發, 朝夕催人自白頭.
동각 관아의 매화가 시흥을 불러일으키니,
하손이 아직도 양주에 있는 듯하네.
눈 내려 멀리서 서로를 생각하는 이때,
객을 보내고 맞이하는 봄빛에 가히 마음 홀가분할 수 있을까.
다행히 매화가지 꺾지 않아 세모를 쇠는 마음 상하지 않기에 망정,
꺾었더라면 보고 고향 그리는 마음에 심란했으리.
강가에는 한 가지 매화 늘어져 피었는데,
아침저녁으로 나를 재촉하는 세월에 머리만 희네.

(三) 5언의 측기평수 형식(7언은 평기평수 형식이 된다.)

(정) 평평측측측평평   (을) 측측평평측측평

(병) 측측평평평측측   (정) 평평측측측평평

(갑) 평평측측평평측   (을) 측측평평측측평

(병) 측측평평평측측   (정) 평평측측측평평

5언율시의 예로 왕발의 「송두소부지임촉주(送杜少府之任蜀州 : 촉주로 부임해 가는 두 소부를 보내며)」가 있다.

城闕輔三秦, 風烟望五津.

與君離別意, 同是宦遊人.

海內存知己, 天涯若比鄰.

無爲在岐路, 兒女共霑巾.

장안 성궐을 삼진이 보좌하니, 바람과 안개 아득한 오진 땅을 바라본다.

그대와 이별하는 마음, 다 같이 벼슬살이로 떠도는 사람이로세.

이 세상에 마음 통하는 벗만 있다면 아득한 하늘가도 이웃과 같은 것.

갈림길에 서서 아녀자처럼 수건에 눈물 적시지 마세.

7언율시의 예로 소식(蘇軾)의 「신성도중(新城道中 : 신성 가는 길에)」이 있다.

東風知我欲山行, 吹斷簷間積雨聲.

嶺上晴雲披絮帽, 樹頭初日掛銅鉦.

野桃含笑竹籬短, 溪柳自搖沙水清.

西崦人家應最樂, 煮芹燒筍餉春耕.

봄바람은 내가 산 구경 가는 줄 아는 듯,

여러 날 낙숫물 소리, 처마에 불어서 멎게 했네.

고개 위의 맑은 흰 구름은 하얀 솜 모자를 헤쳐 쓴 듯 하고,
갓 나온 해님은 나무 가지 위에 구리 쟁반처럼 걸려 있네.
나지막한 대 울타리 안에는 복사꽃이 활짝 웃음을 머금었고,
맑은 모래 시냇가에는 버들이 흥겨워 하늘거리네.
서쪽 산모퉁이 농가 살림은 마냥 즐거운 듯,
미나리 부침 지지고 죽순 볶아 봄 밭가는 농부에게 새참 드리네.

(四) 5언 평기평수 형식(7언은 측기평수 형식이 된다.)

(을) 측측평평측측평   (정) 평평측측측평평

(갑) 평평측측평평측   (을) 측측평평측측평

(병) 측측평평평측측   (정) 평평측측측평평

(갑) 평평측측평평측   (을) 측측평평측측평

5언율시의 예로 이상은(李商隱)의 「만청(晚晴 : 저녁비 개이고)」이 있다.

深居俯夾城, 春去夏猶淸.

天意憐幽草, 人間重晩晴.

并添高閣迥, 微注小窓明.

越鳥巢乾後, 歸飛體更輕.

깊은 곳에서 양 겹 성벽을 내려다보니, 이제 막 봄이 가고 여름 되니 더욱더 맑다.
하늘은 그윽이 피어난 풀을 어여삐 여기고, 인간은 맑게 갠 저녁을 중히 여기네.
게다가 저 멀리 높은 누각 보태어, 작은 창으로 저녁 햇살이 들어 밝아지네.
둥지가 다 마른 뒤에 날아서 돌아가는 월 땅의 새는 몸 또한 더 가벼워진 듯하다.

7언율시의 예로 두보의 「등고(登高 : 높은 곳에 올라)」가 있다.

風急天高猿嘯哀, 渚清沙白鳥飛迴.

無邊落木蕭蕭下, 不盡長江滾滾來.

萬里悲秋常作客, 百年多病獨登臺.

艱難苦恨繁霜鬢, 潦倒新停濁酒杯.

거센 바람 높은 하늘에 원숭이 슬피 울고,

맑은 물가 새하얀 모래 위에 새 한 마리 날아도네.

끝없는 낙엽은 우수수 떨어지고,

다함없는 장강은 출렁출렁 흘러오네.

타향 만 리 서글픈 가을에 언제나 나그네 신세,

평생토록 병 많은 몸 홀로 누대에 오르나니

고생으로 귀밑머리 하얗게 새는 것을 한탄하며

늙고 쇠약하여 이제는 탁주잔도 멈추었다.

앞에서 서술한 네 가지 격식에서 (一), (二)는 첫 구에 운이 들어가지 않는다. 이들은 갑을병정 또는 병정갑을의 교체 반복 형식이다. (三), (四)는 첫 구에 운이 들어가며 (一), (二)와는 첫 구만 다르다. (三)은 (一)에서 첫 구의 (갑)이 (정)으로 바뀐 것이고, (四)는 (二)에서 첫 구의 (병)이 (을)로 바뀐 것이다. 그 이유는 간단하다. (갑)류와 (병)류는 측성으로 끝나서 운을 넣을 수 없으므로 반드시 평성으로 끝나는 (을)류와 (정)류로 바꿔야 하는 것이다. 일반적으로 5언 율시에서는 첫째 구에 운을 넣지 않는 것이 일반적이고, 7언 율시에서는 첫째 구에도 운을 넣는 것이 일반적이다.

근체시의 평측은 점(粘)과 대(對)의 규칙을 통해서도 파악할 수 있다. 근체시는 두 구가 하나의 연(聯)을 이루며, 하나의 연에서 앞의 구를 출구(出句)라고 하고 뒤의 구를 대구(對句)라고 한다. 대(對)는 하나의 연에서 출구와 대구의 평측을 상반되게 하는 것을 말한다. 특히 짝수 자리의 글자와 문장 끝 글자에 대한 제약이 심하다. 점(粘)은 위 연의 대구와 아래 연 출구의 두 번째 글자의 평측이 같아야 하는 것을 말한다. 위에서 언급한 4가지 격식을 검토해 보면 점과 대의 규칙을 확인할 수 있다.

점의 규칙에 부합하지 않는 것을 '실점(失粘)'이라 하고 대의 규칙에 부합하지 않는 것을 '실대(失對)'라 한다. 당시(唐詩) 가운데 실점인 경우는 간혹 있으나 실대는 거의 보이지 않는다. 송나라 이후에는 두 경우 모두 극히 드물다.

위에서 설명한 것은 근체시의 일반적인 규칙이다. 그런데 좀 더 많은 율시를 분석해 보면, 어떤 율시는 위에서 설명한 평측의 규율에 부합하지 않는다는 것을 알 수 있다. 예를 들면, 왕유「산거추명」의 다섯 번째와 여섯 번째 구인 "竹喧歸浣女, 蓮動下漁舟"에서 '竹'은 측이고 '蓮'은 평으로, "평평평측측, 측측측평평"의 형식에 부합하지 않는다. 소식「신성도중」의 여섯 째 구 "溪柳自搖沙水淸"의 평측은 "평측측평평측평"으로 "측측평평측측평"의 형식과 비교하면 제1자, 제3자, 제5자('溪', '自', '沙')의 평측이 맞지 않는다. 그렇다면 이러한 시는 법칙에 어긋나는 것인가?

여기에서 두 가지 설명이 필요하다. 첫째, 근체시에서 어떤 부분은 평 또는 측을 임의로 선택하여 쓸 수 있다. 왕유「산거추명」에서 '竹', '蓮', 그리고 소식「신성도중」의 '溪'자의 위치이다. 둘째, 근체시에서 어떤 부분은 평측을 마음대로 바꿔 쓸 수 없는데, 만약 평측 격률을 위반했다면 이를 '요(拗)'라고 한다. 그러나 '요'가 발생한 후에는 '구(救)'할 수 있다. 소식「신성도중」의 '自'와 '沙'는 '요구(拗救)'가 이루어진 것이다. '요구'가 이루어진 시구는 격률에 부합하는 것으로 간주한다.

그러면 평과 측이 모두 가능한 부분은 어디이며, '요구'는 어떠한 상황에서 이루어지는가? 과거에 작시(作詩)와 관련된 다음과 같은 말이 있었다. "1, 3, 5는 따지지 않고 2, 4, 6은 분명히 한다." 이는 7언 근체시의 제1자, 제3자, 제5자(5언은 제1자, 제3자, 아래도 같다.)의 평측은 예외를 둘 수 있지만 제2자, 제4자, 제6자(5언은 제2자, 제4자, 아래도 같다.)은 반드시 규칙을 지켜야 한다는 뜻이다. 이 말은 대체로 맞다. 일반적으로 근체시의 제2자, 제4자, 제6자는 평측을 어겨서는 안 되고, 제1자, 제3자, 제5자는 평과 측이 모두 가능하다. 그러나 이 말도 아주 정확하지는 않다. 그 이유는 다음과 같다.

(一) 근체시의 제1자, 제3자, 제5자는 때로 논하지 않을 수 없다. 다음을 보자.

① (정)류 '평평측측측평평'에서 다섯 번째 글자는 반드시 측이어야 한다. 만약 평으로 바꾸면 전체 문장이 '평평측측평평평'이 된다. 구의 끝에 3개의 평성자를 연이어 사용하는 것을 삼평조(三平調)라고 하는데, 이는 고풍(古風)의 독특한 형식으로 근체시에서는 절대 허용되지 않는다.

② (을)류 '측측평평측측평'에서 세 번째 글자는 반드시 평이어야 한다. 만약 측으로 바꾸면 전체가 '측측측평측측평'이 되어 운각을 제외하고 평성자가 한 글자뿐이다. 이는 "고평을 어긴 것(犯孤平)"이라 한다. 그러나 '고평(孤平)'은 구할 수 있다. 그 방법은 이 구의 5번째 글자를 측에서 평으로 바꾸는 것이다. 그렇게 하면 전체 구는 '측측측평평측평'이 된다. (△은 '요(拗)'를, ＊은 구(救)를 표시) 소식 「신성도중」의 "溪柳自搖沙水清"에서 '自'는 '요'이고, '沙'는 '구'한 것이다.

(二) 근체시의 제2자, 제4자, 제6자는 때로 불분명할 수도 있다. 주로 아래와 같이 7언 여섯 번째 글자의 평측을 바꿀 수 있는 경우가 이에 해당한다.

① (병)류 '측측평평평측측'에서 제5자를 평을 써야 하는데 측을 쓴 경우(요), 6번째 글자를 측성에서 평성으로 바꾼다(구). 그렇게 되면 전체 구는 '측측평평측평측'이 된다.[12] 이러한 형식을 '요구(拗救)'라고 하는 것은 서술 및 기억 상의 편의를 위해서이다. 실제로 '측측평평측평측'은 근체시에서 '측측평평평측측'보다 더 보편적으로 사용되는 것으로서 정격(正格)으로 보아야 한다. 이러한 형식은 대개 미련(尾聯)의 출구에 자주 사용된다. 육유의 「야박수촌(夜泊水村 : 물가 마을에서 하룻밤 묵다)」의 "記取江湖泊船處"[강가에 배 머물던 곳 기억

---

12) 주의 : 이와 같은 요구가 이루어진 상황에서는 7언의 세 번째, 5언의 첫 번째 글자가 반드시 평성이어야 한다.

내가 그 예이다. 5언에서는 세 번째 글자에서 '요'이면 네 번째 글자가 '구'
한다. 왕발의 「송두소부지임촉주」의 "無爲在岐路"가 그 예이다.

② (갑)류 "평평측측평평측"에서 6번째 자리에도 평이 아닌 측을 사용할 수 있는
데(요), 그 조건은 대구의 제5자에 측이 아닌 평성자를 쓰는 것(구)이다. 이렇게
되면 전체 연은 "평평측측평측측, 측측평평평측평"이 된다. 두목(杜牧) 「강남
춘(江南春 : 강남의 봄)」의 "南朝四百八十寺, 多少樓臺煙雨中."[남조 때의 사백 팔
십이나 되는 절들, 수많은 누대들이 보슬비 속에 싸여 있네.]이 그 예이다. 5언에서는
출구 4번째 글자에서 '요'이면, 대구 3번째 글자가 '구'한다. 백거이 「부득고
원초송별(賦得古原草送別 : "옛 들판의 풀"이라는 글로 작별함)」의 "野火燒不盡, 春
風吹又生."[들불을 놓아도 다 타지 않고, 봄바람 불면 다시 돋아난다네.]이 그 예이다.
(갑)류의 대구는 (을)류 구이다. 앞서 서술한 바와 같이 (을)류가 고평을 범하
면 (이 경우에도) 5번째 글자를 평으로 바꿔 구한다. 이처럼, (갑)류의 '요구'
는 고평의 '요구'와 결합되기도 한다. 예를 들어 육유 「야박수촌」의 3연 "一
身報國有萬死, 雙鬢向人無再靑."[이 한 몸 나라에 바쳐 만 번 죽도록 충성하니, 양쪽
귀밑머리 두 번 다시 옛날로 돌아가지 못하네.]의 '無'자는 해당 구의 고평을 구하고
출구의 6번째 글자인 '萬'자 '요'를 구한 것이다.

그밖에 (갑)류의 5번째 글자 '요'도 대구의 5번째 글자로 구할 수 있다. 그렇
게 되면 전체 연은 "평평측측측평측, 측측평평평측평"이 된다. 소식 「신성도
중」의 "野桃含笑竹籬短, 溪柳自搖沙水淸"의 '沙'자는 해당 구의 '自'자를
구하고 출구의 '竹'을 구한다. 오언에서는 출구 3번째 글자가 '요'이면 대구 3
번째 글자가 '구'한다. 이백 「송우인(送友人 : 벗을 보내며)」의 "揮手自茲去, 蕭
蕭班馬鳴."[손을 흔들며 떠나보내니, 반마가 쓸쓸히 울어주네.]이 그 예이다. 이러한
'요구'도 종종 고평 '요구'와 결합된다.

이상의 내용을 종합하면 아래와 같이 정리된다. 즉 (갑), (을), (병), (정) 4가지 형식에서 어느 부분의 평측은 어길 수 없고(표시 없음), 어느 부분의 평측은 임의로 선택 가능하며(·표시), 어느 부분의 평측은 조건에 따라 바꿀 수 있다.(△표시)

(갑) 평평측측평평측	(을) 측측평평측측평
(병) 측측평평평측측	(정) 평평측측측평평

율시의 평측에 대해 이해했다면 절구와 배율의 평측도 쉽게 이해할 수 있다. 평측에 있어서 절구는 율시의 일부를 취하여 구성한 것이라 할 수 있다. 예를 들어 두목의 「적벽(赤壁)」은 7율의 측기평수 형식의 앞부분을 따른 것으로 볼 수 있다. 배율은 점대(粘對)의 규칙에 따라 율시를 연장한 것으로 100운, 200운까지 늘일 수 있다. 앞에서 서술한 '요구'도 절구와 배율에 그대로 적용된다.[13)]

고체시는 평측을 중시하지 않는다. 그러나 율시가 생겨난 이후, 고체시도 율시의 영향을 받아 '입률(入律)'한 고풍이 생겼다. 다시 말해, 고체시를 지을 때에도 상당히 많은 율구(律句)를 사용한다는 것이다. 그러나 이러한 시는 구수가 일정하지 않고 용운도 그리 엄격하지 않으므로(환운이 가능하고 측성운도 사용할 수 있다.) 근체시가 아닌 고체시이다. 백거이의 「비파행(琵琶行)」, 「장한가(長恨歌)」 등은 '입률'한 고풍의 전형적 예이다. 「비파행」 두 번째 단락의 "間關鶯語花底滑"에서 "鐵騎突出刀槍鳴"까지 여덟 구 가운데 여섯 구가 율구이고(첫째 구와 여섯째 구는 배율구),[14)] 「장한가」의 처음

---

13) 율시 이전에 생긴 절구는 평측을 중시하지 않는데, 이를 고절(古絶)이라고 한다. 여기에서 논하는 것은 율절(律絶)이다.

14) 백거이 「비파행(琵琶行)」 일부
間關鶯語花底滑, 幽咽泉流水下灘.
水泉冷澀弦凝絶, 凝絶不通聲暫歇.
別有幽愁暗恨生, 此時無聲勝有聲.
銀瓶乍破水漿迸, 鐵騎突出刀槍鳴.

여덟 구(입성 '職'운 압운) 중 "御宇多年求不得"[여러 해 천자로 있으면서 구하려 해도 못 구했네], "養在深閨人未識"[집안 깊이 길러 누구도 알지 못했네], "一朝選在群王側"[하루 아침에 뽑혀 천자 곁에 있게 되었네], "六宮粉黛無顔色"[육궁의 미녀들 단장하여 얼굴빛을 가렸네]이 모두 율구이다. 이어서 그 다음 네 구(평성 '支'운으로 바뀜) "春寒賜浴華淸池, 溫泉水滑洗凝脂. 侍兒扶起嬌無力, 始是新承恩澤時."[봄 추위에 화청지에서 목욕함을 허락하니, 온천물에 매끄럽게 몸을 씻어내네. 시녀들 부축함에 교태롭고 연약하니, 이 때가 황제의 사랑을 받기 시작한 때.]도 율구이다.

'입률'한 고풍과는 달리 의도적으로 옛것의 투박함을 드러내어 근체시와 차이를 두는 고풍도 있다. 이것을 '방고(倣古)'한 고풍이라고 한다. 이 고풍의 특징은 가능하면 요구(拗句)를 많이 쓰고 율구를 적게 사용하는 것이다. 다시 말해, 첫째, 7언구의 제2자, 제4자, 제6자(5언은 제2자, 제4자)의 평측이 같다. 두보 「세안행(歲晏行)」의 "歲云暮矣多北風, 瀟湘洞庭白雪中"[한 해가 저물어가 북풍이 자주 몰아치고, 소수 상수와 동정호는 흰 눈에 덮여 있네]이 그 예이다. 둘째, 구말 세 글자로 평평평, 측측측, 평측평, 측평측을 사용한다. 특히 삼평조를 쓸 경우 고풍의 특색이 더욱 잘 드러난다. 두보의 「세안행」 중 일곱 구에서 삼평조를 사용한 것이 그 예이다.

대장(對仗)

근체시의 또 다른 특징은 대장을 중시한다는 것이다. 대장에 대해서는 '21. 변체문의 구성'에서 이미 언급했다. 여기에서는 주로 근체시에서 대장이 사용되는 부분이 어디인지 살펴보겠다.

부드러운 꾀꼬리 소리 꽃 아래로 미끄러지듯 들려오고, 흐느끼는 듯 샘물줄기 여울로 떨어지네.
물이 얼어붙고 현이 굳은 듯 소리는 끊어지고, 막히고 끊겨 통하지 않으니 소리는 점점 잦아드네.
문득 깊은 근심 남모르는 원한이 생겨나는데, 이 순간은 적막이 어떤 소리보다 낫구나.
은병 깨져 물이 쏟아져 나오듯, 철마 뛰어오르고 칼과 창이 부딪쳐 소리를 내듯.

율시의 네 연에는 각각의 명칭이 있다. 수련(首聯), 함련(頷聯), 경련(頸聯), 미련(尾聯)이다. 대개 중간 두 연에서 대장을 사용하는데, 왕유의 「산거추명」이 그 예이다. 함련과 경련 이외에 수련에도 대장을 사용할 수 있는데, 두보의 「여야서회」가 이에 해당한다.15) 또 미련에 대장을 사용하는 경우도 있는데, 두보의 「문관군수하남하북(聞官軍收河南河北 : 관군이 하남과 하북을 수복했다는 소식을 듣고)」 중 "卽從巴峽穿巫峽, 便下襄陽向洛陽."[곧장 파협에서 무협을 뚫고 지나가, 양양으로 내려가 낙양으로 향하노라.]가 그 예이다. 두보의 「등고」와 같이 네 연에서 모두 대장을 사용하는 경우도 있는데16) 이러한 경우는 많지 않다. 일부 율시는 함련에서 대장을 사용하지 않고 경련에서만 대장을 사용하기도 한다. 두보의 「월야(月夜 : 달밤)」 "今夜鄜州月, 閨中只獨看. 遙憐小兒女, 未解憶長安. 香霧雲鬢濕, 淸輝玉臂寒, 何時倚虛幌, 雙照淚痕乾"[이 밤 부주에도 떠 있을 저 달을, 방 안의 아내는 홀로 보고 있겠지. 멀리 있는 안쓰러운 어린 자식들, 장안의 아비는 기억도 못하겠지. 밤안개에 머리칼은 젖고, 옥처럼 흰 팔 달빛에 싸늘하리. 언제쯤 고요한 방 휘장에 기대어, 나란히 달빛에 눈물 자국 지울까.]이 그 예이다. 경련과 수련에 대장을 사용하는 경우도 있는데, 왕발의 「송두소부지임촉주」가 그 예이다.17)

---

15) 細草微風岸, 危檣獨夜舟.
　　星垂平野闊, 月湧大江流.
　　名豈文章著, 官因老病休.
　　飄飄何所似, 天地一沙鷗.
　　언덕에 가는 풀이 미풍에 흔들리고, 높은 돛배 안에서 홀로 밤을 보낸다.
　　별은 드넓은 들판에 드리워 있고, 달이 솟아 오른 큰 강물이 흐른다.
　　어떻게 글로써 이름을 드러내리오!
　　늙고 병들어 벼슬도 물러났나니 떠도는 이 신세 무엇에 비길까, 하늘과 땅 사이 한 마리 갈매기로다.
　　　　　　　　　　　　　　　　　　　　　　　　　　　두보 「여야서회」 : 486쪽 참조

16) 두보 「등고」 : 433, 484쪽 참고

17) 城闕輔三秦, 風烟望五津.
　　與君離別意, 同是宦遊人.
　　海內存知己, 天涯若比鄰.
　　無爲在岐路, 兒女共霑巾.
　　장안 성궐을 삼진이 보좌하니, 바람과 안개 아득한 오진 땅을 바라본다.
　　그대와 이별하는 마음, 다 같이 벼슬살이로 떠도는 사람이로세.

율절(律絶)은 대부분 대장을 전혀 사용하지 않는다. 이는 율시의 수련과 미련을 취한 것으로 볼 수 있는데, 이백의 「야숙산사(夜宿山寺 : 밤에 산사에서 머물며)」,18) 두목의 「적벽」이 그 예이다.19) 또 첫 번째 연에서는 대장을 사용하고 두 번째 연에서는 사용하지 않을 수도 있다. 이는 율시의 뒷부분을 취한 것과 같으며, 육유의 「유교만조(柳橋晚眺 : 유교에서 저녁에 바라보다)」가 그 예이다.20) 또 앞의 연에서는 대장을 사용하지 않고 뒤의 연에서는 사용한 것(율시의 앞부분을 취한 것)과 두 연 모두 대장을 사용한 것(율시의 중간 두 연을 취한 것)이 있지만 소수이다. 전자에는 맹호연의 「숙건덕강(宿建德江 : 건덕강에서 머물다)」 "移舟泊烟渚, 日暮客愁新. 野曠天低樹, 江淸月近人." [배를 저어 안개 낀 강가에 대니, 날은 저물어 나그네 시름 세로워라. 아득한 들판에 하늘은 나무에 내려앉고, 맑은 강과 달은 사람 곁에 다가오네.], 후자에는 두보의 「절구(絶句)」 "兩個黃鸝鳴翠柳, 一行白鷺上靑天. 窗含西嶺千秋雪, 門泊東吳萬里船." [노랑 꾀꼬리 두 마리 푸른 버들에서 울고, 해오라기는 푸른 하늘에 한 줄로 날아오르네. 창밖으로 아미산의 만년설이 보이고, 문밖에는 멀리 강남으로 갈 배가 대어 있구나.]이 해당한다.

이 세상에 마음 통하는 벗만 있다면 아득한 하늘가도 이웃과 같은 것.
갈림길에 서서 아녀자처럼 수건에 눈물 적시지 마세.

왕발 「송두소부지임촉주」 : 489쪽 참조

18) 이백 「야숙산사」
危樓高百尺, 手可摘星辰.
不敢高聲語, 恐驚天上人.
높고 높은 누각에 오르니, 손 뻗으면 별을 딸 수 있을 듯하구나.
감히 큰 소리를 못 내는 것은, 하늘 사는 사람이 놀랄까 두려워서라네.

19) 두목 「적벽」
折戟沈沙鐵未銷, 自將磨洗認前朝.
東風不與周郎便, 銅雀春深鎖二喬.
부러진 창은 깊은 모래 속에서 쇠가 아직 삭지 않아, 갖고 와 갈고 닦으니 전 왕조의 것임을 알겠다.
동풍이 주랑과 함께 하지 않았다면, 동작대에 봄이 깊어 이교를 묶어두었을 텐데.

20) 육유 「유교만조」
小浦聞魚躍, 橫林待鶴歸.
閒雲不成雨, 故傍碧山飛.
소포에는 물고기 뛰노는 소리가 들리고, 가로지른 숲은 학이 돌아오기를 기다리네.
가만히 떠 있는 구름은 비를 내리지 않고, 그대로 푸른 산 곁에 떠 있구나.

배율은 수련과 미련을 제외하고 모두 대장을 사용한다.

아래에서 근체시 특유의 대장 두 가지를 소개하기로 한다.

(一) 차대(借對) : 이는 일자다의(一字多義) 현상을 이용하여 대장을 구성하는 것이다. 한 글자가 갑, 을, 병의 다양한 뜻을 갖고 있을 때, 시에서 사용한 것은 갑의 뜻인데 을의 뜻이나 병의 뜻을 빌려 다른 글자와 대응시키는 것이다.

  (1) 酒中堪累月, 身外卽浮雲. (두심언 「추야연임진정명부댁(秋夜宴臨津鄭明府
      宅 : 임진의 정명부 집에서의 가을밤 연회)」)
      술로 몇 달을 견디나니, 몸 밖의 만사는 뜬 구름.
  (2) 酒債尋常行處有, 人生七十古來稀. (두보 「곡강(曲江)」)
      술빚이야 가는 흔히 곳마다 있지만, 인생 칠십은 예부터 드무니.
  (3) 竹葉於人旣無分, 菊花從此不須開. (두보 「구일(九日)」)
      대나무 잎 내게 연분 전혀 없고, 국화꽃 이제부터 피지 않아도 좋다.
  (4) 迴日樓臺非甲帳, 去時冠劍是丁年. (온정균 「소무묘(蘇武廟 : 소무의 사당에서)」)
      돌아온 날 누대에는 갑장 휘장 아니었고 떠날 때의 갓과 칼, 스무 살 청년이
      었소.

  (1)의 '月'은 연, 월의 '月'인데 해, 달의 '月'을 빌려와 '雲'과 대응시킨 것이다.
(2)의 '尋常'은 '항상'을 뜻하는데, "八尺爲尋, 倍尋爲常."[팔척이 심이고, 심의 두 배가
상이다.]에서 뜻을 빌려 '七十'과 대구를 이루게 했다. (3)의 '竹葉'은 술 이름인데,
'대나무잎'이라는 뜻을 빌려 '菊花'와 대를 맞췄다. (4)의 '丁'은 '성하다'의 뜻을 나
타내지만, 천간(天干)의 명칭으로 차용되어 '甲'과 대응된다.

  또 다른 종류의 차대는 음을 빌리는 것이다. 다음의 예를 보자.

  (5) 翠黛不須留五馬, 皇恩只許住三年. (백거이 「서호류별(西湖留別 : 서호에서
      이별을 만류하다)」)

여인들은 태수를 붙잡아두어선 안 되니, 황제의 은혜로 3년을 머물도록 허락했을 따름이다.

(6) 山入白樓沙苑暮, 潮生滄海野塘春. (원진(元稹) 「기낙천(寄樂天)」)

산은 흰 누각에서 들어가 사원에서는 밤이고, 조수는 푸른 바다에서 생겨 들판은 봄이네.

(5)는 '皇'을 '黃'으로 삼아 '翠'와 대응시킨 것이고, (6)은 '滄'을 '蒼'으로 삼아 '白'과 대응시킨 것이다. 이와 같은 차대는 색깔에 많이 사용된다.

(二) 유수대(流水對) : 한 연의 두 구가 글자 상으로 대장을 이루지만 의미상으로는 이어지는 것이다. 즉 이 두 개의 구는 의미상 하나의 구이다. 다음의 예를 보자.

(7) 山中一夜雨, 樹杪百重泉. (왕유 「송재주이사군(送梓州李使君 : 이사군을 재주로 떠나보내며)」)

산중에 하룻밤 비, 가지 끝에 백 개의 샘이 고이네.

(8) 玉璽不緣歸日角, 錦帆應是到天涯. (이상은 「수궁(隋宮)」)

옥새가 인연 따라 당 고조에 가지 않았다면 비단 배는 응당 하늘 끝까지 닿았으리.

근체시의 문법

시는 압운을 하고 언어가 비교적 정제하다. 이로 인해 시가는 산문과 다른 문법적 특징을 갖는다. 그러나 『시경』, 『초사』에서 한위 육조시대 고시까지의 문법은 산문과 크게 다르지 않다. 근체시는 구수가 제한적이고 더욱이 평측, 대장을 추구하여 예술적 호소력을 강화하고자 하였기 때문에 산문이나 고시와는 매우 다른 문법적 특징이 생겨났다. 주요 특징은 활용, 어순 바꾸기[錯位], 생략, 축소이다. 아래에서 각각의 예를 들어 설명하기로 한다.

1) 활용

품사 활용 현상은 '5. 품사의 활용'에서 이미 언급했다. 근체시에서 품사 활용은 상당히 자주 보인다. 다음 예를 보자.

> (9) 檻外低秦岭, 窗中小渭川. (잠삼(岑參)「등총지사(登總持寺 : 총지사에 오르다)」)
>
> 난간 밖의 진의 영지가 낮게 느껴지고, 창 밖의 위천이 작게 느껴진다.
>
> (10) 澗花輕粉色, 由月少燈光. (왕유「종기왕야연위가산지응교(從岐王夜宴衛家山池應敎)」)
>
> 산골의 꽃이 여자의 분꽃도 부족하게 하고, 산골의 달은 등불도 밝지 않게 하네.
>
> (11) 子能渠細石, 吾亦沼淸泉. (두보「자양서형비차이거동둔초당(自瀼西荊扉且移居東屯草堂 : 양서의 형비에서 또 동둔의 초당으로 옮기면서)」)
>
> 그대는 작은 돌 사이 도랑을 만들 수 있고, 나도 맑은 샘으로 못에 물을 대네.

(9)의 '低'와 '小'는 의동 용법이다. 두 구의 뜻은 절위에서 멀리 보니 난간 밖의 진의 영지가 낮은 것 같고 창에서 멀리 보니 위천도 작은 것 같다는 것이다. 형상적으로 정련하게 총지사의 높음을 묘사했다. (10)의 '輕', '少'는 사동 용법이다. 두 구는 산골의 꽃이 여자의 분꽃도 부족하게 만들고 산골의 달은 등불도 밝지 않게 한다고 말한다. (11)의 '渠', '沼'는 명사가 동사처럼 사용된 것이다. 두 구는 당신이 가는 돌 사이에 도랑을 만들어 물을 끌어들이면 나도 맑은 내천이 연못에 고이게 할 수 있다는 뜻이다. 만약 품사 활용의 방법을 사용하지 않았다면 분명 2개의 오언구에 이와 같은 많은 내용을 표현할 수 없었을 것이고 문장 형식도 가지런히 갖추기

어려웠을 것이다. 또한 그로 인해 평측의 조화, 대장도 이루기 힘들었을 것이다. 이처럼 활용된 글자들은 이른바 '시안(詩眼)'으로서 하나의 구나 글 전체에 생기를 불어넣어주는 핵심 요소이다. 왕안석의 명구 "春風又綠江南岸"[봄 바람은 강남 기슭을 푸르게 하니]([「박선과주(泊船瓜洲 : 과주에 배를 대다)」)에서 동사로 활용된 '綠'자가 시의 뜻을 맑고 생동감 있게 만든다.

근체시에는 품사 활용이 잦을 뿐만 아니라 단어와 단어의 결합 관계도 고시에 비해 자유롭다. 예를 들면, "暫止飛鳥將數子, 頻來語燕定新巢."[까마귀는 새끼들 데리고 날아와 잠시 머물고, 제비는 수시로 날아와 새 둥지 지을 곳을 상의한다.](두보 「당성(堂成)」)의 "暫止飛鳥", "頻來語燕"은 모두 동사구가 관형어로 쓰여 명사를 수식한다. 이러한 조합은 고시에서 아주 적게 보인다. 만약 근체시의 특별한 문법을 이해하지 못하면 "暫止"와 "飛鳥", "頻來"와 "語燕"을 동목 관계로 오해하게 된다. 이는 잘못된 것이다.

근체시에서 품사 활용과 특수한 조합 관계를 하나로 결합하면 짧은 두 구에 풍부한 내용을 담을 수 있다. 다음 예를 보자.

(12) 月明垂葉露, 雲逐渡溪風. (두보 「진주잡시(秦州雜詩)」)
　　　달빛은 잎 끝에 맺힌 이슬에서 빛나고, 구름은 시내를 넘는 바람을 뒤쫓는다.

이슬이 나뭇잎 위에서 떨어져 달빛이 이를 비춰 보석처럼 빛나고 바람이 계곡 위에서 불어오고 구름은 바람을 따라 작은 계곡으로 흘러간다는 뜻이다. 만약 특수한 문법을 사용하지 않으면 10자로 이렇게 많은 내용을 담기 힘들다.

2) 어순 바꾸기

근체시에서 주어, 목적어, 관형어, 부사어의 위치는 일반적인 어순과 다르다. 다음 예를 보자.

(13) 柳色春山映, 梨花夕鳥藏. (왕유 「춘일상방즉사(春日上方卽事)」)

　　버드나무 빛 봄산에 비치고, 배꽃 사이로 저녁 새가 숨어든다.

(14) 雲掩初弦月, 香傳小樹花. (두보 「유의(遺意)」)

　　구름은 초승달을 가리어 작은 나무 꽃에서 향기 전해 오네.

(15) 內分金帶赤, 恩與荔枝靑. (두보 「증장한림(贈張翰林)」)

　　내전에서 내려준 금 장식 허리띠 붉고, 은혜로이 주신 여지 푸르네.

(16) 晴浴狎鷗分處處, 雨隨神女下朝朝. (두보 「기주가(夔州歌)」)

　　흩어지네 곳곳으로. 내려오네 아침마다.

　일반적 형식에 따르면 (13)은 "春山映柳色, 夕鳥藏梨花"라 해야 하고, (14)는 "小樹花傳香", (15)는 "內分赤金帶, 恩與靑荔枝", (16)은 "晴浴狎鷗處處分, 雨隨神女朝朝下"라고 해야 한다. 여기에서 목적어, 주어, 관형어, 부사어의 위치는 일반적인 문장형식과 일치하지 않는다. 이러한 현상을 어순 바꾸기[錯位]라고 부른다.

　근체시가 이러한 어순 변화 현상을 허용하는 이유에 대해서 여기에서 상세히 설명할 수는 없다. 간단히 말하자면 이 현상은 근체시에서 평측, 대장을 갖추려고 하는 것과 관계된다. 예를 들면 (14)의 "香傳小樹花"가 만약 고체시의 구문이라면 "小樹花傳香"라 말할 수 있다. 그러나 근체시에서는 이렇게 말할 수 없다. 만약 "小樹花傳香"라 한다면 "雲掩初弦月"와 대장을 이룰 수 없고 평측도 율시의 요구에 부합하지 않는다. ("花傳香"이 삼평조이다.)

　근체시에서 어순 변화 현상은 상술한 몇 가지 사항에 그치지 않는다. 주술 구조 사이에 다른 단어나 구를 삽입하는 것도 근체시 특유의 형식이다. 다음 예를 보자.

(17) 盤飧市遠無兼味, 樽酒家貧只舊醅. (두보 「객지(客至)」)

　　반찬은 시장이 멀어 맛있는 것 없고, 술동이 술은 가난하여 묵은 막걸리지요.

(18) 玉璽不緣歸日角 錦帆應是到天涯. (이상은 「수궁(隋宮)」)

　　옥새가 인연 따라 당 고조에 가지 않았다면 비단배는 응당 하늘 끝까지 닿

왔으리.

일반적인 어순에 따르면 (17)은 "市遠盤飧無兼味, 家貧樽酒只舊醅", (18)은 "不緣玉璽歸日角, 應是錦帆到天涯"이어야 한다. 이와 같은 부분도 오해하기 쉬우므로 근체시의 어순 변화에 대해 이해해야 한다.

3) 생략

근체시에서 생략은 아래 몇 가지 유형으로 나타난다.

① 비유문에서 '如', '同' 등을 생략한다.

> (19) 山名天竺堆靑黛, 湖號錢唐瀉綠油. (백거이 「답객문항주(答客問杭州)」)
> 산명은 천축인데 푸른 먹을 쌓은 것 같고, 호수명은 전당인데 푸른 기름을 부은 듯하다.
> (20) 山河破碎風飄絮, 身世浮沉雨打萍. (문천상(文天祥) 「과령정양(過零丁洋)」)
> 온 나라 바람 맞은 버들솜처럼 위태롭고, 사람들의 부침도 빗속의 부평초 같네.

(19)는 '천축산은 푸른 먹을 쌓고, 전당호는 푸른 기름을 붓는다'로 오해해서는 안 되고, 반드시 중간에 '如'자가 생략된 것으로 이해해야 한다. 이 두 구절은 한유 「송계주엄대부(送桂州嚴大夫)」의 "江作靑羅帶, 山如碧玉簪."[강은 푸른 비단 허리띠처럼 흘러가고, 산은 파란 벽옥 비녀처럼 솟아있네.]과 비교할 수 있다. 두 번째 예문도 중간에 '如'가 생략되었다.

② 부사 뒤의 동사를 생략한다.

(21) 映階碧草自春色, 隔葉黃鸝空好音. (두보 「촉상(蜀相)」)

층계의 파란 풀은 절로 봄빛 되었고, 나뭇잎을 사이에 두고 꾀꼬리들 부질 없이 곱게 우는구나.

(22) 秋窗猶曙色, 落木更天風. (두보 「객정(客亭)」)

가을 창문은 여전히 새벽빛, 낙엽 떨어뜨리는 나무에는 자꾸만 불어드는 바람.

'自, 空, 猶, 更' 등 부사 뒤의 동사는 어떤 경우 보충할 수 있지만 어떤 경우에는 보충할 수 없다.

③ 동사술어를 생략하고 명사 혹은 명사성 구만 남겨 둔다.

(23) 春浪櫂聲急, 夕陽帆影殘. (백거이 「도회(渡淮)」)

봄 물결에 노 젓는 소리 급해지고, 석양 아래 꽃 그림자 희미해진다.

(24) 雞聲茅店月, 人跡板橋霜. (온정균(溫庭筠) 「상산조행(商山早行)」)

닭소리 들리고 달은 초가지붕에 걸렸는데, 서리 내린 판자 다리에 사람의 발자취가 있다.

(25) 巴山楚水凄凉地, 二十三年棄置身. (유우석(劉禹錫) 「수악천양주석상초봉 견증(酬樂天揚州席上初逢見贈)」)

파산과 초수의 황량한 땅에 23년 동안 방치된 내 몸.

(23)의 두 구절은 모두 두 개의 주술구조로 이루어진 것으로서, "봄물결은 높고 노 젓는 소리 급하며, 석양은 비스듬하고 꽃 그림자 희미하다."의 뜻으로 볼 수 있다. 그러나 첫 번째 주술구조의 서술어 동사는 모두 생략되고 명사 '春浪', '夕陽'만 이 남았다. (24)의 두 구절은 모두 두 개의 명사 혹은 명사성 구로 구성되었고 서술 어 동사가 없으며, 또한 동사를 보충하기 매우 어렵다. 그러나 이 두 구의 시는 명사

혹은 명사성 구를 단순 나열하는 것이 아니라 '아침 일찍 거니는'[무行] 사건을 기술하고 있는 것이다. 이 뜻은 독자 스스로 파악해야 한다. (25)의 두 구절은 하나의 단독 명사구이다. 두 구절이 결합하여 파산 초수 지역에 23년 동안 방치되었음을 말하였다. 이 예문은 '생략'의 항목에 포함시켰으나 실제로는 (거기에 다시) 서술어 동사를 보충할 수 없다. 왜냐하면 위 구절이 표현하고자 하는 동작 '방치됨[棄置]'이 서술어가 아닌 관형어로 쓰였을 뿐, 사실은 생략된 것이 아니기 때문이다. 이러한 측면에서 본다면 (25)의 경우는 하나의 문장이 명사성 구로 축소되었으므로 '생략'이라기보다는 '축소'라고 하는 것이 나을 것이다.

4) 축소

여기에서 말하는 '축소'란 근체시의 시구를 복문(두 개의 단문으로 구성)이 축소된 것으로 볼 수 있는 경우를 가리킨다. 단문 사이의 관계를 나타내는 접속사는 시구에 출현하지 않지만 시를 이해할 때에는 접속사를 첨가할 수 있다.

(26) 國破(但)山河在, 城春(故)草木深. (因)感時(而)花濺淚, (因)恨別(而)鳥驚心. (두보 「춘망(春望)」)

나라는 망했지만 산하는 그대로요, 성안은 봄이 되어 초목이 무성하네. 시대를 슬퍼하여 꽃에도 눈물 뿌리고, 이별을 원망하여 새를 보고도 놀라네.

(27) (因)潮平(故)兩岸闊, (因)風正(故)一帆懸. (왕만(王灣) 「차북고산하(次北固山下)」)

조수가 들어 양쪽 언덕 사이 넓어졌고, 바람 잘 불어 돛대를 달았구나.

(28) 浦乾(因)潮未應, 堤濕(因)凍初銷. (백거이 「신춘강차(新春江次)」)

조수가 응하지 않아 물가는 마르고, 얼음이 조금씩 녹아 둑이 적셔지네.

(29) (因)水淨(故)樓陰直, 山昏(因)塞日斜. (두보 「견회(遣懷)」)

물이 고요하여 누대 그늘은 곧고, 산은 어둑어둑 변방의 해가 기우네.

위의 예문에서 알 수 있듯이 근체시의 한 구절에 포함된 두 개의 주술구조(두 개의 축소된 단문으로 볼 수 있다) 사이의 관계는 다양하다. 설령 동일한 인과관계라고 하더라도 원인이 앞에 나오고 결과가 뒤에 나올 수도 있고, 그 반대로 결과가 앞에 나오고 원인이 뒤에 나올 수도 있다. 이는 모두 우리의 세심한 경험이 필요하며 그래야만 정확하게 시의 의미를 이해할 수 있다.

근체시의 특수한 형식은 그것의 평측, 대장 등의 특징에서 비롯되었다. 그러나 이러한 특수 문형이 생겨난 이후에 시인들은 고풍, 특히 운율을 맞춘 고풍을 쓸 때에도 종종 이러한 형식을 사용하였다. 가령, 백거이 「장한가(長恨歌)」의 "春風桃李花開日, 秋雨梧桐葉落時."[봄바람에 복숭아며 살구꽃이 만발하고, 가을비에 젖어 오동잎에 떨어져도]는 위에서 설명했던 서술어 동사가 생략된 형식이다. 따라서 근체시의 특수 문형을 이해하면 당나라 때 이후의 고풍을 이해하는 데에도 도움이 된다.

28

사(詞)의 운율

사(詞)는 당나라 때 발생하였으며 처음에는 '곡자사(曲子詞)'라고 하였다. 사는 처음 민간에서 창작되었으나 중당(中唐) 때에 이르러 일부 문인들도 창작하기 시작하였고, 오대(五代)를 거쳐 송나라 때에 가장 흥성했다.

사는 '장단구(長短句)'라고도 한다. 사와 시의 표면적인 차이점으로는 시는 각 구절의 길이가 동일한 반면 사는 그것이 고르지 않다는 데에 있다. 그러나 이것이 사의 본질적인 특징은 아니다. 시 중에서도 잡언(雜言)이 있고, 사 또한 문장의 길이가 일률적인 경우가 있기 때문이다.(「완계사(浣溪沙)」는 모두 칠언구이다) 최초의 사는 '곡자(曲子, 악곡(樂曲))'에 써 넣은 가사였으므로 '곡자사'라고 하였다. 원진(元稹)은 「악부고제서(樂府古題序)」에서 "가곡사조(歌曲詞調)는 음악에 따라 가사를 정하는 것이지 가사를 정하고 거기에 음악을 맞추는 것이 아니다."라고 하였는데,[1] 이는 사의 특징을 대략적으로 보여준다. '음악에 따라 가사를 정'하는 것이기 때문에 가사는 악곡의 변화와 맞아야 한다. 이 때문에 평측(平仄)의 변화와 구절의 길이 모두 율시와 다르

---

1) "由樂以定詞, 非選詞以配樂."

며, 본래 5언 또는 7언 율구(律句)였던 것이 장단구로 변하였다. 그러나 이후 사는 점점 음악에서 분리되었고, 그 결과 사와 근체시 사이의 주된 형식적 차이는 장단구와 평측 변화 이 두 가지뿐이었다.

그렇다면 먼저 사조(詞調), 사패(詞牌) 그리고 사보(詞譜)에 대해 살펴본 후, 사의 용운(用韻), 사의 평측, 사의 대장(對仗)에 대해 차례대로 살펴보겠다.

사조(詞調), 사패(詞牌), 사보(詞譜)

사조는 사를 쓸 때 보는 악보이다. 사패는 「염노교(念奴嬌)」, 「서강월(西江月)」 등등과 같은 각 사조의 명칭이다. 사조는 저마다의 성정(聲情), 즉 각기 다른 음악적 이미지를 표현하는데, 사의 악보가 전해지지 않아서 지금은 확인할 길이 없다. 그러나 사패의 평측, 압운 및 해당 사패에 속하는 다수 작품이 나타내는 감정을 근거로 그 사조가 지녔던 성정을 대략적으로 추측할 수 있다.

가령 「만강홍(滿江紅)」, 「하신랑(賀新郎)」, 「염노교」 등은 격정적인 느낌이고, 「목란화만(木蘭花慢)」, 「만정방(滿庭芳)」 등은 부드럽고 즐거운 분위기이다. 사와 음악이 단절됨에 따라 후대에 창작된 사의 느낌이 사조의 성정과 일치하지 않는 경우도 있다. 송나라 때의 심괄(沈括)은 당시 '슬픈 곡으로 즐거운 가사를 노래하고, 즐거운 곡으로 슬픈 가사를 노래하는'[2] 현상이 있었다고 하였다. 그 시기 이후에는 더욱 그랬다.

어떤 사패는 원래 사의 제목이었다. 가령 「어가자(漁歌子)」는 어부에 대하여 쓴 것이고, 「억강남(憶江南)」은 강남에서의 추억에 대해 쓴 것이다. 그러나 후대인이 쓴 「어가자」, 「억강남」의 내용은 어부나 강남에서의 추억과는 무관하다. 이처럼 사패가 사의 내용과 단절된 뒤에 일부 작가는 사패 외에 사의 제목을 따로 표기하기도 하였다. 가령, 소식(蘇軾)의 「강성자(江城子)」(밀주출렵(密州出獵))가 그러하다. 또 사패 아래

---

2) "哀聲而歌樂詞, 樂聲而歌哀詞."

에 간단한 서문을 쓰는 경우도 있었다. 가령, 신기질(辛棄疾)의 「모어아(摸魚兒)」(순희기해(淳熙己亥))는 사패 아래에 "순희 기해년에 호북에서 호남으로 옮기게 되었는데, 동관 왕정지가 소산정에서 연회를 베풀어 주어 이 사를 지었다."[淳熙己亥, 自湖北漕移湖南, 同官王正之置酒小山亭, 爲賦.]라는 짧은 서문을 적었다.

사패는 사의 성정뿐 아니라 사의 내용과도 무관하다. 사의 형식, 평측, 용운을 나타낼 뿐이다. 처음에는 어떤 사패의 대표작품을 모델로 두고 해당 사의 형식, 평측, 운율에 따라 사를 지었다가, 이후 누군가가 각종 사패의 형식, 평측, 운율이 표시된 사보를 만들어 놓으면, 사람들이 그 양식에 맞춰 가사를 채우는 방식으로 지었다. 이 때문에 사를 짓는 것을 '전사(塡詞, 가사를 채우다)'라고 한다. 비교적 잘 알려진 사보로는 청나라 때 만수(萬樹)가 제작한 『사율(詞律)』과 왕혁청(王奕淸) 등이 강희황제(康熙皇帝)의 명을 받아 제작한 『흠정사보(欽定詞譜)』가 있다. 다음은 『사율』 가운데 장효상(張孝祥)의 「육주가두(六州歌頭)」이다.

又一體3)一百四十三字

長淮望^{可平}斷句關^{可平}塞莽然平韻征塵^{可平}暗句霜風勁句悄邊聲叶黯銷凝叶追^{可仄}想當^{可平}年事句殆^{可仄}天數句非^{可仄}人句力句洙^{可平}泗^{可平}上句絃歌^{可仄}地句亦^{可平}羶腥叶隔^{可平}水^{可仄}氈^{可平}鄉句落日牛羊下句區^{可仄}脫縱橫叶看名^{可仄}王宵^{可仄}獵句騎^{可平}火一川明叶笳^{可仄}鼓悲鳴叶遣人驚叶

念腰間箭句匣^{可仄}中劍句空埃^{可平}蠹句竟何成叶時^{可仄}易^{可平}失句心徒^{可平}壯句歲將零叶渺^{可仄}神^{可平}京叶干^{可仄}羽方懷遠句靜^{可平}烽^{可仄}燧句且休兵叶冠^{可平}蓋使句紛^{可仄}馳^{可仄}騖叶若爲情叶聞道中^{可仄}原遺^{可仄}老句常^{可仄}南望豆翠^{可平}葆霓旌叶使行^{可仄}人到句此句忠^{可仄}憤氣填膺叶有^{可平}淚如傾叶

긴 회하 아득히 바라보니 / 변새에는 초목이 우거졌네 / 전쟁의 먼지 자욱하고 / 서릿바람 차가운데 / 고요한 변방의 소리에 / 맥이 빠져 넋을 잃고 마네 / 그 때 일을 생각하면 / 아마도 하늘의 뜻이지 / 사람의 힘으로는 어쩔 수 없었네 / 수수와 사

---

3) (역주) 又一體 : 사의 구수(句數), 운(韻), 자수(字數) 등이 정체사(正體詞)에서 약간 변형된 것.

수의 언덕 / 거문고 타고 노래하던 땅에도 / 지금은 누린내가 코를 찌르네 / 강 건너 오랑캐 땅에는 / 지는 해에 소와 양이 언덕을 내려오고 / 적군의 초소가 여기저기 흩어져 있네 / 적장이 밤중에 사냥하는 모습을 보니 / 기마대의 횃불이 온 개울을 비추고 / 호드기 소리 북소리 구슬피 울려 / 듣는 사람의 가슴을 놀라게 하는구나 / 허리춤의 화살과 / 칼집 속의 칼을 보노라 / 헛되이 먼지 앉고 좀마저 슬었으니 / 끝내 무슨 일을 이루겠는가! / 기회는 잃기 쉬운데 / 마음만 부질없이 비장할 뿐이로다 / 해는 또 저물어 가건만 / 서울 길은 아득히 멀기만 하여라 / 간무와 우무로 바야흐로 / 먼 지방 사람들을 회유하여 / 봉화를 잠재우고 / 또한 전쟁도 멎었네 / 관을 쓰고 수레를 탄 사신이 / 어지러이 달려가니 / 무슨 군사기밀이라도 있는가 / 듣건대, 중원에 남아있는 노인들은 / 언제나 남쪽을 바라보며 / 임금의 군대 기다린다네 / 나그네 여기에 이르면 / 충의와 분개한 기운 가슴에 차서 / 눈물이 비 오듯 쏟아지네 /

『사율』 중 「육주가두」라는 이 사패에는 앞부분에 정필(程珌)의 사 141자가 있고, 그 다음 부분에 한원길(韓元吉)의 사 142자가 있다. 장효상의 사는 또 다른 별체로서 실렸다.

사패에 관해서는 다음 두 가지 사항에 주의해야 한다. ① 동일한 사패라도 서로 다른 명칭을 가질 수 있다. 가령, 「서강월」은 「보허사(步虛詞)」, 「강월령(江月令)」이라고도 하고, 「염노교」는 「대강동거(大江東去)」, 「뇌강월(酹江月)」, 「백자령(百字令)」 등등으로 불리기도 한다. 그와 반대로 명칭은 같지만 서로 다른 사패인 경우도 있다. 가령, 「매화성(賣花聲)」은 「낭도사(浪淘沙)」의 다른 이름이기도 하고 또 「사지춘(謝池春)」의 다른 이름이기도 하다. ② 동일한 사패라도 여러 별체가 있을 수 있다. 이는 사가 본래 '음악에 맞춰 가사가 정해지는' 것이었기 때문이다. 동일한 악곡에 가사를 채우면서 자구의 성운이 약간 달라지는 경우가 생겼고, 후에 어떤 대표작품을 모방하여 지은 사의 경우 모방의 대상이 다름으로 인하여 자구도 달라지는 경우도 생겼다. 이러한 식으로 동일한 사패의 여러 '체(體)'가 만들어졌다. 현존하는 사패는 총

800여 개이고, 체는 총 2,000여 개가 있다. 어떤 사패는 별체 간의 차이가 상당히 크다. 가령 「강성자」는 단조(單調)와 쌍조(雙調)의 구별이 있는데, 위에서 예로 들었던 「육주가두」의 세 가지 별체처럼 글자 한 두 자의 차이뿐만 아니라 '압평운(押平韻)', '평측운호압(平仄韻互押)', '평측환운(平仄換韻)' 등의 차이도 있다.

사는 소령(小令), 중조(中調), 장조(長調)로 구분되는데, 이는 자수의 많고 적음에 따른 분류이다. 전통적으로 58자 이내는 소령, 59자에서 90자까지는 중조, 91자 이상은 장조로 구분한다. 그러나 실제로는 분류의 경계가 이처럼 엄격하지는 않다.

사는 또 단락구분[分段] 상황에 따라 단조(單調), 쌍조(雙調), 삼첩(三疊), 사첩(四疊)으로 구분된다. 「조소령(調笑令)」, 「억강남」 등과 같이 단이 나뉘지 않은 것이 단조이다. 두 개의 단으로 나뉘는 것을 쌍조라 하는데, 이 두 단락을 전결(前闋)과 후결(後闋) 혹은 상결(上闋)과 하결(下闋)이라고 한다. 사 중에는 쌍조가 가장 많다. 가령, 「보살만(菩薩蠻)」, 「서강월」 등이 쌍조이다. 「난릉왕(蘭陵王)」처럼 세 단으로 나뉘는 것은 삼첩이라고 한다. 네 단으로 나뉘는 것을 사첩이라고 하는데, 여기에 해당하는 것은 「앵제서일조(鶯啼序一調)」뿐이다.

사의 압운

사의 운과 시의 운은 다르다. 근체시, 특히 율시는 과거시험 과목으로 압운에 대한 정식 규정이 있었다. 그러나 사는 그저 '시여(詩餘)'일 뿐으로, 사의 운에 대해 정식 규정이 있었던 적은 없다. 송사(宋詞) 작가들은 대부분 송나라 당시의 언어상황에 근거하여 압운하였다. 송, 원(元) 때에 사운을 귀납한 사람들도 있으나 이 저작들은 전해지지 않는다. 청나라 때에는 사운을 편찬하는 사람이 많았는데, 가장 널리 알려진 것은 과재(戈載)의 『사림정운(詞林正韻)』이다. 후대에 사운을 논할 때에는 항상 이 것을 기준 삼았지만, 사실 『사림정운』에 정리된 운부와 송사의 압운 상황은 꽤 큰 차이가 난다. 『사림정운』은 사운을 19부로 나누었고, 그 가운데 평성(平聲)·상성(上

聲)·거성(去聲)이 포함된 서성(舒聲)이 14부, 입성(入聲)은 5부이다. 이는 대체로 시운의 106운에 근거하여 병합한 것이다. 『사림정운』은 본래 『집운(集韻)』의 운목(韻目)을 따랐으나 아래에서는 이를 평수운의 운목으로 바꾸어 배열하였다.

		평성(平聲)	상성(上聲)	거성(去聲)	입성(入聲)
서성 (舒聲)	제1부	東韻, 冬韻	董韻, 腫韻	送韻, 宋韻	
	제2부	江韻, 陽韻	講韻, 養韻	絳韻, 漾韻	
	제3부	支韻, 微韻, 齊韻 및 灰韻 중 합구호(合口呼)	紙韻, 尾韻, 薺韻 및 賄韻 중 합구호	寘韻, 未韻, 霽韻 및 泰韻과 隊韻 중 합구호	
	제4부	魚韻, 虞韻	語韻, 麌韻	御韻, 遇韻	
	제5부	佳韻 대부분의 자(字) 灰韻 중 개구호(開口呼)	蟹韻 대부분의 자 賄韻 중 개구호	卦韻 대부분의 자 泰韻, 隊韻 중 개구호	
	제6부	眞韻, 文韻 및 元韻 중 개합양호(開合兩呼)	軫韻, 吻韻 및 阮韻 중 개합양호	震韻, 問韻 및 願韻 중 개합양호	
	제7부	寒韻, 刪韻, 先韻 및 元韻 중 제촬양호(齊撮兩呼)	旱韻, 濟韻, 銑韻 및 阮韻 중 제촬양호	翰韻, 諫韻, 霰韻 및 願韻 중 제촬양호	
	제8부	蕭韻, 肴韻, 豪韻	筱韻, 巧韻, 皓韻	嘯韻, 效韻, 號韻	
	제9부	歌韻	哿韻	箇韻	
	제10부	麻韻 및 佳韻의 일부분	馬韻	禡韻 및 卦韻의 일부분	
	제11부	庚韻, 靑韻, 蒸韻	梗韻, 迥韻	敬韻, 徑韻	
	제12부	尤韻	有韻	宥韻	
	제13부	侵韻	寢韻	沁韻	
	제14부	覃韻, 鹽韻, 鹹韻	感韻, 豏韻, 琰韻	勘韻, 豔韻, 陷韻	
입성 (入聲)	제15부				屋韻, 沃韻
	제16부				覺韻, 藥韻
	제17부				質韻, 陌韻, 錫韻, 職韻, 緝韻
	제18부				物韻, 月韻, 曷韻, 黠韻, 屑韻, 葉韻
	제19부				合韻, 洽韻

사의 압운에는 대체로 다음 세 가지 상황이 있다.

1) 일운도저(一韻到底) : 「어가자」, 「낭도사」, 「수조가두(水調歌頭)」 등과 같이 전체가 평성운인 경우, 「어가오(漁家傲)」, 「모어아」처럼 모두 상성 또는 거성 운을 사용한 경우, 「염노교」, 「난릉왕」 등과 같이 모두 입성운을 사용한 경우이다. 사운에서 평성, 상성, 거성은 하나의 부에 속하지만 평성은 상성, 거성과 통압(通押)이 불가능하고, 오직 상성과 거성끼리 통압할 수 있다. 예를 들면, 신기질의 「모어아(순희기해)」에서는 '雨語舞土苦'의 상성자와 '去數住路絮誤妬賦訴處'의 거성자가 통압하였다.[4]

2) 동부평측호압(同部平仄互押) : 「서강월」, 「초편(哨遍)」 등과 같이 사실상 같은 부에 속하는 평성과 상・거성이 호압(互押, 서로 압운함)하는 경우이다. 호압은 통압과 성질이 다르다. '통압'은 임의적이다. 예를 들어 「모어아」에서는 상・거성이 통압되는데, 어느 곳에 상성자를 쓰고 어느 곳에 거성자를 쓸지는 임의적이다. 신기질의 「모어아」(순희기해)의 초반 몇 개의 운은 '雨(상성), 去(거성), 數(거성)'이고, 그의 또 다른 작품인 「모어아」(관조상엽승상(觀潮上葉丞相))의 초반 몇 개의 구 "望飛來半空鷗鷺, 須臾動地鼙鼓. 截江組練驅山去, 鏖戰未收貔虎."[하늘에는 갈매기와 백로 가득 날아다니고, 순간 땅을 울리는 전고(戰鼓) 같은 파도소리 들려온다. 솟구치는 파도 산으로 몰려오는 것이, 비호같은 용사들이 쉼 없이 싸우는 것 같다.] 등에서는 거성, 상성, 상성 글자로 압운하였다. 반면 '호압'의 위치는 고정적이다. 가령, 「서강월」은 전결과 후결의 제2구, 제3구는 평성으로 압운하고, 제4구는 측성(상성과 거성)으로 압운하도록 정해져 있다. 예를 들면, 신기질 「서강월」(견흥(遣興))은 '夫와 書(평성), 處(거성), 如와 扶(평성), 去(거성)'로 압운하였다.[5]

---

4) 신기질 「모어아(순희기해)」 앞부분
　　更能消, 幾番風雨? 匆匆春又歸去. 惜春長怕花開早, 何況落紅無數.
　　다시 몇 번의 비바람이 지나야 할까? 봄은 또 바쁘게 떠나가는구나. 봄이 가는 것이 아까워 꽃이 빨리 피는 것마저 두려운데, 하물며 떨어진 붉은 잎 가득한 때는 어떠하리.

5) 신기질 「서강월(견흥)」
　　醉裏且貪歡笑, 要愁那得工夫. 近來始覺古人書, 信着全無是處.

3) 평측환운(平仄換韻) : '통압'과 '호압'은 모두 동일 운부 내에서 이루어지는 것이라면, '환운(換韻)'은 운부를 바꾸는 것이다. 어디에서 운을 바꾸는지도 고정되어 있다. 가령, 「보살만」에서는 두 번 측성운에서 두 번 평성운으로 바뀌고, 또 두 번 측성운으로 바뀌었다가 다시 두 번 평성운으로 바뀐다. 또 온정균(溫庭筠)의 「보살만(소산중첩금명멸(小山重疊金明滅))」에서 압운자는 '滅'과 '雪'(18부·측성), '眉', '遲'(3부·평성), '鏡', '映'(11부·측성), '襦', '鴣'(4부·평성)이다.6) 또한 「정풍파(定風波)」에는 전결과 후결 모두 평운 사이사이 여러 곳에 측운이 삽입되어 있다. 다음에서 신기질의 「정풍파(부두견화(賦杜鵑花))」를 예로 들어 살펴보자.

(1) 百7)紫千紅過了春, 杜鵑聲苦不堪聞. 卻解啼教春小住, 風雨, 空山招得海
棠魂. 恰似蜀宮當日女, 無數, 猩猩血染赭羅巾. 畢竟花開誰作主? 記取,
大都花屬惜花人.
울긋불긋 지내는 봄. 두견새 소리 괴로워 듣기 힘들지만, 그 울음소리 봄이
짧게 머물음을 알려주네. 비 바람은 텅빈 산에 해당화 꽃 피도록 재촉하네.
마치 촉궁(蜀宮)의 일녀(日女)와 같이, 무수한 성성이의 피가 저라건(赭羅
巾)을 적시네. 결국 꽃은 누가 피운 것인가? 기억하시길. 대부분의 꽃은 그
것을 아쉬워하는 사람 것임을.

昨夜松邊醉倒, 問松我醉何如. 只疑松動要來扶, 以手推松曰去.
취해서나마 잠시나마 즐기려 하노니 근심할 시간이 어디에 있는가? 근래 들어서야 옛 선인들의 책을 이해하게 되었으나 그것을 믿는다 한들 아무 쓸모도 없도다.
어제 저녁 소나무 옆에 취해 쓰러져 소나무에게 내 취한 것이 어떠한지 물었지. 소나무가 와서 부축하려나 싶어, 손으로 소나무를 밀며 저리 가라고 하였네.

6) 온정균 「보살만(소산중첩금명멸)」
小山重疊金明滅, 鬢雲欲度香腮雪. 懶起畫蛾眉, 弄粧梳洗遲.
照花前後鏡, 花面交相映. 新帖繡羅襦, 雙雙金鷓鴣.
작은 산 겹겹이 그리니 금빛 부분 사라져가고, 구름 같은 귀밑머리는 눈 같이 하얀 뺨 지나려 하네. 느지막하게 일어나 눈썹을 그리고, 단장하고 머리 빗고 씻는 것이 더디구나.
앞뒤 거울로 꽃을 비추니 겹쳐 보이는 꽃과 얼굴, 막 입은 비단 치마저고리에 수놓인 쌍을 이루는 금색 자고새.
7) (역주) 원저에는 '萬'으로 되어 있으나 『가헌사(稼軒詞)』를 참고하여 '百'으로 수정하였다.

사의 평측

사와 시의 평측 사이에는 두 가지 차이점이 있다. 첫째, 사의 평측은 시의 평측보다 엄격하다. 시의 경우 어떤 곳은 평(平)이 될 수도 있고 측(仄)이 될 수도 있으나 사는 평측의 위치가 고정되어 있고, 측성은 때로 상성, 거성, 입성으로 각각 나뉘기도 한다. 둘째, 율시는 평측이 번갈아 나타나는 형식의 율구(律句) 위주이지만, 사는 "평측평측", "측평평평측", "평평평측평측", "측측측측측평평" 등과 같이, 평측을 번갈아 사용하는 율구 외에도 첩평첩측(疊平疊仄)의 요구(拗句) 형식이 상당히 많다.[8]

자수(字數)의 측면에서 보면, 율시는 5자구와 7자구만 가능하지만 사는 1자구에서 11자구까지 모두 존재한다. 아래에서 각각에 대해 간략하게 소개하겠다.

1자구 : 평성을 사용하고 입운(入韻)한다. 이는 십육자령(十六字令)에서만 보인다. 다음은 장효상의 「십육자령」이다.

(2) 歸! 獵獵西風捲繡旗. 攔敎住, 重擧送行杯.
돌아간다! 휘휘 서풍에 수놓은 깃발 펄럭이는구나. 막아서며 전송연의 술잔을 거듭 드네.

2자구 : 평측과 평평을 사용하는 경우가 가장 많으며 일반적으로 모두 입운한다. 2자구는 기구(起句)로 쓰이는 경우도 있고, 첩구(疊句)로 쓰이는 경우도 있다. 다음을 보자.

(3) 盈盈, 鬪草踏靑. (유영(柳永)「목란화만(木蘭花慢)」, 하결의 기구)
가득가득, 풀을 베고 잔디를 밟네.
(4) 芳徑, 芹泥雨潤. (사달조(史達祖)「쌍쌍연(雙雙燕)」, 하결의 기구)

---

8) 평측을 번갈아 사용한다는 것과 첩평첩측(疊平疊仄)은 '절주점(節奏點, 제2자, 제4자, 제6자의 위치)'에 대해 말한 것이다.

꽃나무 줄기, 근니⁹⁾가 비에 젖었네.

(5) 明月, 明月, 照得離人愁絶. (풍연사(馮延巳) 「삼태령(三台令)」 첩구))

밝은 달, 밝은 달, 그 빛에 떠난 님 그리워지네.

(6) 知否, 知否, 應是綠肥紅瘦. (이청조(李淸照) 「여몽령(如夢令)」 첩구)

아는가, 아는가, 나뭇잎 무성해지고 붉은 꽃 시들어 감을.

또한 기구도 아니고 첩구도 아닌 경우도 있다. 다음을 보자.

(7) 千古興亡多少事, 悠悠, 不盡長江滾滾流. (신기질 「남향자(南鄕子)」)

천고의 흥망성쇠 많고 많은 일, 유유하도다! 끝없는 장강수만 도도히 흐르누나.

(8) 愁苦! 問院落凄凉, 幾番春暮? (조길(趙佶) 「연산정(宴山亭)」)

슬프고 괴롭도다! 뜰에서 처량히 소식 기다린 것이 몇 번째 봄 밤인가?

3자구 : 율구 끝의 세 자에 해당한다. 다음과 같은 경우가 자주 보인다.

(9) 측평평 :

左牽黃, 右擎蒼. (소식 「강성자」)

왼손으로는 누런 개를 끌고, 오른손에는 푸른 매를 올려놓네.

(10) 평측측 :

春且住. (신기질 「모어아」)

봄에 장차 머물려 하네.

胡未滅. (육유(陸游) 「소충정(訴衷情)」)

오랑캐는 아직 멸하지 않았네.

---

9) (역주) 제비가 집 자을 때 쓰는 풀 섞인 진흙.

(11) 평평측 :

長門事. (신기질 「모어아」)

장문의 일.

弦歌地. (장효상 「육주가두」)

현의 노래가 들리는 곳.

4자구 : 일반적으로 칠언율구의 처음 네 자에 해당한다.[10]

(12) 평평측측

驚濤拍岸. (소식 「염노교」)

성난 파도 둑에 부딪쳐.

長淮望斷. (장효상 「육주가두」)

긴 회하 아득히 바라보니.

(13) 측측평평

亂石穿空. (소식 「염노교」)

삐죽삐죽 돌들 하늘을 뚫고.

身老滄州. (육유 「소충정」)

노쇠한 몸은 창주에 있네.

그 밖에도 자주 보이는 형식으로는 '측평평측'으로 세 번째 글자는 반드시 평성이
어야 한다. 이것은 사 특유의 형식이다. 다음을 보자.

(14) 大江東去; 江山如畵; 雄姿英發. (소식 「염노교」)

큰 강이 동쪽으로 흐르며; 강산은 그림 같네; 웅장한 자태가 영웅처럼 발
했네.

---

10) 글자 밑의 ° 표시는 평이 될 수도 있고, 측이 될 수도 있음을 나타낸다.

(15) 此生誰料. (육유 「소충정」)

　　　이 생을 누가 알까.

　　4자구는 보통 2・2 구조이다. 그러나 "是離人淚"[이것은 떠난 님의 눈물](소식 「수룡음(水龍吟)」)과 같이 1・3 구조인 경우도 있고, "銀字笙調, 心字香燒."[은자생을 불고 심자향을 태우네.](장첩(蔣捷) 「일전매(一剪梅)」)와 같이 3・1 구조인 경우도 있다.

　　5자구 : 5자구는 바로 근체시의 오언 율구 형식이다.

　　(16) 측측측평평

　　　　把酒問青天. (소식 「수조가두」)

　　　　술잔 들고 하늘에 묻네.

　　　　高處不勝寒. (소식 「수조가두」)

　　　　높은 곳에서 추위를 이기지 못하다.

　　(17) 측측평평측(셋째 자는 반드시 평)

　　　　但願人長久. (소식 「수조가두」)

　　　　다만 바라는 것은 그 사람 오래도록.

　　　　捲起千堆雪. (소식 「염노교」)

　　　　천 겹의 눈더미를 말아 올리네.

　　(18) 평평평측측(셋째 자는 반드시 평)

　　　　照花前後鏡. (온정균 「보살만」)

　　　　앞뒤 거울에 꽃 비추고.

　　　　爲誰頻斷續. (강기(姜夔) 「제천락(齊天樂)」)

　　　　누구를 위하여 끊고 잇기를 반복하는가.

　　5자구의 요구(拗句)로 자주 보이는 것은 다음과 같다.

(19) 측측측평측(셋째 자는 반드시 측)

明月幾時有. (소식 「수조가두」)

밝은 달 언제 뜰까.

盡日惹飛絮. (신기질 「모어아」)

종일 버들솜 흩날리게 하네.

(20) 측평평측평(셋째 자는 반드시 평)

弄粧梳洗遲. (온정균 「보살만」)

분칠과 빗질, 세수도 늦어지네.

雙雙金鷓鴣. (온정균 「보살만」)

쌍쌍이 나는 금자고 새.

(21) 측평평평측

與君相逢處. (왕안석(王安石) 「상춘원(傷春怨)」)

그대와 만나는 곳.

看名王宵獵. (장효상 「육주가두」)

적장이 밤중에 사냥하는 모습 보니.

5자구는 대부분 2·3 구조로 이루어지지만 바로 위의 "看名王宵獵"과 같이 1·4 구조도 있고, "一聲聲更苦"[그 소리 들을수록 고통스럽네](강기 「제천락」)와 같이 3·2 구조도 있다.

6자구 : 7언 율구의 앞 여섯 글자에 상당한다.

(22) 평평측측평평

斷腸點點飛紅. (신기질 「축영대근(祝英臺近)」)

사무치는 그리움 떨어지는 꽃과 함께 흩어지네.

似花還似非花. (소식 「수룡음」)

꽃인 것 같기도 아닌 것 같기도.

(23) 측측평평측측(셋째 자는 반드시 평)

準擬佳期又誤. (신기질 「모어아」)

틀림없이 좋은 때 같았는데 또 틀렸네.

是處紅衰翠減. (유영 「팔성감주(八聲甘州)」)

도처의 붉은 꽃 떨어지고 무성했던 초목도 다 시들었네.

가장 자주 보이는 구조는 '측측측평평측'으로, 여기서 다섯 번째 글자는 반드시 평성이어야 한다. 이는 '측평평측'의 구조와 마찬가지로 사에서만 볼 수 있는 형식이다. 다음을 보자.

(24) 我欲乘風歸去; 人有悲歡離合. (소식 「수조가두」)

나는 바람 타고 돌아가고 싶네; 사람 사는 일엔 기쁨과 슬픔, 만남과 헤어짐이 있지.

(25) 何況落紅無數; 脉脉此情誰訴. (신기질 「모어아」)

하물며 무수히 떨어지는 꽃은 어떠랴, 숨겨둔 이 마음 누구에게 말할까.

'측평평측평측'처럼 네 번째와 여섯 번째 글자는 측성이고 다섯 번째 글자는 반드시 평성이어야 하는 경우도 있다. 다음을 보자.

(26) 一時多少豪傑; 一尊還酹江月. (소식 「염노교」)

한때 많은 호걸들이 있었네; 한 동이 술을 강물 위 달에 뿌려보네.

(27) 關河夢斷何處. (육유 「소충정」)

관하에서의 꿈 어디에서 끊어졌나.

6자구는 일반적으로 "不恨此花飛盡"[이 꽃이 다 날려도 한스럽지 않네]과 같이 2·4 구조이며, "二十四橋仍在"[이십사교 다리는 아직 있는데]와 같은 4·2 구조, "又還被鶯

呼起"[하지만 꾀꼬리 다시 울어 깨고 말았네]와 같은 3·3 구조도 있다.

7자구 : 7언 율시의 율구이다. 다음을 보자.

    (28) 평평측측측평평

       老夫聊發少年狂. (소식 「강성자」)

       늙은이가 잠시 젊은이의 광기 부려.

       酒酣胸膽尙開張. (소식 「강성자」)

       술이 얼근하니 가슴이 확 트이네.

    (29) 측측평평측측평

       一曲新詞酒一杯. (안수 「완계사」)

       신곡 한가락에 술 한 잔.

       壯歲旌旗擁萬夫. (신기질 「자고천(鷓鴣天)」)

       장년 시절에는 깃발 아래 만 명이 모였네.

    (30) 평평측측평평측(다섯째 글자는 반드시 평)

       小山重疊金明滅, 鬢雲欲度香顋雪. (온정균 「보살만」)

       작은 산은 첩첩이 금빛에 깜빡이고, 구름 같은 귀밑머리 향기로운 흰 뺨 지나네.

    (31) 측측평평평측측(다섯째 글자는 반드시 평)

       爲報傾城隨太守. (소식 「강성자」)

       태수를 따르는 온 성내 사람들에 보답하기 위해.

       會挽雕弓如滿月. (소식 「강성자」)

       만월처럼 동그랗게 활시위를 힘껏 당겨.

앞서 서술한 7자구는 모두 4·3 구조이다. 사의 7자구에도 3·4 구조가 있는데, 그 평측은 다음과 같다.

    (32) 측평평—평평측측

更能消幾番風雨. (신기질 「모어아」)

다시 몇 번의 비바람을 없앨 수 있을까.

(33) 측측측—측측평평

常南望翠葆霓旌. (장효상 「육주가두」)

늘 남쪽으로 임금 계신 곳을 바라보네.

8자구 이상의 형식은 이상에서 설명한 형식을 합성한 것으로 볼 수 있다. 가령 8자구는 일반적으로 3・5 구조이고, 9자구는 3・6 혹은 5・4 등의 구조로 나뉜다. 이들 구조를 구성하는 세 글자, 네 글자, 다섯 자, 여섯 자 구절의 평측은 대부분 앞에서 설명한 범위를 벗어나지 않으므로 여기에서 일일이 모두 설명하지는 않겠다.

사에는 또 '1자두(一字豆)'라는 것이 있는데, 여기서 '두(豆)'는 '쉼[逗]'을 뜻하는 것으로 문장의 어기 상 매우 짧은 휴지를 가리킨다. '1자두'는 '1자구'와는 달리 독립적인 구가 아니고 하나의 구나 몇 개의 구를 이끄는 기능을 한다. 이는 사 고유의 특징이다. 다음을 보자.

(34) 寒蟬凄切, 對長亭晚. (유영 「우림령(雨霖鈴)」, 하나의 구를 이끎)

처량한 가을 매미 소리에, 날 저물어 장정으로 가노니.

(35) 對宿煙收, 春禽靜. (주방언(周邦彥) 「대포(大酺)」, 두 구절 이끎)

한밤의 연무가 걷히고, 봄새들 고요하네.

(36) 漸霜風凄緊, 關河冷落, 殘照當樓. (유영 「팔성감주」, 한 묶음의 구를 이끎)

점점 서리 내리고 바람은 세차게 불어오고 함곡관과 황하에 차갑게 떨어지는 해는 누대에 걸려 있네.

(37) 念腰間箭, 匣中劍, 空埃蠹, 竟何成. (장효상 「육주가두」, 한 묶음의 구를 이끎)

허리춤의 화살과 칼집 속의 칼은 헛되이 먼지 앉고 좀마저 슬었으니 끝내 무슨 일을 이루겠는가!

1자두는 주로 '對'나 '念'과 같은 동사 혹은 '漸', '但', '怎' 같은 허사이며, 대부분 거성 글자이다. 장효상의 「육주가두」에서 '念'자가 "竟何成"까지 걸쳐지는 것처럼, 1자두는 한 구절만 이끄는 것이 아니라 여러 구절을 이끈다.

사의 대장

사의 대장과 시의 대장은 몇 가지 차이점이 있다.

① 근체시에서는 대장이 엄격하게 요구되지만 사의 대장은 자유롭다. 사는 장단구이므로 장단이 고르지 않은 두 개의 문장은 당연히 대장을 이룰 수 없다. 자수가 서로 동일하고 서로 이어지는 두 문장이어야만 대장을 사용할 수 있다. 가령, "亂石穿空, 驚濤拍岸."[삐죽삐죽 바위들 하늘을 뚫는 듯하고, 성난 파도 둑에 부딪치네.](소식 「염노교」), "三十功名塵與土, 八千里路雲和月."[서른 나이에 얻은 공명은 티끌이나 흙과 같고, 8천리 노정에는 구름과 달빛뿐이라.](악비(岳飛) 「만강홍」)과 같다. 물론 대장을 사용하지 않는 경우도 있는데, 예를 들어 유영의 「만강홍」에서는 대등한 관계의 두 구 "幾許漁人橫短艇, 盡將燈火歸村落."[여러 뱃사람 짧은 배로 휘저으며, 모두 등불 밝히며 고향으로 돌아가네.]에서 대장을 사용하지 않았다. 상하(上下) 두 결(関)의 형식이 동일한 사의 경우, 상결과 하결의 같은 위치에서 대장을 사용할 수 있다. 또 상결에서는 대장을 사용했지만 하결에서는 사용하지 않을 수도 있다. 가령 범중엄(范仲淹)의 「소막차(蘇幕遮)」 상결 첫 구절은 "碧雲天, 黃花地."[푸른 구름의 하늘, 누른 낙엽의 땅.]이고, 하결의 첫 구절은 "黯鄉魂, 追旅思."[슬픈 고향 생각은 나그네의 심정을 좇아오네.]로, 상하결 모두에서 대장을 사용하였다. 그러나 주방언의 「소막차」에서는 상결 첫 구절이 "燎沉香, 消溽暑."[좋은 향을 피워 무더위를 식히려 하네.]로서 대장을 사용하였으나, 하결 첫 구절은 "故鄉遙, 何日去."[머나먼 고향 언제쯤 돌아갈까.]로서 대장을 사용하지 않았다. 이러한 점들은 사의 대장에 고정된 요구가 없다는 점을 보여준다.

그럼에도 불구하고 사의 대장에는 일정한 습관이 있다. 보통 상하결의 처음 두 구의 자수가 동일하면 대장을 사용하는 경우가 대부분이다. 「완계사」, 「서강월」, 「만강홍」 등과 같은 일부 사패는 보통 일정한 위치에서 대장을 사용한다. 다음을 보자.

(38) 無可奈何花落去, 似曾相識燕歸來. (안수 「완계사」)
어쩔 수가 없구나. 꽃이 져서 떨어지는 것을, 제비는 서로를 아는 듯 돌아오는데.

(39) 照野瀰瀰淺浪, 橫空隱隱層宵. (소식 「서강월」)
달빛은 들판의 출렁이는 얕은 강물 비추고, 저 높은 하늘 은은히 가로지르네.

(40) 三十功名塵與土, 八千里路雲和月. (악비 「만강홍」)
서른 나이에 얻은 공명은 티끌이나 흙과 같고, 8천리 노정에는 구름과 달빛뿐이라.

② 율시의 대장은 평측이 서로 대를 이루는 것[平仄相對]으로서, 평은 측과 대를 이루고 측은 평과 대를 이룬다. 사의 대장에는 두 가지 경우가 있다. 하나는 율시식 대장으로 평측이 서로 대를 이루는 것이고, 또 하나는 비(非)율시식 대장으로 평측이 완전하게 대를 이루지 않거나 심지어는 평측을 완전히 같게 맞추는 경우도 있다. 율시식 대장은 위에서 예로 들었던 「완계사」, 「서강월」 등이 해당한다. 비율시식 대장은 위의 「만강홍」을 예로 들 수 있는데, 다섯 번째 글자 '塵'과 '雲'은 평성끼리 맞춘 것이고, 일곱 번째 글자 '土'와 '月'은 측성끼리 맞춘 것이다. 그러나 그 나머지 평측은 여전히 서로 대를 이룬다. 평측이 완전히 동일한 예를 보자.

(41) 左牽黃, 右擎蒼. (소식 「강성자」)
왼손에는 누런 개를 끌고, 오른손에는 푸른 매를 올려놓네.
: 두 구 모두 측평평이다.

(42) 人有悲歡離合, 月有陰晴圓缺. (소식 「수조가두」)
사람 사는 일에는 기쁨과 슬픔, 만남과 헤어짐이 있고, 달에게도 가려지거나 빛나거나 기울거나 차거나 하는 일이 있다.

: 두 구 모두 측측평평측측이다.

③ 율시의 대장에서는 같은 글자로 대를 이루는 것[同字相對]를 피하지만, 사의 대장에서는 같은 글자로 대 이루는 것을 피하지 않는다. 바로 위에서 언급한 "人有悲歡離合, 月有陰晴圓缺."에서 동일한 글자 '有'가 서로 대를 이루는 것이 그 예이다.

'1자두'가 이끄는 구절에서도 대장을 사용할 수 있다. 가령, 유영 「망해조(望海潮)」의 "有三秋桂子, 十里荷花."[삼추에 핀 계수나무 꽃이요, 십 리에 핀 연꽃이라네.]에서 앞의 구절은 다섯 글자이고 뒤의 구절은 네 글자이지만 앞 구에서 '1자두'인 '有'를 빼면 두 구의 자수가 같아진다. 따라서 "三秋桂子"와 "十里荷花"가 대를 이룰 수 있다. 어떤 사패에서는 1자두가 이끄는 것이 '선면대(扇面對)'를 이루는 경우가 있다. '선면대'란 두 구씩 대를 이루는 것을 가리킨다. 다음을 보자.

(43) 似謝家子弟, 衣冠磊落; 相如庭戶, 車騎雍容. (신기질 「심원춘(沁園春)」)
　　 사씨 집안 자제가 복장 갖춘 것이 으리으리한 듯하고, 사마상여 문앞에서
　　 수레와 말들이 늠름한 것과 같다.

(44) 喚廚人斫就, 東溟鯨膾; 圉人呈罷, 西極龍媒. (류극장(劉克莊) 「심원춘」)
　　 주방장 불러 동해 바다 고래 회 뜨고, 말 기르는 사람 불러 서쪽 끝의 좋
　　 은 말을 가지고 오라고 한다.

'似'와 '喚'은 1자두로서 각각 뒤의 4개 구를 이끈다. 대장에 있어서는 1구가 2구와 대를 이루고 3구가 4구와 대를 이루는 것이 아니라 1·3구, 2·4구가 각각 대를 이루는데 바로 이러한 것이 '선면대'이다.

찾아보기

원저자

궈시량(郭錫良) 1930년생. 중국 베이징대학교 중문학과 교수 역임.『漢字古音手册』을 비롯한 다수의 저서와 논문이 있음.

탕쭤판(唐作藩) 1927년생. 중국 베이징대학교 중문학과 교수 역임.『音韻學教程』(국내에 심소희에 의해『중국음운학』으로 번역 출판됨)을 비롯한 다수의 저서와 논문이 있음.

허주잉(何九盈) 1932년생. 중국 베이징대학교 중문학과 교수 역임.『中國古代語言學史』를 비롯한 다수의 저서와 논문이 있음.

장사오위(蔣紹愚) 1940년생. 중국 베이징대학교 중문학과 교수 역임.『古漢語詞彙綱要』(국내에 이강재에 의해『고대중국어어휘의미론』으로 번역 출판됨)을 비롯한 다수의 저서와 논문이 있음.

톈루이쥐안(田瑞娟) 1932년생. 중국 베이징대학교 중문학과 교수 역임.『文言文要覽』(공저) 등 다수의 저서와 논문이 있음.

번역 중국 고대 언어와 문헌 연구공동체 **학이사(學而思)**

김혜영 서울대학교 중문학과에서 "초기 중국어 문법서 연구—『馬氏文通』부터 5 · 4운동까지의 9종 문법서를 대상으로—"로 박사학위 취득하고, 현재 서울대 등에서 강의하고 있음.

문수정 서울대학교 중문학과에서 "『說文解字注』에 나타난 段玉裁의 古今字觀 研究"로 박사학위 취득하고, 현재 서울대, 경기대 등에서 강의하고 있음.

신원철 서울대학교 중문학과에서 "『經傳釋詞』에 나타난 인성구의 연구"로 박사학위 취득하고, 현재 서울대 인문학연구원 연구원이며 서울대 등에서 강의하고 있음.

안소민 서울대 중문학과 박사과정에 재학 중이며, 고대부터 현대에 이르는 중국의 언어와 문자에 관심을 갖고 연구를 하고 있음.

이강재 서울대 중문학과에서 "『論語』上十篇의 해석에 대한 연구"로 박사학위를 취득하였고, 현재 서울대 중문학과 교수로 재직 중임.

[이상 가나다순]